GWYDDONIAETH GYFUN NEWYDD

3YDD ARGRAFFIAD

Bioleg

ar gyfer yr Haen Uwch

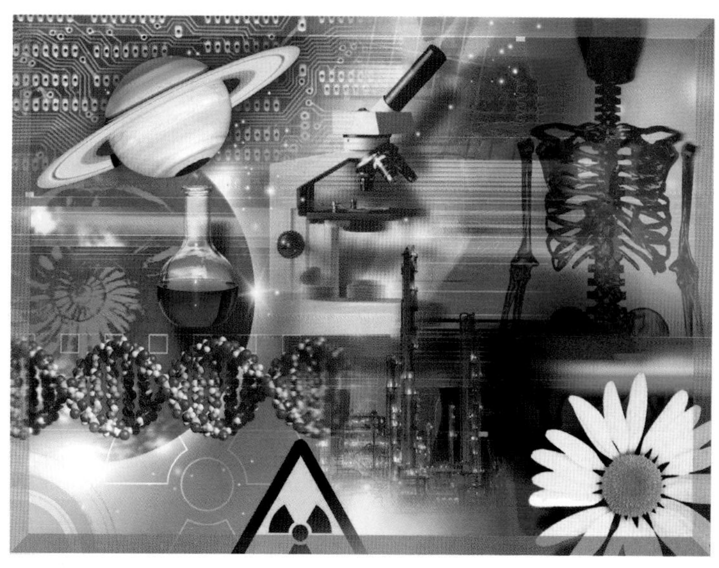

Brian Beckett RoseMarie Gallagher

Addaswyd i'r Gymraeg gan Siân Gruffudd

Cyhoeddwyd dan nawdd Cynllun Cyhoeddiadau Cyd-bwyllgor Addysg Cymru
â chymorth ariannol Awdurdod Cymwysterau, Cwricwlwm ac Asesu Cymru

DREF WEN

Bioleg ar gyfer yr Haen Uwch

Cyhoeddwyd y cyfieithiad hwn o *New Coordinated Science: Biology*, a gyhoeddwyd yn wreiddiol yn y Saesneg yn 2001, trwy gydweithrediad Gwasg Prifysgol Rhydychen

Cyhoeddwyd gan Dref Wen Cyf.
28 Church Road, Yr Eglwys Newydd, Caerdydd CF14 2EA

Comisiynwyd â chymorth ariannol
Awdurdod Cymwysterau, Cwricwlwm ac Asesu Cymru

Cyhoeddwyd dan nawdd
Cynllun Cyhoeddiadau Cyd-bwyllgor Addysg Cymru

Addaswyd i'r Gymraeg gan Siân Gruffudd

Cyhoeddwyd gyntaf yn Gymraeg 2004

Manylion Catalogio Cyhoeddi y Llyfrgell Brydeinig

Mae cofnod catalog ar gael

ISBN 1 855966 25 5

Argraffwyd yn yr Emiradau Arabaidd Unedig

Cydnabyddiaethau

Dymuna'r cyhoeddwr ddiolch i'r canlynol am eu caniatâd caredig i atgynhyrchu'r lluniau a restrir:

t8 Corel Professional Photos; **t12** OSF/S.Dalton (chwith), Ardea/P.Morris (canol), B.S.Beckett (de uchaf), OSF/G.I.Bernard (de isaf); **t13** Colorsport (chwith uchaf), OSF/J.A.L.Cooke (chwith isaf), OSF/D.Thompson (canol isaf), B.S.Beckett (uchaf a de isaf); **t14** NASA; **t18** SPL/E.Grave (uchaf), SPL/Dr T.Brain (chwith isaf), SPL/CNRI (canol isaf), SPL/M.Kage (de isaf); **t19** SPL/R.B.Taylor; **t24** SPL/LNRI; **t25** OSF/J.Brown (chwith uchaf), Sally & Richard Greenhill (de uchaf), OSF/P.Parks (canol), B.S.Beckett (isaf); **t27** B.S.Beckett; **t30** Bettman/Corbis; **t32** Bruce Coleman/W.Layer (uchaf); **t34** OUP; **t35** OUP; **t36** OUP; **t37** OUP; **t39** Biophoto Associates; **t40** B.S.Beckett (canol chwith), Bubbles (uchaf a chanol de), Holt Studios/N.Cattlin (canol isaf a de); **t41** Biophoto Associates (chwith uchaf), SPL/J.Lewin, Ysbyty Royal Free (de uchaf), OSF/G.Bernard (chwith isaf a chanol), SPL/R.Hutchings (de isaf); **t46** SPL/M.Dohrn; **t47** GSF (uchaf), B.S.Beckett (isaf); **t48** OUP; **t49** SPL/Plailly, Eurelios; **t50** Holt Studios/N.Cattlin (uchaf), Bruce Coleman (canol), Holt Studios/S.Rowland; **t51** OUP; **t52** OSF/R.Toms (uchaf), OSF/A.Shay (isaf); **t53** Holt Studios/N.Cattlin (uchaf), Bruce Coleman/H.Reinhard (isaf); **t55** uchaf Environmental; **t55** The Guardian; **t59** OSF/P.Parks; **t60** SPL/S.Stammers; **t62** Corbis (uchaf ac isaf); **t63** Corbis (uchaf), B.S.Beckett (isaf); **t66** Corel Professional Photos; **t68** Ardea/P.Morris (uchaf), B.S.Beckett (cyfan canol ac isaf); **t69** B.S.Beckett (cyfan uchaf a chanol), Ardea/W.Wagner (isaf); **t70** Oxford Scientific Films/Bernard; **t74** OSF/C.B.Hvidt, FOCI; **t75** B.S.Beckett (chwith a chanol), OSF/H.Taylor (de); **t77** B.S.Beckett (chwith a chanol); **t78** B.S.Beckett (cyfan); **t80** B.S.Beckett (cyfan); **t83** B.S.Beckett (uchaf a chanol), Bruce Coleman/G.S.Cubitt (chwith isaf), Holt Studios/P.Mitchell (de isaf); **t86** Getty Images Stone/S.Grandadam; **t88** SPL/M.Dohrn, Coleg Brenhinol y Llawfeddygon (uchaf), SPL/D.Scharf (canol), Biophoto Associates (isaf); **t90** OUP; **t91** OUP; **t92** SPL/B.Longcore (uchaf), B.S.Beckett (isaf); **t93** Colorsport; **t94** OUP; **t97** SPL; **t99** OUP; **t100** SPL/L.Mulvehill; **t101** OUP; **t102** OUP (uchaf), SPL/CNRI (isaf); **t103** SPL/Dr A.Brody (uchaf), SPL/CNRI (isaf); **t104** OUP (chwith), SPL/J.Stevenson (de); **t106** OSF/P.Parks (uchaf), Tropix/Birley (isaf); **t108** SPL/CNRI (uchaf), OUP (isaf); **t109** OSF/N.Rosing; **t110** OUP (uchaf), SPL/H.Morgan (isaf); **t114** Corel Professional Photos; **t117** Billy Boy Foods (chwith a de), B.S.Beckett (canol); **t118** Sally & Richard Greenhill (chwith uchaf), Allsport/T.Warshaw (canol uchaf), Biophoto Associates (de uchaf), OUP (canol), B.S.Beckett (isaf); **t119** OUP (cyfan); **t120** OUP (cyfan); **t121** SPL/P.Menzel; **t125** Tropix (uchaf), SPL/G.Jerrican (canol uchaf), Bruce Coleman (canol isaf), OSF/S.Osolinski (isaf); **t126** OUP; **t130** OUP; **t134** Corbis/D.S.Robbins; **t136** Frank Spooner/M.Wade; **t138** OSF/P.O'Toole; **t139** OUP; **t142** OUP; **t143** OSF/M.Leach (chwith), OSF/O.Newman (de); **t144** B.S.Beckett (cyfan); **t145** Rex Features/S.Bonney; **t148** SPL/D.Lovegrove; **t149** Andrew Lambert (cyfan); **t151** SPL/M.Clarke (uchaf), Allsport/A.Lyons (isaf); **t154** Sally & Richard Greenhill (cyfan); **t156** Rex; **t157** OUP; **t160** Corel Professional Photos; **t163** OSF/D.Cayless; **t166** Frank Spooner; **t167** B.S.Beckett; **t168** B.S.Beckett (chwith uchaf), OSF/G.Kidd (de uchaf), OSF/M.Webster (canol), B.S.Beckett (chwith isaf), OSF/D.Allan (de isaf); **t169** OSF/D.Allan (uchaf), OSF/S.Hauser (canol uchaf), B.S.Beckett (canol isaf ac isaf); **t170** OSF/R.Packwood; **t171** Bruce Coleman/R.Maier (cyfan); **t172** Bruce Coleman/Pacific Stock (uchaf ac isaf), Bruce Coleman/J.Burton (canol); **t173** Bruce Coleman/L.C.Marigo (uchaf), OSF/G.Wren (chwith isaf), OSF/N.Rosing (de isaf); **t174** Ardea/F.Gohier; **t175** OSF/D.J.Fox; **t176** B.S.Beckett (uchaf), Holt Studios/N.Cattlin (canol chwith), B.S.Beckett (canol), Bruce Coleman/K.Taylor (canol de), Bruce Coleman/N.Blake (chwith isaf), Bruce Coleman/B.Glover (canol isaf), SPL/M.F.Chillmaid (de isaf); **t177** Bruce Coleman/J.Cowan (uchaf), Bruce Coleman/K.Taylor (canol chwith a de), SPL/Eye of Science (isaf); **t178** OSF/J.Cooke (uchaf), SPL/Hawlfraint y Goron, Labordy Iechyd a Diogelwch (canol), SPL/P.Menzel (isaf); **t179** OSF/J.McCammon (uchaf), OSF/C.Grizmek (canol), NHPA/M.Wendler (isaf); **t182** Getty Images Stone/B.Osborne; **t184** B.S.Beckett; **t186** Sally & Richard Greenhill (uchaf); **t186** isaf Tropix/Frances; **t187** Bruce Coleman/G.S.Cubitt (uchaf), OSF/C.Tyler (isaf); **t188** SPL/S.Fraser; **t189** SPL/M.Bond (uchaf); **t190** OSF/M.Hamblin (uchaf), OSF/T.Heathcote (chwith isaf), OSF/G.A.Maclean (canol isaf), OSF/M.Wendler, OKAPIA (de isaf); **t191** Holt Studios/B.Gibbons (uchaf), Ardea/J.Clegg (isaf); **t194** Sally & Richard Greenhill (uchaf), Ardea/J.Swedberg (canol), Ardea/L.& T.Bomford (isaf); **t195** NHPA/J.Blossom; **t196** B.S.Beckett (uchaf), Aspect/D.Bayes (canol de), Ecoscene/S.Coyne (chwith isaf), Heather Angel (canol isaf), Network/M.Goldwater (de isaf); **t197** Topham Picturepoint; **t202** B.S.Beckett; **t203** B.S.Beckett (uchaf), OUP (isaf); **t204** OUP (chwith a chanol), OSF/A.Walsh (de); **t205** B.S.Beckett (cyfan); **t207** SCP/S.Cunningham; **t209** B.S.Beckett (uchaf) Heather Angel (isaf); **t212** Getty Images Stone/Amwell; **t214** John Birdsall; **t216** SPL/A.Pasieka (uchaf), SPL/Dr G.Settles (isaf); **t219** SPL/Saturn Stills (uchaf), SPL (isaf); **t220** SPL/J.Steveson (cyfan); **t221** OUP; **t222** Tropix/Birley (uchaf), SPL/Ysgol Feddygol Ysbyty St Mary (isaf); **t223** SPL/Athro L.Montagnier, Institut Pasteur, CNRI; **t224** Aspect (uchaf), Impact/P.Gordon (isaf); **t225** Aspect/P.Kennedy (uchaf), Network/H.Sykes (isaf); **t230** Getty Images Stone/P.Dokus; **t227/238** Colorsport (uchaf); **t234** Bubbles Photo Library (uchaf) **t235** SPL/P.Format, Nestlé (cyfan); **t236** Biophoto Associates; **t237** OUP (cyfan).

Tynnwyd y dyluniadau gan Brian Beckett, Jeff Edwards, David Holmes, Peter Joyce, Frank Kennard, Ed McLachlan, Art Construction, ac Oxford Computer Illustration.

Llun clawr gan Gary Thompson.

Sicrhawyd y caniatâd i gynnwys yr holl ddeunydd uchod yn addasiad Cymraeg y gyfrol gan Zooid Pictures Ltd.

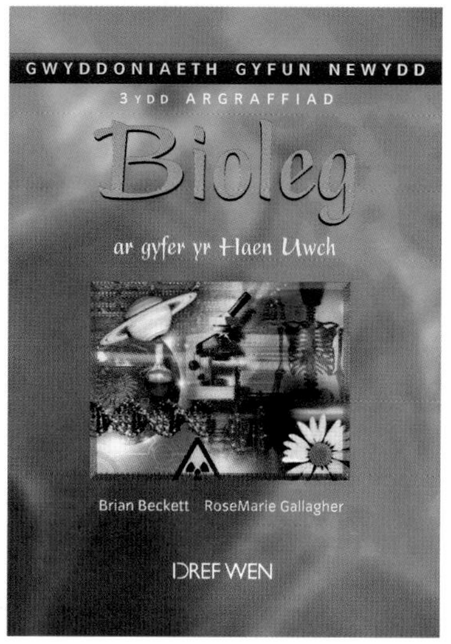

CYFLWYNIAD

Gofyn cwestiynau yw hanfod gwyddoniaeth. Bioleg yw'r wyddor sy'n gofyn cwestiynau am bethau byw, sut y gwnaeth pethau byw esblygu, a sut y maent yn goroesi.

Bydd y llyfr hwn yn ddefnyddiol i chi os ydych yn astudio bioleg fel rhan o gwrs gwyddoniaeth TGAU Sengl neu Ddwyradd.

Mae popeth yn y llyfr hwn wedi cael ei drefnu i'ch helpu i ddod o hyd i bethau yn rhwydd a chyflym. Cafodd ei ysgrifennu mewn Unedau o ddwy dudalen.

- **Defnyddio'r dudalen gynnwys**
  Os ydych am gael gwybodaeth am destun eang, chwiliwch amdano yn y rhestr gynnwys.
- **Defnyddio'r mynegai**
  Os ydych yn chwilio am fanylion penodol, chwiliwch am y gair mwyaf tebygol yn y mynegai. Mae'r mynegai yn rhoi rhif y dudalen lle cewch wybodaeth am y gair hwnnw.
- **Defnyddio'r cwestiynau**
  Mae gofyn cwestiynau a'u hateb yn ffordd dda iawn o ddysgu. Mae yna gwestiynau ar ddiwedd pob pennod. Ar ddiwedd y llyfr mae set ychwanegol o gwestiynau tebyg i'r rhai a gewch mewn arholiad. Cewch hefyd atebion i gwestiynau rhifiadol, ac awgrymiadau ar gyfer y rhai sy'n gofyn am atebion byrion.
- **Help i adolygu**
  Yn ogystal â'r cwestiynau, er mwyn eich helpu i adolygu, mae yna nodiadau adolygu, rhestr o dermau pwysig, a chrynodeb ar ddiwedd pob pennod.

Mae bioleg yn bwnc pwysig a chyffrous. Nid mewn labordai yn unig y mae'n digwydd. Mae o'ch cwmpas ym mhobman; mae'n digwydd yn nyfnderoedd y Ddaear ac (yn ôl pob tebyg!) ym mhellteroedd y gofod. Byddwch yn dod ar draws bioleg ym mhobman.

Gobeithio y bydd y llyfr hwn yn eich helpu i astudio, y byddwch yn mwynhau ei ddefnyddio, ac y byddwch yn cytuno â ni erbyn diwedd eich cwrs fod bioleg yn gyffrous!

Brian Beckett
RoseMarie Gallagher

Gorffennaf 2001

Nodyn: Mae'r *Pynciau Pellach* wedi eu cynnwys er mwyn ateb gofynion statudol ychwanegol y cwricwlwm cenedlaethol ar gyfer disgyblion yng Nghymru a Gogledd Iwerddon.

Cynnwys

Pennod 6

Pennod 7

Pennod 8

Pennod 9

Trywyddau

Nid yw trefn y cynnwys a roddir mewn manyleb bob amser yn addas ar gyfer pob disgybl. Mae'r 'trywyddau' hyn yn dangos ffyrdd gwahanol y gallwch chi ymdrin â'r deunydd. Cawsant eu cynllunio er mwyn eich helpu chi i ddod i ddeall y pwnc mewn adrannau bychain, hawdd eu trafod. Maent yn gwneud hynny trwy awgrymu pa grwpiau o unedau sy'n berthnasol i bynciau arbennig a thrwy dynnu eich sylw at y cysylltiadau rhyngddynt. Maent yn arbennig o ddefnyddiol wrth adolygu, gan eu bod yn eich helpu i grynhoi ac adolygu adrannau rhesymegol o'r deunydd ar y tro. Os digwydd ichi fod wedi colli rhywfaint o'r gwaith, gallant hefyd fod o help i lenwi'r bylchau.

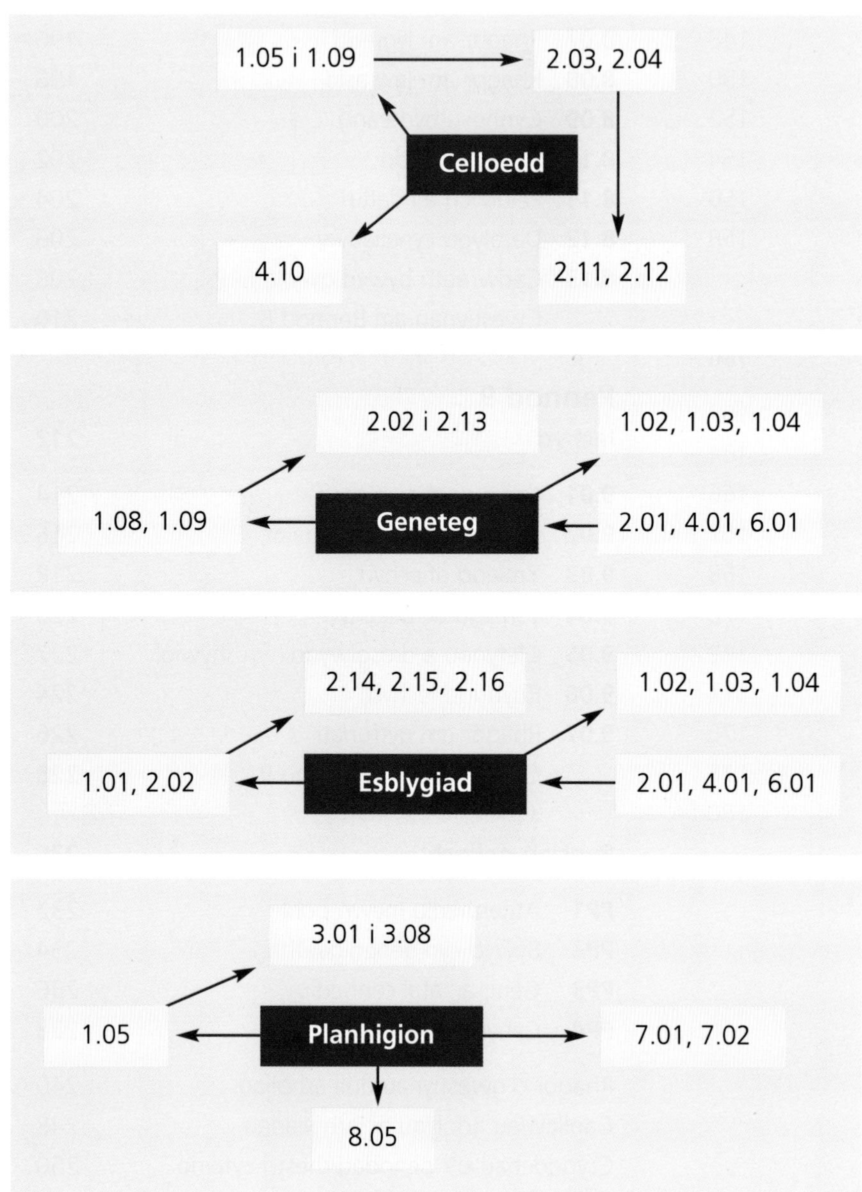

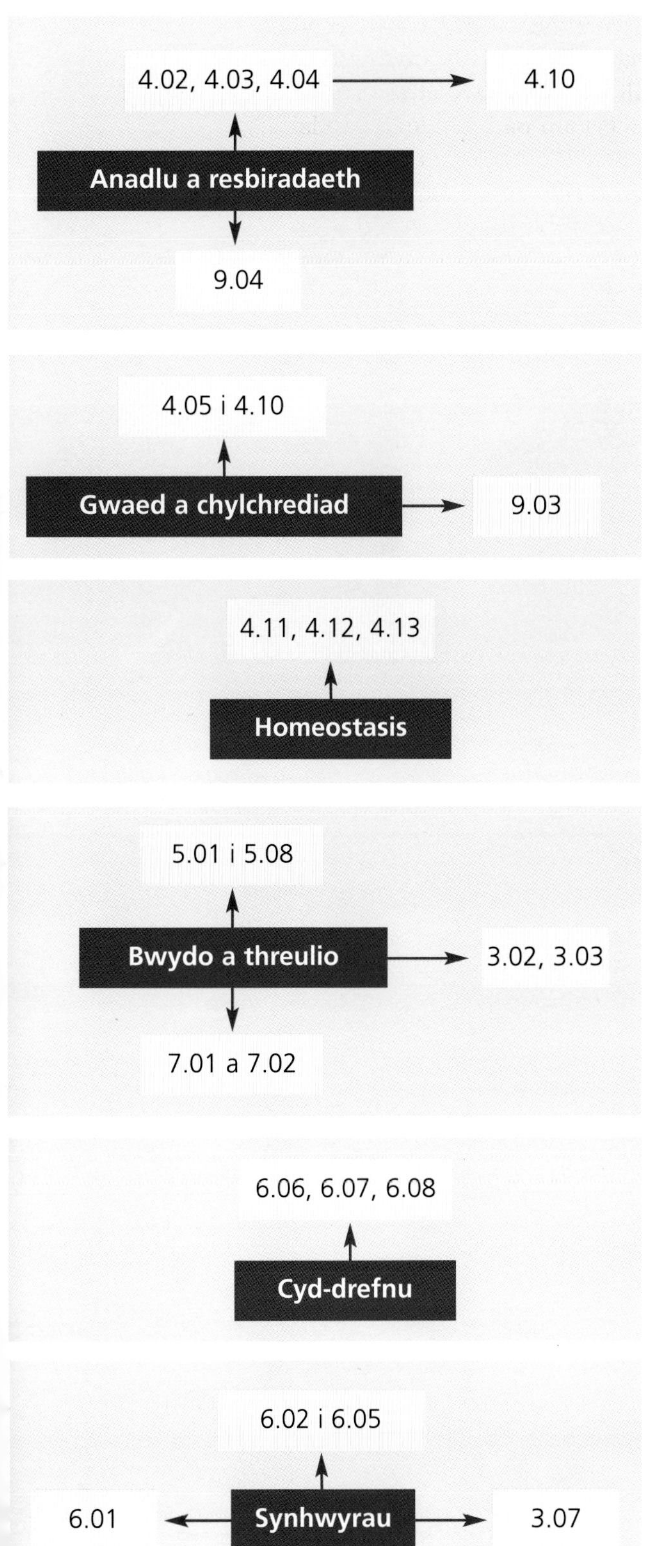
4.02, 4.03, 4.04
4.10
Anadlu a resbiradaeth
9.04
4.05 i 4.10
Gwaed a chylchrediad
9.03
4.11, 4.12, 4.13
Homeostasis
5.01 i 5.08
Bwydo a threulio
3.02, 3.03
7.01 a 7.02
6.06, 6.07, 6.08
Cyd-drefnu
6.02 i 6.05
6.01
Synhwyrau
3.07

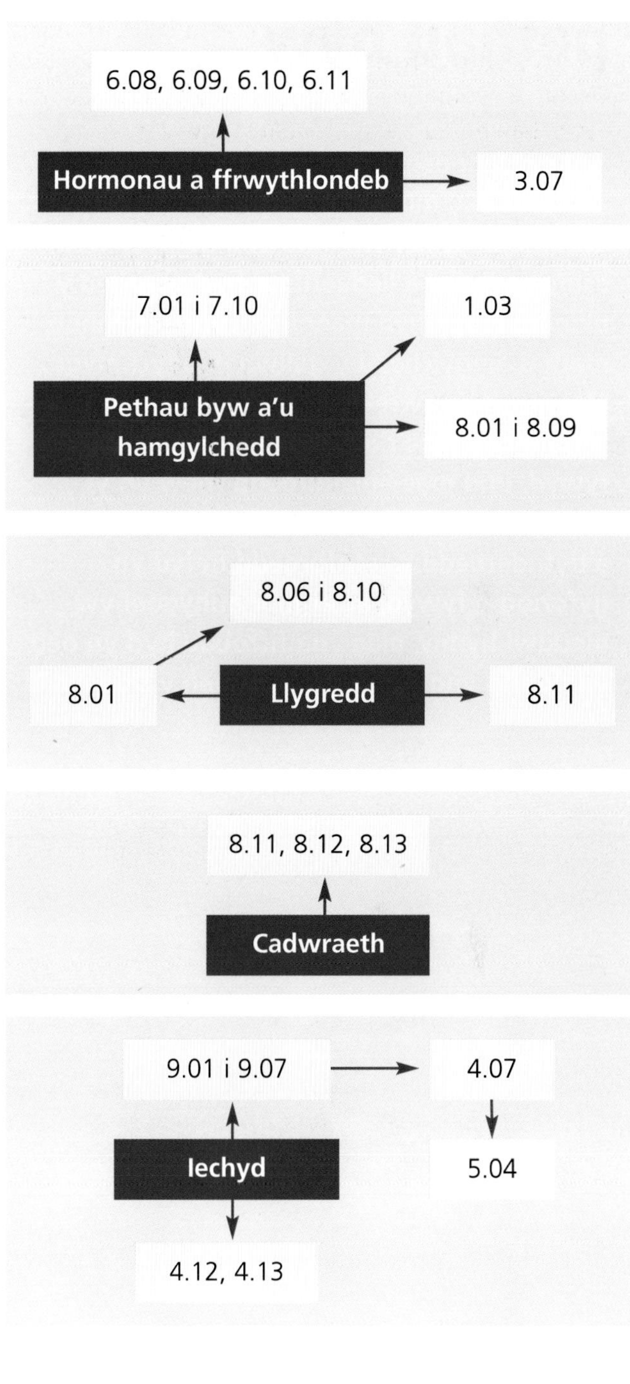
6.08, 6.09, 6.10, 6.11
Hormonau a ffrwythlondeb
3.07
7.01 i 7.10
1.03
Pethau byw a'u hamgylchedd
8.01 i 8.09
8.06 i 8.10
8.01
Llygredd
8.11
8.11, 8.12, 8.13
Cadwraeth
9.01 i 9.07
4.07
Iechyd
5.04
4.12, 4.13

Pennod 1

Cyflwyno pethau byw

Ymddangosodd bywyd gyntaf ar y Ddaear dros 300 miliwn o flynyddoedd yn ôl. O'r dechreuad syml hwn mae pethau byw wedi esblygu, lluosi a lledaenu ar hyd ac ar led y blaned. Erbyn hyn maent yn trigo ym mhob math o amgylchedd y gallwn ei ddychmygu. Mewn riffiau cwrel a choedwigoedd glaw trofannol y mae'r amrywiaeth fwyaf o fywyd, ond mae anialdiroedd rhew yn yr Arctig a'r Antarctig, diffeithdiroedd tanbaid, a dyfnderoedd y cefnforoedd hefyd yn gyforiog o fywyd, ac er mor anhygoel yw meddwl hynny, mae yna ficrobau hyd yn oed yn ddwfn yng nghreigiau cramen y Ddaear. ■

1.01 Sut y dechreuodd bywyd

Dychmygwch fyd â'i atmosffer heb fawr ddim ocsigen, os o gwbl, ond yn cynnwys digonedd o nwyon gwenwynig fel carbon monocsid, methan ac amonia, a hefyd nitrogen a hydrogen. Mae'r nwyon hyn, ynghyd â chymylau trwchus o anwedd dŵr, yn cael eu chwythu i'r awyr o laweroedd o losgfynyddoedd byw a ffynhonnau poeth. Mae'r byd hwn hefyd ar drugaredd goleuni uwchfioled a gwres tanbaid o'r Haul, fflachiadau o fellt yn ystod aml stormydd taranau brawychus, ac ymbelydredd a gaiff ei ryddhau o berfeddion y blaned.

Ai disgrifiad o fyd estron mewn stori ffuglen wyddonol yw hwn tybed? Nage, dyma'r Ddaear, ein planed ni, yn fuan ar ôl ei ffurfio tua 4 500 miliwn o flynyddoedd yn ôl. Yn amlwg ni fyddai'r un peth byw yn gallu goroesi mewn byd fel hwn. Pan aeth gwyddonwyr ati felly i geisio datrys dirgelwch sut y dechreuodd bywyd, yn gyntaf buont yn chwilio am ffynhonnell i'r cemegau (moleciwlau organig) y mae pethau byw wedi eu gwneud ohonynt. Y ddamcaniaeth a ddyfeisiwyd ganddynt oedd y byddai cemegau cymhlyg bywyd yn gallu cael eu ffurfio o gyfansoddion syml a oedd i'w cael yn atmosffer a dŵr y blaned ifanc, a hynny o dan amodau'r Ddaear gyntefig, fel y disgrifiad a welsoch uchod.

Rhoi'r ddamcaniaeth ar brawf

Ym 1953 rhoddodd Stanley Miller y ddamcaniaeth hon ar brawf trwy geisio ail-greu yn y labordy amodau y tybiai pobl eu bod yn bodoli ar y Ddaear gyntefig. Anfonodd wreichionen drydan trwy 'atmosffer cyntefig' mewn cyfarpar gwydr. Darllenwch (gyferbyn) am yr arbrawf hwn nawr.

Wythnos yn unig yn ddiweddarach, aeth Miller ati i ddadansoddi'r 'cawl' a gafodd, a darganfod ei fod yn cynnwys asidau amino (blociau adeiladu proteinau), asidau brasterog, a moleciwlau biolegol cymhlyg eraill. Byth oddi ar hynny mae gwyddonwyr wedi defnyddio arbrofion tebyg i ddangos bod y dechneg hon yn cynhyrchu mwy a mwy o'r cemegau y mae pethau byw wedi eu gwneud ohonynt, gan gynnwys carbohydradau, proteinau, asidau niwcleig, a brasterau.

Dechreuadau bywyd

Yn ôl pob tebyg, yr hyn a ddigwyddodd nesaf oedd bod cemegau bywyd wedi crynhoi mewn llynnoedd a phyllau, lle buont yn newid, cyfuno, ac ail-gyfuno mewn miliynau o wahanol ffyrdd dros gyfnodau maith iawn o amser. Aeth pethau'n fwyfwy cymhleth hyd nes i ffurfiadau tebyg i gelloedd ymddangos; roedd gan y rhain brif nodweddion cyntaf bywyd, sef y gallu i atgynhyrchu a thyfu, gan fwydo ar ddefnyddiau yn y 'cawl primordiol' lle gwnaethant ffurfio.

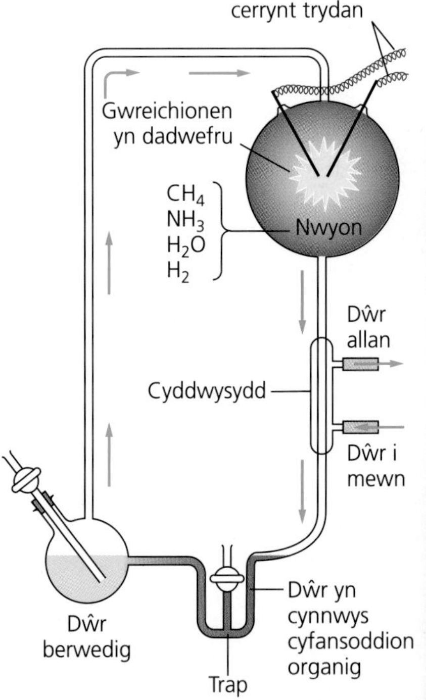

Cyfarpar Miller - yn hwn y gwnaeth ddynwared yr amodau yn atmosffer y Ddaear fel y tybiwn iddynt fod dros 4000 miliwn o flynyddoedd yn ôl. Mae dŵr berwedig yn darparu ager (H_2O) a gwres, ac yn y bwlb mawr rhoddir gwreichionen drydan mewn methan (CH_4), amonia (NH_3) a hydrogen (H_2). Caiff y cyfansoddion sy'n cael eu ffurfio eu golchi gan anwedd dŵr sy'n cyddwyso, i lawr i fan casglu yn y gwaelod. Yr hylif hwn oedd y 'cawl' o gemegau organig.

Tua mil o filiynau o flynyddoedd yn ddiweddarach, ymddangosodd celloedd a wnaeth newid trywydd esblygiad. Datblygodd y rhain y pigment gwyrdd, cloroffyl, a oedd yn eu galluogi i ddefnyddio egni o olau haul i wneud bwyd o ddŵr a charbon deuocsid, a rhyddhau ocsigen i atmosffer y Ddaear am y tro cyntaf. Dyma'r planhigion cyntaf, ac o'r rhain y tarddodd Teyrnas y Planhigion fel rydym yn ei hadnabod heddiw. Nid yn unig maent yn cynnal cyflenwad digonol o ocsigen yn yr atmosffer, ond hefyd maent yn gwneud y bwyd y mae popeth byw arall yn dibynnu arno.

Beth fyddwch chi'n ei ddysgu yn y bennod hon?

Mae'r bennod hon yn disgrifio nodweddion pethau byw, ar wahân i'w gallu i dyfu ac i atgynhyrchu, ac fe gewch gyflwyniad i amrywiaeth enfawr bywyd. Byddwch yn dysgu beth yw celloedd, beth yw'r gwahaniaethau rhwng celloedd planhigion ac anifeiliaid, a sut, trwy ymrannu filiynau o weithiau, y maent yn cynhyrchu organebau cymhleth aml-gellog a'r celloedd rhyw y mae arnynt eu hangen ar gyfer atgenhedlu.

Cwestiynau

1 Mae'r llun uchod yn dangos y Ddaear fel y tybiwn iddi ymddangos 4000 miliwn o flynyddoedd yn ôl. Ym mha ffordd y mae'r amodau yn wahanol i rai heddiw?

2 Beth yw damcaniaeth?

3 Disgrifiwch y ddamcaniaeth yr aeth Miller ati i'w phrofi.

4 Efallai na wnaeth ei ganlyniadau brofi unrhyw beth, ond ym mha ffordd yr oeddynt yn cefnogi ei ddamcaniaeth?

1.02 Pethau byw

Rydych chi yn **beth byw**. Mae glaswellt, morfilod ac ystlumod hefyd yn bethau byw. Ond pethau anfyw yw cerrig a glaw. Mae pethau byw yn wahanol i bethau anfyw yn y ffyrdd a ddangosir isod.

Mae pethau byw yn symud ac mae ganddynt synhwyrau

Mae anifeiliaid yn cerdded, neu redeg, neu neidio, neu ymlusgo, neu nofio, neu hedfan. Gwyddant i ba gyfeiriad i symud trwy ddefnyddio **organau synhwyro**, sef llygaid, clustiau, trwyn, blasbwyntiau, croen ac, yn achos pryfed, **teimlyddion**.

Trwy dyfu y mae planhigion yn symud, fel y ffa yma sy'n dringo polion. Nid oes ganddynt organau synhwyro ond gallant ymateb i bethau. Mae gwreiddyn planhigyn yn tyfu tuag i lawr mewn ymateb i ddisgyrchiant, ac i ddod o hyd i ddŵr. Mae'r cyffyn yn tyfu tuag i fyny i gael goleuni.

Mae pethau byw yn bwydo

Mae arnynt angen bwyd i gael egni, i dyfu, ac i atgyweirio.

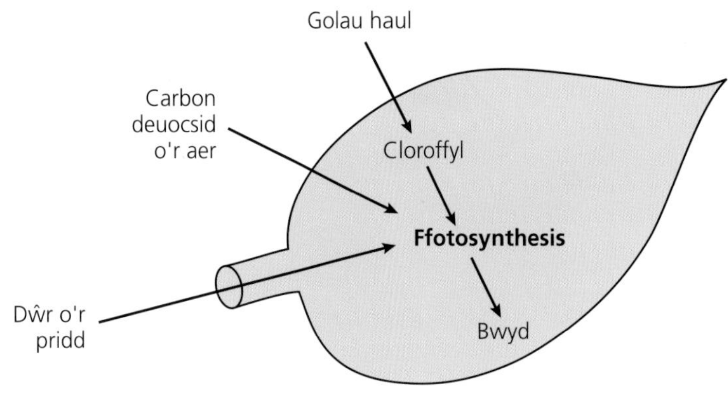

Mae planhigion yn gwneud eu bwyd eu hunain yn eu dail. **Ffotosynthesis** yw'r enw ar hyn. Mae angen goleuni, dŵr, carbon deuocsid a chemegyn gwyrdd o'r enw **cloroffyl** sydd i'w gael mewn dail ar gyfer hyn.

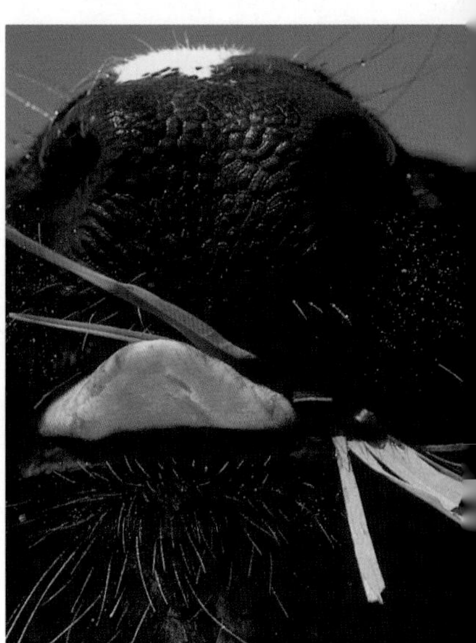

Ni all anifeiliaid wneud eu bwyd eu hunain, felly maent yn bwyta planhigion ac anifeiliaid eraill. Pa anifail yw hwn? Beth mae'n ei fwyta?

Mae pethau byw yn resbiradu

Maent yn cael egni o fwyd trwy broses o'r enw **resbiradaeth**. Fel arfer, mae angen ocsigen ar gyfer hyn.

Mae pethau byw yn ysgarthu

Mae popeth byw yn cynhyrchu gwastraff. **Ysgarthiad** yw'r enw ar waredu gwastraff o'r corff.

Mae anifeiliaid yn ysgarthu trwy eu hysgyfaint a'u harennau, a thrwy eu croen wrth chwysu.

Mae planhigion yn storio gwastraff mewn hen ddail, sy'n disgyn yn yr hydref.

Mae pethau byw yn atgynhyrchu a thyfu

Mae anifeiliaid yn dodwy wyau, neu'n cael babanod. Mae hadau o blanhigion yn tyfu'n blanhigion newydd.

Mae anifeiliaid yn rhoi'r gorau i dyfu ar ôl iddynt gyrraedd eu llawn dwf.

Mae planhigion yn tyfu ar hyd eu hoes. Bu'r goeden gochwydd enfawr hon yn tyfu am dros 2000 o flynyddoedd!

Cwestiynau

1 Enwch saith ffordd y mae pethau byw yn wahanol i bethau anfyw.

2 Enwch y defnydd gwyrdd, a thri pheth arall y mae ar blanhigion eu hangen i wneud bwyd.

3 Enwch bob un o'ch organau synhwyro.

4 Beth yw:

a resbiradu?

b ysgarthu?

1.03 Pethau byw a'u hanghenion

Mae ein planed yn belen enfawr o graig sy'n troi mewn cylchoedd o gwmpas yr Haul. Isod fe welwch lun ohoni wedi ei dynnu o'r gofod.

Mae'r belen enfawr hon o graig yn gartref i biliynau lawer o greaduriaid byw. Gallant fyw arni oherwydd bod ganddi'r chwe pheth sy'n angenrheidiol ar gyfer creaduriaid byw.

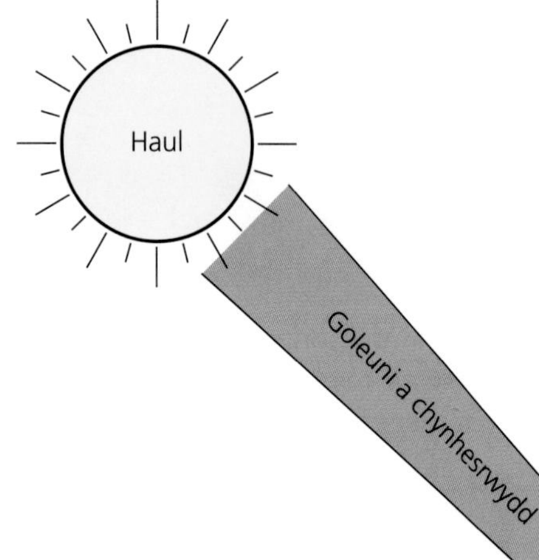

Goleuni a charbon deuocsid

Goleuni o'r Haul sy'n rhoi egni i bopeth byw. Mae ar blanhigion angen goleuni, a charbon deuocsid o'r aer, i wneud bwyd trwy ffotosynthesis. Mae anifeiliaid yn cael eu hegni trwy fwyta planhigion, neu drwy fwyta anifeiliaid sy'n bwyta planhigion.

Cynhesrwydd

Os bydd hi'n mynd yn rhy boeth neu'n rhy oer, bydd y newidiadau cemegol sy'n angenrheidiol ar gyfer bywyd yn peidio. Mewn sawl rhan o'r Ddaear, mae'r tymheredd rhwng 25°C a 30°C. Mae'r rhan fwyaf o bethau byw wedi addasu i fyw ar y tymereddau hyn.

Dŵr

Mae gan ein byd ddigonedd o ddŵr. Mae ar bopeth byw angen dŵr oherwydd bod y newidiadau cemegol sy'n angenrheidiol ar gyfer bywyd yn digwydd ynddo. Dŵr yw tri chwarter ein cyrff.

Ocsigen

Ocsigen yw oddeutu un pumed o'r aer. Mae ar y rhan fwyaf o bethau byw angen ocsigen er mwyn cael egni o'u bwyd trwy resbiradu.

Mwynau

Mae priddoedd y Ddaear yn cynnwys mwynau. Mae'r rhain yn hanfodol ar gyfer iechyd a thwf. Trwy eu gwreiddiau y mae planhigion yn cael mwynau. Mae anifeiliaid yn cael mwynau trwy fwyta planhigion neu anifeiliaid eraill.

Y biosffer

Y **biosffer** yw'r holl rannau o arwyneb y Ddaear lle mae pethau byw i'w cael. Mewn gwirionedd, maent i'w cael bron ym mhobman, o tua 9000 metr i fyny yn y mynyddoedd i o leiaf 5000 metr o dan y môr.

Mae'r diagram hwn yn dangos cipolwg ar y biosffer, o'r mannau uchaf i'r mannau isaf lle gall creaduriaid fyw.

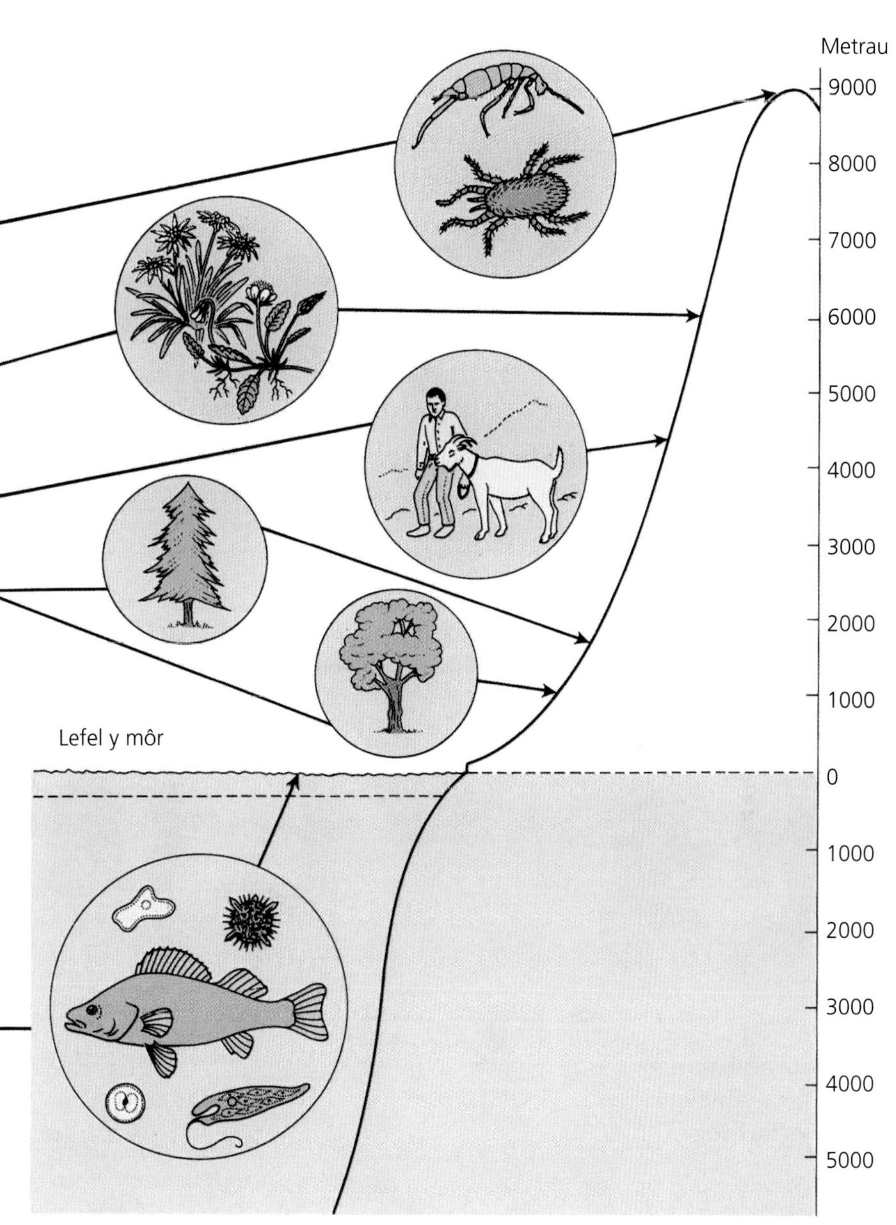

Bywyd ar y tir

Gall pryfed cwtsboncyn a gwiddon fyw ar uchder o hyd at 9000 metr gan fwyta paill a hadau sy'n cael eu cludo yno gan y gwynt.

Nid yw'r rhan fwyaf o blanhigion blodeuol yn gallu byw yn uwch na 6000 metr. Gall mwsogl a chen fyw yn llawer uwch.

Mae pobl yn cadw anifeiliaid a thyfu cnydau ar uchder o hyd at 4500 metr.

Mae coedwigoedd conwydd yn dod i ben ar tua 1500 metr, a choedwigoedd collddail ar tua 1000 metr.

Bywyd mewn dŵr

Mewn dŵr dwfn mae'r rhan uchaf yn derbyn golau haul, ac felly mae ffotosynthesis yn bosibl. Mae'r rhannau isaf mewn tywyllwch.

Mewn dŵr croyw gall y rhan sy'n derbyn golau haul fod hyd at 100 metr o ddyfnder. Yma mae miliynau o greaduriaid mân, y **ffytoplancton**, yn byw. Maent yn debyg i blanhigion. Mae anifeiliaid mân, y **sŵoplancton**, yn eu bwyta.

Mae'r ddau fath o blancton yn cael eu bwyta gan greaduriaid mwy, fel pysgod.

Mae'r rhan is sy'n hollol dywyll yn gartref i greaduriaid sy'n byw ar bethau marw a phethau byw sy'n disgyn o'r rhan olau uwchben, yn ogystal â hen grwyn, carthion ac ati.

Cwestiwn

Mae'r Ddaear yn gartref i biliynau o greaduriaid ond nid oes pethau byw ar y Lleuad. Nodwch y chwe pheth sy'n angenrheidiol ar gyfer bywyd. Yn eich tyb chi, pa rai ohonynt sydd i'w cael ar y Lleuad a pha rai sydd ddim?

1.04 Grwpiau o bethau byw

Mae'r Uned hon yn dangos pethau byw ym mhedair o'r pum teyrnas, ac yna'n dangos sut y gall y rhain gael eu rhannu'n grwpiau llai a llai.

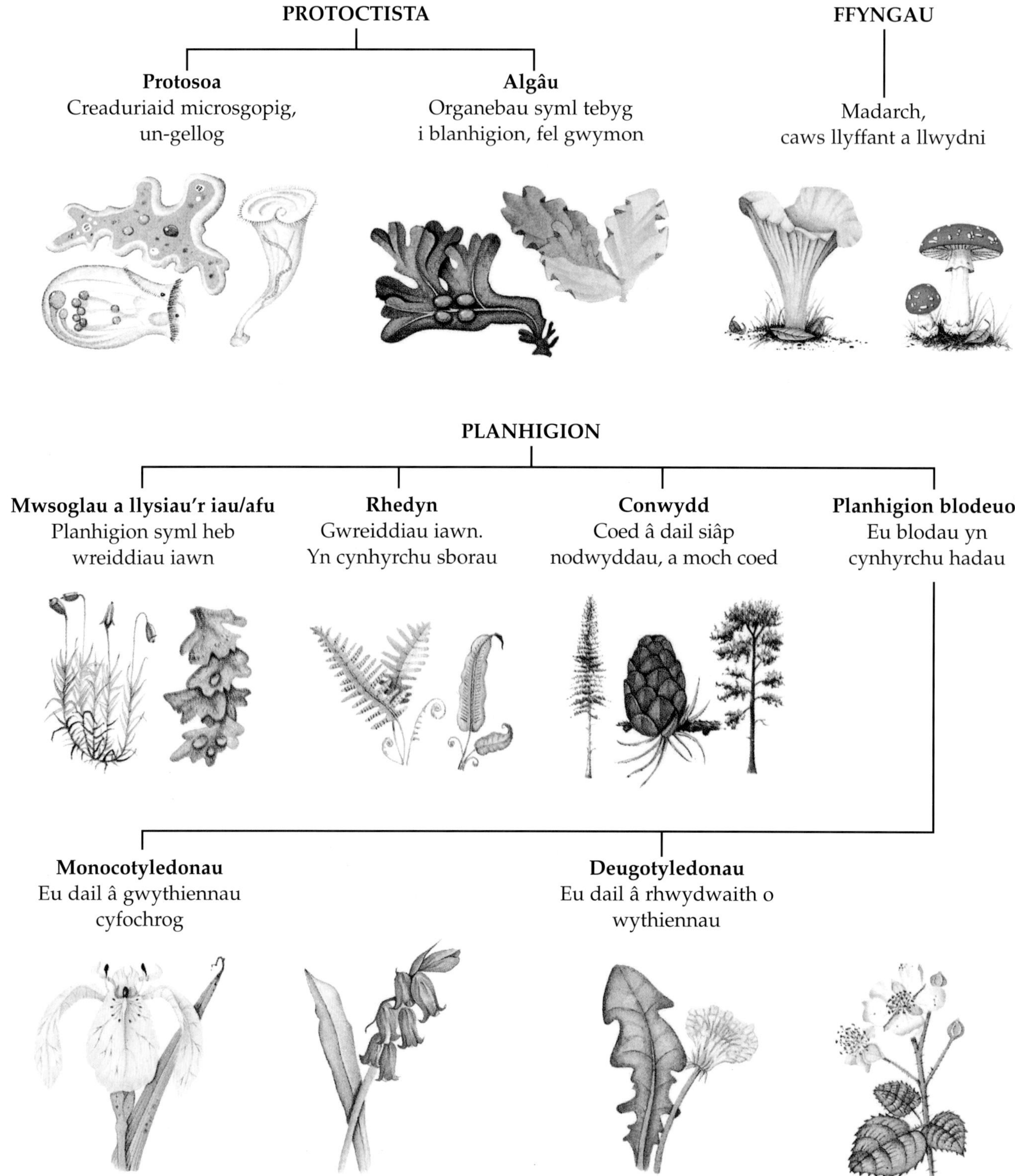

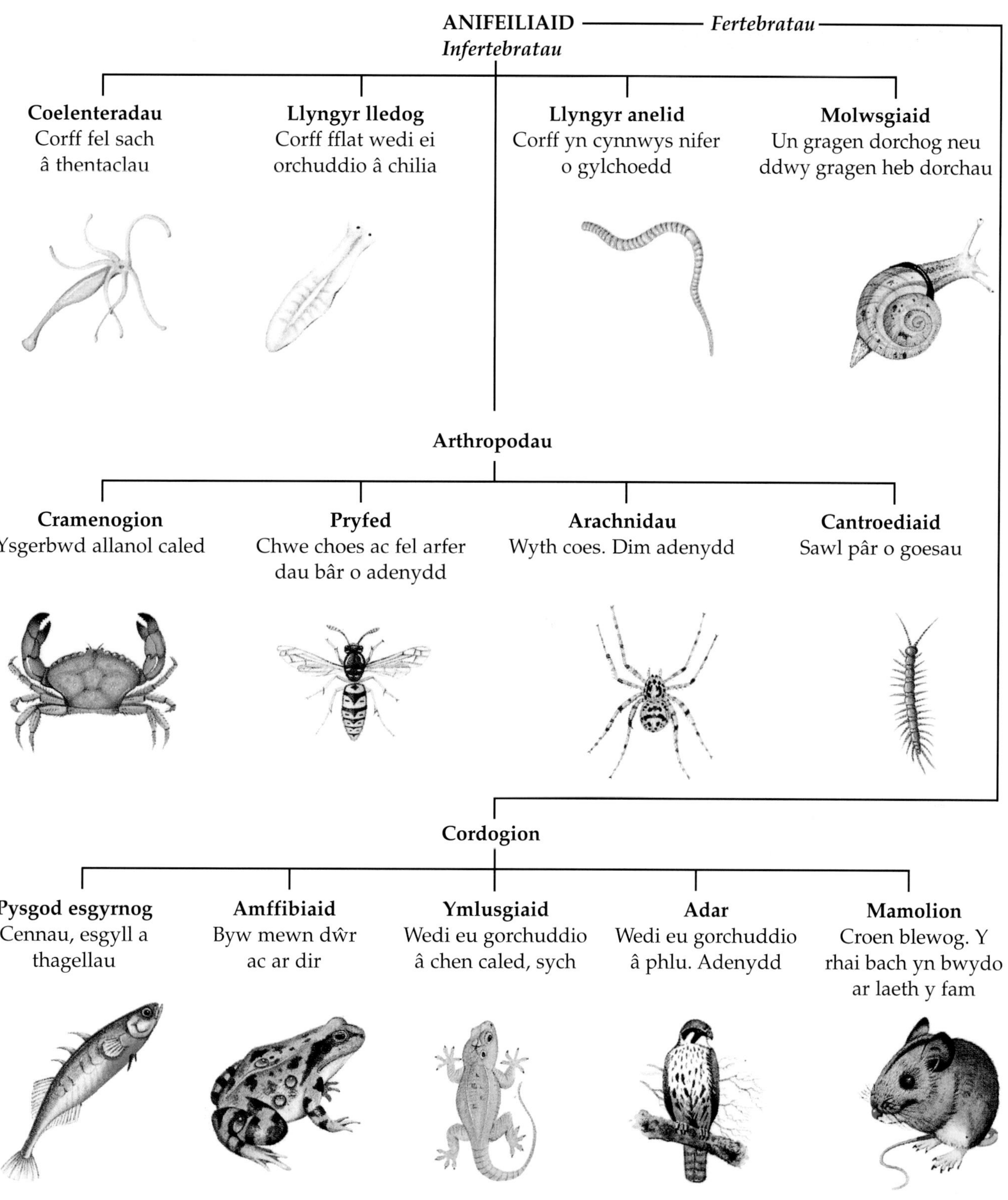

Cwestiynau

1 Beth yw'r gair am:
  a anifeiliaid ag asgwrn cefn?
  b anifeiliaid heb asgwrn cefn?
2 A yw ffyngau yn perthyn i grŵp y planhigion?
3 I ba grŵp rydych chi'n perthyn?
4 Pa anifeiliaid sydd â phedwar pâr o goesau?
5 Pa blanhigion sydd heb flodau?
6 Beth yw deugotyledon?

1.05 Beth yw celloedd?

I godi tŷ, mae angen briciau. Yn yr un ffordd, mae anifeiliaid a phlanhigion yn cael eu hadeiladu o **gelloedd**.

Mae eich croen, eich esgyrn, eich cyhyrau, a'ch ymennydd i gyd wedi eu gwneud o gelloedd. Mae tua chan miliwn miliwn o gelloedd yn eich corff. Maent yn fach iawn. Byddai o leiaf ddeg cell yn ffitio ochr yn ochr ar draws yr atalnod llawn hwn.

Cell o leinin boch ddynol, wedi ei lliwio i ddangos y gwahanol rannau. Beth yn eich tyb chi yw'r smotyn oren?

Y tu mewn i gell anifail

Nid yw eich celloedd yn wahanol iawn i gelloedd broga neu gath neu jiráff. Yn wir, mae celloedd pob anifail yn cynnwys y rhannau hyn:

Cellbilen Croen tenau o amgylch y gell yw'r bilen hon. Mae'n gadael i rai pethau fynd trwyddi, ond yn rhwystro pethau eraill.

Cnewyllyn Mae'n rheoli beth mae cell yn ei wneud, a sut mae'n datblygu.

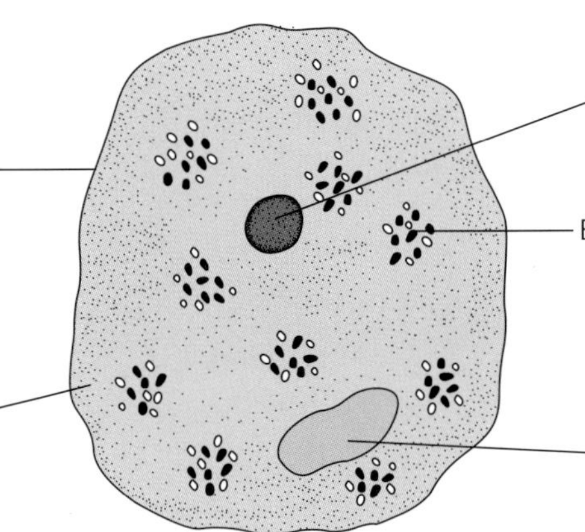

Cytoplasm Jeli yw hwn sy'n cynnwys cannoedd o gemegau. Mae llawer o adweithiau cemegol yn digwydd ynddo. Mae'n llenwi'r gell.

Gwagolyn Lle gwag o fewn y gell sy'n cynnwys aer, hylifau, neu ronynnau o fwyd. Fel arfer mae sawl gwagolyn bach mewn cell anifail.

Nid yw pob cell yr un siâp. Mae tua dau ddeg o wahanol fathau o gelloedd yn eich corff, pob un â gwaith gwahanol i'w wneud. Dyma luniau tri math o gell.

Siâp disg sydd i gelloedd coch y gwaed. Eu gwaith yw cludo ocsigen o amgylch y corff.

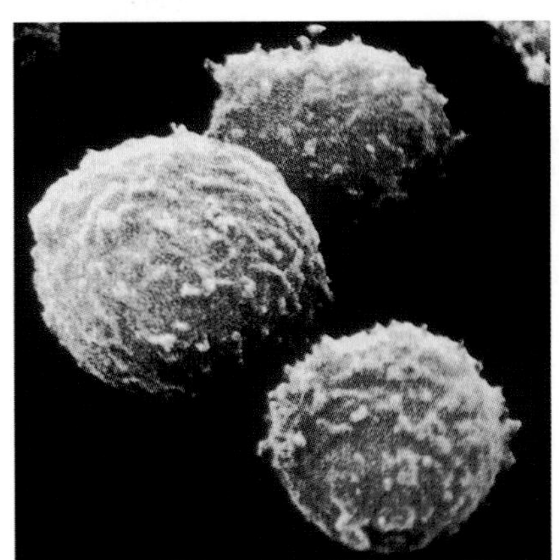

Celloedd gwyn y gwaed, wedi eu staenio er mwyn i ni eu gweld yn haws. Maent yn ymosod ar germau a gallant newid eu siâp.

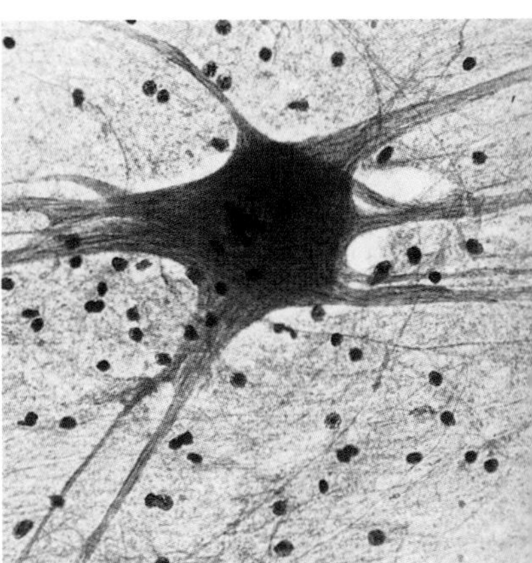

Mewn nerfgelloedd mae ffibrau hir tenau sy'n cario 'negeseuon' o amgylch eich corff.

Y tu mewn i gell planhigyn

Mae gan bob cell planhigyn y rhannau hyn:

Cellfur o gellwlos Mae'n gorchuddio'r gellbilen.

Cytoplasm Jeli sy'n cynnwys cannoedd o gemegau. Mae llawer o adweithiau cemegol yn digwydd ynddo. Mae'n llenwi'r gell.

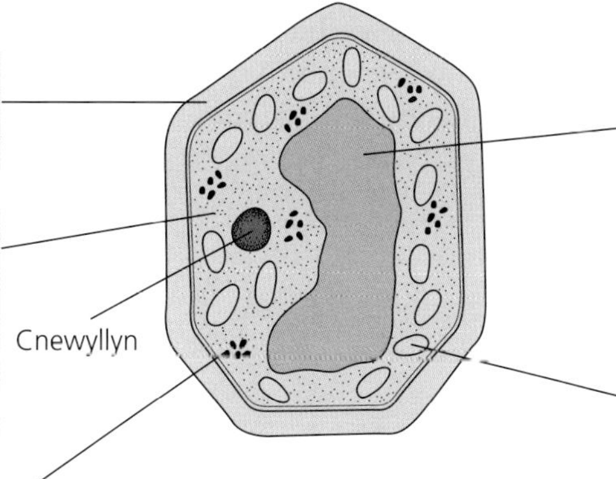

Gwagolyn Mae pob cell planhigyn yn cynnwys y rhain. **Cellnodd** yw'r enw ar yr hylif y tu mewn.

Cloroplastau Disgiau bach yn llawn sylwedd gwyrdd o'r enw **cloroffyl**. Maent yn dal yr egni goleuni sy'n angenrheidiol i blanhigion ar gyfer gwneud bwyd trwy ffotosynthesis.

Bwyd wedi ei storio Startsh yn bennaf.

Yn wahanol i gelloedd anifeiliaid, dim ond ychydig o wahanol siapiau o gelloedd planhigion sydd i'w cael. Mae hyn oherwydd nad oes cymaint o wahanol waith iddynt ei wneud.

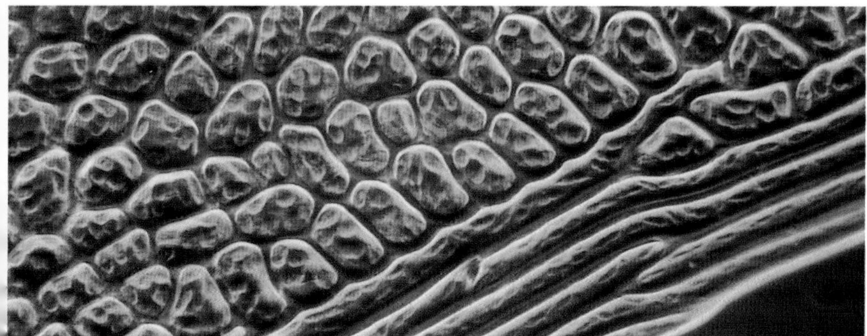

Celloedd dail. Maent yn ymddangos yn gryfach na chelloedd anifeiliaid oherwydd eu cellfuriau. Cloroplastau yw'r smotiau gwyrdd bach. Mae sawl un ym mhob cell.

micrometrau (µm)

0 10 20 30 40 50 60 70 80 90 100 110

Blewyn dynol

Cell wy o fenyw (ofwm)

Sberm o ddyn

Cell wen y gwaed

Cell o'r tu mewn i foch

Cell goch y gwaed

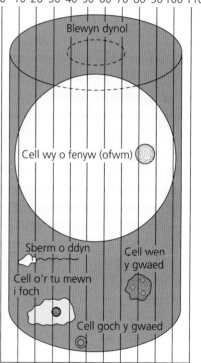

Caiff maint pethau microsgopig ei fesur mewn micrometrau **µm**. 1/1000 milimetr yw un **µm.** (Gweler cwestiwn 1)

Y gwahaniaeth rhwng celloedd planhigion a chelloedd anifeiliaid

	Celloedd planhigion		Celloedd anifeiliaid
1	Cellfuriau cellwlos.	1	Dim cellfuriau cellwlos.
2	Cloroplastau.	2	Dim cloroplastau.
3	Gwagolyn bob amser.	3	Gwagolyn weithiau.
4	Ychydig o wahanol siapiau.	4	Llawer o wahanol siapiau.

Cwestiynau

1 a Beth yw lled blewyn, mewn micrometrau (µm)?
b Beth yw lled cell goch y gwaed, mewn µm?
c Tua faint o gelloedd coch ochr-yn-ochr sy'n hafal i ddiamedr blewyn?
ch Tua sawl gwaith y byddai'n rhaid i chi chwyddhau cell o'r foch i wneud ei diamedr yn faint pêl dennis?

2 Enwch dri gwahanol fath o gelloedd yn eich corff.
3 Beth yw cloroplastau a beth maent yn ei wneud?
4 Rhestrwch bedwar peth sydd mewn celloedd planhigion ac mewn celloedd anifeiliaid.
5 Beth mae cnewyllyn y gell yn ei wneud?

1.06 Celloedd, meinweoedd ac organau

Un gell oeddech chi ar y dechrau - cell wy wedi'i ffrwythloni. Fe wnaethoch chi dyfu wrth i'r gell honno ymrannu i wneud dwy gell, a'r rheiny ymrannu i wneud pedair, ac felly ymlaen. **Cellraniad** yw'r enw ar hyn. Dyma sut mae popeth byw yn tyfu.

Cell wy wedi'i ffrwythloni yn ymrannu i wneud *dwy* **epilgell**, sy'n unfath.

Mae'r rhain yn ymrannu i wneud *pedair* cell unfath, sy'n ymrannu eto ac eto i ffurfio pelen o gelloedd.

Meinweoedd

Mae rhai celloedd yn y belen yn tyfu ac yn newid eu siâp i wneud gwaith arbennig - maent yn troi'n **arbenigol**. Mae celloedd sy'n gwneud yr un gwaith yn dod at ei gilydd i ffurfio **meinweoedd**.

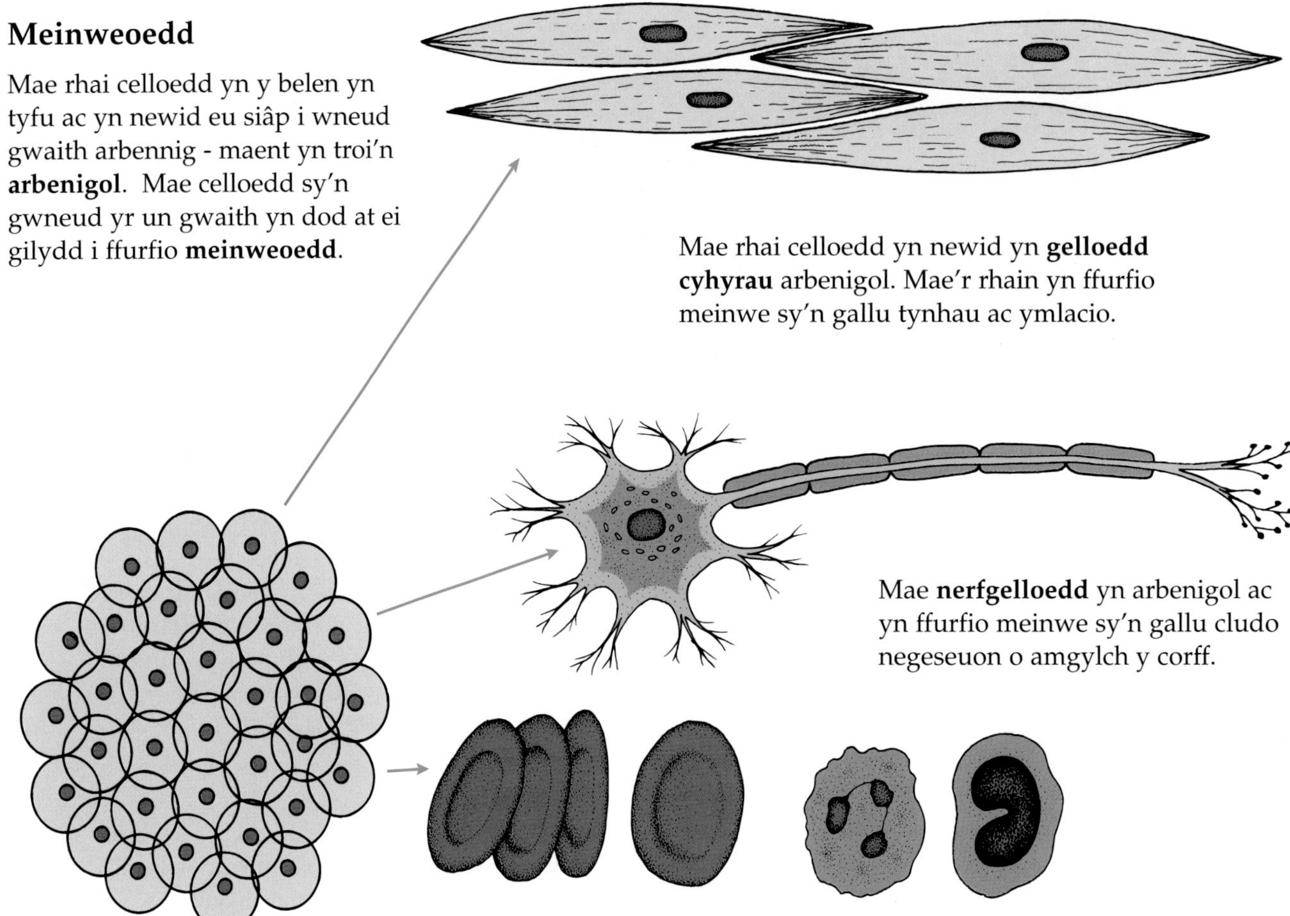

Mae rhai celloedd yn newid yn **gelloedd cyhyrau** arbenigol. Mae'r rhain yn ffurfio meinwe sy'n gallu tynhau ac ymlacio.

Mae **nerfgelloedd** yn arbenigol ac yn ffurfio meinwe sy'n gallu cludo negeseuon o amgylch y corff.

Mae **celloedd coch a chelloedd gwyn y gwaed** yn ffurfio meinwe sy'n gallu cludo ocsigen a lladd germau. **Gwaed** yw'r enw ar y meinwe hwn.

Organau

Mae gwahanol feinweoedd yn cyfuno i wneud **organau**.

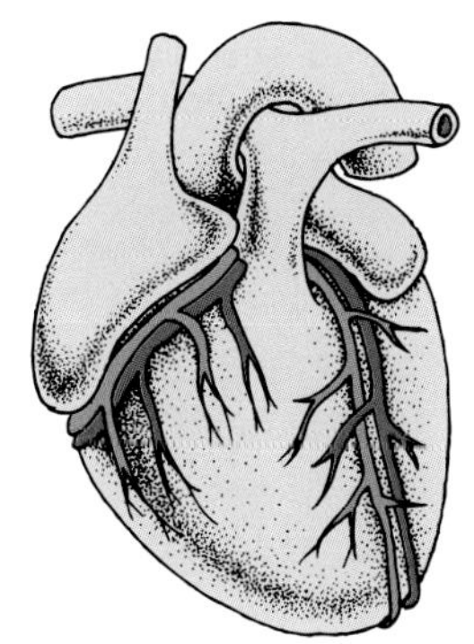

Y **galon** yw'r organ sy'n pwmpio gwaed o amgylch y corff.

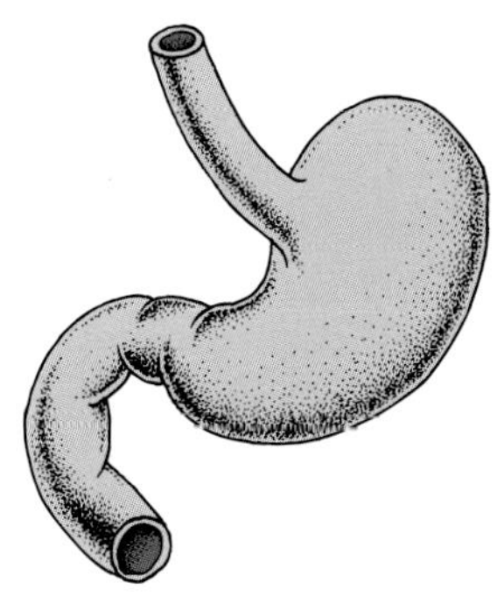

Organ yw'r **stumog** sy'n treulio bwyd.

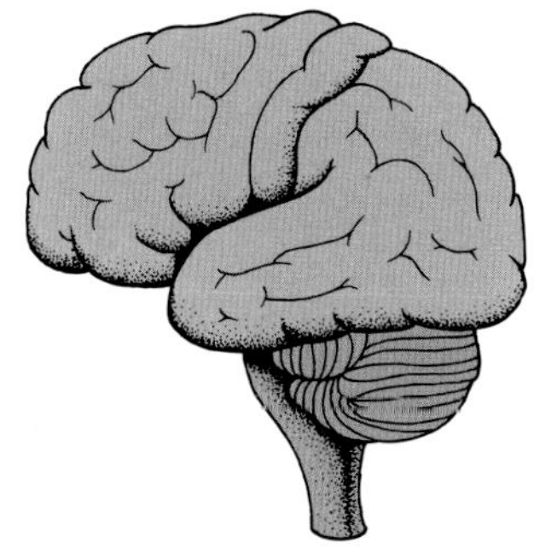

Yr **ymennydd** yw'r organ sy'n rheoli rhannau o'r corff.

Organebau a systemau organau

Rydych chi'n **organeb**. Ac mae cath ac aderyn yn organebau. Mae organeb yn cynnwys nifer o wahanol organau. Mae rhai o'i organau yn gweithio gyda'i gilydd i ffurfio **system organau**.

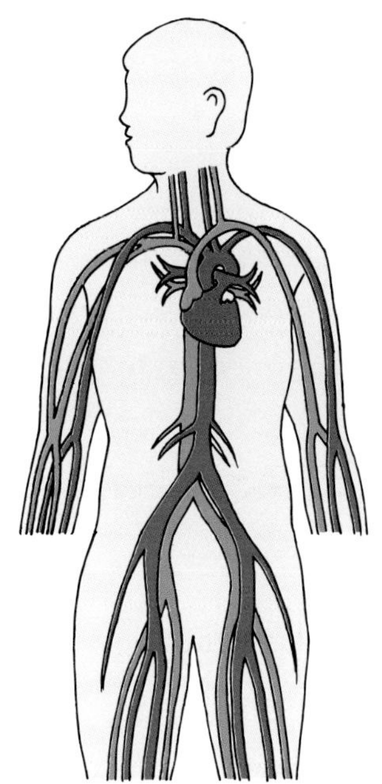

Mae system **cylchrediad y gwaed** yn cynnwys y galon a phibellau gwaed.

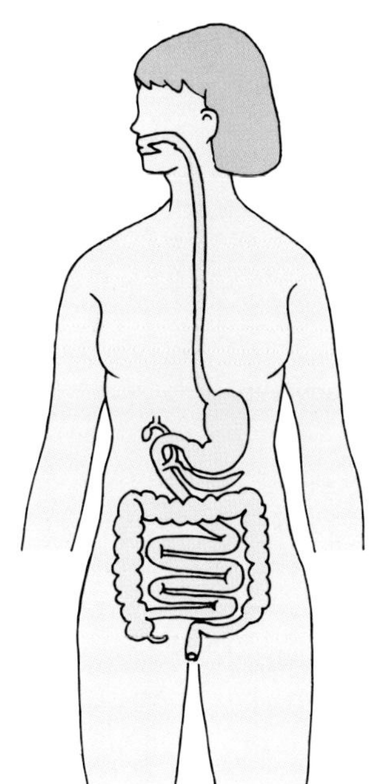

Mae'r **system dreulio** yn cynnwys y llwnc, y stumog, a'r coluddyn.

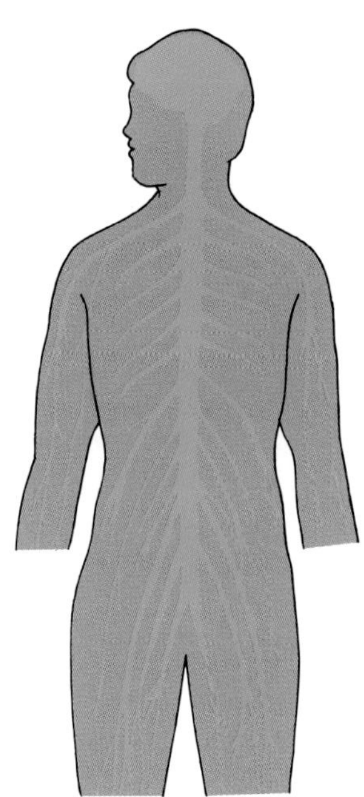

Mae'r **system nerfol** yn cynnwys yr ymennydd, madruddyn y cefn, a'r nerfau.

Cwestiynau

1 Beth yw meinwe? Rhowch ddwy enghraifft.
2 Beth yw organ? Rhowch bum enghraifft.
3 Beth yw system organau? Rhowch ddwy enghraifft.
4 Hyd yn oed wedi i chi orffen tyfu, mae rhai celloedd yn dal i ymrannu. Eglurwch pam.
5 Eglurwch beth yw cell arbenigol.

1.07 I mewn ac allan o gelloedd

Mae sylweddau yn symud i mewn ac allan o gelloedd ar ffurf gronynnau bach. **Moleciwlau** yw'r rhain. Mewn hylifau a nwyon nid yw'r moleciwlau byth yn llonydd. Maent yn symud a tharo yn erbyn ei gilydd trwy'r amser.

Gallwch ddangos bod moleciwlau'n symud trwy roi diferyn o inc mewn dŵr. Gwelwch yr inc yn lledaenu trwy'r dŵr er nad yw'n cael ei droi. Mae'r inc yn lledaenu oherwydd bod moleciwlau inc yn symud i'r bylchau rhwng y moleciwlau dŵr, a moleciwlau dŵr yn symud i'r bylchau rhwng moleciwlau inc.

Yr enw ar symudiad moleciwlau sy'n gwneud iddynt gymysgu yw **tryledIad**. Mae moleciwlau'n tryledu o fan lle maent yn niferus i fan lle maent yn llai niferus. Hynny yw, mae moleciwlau'n tryledu i lawr **graddiant crynodiad**, o grynodiad uchel i un isel.

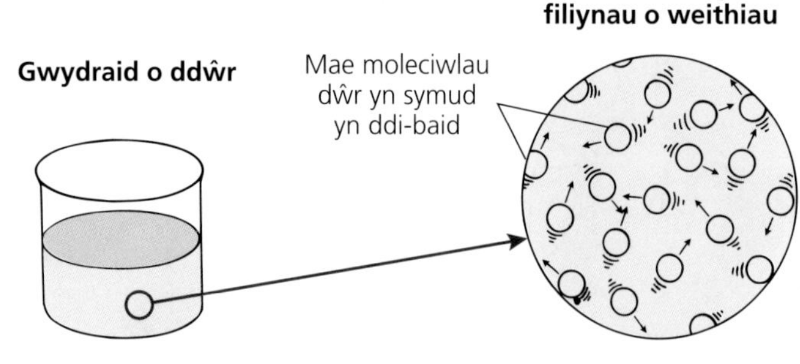

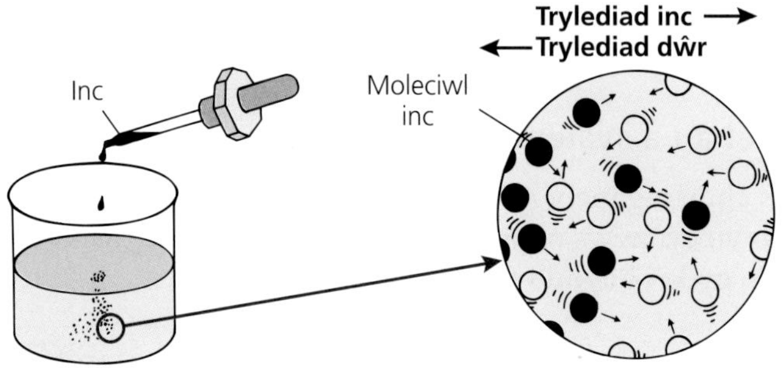

Tryledu i mewn ac allan o gelloedd

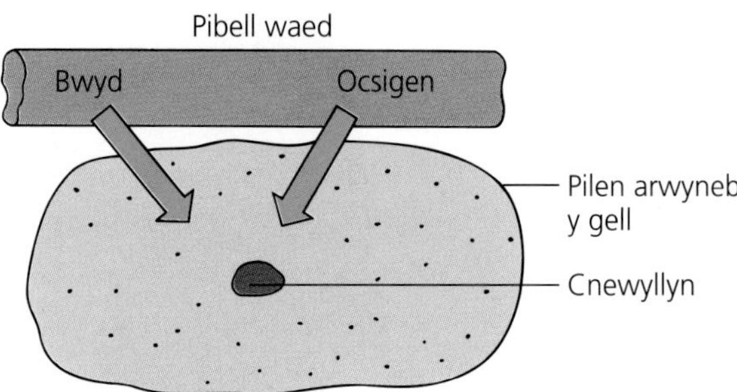

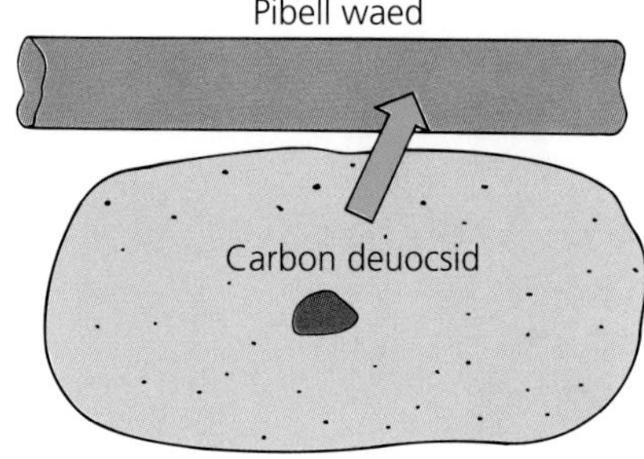

Rhaid i gelloedd y corff dynol gael cyflenwad di-dor o fwyd ac ocsigen i gadw'n fyw a gwneud eu gwaith. Yn y gwaed y mae bwyd ac ocsigen yn cael eu cludo, felly maent yn tryledu o'r gwaed i bob cell.

Wrth i'r gell ddefnyddio bwyd ac egni mae'n cynhyrchu carbon deuocsid fel gwastraff. Rhaid symud y gwastraff hwn cyn iddo wenwyno'r gell. Mae carbon deuocsid yn tryledu o'r gell i'r gwaed, sy'n ei gludo i'r ysgyfaint i'w allanadlu o'r corff.

Cludiant actif moleciwlau i fyny graddiannau crynodiad

Mae planhigion yn codi mwynau o'r pridd yn *erbyn* graddiannau crynodiad (h.y. o grynodiad isel i grynodiad uchel) fel bod celloedd eu gwreiddiau yn gallu cynnwys mwy o fwynau na'r dŵr yn y pridd. Mae hyn yn hollol groes i dryledIad. Mae planhigion yn gwneud i hyn ddigwydd trwy ddefnyddio egni i dynnu moleciwlau i mewn i'w celloedd. Dyna pam mai **cludiant actif** moleciwlau yw enw'r broses.

Osmosis

Math arbennig o drylediad yw osmosis. Mae'n digwydd pan fydd tyllau mân mewn pilen, sy'n gadael i foleciwlau dŵr groesi trwy'r bilen ond sy'n rhwystro moleciwlau mwy, fel siwgr. Caiff pilen fel hon ei galw'n **lledathraidd**. Mae'r arbrawf hwn yn dangos osmosis:

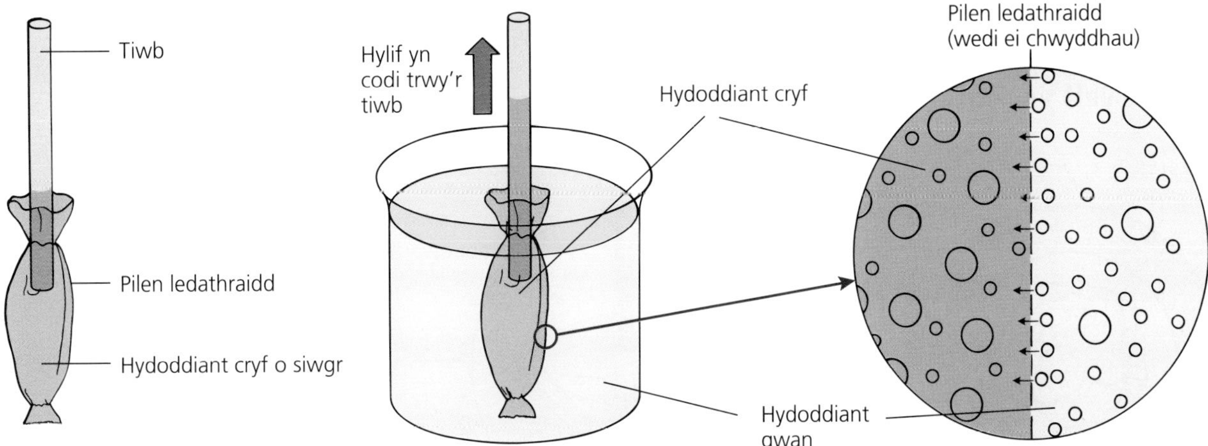

Mae pilen ledathraidd yn cael ei chlymu wrth diwb. Yna mae'n cael ei llenwi â hydoddiant cryf o siwgr.

Mae'r bilen yn cael ei gosod mewn hydoddiant gwan o siwgr. Cyn bo hir mae hylif yn dechrau codi trwy'r tiwb.

Mae'r hylif yn codi oherwydd bod moleciwlau dŵr yn tryledu trwy'r bilen o'r hydoddiant gwan i'r un cryf. Ond ni all moleciwlau siwgr dryledu fel hyn oherwydd eu bod yn rhy fawr i lifo trwy'r bilen.

Pan fydd pilen ledathraidd yn gwahanu hydoddiant gwan oddi wrth un cryf, mae dŵr bob tro yn llifo o'r hydoddiant gwan i'r un cryf. Yr enw ar y trylediad dŵr hwn yw **osmosis**.

Osmosis mewn celloedd planhigion

Trwy osmosis y mae dŵr yn symud o gell i gell mewn planhigion. Mae cellbilen cell planhigyn yn lledathraidd. Felly os bydd cell sy'n cynnwys hydoddiant gwan nesaf at gell â hydoddiant cryfach, bydd osmosis yn symud dŵr o'r hydoddiant gwan i'r un cryf, fel sy'n cael ei ddangos yn y diagram hwn.

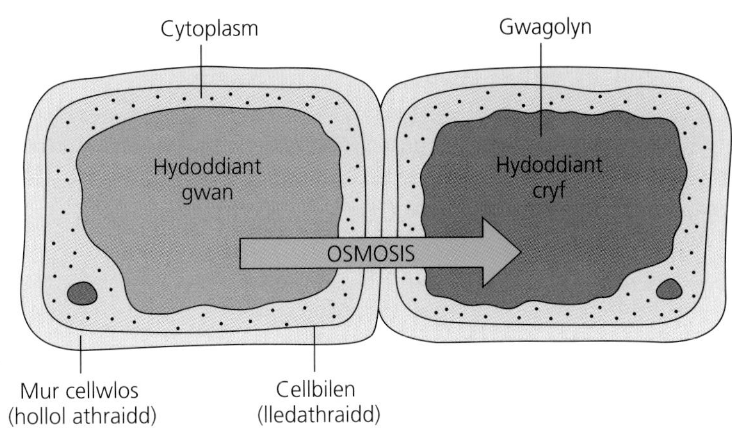

Cwestiynau

1 Pam mae inc yn symud trwy ddŵr hyd yn oed heb iddo gael ei droi?
2 Sut mae ocsigen yn symud o'r gwaed i gelloedd y corff?
3 Osmosis yw symudiad _____ o hydoddiant _____ i hydoddiant _____ trwy bilen _____.
4 Beth yw pilen ledathraidd?

1.08 Cellraniad trwy fitosis

Ar ddechrau eich bywyd, cell wy wedi ei ffrwythloni, yn llai o faint nag atalnod llawn, oeddech chi. Fe wnaethoch chi dyfu oherwydd bod y gell honno wedi ymrannu filiynau o weithiau, trwy broses o'r enw **mitosis**, gan gynhyrchu'r holl gelloedd sydd yn eich corff.

Sut mae cell yn ymrannu trwy fitosis

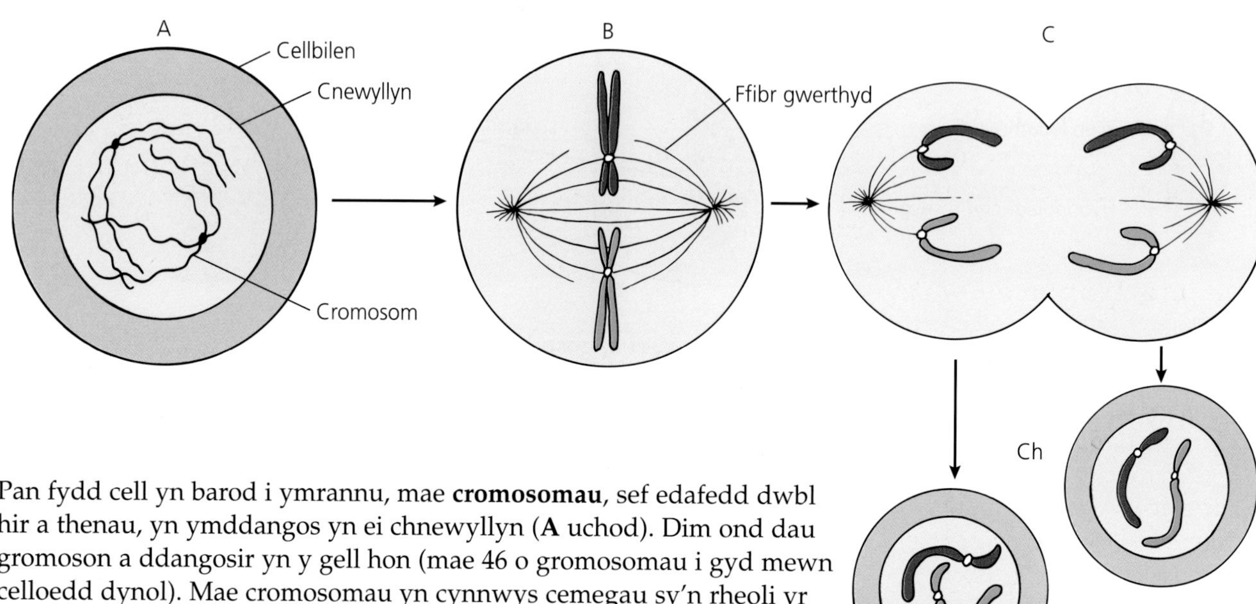

Pan fydd cell yn barod i ymrannu, mae **cromosomau**, sef edafedd dwbl hir a thenau, yn ymddangos yn ei chnewyllyn (**A** uchod). Dim ond dau gromoson a ddangosir yn y gell hon (mae 46 o gromosomau i gyd mewn celloedd dynol). Mae cromosomau yn cynnwys cemegau sy'n rheoli yr hyn mae cell yn ei wneud. Mae'r cemegau hyn hefyd yn cynnwys yr holl gyfarwyddiadau sydd eu hangen er mwyn adeiladu organeb newydd gyfan o un gell wy wedi'i ffrwythloni.

Mae'r cromosomau yn ymddangos fel edafedd dwbl gan eu bod newydd wneud copïau union ohonynt eu hunain; mae'r copïau hyn yn dal i fod ynghlwm wrth ei gilydd.

Y cam nesaf yw bod y cromosomau dwbl hyn yn byrhau a thewhau ac yn symud at ganol (cyhydedd) y gell. Yno maent yn cydio wrth ffibrau main sy'n cael eu galw'n **werthyd** (**B**).

Yna bydd pob cromosom yn ymrannu'n ddwy ran a bydd y rhannau'n symud i ddau ben cyferbyn y gell (**C**). Mae'n debyg mai ffibrau'r werthyd sy'n tynnu'r ddau hanner ar wahân.

Wedi hyn mae'r gell yn ymrannu, gan wahanu'r ddau grŵp o gromosomau, sy'n ffurfio cnewyllyn yn y naill epilgell a'r llall (**Ch**).

Mae gan y ddwy epilgell yn union yr un faint o gromosomau â'r famgell, ac mae eu cromosomau yn gopïau union o'r rhai sydd yn y famgell. Mewn termau gwyddonol, dywedwn eu bod yn **unfath yn enetig** â'r famgell.

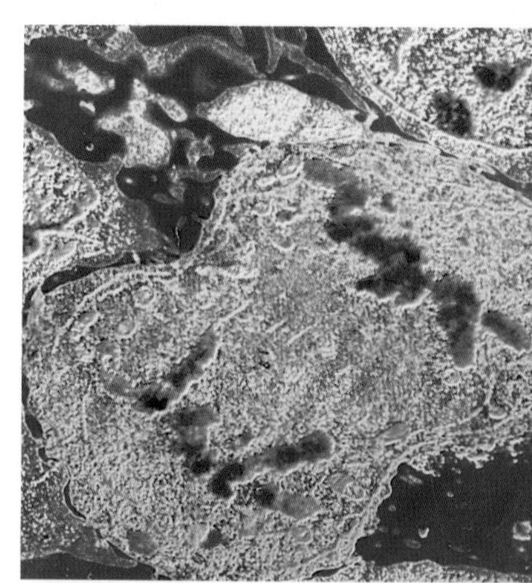

Cell yn ymrannu trwy fitosis. Y cromosomau yw'r rhannau pinc tywyll.

Mae'r holl gelloedd mewn anifeiliaid a phlanhigion, *ar wahân* i'r celloedd rhyw, yn cael eu ffurfio trwy fitosis.

Mae mitosis yn cynhyrchu:

1 Y celloedd sydd eu hangen i wneud organeb aeddfed o wy wedi'i ffrwythloni.

2 Y celloedd sydd eu hangen i wella briwiau bach a mawr, ac esgyrn sydd wedi torri.

3 Y celloedd sy'n cymryd lle celloedd croen marw, a chelloedd coch y gwaed ar ôl iddynt ddod i ddiwedd eu hoes.

Mitosis sy'n cynhyrchu'r celloedd sy'n gadael i hadau dyfu'n blanhigion.

Mitosis sy'n cynhyrchu celloedd esgyrn newydd i wella braich wedi torri.

Mitosis ac atgynhyrchu anrhywiol

Mae pethau byw yn atgynhyrchu mewn un o ddwy ffordd: trwy **atgynhyrchiad anrhywiol** neu drwy **atgenhedliad rhywiol**. Mewn atgynhyrchiad anrhywiol, dim ond un rhiant sydd, ac mae'r rhai bach yn gopïau unfath ohono gan eu bod wedi eu cynhyrchu trwy fitosis. Mae creaduriaid un-gellog, er enghraifft *Amoeba*, yn atgynhyrchu'n anrhywiol trwy fitosis gan ffurfio grŵp sy'n unfath yn enetig. Yr enw arno yw **clôn**.

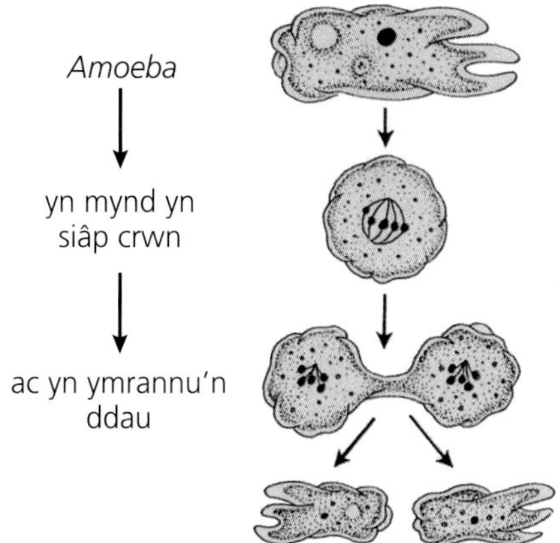
Amoeba
yn mynd yn siâp crwn
ac yn ymrannu'n ddau

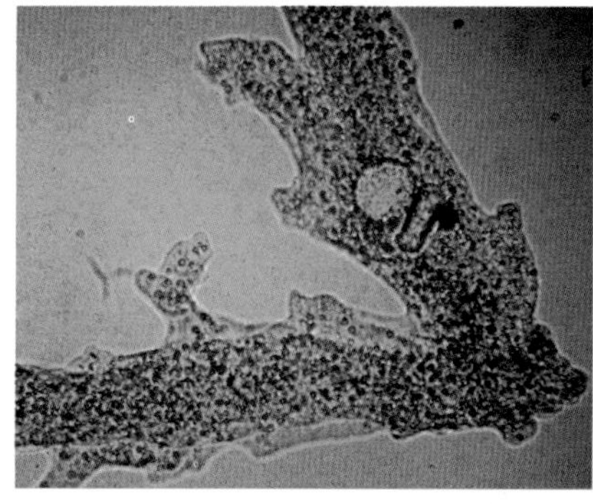

Mae *Amoeba* yn ymrannu mewn oddeutu awr. Mae'r ddwy ran yn gwahanu i roi dwy organeb unfath.

Yr enw ar atgynhyrchiad anrhywiol mewn planhigion yw **atgynhyrchiad llystyfol**. Mae planhigion yn tyfu rhannau trwy fitosis, sy'n datgysylltu ac yn datblygu'n blanhigion ar wahân. Enghraifft o hyn yw ymledyddion mefus. Maent yn tyfu blagur sy'n ffurfio planhigion newydd, ac yna bydd yr ymledyddion yn marw.

Cwestiynau

1 Disgrifiwch ddwy o swyddogaethau cromosomau.

2 Pam mae cromosomau yn ymddangos fel ffurfiadau dwbl yn union cyn i fitosis ddigwydd?

3 Disgrifiwch beth sy'n digwydd i'r cromosomau dwbl hyn yn ystod mitosis.

4 Beth yw clôn?

5 Sut y byddech chi'n cynhyrchu clôn o blanhigion mefus?

1.09 Cellraniad trwy feiosis

Er mwyn atgenhedlu'n rhywiol rhaid i organebau gynhyrchu celloedd rhyw o'r enw **gametau**. Mae gan anifeiliaid gwryw gametau o'r enw **sbermau**, sy'n cael eu gwneud yn y **ceilliau**. Mae anifeiliaid benyw yn cynhyrchu **ofa** (ofwm yw un) neu wyau, yn yr **ofarïau**. Gametau gwrywol planhigion blodeuol yw **gronynnau paill** sy'n cael eu gwneud mewn **antherau**. Gametau benywol planhigion yw **ofwlau** sy'n cael eu gwneud mewn ofarïau.

Mae gametau'n cael eu cynhyrchu trwy fath o gellraniad sy'n cael ei alw'n **feiosis**. Mae gametau gwrywol a benywol yn asio yn ystod atgenhedliad rhywiol gan wneud ofwm wedi'i ffrwythloni. Gelwir hwn yn **sygot**. Mae'n ymrannu filiynau o weithiau trwy fitosis wrth iddo dyfu i fod yn oedolyn.

Cellraniad trwy feiosis

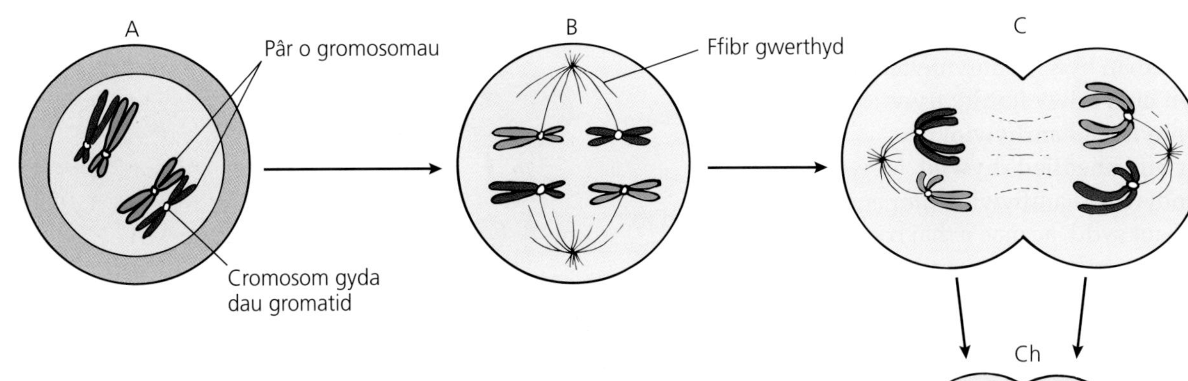

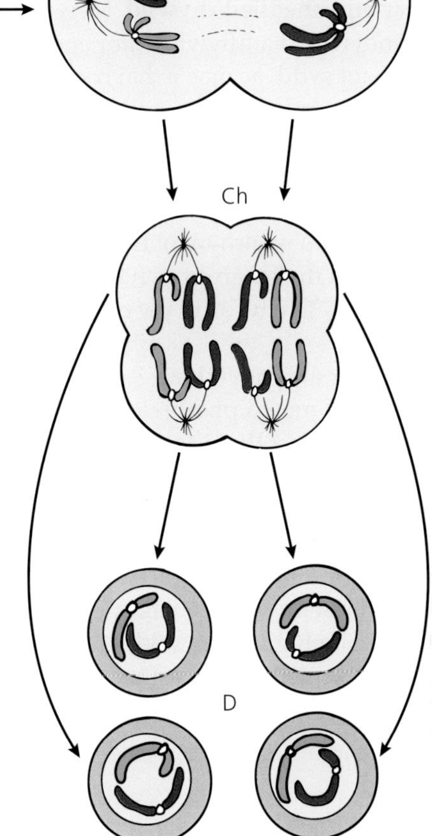

Mae'r celloedd yn eich corff yn cynnwys 46 o gromosomau. Petai gan gametau dynol yr un nifer, wedi iddynt asio byddai gan y sygot 92, a byddai'r nifer hwn yn dyblu gyda phob cenhedlaeth. Nid yw hyn yn digwydd oherwydd bod meiosis yn gwneud gametau sydd â 23 o gromosomau yn unig, a ffrwythloniad yn gwneud sygot sydd â 46.

Wrth i feiosis gychwyn mae cromosomau yn byrhau a thewhau ac yn ymddangos fel edafedd dwbl, gan eu bod newydd wneud copïau union ohonynt eu hunain. Wedyn maent yn ymffurfio'n barau (**A**): mae aelodau'r parau tua'r un faint a'r un siâp â'i gilydd. Mae un aelod o bob pâr yn ddisgynnydd o un o'r 23 o gromosomau yn ofwm y fam, a'r aelod arall yn ddisgynnydd o un o'r 23 o gromosomau yn sberm y tad.

Mae'r parau yn ymgasglu o gwmpas cyhydedd y gell, ac yn cydio wrth gyfarpar y werthyd (**B**). Yna mae aelodau pob pâr yn gwahanu ac yn symud i gyfeiriadau cyferbyn (**C**), ac wedi hynny mae pob cromosom yn ymhollti'n ddau (**Ch**).

Mae'r gell yn ymrannu'n bedair cell newydd (**D**) gyda dim ond **hanner** nifer cromosomau'r famgell.

Meiosis, mitosis, ac atgenhedlu

Yn yr organau atgenhedlu (ceilliau, antherau ac ofarïau) yn unig y mae meiosis yn digwydd, er mwyn cynhyrchu gametau. Mae mitosis yn cynhyrchu corffgelloedd newydd ar gyfer twf, ac i gymryd lle meinweoedd sydd wedi eu niweidio.

Dim ond hanner nifer y cromosomau sydd mewn corffgelloedd sydd yn y gametau a gynhyrchir trwy feiosis, gan mai dim ond un set o gromosomau sydd ganddynt. Mewn bodau dynol, 23 yw'r nifer hwn ac fe gaiff ei alw'n **nifer haploid** y cromosomau. Mae ffrwythloniad yn adfer y set lawn (ddwbl) o gromosomau, sef 46 mewn bod dynol: caiff hyn ei alw'n **nifer diploid**. Mae mitosis yn cynhyrchu celloedd sydd â'r un nifer (y diploid fel arfer) o gromosomau â'r famgell.

Mae crethyll gwryw yn cynhyrchu sbermau.

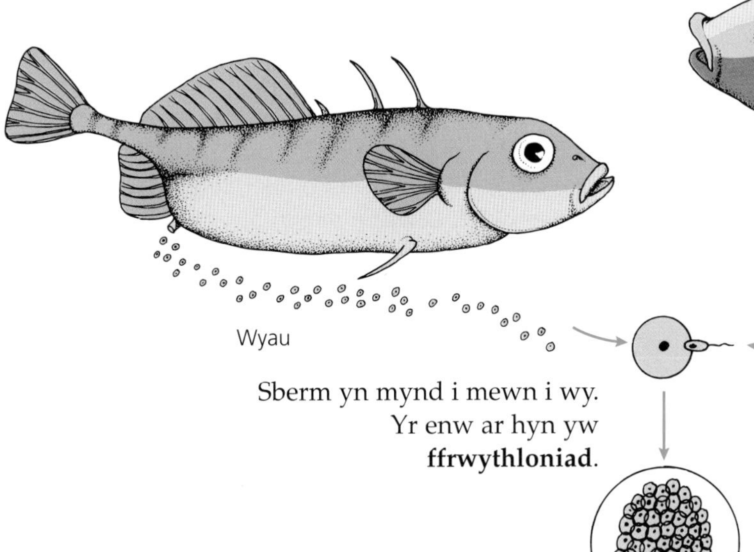

Sberm yn mynd i mewn i wy. Yr enw ar hyn yw **ffrwythloniad**.

Caiff wyau crethyll benyw eu ffrwythloni y tu allan i'w cyrff. Mewn pryfed, ymlusgiaid, adar a mamolion (yn cynnwys bodau dynol) caiff wyau eu ffrwythloni y tu mewn i'r fenyw.

Pan fydd gametau a gynhyrchwyd trwy feiosis yn uno wrth ffrwythloni, maent yn dod â set o gromosomau o **ddau** riant gwahanol at ei gilydd. O ganlyniad, mae gan eu hepil gymysgedd o nodweddion (gwybodaeth enetig) o'r ddau riant. Mae hyn yn esbonio pam y gall plentyn fod â phryd a gwedd sy'n rhannol fel ei fam ac yn rhannol fel ei dad.

Bob tro y bydd ffrwythloniad yn digwydd caiff yr wybodaeth enetig ei chymysgu mewn ffyrdd gwahanol. Dyna pam mae brodyr a chwiorydd yn wahanol i'w gilydd, ac mae'n un rheswm pam y ceir y fath amrywiaeth eang ymhlith organebau sydd yn atgenhedlu'n rhywiol.

Mae atgynhyrchiad anrhywiol yn cynhyrchu epil sy'n unfath â'r rhiant, felly ni all amrywiad ddigwydd.

Mewn planhigion blodeuol mae gronyn o baill yn ffrwythloni ofwl y tu mewn i ofari blodyn. Mae'r ofwl wedi'i ffrwythloni yn tyfu i fod yn hedyn, a'r ofari yn datblygu i fod yn ffrwyth sy'n cynnwys hadau. Gall y ffrwythau fod yn feddal fel y rhai uchod, neu'n sych fel cnau.

Cwestiynau

1 Enwch enghreifftiau o gametau, a'r organau sy'n eu cynhyrchu.
2 Sut mae mitosis yn wahanol i feiosis, ac ymhle mae'r naill a'r llall yn digwydd yn y corff dynol?
3 Dosbarthwch y rhain yn ôl pa rai sy'n haploid a pha rai sy'n ddiploid: sberm, anther, cell iau/afu, sygot, gronyn paill.
4 Pam mae gan epil a gynhyrchir yn rhywiol fwy o amrywiad nag epil a gynhyrchir yn anrhywiol?

Cwestiynau am Bennod 1

1 Mae'r lluniau isod yn dangos pethau byw. Pa un ohonynt:
- **a** sy'n gordog?
- **b** sy'n arthropod?
- **c** sy'n famolyn?
- **ch** sy'n gwneud bwyd trwy ffotosynthesis?
- **d** sy'n bryfyn?
- **dd** sy'n blanhigyn syml heb wir wreiddiau?
- **e** sy'n folwsg?
- **f** sy'n bwydo llaeth i'w rhai bach?
- **ff** sy'n ffwng?
- **g** sy'n blanhigyn sy'n cynhyrchu sborau?
- **ng** sy'n atgynhyrchu â hadau?

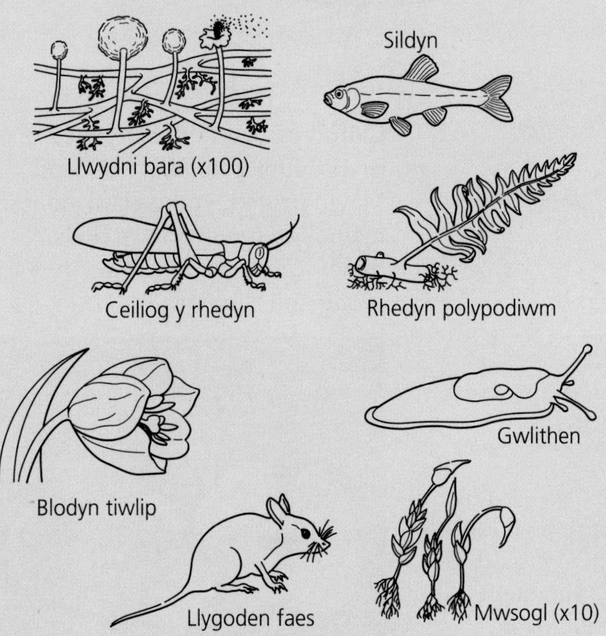

2 Mae pethau byw yn *symud, bwydo, resbiradu, ysgarthu, atgynhyrchu, tyfu* ac *mae ganddynt synhwyrau*.
Ysgrifennwch y saith nodwedd hyn yn benawdau ar draws tudalen. Yna dosbarthwch y rhestr isod yn saith grŵp o dan y penawdau.

esgyll	hadau
ffotosynthesis	wyau
arennau	blasu
babanod	golau haul
egni	ocsigen
cyhyrau	ysgyfaint
llygaid	paru
twf gwreiddiau	colli dail
dail	eginblanhigion

3 **a** Ysgrifennwch dri phennawd: *Anifeiliaid yn unig, Planhigion yn unig* ac *Anifeiliaid a phlanhigion*.
b Dosbarthwch y rhestr isod yn dri grŵp o dan y penawdau hyn.
ysgarthu
ffotosynthesis
symud o le i le
tyfu trwy eu hoes
resbiradu
bwyta pethau byw eraill
tyfu tuag at y goleuni
twf yn peidio ar ôl cyrraedd maint oedolyn

4 Cafodd hydoddiant cryf o siwgr ei arllwys i gwdyn wedi ei wneud o bilen ledathraidd. Gosodwyd y cwdyn mewn bicer o ddŵr (diagram A isod). Ymhen tua hanner awr roedd yn edrych fel diagram B.
a Eglurwch pam y newidiodd siâp y cwdyn fel hyn.
b Beth fyddai'n digwydd petai'r cwdyn yn cael ei osod mewn hydoddiant siwgr sy'n gryfach na'r hydoddiant y tu mewn iddo?

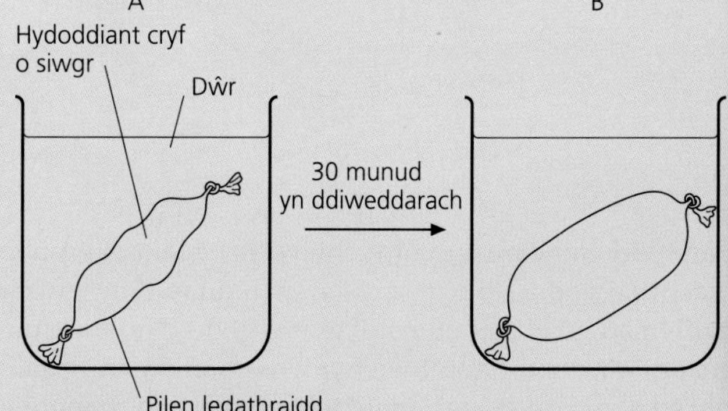

5 Cafodd y croen ei grafu oddi ar daten heb ei choginio. Cafodd darn o'r canol ei dorri yn ddau stribed W ac Y, y naill a'r llall yn 50 mm o hyd. Gosodwyd un stribed mewn hydoddiant cryf o siwgr. Gosodwyd stribed arall mewn dŵr pur.

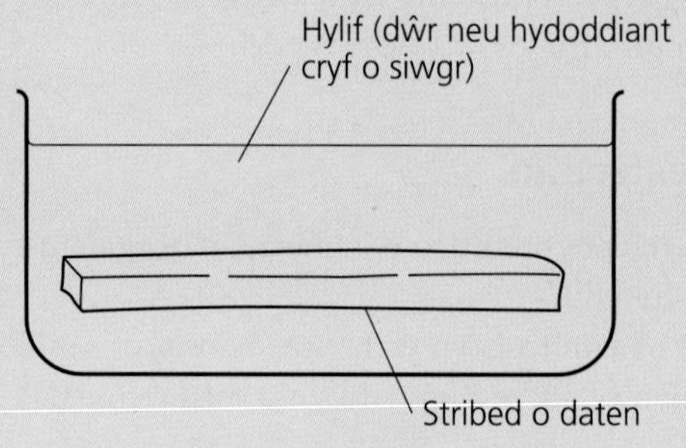

a Ymhen 30 munud roedd hyd stribed W wedi cynyddu. Roedd stribed Y wedi mynd yn llai.

- **a** Beth allai fod wedi digwydd i'r celloedd yn y ddau stribed i wneud i un ohonynt chwyddo ac i'r llall grebachu?
- **b** Pa stribed a gafodd ei roi yn yr hydoddiant siwgr? Eglurwch eich ateb.
- **c** Cafodd yr arbrawf ei ail-wneud gan ddefnyddio stribedi o datws wedi'u coginio. Ni wnaeth hyd y stribedi hyn newid. Allwch chi egluro pam?
- **ch** Petai gennych hydoddiant siwgr o'r un gwasgedd osmotig yn union â chell taten, a'ch bod yn gosod stribed o daten ynddo, sut y byddai'n newid, os o gwbl?
- **d** Cynlluniwch arbrawf gan ddefnyddio stribedi o datws i gynhyrchu hydoddiant siwgr â'r un gwasgedd osmotig â chell taten. Gwnewch restr o'ch cyfarpar, a disgrifiwch eich dull yn fanwl.

6 **a** Beth yw meinwe? Rhowch ddwy enghraifft.

- **b** Beth yw organ? Rhowch ddwy enghraifft.
- **c** Beth yw system organau? Enwch y system organau sydd:
  yn cludo 'negeseuon' o gwmpas y corff;
  yn newid bwyd yn hylif;
  yn cludo bwyd, ocsigen a gwastraff o gwmpas y corff.

7 Mae'r diagram isod yn dangos celloedd yn ymrannu ond yn y drefn anghywir.

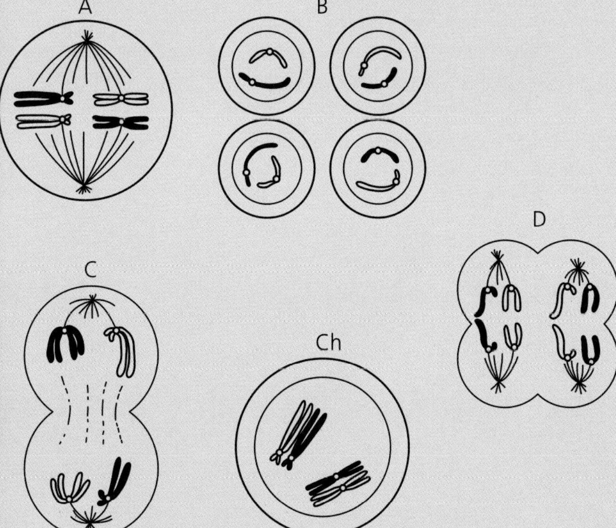

- **a** Rhowch nhw yn y drefn gywir, h.y. 1af, 2il, 3ydd, 4ydd a 5ed.
- **b** Pa fath o ymraniad celloedd yw hyn?
- **c** Beth yw swyddogaeth ffibrau gwerthyd?
- **ch** Pa fath o ymraniad celloedd sydd:
  - **i** yn cynhyrchu clonau?
  - **ii** yn cynhyrchu gametau?
  - **iii** yn newid sygot i fod yn organeb aeddfed?
  - **iv** yn cynhyrchu celloedd haploid o rai diploid?
  - **v** yn gyfrifol am atgynhyrchiad llystyfol?

8 **Prawf geirfa** Copïwch yr ymadroddion **a-ng** isod ac yna, gyferbyn â phob un, ysgrifennwch y term technegol o'r rhestr ganlynol sy'n cael ei ddisgrifio gan yr ymadrodd.

cnewyllyn	*gwagolyn*	*cytoplasm*	*meinwe*
organ	*osmosis*	*ffrwythloniad*	*gametau*
sygot	*mitosis*	*meiosis*	

- **a** grŵp o gelloedd sydd wedi arbenigo i wneud gwaith penodol
- **b** symudiad dŵr trwy bilen ledathraidd o hydoddiant gwan i hydoddiant cryf
- **c** lle mewn cell sydd fel arfer wedi ei lenwi â hylif
- **ch** wedi ei wneud o sawl meinwe gwahanol
- **d** mae'n digwydd pan fo sberm ac ofwm yn dod at ei gilydd
- **dd** pan fydd cell yn ymrannu yn y dull hwn mae'n cynhyrchu pedair cell gyda hanner y nifer normal o gromosomau
- **e** cell gyfan ar wahân i'r cnewyllyn
- **f** y rhan o'r gell sy'n cynnwys cromosomau
- **ff** sbermau ac ofa
- **g** cell wy wedi'i ffrwythloni
- **ng** pan fydd cell yn ymrannu ac yn cynhyrchu dwy gell gyda set gyflawn o gromosomau

Pennod 2

Etifeddeg, amrywiad ac esblygiad

Mae wyrion a wyresau'r Frenhines Fictoria yn enghreifftiau o sut y caiff nodweddion etifeddol eu trosglwyddo o un genhedlaeth i'r nesaf. Mae'r bennod hon yn disgrifio etifeddiad nodweddion fel lliw gwallt a llygaid, a hefyd etifeddiad cyflwr etifeddol sy'n cael ei alw'n haemoffilia - methiant y gwaed i geulo mewn briwiau. Mae'r cyflwr hwn yn digwydd oherwydd bod y genyn normal ar gyfer ceulo'r gwaed yn newid trwy broses a elwir yn fwtaniad. Cafodd y mwtaniad hwn ei etifeddu gan rai o blant y Frenhines Fictoria ac fe ymledodd i lawer o deuluoedd brenhinol Ewrop o ganlyniad i nifer o briodasau. ■

2.01 Amrywiaeth ddi-ben-draw bywyd

Mae ein planed, Y Ddaear, yn gyforiog o fywyd. Dim ond dwy filiwn o wahanol fathau o bethau byw y mae gwyddonwyr wedi eu henwi, ond yn ôl pob tebyg mae yna ddegau o filiynau eto heb eu darganfod yng nghoedwigoedd a chefnforoedd y byd. Nid yw'r nifer hwn chwaith yn cynnwys miliynau o organebau a fu'n byw yn y gorffennol ond sydd bellach wedi diflannu.

Rhestrwch resymau pam y gallwn gymryd bod pobl wedi esblygu o'r un hynafiaid â'r tsimpansïaid.

Esblygiad bywyd

Pam mae'r fath amrywiaeth enfawr o fywyd yn bod? Mae'r bennod hon yn egluro sut y gall pethau byw esblygu. Nid yw maint, siâp, lliw a nodweddion eraill organebau yn sefydlog. Dros amser - miliynau o flynyddoedd yn aml - gall proses o'r enw mwtaniad newid cyfansoddiad genetig organebau. Gall mwtaniad, ynghyd â dylanwadau amgylcheddol fel newidiadau yn yr hinsawdd, achosi newidiadau esblygiadol. Gall creaduriaid newydd a gwahanol ymddangos, ac felly, ymhen cenedlaethau lawer, bydd amrywiaeth pethau byw ac, yn aml, eu cymhlethdod yn cynyddu.

Mae **A**, gyferbyn, yn cynrychioli grŵp o greaduriaid syml. Ar ôl mwtaniadau, cynhyrchodd hwn grŵp newydd, **B**, a gynhyrchodd **C** wedyn, ac felly ymlaen. Ond ni wnaeth **A** ddiflannu. Parhaodd hyd heddiw gyda newidiadau bychain. Gallai grŵp **B** fod yn bryfed. Mae yna filoedd o fathau gwahanol sy'n rhannu yr un nodweddion sylfaenol, ac mae is-grwpiau megis glöynnod byw a chlêr. Mae **C** yn grŵp na wnaeth esblygu digon i oroesi newidiadau yn yr amodau, ac fe ddiflannodd.

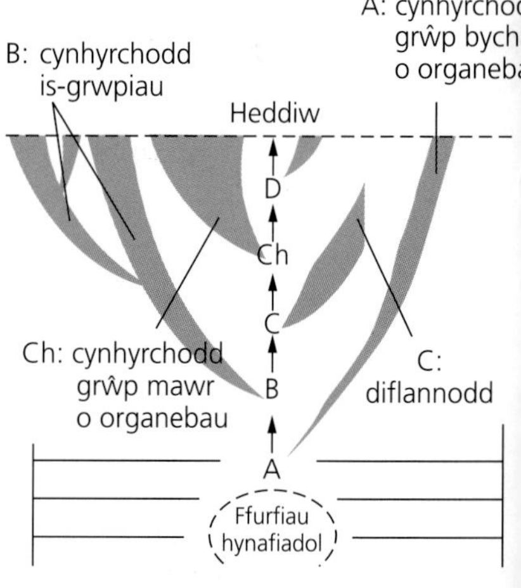

Etifeddeg ac esblygiad

Ni fyddai pethau byw wedi gallu esblygu oni bai fod ganddynt y gallu i drosglwyddo eu nodweddion o un genhedlaeth i'r nesaf. Mae'r bennod hon yn disgrifio sut mae cromosomau yn ymwneud â throsglwyddo nodweddion etifeddol organeb i'w hepil, trwy gyfrwng 'unedau etifeddeg' o'r enw genynnau.

Yn ystod y blynyddoedd diweddar mae gwyddonwyr wedi darganfod ffyrdd o symud genynnau o un organeb i organeb arall o fath gwahanol. Yr enw ar y dechneg hon yw **peirianneg genetig**, ac mae'n ein galluogi i newid nodweddion etifeddol pethau byw, ac yn rhoi grym arswydus inni fel pobl.

Allwch chi enwi'r dinosor hwn?

Mewn coedwigoedd glaw trofannol neu mewn jyngl y mae'r cyfoeth mwyaf o ran cymunedau o bethau byw ar y Ddaear. Credir eu bod yn cynnwys bron i hanner rhywogaethau'r byd, a hyd yma nid ydym wedi darganfod nac enwi y rhan fwyaf ohonynt. Yng nghoedwig law Amazonia mae dros 25 000 o wahanol fathau o blanhigion blodeuol, o leiaf un pumed o rywogaethau adar y byd, ac amcangyfrifir bod un hectar yn cynnal hyd at 40 000 o rywogaethau o infertebratau.

Cwestiynau

1. Beth sy'n gallu digwydd i enynnau organeb fel bod hynny'n arwain at newid esblygiadol?
2. Pa ffactor allanol arall sy'n gallu hyrwyddo esblygiad?
3. Beth yw ystyr diflaniad?
4. Ewch ati i ddarganfod pryd y diflannodd y dinosoriaid, ac ysgrifennwch am y damcaniaethau sy'n ceisio egluro pam y digwyddodd hynny.

2.02 Etifeddeg ac amrywiad

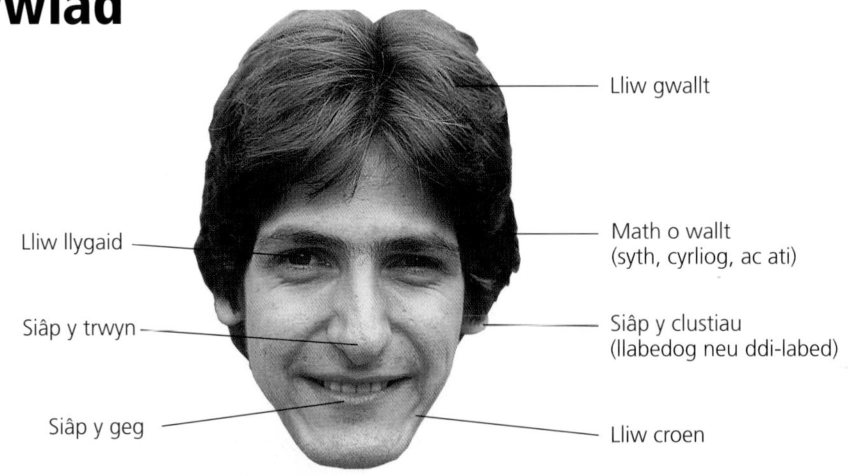

Etifeddeg

Cell wy wedi'i ffrwythloni gyda 46 cromosom oeddech chi ar ddechrau eich bywyd. Daeth 23 o'r cromosomau hyn oddi wrth eich tad, a 23 oddi wrth eich mam. Dyma pam mae gennych rai o nodweddion eich tad a rhai o nodweddion eich mam.

Mae pob plentyn yn etifeddu rhai nodweddion gan eu rhieni. **Etifeddeg** yw'r enw ar astudio nodweddion **etifeddol**.

Nodweddion etifeddol

Mae'r ffotograff uchod yn dangos rhai o'r nodweddion y mae plant yn eu hetifeddu gan eu rhieni. Cromosomau sy'n rheoli datblygiad y nodweddion hyn.

Etifeddodd y plant yn y teulu isod rai nodweddion gan y naill riant a'r llall. Ceisiwch weld pa nodweddion a ddaeth o ba riant.

Y tad â gwallt coch cyrliog, llygaid brown, trwyn smwt, a hollt yn ei ên.

Y fam â gwallt du syth, llygaid glas, trwyn hir tenau, a gên fain.

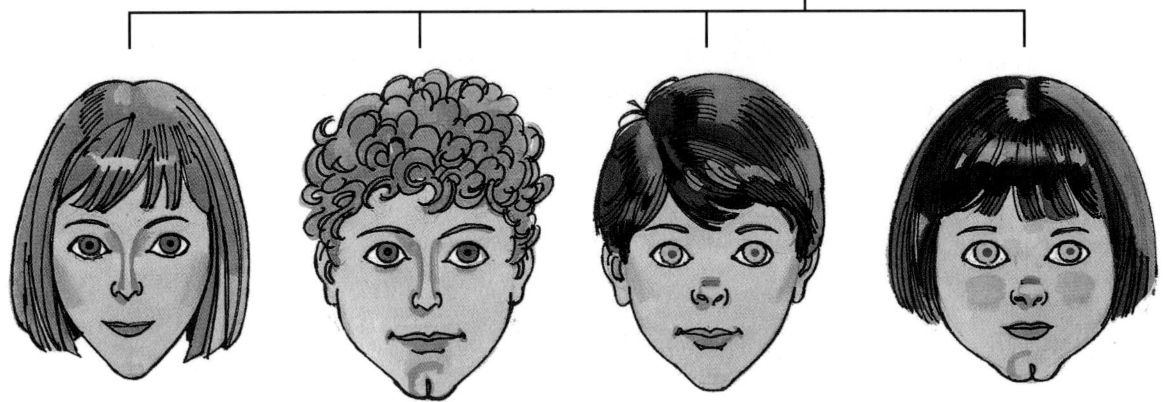

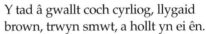

Nodweddion caffaeledig

Mae'n bosibl eich bod yn gwybod sut i nofio, neu sglefrio, neu siarad Ffrangeg. Neu mae'n bosibl fod gennych graith ar ôl briw. Mae'r rhain yn **nodweddion caffaeledig**. Rydych yn eu derbyn yn ystod eich bywyd. Nid ydych yn cael eich geni â nhw, ac ni allwch eu trosglwyddo i'ch plant.

Amrywiad

Nid oes dau berson yn union yr un fath. Mae hyd yn oed gefeilliaid unfath yn wahanol mewn rhai ffyrdd.

Mae pobl yn wahanol o ran taldra a phwysau. Mae gwahanol liwiau i'w gwallt a'u llygaid, a gwahanol siapiau i'w hwynebau. Mae lliw eu llygaid a lliw eu gwallt yn dangos **amrywiad**.

Amrywiad parhaus

Mae'r bobl hyn wedi eu trefnu'n rhes, o'r byrraf i'r talaf. Mae eu taldra yn dangos **amrywiad parhaus**. Mae'n amrywio o fyr i dal gyda llawer o wahaniaethau bach yn y canol.

Mae deallusrwydd hefyd yn dangos amrywiad parhaus. Allwch chi feddwl am amrywiadau eraill sy'n barhaus?

Mae taldra pobl yn dangos amrywiad parhaus.

Amrywiad amharhaus

Mae pobl naill ai'n gallu rholio eu tafod, neu'n methu. Dyma enghraifft o **amrywiad amharhaus**. Naill ai rydych yn gallu ei wneud, neu allwch chi ddim. Nid oes cyflwr 'yn y canol'.

Mae grwpiau gwaed yn dangos amrywiad amharhaus. Rydych yn perthyn i un grŵp yn unig: A, B, AB, neu O. Ceisiwch ddarganfod i ba grŵp gwaed y mae pob aelod o'ch dosbarth yn perthyn.

Allwch chi feddwl am unrhyw amrywiadau eraill sy'n amharhaus?

Rholio tafodau. Fe allwch chi....neu allwch chi ddim.

Etifeddeg ac amgylchedd

Yn wahanol i rolio'r tafod, mae rhai nodweddion etifeddol nad ydynt yn benodol. Petai un gefaill unfath yn cael ei lwgu bron wrth ei fagu, a'r llall yn cael digonedd o fwyd, mae'n bur debyg na fyddent yn edrych yr un fath. Mae'r ffordd y mae organeb yn datblygu yn dibynnu ar gyfuniad o nodweddion sydd wedi eu hetifeddu a'r amodau amgylcheddol o'u cwmpas wrth iddynt dyfu a datblygu.

Cwestiynau

1 Rhestrwch wyth nodwedd etifeddol.
2 Rhestrwch chwe nodwedd gaffaeledig.
3 Mae deallusrwydd yn dangos amrywiad parhaus. Beth yw ystyr hyn?
4 Mae lliwddallineb yn dangos amrywiad amharhaus. Beth yw ystyr hyn?
5 Rhestrwch bedair o'ch nodweddion caffaeledig eich hunan.

2.03 Cromosomau a genynnau

Rydych yn etifeddu nodweddion gan eich rhieni trwy eu cromosomau.

Mae gan gromosom rannau bach o'r enw **genynnau** ar ei hyd i gyd. Mae'r genynnau wedi eu gwneud o gemegyn o'r enw **DNA**. Genynnau sy'n rheoli datblygiad nodweddion etifeddol. Er enghraifft, mae genynnau i'w cael sy'n rheoli lliw llygaid, lliw gwallt a lliw croen.

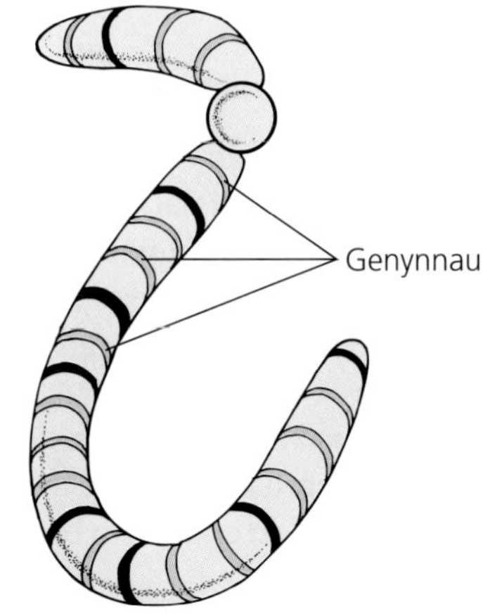

Dyma sut y byddai cromosom yn edrych petaech yn gallu gweld y genynnau.

Beth sy'n digwydd i enynnau yn ystod ffrwythloniad

Mae gan sberm 23 o gromosomau sydd â genynnau o'r dyn. Mae gan ofwm (wy) 23 o gromosomau sydd â genynnau o'r fenyw. Yn ystod ffrwythloniad, mae'r sberm a'r ofwm yn uno.

Yna mae pob cromosom o'r sberm yn paru â chromosom cyfatebol o'r ofwm. Mae hyn yn dod â'r ddwy set o enynnau at ei gilydd. Mae'r genynnau ar gyfer lliw gwallt yn paru, y genynnau ar gyfer lliw croen yn paru, ac ati. *Mae genynnau yn gweithio mewn parau.*

Gall y genynnau mewn pâr fod yn unfath. Er enghraifft, gall y ddau gynhyrchu gwallt du. Ond os yw un yn enyn ar gyfer gwallt du a'r llall yn enyn ar gyfer gwallt golau, mae cystadleuaeth rhyngddynt.

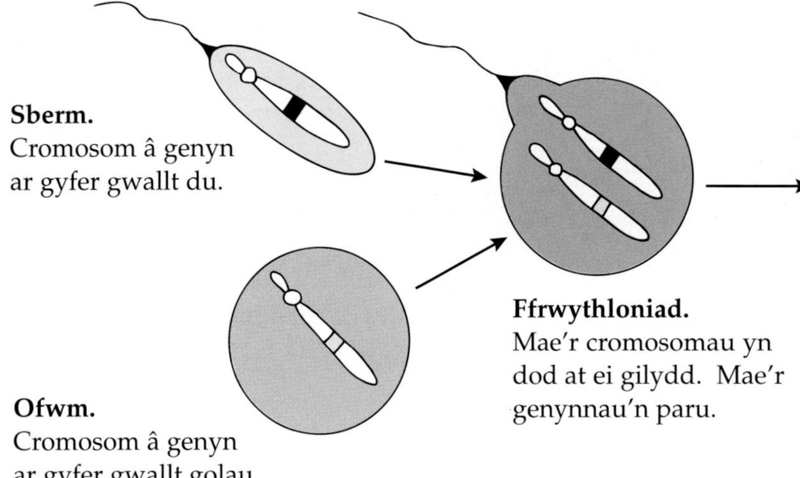

Sberm.
Cromosom â genyn ar gyfer gwallt du.

Ofwm.
Cromosom â genyn ar gyfer gwallt golau.

Ffrwythloniad.
Mae'r cromosomau yn dod at ei gilydd. Mae'r genynnau'n paru.

Mae gan y plentyn wallt du. Dim ond y genyn ar gyfer gwallt du sydd wedi gweithio.

Genynnau trechol ac enciliol

Mae gan y plentyn wallt du oherwydd bod y genyn ar gyfer gwallt du, yn hytrach na'r un ar gyfer gwallt golau, wedi dylanwadu ar ddatblygiad y lliw. Mae'n **trechu** y genyn ar gyfer gwallt golau ac yn rhoi'r lliw gwallt terfynol. **Genynnau trechol** yw'r enw ar enynnau sy'n trechu genynnau eraill.

Genynnau enciliol yw'r enw ar enynnau sy'n cael eu trechu. Pan fydd genyn trechol yn paru â genyn enciliol, yr un trechol sy'n rhoi yr effaith derfynol.

Genynnau ar waith

Fel arfer, mewn diagramau, defnyddir llythrennau i ddangos genynnau. Defnyddir priflythrennau ar gyfer genynnau trechol a llythrennau bach ar gyfer genynnau enciliol. Yn y diagram isod, **G** yw'r genyn am wallt du ac **g** yw'r genyn am wallt golau.

Mae **celloedd y fam** yn cynnwys dau enyn am wallt du (**GG**) ac felly mae ganddi wallt du.

Mae **celloedd y tad** yn cynnwys dau enyn am wallt golau (**gg**) ac felly mae ganddo wallt golau.

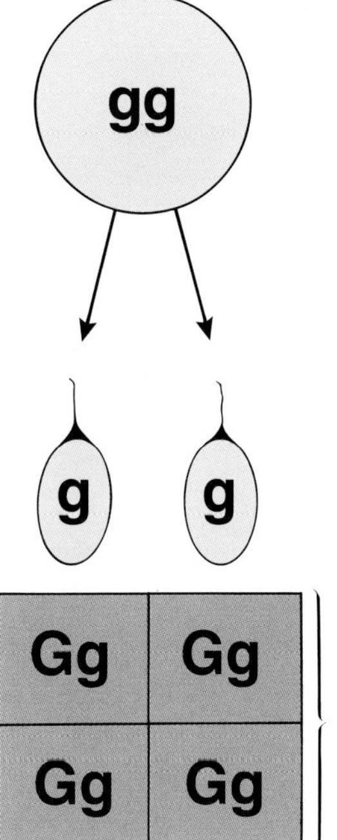

Meiosis
Mae'r genynnau yn gwahanu, ac un yn mynd i bob sberm.

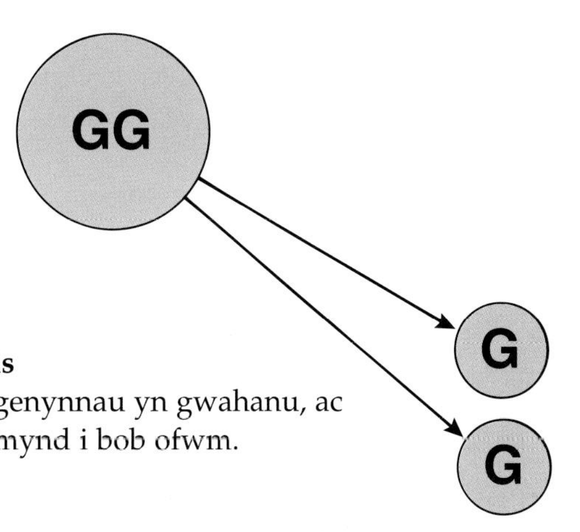

Meiosis
Mae'r genynnau yn gwahanu, ac un yn mynd i bob ofwm.

Sygotau
Genynnau **Gg** sydd gan bob un. Felly bydd gan bob plentyn wallt du, oherwydd bod y genyn am wallt du yn drechol.

Homosygaidd a heterosygaidd

Dywedwn fod person sydd â dau enyn unfath ar gyfer unrhyw nodwedd yn linach bur neu'n **homosygaidd** ar gyfer y nodwedd honno. (Mae **GG** yn linach bur ar gyfer gwallt du.) Mae person sydd â dau wahanol enyn (un trechol ac un enciliol) ar gyfer nodwedd yn **groesryw** neu'n **heterosygaidd** ar gyfer y nodwedd honno. (Ystyr **homo** yw yr un fath ac ystyr **hetero** yw gwahanol.)

Cwestiynau

1 Pa rannau o gromosomau sy'n rheoli nodweddion etifeddol?

2 O beth mae genynnau'n cael eu gwneud?

3 Yn y pâr genynnau **Gg** (ar gyfer gwallt du a gwallt golau) pa enyn yw'r un trechol?

4 Os **B** yw'r genyn ar gyfer llygaid brown, ac os **b** yw'r genyn ar gyfer llygaid glas, pa liw llygaid ddaw o'r parau canlynol o enynnau?
a BB **b Bb** **c bb**

5 Edrychwch ar gwestiwn 4 a dewiswch un pâr o enynnau sy'n heterosygaidd, ac un pâr sy'n homosygaidd.

2.04 Rhagor am gromosomau

Ar y dudalen flaenorol roedd gan yr holl blant wallt tywyll, er bod eu tad yn olau. Y rheswm oedd eu bod wedi etifeddu genyn trechol (**G**) a genyn enciliol (**g**). Roedden nhw'n **groesryw**, neu'n **heterosygaidd** (**Gg**) ar gyfer lliw gwallt.

Nid yw hyn yn golygu bod gwallt golau wedi diflannu'n llwyr. Edrychwch beth sy'n digwydd pan fydd dau groesryw yn cael plant.

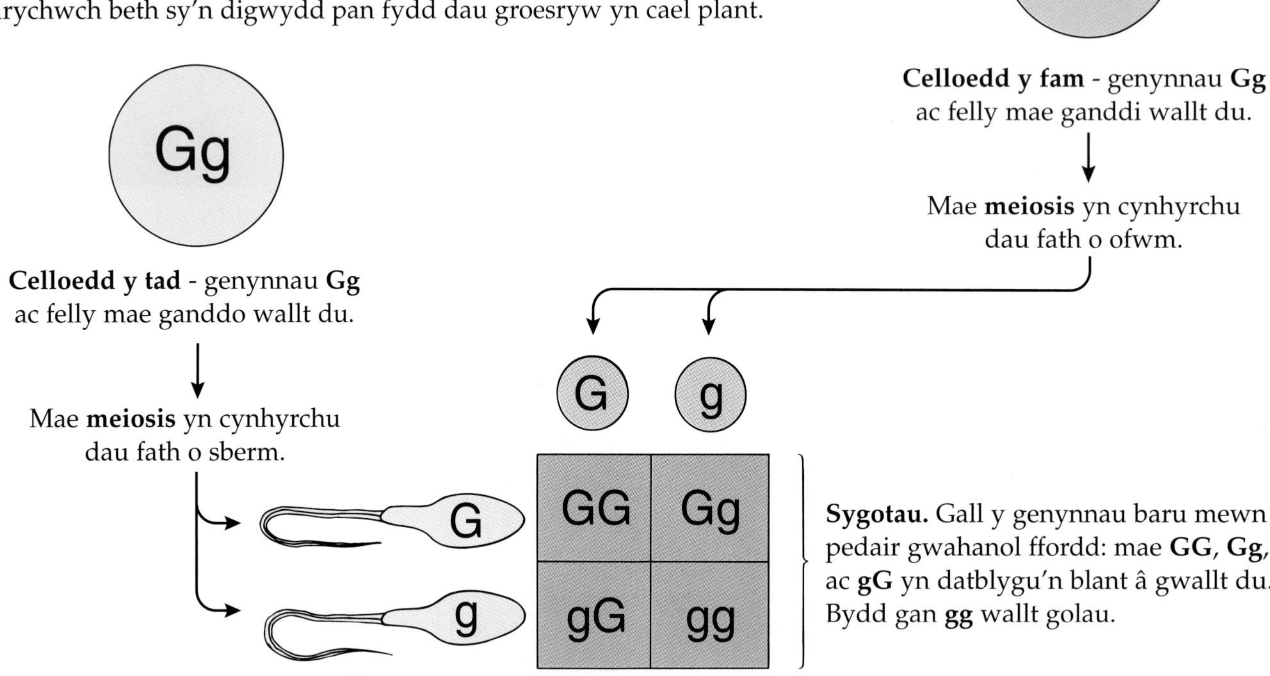

Gg
Celloedd y fam - genynnau Gg ac felly mae ganddi wallt du.
Mae meiosis yn cynhyrchu dau fath o ofwm.
Gg
Celloedd y tad - genynnau Gg ac felly mae ganddo wallt du.
Mae meiosis yn cynhyrchu dau fath o sberm.
G
g
G
g
GG
Gg
gG
gg
Sygotau. Gall y genynnau baru mewn pedair gwahanol ffordd: mae GG, Gg, ac gG yn datblygu'n blant â gwallt du. Bydd gan gg wallt golau.

Mae gwallt golau yn ymddangos y tro hwn oherwydd bod dau enyn enciliol (**gg**) yn gallu dod at ei gilydd. Ond mae'r plant dair gwaith yn fwy tebygol o gael gwallt du na gwallt golau.

Nodweddion trechol eraill

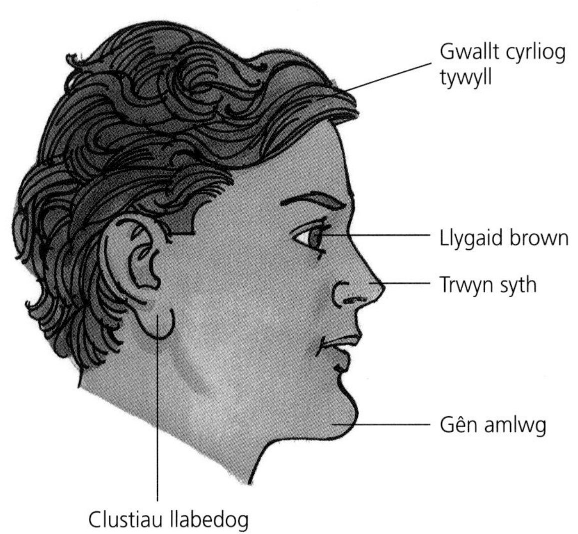

Gwallt cyrliog tywyll
Llygaid brown
Trwyn syth
Gên amlwg
Clustiau llabedog

Nodweddion enciliol eraill

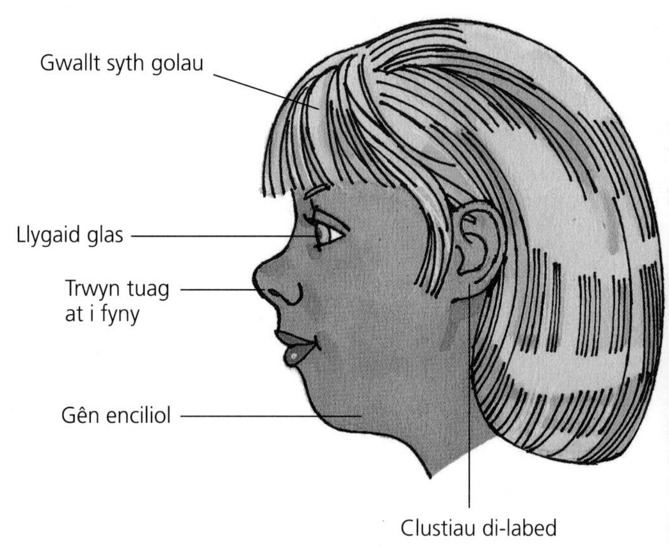

Gwallt syth golau
Llygaid glas
Trwyn tuag at i fyny
Gên enciliol
Clustiau di-labed

Bachgen neu ferch?

Mae gan gelloedd dynol 46 o gromosomau. O'r rhain, mae 22 pâr sy'n cyfateb i'w gilydd. Ond nid yw'r pâr olaf yn cyfateb bob amser. Y ddau gromosom hyn yw'r **cromosomau rhyw**. Y rhain sy'n rheoli a yw baban yn datblygu i fod yn fachgen ynteu'n ferch.

Os ydych yn wryw, mae gan eich celloedd gromosom X, a chromosom Y sy'n llai. Os ydych yn fenyw, mae gan eich celloedd ddau gromosom X. Mae'r diagram hwn yn dangos sut mae rhyw yn cael ei etifeddu.

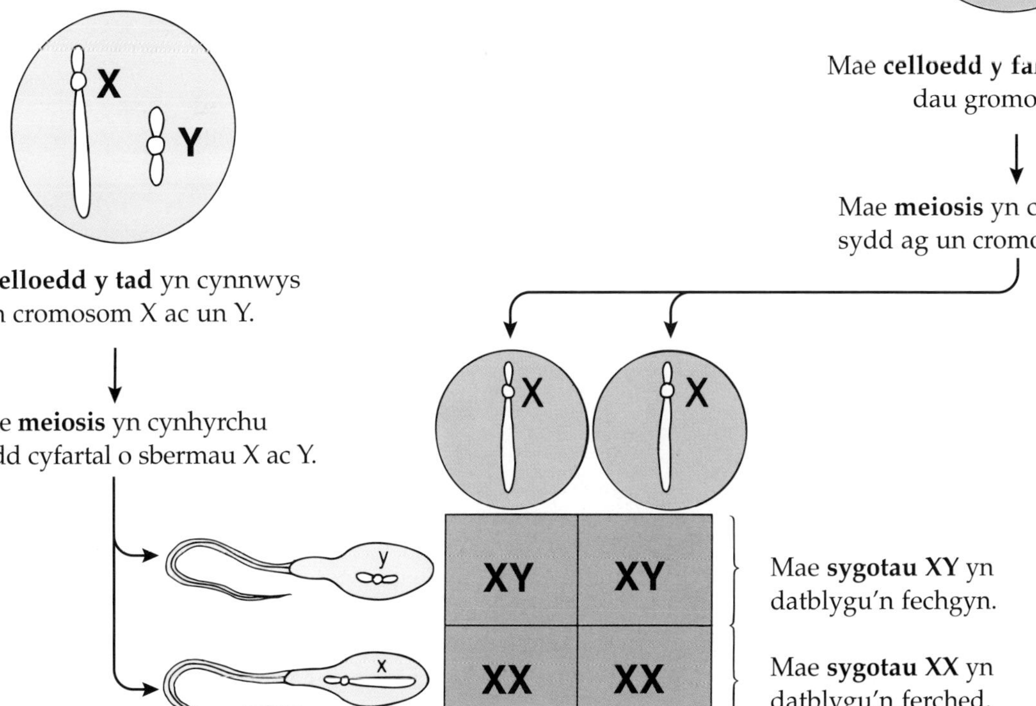
X X
Mae **celloedd y fam** yn cynnwys dau gromosom X.
Mae **meiosis** yn cynhyrchu ofa sydd ag un cromosom X yr un.
X
Y
Mae **celloedd y tad** yn cynnwys un cromosom X ac un Y.
Mae **meiosis** yn cynhyrchu niferoedd cyfartal o sbermau X ac Y.
X
X
y
x
XY
XY
XX
XX
Mae **sygotau XY** yn datblygu'n fechgyn.
Mae **sygotau XX** yn datblygu'n ferched.

Gan fod nifer cyfartal o sbermau X ac Y, mae gan blentyn siawns gyfartal o fod yn fachgen neu'n ferch.

Mae'r llun hwn yn dangos y 46 o gromosomau sydd gan ddyn. Tynnwyd eu llun dan ficrosgop cyn eu torri o'r llun a'u dosbarthu yn 22 pâr cyfatebol, a phâr o gromosomau X ac Y.

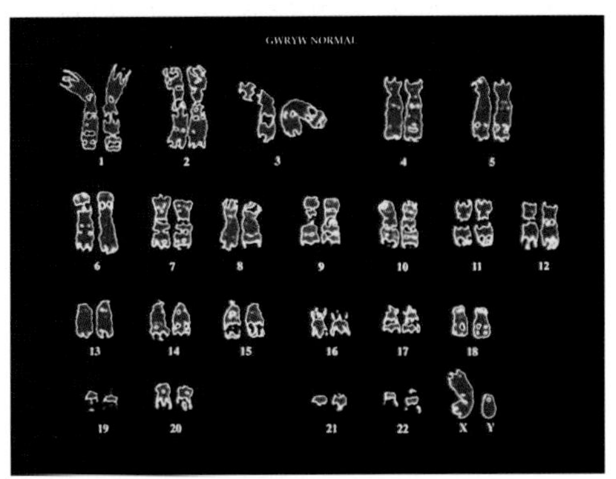

Cwestiynau

1 **C** yw'r genyn ar gyfer gwallt cyrliog, ac **c** yw'r genyn ar gyfer gwallt syth. Mae gan y tad y genynnau **CC**. Mae gan y fam y genynnau **Cc.** Lluniwch ddiagram fel yr un ar y dudalen flaenorol i ddangos pa fath o wallt y gallai eu plant ei etifeddu.

2 I beth mae sygotau XY yn datblygu? I beth mae sygotau XX yn datblygu?

3 Pam mae yna yr un nifer, yn fras, o fechgyn a merched?

2.05 Patrymau etifeddiad I

Alelau

Mae gan rai pobl lygaid brown, ac eraill lygaid glas neu lygaid gwyrdd. Mewn geiriau eraill, mae'r genyn sy'n rheoli datblygiad lliw'r llygaid yn bodoli mewn sawl ffurf wahanol. **Alelau** yw'r enw ar holl ffurfiau gwahanol genyn. Felly mae brown, glas a gwyrdd yn alelau i'r genyn ar gyfer lliw llygaid. Mae alelau genyn yn newid y ffordd y mae'r nodwedd sy'n cael ei rheoli gan y genyn hwnnw yn ymddangos mewn organeb.

Ffenoteip a genoteip

Nodwedd y gellir ei gweld yw **ffenoteip**, fel gwallt du, trwyn sy'n troi tuag i fyny, neu liw blodyn. **Genoteip** yw'r set o enynnau sy'n cynhyrchu ffenoteip.

Mae'r ffenoteip yn dibynnu ar alelau genyn sy'n bresennol yng nghelloedd organeb. Mae pob cell yn cynnwys dau alel i bob genyn - un yr un gan y ddau riant. Mae'r ffenoteip y maent yn ei gynhyrchu yn dibynnu ar yr alelau: a ydynt yn drechol neu'n enciliol?

Mae lliw blodyn yn ffenoteip sy'n cael ei gynhyrchu gan y genoteip **BB** neu **Bb**. Genoteip **bb** sydd gan flodau gwyn (blodau heb liw).

Mae gwallt du yn ffenoteip sy'n cael ei gynhyrchu gan y genoteip **GG** neu **Gg**. Mae gwallt golau yn ffenoteip sy'n cael ei gynhyrchu gan y genoteip **gg**.

Genynnau a'r amgylchedd

Dylai organebau â'r un genoteip edrych yr un fath. Ond efallai y byddant yn edrych yn wahanol os ydynt yn tyfu mewn gwahanol **amgylcheddau**. Gall yr amgylchedd effeithio ar y ffordd mae genynnau'n gweithio.

Yr un genoteip sydd gan y planhigion india-corn hyn. Ond maent yn edrych yn wahanol oherwydd iddynt dyfu mewn gwahanol briddoedd.

Cafodd y rhai â'r label 'Maeth cyflawn' eu tyfu mewn pridd sy'n cynnwys popeth y mae arnynt ei angen. Cafodd y rhai 'Dim nitrogen' eu tyfu mewn pridd sy'n cynnwys popeth *heblaw* nitrogen. Felly mae'r gwahanol briddoedd wedi rhoi gwahanol ffenoteipiau o'r un genoteip.

Maeth cyflawn

Dim nitrogen

Mwtaniadau

Newid sydyn mewn genyn neu gromosom yw **mwtaniad**, a hynny'n newid y ffordd mae organeb yn datblygu. Os bydd mwtaniad yn effeithio ar gametau (celloedd rhyw), gall gael ei etifeddu. Os corffgelloedd yn unig sydd wedi eu heffeithio, ni fydd fel arfer yn cael ei etifeddu.

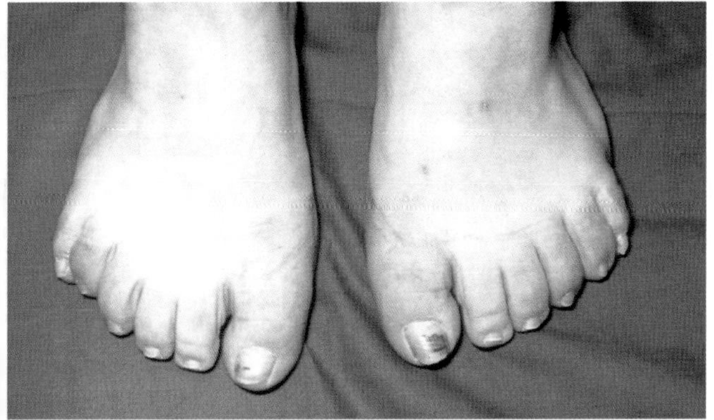

Gall mwtaniad genynnol achosi i fysedd ychwanegol dyfu ar y dwylo a'r traed. Nid yw hyn yn digwydd yn aml.

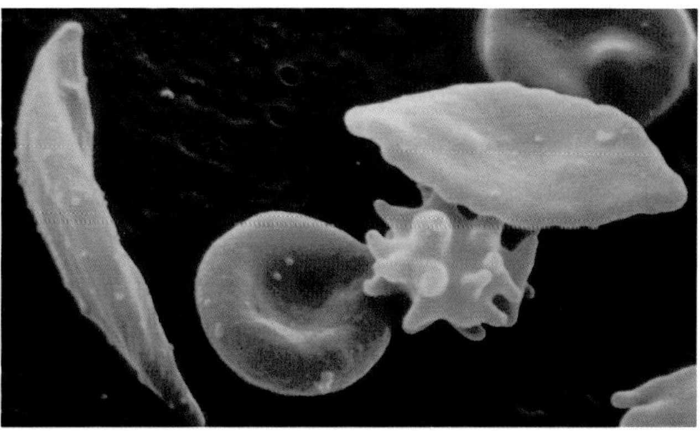

Cyflwr etifeddol poenus yw **anaemia cryman-gell**. Caiff ei achosi gan fwtaniad sy'n gwneud i gelloedd coch y gwaed newid i siâp cryman mewn crynodiadau ocsigen isel. Esblygodd y cyflwr mewn ardaloedd trofannol, lle gall fod yn fanteisiol oherwydd ei fod yn rhoi gwrthiant yn erbyn parasit malaria.

Beth sy'n achosi mwtaniadau?

Gall mwtaniadau ddigwydd yn naturiol. Gall pelydrau X, uwchfioled a mathau eraill o belydriad eu hachosi hefyd, yn ogystal â chemegau fel nitrosaminau, sydd i'w cael mewn mwg sigaréts, ac sy'n achosi canser.

Mae'r pryf ffrwythau ar y chwith wedi derbyn pelydriad gama, a achosodd fwtaniad genynnol. O ganlyniad, mae gan ei epil (ar y dde) adenydd wedi crychu.

Gall mwtaniad cromosom naturiol achosi i fenyw gynhyrchu ofwm sydd â 24 cromosom yn hytrach na 23. Os caiff hwn ei ffrwythloni, bydd gan y baban 47 o gromosomau yn hytrach na 46. Os bydd yr un ychwanegol yn perthyn i bâr cromosomau 21, bydd y baban yn datblygu **syndrom Down**.

Cwestiynau

1 Yn y pryf ffrwythau, mae **C** yn rhoi llygaid coch ac **c** yn rhoi llygaid gwyn. Beth yw ffenoteip y genoteipiau hyn?
a **CC** **b** **Cc** **c** **cc**

2 Mewn llygod, mae **B** yn rhoi blew tywyll a **b** yn rhoi blew golau. Beth yw'r genoteipiau ar gyfer llygod blew tywyll?

3 Beth yw mwtaniad? Beth sy'n achosi mwtaniadau?

4 Disgrifiwch fwtaniad niweidiol, a mwtaniad defnyddiol.

2.06 Patrymau etifeddiad II

Croesiad monocroesryw

Mewn llygod, mae **B** a **b** yn alelau i'r genyn ar gyfer lliw'r gôt. Mae **B** yn cynhyrchu côt dywyll a **b** yn cynhyrchu côt olau. Caiff gwryw â'r genoteip **BB** ei **groesi** (ei baru) gyda benyw â'r genoteip **bb**. Yr enw ar groesiad o'r fath, rhwng pâr o alelau trechol a phâr o rai enciliol, yw **croesiad monocroesryw**. Caiff yr epil eu galw yn **genhedlaeth ffiliol gyntaf**, neu F_1.

Pam mae gan yr holl lygod F_1 y genoteip **Bb** a ffenoteip côt dywyll? Yr ateb yw oherwydd bod côt dywyll yn drech na chôt olau.

Pan gaiff llygod F_1 eu paru er mwyn cynhyrchu cenhedlaeth F_2, mae hi deirgwaith yn fwy tebygol y ceir epil â chôt dywyll nag epil â chôt olau: cymhareb côt dywyll i gôt olau yng nghenhedlaeth F_2 yw 3:1.

Mae'r gymhareb hon yn digwydd oherwydd bod y rhieni F_1 yn cynhyrchu'r un nifer o sbermau ac ofa **B** a **b**, ac mae siawns gyfartal i unrhyw sberm ffrwythloni unrhyw ofwm. Mae'r diagram yn dangos yr holl sygotau posibl y gall hyn eu cynhyrchu. Gan fod **B** yn digwydd yn nhri chwarter y rhain, mae tri chwarter F_2 yn debygol o fod â chôt dywyll.

Cyd-drechedd

Os yw dau alel genyn yn cynhyrchu effaith yn y ffenoteip, hynny yw, os nad yw'r naill yn drech na'r llall, yna dywedir bod yr alelau yn **gyd-drechol**. Mae lliw'r gôt mewn gwartheg byrgorn yn enghraifft.

C yw'r genyn ar gyfer lliw'r gôt mewn gwartheg byrgorn; $\mathbf{C^C}$ ac $\mathbf{C^G}$ yw'r alelau ar gyfer côt goch a chôt wen. Dim ond blew coch sydd gan darw â'r genoteip $\mathbf{C^CC^C}$ yn ei gôt, a dim ond blew gwyn sydd gan fuwch â'r genoteip $\mathbf{C^GC^G}$. Mae'r lloi yn etifeddu un genyn gan bob rhiant ac felly eu genoteip hwy yw $\mathbf{C^CC^G}$. Gan fod y *ddau* alel, $\mathbf{C^C}$ ac $\mathbf{C^G}$, yn effeithio ar y ffenoteip, mae gan y lloi gôt o flew coch a gwyn yn gymysg, sef côt lwytgoch, neu winau.

Mae etifeddiad grwpiau gwaed yn cynnwys enghraifft o gyd-drechedd. Petaech yn etifeddu'r genynnau ar gyfer y ddau grŵp gwaed, A a B, byddai hanner celloedd eich gwaed yn fath A a'u hanner yn fath B.

Rhieni F_1 (o groesiad rhwng llygod **BB** a **bb**)

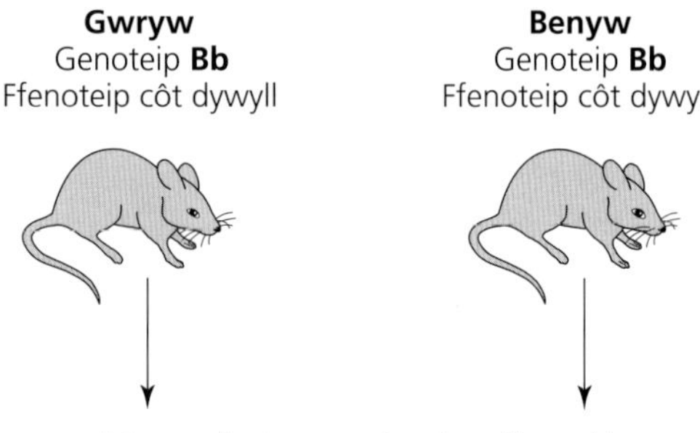

Mae **meiosis** yn cynhyrchu niferoedd cyfartal o sbermau ac ofa **B** a **b**

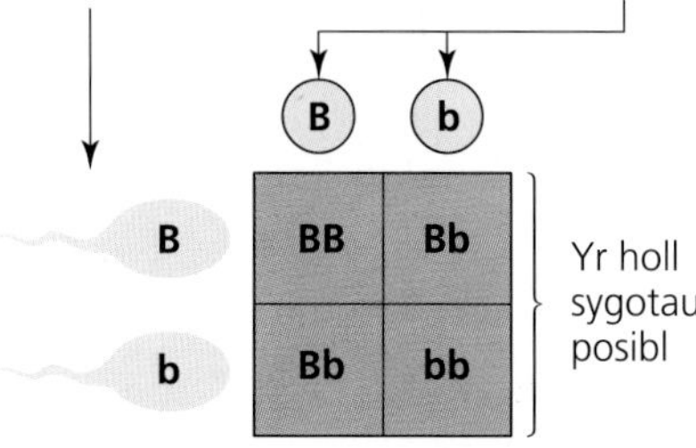

Genoteipiau a ffenoteipiau F_2 posibl

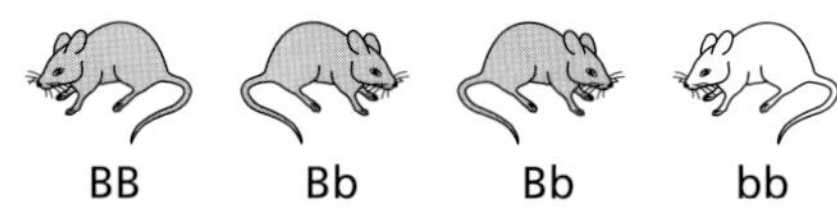

Mae côt dywyll yn deirgwaith mwy tebygol na chôt olau (h.y. cymhareb ffenoteipiau tywyll i olau yw 3:1)

Cyd-drechedd mewn gwartheg byrgorn

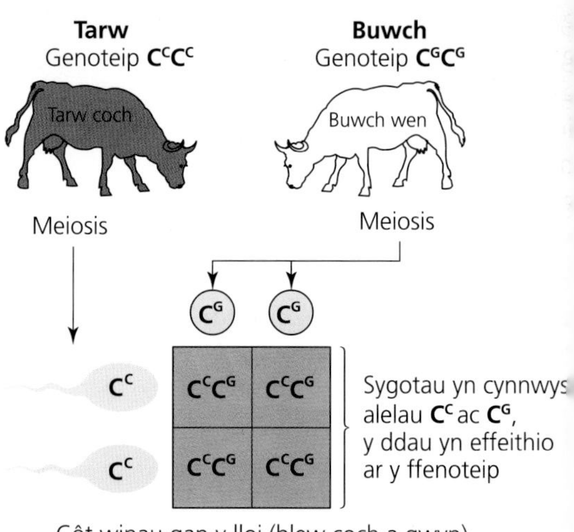

Côt winau gan y lloi (blew coch a gwyn)

Etifeddiad rhyw-gysylltiedig

Mae haemoffilia yn enghraifft o nodwedd ryw-gysylltiedig gan fod y genyn ar gyfer y cyflwr hwn i'w gael ar gromosom rhyw.

Caiff haemoffilia ei achosi gan fwtaniad yn y genyn sy'n rheoli ffurfiant y mecanwaith ceulo gwaed, fel bod y gwaed yn methu ceulo'n iawn.

Mae'r genyn ar gyfer ceulo gwaed ar gromosom X ac mae ganddo ddau alel. Mae'r alel trechol $\mathbf{X^H}$ yn peri i'r mecanwaith ceulo gwaed normal ffurfio, ond nid yw'r alel enciliol $\mathbf{X^h}$ yn gwneud hynny, ac felly mae'n achosi haemoffilia.

Oherwydd bod gan fenyw bob amser ddau gromosom X, bydd ganddi bob amser ddau enyn ceulo gwaed yn ei chelloedd. Ond gan mai un cromosom X yn unig sydd gan ddyn, un genyn ceulo gwaed sydd ganddo.

Gelwir benyw â'r genoteip $\mathbf{X^H X^h}$ yn **gludydd** haemoffilia. Nid yw'n dioddef o'r cyflwr oherwydd bod ganddi'r alel trechol ar gyfer ceulo gwaed ar y cromosom X arall. Ond gall drosglwyddo'r alel $\mathbf{X^h}$ i fab iddi, a fydd yn haemoffilig gan nad oes genyn ceulo gwaed ar ei gromosom Y.

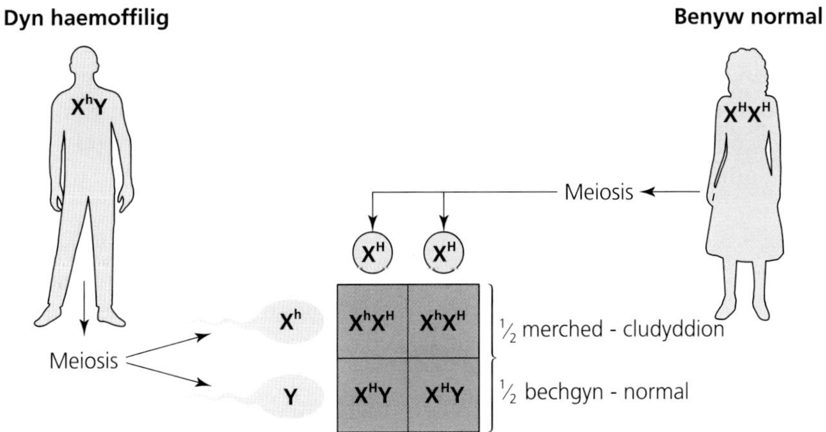

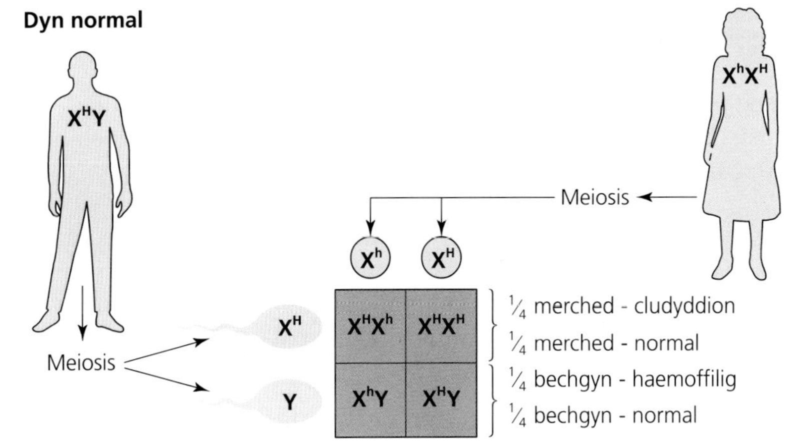

Cwestiynau

1 Pan gaiff planhigion pys pêr sy'n homosygaidd ar gyfer blodau coch eu croesi gyda rhai sy'n homosygaidd ar gyfer blodau gwyn, mae gan blanhigion yr F_1 flodau pinc. Eglurwch y canlyniad hwn. Defnyddiwch y symbol $\mathbf{F^C}$ i gynrychioli'r alel ar gyfer blodau coch ac $\mathbf{F^G}$ ar gyfer blodau gwyn, a lluniwch ddiagram i ddangos y sygotau F_2 y gellir eu cynhyrchu pan gaiff pys pêr â blodau pinc eu croesi â'i gilydd.

2 Mae rhai mathau o ddallineb lliw yn rhyw-gysylltiedig. Beth yw ystyr hyn? Gan ddefnyddio'r symbol $\mathbf{X^D}$ i gynrychioli golwg lliw normal ac $\mathbf{X^d}$ ar gyfer dallineb lliw, lluniwch ddiagram i ddangos genoteipiau posibl plant a gynhyrchwyd gan ddyn â dallineb lliw a benyw sy'n gludydd.

2.07 DNA a'r cod genynnol

Mae'r cyfarwyddiadau ar gyfer gwneud bod dynol, pryfyn, dant y llew neu bron unrhyw beth byw, wedi eu cynnwys mewn moleciwlau o DNA (**asid deuocsiriboniwcleig**) sydd wedi ymdroelli yng nghromosomau'r gell. Caiff y cyfarwyddiadau hyn eu storio gan ddefnyddio'r **cod genynnol**.

Genyn yw darn o DNA sy'n cynnwys rhan fechan o'r cod genynnol hwn. Ym mhob cromosom mae un moleciwl o DNA a gall hwn gynnwys hyd at 4000 o enynnau. Yn gyfan gwbl, mae'r holl gromosomau mewn celloedd dynol yn cynnwys tua 100 000 o enynnau.

Trwy astudio adeiledd DNA gallwn ddechrau deall beth yw'r cyfarwyddiadau hyn, a sut maent yn ffurfio'r cod genynnol sy'n cael ei ddefnyddio i adeiladu organeb fyw gyflawn allan o un gell wy (ofwm) wedi'i ffrwythloni.

Adeiledd DNA

Mae moleciwl o DNA yn cynnwys dau edefyn wedi eu huno gan ddarnau ar draws. Mae'n edrych yn debyg i ysgol wedi ei throelli i siâp sbiral. Yr enw ar hyn yw **helics dwbl**.

Unedau cemegol yw grisiau'r ysgol. Yr enw arnynt yw **basau**. Mae pob un o risiau'r ysgol yn cynnwys dau o'r basau wedi eu huno yn y canol.

Mae pedwar math o'r basau - y llythrennau **A**, **G**, **C**, a **T** (esboniad yn yr allwedd gyferbyn) yn y diagram ar y dde. Mae miliynau o risiau mewn moleciwl o DNA ond ym mhob achos mae bas A *bob amser* gyferbyn â bas T, a bas C *bob amser* gyferbyn â bas G.

Sut y caiff DNA ei gopïo cyn cellraniad

Cyn y gall cell ymrannu, rhaid i'w holl foleciwlau DNA wneud copïau union ohonynt eu hunain fel bod gan y gell newydd gopi o'r wybodaeth wedi ei chodio. Er mwyn gwneud hyn mae'r moleciwl DNA yn ymrannu'n ddau edefyn unigol, fel petai sip wedi ei agor i lawr ei ganol.

Yna caiff pob edefyn unigol ei wneud yn edefyn dwbl eto, gan ddefnyddio basau newydd sy'n cael eu cyflenwi gan y gell. Mae bas A bob amser yn uno â T, a bas C bob amser yn uno ag G.

Yn anaml iawn, bydd camgymeriad yn digwydd wrth i'r DNA gael ei gopïo, sy'n achosi newid yn y cyfarwyddiadau genynnol. Dyma un ffordd y gall mwtaniad ddigwydd.

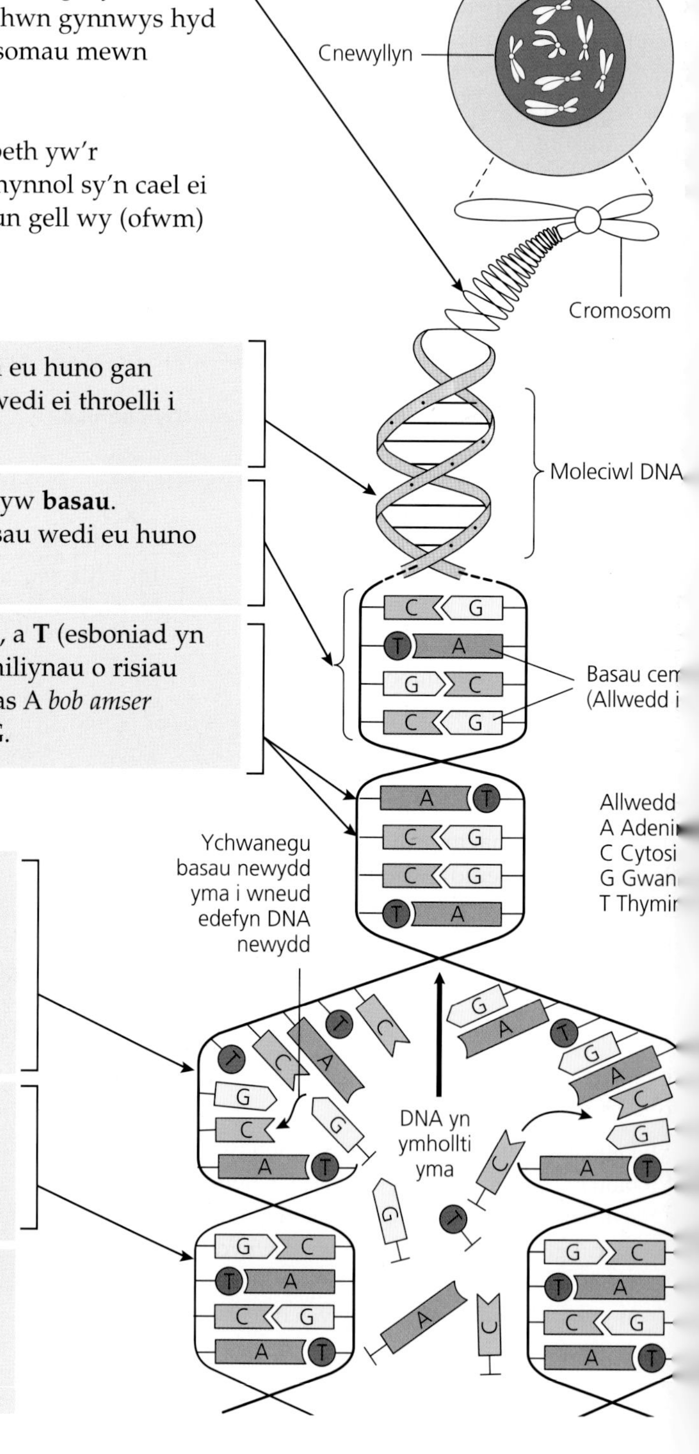

Yr ydym yr hyn sydd wedi ei ysgrifennu yn ein genynnau

Genynnau sy'n rheoli datblygiad nodweddion etifeddol fel lliw llygaid a gwallt. Gallant wneud hyn gan eu bod yn cynnwys y cyfarwyddiadau (cod genynnol) ar gyfer gwneud proteinau o asidau amino. Proteinau, ensymau yn enwedig, sy'n rheoli holl brosesau cemegol bywyd yn ogystal ag adeiledd a swyddogaethau celloedd. Felly, trwy reoli pa broteinau y mae cell yn eu gwneud, mae genynnau yn rheoli datblygiad, adeiledd a swyddogaethau organeb gyfan.

Sut mae genynnau yn gwneud proteinau

Nifer o asidau amino gwahanol wedi eu cysylltu â'i gilydd yw protein. Dilyniant y basau A, T, C, G ar hyd moleciwl DNA sy'n dweud wrth gell pa asidau amino i'w defnyddio, ac ym mha drefn i'w cysylltu er mwyn gwneud protein penodol. Mae genyn yn cynnwys dilyniant y basau ar gyfer un moleciwl cyflawn o brotein.

Darllen y cod

Dychmygwch mai'r llythrennau A, T, C, G yw'r wyddor a ddefnyddir i ysgrifennu geiriau'r wybodaeth mewn cod. Byddai'r llythrennau CAA (h.y. dilyniant basau cytosin, adenin, adenin) yn air cod ar gyfer yr asid amino falin, a'r gair AAT (adenin, adenin, thymin) yn air cod ar gyfer leucin. Mewn geiriau eraill, mae'r wybodaeth mewn cod wedi ei hysgrifennu mewn geiriau tair llythyren (h.y. grwpiau o dri bas), a phob un yn dweud wrth gell pa asid amino y dylai ei gysylltu ag un arall. Beth am edrych ar sut y mae cyflawni'r cysylltiad hwn.

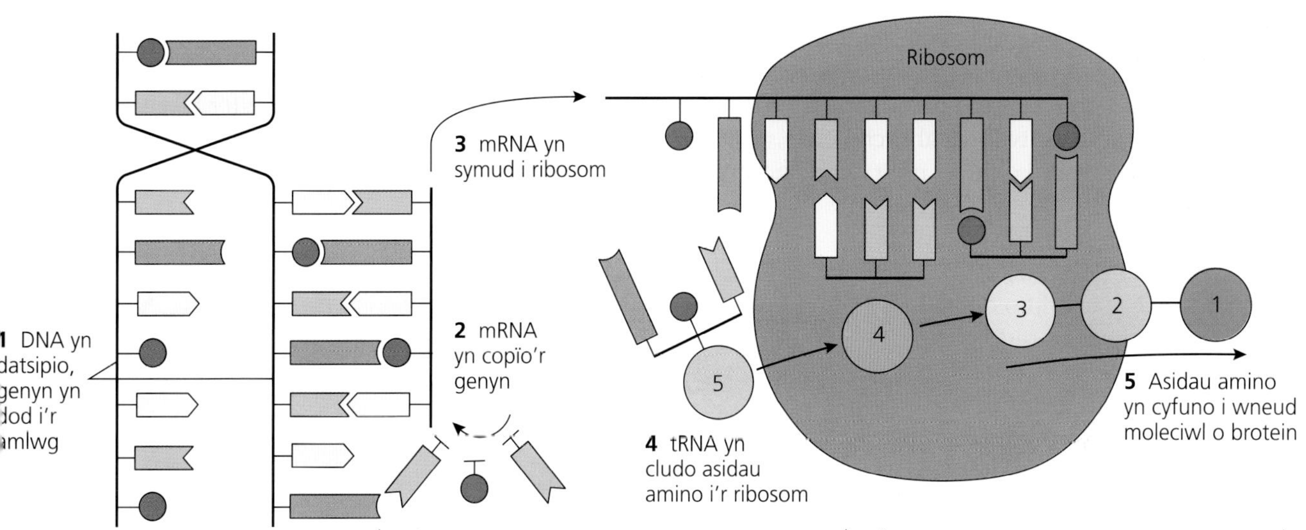
Ribosom
3 mRNA yn symud i ribosom
2 mRNA yn copïo'r genyn
1 DNA yn datsipio, genyn yn dod i'r amlwg
4 tRNA yn cludo asidau amino i'r ribosom
5 Asidau amino yn cyfuno i wneud moleciwl o brotein
1
2
3
4
5

DNA yn datsipio Mae rhan o foleciwl DNA yn agor a'r genyn ar gyfer protein yn dod i'r amlwg **(1)**. Caiff dilyniant y basau (y cod ar gyfer protein) yn y genyn ei gopïo. Mae'r edefyn newydd yn gopi union o'r genyn, ond y tro hwn nid o DNA y mae wedi ei wneud, ond o gemegyn tebyg o'r enw RNA negeseuol **(2)**. Cyfeiriwn ato'n fyr fel mRNA.

mRNA yn cludo'r cod ar gyfer protein i ribosom Mae mRNA yn symud allan o gnewyllyn y gell ac yn cludo'r copi o enyn i ffurfiad yn y cytoplasm o'r enw **ribosom (3)**. Yma, mae'n cwrdd ag ail fath o RNA, RNA trosglwyddol (tRNA). Mae tRNA yn casglu asidau amino ac yn eu trosglwyddo i ribosom **(4)** lle maent yn cael eu cyfuno i ffurfio proteinau.

Asidau amino yn cael eu cyfuno Mae gan foleciwl tRNA dri bas: dim ond gyferbyn â thri bas cyfatebol ar yr mRNA y gallant ffitio. Pan fydd hyn yn digwydd, caiff yr asid amino y mae'n ei gludo ei gysylltu â chadwyn o asidau amino i wneud moleciwl o brotein **(5)**. Mae dilyniant yr asidau amino, ac felly y math o brotein, yn dibynnu ar ddilyniant y basau a gopïodd yr mRNA o'r genyn.

2.08 Bridio detholus a chlonau

Tua deng mil o flynyddoedd yn ôl dechreuodd pobl newid eu ffordd o ennill bywoliaeth. Yn hytrach na hela, a chasglu bwyd o blanhigion gwyllt, aethant ati i ymsefydlu, tyfu cnydau a dofi anifeiliaid gwyllt. Yn raddol, dros filoedd o flynyddoedd, datblygwyd dulliau o wella cnydau a da byw. Llwyddwyd i wneud hyn trwy ddethol y planhigion a'r anifeiliaid hynny a oedd â'r nodweddion mwyaf manteisiol, a bridio o'r rhain yn unig.

Mae'n debyg mai gwenith oedd y grawn cyntaf i gael ei feithrin. Cafwyd hyd i hadau mewn safle cloddio 9000 o flynyddoedd oed lle mae Irac yn awr. Mae rhai mathau o wenith yn rhoi blawd meddal ar gyfer bisgedi. Mae gwenith caled yn gwneud blawd ar gyfer bara.

Bridio detholus

Mae'r technegau hyn mor bwerus fel y gallant gynhyrchu isrywogaethau newydd sydd nid yn unig yn edrych yn wahanol iawn i'w hynafiaid gwyllt, ond sydd â rhinweddau gwell o lawer, fel maint, pwysau, neu gynnyrch.

Cafodd grawnfwydydd modern, yn cynnwys gwenith, haidd, india-corn a reis, eu datblygu o weiriau gwyllt, a'u bridio ar gyfer eu coesynnau cryfion, cynnyrch uchel a gwrthiant tuag at afiechydon. Bychan iawn oedd y cynnyrch cynnar o'i gymharu â chynnyrch isrywogaethau modern, yn enwedig pan ddefnyddir gwrteithiau a phlaleiddiaid i'w helpu. Trwy ddethol a bridio planhigion â'r ffrwythau mwyaf a'r rhai mwyaf blasus, rydym wedi cynhyrchu eirin, afalau, grawnwin ac ati, sydd o ansawdd gwell o lawer na'u hynafiaid gwyllt.

Gan ddechrau â'r blaidd, a oedd o'n cwmpas ar ddechrau gwareiddiad, mae bridio detholus wedi cynhyrchu cannoedd o isrywogaethau o gŵn. Cafodd cŵn eu dofi i ddechrau i helpu pobl i hela; erbyn hyn cânt eu bridio er mwyn nodweddion fel addfwynder, deallusrwydd, golwg, a chyflymder.

Trwy fridio detholus, datblygwyd cannoedd o isrywogaethau o gŵn o hynafiaid oedd yn fleiddiaid.

Mae gwartheg yn cael eu gwella drwy'r amser trwy fridio detholus. Mae bridwyr gwartheg eidion yn chwilio am ffyrdd o newid glaswellt a dwysfwyd yn gig yn gyflym. Caiff gwartheg godro eu dethol ar gyfer cynnyrch llaeth uchel. Mae'r gallu i gynhyrchu lloi iach hefyd yn bwysig.

Mae defaid wedi cael eu dofi ers 7000 o flynyddoedd, ar gyfer eu cig yn bennaf ar y dechrau. Adeiladwyd cyfoeth Lloegr yn y canol oesoedd ar gadw defaid ar gyfer eu gwlân.

Clonio a dulliau clonio

Clôn yw grŵp o organebau sy'n unfath yn enetig, wedi eu cynhyrchu naill ai drwy atgynhyrchu anrhywiol, neu'n artiffisial trwy ddulliau clonio. Prif fantais y technegau hyn yw eu bod yn ein galluogi i wneud niferoedd mawr o blanhigion neu anifeiliaid sy'n gopïau union o 'riant' sydd â nodweddion manteisiol. Byddai hyn yn amhosibl trwy ddefnyddio atgenhedlu rhywiol, gan fod yr epil a gynhyrchir yn y dull hwnnw bob amser yn wahanol i'w rhieni.

Gall toriad coesyn dyfu system wreiddiau newydd yn gyflym.

Toriadau o blanhigion

Gallwch dyfu llawer o gopïau unfath (clonau) o un planhigyn trwy dorri tameidiau o'r cyffyn, y ddeilen neu'r gwreiddyn. Yn y toriad, mae celloedd sydd heb arbenigo yn tyfu i gymryd lle darnau coll er mwyn gwneud planhigyn cyfan.

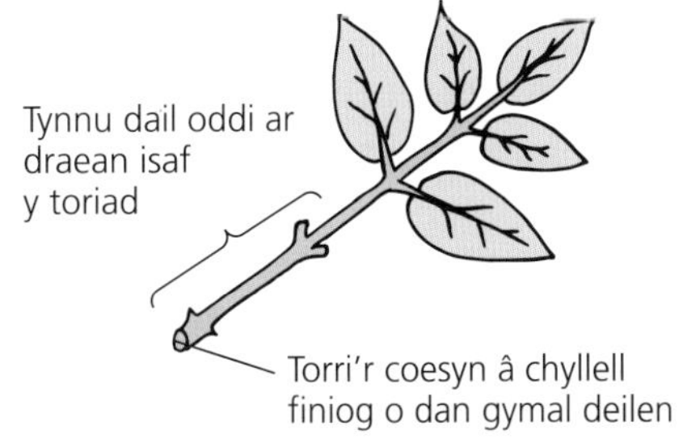
Tynnu dail oddi ar draean isaf y toriad
Torri'r coesyn â chyllell finiog o dan gymal deilen

Toriadau o goesynnau Gellir tyfu mynawyd y bugail o ddarnau o goesyn wedi eu gadael mewn dŵr, neu mewn compost llaith a gosod cwdyn plastig drostynt.

Toriadau o ddail Gellir tyfu clonau o *Begonia rex* o ddeilen. Trowch hi â'i phen i waered a thorri ar draws y gwythiennau. Gosodwch hi â'i hwyneb i fyny ar gompost llaith a bydd planhigion bach yn tyfu o'r toriadau.

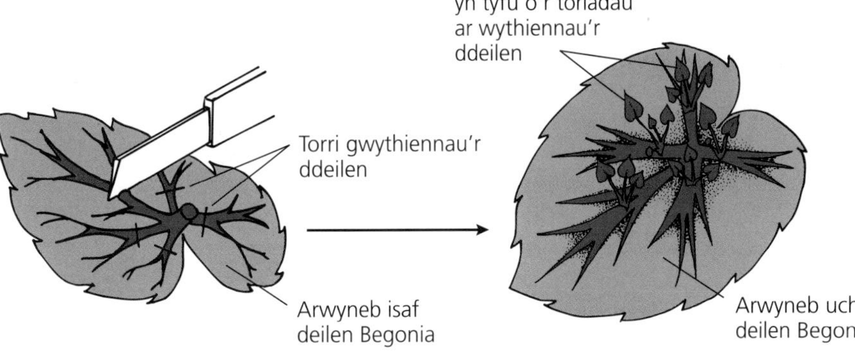
Planhigion newydd yn tyfu o'r toriadau ar wythiennau'r ddeilen
Torri gwythiennau'r ddeilen
Arwyneb isaf deilen Begonia
Arwyneb uchaf deilen Begonia

Meithriniad meinwe (micro-ledaeniad)

Os caiff darn o blanhigyn lle mae'r meinwe yn tyfu, er enghraifft blaen y coesyn, ei dorri a'i roi mewn hylif sy'n cynnwys ensymau penodol, bydd yn bosibl ei rannu yn gelloedd unigol. Os caiff cell ei harwahanu a'i rhoi mewn hylif sy'n cynnwys hormonau twf, gellir gwneud iddi ymrannu a thyfu i fod yn lympiau o feinwe planhigol sy'n ffurfio cyffion a dail, ac a fydd ymhen amser yn dod yn blanhigion cyflawn. Gan fod modd tyfu planhigyn cyfan o un gell, mae'n bosibl cynhyrchu cannoedd o glonau o un mamblanhigyn.

Cwestiynau

1 Disgrifiwch fanteision bridio detholus mewn anifeiliaid, yn hytrach na gadael iddynt baru ar hap.
2 Pa rinweddau y byddech chi'n chwilio amdanynt wrth ddethol planhigion ar gyfer bridio?
3 Beth yw clôn?
4 Disgrifiwch dechnegau clonio mewn planhigion, a manteision y dulliau hyn.

2.09 Anifeiliaid yr un ffunud

Pam y byddai unrhyw un am wneud cannoedd neu hyd yn oed filoedd o anifeiliaid sy'n unfath yn enetig? Y prif reswm dros gynhyrchu'r clonau hyn yw mai dyna'r cam rhesymegol nesaf ar ôl bridio detholus. Os yw canrifoedd o ryng-fridio detholus wedi cynhyrchu'r fuwch laeth ddelfrydol, yna byddai gwneud llawer o gopïau union gywir ohoni yn amlwg yn beth manteisiol a phroffidiol.

Mae hyn yn cynnig y gobaith o allu clonio niferoedd enfawr o wartheg, teirw, defaid neu geffylau a fu'n enillwyr gwobrau, neu hyd yn oed anifeiliaid anwes gwerthfawr. Byddai modd defnyddio hyn hefyd i gynyddu poblogaethau anifeiliaid gwyllt prin. Sut y gellir cyrraedd yr amcanion hyn?

Cynhyrchwyd yr anifail hwn trwy gymysgu celloedd embryo o *ddwy rywogaeth wahanol*: dafad a gafr. Cymysgwyd celloedd embryo pedair-cell o ddafad gyda chelloedd o embryo wyth-cell o afr. O hyn datblygodd **cimera**, anifail sy'n rhannol yn ddafad ac yn rhannol yn afr.

Hollti embryonau

Gellir hollti embryo hyd at chwe diwrnod oed yn gelloedd unigol a fydd wedyn yn ailffurfio yn embryonau cyfan. Pan gaiff y rhain eu mewnblannu yng nghroth anifail benyw byddant yn tyfu i fod yn unigolion sy'n unfath yn enetig.

Nid oes rhaid i'r anifail benyw sy'n derbyn yr embryo berthyn i'r un rhywogaeth â'r cyfrannwr: er enghraifft, gall ceffyl roi genedigaeth i sebra. Mae hyn yn golygu bod modd mewnblannu embryonau a gloniwyd o rywogaethau prin mewn anifeiliaid dof, er mwyn iddynt ddatblygu o dan amodau diogel a rheoledig, ac yna eu gollwng yn ôl i'r gwyllt.

Trawsblannu cnewyll

Dim ond dau neu dri o gopïau unfath a gynhyrchir trwy hollti embryonau. Y cam nesaf oedd perswadio celloedd embryonau i luosi lawer gwaith heb iddynt golli'r gallu i dyfu'n anifail cyfan. Mae celloedd sydd wedi datblygu y tu hwnt i'r cam hwn yn ddiwerth gan eu bod wedi newid i fod yn rhan o gorff yn unig, er enghraifft meinwe nerf neu gyhyr.

Cafodd celloedd o embryonau defaid wedi'u hollti eu hamddifadu o faetholynnau er mwyn eu rhwystro rhag ymrannu ymhellach. Yna cafodd eu cnewyll eu trosglwyddo i gelloedd wyau heb eu ffrwythloni (roedd cnewyll y rhain wedi eu tynnu ohonynt). Rhoddwyd yr embryonau a ddeilliodd o hyn yng nghroth dafad faeth er mwyn iddynt ddatblygu i fod yn gopïau union o'r embryo cyfrannol.

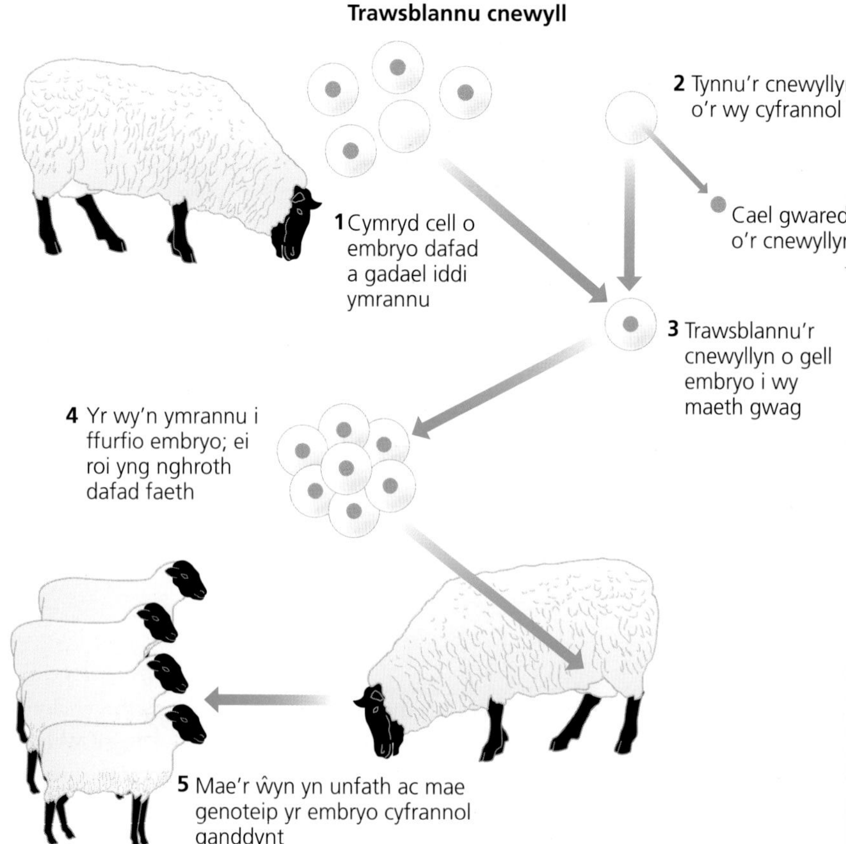
Trawsblannu cnewyll
1 Cymryd cell o embryo dafad a gadael iddi ymrannu
2 Tynnu'r cnewyllyn o'r wy cyfrannol
Cael gwared o'r cnewyllyn
3 Trawsblannu'r cnewyllyn o gell embryo i wy maeth gwag
4 Yr wy'n ymrannu i ffurfio embryo; ei roi yng nghroth dafad faeth
5 Mae'r ŵyn yn unfath ac mae genoteip yr embryo cyfrannol ganddynt

Gwneud clôn o anifail llawn-dwf

Dolly - y mamolyn cyntaf i gael ei glonio o gelloedd anifail llawn-dwf.

Nid yw clonau a wneir o gelloedd embryo yn gopïau o'r oedolyn cyfrannol. Copïau ydynt o embryo a gafodd ei gynhyrchu trwy atgenhedliad rhywiol. Mae epil sy'n cael eu cynhyrchu'n rhywiol bob amser yn wahanol i'w rhieni gan eu bod yn cynnwys cymysgedd o nodweddion y fam a'r tad. Ym 1997 llwyddodd gwyddonwyr i gynhyrchu'r mamolyn cyntaf i gael ei glonio o feinweoedd anifail *llawn-dwf.* Dafad oedd yr anifail a chafodd ei galw'n Dolly.

Cymerwyd cell groen o bwrs (chwarren laeth) dafad chwe blwydd oed a thrawsblannu ei chnewyllyn i gell wy a oedd â'i chnewyllyn wedi ei dynnu ohoni. Cafodd y gell hon ei mewnblannu yng nghroth dafad faeth, lle y tyfodd i fod yn gopi o'r ddafad gyfrannol.

Er mwyn cyrraedd y canlyniad rhyfeddol hwn cafodd celloedd croen eu hamddifadu o faetholynnau er mwyn eu hatal rhag gwneud mwy o gelloedd croen. Mae hyn rywsut yn deffro mecanwaith y gell sydd ynghwsg, ac yn gwneud i'r cnewyllyn gofio ei fod yn cynnwys yr holl enynnau sydd yn angenrheidiol er mwyn gwneud dafad gyflawn.

Problemau i'w goresgyn?

Bu Dolly farw yn 2003 yn chwe blwydd oed. Pa mor hen oedd hi mewn gwirionedd? Roedd y celloedd y cafodd ei chlonio ohonynt yn chwe blwydd oed hefyd. Datblygodd glefyd ar yr ysgyfaint a phenderfynodd milfeddygon ei rhoi i gysgu. Roedd hefyd wedi datblygu'r crydcymalau pan oedd hi'n ifanc. Roedd gwyddonwyr yn amau y gallai anifeiliaid wedi'u clonio o 'hen' gelloedd oedolion heneiddio'n gyflymach o lawer na rhai wedi'u clonio o embryonau, sy'n dechrau eu bywyd o gelloedd 'newydd'. Tybed a yw hanes Dolly yn awgrymu hynny?

Bu'n rhaid rhoi cynnig ar fewnblannu embryonau bron i 300 o weithiau cyn cynhyrchu un oen bach iach. Erthylodd llawer beichiogrwydd, neu cynhyrchwyd epil â namau difrifol arnynt.

Rhaid datrys y problemau hyn a llawer o rai eraill cyn y gellir perffeithio dull dibynadwy o wneud copïau union gywir o anifeiliaid llawn-dwf.

Sut i glonio dafad lawn-dwf

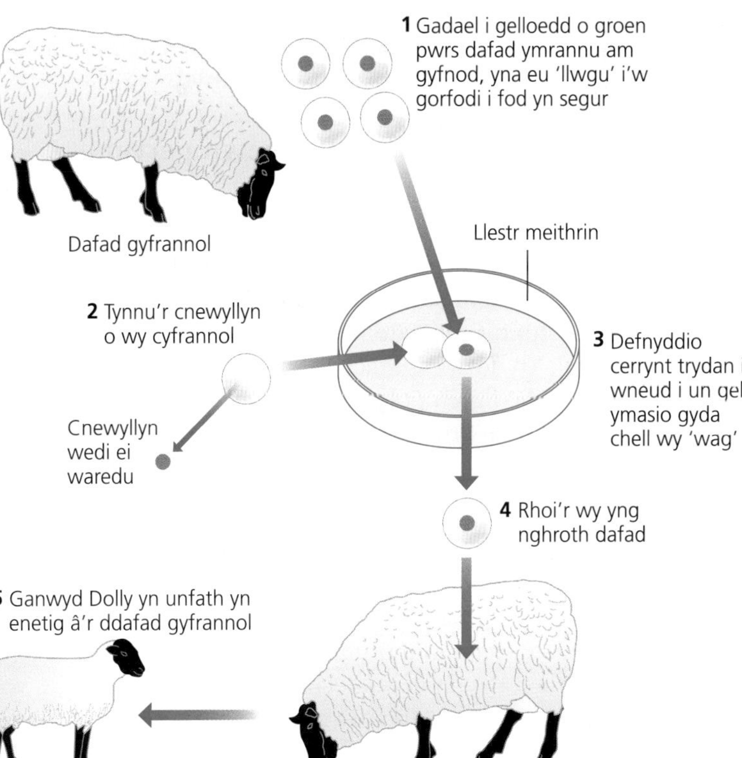
1 Gadael i gelloedd o groen pwrs dafad ymrannu am gyfnod, yna eu 'llwgu' i'w gorfodi i fod yn segur
Dafad gyfrannol
Llestr meithrin
2 Tynnu'r cnewyllyn o wy cyfrannol
3 Defnyddio cerrynt trydan i wneud i un gell ymasio gyda chell wy 'wag'
Cnewyllyn wedi ei waredu
4 Rhoi'r wy yng nghroth dafad
5 Ganwyd Dolly yn unfath yn enetig â'r ddafad gyfrannol

Cwestiynau

1 Sut y gallai ymchwil i glonio arwain at fusnes proffidiol?
2 Sut y caiff clonau eu gwneud trwy hollti embryonau, a beth yw manteision ac anfanteision y dull hwn?
3 Pam mae celloedd embryonau sy'n hŷn na chwe diwrnod oed yn anaddas ar gyfer clonio?
4 Pa broblem y bu rhaid ei goresgyn cyn y gellid defnyddio celloedd croen ar gyfer clonio anifail llawn-dwf?
5 Pam y gallai clonau a wnaed gan ddefnyddio 'dull Dolly' o bosibl heneiddio cyn eu hamser?

2.10 Manteision ac anfanteision clonio

Yn ôl pob tebyg, bydd rhai degawdau yn mynd heibio eto cyn y bydd gan wyddonwyr ddulliau dibynadwy o glonio. Ond pam mae eu gwaith mor bwysig, a beth yw'r pynciau moesol sy'n codi wrth drafod clonio?

Clonio a chynhyrchu anifeiliaid fferm

Mewn ffermio llaeth, er enghraifft, mae'r fuches orau hyd at ddeng mlynedd ar y blaen i'r fuches arferol o safbwynt datblygiad ac ansawdd. Byddai'n bosibl dileu'r gwahaniaeth hwn petai ffermwyr yn cael derbyn cyflenwad o embryonau o glonau wedi eu cynhyrchu o'r gwartheg uchaf eu cynnyrch yn y buchesau gorau. Yna gallai'r ffermwr gynhyrchu buches o'r gwartheg gorau oll mewn un genhedlaeth yn unig.

Ar hyn o bryd defnyddir ymhadiad artiffisial i gyflawni hyn, gan ddefnyddio sbermau o deirw sydd wedi ennill gwobrau. Fodd bynnag, dim ond hanner y genynnau angenrheidiol sy'n cael eu cyflenwi fel hyn (h.y. rhai'r tad), tra byddai gan glôn o fuwch laeth go-iawn gopi cyflawn o'r genoteip sydd ei angen. Byddai bridwyr yn gallu gwerthu embryonau wedi eu clonio o anifeiliaid â nodweddion gwerthfawr eraill, er enghraifft ffrwythlondeb, perfformiad hir-dymor, ac iechyd.

Gorila'r mynydd yw'r math o orila sydd fwyaf mewn perygl. Bellach dim ond tua 600 sy'n byw. Sut y gallai clonio helpu i'w hachub?

Cadwraeth bywyd gwyllt sydd mewn perygl

Mae perygl i lawer o anifeiliaid gwyllt ddiflannu o ganlyniad i hela anghyfreithlon a cholli cynefin. Gallai clonio achub rhywogaethau sydd mewn perygl pe byddai celloedd yn cael eu casglu o'r croen meddal y tu mewn i'r geg, neu o ffoliglau blew, a'u meithrin i dyfu a lluosi yn y labordy. Gellid storio'r celloedd am gyfnod amhenodol ar –173°C mewn nitrogen hylifol. Yn ddiweddarach, trwy drosglwyddo cnewyll, byddai modd eu defnyddio i greu poblogaethau newydd neu i ychwanegu at rai lle mae'r niferoedd yn brin.

Cadwraeth genynnau

Petai ond ychydig o anifeiliaid yn cael eu dewis a'u dethol yn ofalus ar gyfer bridio neu glonio, dros gyfnod o lawer o flynyddoedd byddai perygl i'r bridiau a gafodd eu gwrthod gael eu hanwybyddu, a marw o'r tir yn gyfan gwbl. Mae'n rhaid inni osgoi hyn achos gallai fod gan y rhai a gafodd eu gwrthod enynnau ac alelau gwerthfawr nad ydym wedi eu darganfod eto, ar gyfer gwrthiant i afiechydon, goddef hinsoddau eithafol, ac ati. Un o beryglon pennaf gormod o glonio yw ei fod yn cynhyrchu poblogaethau mawr o anifeiliaid sy'n unfath yn enetig ond ag amrywiaeth genynnol cyfyngedig. Gallai degau o filoedd o anifeiliaid farw o ganlyniad i ymddangosiad sydyn clefyd newydd, oherwydd na fyddai'r genynnau ganddynt ar gyfer y gwrthiant angenrheidiol. Gallai'r rhain fod yn bresennol mewn bridiau a gafodd eu gwrthod.

Mae pum math o fochyn wedi marw o'r tir er 1963. Mae'r brîd hwn hefyd mewn perygl.

Gellir cadw amrywiaeth genynnau trwy gasglu a rhewi celloedd o'r miloedd o'r bridiau hynny sydd wedi cael eu gwrthod hyd yma, ac sydd bellach yn brin ac yn byw mewn poblogaethau bychain sydd mewn perygl dros y byd. Mae'n hanfodol gwneud hyn cyn i'w genynnau gael eu colli am byth, oherwydd byddai'n arwain at leihad yn nifer y genynnau ac alelau ar gyfer dethol yn y dyfodol.

Clonio dynol

Mae cynhyrchu clonau dynol yn wynebu sawl rhwystr. Yn ôl y dulliau presennol rhaid i gannoedd o wyau dderbyn cnewyll cyfrannol, gyda siawns o 1 mewn 300 o gael beichiogrwydd llwyddiannus, ond dim ond 5 i 10 o wyau ar y tro y gall benywod eu cynhyrchu. Wrth glonio defaid bu farw llawer o ŵyn cyn eu genedigaeth neu'n fuan wedyn, ac roedd rhai â chamffurfiad arnynt pan anwyd nhw. Byddai'n hollol annerbyniol defnyddio dulliau sydd â pherygl o gynhyrchu plentyn â chamffurfiad arno.

Hyd yn oed petai plentyn wedi'i glonio yn ymddangos yn normal, ni fyddai'n tyfu i fod yr un ffunud â'i 'riant'. Byddai genynnau'r rhiant gan y clôn, ond byddai'n tyfu i fod yn berson gwahanol gyda'i bersonoliaeth, ei wybodaeth, a'i atgofion ei hun. Felly ni fyddai'n bosibl defnyddio clonio i greu rhywun yn lle gwyddonydd enwog, un o sêr y byd ffilmiau, neu blentyn hoff a fu farw. Nid yn unig hynny, wrth ddweud wrth y clôn sut a pham y cafodd ei greu, byddai o dan bwysau seicolegol enfawr i geisio llenwi esgidiau'r person y cymerodd ei le.

Mae llawer ohonom wedi cwrdd â chlôn dynol - gefaill unfath - sy'n cael ei ffurfio pan fydd wy wedi'i ffrwythloni yn ymrannu'n ddwy gell yn y groth. Nid yw gefeilliaid yr un fath â chlonau sydd wedi eu cynhyrchu'n artiffisial. Mae gefeilliaid yn cynnwys cymysgedd o enynnau eu mam a'u tad: dim ond genynnau'r person y daeth corffgelloedd ohono a fyddai gan y clôn.

Manteision meddygol posibl i glonio

Yn ddamcaniaethol, gellid cynhyrchu clôn dynol a chadw ei gorff fel 'banc' er mwyn darparu organau a fyddai'n cydweddu'n berffaith, ac na fyddai'n cael eu gwrthod yn ystod trawsblaniadau petai'r rhoddwr yn cael ei daro'n wael. Mae'r syniad yn wrthun, yn anfoesol, ac yn hollol annerbyniol. Ond petai gwyddonwyr yn defnyddio clonio i gynhyrchu copïau o'ch meinweoedd a'ch organau, byddai llawer o ffyrdd o'u defnyddio'n feddygol.

- Byddai celloedd gwaed wedi'u clonio yn perthyn i'ch grŵp gwaed chi ac felly byddent yn gwbl addas ar gyfer trallwysiadau.
- Byddai mêr esgyrn wedi'i glonio yn cydweddu'n berffaith â'ch mêr chi, i'w ddefnyddio petaech chi'n datblygu lewcaemia.
- Byddai'n bosibl defnyddio croen wedi'i glonio ar gyfer llawdriniaeth gosmetig petaech chi'n dioddef llosgiadau neu anhwylderau croen eraill.
- Ni fyddai calon, afu/iau, arennau, ac organau eraill wedi'u clonio yn cael eu gwrthod petai angen llawdriniaeth drawsblannu arnoch.

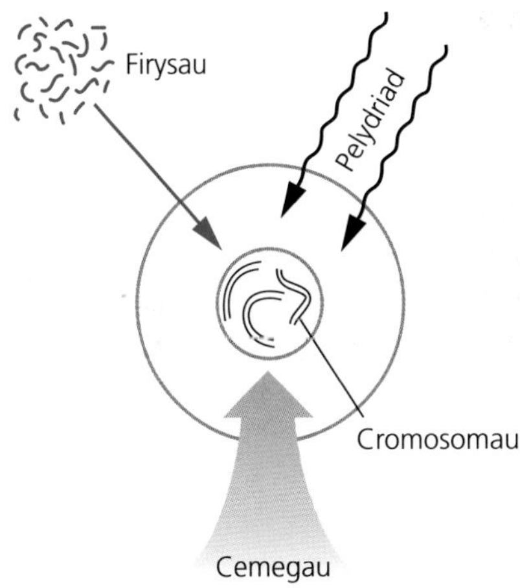

Mae corffgelloedd yn agored i belydriad a pheryglon eraill bob dydd. Sut gallai hyn effeithio ar glonau a wnaed o gelloedd anifail llawn-dwf?

Cwestiynau

1 Pam mae gan boblogaeth o anifeiliaid wedi'u clonio lai o alelau na phoblogaeth sydd wedi ei chreu'n rhywiol?

2 Pam mae'n bwysig fod bridiau prin o anifeiliaid fferm yn cael eu cadw a'u gwarchod?

3 Trafodwch rai o'r rhesymau ymarferol a moesol dros beidio â chlonio pobl.

4 Petai modd ichi gael eich clonio sut y byddai'r clôn yn unfath â chi a sut y byddai'n wahanol?

5 Disgrifiwch ffyrdd y gallai clonio fod o gymorth i ffermwyr.

2.11 Peirianneg genetig

Am ganrifoedd, pan oedd ffermwyr am gael gwartheg a fyddai'n rhoi mwy o laeth neu am gael cynnyrch gwenith uwch, byddent yn dethol yr anifeiliaid a'r planhigion mwyaf cynhyrchiol yn ofalus ac yn bridio (croesi) y rhain â'i gilydd. Ond mae'r broses hon o **fridio detholus** yn un araf ac anwadal.

Cynhyrchwyd isrywogaethau modern o wenith trwy ddethol a chroesi gweiriau gwyllt filoedd o weithiau.

Ar y pryd nid oedd ffermwyr yn gwybod eu bod mewn gwirionedd yn newid anifeiliaid a phlanhigion trwy symud genynnau o un peth byw i un arall. Erbyn hyn gall gwyddonwyr wneud hyn mewn ffyrdd llawer mwy dibynadwy, a hynny mewn un genhedlaeth, trwy ddefnyddio technegau **peirianneg genetig**. Gellir arwahanu genyn unigol o blith miliynau o rai eraill mewn organeb, ac yna ei symud i bron unrhyw beth byw arall, lle bydd yn gweithredu fel petai'n dal i fod yn yr organeb wreiddiol. Maent wedi trosglwyddo genynnau o bysgod i domatos, o bobl i ddefaid, a hyd yn oed o bobl i facteria.

Gellir trosglwyddo genynnau dynol i wartheg er mwyn iddynt secretu ffactor ceulo gwaed dynol yn eu llaeth.

Ystumio defnyddiau bywyd

Mae ar rai pobl sydd â'r clefyd siwgr angen cyflenwad o inswlin gan nad yw eu cyrff yn gwneud digon ohono yn naturiol. Mae modd arwahanu'r genyn ar gyfer inswlin o gromosom mewn cell o bancreas dynol trwy ddefnyddio ensym sy'n torri allan yr union ddarn o DNA sy'n cynnwys y genyn. Yna gellir trawsblannu'r genyn i facteria lle mae'n cyfuno gyda DNA y microbau ac yn newid y bacteria i fod yn ffatrïoedd bychain ar gyfer gwneud inswlin.

Torri genyn allan
Ensym yn torri un genyn allan o blith miloedd o rai eraill mewn cromosom o gell gyfrannol.

Trawsblannu genyn
Edefyn cylchog o DNA bacteriol, **plasmid**, yn cael ei agor gan ensym; yna mewnosod y genyn cyfrannol.

Echdynnu'r cynnyrch
Miliynau o facteria unfath wedi'u cynhyrchu'n enetig yn tyfu mewn tanc eplesu. Eu casglu a gwahanu'r cynhyrchion defnyddiol ohonynt.

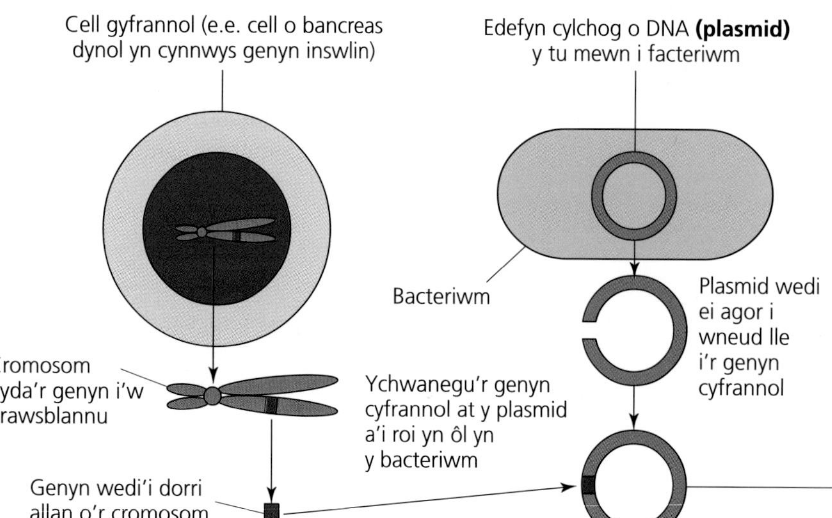

Cell gyfrannol (e.e. cell o bancreas dynol yn cynnwys genyn inswlin)
Cromosom gyda'r genyn i'w drawsblannu
Genyn wedi'i dorri allan o'r cromosom
Edefyn cylchog o DNA **(plasmid)** y tu mewn i facteriwm
Bacteriwm
Plasmid wedi ei agor i wneud lle i'r genyn cyfrannol
Ychwanegu'r genyn cyfrannol at y plasmid a'i roi yn ôl yn y bacteriwm

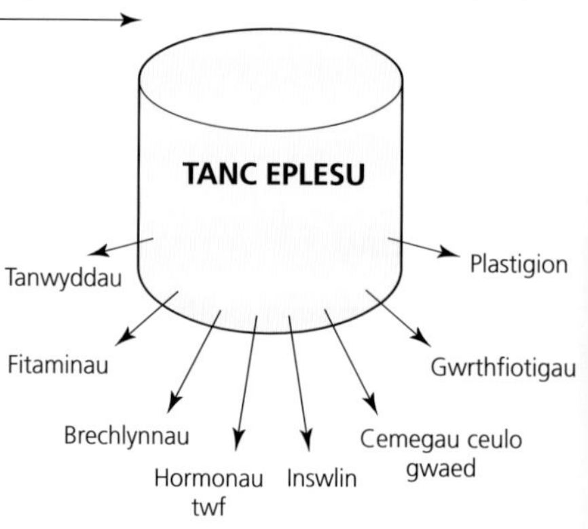

Bacteria yn lluosi mewn tanciau o gyfrwng meithrin, ac yn gwneud sylweddau defnyddiol (e.e. inswlin dynol)
TANC EPLESU
Tanwyddau
Plastigion
Fitaminau
Gwrthfiotigau
Brechlynnau
Cemegau ceulo gwaed
Hormonau twf
Inswlin

Clonau o enynnau Mae tyfu miliynau o facteria unfath, pob un â'r un genynnau, yn enghraifft o **glonio genynnau.** Mae modd tyfu planhigion, a rhai anifeiliaid, o gell unigol â genyn estron wedi ei ychwanegu ati. Gellir tyfu nifer di-ben-draw o gopïau o'r gell hon a'u defnyddio i ffurfio clonau o blanhigion ac anifeiliaid cyfan. Yn ddamcaniaethol, mae modd clonio pobl yn y dull hwn. Ond a yw hynny'n syniad da?

Therapi genynnol - gwellhad i afiechydon etifeddol

Ryw ddiwrnod efallai y bydd modd gwella afiechydon etifeddol trwy amnewid genynnau iach yn lle rhai diffygiol. Enghraifft o gyflwr addas fyddai haemoffilia, a achosir gan un genyn diffygiol. Ond y broblem yw sut i roi genynnau iach yn DNA miliynau o gorffgelloedd.

Cludyddion microbaidd Un dull yw defnyddio firysau, a rhai bacteria, sy'n ymosod ar gelloedd trwy chwistrellu eu genynnau eu hunain i DNA cell letyol. Petai genynnau'r microb sy'n achosi afiechyd yn cael eu tynnu oddi yno, a genyn 'da' yn cael ei roi yn eu lle, byddai'n bosibl defnyddio'r microb i fynd â'r genyn newydd yn uniongyrchol i DNA celloedd organeb arall.

Medi'r cynhaeaf genetig

Mae'n ymddangos fod manteision di-ben-draw i beirianneg genetig mewn meddygaeth, amaethyddiaeth a diwydiant. Dyma restr o beth a allai fod gennym ymhen rhai degawdau:

- Planhigion gyda chemegau yn eu dail i ladd pryfed, ffyngau, a phlâu eraill.
- Planhigion wedi eu haddasu i fyw mewn pridd llygredig, sych, neu hallt.
- Planhigion a fydd yn cynhyrchu gronynnau o blastig y bydd modd eu cynaeafu o'u dail.
- Gwenith, tatws, tomatos a chnydau eraill a fydd yn gallu sefydlogi nitrogen o'r aer i wneud proteinau heb ddefnyddio gwrtaith drud.
- Tomatos a ffrwythau eraill a fydd yn cadw'n ffres am gyfnodau maith.
- Defaid a gwartheg a fydd yn cynhyrchu hormon twf dynol, gwrthfiotigau, a chemegau ceulo gwaed yn eu llaeth.
- Bacteria a fydd yn 'bwyta' strimynnau olew, a 'mwynwyr' bacteriol a fydd yn hydoddi popeth mewn mwyn metel, gan adael y metel bron yn bur yn weddill.
- Anifeiliaid fferm anferthol o ganlyniad i enynnau hormon twf.

Rhoddwyd genynnau o bysgod i'r tomatos hyn ac felly gallant wrthsefyll rhew a chadw'n ffres am fwy o amser. Fyddech chi'n eu bwyta?

Rhoddwyd chwistrelliad o enyn hormon twf i'r llygoden hon. A yw hyn yn dderbyniol yn foesegol?

Mae'r planhigion cotwm hyn yn cludo genyn sy'n eu galluogi i wneud eu pryfleiddiad eu hunain.

Cwestiynau

1. Gellir rhoi genynnau i lygod sy'n gwneud iddynt ddatblygu canserau, ffibrosis codennog, a chlefydau eraill, er mwyn rhoi prawf ar driniaethau posibl. A yw hyn yn greulon? A ddylid rhoi diwedd ar y fath ymchwil?
2. Gellir rhoi genynnau i blanhigion sy'n eu gwneud yn wrthiannol i gemegau sy'n lladd chwyn, neu'n eu galluogi i wneud cemegau sy'n lladd pryfed. Beth yw manteision ac anfanteision hyn?
3. Petai modd addasu orennau, bananas a ffrwythau trofannol er mwyn iddynt fyw mewn hinsawdd oerach, sut y byddai hyn yn niweidio economi gwledydd tlawd?
4. Petai genynnau estron yn cael eu rhoi mewn cnydau sy'n cael eu peillio gan bryfed, gallent ledaenu'n gyflym i blanhigion gwyllt sy'n perthyn iddynt. Sut y byddai hyn yn gwneud drwg i'r amgylchedd?

2.12 Rhagor am beirianneg genetig

Cyflwynodd yr Uned flaenorol rai o'r ffeithiau pwysicaf am beirianneg genetig. Yma, cawn olwg fanylach ar rai o'r ffeithiau hyn ynghyd â materion dadleuol a moesegol sy'n gysylltiedig â'r pwnc.

Defnyddir genyn gwenwyn sgorpion, wedi ei osod mewn firws trwy beirianneg genetig, fel chwistrell i ladd pryfed.

Beth yw organebau GM a pham y cawsant eu creu?

Organebau wedi eu haddasu'n enetig yw organebau GM (*genetically modified*), neu organebau trawsenynnol. Mae eu genoteip wedi cael ei addasu mewn rhyw ffordd, fel arfer trwy ychwanegu genynnau o organeb arall. Enghreifftiau yw gwartheg a defaid sydd wedi cael eu haddasu er mwyn gwneud proteinau dynol, cyfryngau ceulo gwaed a sylweddau defnyddiol eraill yn eu llaeth. Mae moch trawsenynnol hefyd yn cael eu datblygu gydag organau y byddai modd eu trawsblannu i bobl heb iddynt gael eu gwrthod, techneg o'r enw **senodrawsblaniad**. Mae llygod trawsenynnol sy'n dueddol o gael canser, ffibrosis codennog a chlefydau eraill wedi cael eu creu ar gyfer ymchwil i ddarganfod triniaethau a dulliau o wella'r cyflyrau hyn.

Mae dofednod â genynnau wedi eu haddasu yn wrthiannol i facteria gwenwyn bwyd salmonela, ac yn dodwy wyau mwy yn amlach.

Beth yw bwydydd GM?

Bwydydd yw'r rhain sy'n dod o blanhigion cnydau ac anifeiliaid sydd wedi cael eu haddasu'n enetig mewn rhyw ffordd neu'i gilydd. Mae genynnau wedi cael eu rhoi mewn tatws a thomatos sy'n golygu eu bod yn pydru'n llawer arafach. Mae gwenith a reis wedi cael eu haddasu i wella'r gyfradd ffotosynthesis, sy'n cynyddu cynnyrch y grawn, ac mae anifeiliaid fferm yn cael eu haddasu i dyfu'n gyflymach.

A yw bwydydd GM yn gallu helpu bwydo'r byd?

Ydynt Mae 6 biliwn o bobl yn fyw heddiw a'r nifer yn cynyddu 84 miliwn bob blwyddyn. Er mwyn bwydo'r nifer hwn trwy ddefnyddio amaethyddiaeth draddodiadol byddai'n rhaid inni aredig holl bridd defnyddiadwy'r byd, ac felly ddinistrio cynefinoedd bywyd gwyllt. Bydd cnydau newydd sydd wedi'u haddasu'n enetig, er enghraifft reis gyda chynnydd o 35 y cant yn ei gynnyrch, yn bwydo'r byd gan gadw'r niwed amgylcheddol cyn lleied â phosibl.

Mae moch wedi'u haddasu yn enetig yn tyfu'n gyflymach, yn cynhyrchu llai o fraster, a chig heb lawer o golesterol ynddo.

Nac ydynt Mae rhai pobl yn dadlau mai prif achosion newyn yw tlodi, rhyfel a chyflwr economaidd gwael. Ni fydd defnyddio cnydau GM yn datrys y problemau hyn. Hefyd, mae digon o fwyd yn y byd ond nid yw'n cael ei ddosbarthu'n iawn. Mae ffermwyr tlawd yn dibynnu ar hadau y maent yn eu casglu bob blwyddyn ac ni allant fforddio hadau GM, sydd â phatent arnynt, a'r gwrteithiau a'r plaleiddiaid sydd eu hangen er mwyn iddynt gynhyrchu'r cnydau gorau posibl. Yn ogystal â hyn, mae hadau GM yn fwytadwy ond maent yn aml yn anffrwythlon (ddim yn egino), felly mae'n rhaid prynu hadau newydd bob blwyddyn. Mae perygl hefyd y bydd eu paill yn achosi llygredd genynnol.

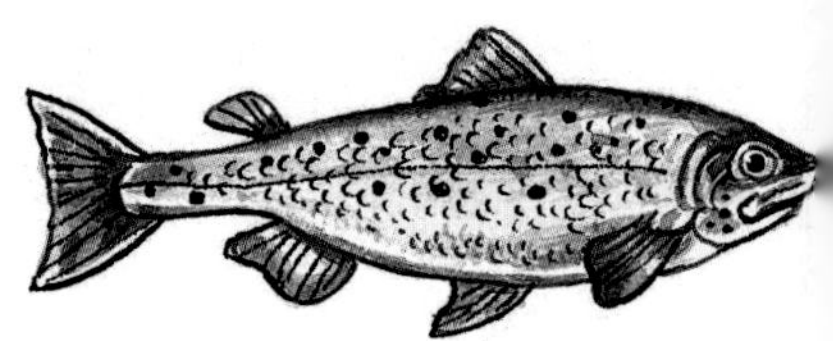

Gosodir genynnau mewn wyau eog i wneud iddynt dyfu ddeg gwaith yn gyflymach nag arfer.

Beth yw llygredd genynnol?

Gall paill o gnydau GM gael ei gludo yn yr aer am filltiroedd a gallai beillio perthnasau gwyllt y cnydau. Perygl gwirioneddol hyn yw y gallai perthnasau sy'n chwyn dderbyn genynnau sydd ar gyfer cynnydd mewn ffotosynthesis, gwrthiant i chwynleiddiaid, y gallu i gynhyrchu plaleiddiaid, ac ati. Byddai'r chwyn hynny wedyn yn gallu esblygu i fod yn arch-chwyn, rhai a fyddai'n tyfu yn hynod o gyflym ac na fyddai modd eu lladd.

Pwy oedd Frankenstein? Pam mae pobl yn defnyddio'r gair hwn i ddisgrifio bwydydd GM? Ydych chi'n cytuno â nhw?

A fydd peirianneg genetig yn lleihau ein defnydd o blaleiddiaid?

Bydd Mae cnydau sydd wedi'u haddasu i fod yn wrthiannol i blaleiddiaid yn lladd plâu heb fod angen eu chwistrellu.

Na fydd Gan fod y cnydau hyn yn cynhyrchu plaleiddiaid yn eu celloedd yn gyson bob dydd, gellir dadlau y bydd cynnydd yn y plaleiddiaid sydd yn yr amgylchedd.

A yw bwydydd GM yn ddiogel i'w bwyta?

Ydynt Mae bwydydd sydd wedi eu haddasu'n enetig yr un fath â phob bwyd a gynhyrchwyd yn naturiol. Dim ond DNA, yr un fath â'r genynnau sydd yno'n barod, yw'r genynnau sy'n cael eu gosod ynddynt, felly pam y bydden nhw'n beryglus?

Nac ydynt Mae mwy i addasu genetig na gosod un genyn mewn cnwd neu anifail. Caiff proteinau newydd eu cyflwyno o facteria, firysau, sylweddau marcio a chychwynwyr. Ni fu'r rhain erioed yn rhan o ddiet pobl, ac fe allent achosi adweithiau alergaidd mewn pobl. Caiff genynnau gwrthiant i wrthfiotigau eu cyflwyno hefyd: mae eu hangen er mwyn gwirio bod y genyn wedi ei drosglwyddo i'r planhigyn bwyd neu'r anifail. Mae pryder y gallai'r genynnau hyn fynd i mewn i facteria yn y gadwyn fwyd, gan eu gwneud yn wrthiannol i wrthfiotigau sy'n cael eu defnyddio i ymladd clefydau mewn pobl.

Pam mae'r bobl hyn yn dinistrio cnwd o fwyd GM?

Beth yw eich barn chi?

Defnyddiwch lyfrgell, cylchgronau, a'r rhyngrwyd i ymchwilio i bynciau y mae sôn amdanynt yn yr Uned hon. Yna ysgrifennwch eich ymateb i'r datganiadau isod.

Wrth addasu genynnau rydym yn "Actio bod yn Dduw" ac fe ddylid rhoi diwedd arno.'

Mae'n rhaid i ymchwil i addasu genynnau barhau gan ei fod o fudd i ddynol ryw.'

Nid yw'n iawn bridio anifeiliaid ar gyfer senodrawsblaniadau.'

Nid oes unrhyw wahaniaeth rhwng lladd anifail er mwyn cael ei organau a'i ladd i'w fwyta.'

Mae'r syniad o gael calon mochyn yn fy nghorff yn wrthun.'

Nid oes unrhyw wahaniaeth rhwng bwydydd GM a bwydydd eraill.'

2.13 Agor llyfr bywyd

Disgrifiwyd y genom dynol fel 'Llyfr bywyd dynol', a'r gwaith sydd wedi ei wneud i'w ddatgodio fel 'Yr orchest wyddonol fwyaf yn ein hamser ni, yn gosod seiliau ar gyfer cangen newydd sbon o feddygaeth'. Beth yw'r genom dynol felly, a pham mae pobl yn ystyried bod ei ddatgodio mor bwysig?

Y genom dynol a'r cod genynnol

Y genom dynol yw'r set lawn o enynnau sy'n cynnwys yr holl gyfarwyddiadau y mae eu hangen i wneud bod dynol. Yr enw ar y cyfarwyddiadau hyn yw'r **cod genynnol**, ac fe'u ceir yn y moleciwlau DNA sy'n gwneud pob genyn.

Gwaith genyn yw gwneud proteinau o asidau amino. Mae popeth sy'n ein gwneud ni'n fodau dynol, o'n corun i'n sawdl, ein hesgyrn, ein cyhyrau, ein gwaed, ein hymennydd, a'n hormonau, naill ai'n brotein neu'n gynnyrch proteinau.

Mae pa fath o brotein y mae genyn yn ei wneud yn dibynnu ar ddilyniant unedau cemegol o'r enw **basau** ar hyd cyfran y protein hwnnw o foleciwl DNA. Mae'r dasg o ddatgodio'r genom dynol yn golygu darganfod dilyniant y basau *ar hyd yr holl DNA mewn cell ddynol*. Mae hyn yn dweud wrthym beth yw dilyniant y basau ar gyfer pob protein yn y corff dynol.

Mae yna bedwar bas: adenin (A), cytosin (C), thymin (T), a gwanin (G). Mae DNA yn cynnwys edefyn o sawl A, C, T, ac G wedi eu trefnu mewn gwahanol ddilyniannau sy'n gwneud y can mil o enynnau sydd gennym ni. Os meddyliwch chi am A, C, T, ac G fel y 'llythrennau' ar gyfer ysgrifennu'r cod genynnol, yna un frawddeg yw'r genom dynol (ccacatgatatctatccag... ac yn y blaen), ac mae hyd y frawddeg honno'n dri biliwn o lythrennau.

Hyd yma mae tua 10 y cant o'r genom dynol ar ôl heb ddatrys ei ddilyniant, a gwyddom fod o leiaf 95 y cant o'r genom yn 'sbwriel' diangen. Mae hyn yn cynnwys cyfarwyddiadau genetig ar gyfer esgyll, cynffonnau, cynlluniau hynafol ar gyfer y galon, ac ati, sy'n atgof o'r esblygiad sydd wedi bod yn ein gorffennol. Rydym yn parhau i gludo gyda ni olion genynnol diangen o'n gorffennol pan oedd ein hynafiaid pell yn byw mewn corsydd cynoesol.

Sut y cafodd y genom dynol ei ddatgodio

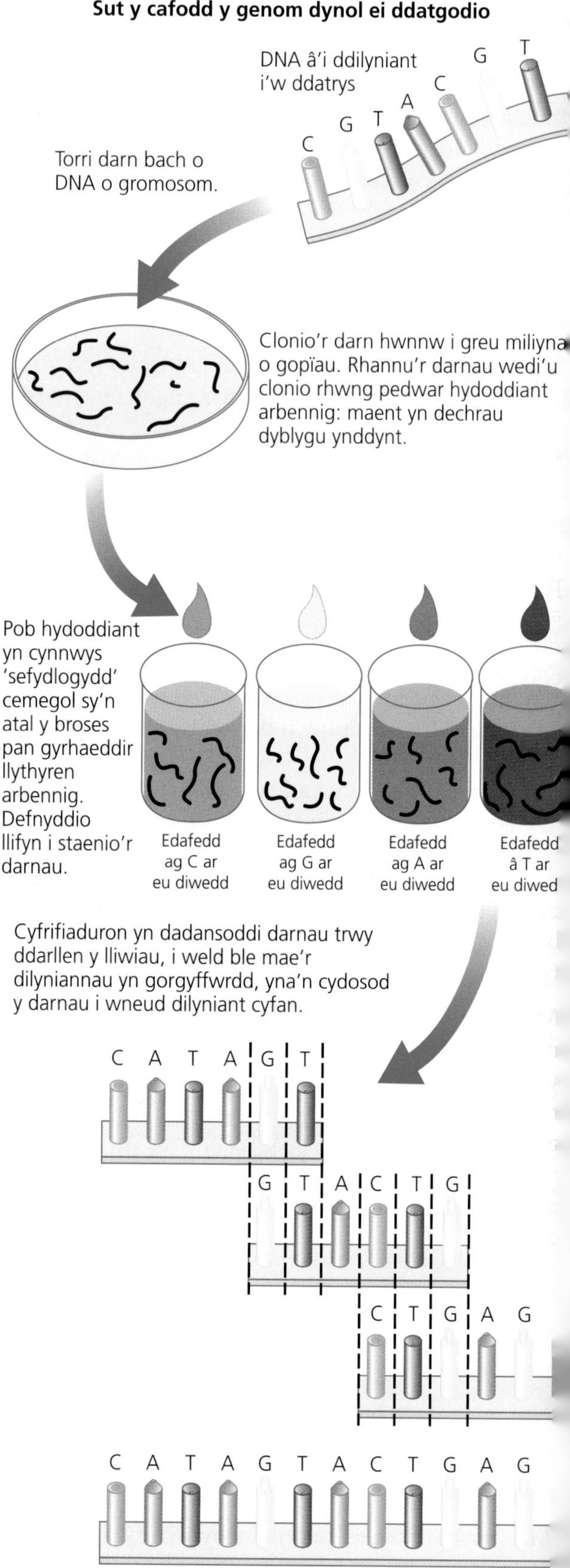

DNA â'i ddilyniant i'w ddatrys
C G T A C G T
Torri darn bach o DNA o gromosom.
Clonio'r darn hwnnw i greu miliyna o gopïau. Rhannu'r darnau wedi'u clonio rhwng pedwar hydoddiant arbennig: maent yn dechrau dyblygu ynddynt.
Pob hydoddiant yn cynnwys 'sefydlogydd' cemegol sy'n atal y broses pan gyrhaeddir llythyren arbennig. Defnyddio llifyn i staenio'r darnau.
Edafedd ag C ar eu diwedd
Edafedd ag G ar eu diwedd
Edafedd ag A ar eu diwedd
Edafedd â T ar eu diwed
Cyfrifiaduron yn dadansoddi darnau trwy ddarllen y lliwiau, i weld ble mae'r dilyniannau yn gorgyffwrdd, yna'n cydosod y darnau i wneud dilyniant cyfan.
C A T A G T
G T A C T G
C T G A G
C A T A G T A C T G A G
Dilyniant wedi'i gwblhau

Datgodio'r genom dynol - pam?

Nod y project genom yn y pen draw yw gwneud 'map' o'r genom dynol y byddai modd ei ddefnyddio i ddod o hyd i enyn, ac o dipyn i beth, i ddarganfod beth yw ei swyddogaeth a'i berthynas â genynnau eraill. Mae llawer o fanteision yn deillio o'r wybodaeth hon, ond mae anfanteision hefyd.

Manteision meddygol Gwyddom eisoes am tua 300 o glefydau sy'n cael eu hachosi gan wallau genynnol megis mwtaniadau, ac mae'n debygol fod llawer mwy ohonynt. Bydd gwybodaeth am leoliad y genynnau diffygiol ar y genom, sut maent yn wahanol i enynnau normal, a sut maent yn achosi afiechyd, yn rhoi gallu newydd aruthrol i wyddonwyr ddatblygu triniaethau a gwellhad.

Bydd gwybodaeth am y genom yn ein galluogi i ddiddymu'r genynnau dynol hynny sy'n achosi afiechyd. Bydd yn fanteisiol ar gyfer ymchwilio i ddatblygu cyffuriau newydd a fydd yn targedu clefydau penodol. Bydd ffyrdd newydd yn cael eu darganfod i addasu firysau i roi'r gallu iddynt osod genynnau normal yn uniongyrchol mewn celloedd yn lle genynnau coll, rhai wedi'u niweidio, neu rai wedi'u mwtanu sy'n achosi canser, haemoffilia, ffibrosis codennog, a chlefydau eraill. Yr enw ar hyn yw **therapi genynnol**.

Ymhen degawd bydd sampl o'ch gwaed yn ddigon i ddweud wrth eich meddyg teulu beth sy'n bod arnoch chi. Y darogan yw y bydd eich genom personol chi yn datgelu clefydau y byddwch yn dueddol o'u cael, y cyflyrau genetig y gallech eu datblygu yn ystod eich bywyd, a hyd yn oed pa mor hen y bydd disgwyl i chi fyw!

Manteision eraill Pan fydd gwyddonwyr yn gwybod mwy am genomau pobl ac organebau eraill byddant yn deall sut mae genynnau yn gweithio gyda'i gilydd i reoli metabolaeth ac ymddygiad, a sut mae organeb gyfan yn datblygu. Bydd yr wybodaeth hon yn ein helpu i ddod o hyd i'r atebion i gwestiynau fel sut mae pob ffurf ar fywyd yn perthyn i'w gilydd, a sut y gwnaethant esblygu.

Beth yw eich barn chi?

Sgrinio genetig Dyma'r gallu i ragweld pa glefydau yr ydych yn debygol o'u datblygu yn ystod eich bywyd. Gall hyn achub eich bywyd os bydd yn eich galluogi i addasu eich ffordd o fyw er mwyn osgoi clefyd y galon neu ganser, ond a fyddech chi o ddifrif am wybod y gallech chi farw o glefyd Alzheimer?

Erthylu Mae gennym eisoes brofion genetig sy'n sgrinio plant cyn eu geni ar gyfer ffibrosis codennog - lle gall mwcws grynhoi nes mygu'r ysgyfaint. Bydd ymchwil i'r genom yn ei gwneud hi'n bosibl sgrinio ar gyfer llawer o glefydau eraill a allai arwain at farwolaeth yn ifanc neu nam corfforol. Byddem yn gallu dileu clefydau o'r fath trwy erthylu, ond a yw hyn yn iawn yn foesegol?

Asesu risg Petaech chi'n gyfarwyddwr cwmni yswiriant, a fyddech chi'n mynnu bod pob un o'ch cwsmeriaid yn cael eu sgrinio ar gyfer clefydau a allai beryglu eu bywydau cyn rhoi yswiriant bywyd iddynt? A fyddech chi'n rhoi morgais i brynu tŷ, neu'n cynnig swydd, i berson â risg uchel?

Edrych i'r dyfodol

Gallai gwybodaeth fanwl am y genom a pheirianneg genetig gynhyrchu dau ddosbarth o fodau dynol. Yn gyntaf, 'yr etholedigion genetig': byddai'r rhain wedi cael gwared â nodweddion annymunol ac afiechyd o'u genom trwy ddefnyddio erthylu detholus a thrin genynnau. Byddai hyn yn cynyddu eu deallusrwydd a'u grym corfforol. Yn ail, 'y gwehilion genetig', a fyddai heb ddim o'r manteision hyn, ac y byddai pobl yn barnu yn eu herbyn wrth iddynt chwilio am waith, yswiriant, benthyciadau ac ati. A ddylid gwneud rhywbeth i rwystro hyn rhag digwydd ac, os felly, sut?

Cwestiynau

1 Beth yw'r genom dynol?
2 Beth yw'r cod genetig?
3 Beth mae genynnau yn ei wneud?
4 Beth oedd yn rhaid ei wneud i ddatgodio'r genom dynol?
5 Beth yw manteision meddygol datgodio'r genom dynol?
6 Beth yw therapi genynnol?
7 Beth allai sampl o'ch gwaed, yn y pen draw, ei ddatgelu am eich dyfodol?
8 Beth yw sgrinio genetig?
9 Mae llawer o wyddonwyr yn credu y dylai pob gwybodaeth am y genom dynol fod ar gael yn hawdd. Mae rhai eraill am roi patent ar enynnau dynol fel mai nhw yn unig all elwa o'r meddyginiaethau a'r prosesau meddygol y maent yn eu datblygu o astudio'r genynnau hyn. Beth yw manteision ac anfanteision rhoi patentau ar enynnau?

2.14 Esblygiad I

O ble y daeth y miliynau o wahanol bethau byw? Yr ateb mwyaf tebygol yw eu bod wedi eu cynhyrchu trwy **esblygiad**.

Beth yw esblygiad?

Mae esblygiad yn golygu cychwyn o sylfaen syml ac yna newid a gwella. Esblygodd awyrennau modern wrth i ni newid a gwella cynlluniau'r awyrennau syml cyntaf.

Esblygiad pethau byw

Daeth y pethau byw cyntaf i fod tua 3500 miliwn o flynyddoedd yn ôl. Dim ond swigod yn llawn cemegau oedd y rhain ond roeddynt yn gallu atgynhyrchu.

Roedd rhai o'r epil yn wahanol i'w rhieni ac roedd rhai o'r gwahaniaethau yn eu galluogi i oroesi'n well na'u rhieni. Dros biliynau o flynyddoedd, arweiniodd y newidiadau a'r gwelliannau hyn at ddatblygiad yr holl wahanol greaduriaid sy'n byw heddiw.

Esblygodd yr awyren bŵer gyntaf i fod yn *Concorde*.

Mae'r diagram hwn yn dangos sut y gallai fertebratau fod wedi esblygu o ddechreuadau syml.

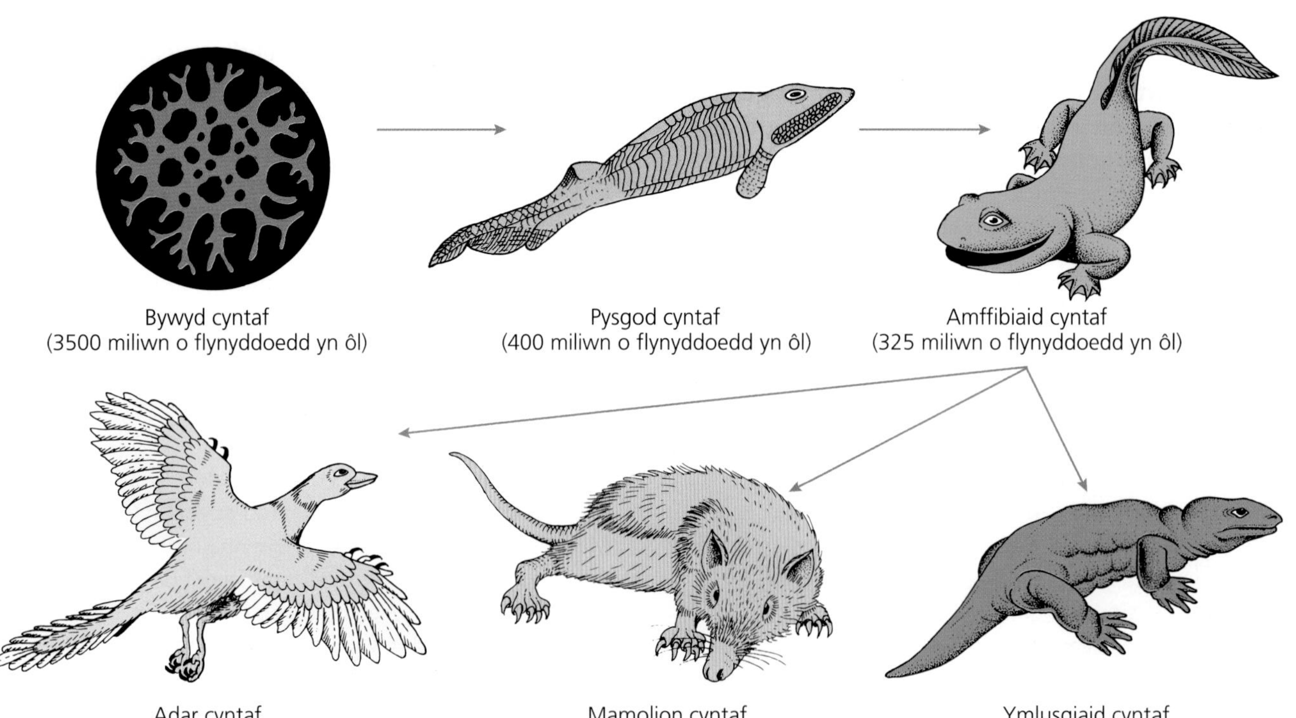

Dethol naturiol

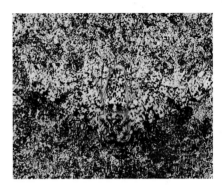

Allwch chi weld y Gwyfyn Brith golau? Yma mae ei liw yn help i'w amddiffyn rhag gelynion.

Mae pethau byw mewn perygl rhag afiechyd, gelynion, a bygythiadau eraill. Os yw'r rhai bach yn cael eu geni â gwahaniaethau sy'n eu gwneud yn fwy gwydn, neu'n gryfach, neu'n fwy addas i'w hamgylchedd, byddant yn gallu byw yn hŷn a chael mwy o fabanod na'u brodyr a'u chwiorydd gwannach.

Gelwir y syniad hwn yn 'drechaf treisied', sef **goroesiad y cymhwysaf** neu **ddetholiad naturiol**. Mae natur yn *dethol* y mwyaf cymwys a chryf i oroesi trwy ladd y rhai gwan. Charles Darwin, a hefyd Alfred Russel Wallace o Frynbuga, Sir Fynwy, oedd y cyntaf i gyflwyno'r syniad dros gan mlynedd yn ôl.

Awgrymodd Darwin fod epil yn etifeddu gwelliannau oddi wrth eu rhieni. Fel hyn, gallai rhywogaeth ddal i wella hyd nes iddi gynhyrchu rhywogaeth newydd.

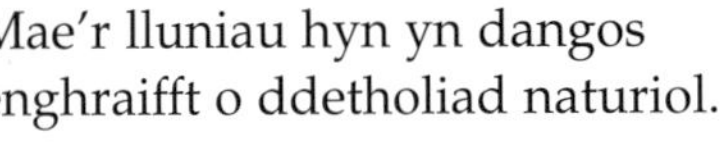

Mae'r lluniau hyn yn dangos enghraifft o ddetholiad naturiol.

Maent yn dangos mathau tywyll a golau o'r Gwyfyn Brith. Mewn ardaloedd dinesig lle mae mwg ac ati wedi pardduo adeiladau, mae'r rhai golau i'w gweld yn hawdd ac mae adar yn eu bwyta, felly mae'r rhai tywyll yn gyffredin. Ond mewn ardaloedd gwledig glân mae'r adar yn dod o hyd i'r rhai tywyll yn hawdd, felly mae'r rhai golau yn fwy cyffredin yno.

Mae'r Gwyfyn Brith tywyll yn fwy diogel pan fo'n gorffwys ar arwynebau tywyll, fel y bonyn pardduog yma ...

... ond mae'n haws i adar weld y Gwyfyn Brith golau ar arwyneb tywyll.

Dethol artiffisial

Mae pobl sy'n bridio anifeiliaid a phlanhigion wedi profi bod dethol yn gallu newid rhywogaeth. Maent yn defnyddio'r broses **dethol artiffisial**.

Maent yn dewis a bridio defaid â'r gwlân hiraf, moch â'r mwyaf o gig, coed â'r ffrwythau gorau, a phlanhigion â'r blodau mwyaf lliwgar. Felly, erbyn hyn, mae gennym filoedd o blanhigion ac anifeiliaid sy'n wahanol iawn i'w hynafiaid gwyllt.

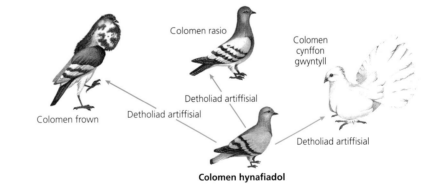

Cynhyrchwyd y gwahanol golomennod hyn trwy ddethol artiffisial.

Cwestiynau

1. Beth yw ystyr esblygiad?
2. Beth yw ystyr dethol naturiol?
3. Sut mae dethol naturiol yn gwneud Gwyfynod Brith tywyll yn fwy cyffredin na rhai golau ger ffatrïoedd?
4. Eglurwch sut y gall un rhywogaeth gynhyrchu rhywogaeth newydd dros filiynau o flynyddoedd.
5. Beth yw ystyr dethol artiffisial?
6. Rhowch un enghraifft o ddetholiad artiffisial.

2.15 Esblygiad II

Ffosiliau - y cofnod yn y creigiau

Mewn sawl rhan o'r byd, petaech chi'n gallu tyllu twnel yn ddwfn i'r ddaear, byddai fel mynd ar daith i'r gorffennol. Wrth ichi dyllu'n ddyfnach ac yn ddyfnach, po bellaf y byddech chi'n mynd, po hynaf y creigiau. Petaech chi'n gallu casglu ffosiliau ar y ffordd i lawr, ar y diwedd byddai gennych gasgliad yn amrywio o'r organebau mwyaf diweddar i'r rhai mwyaf hynafol a fu'n byw erioed.

Trilobit ffosilaidd o'r cyfnod Ordoficaidd. Trigai'r rhan fwyaf o drilobitau ar wely'r môr.

Os yw bywyd yn wir wedi esblygu o ddechreuadau syml, byddech yn disgwyl i'r creigiau hynaf gynnwys ffosiliau o greaduriaid cyntefig, ac i'r creigiau iau gynnwys ffosiliau o greaduriaid mwy cymhleth. Os ystyr esblygiad yw newid, byddech hefyd yn disgwyl i'r creaduriaid wedi'u ffosileiddio, a oedd yn byw filiynau o flynyddoedd yn ôl, fod yn wahanol i'r rhai sy'n byw heddiw, ac y byddai rhai ohonynt wedi diflannu.

Mewn gwirionedd, nid yw'r creigiau hynaf yn cynnwys ffosiliau, oherwydd iddynt gael eu ffurfio cyn i fywyd ddechrau. Mae ffosiliau mewn creigiau iau yn dangos cynnydd mewn cymhlethdod gydag amser, ac maent yn cynnwys amrywiaeth eang iawn o greaduriaid sy'n wahanol i blanhigion ac anifeiliaid heddiw. Mae llawer o ffosiliau yn rhai o greaduriaid nad ydynt yn bod bellach. Dyna pam mai'r **cofnod ffosiliau** yw'r dystiolaeth gryfaf sydd gennym fod esblygiad wedi digwydd.

Sut y caiff ffosiliau eu ffurfio

Os caiff corff anifail neu blanhigyn ei olchi i afon, neu os daw i orffwys ar waelod môr bas, ymhen amser caiff ei orchuddio gan dywod a llaid, a fydd yn gwaddodi drosto. Bydd y rhannau meddal yn pydru'n gyflym, ond gall y rhannau caled, er enghraifft esgyrn anifeiliaid, ysgerbydau allanol cramenogion, a ffibrau planhigol, oroesi'n ddigon hir i amsugno mwynau o'r dŵr. Ymhen amser bydd y mwynau hyn yn cymryd lle'r defnyddiau oedd yn rhannau caled y creadur, gan yn llythrennol eu troi'n gerrig. Mae ffosil wedi cael ei ffurfio.

Fel mae dyfnder a phwysau'r gwaddod yn cynyddu, mae gwasgedd yn achosi i'r haenau isaf galedu gan ffurfio **creigiau gwaddod**. Filiynau o flynyddoedd yn ddiweddarach, gall ffosil gael ei wthio i'r wyneb gan symudiadau yng nghramen y Ddaear, ac yna ddod i'r golwg wrth i'r creigiau gracio, cael eu herydu neu eu cloddio.

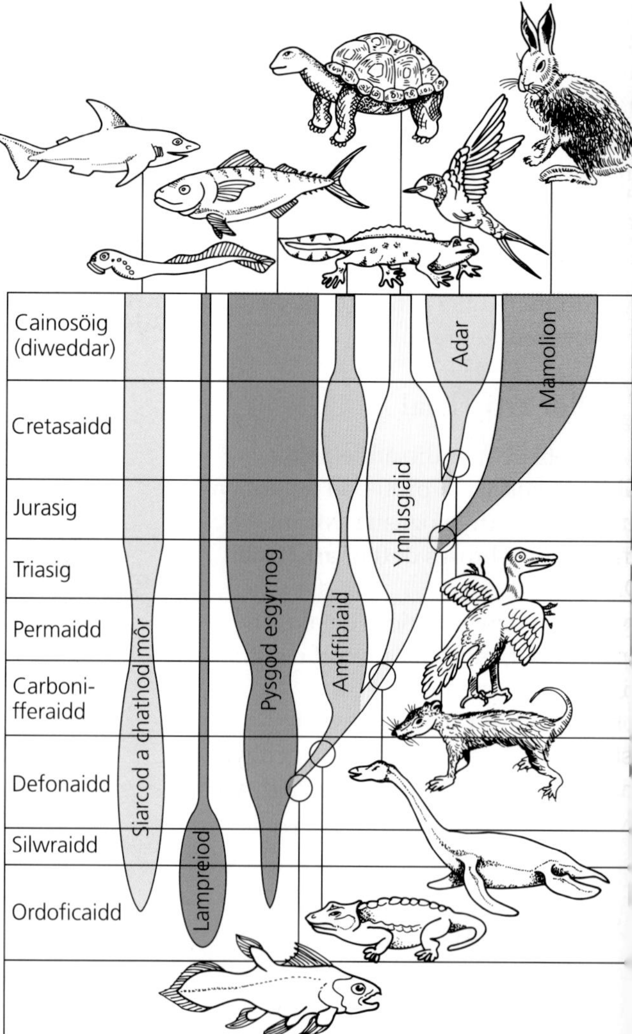

Siart yn dangos esblygiad y prif grŵp, y fertebratau.

Sut mae organebau yn diflannu neu'n darfod o'r tir

Mae llawer o resymau pam y gwnaeth niferoedd rhai creaduriaid leihau'n raddol nes iddynt yn y diwedd ddiflannu. Gall yr hinsawdd newid o ddiffeithdiroedd tanbaid i oesoedd iâ rhewllyd, felly os na all pethau byw ymfudo i chwilio am amodau gwell, neu esblygu ac ymaddasu i amodau newydd, byddant yn marw. Neu gall creaduriaid newydd esblygu, sydd mewn rhyw ffordd yn gallu goroesi'n well. Mae'r rhain yn meddiannu lle a chyflenwad bwyd rhai o'r rhywogaethau sy'n bod yno eisoes, gan eu hamddifadu o anghenion bywyd.

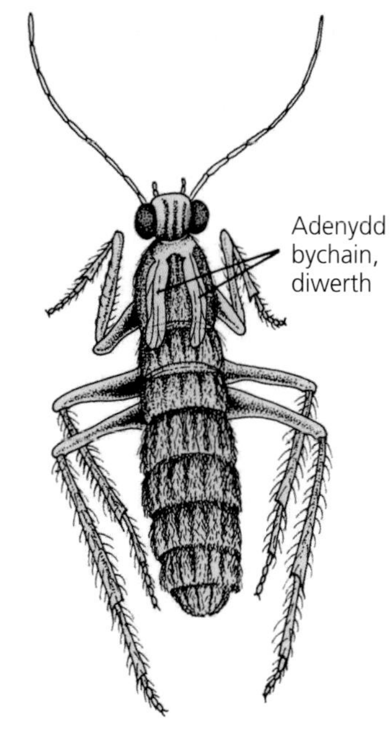

Mwtaniadau - defnydd crai esblygiad

Byddai esblygiad yn amhosibl heb newid, ac mae mwtaniad yn cynhyrchu'r newid hwnnw. Pan fydd mwtaniad yn digwydd, mae peryglon detholiad naturiol yn penderfynu a fydd y mwtaniad yn achosi marwolaeth, neu'n achosi gwelliannau a gaiff eu trosglwyddo i genedlaethau'r dyfodol. Mae enghraifft i'w gweld ar ynys Kerguelen ym Môr India, lle mae gwyfynod mwtan ag adenydd bychain diwerth yn byw. Fel arfer ni fyddai'r rhain yn byw mor hir â'u cefndryd asgellog, ond mae Kerguelen yn wyntog iawn ac y mae pryfed adeiniog yn cael eu chwythu allan i'r môr. Mae pryfed ymlusgol, sy'n methu hedfan, yn ddiogel.

Sut mae rhywogaethau newydd yn ffurfio

Gall rhywogaethau newydd esblygu os caiff creaduriaid eu hynysu gan ddŵr, mynyddoedd neu rwystrau eraill fel nad ydynt bellach yn gallu bridio â'u hil eu hunain. Digwyddodd hyn miliwn o flynyddoedd yn ôl yn fuan wedi i ynysoedd Hawaii gael eu ffurfio gan echdoriadau folcanig.

Glaniodd adar o'r enw dringhedyddion y mêl ar yr ynysoedd, o dir mawr America. Oherwydd nad oedd yna adar eraill i gystadlu â hwy, esblygodd y dringhedyddion amrywiaeth o siapiau pig ar gyfer bwyta'r gwahanol fathau o fwyd oedd ar gael. Yn y pen draw esblygodd yr adar i fod yn rhywogaethau ar wahân.

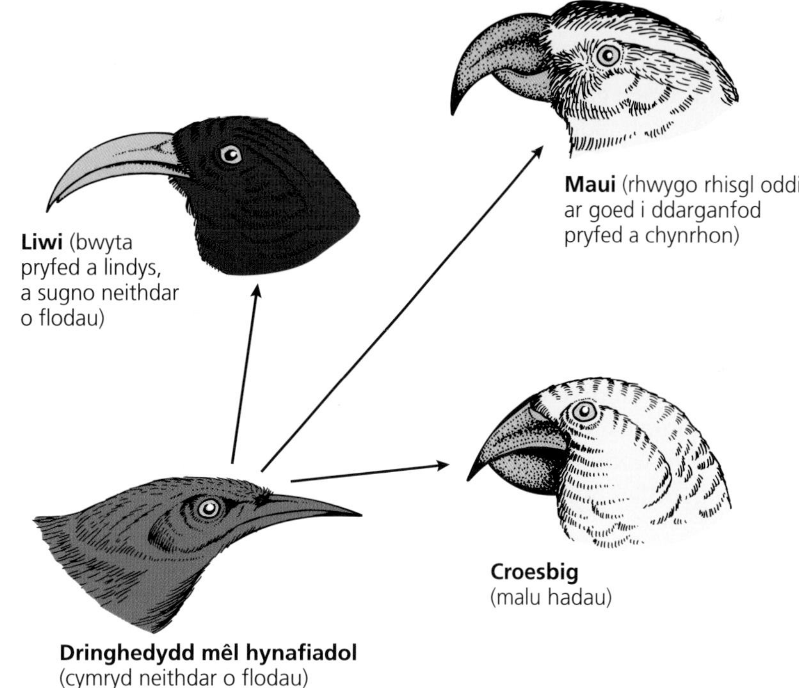

Cwestiynau

1 O ba grŵp o anifeiliaid y gwnaeth amffibiaid, ymlusgiaid, adar a mamolion esblygu?

2 Sut mae ffosiliau yn cael eu ffurfio? Sut maent yn darparu tystiolaeth fod esblygiad wedi digwydd?

3 Mwtaniadau yw defnydd crai esblygiad. Eglurwch y gosodiad hwn.

2.16 Damcaniaethau cynnar am esblygiad

Syniadau cynnar

Mae holl ddiwylliannau'r byd wedi datblygu esboniadau am darddiad ac amrywiaeth ryfeddol bywyd. Nid damcaniaethau oedd y rhan fwyaf ohonynt o gwbl ond datganiadau o ffeithiau, er enghraifft: cafodd popeth byw eu creu ar wahân i'w gilydd rywdro yn y gorffennol pell, ac maent i gyd wedi aros yr un fath byth oddi ar hynny.

Mae'r syniad hwn yn hollol groes i ddamcaniaeth esblygiad. Mae hon yn datgan bod creaduriaid syml a hynafol wedi newid (esblygu) dros filiynau o genedlaethau, i fod yn greaduriaid newydd, mwy amrywiol, ac yn aml yn fwy cymhleth, gan arwain at yr amrywiaeth anferthol o fywyd sydd i'w chael heddiw. Mewn geiriau eraill, ffurfiau wedi'u haddasu o'u hynafiaid yw'r organebau sy'n byw heddiw. Nid yw damcaniaeth esblygiad yn egluro sut y digwyddodd yr addasiadau hyn. Dyma'r hyn a gyflawnodd Darwin a Wallace gyda damcaniaeth detholiad naturiol, ond cyn hynny roedd pobl eraill â syniadau gwahanol.

Cyn darllen hwn ceisiwch feddwl sut y byddai Darwin wedi egluro esblygiad gwddf hir y jiráff. Byddai amrywiad normal ymysg hynafiaid y jiráff wedi cynhyrchu gyddfau o amrywiol hyd. Byddai gan y rhai â'r gyddfau hiraf y fantais o allu cyrraedd dail a oedd y tu hwnt i gyrraedd eraill. Byddent felly'n byw yn hŷn ac yn cael mwy o epil (â gyddfau hir) na'r rhai a oedd heb y fantais hon. Dyma'r hyn a alwodd Darwin yn 'oroesiad y cymhwysaf' a 'detholiad naturiol'. Mae natur yn dewis y mwyaf addas i oroesi ym mhob cenhedlaeth. Felly, dros amser, esblygodd gyddfau hirach hirach i gynhyrchu jiraffod heddiw.

Damcaniaeth gynnar am esblygiad

Cynigwyd damcaniaeth gynnar bwysig fod pethau byw wedi esblygu o ffurfiau is i rai uwch gan y biolegydd o Ffrainc, Jean Baptiste Lamarck (1733-1829). Awgrymodd fod pethau byw yn esblygu trwy etifeddu nodweddion caffaeledig. Mewn geiriau eraill, mae epil rhywogaeth yn etifeddu rhai nodweddion corfforol y mae eu rhieni wedi eu datblygu yn ystod eu bywydau. Dros amser byddai hyn yn cynhyrchu organebau a fyddai'n wahanol i'w rhieni ac, yn y pen draw, rhywogaeth newydd.

Yn ôl Lamarck, dyma sut y cafodd y jiráff wddf hir gan hynafiaid a oedd â gwddf byr. Credai Lamarck fod gyddfau jiraffod wedi ymestyn o ganlyniad i orfod ymdrechu trwy'r amser i gyrraedd dail yn uchel mewn coed na allai anifeiliaid llai eu cyrraedd. Cafodd y nodwedd gaffaeledig hon ei hetifeddu wedyn gan eu hepil. Roedd yr epil hyn hefyd yn gorfod ymestyn eu gyddfau hyd yn oed ymhellach, a chawsant epil â gyddfau hirach byth.

Casgliad Lamarck oedd mai canlyniad y patrwm hwn, wedi ei ailadrodd dros sawl cenhedlaeth, oedd bod gan jiraffod modern yddfau hir iawn.

Mae damcaniaeth Lamarck yn seiliedig ar ddwy dybiaeth. Yn gyntaf, mae'n rhagdybio bod corff organeb yn 'blastig' yn yr ystyr y gall newid ei siâp a'i ffurf os bydd unrhyw ran, er enghraifft y gwddf, o dan straen, neu os oes ei angen ar gyfer defnydd mwy rheolaidd na rhannau eraill. Mae rhannau nad ydynt yn cael eu defnyddio yn gwanhau'n araf a gallant ddiflannu. Yn yr ail le, mae'n rhagdybio y bydd y newidiadau caffaeledig hyn yn cael eu hetifeddu gan eu hepil.

Mae'r rhagdybiaeth gyntaf, i ryw raddau, yn wir. Os gwnewch chi ymarfer codi pwysau am gyfnodau hir, fe allwch ddatblygu cyhyrau anferth. Ond nid yw'r ail ragdybiaeth yn wir. Ni fydd gan ddyn tenau sy'n datblygu corff cyhyrog blant mwy, o angenrheidrwydd. Nid yw nodweddion caffaeledig yn cael eu hetifeddu gan nad yw eu caffael yn cynhyrchu unrhyw newid yn y DNA yng ngametau'r organeb (sbermau neu ofa), ac mae hyn yn hanfodol os yw nodwedd i gael ei hetifeddu gan y genhedlaeth nesaf.

Gan fod geneteg fodern wedi gwrthbrofi ail ragdybiaeth Lamarck yn llwyr, nid yw ei ddamcaniaeth bellach yn cael ei derbyn. Eto gwnaeth gyfraniad pwysig iawn tuag at dderbyn esblygiad biolegol, ac fe ysgogodd ei syniadau nifer fawr o astudiaethau diweddarach.

Cymharu Lamarck a Darwin

Hanfod damcaniaeth Lamarck yw bod esblygiad yn ganlyniad i etifeddu nodweddion a gynhyrchwyd gan greadur yn ymdrechu i newid ei gorff, er mwyn iddo fod wedi ymaddasu'n well ar gyfer ei amgylchedd. Roedd Darwin yn credu bod amrywiad naturiol oddi mewn i rywogaeth yn darparu'r defnydd crai ar gyfer esblygiad. Mae detholiad naturiol yn sicrhau mai dim ond y rhai sydd wedi ymaddasu orau ar gyfer eu hamgylchedd fydd yn byw i atgenhedlu, gan arwain at newidiadau a gwelliannau cyson, ac, yn y pen draw, at rywogaeth newydd.

Beirniadaeth ar esblygiad: 'Dim ond damcaniaeth yw esblygiad: nid oes prawf fod hyn wedi digwydd'

Diffiniad gwyddonol o esblygiad yw 'newid yng ngenynnau poblogaeth dros amser'. Mae hyn yn arwain, er enghraifft, at bryfed yn datblygu gwrthiant tuag at blaleiddiaid. Mae esblygiad yn yr ystyr hwn i'r gair yn ffaith ddigamsyniol. Yr hyn y mae beirniaid yn ei anghofio yw mai'r mecanwaith hwn yw'r cwbl sydd ei angen i gynhyrchu amrywiaeth o greaduriaid o hynafiad cyffredin ac, ymhen amser, rywogaethau newydd.

Mae'r bobl hynny sy'n dal i fynnu mai 'dim ond damcaniaeth' yw esblygiad yn honni nad yw'n ddim mwy nag awgrym petrus. Mewn gwirionedd mae'r 'ddamcaniaeth' hon yn seiliedig ar doreth o dystiolaeth o ffosiliau, anatomeg, ecoleg, geneteg, ymddygiad anifeiliaid, a mwy. At hynny, mae'n cytuno ag arsylwadau o fyd natur a gellir ei defnyddio i ragweld pethau. Mae anghytuno ag esblygiad gystal â dweud bod yr holl dystiolaeth hon naill ai'n anghywir neu'n amherthnasol.

Yn araf y cafodd damcaniaeth Darwin a Wallace ei derbyn gan ei bod yn arddangos sut y gellir esbonio amrywiaeth bywyd heb waith creawdwr. Yn lle hynny, cynigiodd Darwin y gallai rhywogaethau gael eu newid yn unol â deddfau syml natur. Roedd llawer o bobl o'r farn fod credu fel hyn yn deillio o anffyddiaeth, ac yn anfoesol.

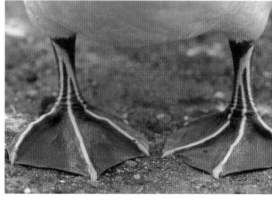

Esboniad Lamarck o draed gweog hwyaid oedd eu bod yn nodwedd a gynhyrchwyd gan fod y traed yn cael eu defnyddio'n gyson i'w helpu i nofio. Sut y byddai Darwin wedi esbonio esblygiad traed gweog?

Cymhwysodd Lamarck ei ddamcaniaeth i blanhigion hefyd. Ei resymeg oedd y byddai planhigion yn datblygu angen i storio dŵr pan fyddai llai o law yn disgyn mewn ardal. Tybiai fod yr 'angen' hwn yn ddigon i ysgogi planhigion i ddatblygu meinwe i storio dŵr. Byddai'r nodwedd gaffaeledig hon yn cael ei hetifeddu gan y cenedlaethau nesaf, gan arwain at esblygiad cacti modern. Sut y byddai Darwin wedi egluro esblygiad cacti?

Cwestiynau

1 Beth yw'r ddwy dybiaeth sy'n sail i ddamcaniaeth esblygiad Lamarck?

2 Pam nad yw'r ddamcaniaeth hon bellach yn cael ei derbyn?

3 Beth yw'r prif wahaniaeth rhwng damcaniaethau Lamarck a Darwin?

4 Mewn ardal o ddiffeithdir yn UDA, o'r enw White Sands, gellir gweld pryfed, madfallod a mamolion gwynion. Eglurwch hyn yn ôl damcaniaeth Lamarck, ac yna yn ôl damcaniaeth Darwin.

Cwestiynau am Bennod 2

1 **Prawf geirfa** Copïwch yr ymadroddion **a – i** isod ac yna, gyferbyn â phob un, ysgrifennwch y gair o'r rhestr o dermau technegol y mae'r ymadrodd yn ei ddisgrifio.

homosygaidd heterosygaidd genoteip
ffenoteip mwtaniad senodrawsblaniad
plasmid mRNA haemoffilia clôn
DNA mwtaniad cromosom X genynnau

a Newid sydyn mewn cromosom neu enyn
b Pâr o enynnau, y ddau'n wahanol (h.y. un trechol ac un enciliol)
c Nodweddion gweledol, nid rhai genetig, organeb
ch Pâr o enynnau, y ddau'n unfath
d Rheoli datblygiad nodweddion etifeddol (e.e. lliw llygaid)
dd Yr enw ar set gyflawn o enynnau sydd gan organeb
e Mae gan fenyw ddau o'r rhain ym mhob cell
f Mecanwaith ceulo gwaed diffygiol
ff Moleciwl ar ffurf helics dwbl
g Cludo'r cod ar gyfer protein i ribosom
ng Grŵp o organebau sy'n unfath yn enetig
h Edefyn crwn o DNA mewn bacteriwm
i Enghraifft o hyn fyddai rhoi calon mochyn i berson

2 Mae ffibrosis codennog yn gyflwr prin lle mae'r pancreas a'r ysgyfaint yn mynd yn ffibraidd ac yn cynhyrchu mwcws sy'n anarferol o drwchus. Dyma'r alelau ar gyfer y cyflwr hwn:

R = alel normal
r = alel ffibrosis codennog

a Ai alel trechol ynteu alel enciliol sy'n achosi'r cyflwr hwn?
b Pa un o'r genoteipiau canlynol a fyddai'n arwain at gael y cyflwr hwn: **RR**, **Rr**, **rr**?
c Pa un o'r geiriau hyn sy'n disgrifio genoteip ffibrosis codennog: heterosygaidd, homosygaidd enciliol, homosygaidd trechol?
ch Copïwch y tabl ac yna ei gwblhau i ddangos genoteipiau posibl plant cwpl â'r genoteipiau **Rr** ac **Rr**.

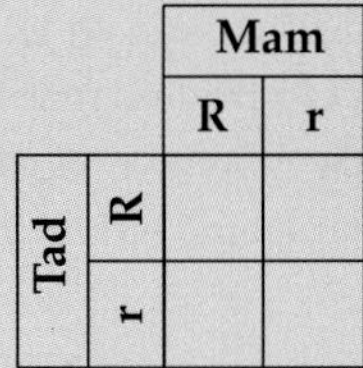

		Mam	
		R	r
Tad	R		
	r		

d Pa gyfran o'u plant fyddai'n gallu datblygu ffibrosis codennog?
dd Sut mae'r tabl hwn yn dangos y gellir trosglwyddo cyflwr etifeddol gan rieni, heb i'r naill na'r llall fod â'r cyflwr ei hun?

3 Mae corea Huntington yn gyflwr dirywiol sy'n effeithio ar y system nerfol: mae'n achosi i'r pen ac aelodau'r corff symud yn anwirfoddol. Dyma'r alelau ar gyfer y cyflwr:

H = alel Huntington
h = alel normal

a Ai alel trechol ynteu un enciliol sy'n achosi'r cyflwr hwn?
b Pa rai o'r genoteipiau hyn a fyddai'n arwain at gael y cyflwr: **Hh**, **hh**, **HH**?
c Pa un o'r disgrifiadau hyn sy'n disgrifio genoteip corea Huntington: homosygaidd enciliol, heterosygaidd, homosygaidd trechol?
ch Lluniwch dablau fel yr un yng nghwestiwn 2, a'u cwblhau i ddangos genoteipiau plant cyplau â'r genoteipiau hyn: Tad **Hh** a Mam **hh**, Tad **HH** a Mam **hh**.
d Pa gyfran o blant pob cwpl a allai ddatblygu'r cyflwr?

4 Cafodd bacteria byw a oedd i gyd yn goch eu rhoi o dan belydriad X am ychydig eiliadau. Ymhen rhai dyddiau dechreuodd grwpiau o facteria gwyn ymddangos ymysg y rhai coch. Pa gasgliadau y gallwch eu gwneud hyd yn hyn?

5 Defnyddiwyd paill o blanhigyn â blodau coch i beillio planhigyn o'r un rhywogaeth â blodau gwyn. Cynhyrchodd yr holl hadau blanhigion â blodau pinc. Mae'n amlwg nad yw coch yn drechol nac yn enciliol. Pa derm technegol a ddefnyddir i ddisgrifio'r math hwn o nodwedd?

6 **a** Beth yw ystyr y llythrennau DNA?
b Beth yw'r pedwar math o fas sy'n gwneud moleciwl o DNA?
c Beth yw'r rheol ynglŷn â pharu basau sy'n sicrhau bod parau penodol o fasau bob tro yn digwydd gyda'i gilydd mewn moleciwl DNA?
ch Mae DNA yn rheoli cynhyrchu proteinau. Pam mae proteinau yn hanfodol i bob peth byw?
d Pa ran sydd gan mRNA, tRNA a ribosomau i'w chwarae mewn cynhyrchu proteinau?

7 Mae'r diagram isod yn dangos sut mae siâp adain yn cael ei etifeddu yn y pryf ffrwythau. **A** yw'r genyn ar gyfer adenydd normal ac **a** yw'r genyn ar gyfer adenydd cyrliog. Mae pryfed 1, 2, 7 ac 8 yn homosygaidd.

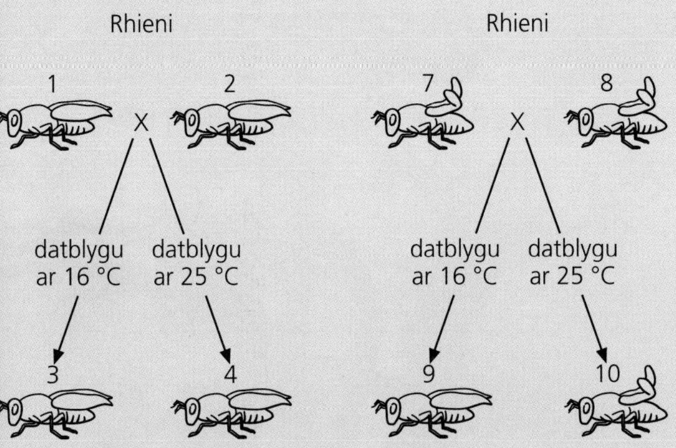

a Beth yw genoteipiau pryfed 3, 4, 9 a 10?
b O'r ffenoteipiau, beth wyddoch chi am effeithiau'r amgylchedd ar etifeddiad siâp adenydd?

8 Sylwodd teulu fod gan eu cath chwain. Rhoddwyd powdr pryfleiddiad ar y gath a lladdwyd bron pob chwannen.

Ychydig fisoedd wedyn, roedd chwain ar y gath eto. Bu'n rhaid rhoi powdr arni sawl gwaith, gan ddefnyddio pryfleiddiad o'r un tun, er mwyn lladd y rhan fwyaf o'r chwain.

Ychydig wythnosau wedyn, roedd llawer o chwain ar y gath eto. Y tro hwn, ychydig iawn o effaith a gafodd powdr o'r un tun ar y chwain.

a Nodwch y broblem sydd wedi dod i'r amlwg o'r arsylwadau hyn.
b Awgrymwch gymaint o ddamcaniaethau ag y gallwch i egluro beth sy'n digwydd. Nid oes rhaid i bob damcaniaeth fod yn gysylltiedig â geneteg.

9 **a** **B** yw'r genyn ar gyfer llygaid lliw brown, a **b** yw'r genyn ar gyfer llygaid lliw glas. Pa enyn sy'n drechol?
b Mae gan y fam a'r tad y genynnau **Bb** yn eu celloedd. Pa liw yw eu llygaid?
c Copïwch y diagram isod. Cwblhewch ef i ddangos sut mae'r genynnau ym mhob cell ryw yn dod at ei gilydd yn ystod ffrwythloniad.

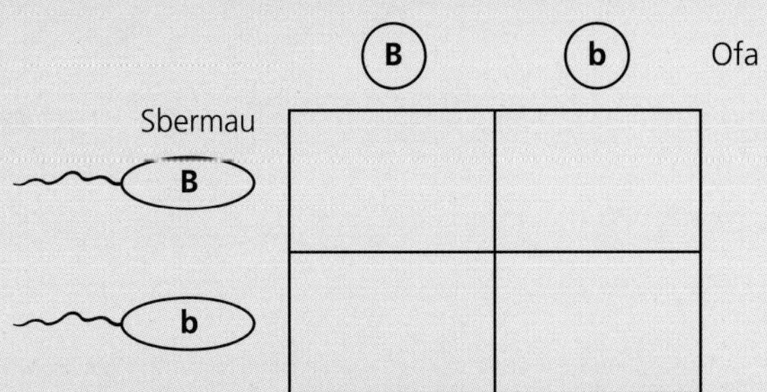

ch Pa rai o'r celloedd wedi'u ffrwythloni (sygotau) sy'n homosygaidd ar gyfer lliw llygaid? Pa rai sy'n heterosygaidd?
d Pa sygotau fydd yn cynhyrchu plant â llygaid glas? Pa rai fydd yn cynhyrchu plant â llygaid brown?
dd Cwblhewch y diagram eto ond y tro hwn ar gyfer tad â genynnau lliw llygaid **BB**, a mam â genynnau lliw llygaid **Bb**. Sut mae hyn yn effeithio ar y siawns y byddant yn cael plentyn â llygaid glas neu â llygaid brown?

10 Roedd biolegydd o Ffrainc o'r enw Lamarck yn credu bod jiraffod yn datblygu gyddfau hirion trwy ymdrechu i gyrraedd dail yn uchel mewn coed. Sut y byddai Darwin wedi egluro esblygiad y nodweddion hyn?

11 Astudiwch y dyluniadau isod. Pa dystiolaeth sydd ynddynt fod bodau dynol, ystlumod a cheffylau wedi esblygu o'r un hynafiad?

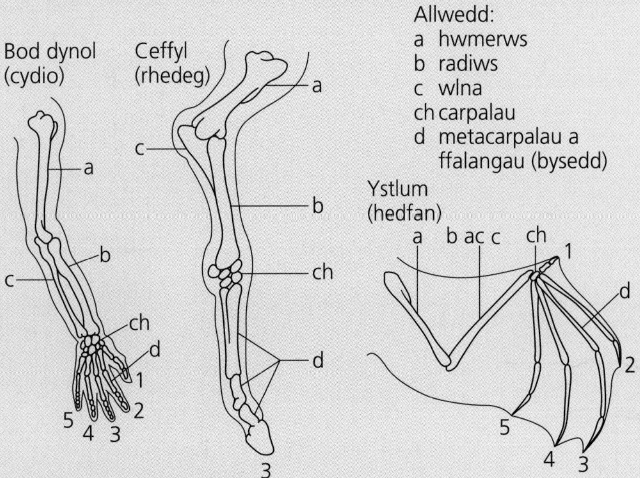

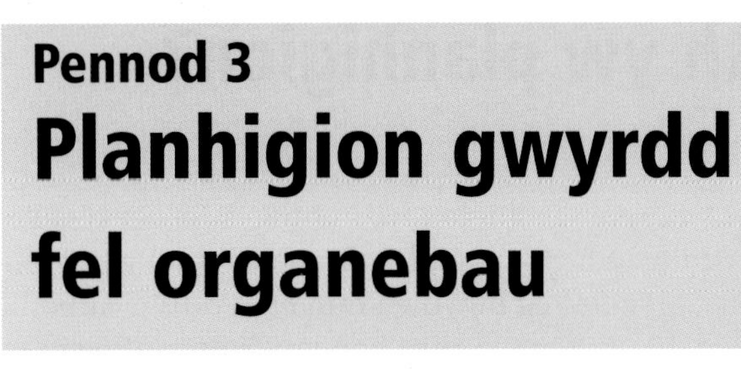

Pennod 3

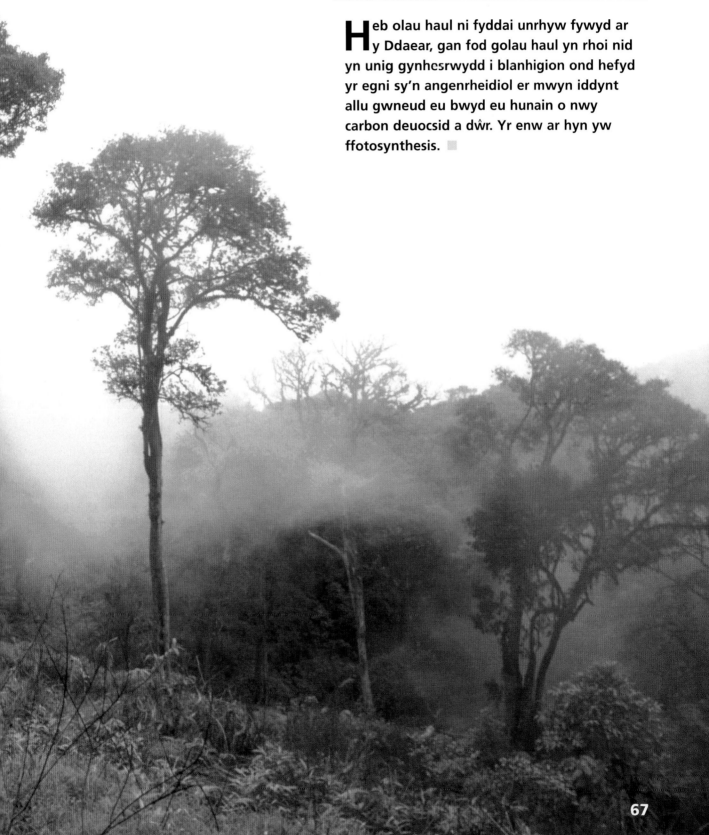

Planhigion gwyrdd fel organebau

Heb olau haul ni fyddai unrhyw fywyd ar y Ddaear, gan fod golau haul yn rhoi nid yn unig gynhcsrwydd i blanhigion ond hefyd yr egni sy'n angenrheidiol er mwyn iddynt allu gwneud eu bwyd eu hunain o nwy carbon deuocsid a dŵr. Yr enw ar hyn yw ffotosynthesis.

3.01 Beth yw planhigion?

Uchder coeden y Cadfridog Sherman ym Mharc Cenedlaethol Sequoia, UDA, yw 83 metr. Dyma'r peth byw mwyaf ar y Ddaear.

Pethau byw yw planhigion, yn cynnwys llawer o gelloedd gyda'r gallu i ddefnyddio egni golau haul, sy'n cael ei ddal gan y pigment gwyrdd cloroffyl, i wneud eu bwyd eu hunain o ddŵr, carbon deuocsid a mwynau. Yr enw ar y broses hon yw **ffotosynthesis**.

Mae dau fath o blanhigion: **planhigion heb hadau**, sef y mwsoglau, llysiau'r iau/afu, a rhedyn; a **phlanhigion hadog**, sef y coed conwydd a phlanhigion blodeuol.

Planhigion heb hadau (planhigion anflodeuol)

Mwsoglau a llysiau'r iau/afu Mewn lleoedd llaith y mae'r rhain yn tyfu fel arfer. Mae eu sborau'n tyfu mewn **capsiwlau** ar flaen coesynnau.

Mae gan fwsoglau rannau sy'n edrych yn debyg i wreiddiau, coesynnau a dail planhigion uwch, ond nid ydynt mor gymhleth. Brigerfwsogl yw hwn.

Mae gan y capsiwlau mwsogl hyn gaeadau sy'n disgyn pan fyddant yn aeddfed, gan ryddhau **sborau** bach sydd yn y pen draw'n cynhyrchu planhigion mwsogl newydd.

Mae gan rai o lysiau'r iau 'goesyn', ond mae'r rhan fwyaf ohonynt, fel y *Marchantia* hwn, yn edrych fel dail ac yn tyfu ar wyneb y tir.

Rhedyn Mae'r rhain fel arfer yn tyfu mewn coedwigoedd a lleoedd eraill sy'n llaith a thywyll. Mae eu sborau'n tyfu mewn capsiwlau sydd yn cydio wrth gefn y dail.

Mae gan redyn **wir** wreiddiau, coesynnau a dail. Enw hon yw'r rhedynen fras. Mae'n gyffredin ar weunydd a rhostiroedd.

Gelwir y math hwn o redyn yn rhedynen ungoes. Gall dyfu i uchder o bron ddau fetr. Mae'n gyffredin iawn ar weunydd.

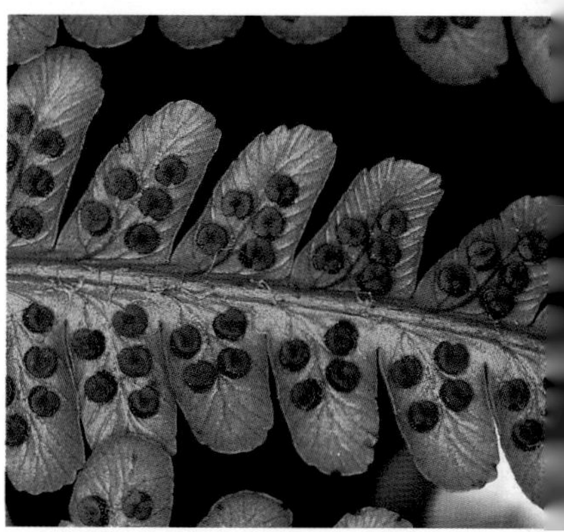

Grwpiau o gapsiwlau sborau ar gefn deilen redyn. Mae pob grŵp yn cael ei warchod gan ddeilen gen oren-frown fechan.

Planhigion hadog

Coed conwydd Mae pinwydd, sbriws, llarwydd, cedrwydd a ffynidwydd i gyd yn fathau o gonwydd. Mae gan goeden gonwydd nodweddiadol, fel y binwydden, ddail sydd ar ffurf nodwyddau. Mae'r rhan fwyaf ohonynt yn fythwyrdd, ond mae ychydig, yn cynnwys y llarwydden, yn colli eu dail yn yr hydref. Mae'r rhan fwyaf yn byw mewn hinsoddau cymharol oer ond gall rhai, fel y goeden gas-gan-fwnci (pinwydden Chile) fyw mewn ardaloedd poeth. Mae'r planhigion mwyaf yn y byd yn goed conwydd, sef y coed cochwydd enfawr, neu'r secwoia, o Ogledd America.

Planhigion blodeuol Mae bresych, coed castanwydd y meirch, dant y llew a glaswelltau i gyd yn blanhigion blodeuol. Mae gan bob un flodau sy'n cynnwys organau atgynhyrchu ac sy'n cynhyrchu hadau. Mae dau fath o blanhigion blodeuol. Mae gan **fonocotyledonau** hadau sy'n tyfu i fod yn eginblanhigion ag un had-ddeilen (cotyledon) yn unig. Y **deugotyledonau** yw'r grŵp mwyaf o blanhigion blodeuol. Mae gan eu heginblanhigion ddwy had-ddeilen.

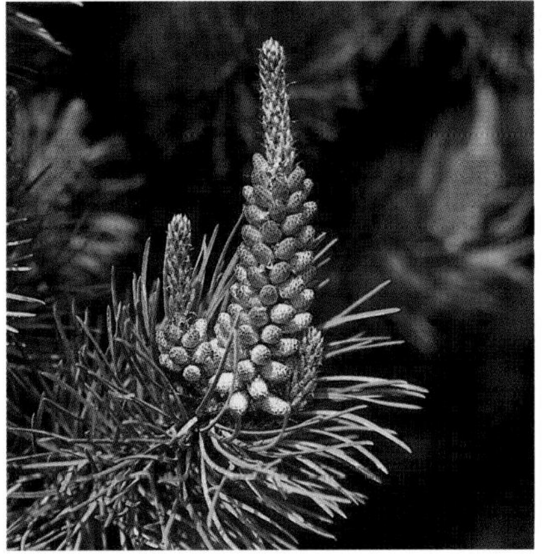

Mae'r mochyn coed gwrywol yn cynhyrchu paill, sy'n cael ei gludo gan y gwynt at fochyn coed benywol.

Wedi ei ffrwythloni, mae'r mochyn coed benywol yn tyfu hadau dan ei fflapiau, sy'n agor pan fydd yr hadau'n aeddfed.

Mae gan y monocotyledon, fel y cennin Pedr hyn, ddail hir tenau â gwythiennau cyfochrog.

Mae gan y deugotyledon, fel y lili ddŵr hon, ddail llydan â rhwydwaith o wythiennau.

Beth fyddwch yn ei ddysgu yn y bennod hon

Byddwch yn dysgu sut mae planhigion yn gwneud bwyd o ddŵr sy'n cael ei godi gan eu gwreiddiau, ac o'r aer o'u cwmpas. Cewch weld bod hyn yn digwydd yn y dail, sef ffatrïoedd bwyd y planhigyn, a bod yr egni ar ei gyfer yn dod o olau haul sy'n cael ei ddal gan gloroffyl yn eu celloedd.

Disgrifir system blymwaith fewnol planhigyn, gyda'i holl diwbiau mân. Cewch ddysgu bod planhigion yn sensitif i newidiadau o'u cwmpas, ac yn gallu ymateb iddynt. Cewch weld y gellir torri planhigion yn ddarnau a fydd yn tyfu'n blanhigion newydd, yn wahanol i'r rhan fwyaf o anifeiliaid, a mai cemegau (hormonau) sy'n rheoli twf ac atgynhyrchiad planhigion.

Castanwydden y meirch yn ei blodau. Defnyddir ei hadau brown caled i chwarae 'concyrs'.

Cwestiynau

1 Beth yw swyddogaeth capsiwlau, moch coed, a blodau?

2 Pa rai o'r planhigion hyn sydd â chapsiwlau? Pa rai sydd â moch coed? Pa rai sydd â blodau?
rhosynnau, migwyn, coed Nadolig, rhedyn ungoes

3 Pa rai o'r rhain sy'n fonocotyledonau, a pha rai sy'n ddeugotyledonau?
blodau ymenyn, tiwlipau, glaswellt, coed afalau.
Eglurwch eich ateb.

4 Enwch y ddau brif grŵp o blanhigion.

3.02 Maeth planhigion I

Mae yna filoedd o blanhigion sy'n blodeuo. Mae llygaid y dydd, planhigion tomatos, glaswelltau a choed castan yn rhai ohonynt. Allwch chi feddwl am ragor? Mae gan flodau **organau rhyw** gwrywol a benywol. Mae'r rhain yn gwneud **hadau**, a bydd planhigion newydd yn tyfu ohonynt.

Rhannau planhigion blodeuol

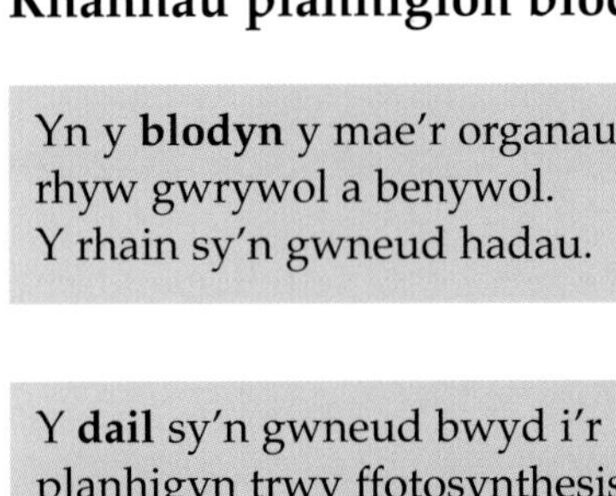

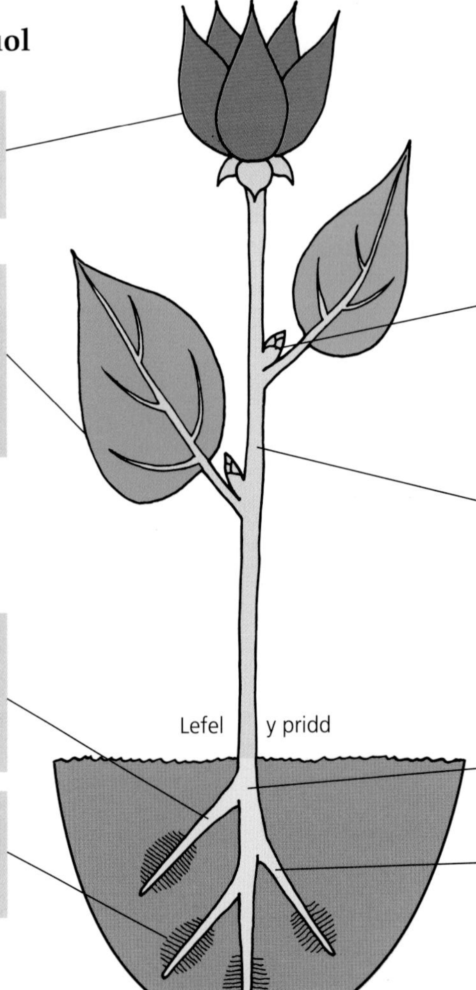

Yn y **blodyn** y mae'r organau rhyw gwrywol a benywol. Y rhain sy'n gwneud hadau.
Y **dail** sy'n gwneud bwyd i'r planhigyn trwy ffotosynthesis. I wneud hyn mae angen golau haul, carbon deuocsid o'r aer, a dŵr a mwynau o'r pridd.
Mae **gwreiddiau** yn angori'r planhigyn yn y pridd. Maent hefyd yn tynnu dŵr a mwynau ohono.
Trwy'r **gwreiddflew** y daw'r rhan fwyaf o'r dŵr a'r mwynau i'r gwreiddyn.
Mae **blagur** yn cynnwys dail neu flodau bach, sydd newydd ddechrau tyfu. Mae'r blagur yn amddiffyn y rhannau ifanc hyn.
Mae tiwbiau y tu mewn i'r **coesyn**. Mae rhai tiwbiau yn cludo dŵr a mwynau o'r gwreiddiau i'r dail. Mae tiwbiau eraill yn cludo bwyd i fyny ac i lawr y planhigyn.
Lefel y pridd
Prif wreiddyn yw hwn.
Gwreiddyn ochrol yw hwn.

Sut mae planhigion yn gwneud bwyd

Trwy **ffotosynthesis** y mae planhigion yn gwneud bwyd. Ystyr ffotosynthesis yw gwneud pethau â goleuni. Dyna mae planhigion yn ei wneud. Maent yn defnyddio egni goleuni i wneud bwyd o garbon deuocsid a dŵr.

Y tu mewn i ddeilen mae sylwedd gwyrdd o'r enw **cloroffyl**. Gall ddal egni o olau haul.

Mae carbon deuocsid yn mynd i'r ddeilen trwy dyllau bach. Mae dŵr yn cael ei gludo i'r ddeilen o'r coesyn trwy diwbiau.

Ffatrïoedd bwyd - yn brysur yn gwneud bwyd ar gyfer coeden gastanwydden y meirch.

Mae'r egni goleuni sydd wedi'i ddal yn gwneud i'r carbon deuocsid a'r dŵr gyfuno, gan ffurfio siwgr sy'n cael ei alw'n glwcos, ac ocsigen. Caiff glwcos ei ddefnyddio ar gyfer bwyd. Mae'r ocsigen yn cael ei ryddhau i'r aer gan gadw'r aer yn iach ar gyfer popeth byw.

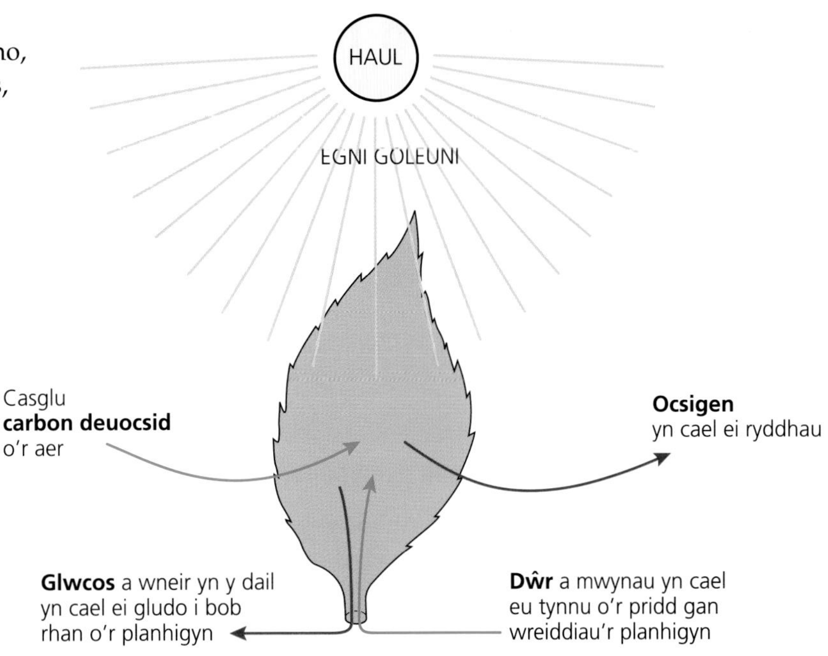

Mae ffotosynthesis yn peidio yn ystod y nos, ond mae resbiradaeth yn parhau, felly mae planhigion yn casglu ocsigen ac yn rhyddhau carbon deuocsid. Ar doriad y wawr, mae ffotosynthesis yn dechrau defnyddio carbon deuocsid a ddaw o resbiradaeth, a chynhyrchu'r ocsigen sy'n angenrheidiol ar gyfer resbiradaeth. Wrth i'r ffotosynthesis gyflymu, mae cyfradd rhyddhau'r carbon deuocsid, a chyfradd casglu'r ocsigen o'r aer, yn arafu. Yn y pen draw, am ennyd fer, mae resbiradaeth a ffotosynthesis yn defnyddio cynhyrchion ei gilydd ac mae symudiad nwyon i mewn ac allan o'r ddeilen yn peidio.

Dyma ffordd syml o ddangos beth sy'n digwydd yn ystod ffotosynthesis:

$$\text{dŵr} + \text{carbon deuocsid} \xrightarrow[\text{cloroffyl}]{\text{haul}} \text{glwcos} + \text{ocsigen}$$

Sut mae planhigion yn defnyddio glwcos o ffotosynthesis

1 Caiff rhywfaint ei ddefnyddio yn syth, i roi egni i'r planhigyn.
2 Caiff rhywfaint ei storio. Caiff ei newid yn startsh neu'n olew, a'i storio mewn coesynnau, gwreiddiau, hadau, a ffrwythau. Pan fydd ei angen, caiff ei newid yn ôl yn glwcos.
3 Caiff rhywfaint ei ddefnyddio i wneud cellwlos ar gyfer cellfuriau.
4 Mae rhywfaint yn cyfuno â mwynau, i wneud proteinau a'r pethau eraill y mae eu hangen ar blanhigion wrth dyfu.

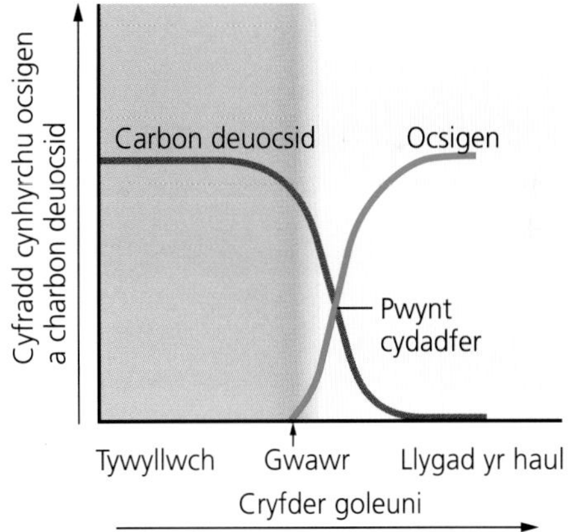

Mae'r graff hwn yn dangos newidiadau yng nghyfraddau cynhyrchu carbon deuocsid ac ocsigen mewn dail dros gyfnod o 24 awr. Beth yw'r **pwynt cydadfer**? Pa bryd mae'n digwydd, a pham?

Cwestiynau

1 Ble mae'r organau rhyw mewn planhigyn blodeuol?
2 Pa ddau beth y mae gwreiddiau yn eu gwneud?
3 Beth yw ffotosynthesis a ble mae'n digwydd?
4 Beth yw enw'r sylwedd gwyrdd mewn dail?
5 Beth mae'r sylwedd gwyrdd hwn yn ei wneud?
6 Beth sydd ei angen ar blanhigyn i wneud glwcos?
7 Ar gyfer beth mae planhigyn yn defnyddio glwcos?
8 Sut mae'r glwcos yn cael ei storio?
9 Beth arall sy'n cael ei gynhyrchu yn ystod ffotosynthesis?

3.03 Maeth planhigion II

Sut mae planhigion ac anifeiliaid yn ailgylchu ocsigen

Mae biliynau o bethau byw yn mewnanadlu ocsigen bob dydd a nos er mwyn rhyddhau egni o fwyd yn ystod resbiradaeth. Pam nad yw'r holl ocsigen yn diflannu? Yr ateb yw bod planhigion yn cynhyrchu ocsigen yn ystod golau dydd fel sgil gynnyrch i ffotosynthesis.

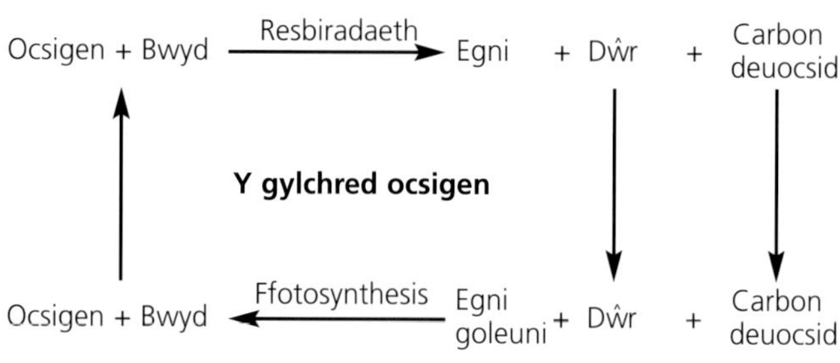

Mae'r ocsigen sy'n cael ei ryddhau gan blanhigion yn dychwelyd iddynt mewn dwy ffordd.

1 Mae rhywfaint yn dychwelyd wrth iddynt ei gasglu ar gyfer resbiradaeth.
2 Mae gweddill yr ocsigen yn dychwelyd mewn dŵr a ddefnyddir ar gyfer ffotosynthesis.

Mae'r diagram uchod yn dangos bod resbiradaeth yn cynhyrchu dŵr a bydd rhywfaint o hwn yn cyrraedd planhigion.

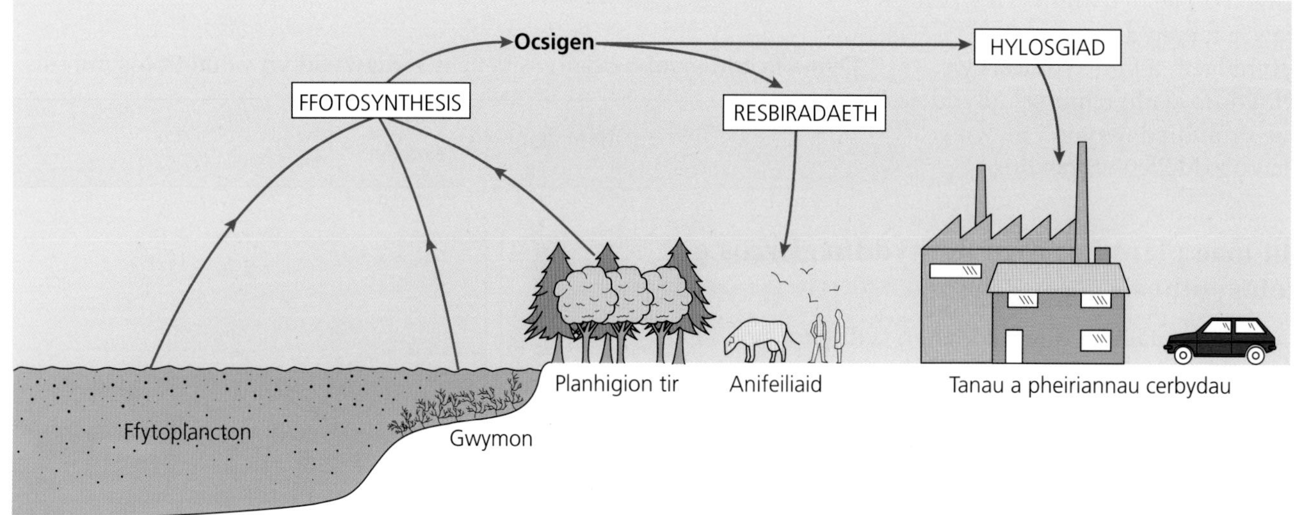

Mae planhigion tir, yn enwedig coed, yn cynhyrchu hyd at 80 y cant o gyflenwad ocsigen y byd. Daw'r gweddill o wymonau a ffytoplancton, sef creaduriaid microsgopig, tebyg i blanhigion, sy'n byw yn y môr.

Mae planhigion ac anifeiliaid fel ei gilydd yn casglu ocsigen ar gyfer resbiradaeth, ond yn ystod y dydd mae planhigion yn cynhyrchu mwy o ocsigen nag y maent yn ei ddefnyddio ar gyfer resbiradaeth. Mae llosgi (hylosgiad) hefyd yn defnyddio ocsigen.

Ffactorau sy'n cyfyngu ar gyfradd ffotosynthesis

Mae cyfradd ffotosynthesis yn dibynnu ar faint o oleuni a charbon deuocsid y mae planhigyn yn ei dderbyn, a hefyd ar y tymheredd.

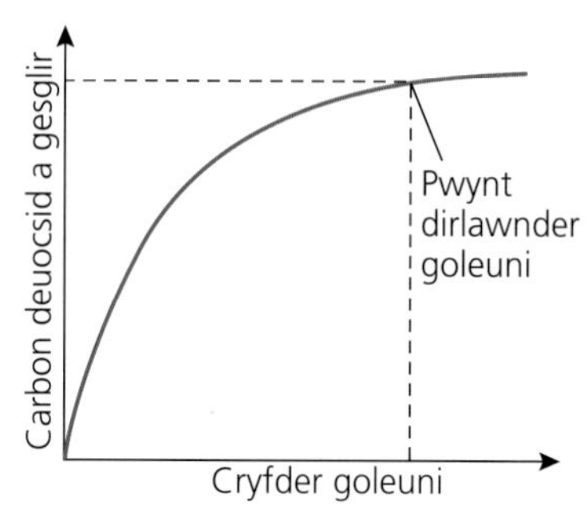

Goleuni a charbon deuocsid Os caiff cryfder y goleuni ei gynyddu'n araf, bydd cyfradd ffotosynthesis yn cynyddu am ychydig, ond yna'n peidio. Os rhoddir mwy o garbon deuocsid i'r planhigyn nawr, bydd ffotosynthesis yn cynyddu eto, felly carbon deuocsid oedd yn cyfyngu ar y gyfradd ffotosynthesis.

Ar y llaw arall, os bydd planhigyn mewn goleuni o gryfder penodol tra bo ei gyflenwad o garbon deuocsid yn cael ei gynyddu, bydd ffotosynthesis yn cynyddu hyd nes ei fod yn cael ei gyfyngu gan faint o oleuni y mae'r planhigyn yn ei dderbyn.

Cynnyrch ocsigen
A (Tymheredd uchel)
B (Tymheredd isel)
Cryfder goleuni

Tymheredd Os caiff planhigyn ei gadw ar dymheredd isel tra bo cryfder y goleuni'n cael ei gynyddu, bydd ffotosynthesis yn cynyddu am ychydig ac yna'n peidio. Os caiff hyn ei ailadrodd ar dymheredd uwch, bydd cyfradd ffotosynthesis yn cynyddu fwy o lawer cyn iddo beidio. Mae hyn yn dangos bod tymheredd yn dylanwadu ar y gyfradd ffotosynthesis.

Mae ar blanhigion angen mwynau

Er mwyn i blanhigion ffynnu, mae arnynt angen mwy na charbon deuocsid a dŵr. Mae arnynt angen amryw o elfennau mwynol hefyd. Os caiff planhigyn ei amddifadu o fwynau, bydd yn datblygu diffygion a elwir yn **symptomau diffyg mwynau**. Dyma enghreifftiau o rai ohonynt.

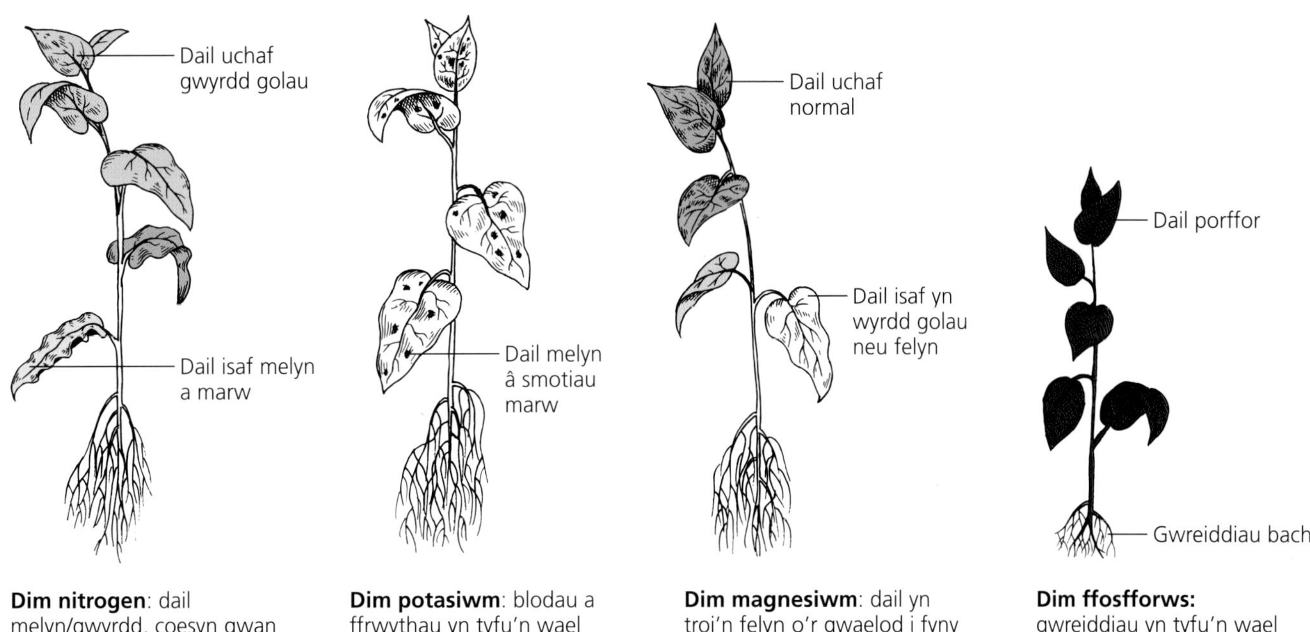

Dim nitrogen: dail melyn/gwyrdd, coesyn gwan

Dim potasiwm: blodau a ffrwythau yn tyfu'n wael

Dim magnesiwm: dail yn troi'n felyn o'r gwaelod i fyny

Dim ffosfforws: gwreiddiau yn tyfu'n wael

Y **prif elfennau** yw'r mwynau y mae angen cryn dipyn ohonynt ar blanhigion (rhai cannoedd o rannau ym mhob miliwn) i dyfu'n iach, sef nitrogen, ffosfforws, sylffwr, potasiwm, calsiwm a magnesiwm. Gwyddom mai nitrogen sy'n gwneud dail iach, ffosfforws y gwreiddiau, a photasiwm y blodau a'r ffrwythau.

Yr **elfennau hybrin** yw'r rhai y mae angen ychydig bach iawn ohonynt (cyn lleied ag un rhan mewn miliwn). Enghreifftiau yw manganîs, copr, haearn, boron a molybdenwm.

Cwestiynau

1 Mae coedwigoedd glaw trofannol yn gorchuddio ardal sydd **wyth** gwaith maint Ynysoedd Prydain. Rhowch un rheswm, **sy'n gysylltiedig â'r Uned hon**, pam mae eu dinistrio yn peryglu bywyd.

2 Os caiff cyflenwad carbon deuocsid planhigyn a'i gyflenwad goleuni eu cynyddu ar yr un pryd, bydd ffotosynthesis yn cynyddu ac yna'n peidio. Beth sy'n cyfyngu ar y gyfradd ffotosynthesis?

3 O'r wybodaeth a gewch yn yr Uned hon, penderfynwch pa fwynau a ddylai gael eu hychwanegu'n gyson at bridd sy'n cael ei ddefnyddio ar gyfer tyfu tomatos, rhosynnau, letys, glaswellt a choed ffrwythau.

3.04 Dail

Mae'r rhan fwyaf o ddail yn denau a fflat, fel hon:

Gwythiennau yw'r rhain.

Dyma **wythïen ganol** y ddeilen.

Petiol yw'r enw ar goesyn y ddeilen.

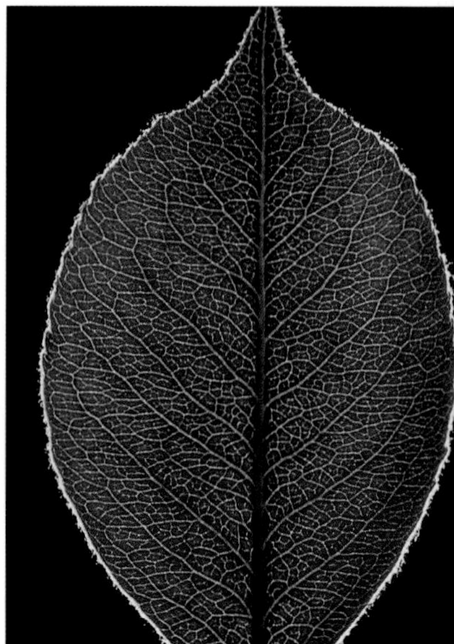

Tiwbiau bychain iawn yw'r wythïen ganol a'r gwythiennau eraill yn y ddeilen hon. Mae rhai yn cludo dŵr a mwynau i'r ddeilen. Mae rhai yn cludo bwyd allan i bob rhan o'r planhigyn.

Y tu mewn i ddeilen

Dyma sut mae tafell denau o ddeilen yn edrych o dan ficrosgop.

Croen uchaf y ddeilen. Mae haen o gwyr arno o'r enw **cwtigl**. Mae hyn yn gwneud y ddeilen yn wrth-ddŵr.

Mae'r haen drwchus hon o gelloedd yng nghanol y ddeilen yn gwneud glwcos trwy **ffotosynthesis**.

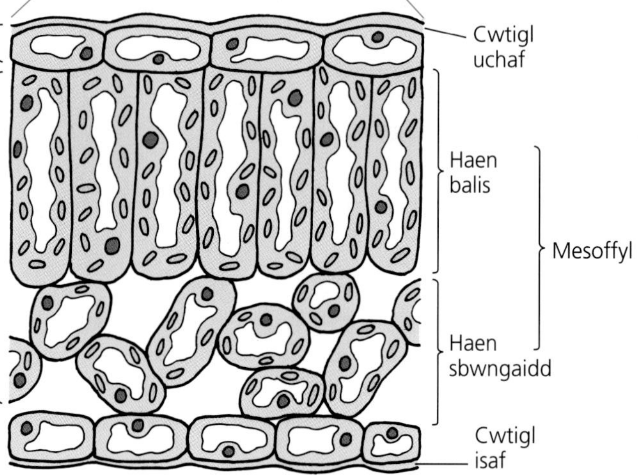

Dyma olwg arall ar ddarn o ddeilen.

Y tiwbiau mân mewn **gwythïen**. Mae rhai yn cludo dŵr a mwynau i'r ddeilen. Mae rhai yn cludo bwyd allan.

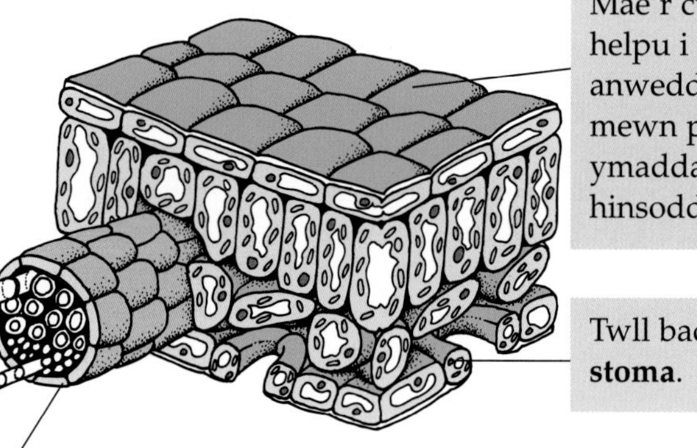

Mae'r cwtigl cwyraidd uchaf yn helpu i atal colli dŵr trwy anweddiad. Mae'n fwy trwchus mewn planhigion sydd wedi ymaddasu ar gyfer byw mewn hinsoddau sych.

Twll bach mewn deilen, o'r enw **stoma**.

Stomata

Yn y rhan fwyaf o ddail, mae mandyllau o'r enw **stomata** yn eu harwyneb isaf. Twll rhwng pâr o **gelloedd gwarchod** yw un mandwll, neu **stoma**. Mae stomata yn gadael i garbon deuocsid lifo i'r ddeilen, ac i ocsigen ac anwedd dŵr lifo allan.

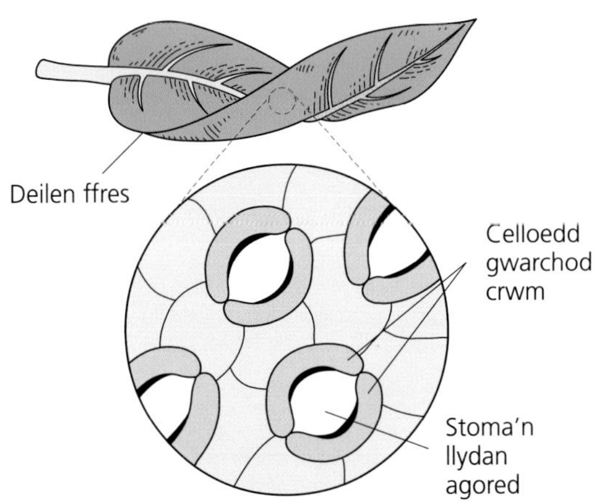

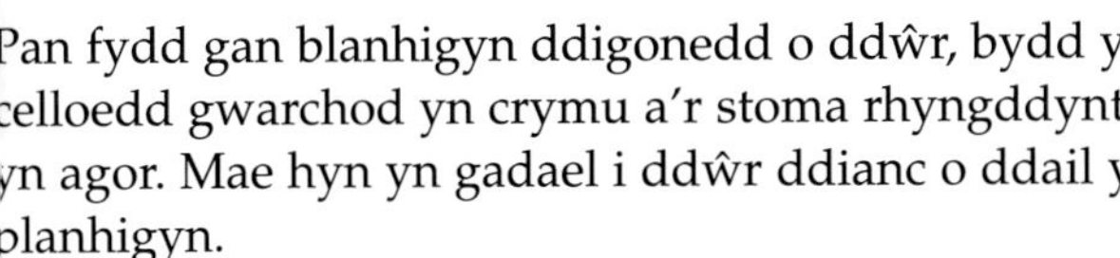

Pan fydd gan blanhigyn ddigonedd o ddŵr, bydd y celloedd gwarchod yn crymu a'r stoma rhyngddynt yn agor. Mae hyn yn gadael i ddŵr ddianc o ddail y planhigyn.

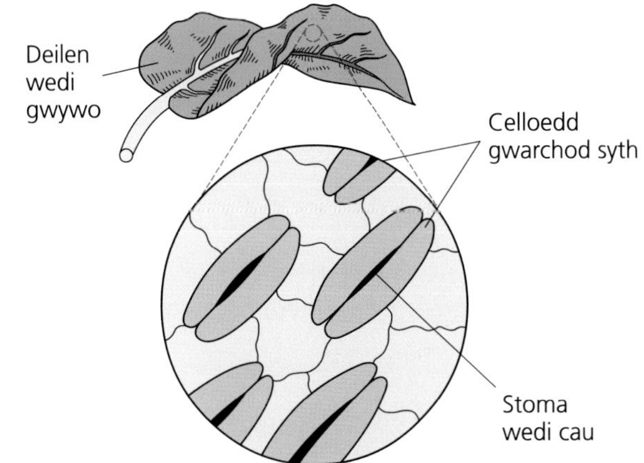

Pan fydd planhigyn yn dechrau colli dŵr yn gyflymach nag y gall y gwreiddiau ei gasglu, bydd y celloedd gwarchod yn mynd yn llai crwm. Mae hyn yn cau'r stomata ac yn arafu'r gyfradd colli dŵr o'r planhigyn.

Sut mae dail yn addas ar gyfer ffotosynthesis

1 Mae llawer o ddail yn llydan a fflat, er mwyn amsugno cymaint o oleuni â phosibl.
2 Maent yn denau fel y gall carbon deuocsid gyrraedd celloedd mewnol yn hawdd.
3 Mae digon o stomata yn y croen isaf, i adael i garbon deuocsid ddod i mewn, ac i ocsigen ac anwedd dŵr fynd allan.
4 Mae digon o wythiennau i gludo dŵr i'r celloedd lle mae ffotosynthesis yn digwydd, ac i gludo glwcos oddi yno i'r planhigyn.

Mewn **deugotyledon**, fel y riwbob hwn, mae dail llydan sydd â rhwydwaith o wythiennau.

Mewn **monocotyledon**, fel y glaswellt hwn, mae dail cul hir sydd â gwythiennau cyfochrog.

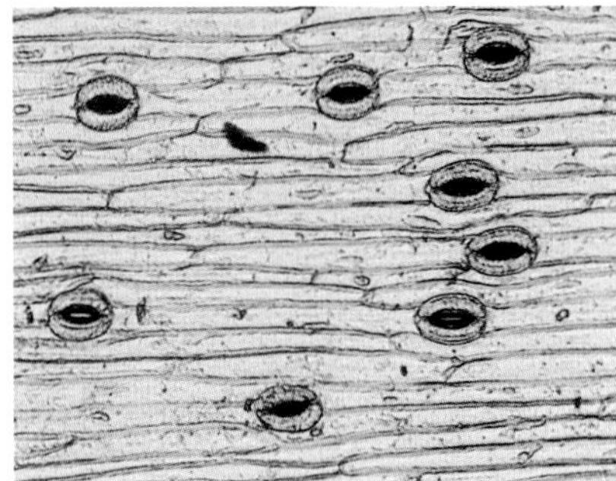

Stomata ar ddeilen, wedi eu chwyddhau 8000 gwaith. Mae'r holl stomata ar agor.

Cwestiynau

1 Beth sy'n gwneud deilen yn wrth-ddŵr?
2 Beth yw cloroplastau? Ble maent i'w cael?
3 Beth sydd y tu mewn i wythïen deilen?
4 Beth yw stomata? Sut maent yn helpu dail i wneud bwyd?
5 Eglurwch pam mae dail yn denau a fflat, gyda llawer o wythiennau.

3.05 Cludiant a chynhaliad mewn planhigion

System gludiant planhigyn

Mae llawer o diwbiau tenau y tu mewn i blanhigyn. Maent yn cludo hylifau i fyny ac i lawr y planhigyn. Dyma **system gludiant** y planhigyn.

Mae rhai tiwbiau'n cludo hydoddiant glwcos o'r dail i bob rhan o'r planhigyn. **Ffloem** yw enw'r tiwbiau hyn.

Mae rhai tiwbiau'n cludo dŵr a mwynau i fyny o'r pridd. Tiwbiau **sylem** yw enw'r rhain.

Mae'r sylem a'r ffloem wedi eu crynhoi gyda'i gilydd mewn **sypynnau fasgwlar**.

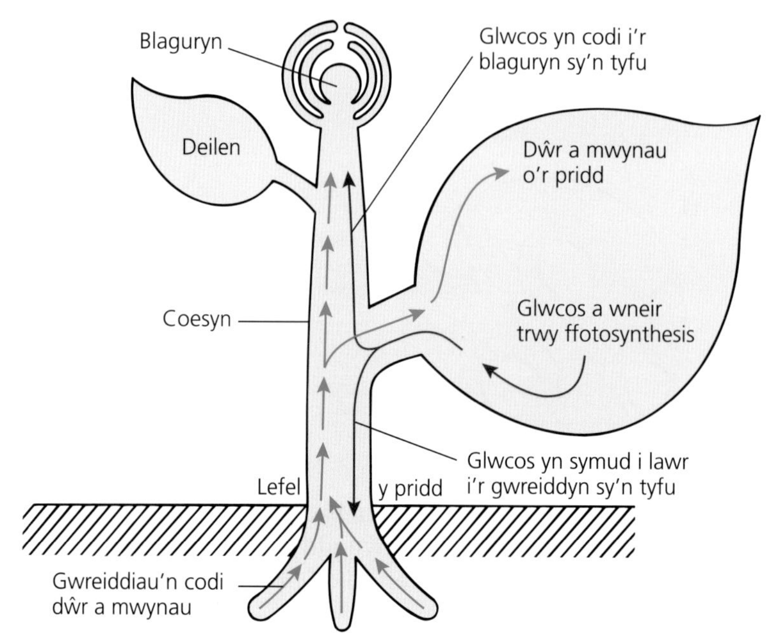

Y tu mewn i goesyn

Dyma sut y byddai tafell denau o goesyn yn edrych, wedi ei chwyddhau'n fawr.

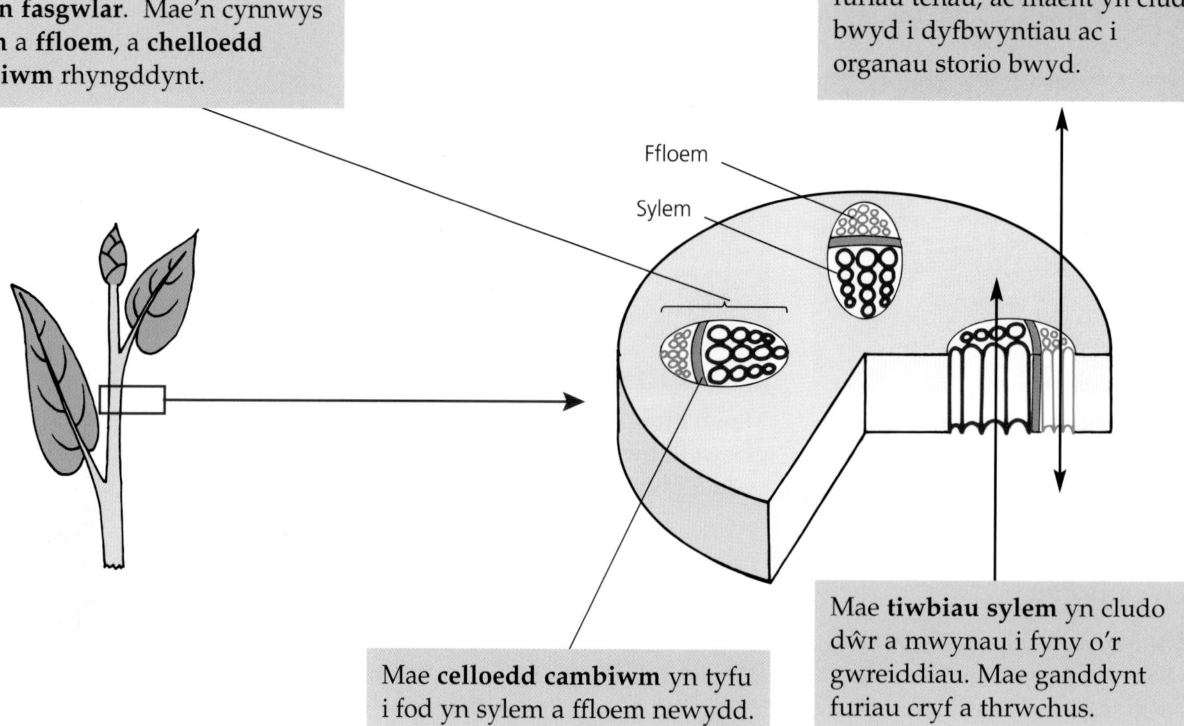

Sypyn fasgwlar. Mae'n cynnwys **sylem** a **ffloem**, a **chelloedd cambiwm** rhyngddynt.
Mae **tiwbiau ffloem** yn cludo glwcos, o'r dail, i fyny ac i lawr y planhigyn. Mae ganddynt furiau tenau, ac maent yn cludo bwyd i dyfbwyntiau ac i organau storio bwyd.
Ffloem
Sylem
Mae **celloedd cambiwm** yn tyfu i fod yn sylem a ffloem newydd.
Mae **tiwbiau sylem** yn cludo dŵr a mwynau i fyny o'r gwreiddiau. Mae ganddynt furiau cryf a thrwchus.

tu mewn i wreiddyn

yma sut y byddai blaen gwreiddyn yn edrych, edi ei hollti'n agored a'i chwyddhau'n fawr.

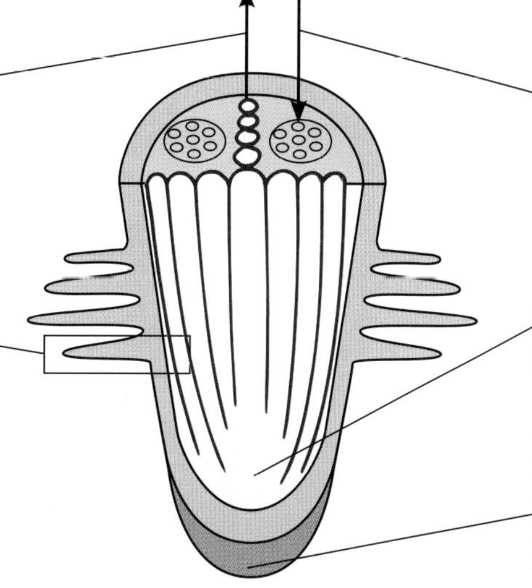

Mae dŵr a mwynau yn llifo i fyny'r **tiwbiau sylem** i'r coesyn.
Mae glwcos o'r dail yn llifo i lawr y **tiwbiau ffloem**. Mae'n bwydo'r celloedd sy'n tyfu yn y blaenwreiddyn.
Mae **gwreiddflew** yn codi dŵr a mwynau o'r pridd.
Celloedd yn tyfu yn y blaenwreiddyn.
Mae haen o gelloedd o'r enw **gwreiddgapan** yn amddiffyn blaen y gwreiddyn sy'n tyfu.

ynhaliad mewn planhigion

ae gan diwbiau sylem furiau trwchus cryf, felly maent yn helpu cynnal planhigyn. Mae gan lwyni a choed ddigonedd o sylem i'w cynnal. Yn ir, sylem yw bonion coed yn bennaf.

ae rhannau meddal planhigion, fel dail a blodau, yn cael eu cynnal yn nnaf gan y dŵr yn eu celloedd.

ae celloedd planhigyn sydd â gonedd o ddŵr yn gadarn neu **wydd-dynn**. Mae ei goesyn yn th a'i ddail a'i betalau yn gadarn.

Mae celloedd planhigyn sydd heb ddŵr yn feddal neu'n **llipa**. Mae ei goesyn, ei ddail a'i betalau yn feddal. Maent yn **gwywo**.

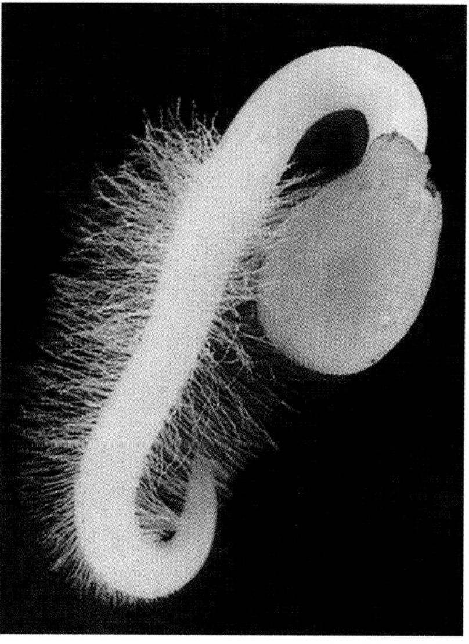

Hedyn mwstard gwyn. Mae'n derbyn dŵr a mwynau trwy ei wreiddflew mân.

Cwestiynau

1 **a** Pa diwbiau mewn planhigyn sy'n cludo glwcos?
b O ble maent yn cludo'r glwcos?
c I ble maent yn ei gludo?

2 **a** Pa diwbiau sy'n cludo dŵr a mwynau?
b O ble maent yn eu cludo?
c I ble maent yn eu cludo?

3 Beth sydd mewn sypyn fasgwlar?

4 Pa gelloedd sy'n tyfu i fod yn sylem a ffloem?

5 Mae tiwbiau sylem yn helpu cynnal planhigyn. Pam y maent yn gallu gwneud hyn?

6 Beth yw:
a cell chwydd-dynn?
b cell lipa?
c gwreiddflewyn?

3.06 Trydarthiad

Mae planhigyn yn colli anwedd dŵr trwy ei ddail. **Trydarthiad** yw'r enw ar y colli dŵr hwn. Mae'r dŵr yn anweddu gyntaf o gelloedd y tu mewn i'r ddeilen. Yna mae'n dianc trwy dyllau mân yn y dail o'r enw stomata (stoma yw enw un twll). Yn y rhan fwyaf o blanhigion mae stomata o dan y dail.

Y llif trydarthol

Mae dŵr yn cael ei golli o ddail y planhigyn. Yr un pryd, mae rhagor o ddŵr yn llifo i fyny tiwbiau sylem o'r gwreiddiau i gymryd ei le. Y **llif trydarthol** yw'r enw ar y llif dŵr hwn o'r gwreiddiau i'r dail.

Mae'r llif trydarthol yn llifo gyflymaf ar ddiwrnodau heulog, sych a chynnes, oherwydd dyma pryd y bydd dŵr yn anweddu gyflymaf o'r dail. Mae'n arafu ar ddiwrnodau oer, dwl a llaith, a phan fydd planhigyn yn brin o ddŵr.

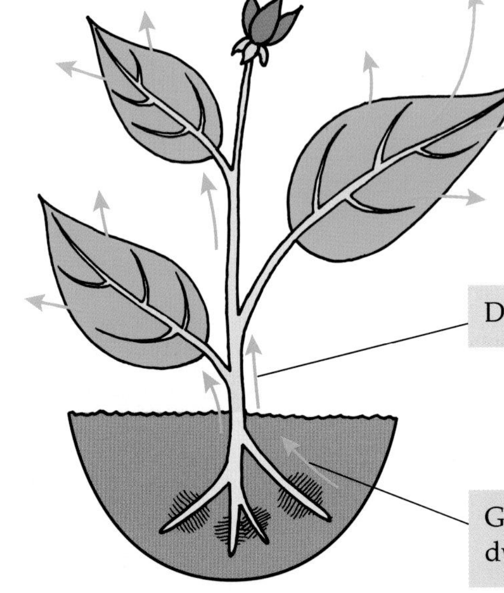
Defnyddir rhywfaint o ddŵr ar gyfer ffotosynthesis, ac mae rhywfaint yn anweddu o'r dail.
Dŵr yn llifo i fyny'r coesyn.
Gwreiddiau'r planhigyn yn codi dŵr.

Sut mae planhigion yn goroesi mewn hinsoddau sych

Petaech chi'n symud planhigyn riwbob i ddiffeithdir poeth a sych, buan iawn y byddai'n colli dŵr trwy ei ddail mawr sydd â llawer o stomata, ac yn marw.

Mae planhigion cactws wedi ymaddasu i oroesi mewn diffeithdir trwy gael nodweddion sy'n cadw lefel y trydarthiad yn isel. Wrth iddynt esblygu, newidiodd eu dail yn ddrain gan golli'r rhan fwyaf o'u stomata.

Yn y coesynnau gwyrdd, suddlon yn unig y mae ffotosynthesis yn digwydd. Ychydig o stomata sydd gan y rhain ac maent yn storio'r dŵr y maent yn ei amsugno yn ystod y cyfnodau byr o law a geir yn y diffeithdir.

Yn ogystal â bod â dail sy'n ddim mwy na drain a choesynnau sy'n storio dŵr, mae gan gacti gwtigl trwchus, gwrth-ddŵr er mwyn lleihau anweddiad. Mae ganddynt hefyd system wreiddiau fawr er mwyn amsugno dŵr cyn gynted â phosibl os bydd hi'n glawio.

Gall coed pinwydd fyw mewn ardaloedd sych, agored a gwyntog fel mynyddoedd oherwydd bod ganddynt ddail siâp nodwyddau sydd ag arwynebedd arwyneb bychan ar gyfer anweddiad. Mae eu stomata wedi eu suddo'n ddwfn, i'w hamddiffyn rhag effaith y gwynt sy'n sychu.

Pam mae trydarthiad yn bwysig

1 Mae'r llif trydarthol yn cludo dŵr a mwynau o'r pridd i'r dail. Mae angen dŵr ar gyfer ffotosynthesis. Mae angen mwynau ar gyfer gwneud proteinau.

2 Mae angen dŵr hefyd i gadw celloedd yn chwydd-dynn (cadarn), fel eu bod yn gallu cynnal y planhigyn.

3 Mae anweddiad dŵr o'r dail yn eu cadw'n oer mewn tywydd poeth.

Sut mae'r llif trydarthol yn gweithio

1 Mae gwreiddflew yn codi dŵr o'r pridd trwy osmosis. Maent hefyd yn codi halwynau mwynol.

2 Mae dŵr yn symud o gell i gell trwy'r gwreiddyn nes iddo gyrraedd y tiwbiau sylem. Gall gwasgedd a elwir yn **wasgedd gwraidd** grynhoi yno. Mae hyn yn gorfodi dŵr a mwynau i fynd i'r gwreiddyn yn gynnar yn y gwanwyn cyn i'r llif trydarthol gychwyn o ddifrif.

Wrth i ddŵr gael ei golli o'r dail trwy anweddiad, daw rhagor i mewn o ben uchaf y sylem i gymryd ei le. Mae hyn yn gwneud i golofn ddi-dor o ddŵr symud i fyny trwy'r pibellau sylem o'r gwreiddiau i'r dail.

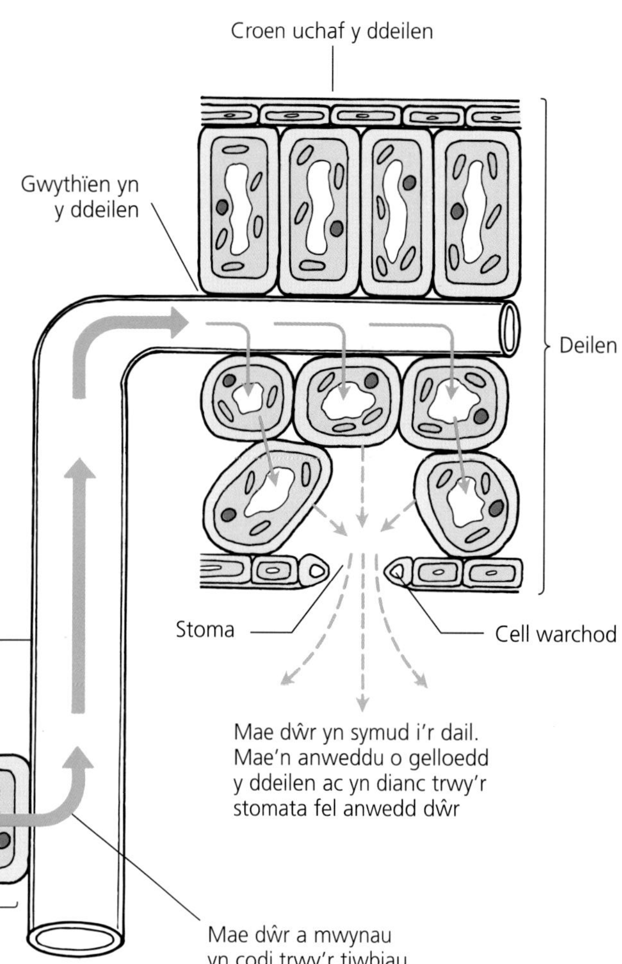

Croen uchaf y ddeilen
Gwythïen yn y ddeilen
Deilen
Stoma
Cell warchod
Mae dŵr yn symud i'r dail. Mae'n anweddu o gelloedd y ddeilen ac yn dianc trwy'r stomata fel anwedd dŵr
Mae dŵr a mwynau yn codi trwy'r tiwbiau sylem i'r coesyn a'r dail

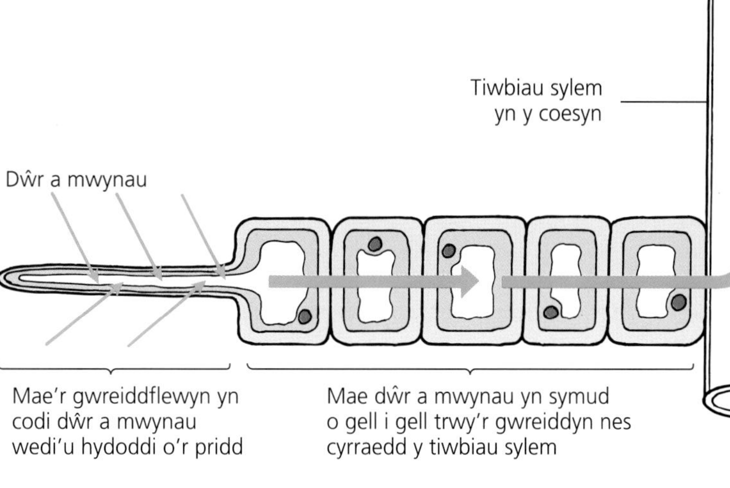

Tiwbiau sylem yn y coesyn
Dŵr a mwynau
Mae'r gwreiddflewyn yn codi dŵr a mwynau wedi'u hydoddi o'r pridd
Mae dŵr a mwynau yn symud o gell i gell trwy'r gwreiddyn nes cyrraedd y tiwbiau sylem

Cwestiynau

1 A yw'r holl ddŵr sy'n codi i fyny planhigyn yn dianc trwy'r dail?

2 **a** Beth yw'r llif trydarthol?

b Rhowch dri rheswm pam mae hwn yn bwysig.

3 Pryd mae'r llif trydarthol ar ei gyflymaf?

4 Beth yw effaith colli dŵr o'r dail yn gyflymach nag y mae'r gwreiddiau yn ei godi?

5 Eglurwch sut mae celloedd gwarchod yn gweithio.

3.07 Synhwyrau planhigion

Nid oes gan blanhigion lygaid na chlustiau na thrwyn, ond eto gallant synhwyro pethau. Gallant synhwyro goleuni, tyniad disgyrchiant, a dŵr. Maent yn ymateb i'r pethau hyn trwy dyfu'n araf mewn rhai cyfeiriadau. **Tropeddau** yw'r enw ar yr ymatebion hyn.

Ffototropedd: ymateb i oleuni

Mae ar blanhigion angen goleuni i wneud bwyd. Felly maent yn ymateb i oleuni trwy dyfu tuag ato. Maent hefyd yn troi eu dail i wynebu'r golau. Mae hyn yn sicrhau bod y dail yn cael cymaint o oleuni â phosibl.

Cafodd y planhigion berwr hyn eu tyfu gyda golau uwch eu pen.

Cafodd y rhain eu tyfu gyda golau'n dod o'r dde.

Geotropedd: ymateb i ddisgyrchiant

Sut bynnag y plannwch chi hedyn mewn pridd, gall synhwyro pa ffordd yw 'i lawr', a pha ffordd yw 'i fyny'. Tyniad disgyrchiant sy'n gwneud iddo synhwyro hyn.

Mae gwreiddiau yn tyfu tuag i lawr mewn ymateb i ddisgyrchiant. Mae hyn yn sicrhau eu bod yn dod o hyd i bridd a dŵr. Mae cyffyn bob amser yn tyfu tuag i fyny. Mae hyn yn sicrhau ei fod yn cyrraedd goleuni.

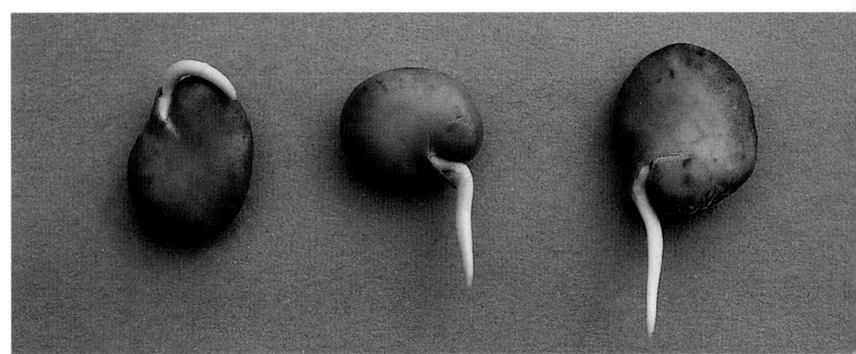

Gwreiddiau yn ymateb i ddisgyrchiant. Pa hedyn a gafodd ei blannu â'i wyneb i waered?

Hydrotropedd: ymateb i ddŵr

Mae gwreiddiau bob amser yn tyfu tuag at ddŵr, hyd yn oed os yw hyn yn golygu anwybyddu tyniad disgyrchiant. Os bydd rhaid, gallant dyfu i'r ochr, neu hyd yn oed tuag i fyny, er mwyn cyrraedd dŵr.

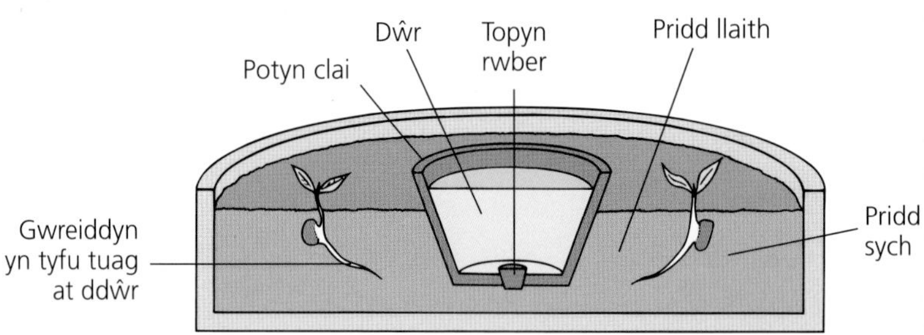

Tropeddau positif a negatif

Tropedd positif yw'r enw ar dwf tuag at symbyliad a **thropedd negatif** yw twf oddi wrtho. Wrth dyfu tuag i fyny, a thuag at oleuni, pa fath o dropedd mae cyffyn yn ei arddangos, positif ynteu negatif?

Arbrofion ar synhwyrau planhigion

Pa ran o blanhigyn sy'n canfod symbyliad goleuni a beth sy'n digwydd y tu mewn i blanhigyn pan fydd yn ymateb trwy dyfu tuag ato? Mae'r arbrofion isod yn ceisio ateb y cwestiynau hyn gan ddefnyddio eginblanhigion ceirch, oherwydd eu bod yn tyfu cyffyn ifanc, neu **goleoptil**, heb ddail.

Pa ran sy'n sensitif i olau?
Beth sy'n digwydd os tyfwch chi eginblanhigion ceirch mewn golau sy'n dod o un ochr, gan orchuddio blaen un ohonynt gyda phapur du (**A** gyferbyn), gadael un arall â'r blaen yn unig heb ei orchuddio (**B**), a gadael un arall (**C**) heb ei orchuddio o gwbl? Dim ond y rhai sydd heb gael gorchuddio eu blaenau sy'n ymateb. Mae hyn yn dystiolaeth fod y blaen yn sensitif i olau, a'i fod hefyd efallai yn rheoli twf tuag at y golau.

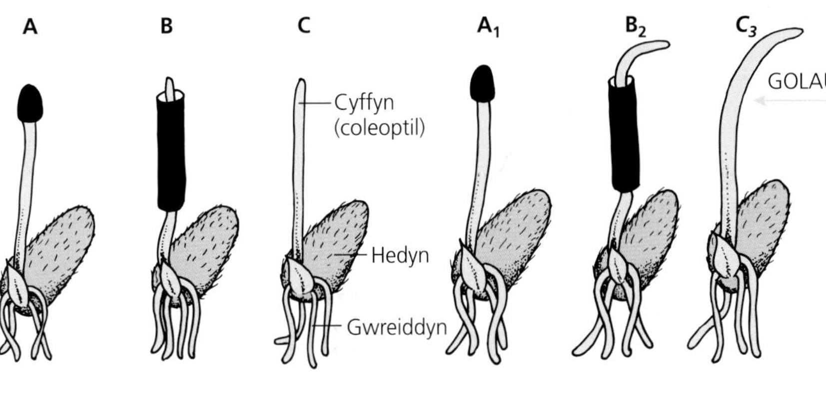

A yw'r blaen yn rheoli twf?
Petaech yn torri'r blaen oddi ar goleoptil byddai'r twf yn peidio hyd nes ichi ei roi yn ei ôl (**A** a **B** gyferbyn). Felly mae'n ymddangos mai 'Ydy' yw'r ateb. Petaech yn gwahanu'r blaen oddi wrth y coleoptil gyda stribed o fica, sy'n anathraidd, bydd twf hefyd yn peidio (**C**), ond bydd yn parhau os defnyddir agar jeli, sy'n athraidd, yn hytrach na mica (**Ch**). Mae hyn yn awgrymu bod y blaen yn rhyddhau cemegyn hybu twf sy'n treiddio i lawr y planhigyn.

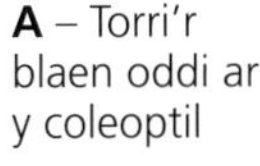

A – Torri'r blaen oddi ar y coleoptil

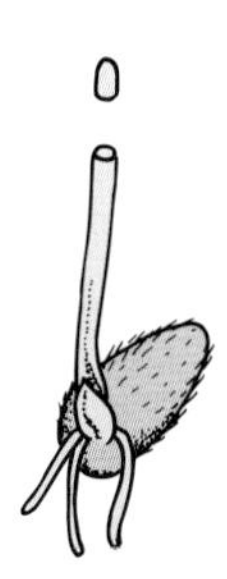

B – Rhoi'r blaen yn ôl: ailddechrau tyfu

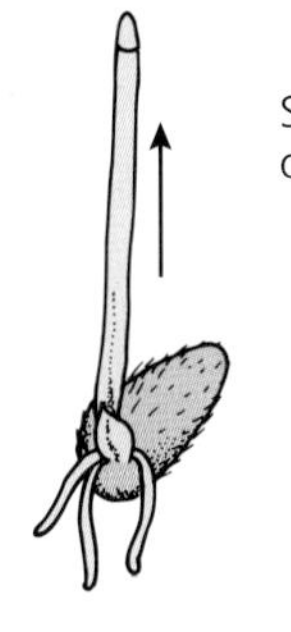

C – Rhoi stribed o fica rhwng y blaen a'r coleoptil: twf yn peidio

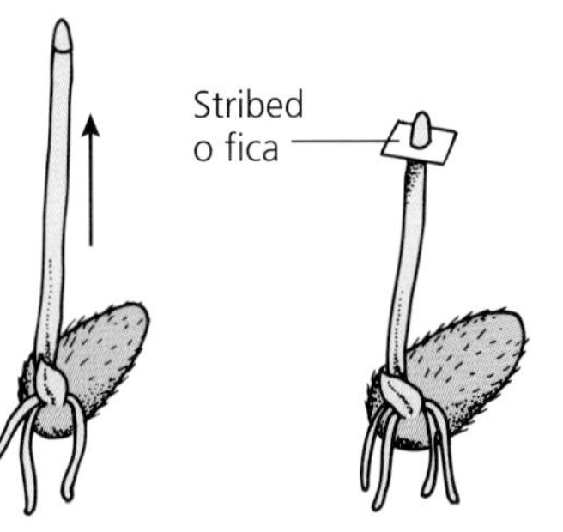

Ch – Rhoi bloc o agar rhwng y blaen a'r coleoptil: ailddechrau tyfu

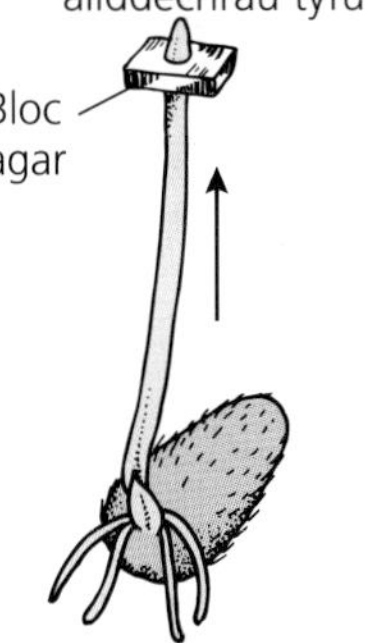

A ellir casglu'r cemegyn hwn, a'i ddefnyddio i achosi crymedd twf?
Gellir casglu'r cemegyn mewn bloc o agar sy'n cael ei osod o dan flaen coleoptil. Ond os caiff y blaen ei roi mewn golau o un ochr yn gyntaf, yna ei roi ar ddau floc o agar sy'n cael eu gwahanu gan fica (**A** a **B** gyferbyn), wedyn rhoi'r blociau hyn ar fonion y coleoptilau, yr un sydd bellaf oddi wrth y golau fydd yn achosi i'r crymu mwyaf ddigwydd (**C** ac **Ch**). Mae hyn yn dystiolaeth fod goleuni yn ailddosbarthu'r cemegyn hybu twf ym mlaen y coleoptil, ac o ganlyniad yn achosi twf anwastad yn y coleoptil sy'n gwneud iddo grymu tuag at y golau.

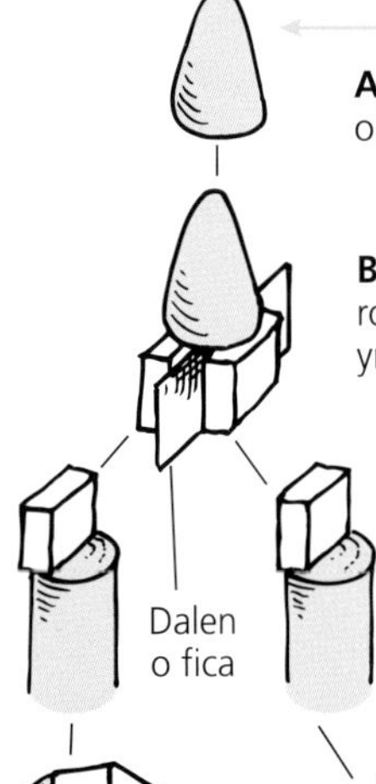

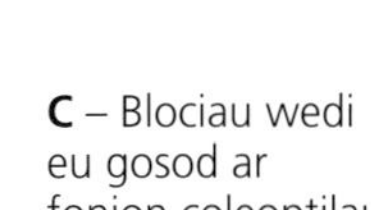

C – Blociau wedi eu gosod ar fonion coleoptilau

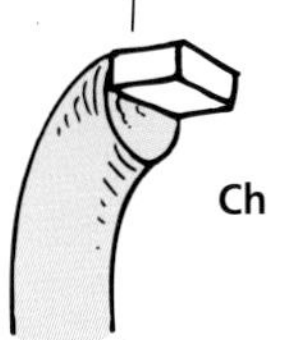

Crymu mwyaf yn dod o'r bloc ar yr ochr dywyll

Crymu lleiaf yn dod o'r bloc ar yr ochr wedi'i goleuo

Cwestiynau

1 Beth yw tropeddau?
2 Sut mae cyffion yn ymateb i oleuni a disgyrchiant, a sut mae gwreiddiau yn ymateb i ddisgyrchiant?
3 Ym mha ffyrdd mae'r ymatebion hyn yn ddefnyddiol i blanhigion?
4 Pa gasgliadau y gallwch eu gwneud o'r arbrofion a ddisgrifir uchod?

3.08 Hormonau planhigol

Enw'r cemegyn sy'n hybu twf y soniwyd amdano yn yr Uned flaenorol yw **awcsin**. Mae'n perthyn i grŵp o gemegau a elwir yn **hormonau** - sylweddau sy'n rheoli twf a gweithgareddau eraill mewn celloedd planhigion.

Mae awcsin yn cyflymu twf celloedd ac estyniad coesynnau ond mae'n arafu'r prosesau hyn mewn gwreiddiau. Mae goleuni a disgyrchiant yn achosi i awcsin gael ei ailddosbarthu yn y coesyn a'r gwreiddyn, gan arwain at dwf anghyfartal, a'r mathau o grymedd sy'n cael eu disgrifio uchod ac yn yr Uned flaenorol.

Ffototropedd ac awcsin

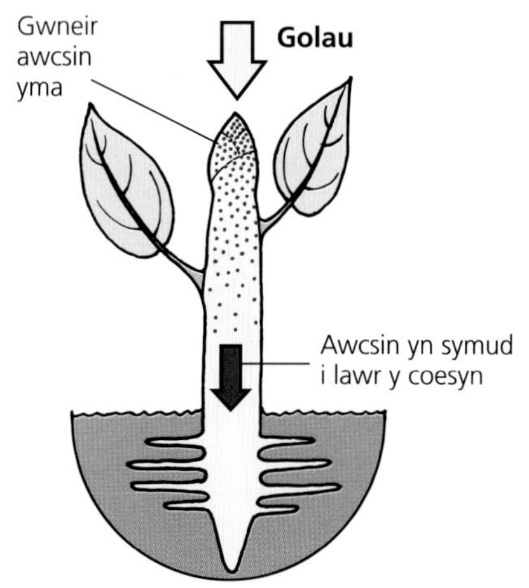

Pan fydd y golau oddi uchod, mae awcsin yn symud yn gyfartal i lawr y coesyn. Mae'r coesyn yn tyfu'n syth i fyny.

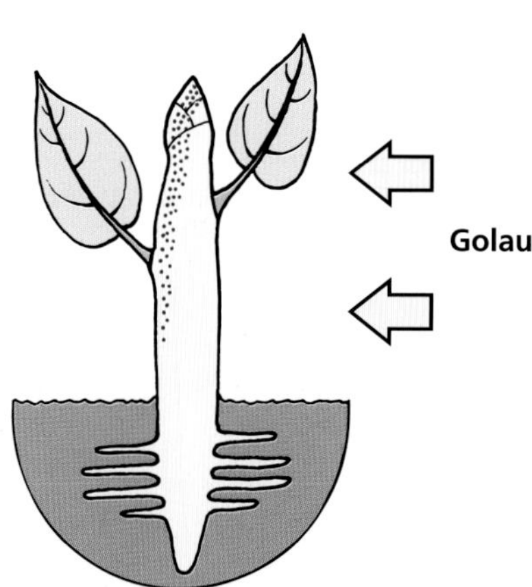

Pan fydd y golau o un ochr, mae awcsin yn symud i lawr ochr *dywyll* y coesyn.

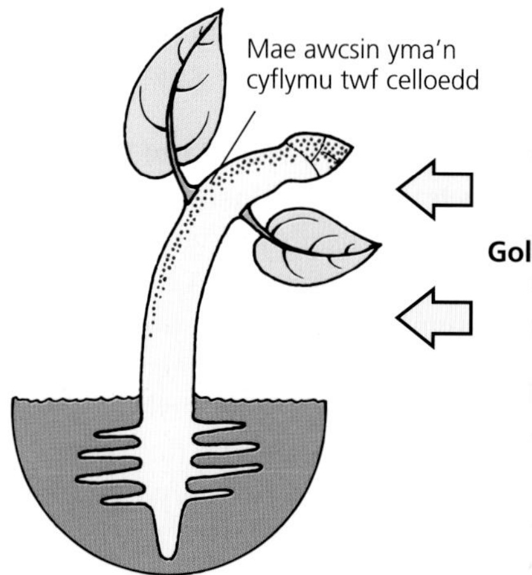

Mae awcsin yn gwneud i gelloedd y coesyn *dyfu'n gyflymach*. Mae hyn yn gwneud i'r coesyn blygu tuag at y golau.

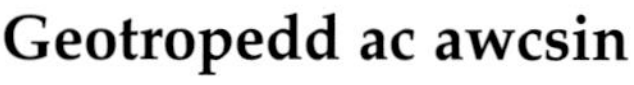

Geotropedd ac awcsin

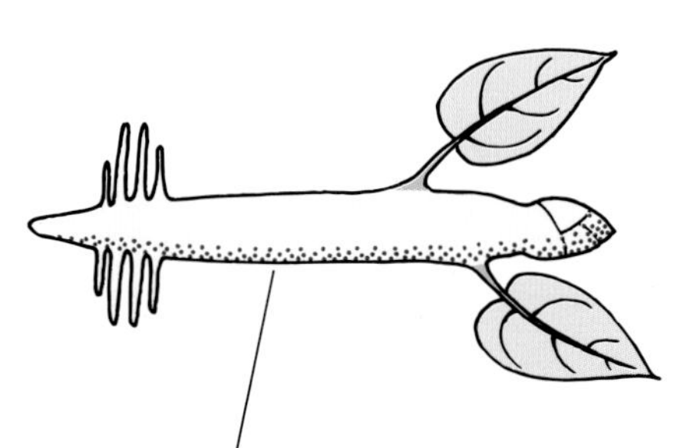

Os caiff planhigyn ei roi ar ei ochr mae awcsin yn crynhoi yn hanner isaf y coesyn a'r gwreiddyn.

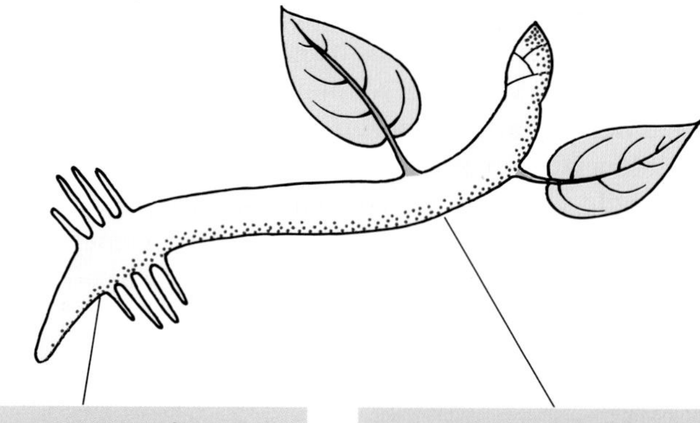

Ymа mae awcsin yn *arafu* twf celloedd y gwreiddyn. Mae'r gwreiddyn yn crymu tuag i lawr.

Yma mae awcsin yn *cyflymu* twf celloedd y coesyn. Mae'r coesyn yn crymu tuag i fyny.

Defnyddio hormonau planhigol yn fasnachol

Erbyn hyn caiff y gair 'awcsin' ei ddefnyddio i ddisgrifio llawer o sylweddau, sy'n cael eu galw yn gyffredin yn hormonau planhigol. Mae'r rhain yn ymwneud â chryn amrywiaeth o adweithiau mewn planhigion ar wahân i dropedd. Mae'r priodweddau hyn yn eu gwneud yn hynod o ddefnyddiol ym meysydd garddio ac amaethyddiaeth.

Powdrau a hylifau gwreiddio hormonaidd Mae Uned 2.8 yn egluro sut y gallwch dyfu llawer o blanhigion o un planhigyn trwy dorri darnau o'r coesyn ymaith. Gellir ysgogi twf gwreiddiau yn gyflym iawn os caiff gwaelod toriad ei orchuddio â chymysgedd gwreiddio hormonaidd cyn ei blannu.

Chwynladdwyr hormonaidd Gellir lladd chwyn llydanddail, er enghraifft ysgall a llyriaid, sy'n tyfu mewn lawntiau ac ymysg cnydau grawn, trwy ddefnyddio hormonau planhigol sy'n wenwynig i'r chwyn hyn ond nid i'r glaswellt nac i'r cnwd (cymharwch y ddau lun ar y dde). Gan eu bod yn lladd un dosbarth o blanhigyn heb effeithio ar rai eraill rhoddir yr enw **chwynladdwyr detholus** arnynt.

Cwymp ffrwythau cyn pryd Mae tyfwyr afalau, gellyg a ffrwythau citraidd yn aml yn colli rhan o'u cnwd gan fod ffrwythau yn cwympo o'r coed cyn iddynt aeddfedu. Erbyn hyn gellir defnyddio chwistrell hormonaidd sy'n gohirio amser cwympo'r ffrwythau hyd nes bod y cnwd cyfan yn aeddfed ac yn barod i'w gasglu.

Chwynladdwr detholus ar waith. Eglurwch beth yw'r gwahaniaeth rhwng y llun uchaf a'r llun isaf.

Hormonau a datblygiad ffrwythau Mae ofari blodyn yn datblygu i fod yn ffrwyth ar ôl cael ei beillio, ond darganfuwyd bod ffrwyth yn datblygu *heb* gael ei beillio os caiff y blodyn ifanc ei chwistrellu ag awcsin. Gellir trin tomatos a chnydau eraill â hormonau er mwyn sicrhau bod ffrwythau yn datblygu hyd yn oed heb i beillio ddigwydd.

Ataliad blagur Yn y rhan fwyaf o blanhigion mae'r blaguryn apigol (ar frig y coesyn) yn cynhyrchu hormonau sy'n atal twf blagur yn is i lawr. Mae'r **trechedd apigol** hwn yn creu planhigyn tal, tenau, ond os caiff y blaguryn apigol ei dorri i ffwrdd bydd y blagur yn is i lawr yn tyfu, gan wneud siâp mwy trwchus. Gallwch fanteisio ar y broses hon wrth docio gwrychoedd i'w gwneud yn siapiau diddorol.

Eglurwch sut y ffurfiwyd y siâp hwn trwy oresgyn trechedd apigol.

Mae trechedd apigol mewn planhigion yn arwain at ddatblygu siâp tal, cul fel y coed poplys Lombardi hyn.

Cwestiynau

1 Beth yw hydrotropedd?
2 Sut mae awcsin yn effeithio ar gelloedd gwreiddiau a chyffion?
3 Sut mae chwynladdwyr detholus yn gweithio?
4 Sut mae tyfwyr ffrwythau yn defnyddio hormonau planhigol?
5 Beth yw trechedd apigol?
6 Pam mae tocio planhigyn tal tenau yn ei droi'n llwyn?

Cwestiynau am Bennod 3

1 Mae'r diagram isod yn dangos arbrawf i ymchwilio i'r ffordd mae planhigion ac anifeiliaid yn rhyngweithio. Cafodd pob fflasg ei gosod mewn golau llachar a'i chadw ar yr un tymheredd.

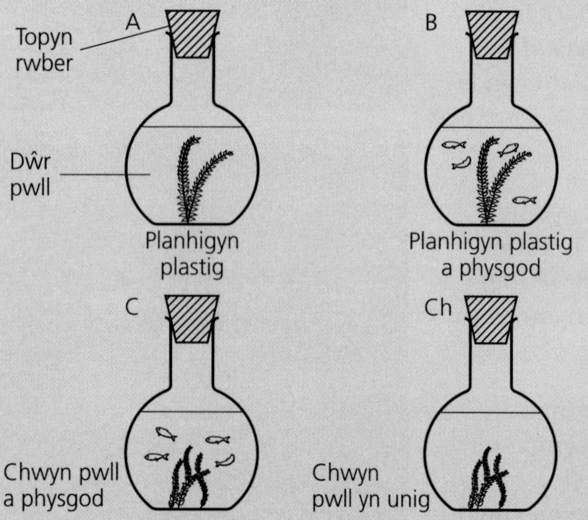

a Pa fflasg fyddai'n cynnwys y mwyaf o ocsigen ymhen awr?
b Eglurwch eich ateb i (a).
c Pa fflasg fyddai'n cynnwys y mwyaf o garbon deuocsid ymhen awr?
ch Eglurwch eich ateb i (c).
d Ym mha fflasg y byddai'r pysgod yn goroesi orau?
dd Eglurwch eich ateb i (d).
e Beth yw'r rheolyddion yn yr arbrawf hwn, a pham mae eu hangen?
f Sut mae'r arbrawf hwn yn arddangos y gylchred ocsigen?

2 Mae'r diagram isod yn dangos cyfarpar a gafodd ei gynllunio i arddangos proses fywyd mewn planhigion. Dechreuodd y gwlân cotwm yn y tiwb droi'n goch yn raddol. Gosodwyd y model mewn gwahanol leoedd a chofnodwyd y pwysau a gollwyd (gweler y tabl gyferbyn).

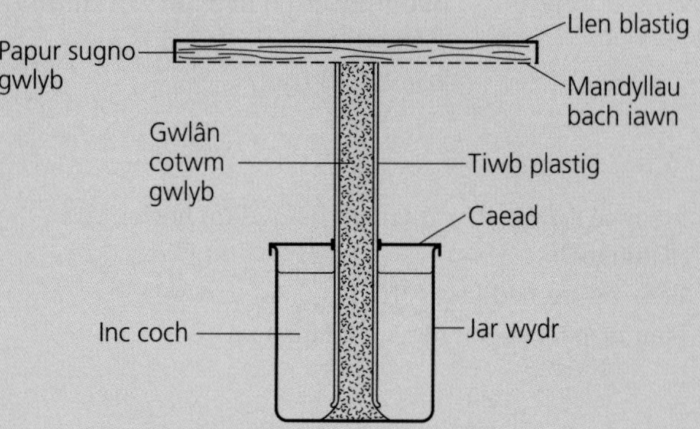

Arbrawf	Lleoliad	Colled pwysau
A	dan do	1.0 g
B	tu allan	1.8 g
C	mewn bag plastig	0.1 g

a Enwch y rhannau o'r planhigion a gynrychiolir gan:
y llen blastig;
y mandyllau yn y llen blastig;
y papur sugno;
y tiwb plastig.
b Pa brosesau bywyd a arddangosir:
wrth i'r gwlân cotwm newid lliw;
wrth i'r cyfarpar golli pwysau?
c Eglurwch ganlyniadau'r arbrawf.

3 Cafodd y cyfarpar isod ei gynllunio i ymchwilio i gynhaliad mewn coesynnau coediog ac anghoediog (llysieuol). Cafodd coesynnau syth eu rhoi mewn gwahanol hylifau, gyda phwysau 5 g yn hongian wrth bob un.

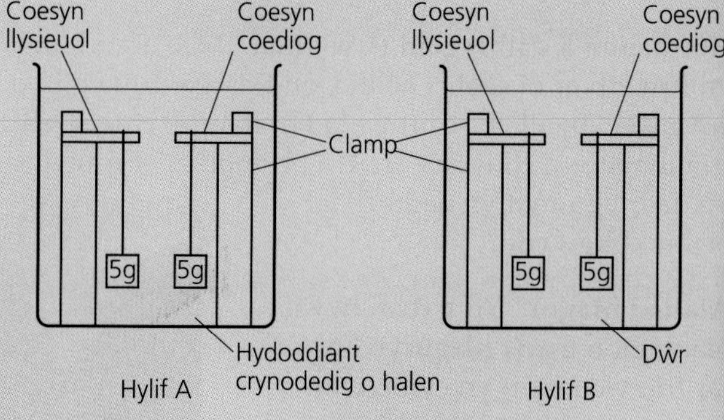

a Ar ôl tair awr sut olwg fyddai ar y coesynnau yn hylif A a hylif B?
b Eglurwch eich rhagfynegiadau gan ddefnyddio'r geiriau chwydd-dynn, llipa ac osmosis.
c Beth allai'r arbrawf hwn ei ddweud wrthych am y ffordd y mae coesynnau coediog ac anghoediog yn cael eu cynnal?

4 Mae'r diagram isod yn dangos y tu mewn i ddeilen.

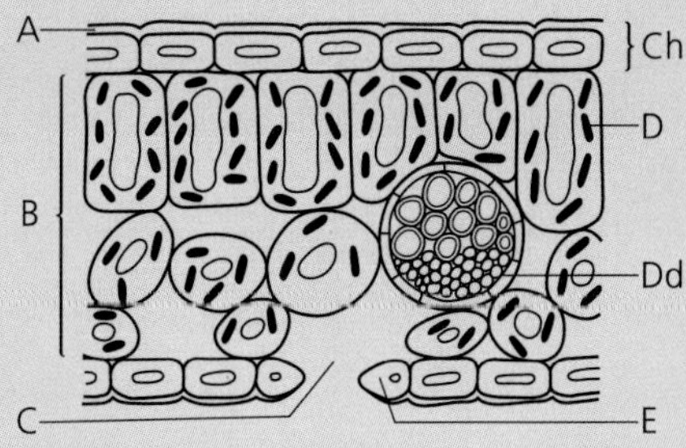

a Enwch rannau A i E.

b Ar gyfer pob disgrifiad isod, ysgrifennwch yr enw a'r label perthnasol:
celloedd sy'n gwneud bwyd trwy ffotosynthesis;
haen o gwyr sy'n gwneud deilen yn wrth-ddŵr;
twll sy'n gadael i nwyon fynd i mewn ac allan o ddeilen;
mae'n cynnwys tiwbiau sy'n cludo siwgr a dŵr;
mae cloroffyl y tu mewn iddynt.

5 Mae pwll yn cynnwys llawer o blanhigion dŵr. Mae'r graffiau isod yn dangos sut mae lefel yr ocsigen a'r carbon deuocsid sydd yn y pwll yn newid.

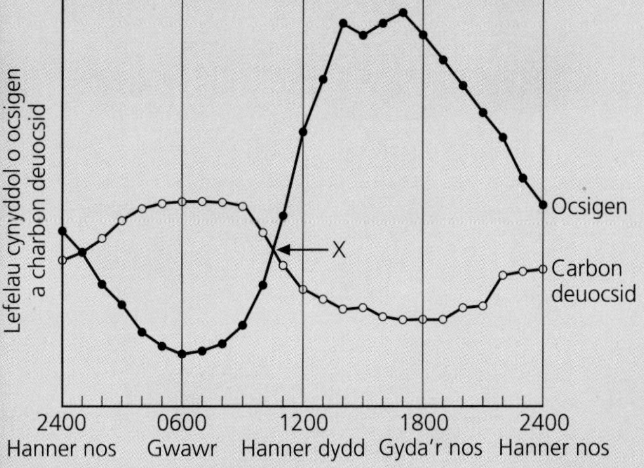

a Pryd mae lefel yr ocsigen yn dechrau cynyddu?

b Pryd mae lefel yr ocsigen yn peidio â chynyddu?

c Pam mae lefel yr ocsigen yn cynyddu a gostwng ar yr adegau hyn?

ch Beth sy'n digwydd i lefel y carbon deuocsid yn y pwll, wrth i'r ocsigen gynyddu?

d Pam mae lefel y carbon deuocsid yn newid fel hyn?

dd Beth sy'n digwydd ar bwynt 'X'? Beth yw'r enw technegol ar y pwynt hwn?

6 Mae'r diagramau isod yn dangos coesyn a gwreiddyn.

a Enwch rannau A i F.

b Ar gyfer pob disgrifiad isod, ysgrifennwch yr enw a'r label perthnasol:
tiwbiau sy'n cludo dŵr o'r gwreiddiau;
tiwbiau sy'n cludo siwgr o'r dail;
celloedd sy'n tyfu i fod yn sylem a ffloem;
mae'n amsugno dŵr a mwynau o'r pridd;
celloedd sy'n cynhyrchu awcsin.

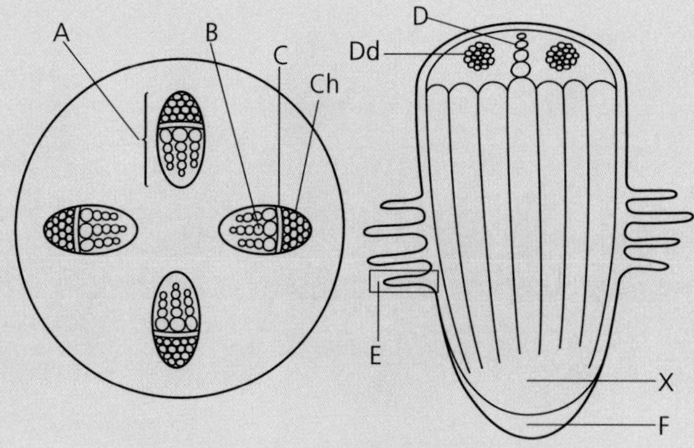

7 Roedd yr arbrawf isod yn defnyddio eginblanhigion ceirch a gafodd eu paratoi mewn gwahanol ffyrdd. Maent yn tyfu mewn bocs â thwll wedi ei dorri yn un pen.

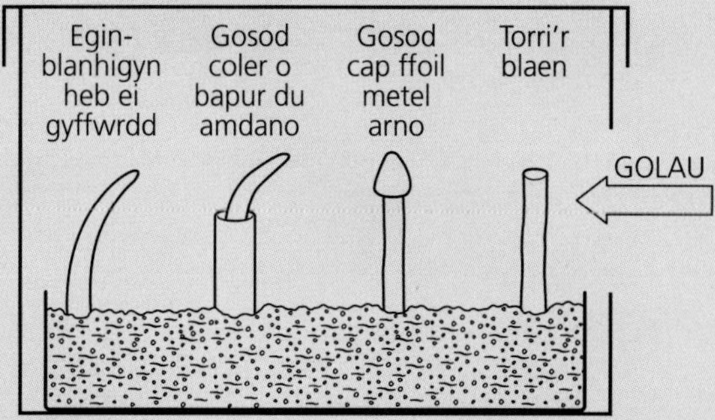

a Pa blanhigion sydd wedi tyfu tuag at y golau?

b Mae rhai planhigion heb dyfu tuag at y golau. Eglurwch pam.

c Eglurwch sut mae'r canlyniadau hyn yn dangos mai blaen y planhigyn ceirch sy'n gadael iddo blygu tuag at y golau.

ch Enwch y cemegyn sy'n cael ei gynhyrchu ar flaen y cyffyn ac sy'n achosi plygu.

d Pa eginblanhigyn yw'r rheolydd yn yr arbrawf hwn?

NYPD
7817
5178

Pennod 4

Resbiradaeth, cylchrediad, homeostasis ac ysgarthiad

Wrth inni wneud ymarfer corff, mae anadlu a resbiradaeth yn cynyddu er mwyn darparu'r ocsigen sydd ei angen i ryddhau egni o fwyd wedi'i storio; mae'r galon yn gweithio mor gyflym ag y gall hi - i gylchredeg bwyd ac ocsigen i gyhyrau sy'n gweithio'n galed, ac i symud eu gwastraff, sef carbon deuocsid, ohonynt; ac mae mecanweithiau rheoli tymheredd yn ceisio atal y corff rhag gor-boethi. Yn ogystal â hyn mae angen yr arennau i gael gwared â gwastraff o'r gwaed a hylifau'r corff. ■

4.01 Peiriant rhyfeddol y corff I

Digwyddodd pob math o newidiadau genetig yn ystod y biliynau o flynyddoedd o esblygiad a arweiniodd yn y pen draw at ymddangosiad cyntaf yr hil ddynol. Wrth i enynnau gydgymysgu, newid ac ailgyfuno, roedd pob grŵp is-ddynol newydd yn arbrawf genetig a oedd naill ai yn goroesi ac yn atgenhedlu, neu yn diflannu. Y canlyniad oedd peiriant unigryw, sef y corff dynol sydd gennym ni heddiw. Byddwch yn ei astudio yn y bennod hon.

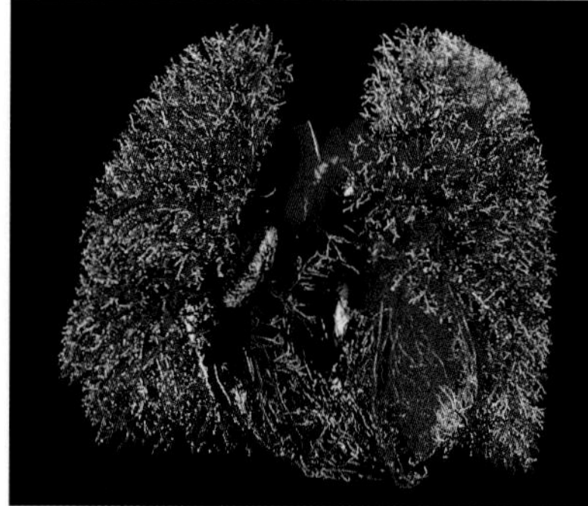

Mowld resin o ysgyfaint dynol. Cafodd yr ysgyfaint eu llenwi â resin, a'u gadael i galedu. Yna cafodd meinweoedd yr ysgyfaint eu 'bwyta' gan ensymau. Sylwch ar nifer enfawr y llwybrau anadlu: nid yw diamedr rhai ohonynt yn ddim mwy na 0.5 mm.

Eich peirianwaith biolegol

Byddwch yn dysgu bod eich corff yn gwneud cemegau a elwir yn **ensymau**. Mae'r rhain yn rheoli miloedd o adweithiau cemegol, sef **metabolaeth**, mewn celloedd, sy'n hanfodol i'ch cadw yn fyw ac yn iach.

Rydych yn anadlu er mwyn cyflenwi ocsigen sy'n angenrheidiol ar gyfer egni, ac i waredu carbon deuocsid y mae eich celloedd yn ei gynhyrchu. Sawl gwaith rydych chi'n anadlu mewn munud wrth orffwys ac ar ôl rhedeg dros bellter byr? Gwnewch amcangyfrif o nifer yr anadliadau a wnewch mewn 24 awr, ar gyfartaledd. Wrth anadlu'n naturiol caiff tua hanner litr o aer ei anadlu i mewn ac allan. Amcangyfrifwch beth yw cyfaint yr aer rydych yn ei anadlu i mewn ac allan mewn 24 awr.

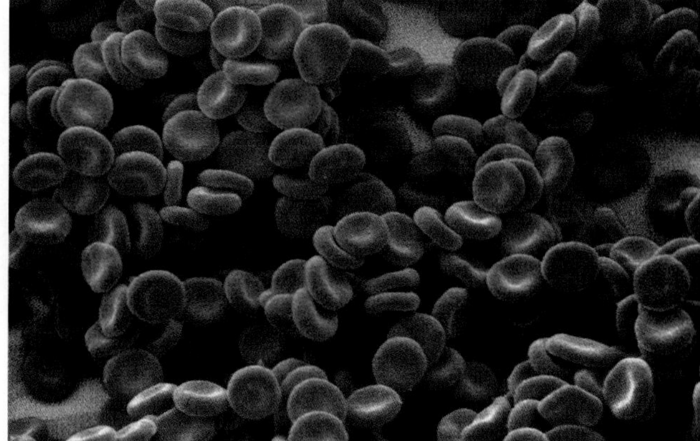

Celloedd coch y gwaed wedi eu chwyddhau dros ganwaith. Mae yna 5 miliwn ohonynt mewn un pigiad pin.

Mae eich calon yn gweithio'n ddiflino i bwmpio gwaed o gwmpas eich corff fel bod pob cell yn cael cyflenwad o fwyd ac ocsigen, a bod sylweddau gwastraff yn cael eu gwaredu ohonynt cyn iddynt fynd yn wenwynig. Cyfrifwch nifer cyfartalog curiadau'r galon bob dydd trwy ddod o hyd i'r pwls yn eich gwddf, sydd ar y naill ochr a'r llall i'ch pibell wynt, ac yna ei gyfrif wrth orffwys ac ar ôl ymarfer.

Un ffordd y mae eich croen yn helpu i reoli tymheredd eich corff yw trwy gynhyrchu chwys pan fyddwch yn rhy boeth. Defnyddiwch wlân cotwm i daenu ychydig o ddŵr dros gefn eich llaw, yna chwythwch yn ysgafn drosti. Sut deimlad yw bod â chroen llaith? Pam mae'n teimlo fel hyn? Os gallwch chi, gwnewch yr un peth ag alcohol, ac eglurwch y gwahaniaeth.

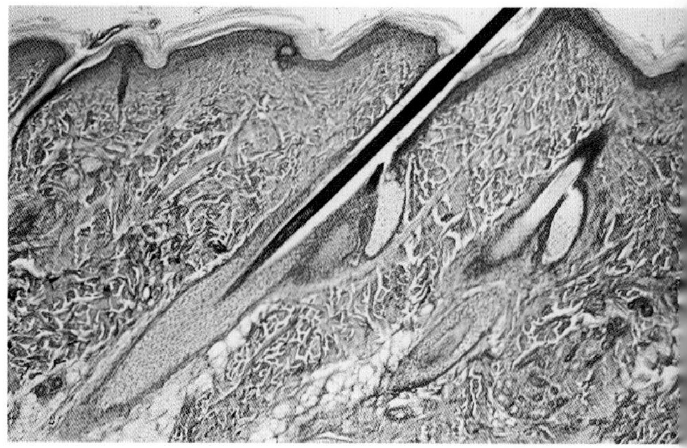

Tafell denau o groen trwy wreiddyn blewyn.

Defnyddiwch feiro i farcio sgwâr 1 cm ar ran flewog o'ch braich, ac edrychwch arno drwy lens x10. Defnyddiwch yr wybodaeth sydd ar y dudalen gyferbyn i amcangyfrif yn fras nifer y blew sydd ar eich corff.

Ymennydd Mae'r ymennydd yn cynnwys 10 000 miliwn o nerfgelloedd, pob un â chysylltiad â miloedd o rai eraill. Mae rhan ohono yn rheoli tymheredd y corff trwy reoli faint o leithder a gollir o chwarennau chwys, a faint o wres a gollir o gapilarïau gwaed yn y croen.

Ysgyfaint 90 m^2 yw arwynebedd mewnol ysgyfaint oedolyn, sef tua 40 gwaith arwynebedd allanol y corff. Rydych yn anadlu tua 13 500 litr o aer y dydd i gael ocsigen ac i waredu carbon deuocsid o'r corff.

Gwaed Mae gan oedolyn tua 5.5 litr o waed, yn cynnwys 30 biliwn o gelloedd coch a 75 miliwn o gelloedd gwyn. Mae celloedd coch yn byw am tua 120 diwrnod, yn cludo ocsigen o'r ysgyfaint i bob cell yn y corff. Mae gennych gelloedd gwyn hefyd, sy'n eich helpu i ladd germau. Mae tua 96 000 km o bibellau gwaed yn y corff.

Arennau Mewn oedolyn mae'r rhain tua 12 cm o hyd a 7 cm o led. Eu gwaith yw hidlo amhureddau o'r gwaed. I'r pwrpas hwn maent yn cynnwys 160 km o bibellau gwaed a thiwbynnau arennol mân, sydd gyda'i gilydd yn 60 km o hyd. Maent yn hidlo 60 litr o waed mewn awr ac yn cynhyrchu tua 1.5 litr o droeth y dydd.

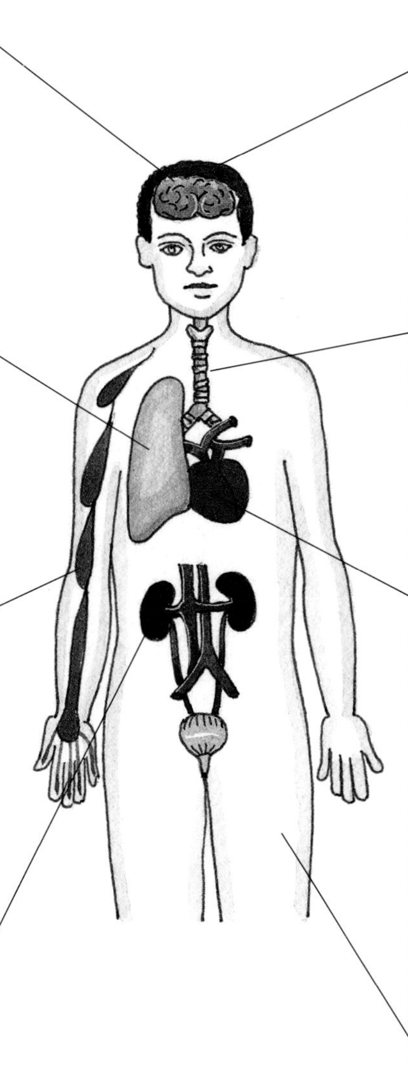

Blew a gwallt Mae gennym fwy o flew ar ein cyrff nag epaod, ond mae ein blew ni yn fyrrach a meddalach o lawer. Prif bwrpas blew yw ynysu'r corff rhag aer oer a chadw aer cynnes i mewn, ond mae dillad yn gwneud hyn mewn pobl. Mae gwallt y pen yn tyfu 1 mm mewn tridiau ond caiff pob blewyn ei adnewyddu bob 3 i 4 blynedd.

Pibell wynt (tracea) Tiwb sy'n cludo aer i'r ysgyfaint ac ohonynt. Mae cylchoedd siâp C o gartilag yn ei furiau yn ei gadw ar agor trwy'r amser.

Y galon Nid un galon sydd gennych ond dwy, wedi eu cysylltu ochr yn ochr i wneud bag pedair siambr o **gyhyr cardiaidd**. Mae un ochr yn pwmpio gwaed â llawer o ocsigen ynddo o amgylch y corff, a'r llall yn pwmpio gwaed i'r ysgyfaint ac yn ôl i adfer y cyflenwad ocsigen a gwaredu carbon deuocsid. Nid yw cyhyr cardiaidd yn blino, yn wahanol i'r cyhyrau a ddefnyddiwch i symud. Mae'n curo 40 miliwn o weithiau'r flwyddyn ac yn yr amser hwnnw mae'n pwmpio 3 miliwn litr o waed.

Croen Mae croen oedolyn yn pwyso tua 3 kg, ei arwynebedd yw 1.7 m^2 ac mae'n cynnwys 8 miliwn o chwarennau chwys. Mae'r rhain yn helpu cadw eich tymheredd ar 37 °C trwy gynhyrchu lleithder (chwys) sy'n anweddu ac yn eich oeri mewn tywydd poeth.

Cwestiynau

1 Daliwch lyfr ar hyd braich am gyhyd ag y gallwch. Beth mae hyn yn ei ddweud wrthych am y gwahaniaeth rhwng cyhyrau'r fraich a chyhyrau cardiaidd?

2 Pam rydych yn teimlo'n llai poeth ar ddiwrnod poeth ag awel nag ar ddiwrnod poeth pan fo'r aer yn llonydd?

3 Pa mor hir y byddai blewyn ar eich pen yn tyfu petaech chi yn ei adael heb ei dorri nes iddo ddisgyn ohono'i hun?

4 Mae ffwr anifeiliaid a phlu adar yn 'sefyll yn syth' pan fydd hi'n oer. Sut mae hyn yn eu helpu? Pam nad oes ffwr gennym ni?

5 Pam yn eich tyb chi mae gwallt ein pennau yn flew hir tra bo gennym flew byr ym mhobman arall?

6 Mae arwynebedd arwyneb mewnol ysgyfaint oedolyn yn 90 m^2, sef maint cwrt tennis. Pam yn eich tyb chi mae angen iddo fod mor fawr?

7 Rydych yn cynhyrchu llai o droeth ar ddiwrnod poeth nag ar ddiwrnod oer, hyd yn oed os byddwch yn yfed yr un faint o hylif. Meddyliwch pam mae hyn (beth sy'n digwydd i'r hylif 'coll' ar ddiwrnod poeth?).

4.02 Metabolaeth, ensymau a resbiradaeth

Metabolaeth

Mae eich corff yn ffatri gemegol. Ar unrhyw adeg mae hyd at 1000 o wahanol adweithiau cemegol yn digwydd ym mhob cell. Gyda'i gilydd, gelwir yr adweithiau hyn yn **fetabolaeth**. Mae gan bob un ohonynt ran yn y gwaith o'ch cadw'n fyw ac yn iach. Felly, metabolaeth yw'r holl adweithiau cemegol sy'n angenrheidiol ar gyfer bywyd.

Yn eich barn chi, pwy yn y llun sydd â'r fetabolaeth isaf? Pwy sydd â'r gyfradd anabolaeth uchaf? Rhowch resymau dros eich atebion.

Mae metabolaeth yn cyflymu pan fyddwch yn fywiog, ac yn arafu pan fyddwch yn cysgu. **Metabolaeth waelodol** yw'r fetabolaeth arafaf sydd ei hangen i'ch cadw'n fyw. Mae dau fath o fetabolaeth.

Catabolaeth yw'r term am ddadelfennu moleciwlau cymhlyg gan greu rhai symlach, a rhyddhau egni. Mae popeth byw yn cael egni gan fath o gatabolaeth, sef **resbiradaeth**. Mae'r broses hon yn defnyddio ocsigen i ddadelfennu glwcos yn garbon deuocsid, dŵr ac egni.

Anabolaeth yw'r gwrthwyneb i gatabolaeth. Mae anabolaeth yn *defnyddio* egni o gatabolaeth i adeiladu moleciwlau cymhlyg o rai symlach. Er enghraifft, mae angen egni i wneud startsh o glwcos, a phroteinau o asidau amino.

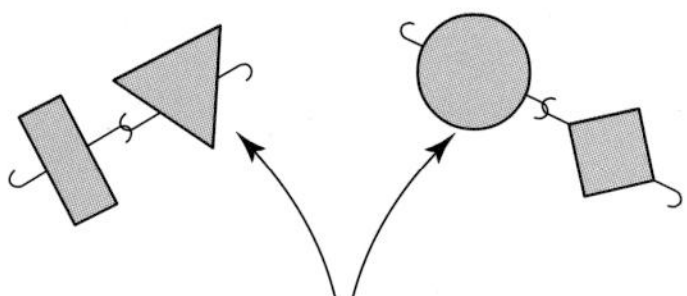

Torri moleciwl protein yn ddwy ran

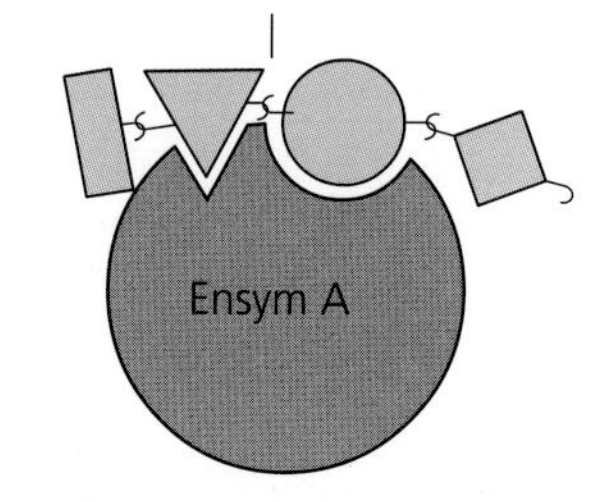

Ensymau

Byddai adweithiau cemegol metabolaeth yn digwydd yn araf iawn, os o gwbl, oni bai am **ensymau**. Mae ensym yn cyflymu adwaith cemegol oddi mewn i gell, ond nid yw'r ensym ei hun yn cael ei ddadelfennu na'i newid yn yr adwaith, felly gall wneud yr un peth drosodd a throsodd.

Ensymau yw'r suddion treulio sy'n dadelfennu bwyd yn sylweddau fel glwcos ac asidau amino, sydd wedyn yn gallu cael eu hamsugno i'r gwaed.

Mae damcaniaeth fod gan bob ensym 'safle actif': mae hwn yn cyfuno am gyfnod byr â rhyw sylwedd neu'i gilydd ac yn ei newid - naill ai trwy ei hollti, neu gysylltu dau ddarn gyda'i gilydd. Dim ond un math o foleciwl sy'n ffitio i siâp y safle actif, felly dim ond un math o adwaith cemegol mae pob ensym yn gallu ei reoli.

Mae ensymau'n gweithio orau ar dymheredd penodol. Mewn bodau dynol, 37 °C yw'r tymheredd hwnnw. Mae rhai'n gweithio orau mewn amodau asidig (e.e. pepsin, yr ensym treulio), rhai mewn amodau niwtral, a rhai mewn amodau alcalïaidd.

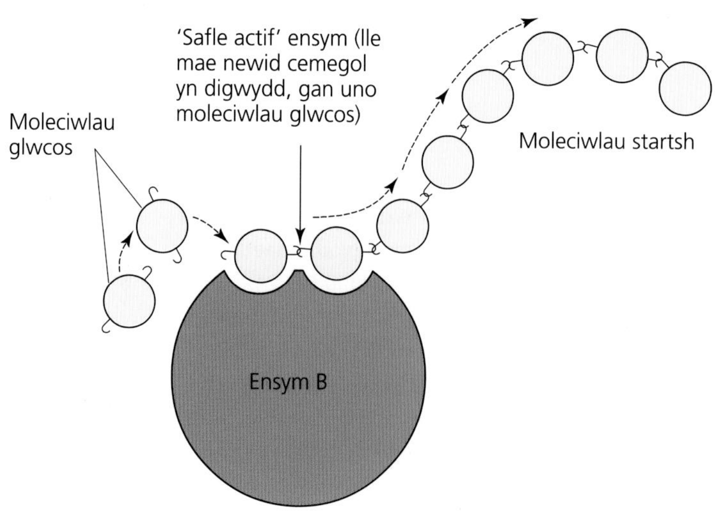

Resbiradaeth

Rydych yn defnyddio egni i gerdded, i feddwl, ac i dreulio eich bwyd. Mewn gwirionedd, rydych yn defnyddio egni ar gyfer popeth sy'n digwydd yn eich corff. O'ch bwyd, yn ystod resbiradaeth, y daw eich egni. Gellir disgrifio resbiradaeth fel dadelfennu bwyd er mwyn cynhyrchu egni ar gyfer bywyd. Gellir galw hyn hefyd yn **resbiradaeth fewnol** oherwydd ei fod yn digwydd oddi mewn i bob cell ym mhob peth byw. Fel arfer mae angen ocsigen ar gyfer resbiradaeth, ac mae'n cynhyrchu carbon deuocsid fel cynnyrch gwastraff.

Mae angen egni hyd yn oed i ymlacio . . . ac mae hynny'n golygu resbiradaeth. Mae'n digwydd yn eich celloedd i gyd hyd yn oed pan fyddwch yn hollol lonydd neu'n cysgu.

Resbiradaeth allanol, neu anadlu

Anadlu oedd ystyr y gair resbiradu ar un tro; hynny yw, y symudiadau sy'n tynnu aer i'r ysgyfaint ac yn ei wthio allan. Bellach caiff hyn ei alw'n **resbiradaeth allanol** oherwydd ei fod yn digwydd y *tu allan* i'r celloedd ac yn ymwneud â chyfnewid ocsigen a charbon deuocsid rhwng y corff a'r byd allanol.

Y system resbiradaeth mewn bodau dynol

Rydych yn defnyddio eich **system resbiradaeth** i fewnanadlu ocsigen ar gyfer resbiradaeth, ac i allanadlu carbon deuocsid a gynhyrchir gan resbiradaeth. Yr enw gwyddonol am ardal y frest yn eich corff, sy'n cynnwys eich system resbiradu, yw'r **thoracs**, ac enw'r lle gwag o'i fewn yw'r **ceudod thorasig**.

Y corn gwddf neu'r **laryncs**. Mae'n gwneud seiniau a ddefnyddir wrth siarad.

Y bibell wynt neu'r **tracea**. Mae'n debyg i'r bibell hyblyg sydd gan beiriant sugno llwch neu beiriant sychu dillad. Cylchoedd o **gartilag** sy'n ei ddal yn agored.

Mae'r **ysgyfaint** yn feddal fel sbwng.

Mae'r **asennau** yn amddiffyn yr ysgyfaint.

Mae'r **cyhyrau rhyngasennol** yn helpu'r mewnanadlu a'r allanadlu.

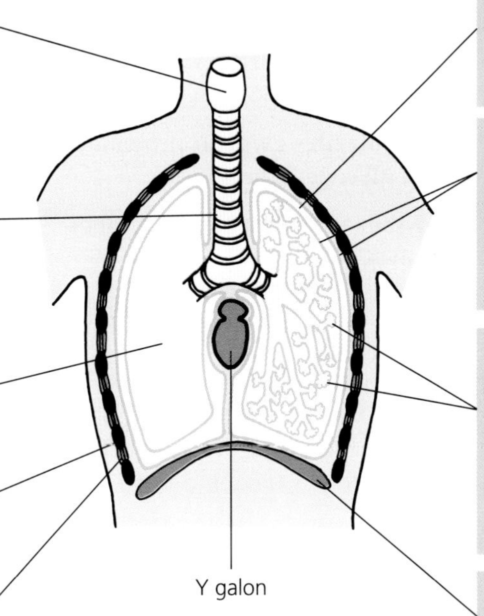

Mae'r ysgyfaint mewn lle gwag yn y frest a elwir yn **geudod thorasig**.

Mae'r ceudod hwn wedi ei leinio â chroen llithrig, y **bilen eisbilennol**. Mae'n amddiffyn yr ysgyfaint wrth iddynt rwbio yn erbyn yr asennau.

Mae gan y bibell wynt filoedd o ganghennau; ar bennau'r rhain mae **codennau aer** bach iawn. Dyma lle y cymerir ocsigen i'r corff, ac y gwaredir carbon deuocsid.

Haen o gyhyr o dan yr ysgyfaint yw'r **llengig**. Mae'n helpu'r mewnanadlu a'r allanadlu.

Cwestiynau

1 a Beth yw catabolaeth ac anabolaeth?
b Pa un o'r ensymau yn y diagram gyferbyn sy'n anabolig? A yw'r llall yn gatabolig? Rhowch resymau dros eich ateb.
c Enwch enghraifft o gatabolaeth.

2 Pam mae resbiradaeth yn hanfodol ar gyfer bywyd?

3 Beth yw'r gwahaniaeth rhwng resbiradaeth ac anadlu?

4.03 Resbiradaeth aerobig ac anaerobig

Resbiradaeth aerobig

Yn y rhan fwyaf o organebau mae angen ocsigen ar gyfer resbiradaeth fewnol, lle mae bwyd yn cael ei ddadelfennu *yn gyfan gwbl* a'r *holl* egni sy'n cael ei storio ynddo yn cael ei ryddhau. Yr enw ar hyn yw **resbiradaeth aerobig**. Gellir ysgrifennu am ddadelfeniad llwyr un môl, sef 180 g o glwcos, fel hyn:

glwcos + ocsigen ⟶ carbon deuocsid + dŵr + **egni** (2898 kJ i bob môl)

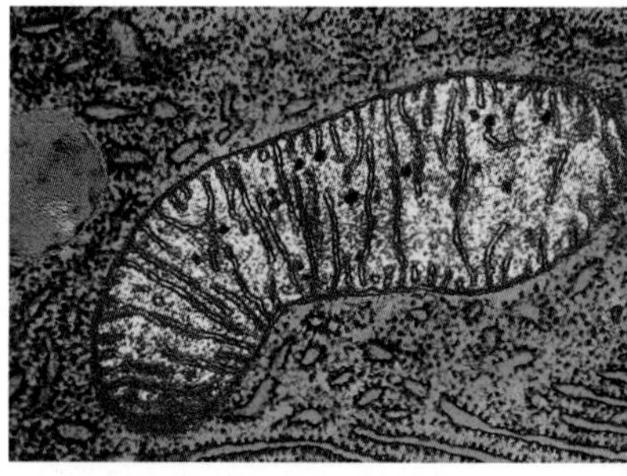

Mae resbiradaeth aerobig yn digwydd mewn ffurfiadau mân iawn, siâp selsig, o'r enw **mitocondria**, sydd i'w cael ym mhob gwahanol fath o gell. Maent yn cynnwys ensymau sy'n rhyddhau egni o fwyd.

Dyma beth sy'n digwydd:

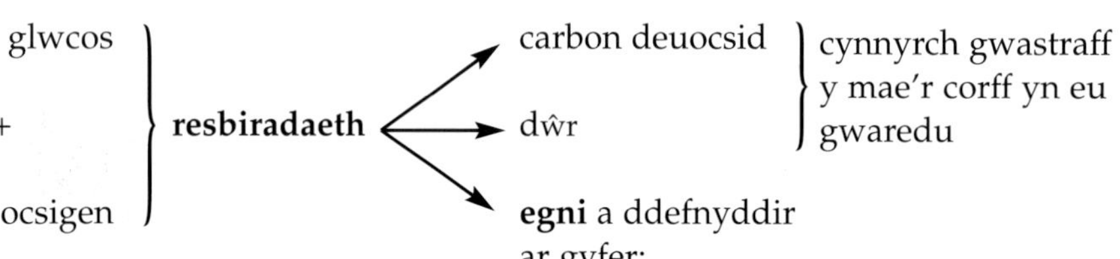

1 **Gwaith mecanyddol** - cyhyrau ysgerbydol, cyhyrau cardiaidd a chyhyrau'r perfedd yn cyfangu.

2 **Gwaith cemegol** - yn yr iau/afu, yr arennau, ysgogiadau nerfol.

3 **Tyfu ac atgyweirio** - ymraniad celloedd ar gyfer tyfu meinweoedd newydd, ac atgyweirio hen feinweoedd a rhai wedi'u niweidio.

4 **Anabolaeth** - gwneud proteinau (ensymau a hormonau), carbohydradau (e.e. glycogen), brasterau.

5 **Gwres** - er mwyn cynnal tymheredd y corff mewn anifeiliaid gwaed cynnes.

Resbiradaeth anaerobig

Gall resbiradaeth ddigwydd heb ocsigen hefyd. Yn yr achos hwnnw mae'n cael ei alw'n **resbiradaeth anaerobig**. Mae'n cynhyrchu llai o egni na resbiradaeth aerobig oherwydd nad yw bwyd yn cael ei ddadelfennu'n gyfan gwbl i garbon deuocsid a dŵr gan ryddhau'r holl egni sydd wedi ei storio ynddo.

Bydd burum yn cael egni trwy fath o resbiradaeth anaerobig a elwir yn **eplesiad**. Mae hyn yn cynhyrchu alcohol:

glwcos ⟶ carbon deuocsid + alcohol + **egni** (210 kJ i bob môl)

Gwneir diodydd alcoholig trwy ddefnyddio burum i eplesu'r siwgr sydd mewn sudd ffrwythau. Mae seidr yn cael ei wneud o sudd afal wedi'i eplesu. Mae cwrw yn cael ei wneud gan furum sy'n eplesu brag a ddaw o hadau haidd.

Defnyddir eplesiad wrth bobi hefyd. Mae'n digwydd pan ychwanegir burum a siwgr at does. Mae'n cynhyrchu nwy carbon deuocsid sy'n llenwi'r toes â swigod ac yn gwneud iddo godi. Mae'r burum yn cael ei ladd mewn popty poeth wrth grasu'r toes.

Pa nwy sy'n cael ei gynhyrchu wrth i win eplesu?

Resbiradaeth anaerobig mewn cyhyrau

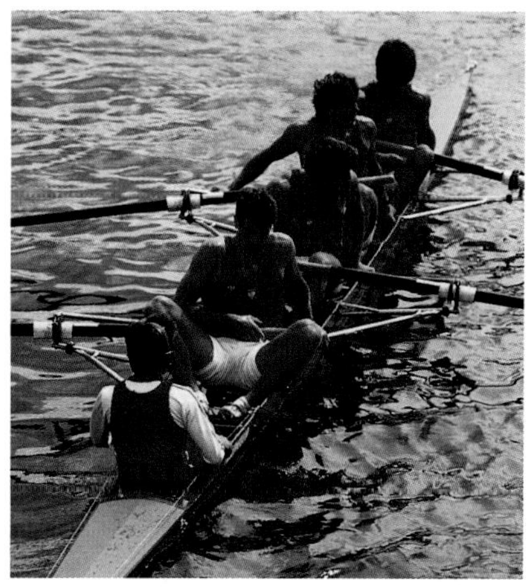

Ar ôl ras galed, mae'r rhwyfwyr hyn yn anadlu'n ddwfn a chyflym er mwyn ad-dalu'r ddyled ocsigen.

Mae cerdded a loncian yn cael eu galw'n **ymarfer aerobig**, oherwydd bod y corff yn gallu cael digon o ocsigen yn hawdd ar gyfer resbiradaeth aerobig i gyflenwi'r holl egni y mae arno ei angen. Caiff bwyd ei ddadelfennu yn ddŵr a charbon deuocsid, sy'n cael ei allanadlu, felly nid yw'n crynhoi yn y corff. Dyna pam y gall cerddwyr a loncwyr sy'n heini ddal ati am oriau lawer.

Mae rhedeg cyflym iawn yn newid yn **ymarfer anaerobig**, oherwydd waeth pa mor gyflym rydych yn anadlu, na pha mor gyflym y mae eich calon yn curo, nid yw'r corff yn gallu cael digon o ocsigen ar gyfer resbiradaeth aerobig er mwyn cyflenwi'r holl egni y mae arno ei angen. O dan amgylchiadau fel hyn, mae'r corff yn cael yr egni ychwanegol o resbiradaeth anaerobig, oherwydd nad oes angen ocsigen ar gyfer hyn. Ond mae'r broses yn cynhyrchu asid lactig yn hytrach na charbon deuocsid, a llawer llai o egni na resbiradaeth aerobig:

glwcos ⟶ asid lactig + **egni** (150 kJ i bob môl)

Y ddyled ocsigen

Mae asid lactig yn crynhoi yn eich cyhyrau, gan eu gwneud yn boenus. Ymhen munud, mae cymaint o asid lactig yn eich cyhyrau fel eu bod yn peidio â gweithio yn gyfan gwbl ac mae'n rhaid i chi roi'r gorau i redeg. Wrth i chi ddod atoch eich hun byddwch yn anadlu'n ddwfn a chyflym, a chyn pen dim bydd hyn yn cyflenwi digon o ocsigen i gyfuno â'r asid lactig i wneud carbon deuocsid a dŵr, sy'n cael ei ysgarthu.

Y **ddyled ocsigen** yw'r enw ar faint o ocsigen sydd ei angen er mwyn cael gwared o'r asid lactig o'r cyhyrau.

Sut mae pethau byw yn defnyddio egni a'i storio

Nid yw'r egni sy'n cael ei ryddhau yn ystod resbiradaeth yn cael ei ddefnyddio'n uniongyrchol. Yn gyntaf mae'n cael ei ddefnyddio i adeiladu cemegyn o'r enw **ATP** (adenosin triffosffad) sy'n gweithredu fel storfa egni dros-dro. Meddyliwch am foleciwlau ATP fel 'pacedi' o egni sy'n cael eu 'llenwi' yn ystod resbiradaeth. Gellir 'gwacáu' y pacedi hyn i ryddhau egni yn y fan a'r lle pryd bynnag y bydd ei angen, heb fod rhaid i'r celloedd ddadelfennu moleciwlau glwcos.

Mae ATP yn darparu egni mewn symiau penodol, a gall drosglwyddo egni i gemegau eraill, gan eu newid o fod yn sylweddau anadweithiol i fod yn rhai adweithiol iawn.

Mae gan ATP dri grŵp ffosffad. Mae'r olaf o'r rhain wedi ei gysylltu gan fond sydd angen llawer o egni o resbiradaeth er mwyn creu:

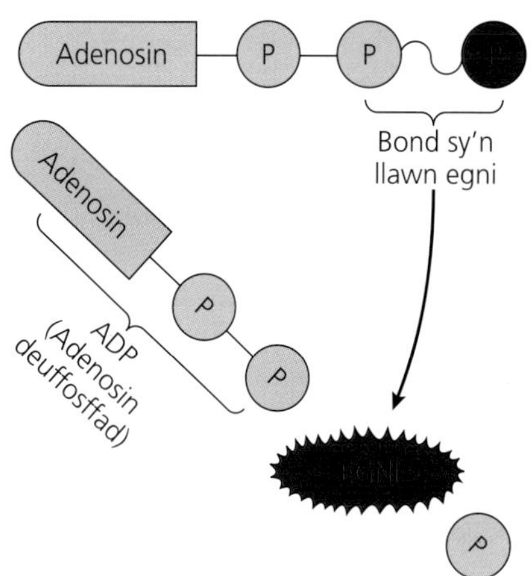

Caiff egni ei ryddhau wrth i'r bond hwn gael ei dorri. Mae angen mwy o egni i newid ADP yn ATP trwy ychwanegu bond ffosffad arall sy'n llawn egni.

Cwestiynau

1 Rhestrwch o leiaf ddau wahaniaeth rhwng resbiradaeth aerobig ac anaerobig.

2 Pa fath o resbiradaeth sy'n digwydd yn eich corff ar hyn o bryd, a phan fyddwch yn rhedeg yn gyflym iawn?

3 **a** Pam mae loncwyr yn gallu rhedeg am oriau ond gwibwyr yn gorfod stopio ar ôl ychydig eiliadau?

b Pa un o'r ddau fath o redeg sy'n arwain at ddyled ocsigen?

4 Beth yw ATP, a pham mae'n bwysig?

4.04 Yr ysgyfaint a chyfnewid nwyon

Mae eich corff yn cymryd ocsigen o'r aer ar gyfer resbiradaeth. Ar yr un pryd mae'n rhyddhau carbon deuocsid a gynhyrchir trwy resbiradaeth. Mae'r cyfnewid nwyon hwn yn digwydd yn eich ysgyfaint.

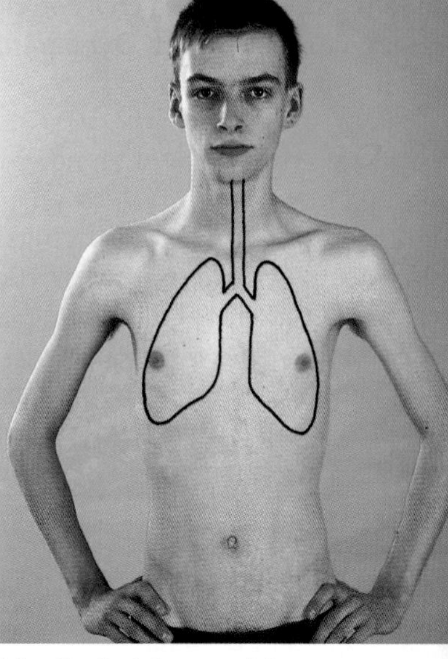

Lleoliad eich ysgyfaint.

Mae'r bibell wynt yn ymrannu'n ddau diwb, y **bronci**.

Mae'r bronci yn ymrannu filoedd o weithiau yn diwbiau culach, y **bronciolynnau**.

Mae **codennau aer** ar bennau'r bronciolynnau. Dyma lle mae cyfnewid nwyon yn digwydd.

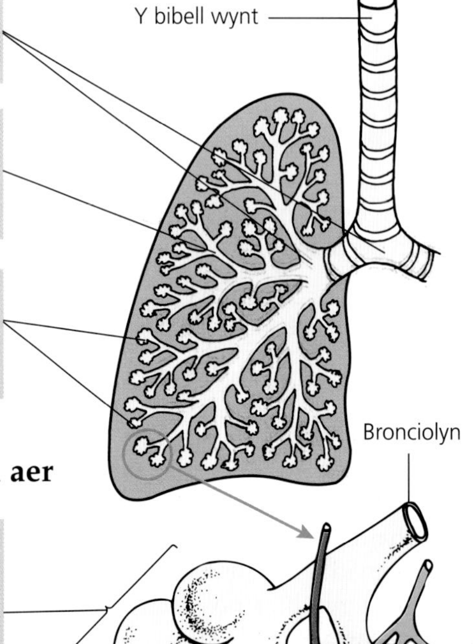

Golwg agosach ar godennau aer

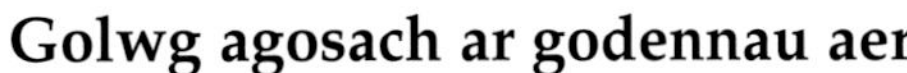

Dyma un **goden aer**. Mae'n edrych fel sypyn o rawnwin. Gelwir y 'grawnwin' yn **alfeoli**. Maent yn llai na gronynnau halen, ac mae 300 miliwn ohonynt yn eich ysgyfaint.

Mae gan alfeoli furiau llaith tenau, fel bod nwyon yn gallu llifo trwyddynt yn hawdd.

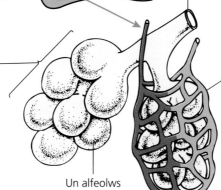

Mae alfeoli wedi eu gorchuddio â phibellau gwaed cul - **capilarïau**. Mae ocsigen yn llifo i'r capilarïau o'r alfeoli.

Dim ond 0.2 mm yw diamedr un alfeolws. Maent yn gwneud yr ysgyfaint yn sbwngaidd ac yn rhoi arwynebedd arwyneb mewnol anferthol iddynt: 90 m^2, maint cwrt tennis. Mae angen yr arwynebedd mawr hwn ar gyfer amsugno ocsigen yn effeithlon, ac er mwyn rhyddhau carbon deuocsid, wrth orffwys ac yn ystod ymarfer corff.

Cyfnewid nwyon yn yr alfeoli

Mae'r diagram hwn yn dangos beth sy'n digwydd yn yr alfeoli.

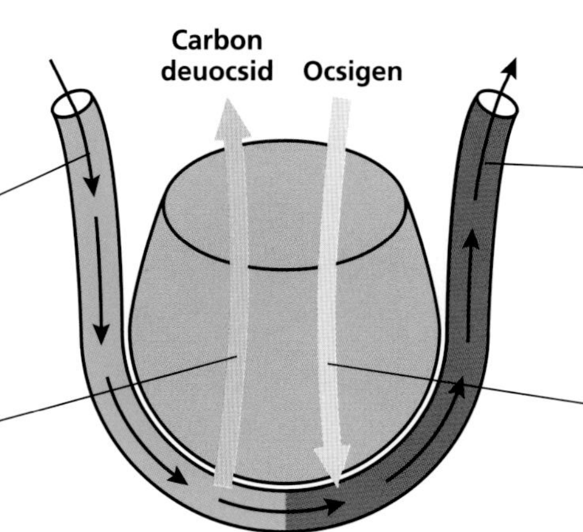

Mae **gwaed** yn llifo i'r ysgyfaint o bob rhan o'r corff. Mae'n cludo carbon deuocsid a gynhyrchir gan resbiradaeth yng nghelloedd y corff.

Mae **carbon deuocsid** yn llifo *o'r* gwaed *i'r* alfeoli. Yna mae'n cael ei allanadlu o'r corff.

Mae **gwaed** yn cludo ocsigen o'r ysgyfaint i bob cell yn y corff, lle caiff ei ddefnyddio ar gyfer resbiradaeth.

Caiff **ocsigen** ei anadlu i'r ysgyfaint. Mae'n hydoddi yn y dŵr sy'n leinio'r alfeoli. Oddi yno mae'n mynd *i'r* gwaed.

Wrth i chi fewnanadlu

1 Mae'r **cyhyrau rhyngasennol** yn cyfangu. Mae'r rhain yn tynnu'r cawell asennau i fyny. Felly mae cyfaint y frest yn cynyddu.

2 Mae'r **llengig** yn cyfangu. Mae hyn yn ei sythu, a'r frest yn mynd hyd yn oed yn fwy.

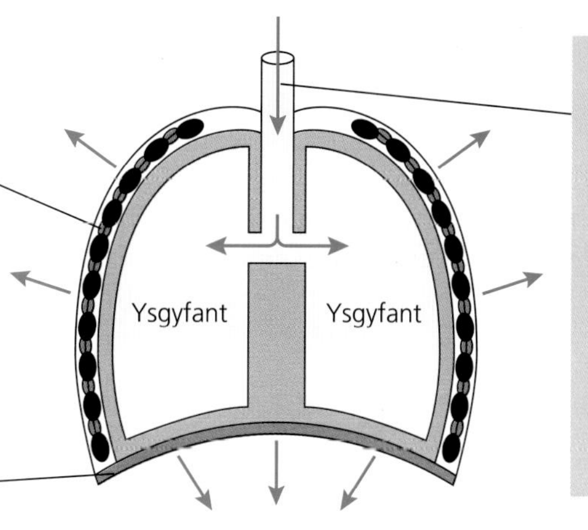

3 Wrth i'r frest fynd yn fwy, mae'r gwasgedd aer mewnol yn yr ysgyfaint ac yn y ceudod thorasig yn mynd yn llai na'r gwasgedd atmosfferig y tu allan. Mae'r gwahaniaeth hwn yn y gwasgedd yn gorfodi aer i fynd i lawr y bibell wynt ac i'r ysgyfaint, gan eu henchwythu.

Wrth i chi allanadlu

1 Mae'r **cyhyrau rhyngasennol** yn ymlacio, sy'n gostwng y cawell asennau. Mae cyfaint y frest yn lleihau.

2 Mae'r **llengig** yn ymlacio, ac yn ymchwyddo tuag i fyny. Felly mae cyfaint y frest yn mynd hyd yn oed yn llai.

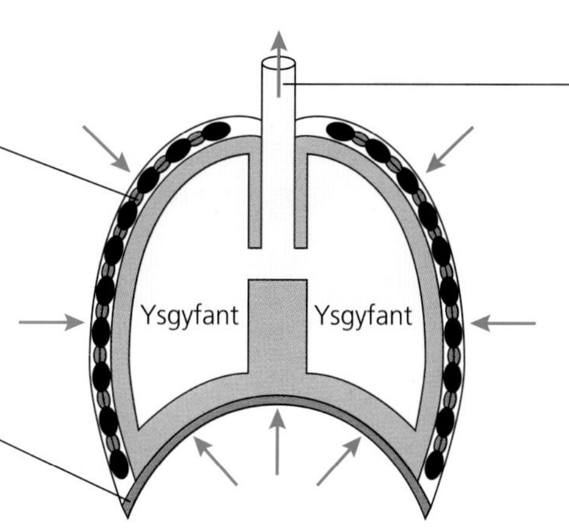

3 Oherwydd bod y frest wedi mynd yn llai, mae aer yn cael ei orfodi o'r ysgyfaint.

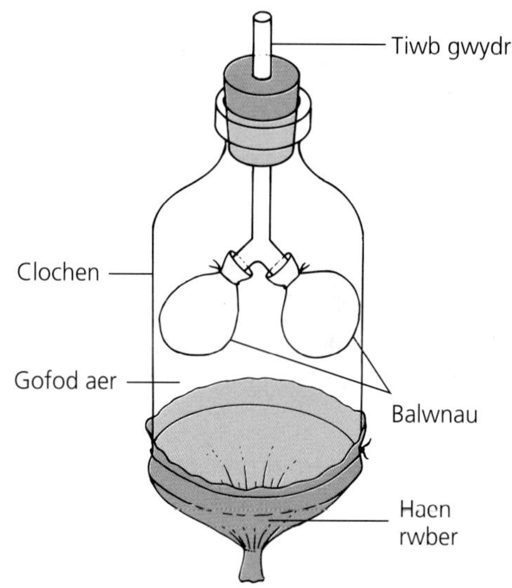

Gwyliwch beth sy'n digwydd mewn **clochen** wrth ichi dynnu'r haen rwber i lawr.

Sut mae aer yn newid yn eich ysgyfaint

Nwy	Canran yn yr aer a fewnanadlir	Canran yn yr aer a allanadlir
Ocsigen	21%	16%
Carbon deuocsid	0.04%	4%
Nitrogen	79%	79%
Anwedd dŵr	ychydig	llawer

Cwestiynau

1 Pa nwyon sy'n cael eu cyfnewid yn eich ysgyfaint?

2 Ble yn yr ysgyfaint mae'r cyfnewid nwyon yn digwydd?

3 Eglurwch beth sy'n digwydd i'r cyhyrau rhyngasennol a'r llengig wrth i chi fewnanadlu ac allanadlu.

4 Eglurwch pam rydych yn allanadlu:

a mwy o garbon deuocsid nag yr ydych yn ei fewnanadlu

b cymaint o nitrogen ag yr ydych yn ei fewnanadlu.

5 Ydych chi'n defnyddio'r *holl* ocsigen rydych yn ei fewnanadlu?

6 Beth yw alfeoli?

4.05 Y galon

Caewch eich dwrn ac edrychwch ar ei faint. Mae eich calon tua'r un maint. Mae wedi ei gwneud o gyhyr arbennig a elwir yn **gyhyr cardiaidd**. Gwaith y galon yw pwmpio gwaed o amgylch eich corff. Mae'n pwmpio tua 40 miliwn gwaith y flwyddyn ac yn pwyso tua'r un faint â grawnffrwyth.

Mae tu allan y galon yn edrych fel hyn.

Gwythïen yw'r tiwb hwn. Mae'n dod â gwaed i'r galon o bob rhan o'r corff *heblaw* yr ysgyfaint.

Mae gan y galon bedair adran a elwir yn **siambrau**. Gelwir y ddwy siambr uchaf hyn yn **atria**. (Gelwir un yn **atriwm**.)

Gelwir y ddwy siambr isaf hyn yn **fentriglau**.

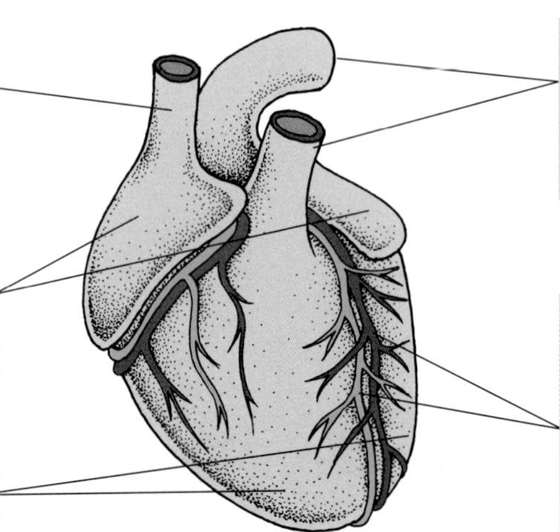

Rhydwelïau yw'r enw ar y ddau diwb hyn. Maent yn cludo gwaed o'r galon i bob rhan o'r corff.

Mae gan y galon ei chyflenwad gwaed ei hun, yn cael ei gludo gan y rhydweli a'r wythïen **goronaidd**. Mae'r tiwbiau hyn yn cludo bwyd ac ocsigen i'r galon, ac yn cludo gwastraff ymaith.

Y tu mewn i'r galon

Mae'r atria a'r fentriglau yn wag, felly gallant lenwi â gwaed. Dyma ddiagram o'r galon fel petai wedi ei hollti ar agor.

Mae'r **rhydweli** hon yn cludo gwaed i'r ysgyfaint.

Mae'r **falf** hon yn rhwystro gwaed rhag llifo yn ôl i'r galon.

Mae'r **wythïen** hon yn cludo gwaed yn ôl i'r galon o'r corff.

Mae gan yr **atriwm de** furiau tenau.

Mae'r **falf** hon yn gadael i waed lifo o'r atriwm de i'r fentrigl de yn unig.

Tendonau falf yw'r rhain - llinynnau'n dal fflapiau falf yn eu lle.

Mae gan y **fentrigl de** furiau trwchus. Mae'n pwmpio gwaed i'r ysgyfaint.

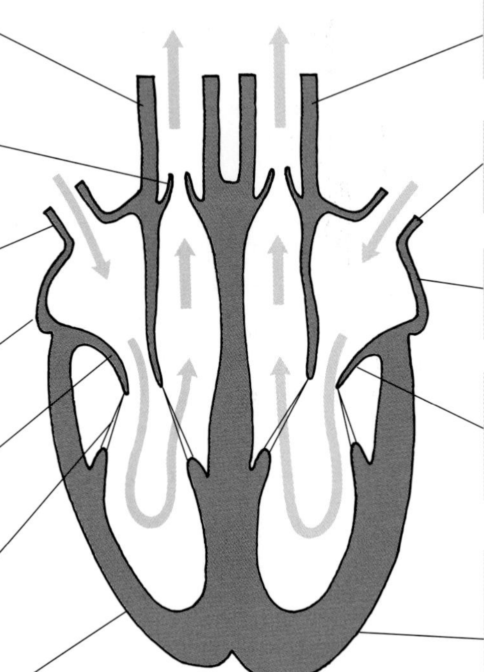

Mae'r **rhydweli** hon yn cludo gwaed o'r galon i'r corff.

Mae'r **wythïen** hon yn cludo gwaed i'r galon o'r ysgyfaint.

Man gan yr **atriwm chwith** furiau tenau.

Mae'r **falf** hon yn gadael i waed lifo o'r atriwm chwith i'r fentrigl chwith yn unig.

Mae gan y **fentrigl chwith** furiau trwchus iawn. Mae'n pwmpio gwaed i bob rhan o'r corff, heblaw'r ysgyfaint.

Sut mae'r galon yn pwmpio gwaed

Mae'r galon yn pwmpio gwaed trwy dynhau, neu **gyfangu**. Mae hynny'n ei gwneud yn llai, felly mae gwaed yn cael ei wasgu ohoni i'r rhydwelïau. Yna mae'n **ymlacio** eto, ac yn llenwi â gwaed o'r gwythiennau.

1 Pan fydd y galon wedi ymlacio, mae'r ddwy ochr yn llenwi â gwaed o'r gwythiennau.

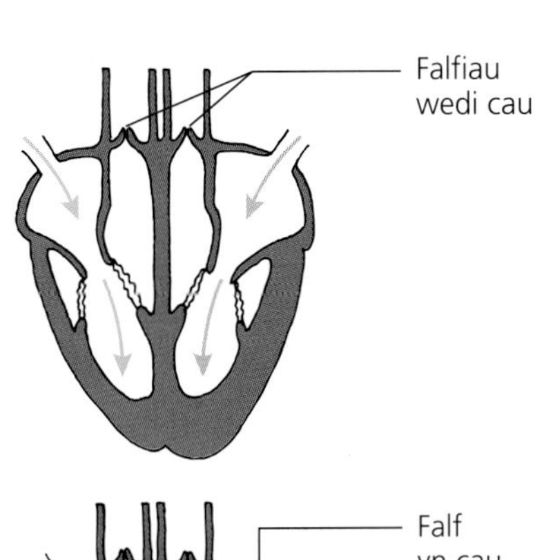

2 Yna mae'r **atria** yn cyfangu. Mae'r gwythiennau hefyd yn cyfangu lle maent yn uno â'r atria. Felly mae gwaed yn cael ei wthio i'r fentriglau trwy'r falfiau.

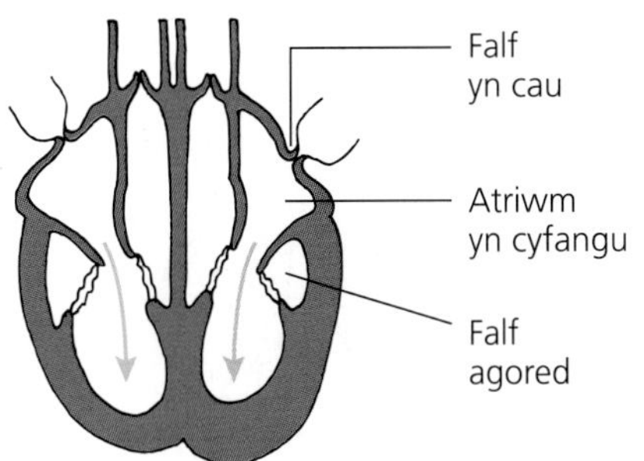

3 Ymhen amrantiad wedyn, mae'r **fentriglau** yn cyfangu. Mae'r falfiau rhwng yr atria a'r fentriglau yn cau. Felly mae'r gwaed yn cael ei wasgu i'r rhydwelïau.

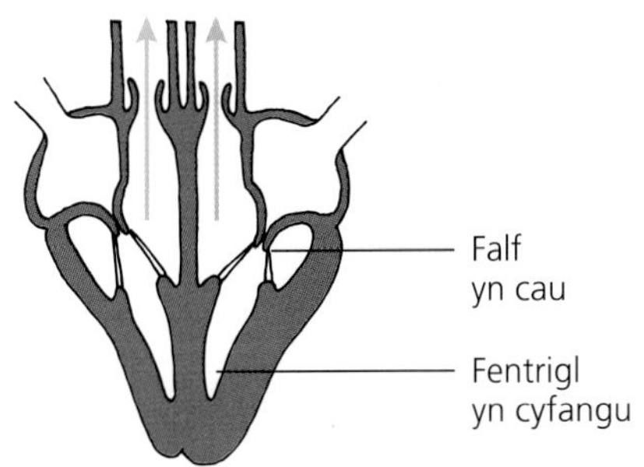

4 Mae'r galon yn ymlacio eto, ac yn llenwi â gwaed.

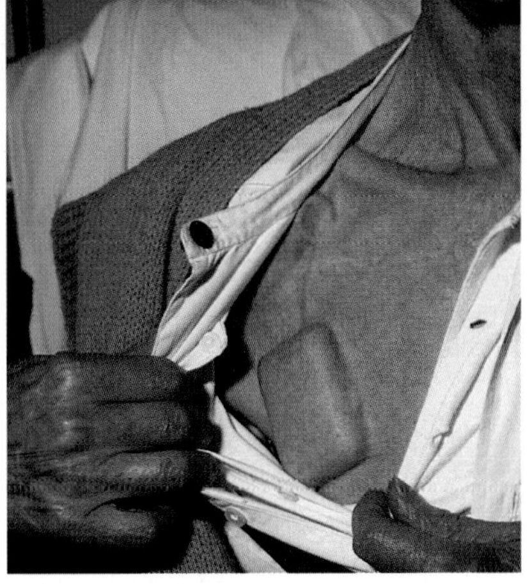

Rheolydd calon electronig yw hwn. Gellir ei ddefnyddio yn lle rheolydd naturiol y galon os bydd hwnnw'n peidio â gweithio ar ôl cael trawiad ar y galon. Gwaith y ddau reolydd yw cadw'r galon i guro trwy anfon siociau trydanol bychain iawn trwy gyhyr y galon yn rheolaidd.

Bwndel o gyhyr arbennig yw rheolydd naturiol y galon. Ei leoliad yw mur yr atriwm de, yn agos at yr agoriad i'r brif wythïen.

Batri sy'n gweithio'r rheolydd electronig. Mae'n ddigon bychan i'w roi o dan y croen. Mae'n anfon siociau i gyhyr y galon trwy wifrau.

Gelwir un cyfangiad ac ymlaciad cyflawn yn **guriad calon**. Mae'n cymryd llai nag eiliad. Mae pob curiad yn pwmpio llond cwpan o waed. Mae'r galon yn curo tua 70 gwaith y funud fel arfer, pan fyddwch yn gorffwys.

Cwestiynau

1 O beth mae'r galon wedi ei gwneud?
2 Beth yw'r enw ar rannau uchaf y galon?
3 Pa fentrigl sydd â'r muriau mwyaf trwchus?
4 Beth sy'n rhwystro gwaed rhag llifo yn ôl trwy'r galon?
5 Beth yw pwrpas y tendonau falf?
6 Beth yw pwrpas y rhydwelïau a'r gwythiennau coronaidd?
7 Mae'r galon yn gallu **cyfangu**. Beth yw ystyr hyn?
8 Beth sy'n digwydd wrth i'r atria gyfangu?
9 Beth sy'n digwydd wrth i'r fentriglau gyfangu?
10 Beth yw curiad calon?
11 Pa mor gyflym mae'r galon yn curo fel arfer?

4.06 Beth sy'n gwneud i waed lifo?

Pan fydd cyhyrau nerthol eich calon yn cyfangu byddant yn gwthio gwaed allan i diwbiau a elwir yn **rhydwelïau**. Mae'r rhydwelïau yn rhannu'n gapilarïau, sy'n diwbiau mân iawn. Mae'r **capilarïau** yn uno i ffurfio **gwythiennau**. Mae'r gwythiennau yn cludo gwaed yn ôl i'r galon.

Dyma un **rhydweli**. Mae ffibrau elastig yn ei muriau. Mae'r gwaed yn pwmpio i'r rhydweli yn gyflym iawn, dan wasgedd uchel, felly mae'r ffibrau elastig yn ymestyn. Yna maent yn cyfangu, gan wasgu'r gwaed tuag at y capilarïau.

Dyma un **capilari**. Mae ei furiau mor denau fel y gall hylif o'r gwaed lifo trwyddo. Mae'r hylif hwn yn mynd â bwyd ac ocsigen i gelloedd y corff. Mae hefyd yn mynd â charbon deuocsid a chynhyrchion gwastraff eraill ymaith.

Dyma un **wythïen**. Mae gwythiennau yn lletach na rhydwelïau ac mae ganddynt furiau teneuach. Mae'r gwaed yn llifo trwyddynt yn arafach. Mae ganddynt falfiau i rwystro'r gwaed rhag llifo tuag yn ôl.

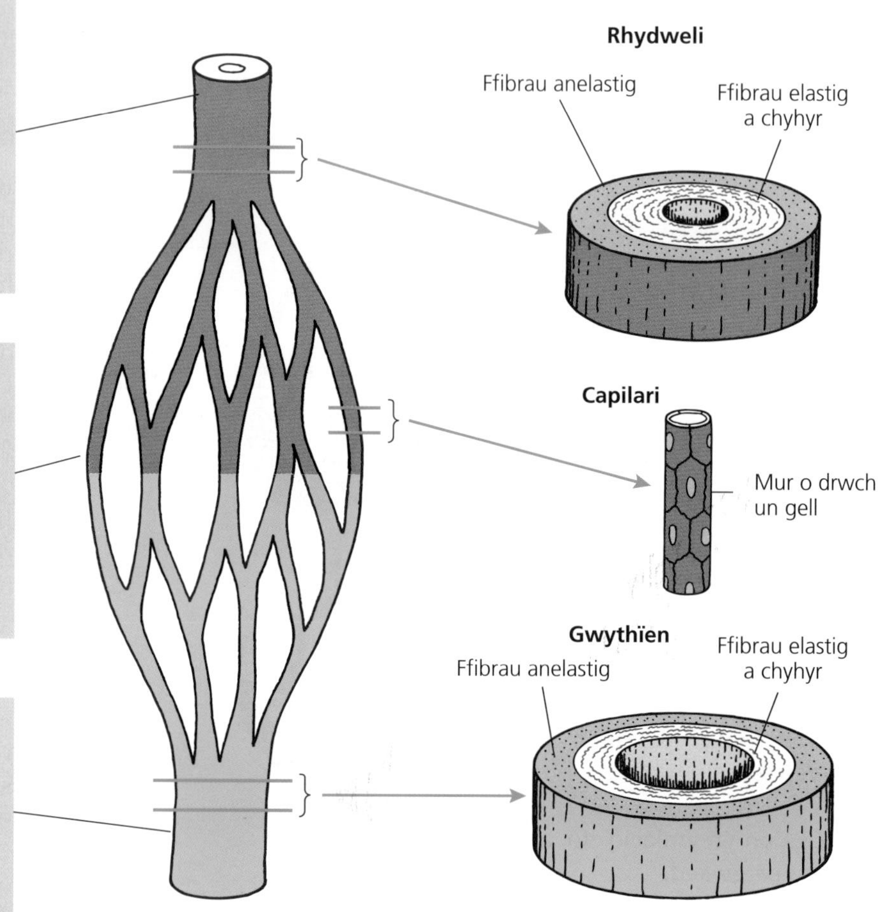

Falfiau gwythiennau

Mae nifer o wythiennau mawr oddi mewn i gyhyrau'r coesau a'r breichiau. Pan fydd y cyhyrau hyn yn cyfangu byddant yn gwasgu'r gwythiennau. Mae hyn yn chwistrellu'r gwaed tuag at y galon. Mae'r falfiau yn ei rwystro rhag llifo i'r cyfeiriad dirgroes.

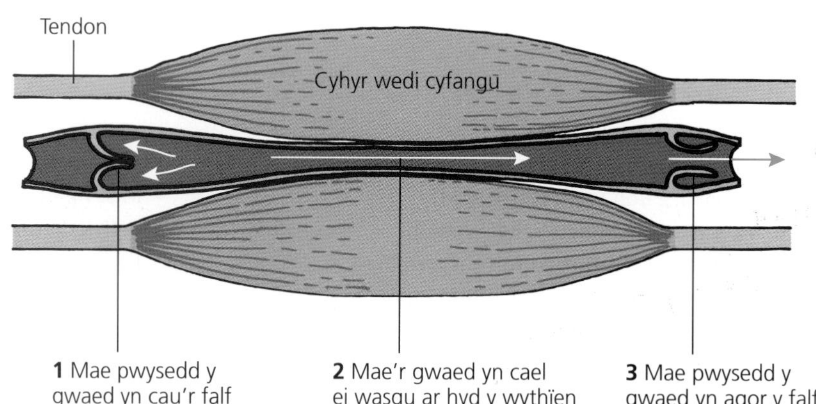

System cylchrediad y gwaed

Pibellau gwaed yw'r enw ar y tiwbiau sy'n cludo gwaed. Mae'r galon a'r pibellau gwaed gyda'i gilydd yn gwneud **system cylchrediad y gwaed**. Mae gan y system hon ddwy ran:

1 Mae ochr dde'r galon yn pwmpio gwaed i'r ysgyfaint ac yn ôl eto. Yn yr ysgyfaint mae'n colli carbon deuocsid ac yn casglu ocsigen.

2 Mae ochr chwith y galon yn pwmpio gwaed i weddill y corff ac yn ôl. Ar ei ffordd o amgylch y corff, mae'r gwaed yn colli ocsigen i gelloedd y corff ac yn casglu carbon deuocsid.

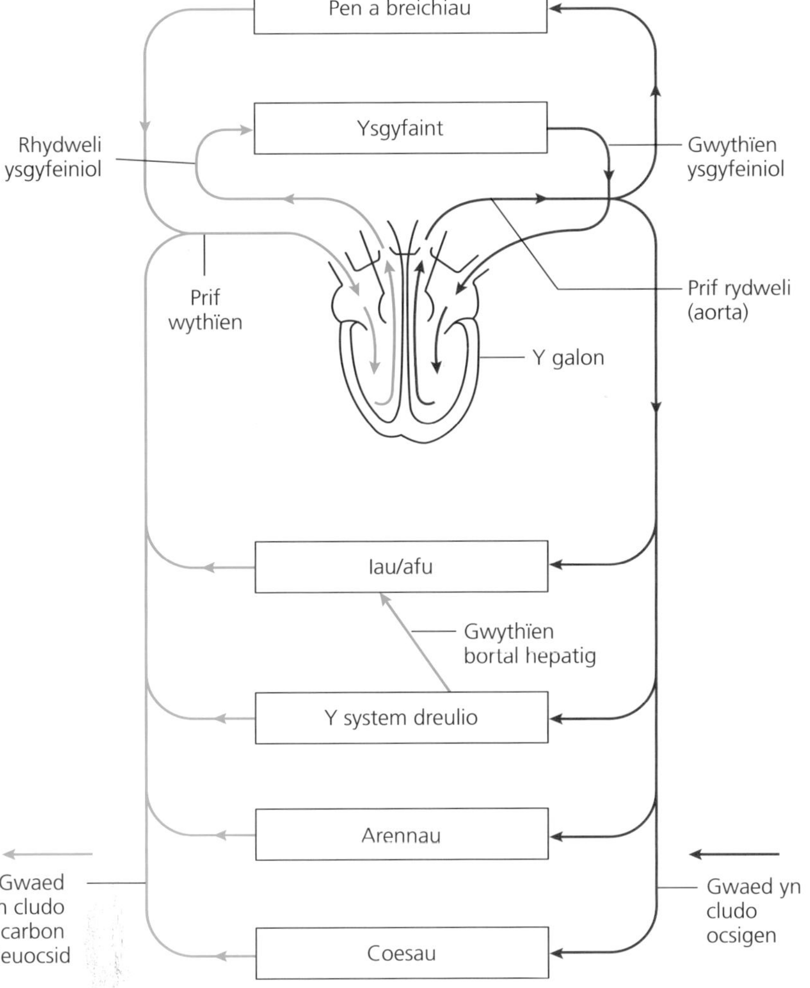

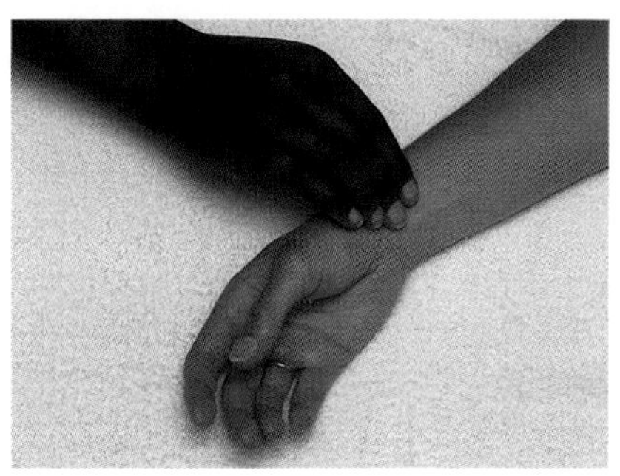

Wrth i'r galon bwmpio gwaed i'r rhydwelïau dan wasgedd uchel, mae'n achosi curiad (pwls). Defnyddiwch eich bysedd, fel y dangosir yma, i ganfod y curiad yn eich arddwrn.

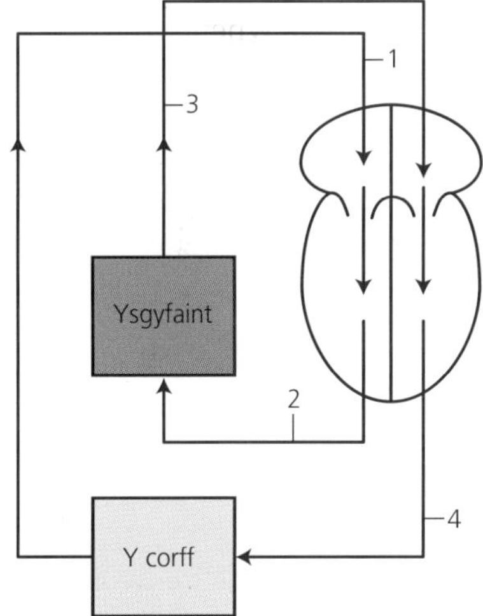

Mae'r diagram syml hwn yn dangos fod gennym ddwy system gylchrediad ar wahân: mae'r **cylchrediad ysgyfeiniol** yn cludo'r gwaed yn ôl a blaen i'r ysgyfaint, a'r **cylchrediad systemig** yn cludo gwaed i rannau eraill o'r corff ac yn ôl. Defnyddiwch y diagram gyferbyn i adnabod y pibellau gwaed sydd wedi'u rhifo.

Cwestiynau

1 Beth sy'n digwydd yn y rhydwelïau?
2 Beth sy'n digwydd yn y capilarïau?
3 Sut mae rhydwelïau yn wahanol i wythiennau?
4 a Mae pwysedd y gwaed ar ei uchaf wrth iddo adael y galon. Pam, tybed?
b Mae'r gwaed mewn rhydweli yn llifo'n gyflymach ac o dan bwysedd uwch na'r gwaed mewn gwythïen. Allwch chi egluro pam?

5 Yn y diagram mawr uchod chwiliwch am:
a wythïen yn cynnwys gwaed yn llawn ocsigen;
b rhydweli yn cynnwys gwaed yn llawn ocsigen;
c gwythïen â gwaed yn llawn bwyd wedi'i dreulio.

4.07 Clefyd y galon

Er mwyn dal i bwmpio, rhaid i'r galon gael bwyd ac ocsigen. Daw'r rhain o'i chyflenwad gwaed, sy'n cael ei gludo yn y **rhydwelïau coronaidd**. Os bydd rhwystr yn datblygu yn y rhydwelïau, y canlyniad yw **clefyd y galon**.

Rhwystrau yn y rhydwelïau

Gall **colesterol**, sef sylwedd brasterog, lynu wrth furiau rhydweli. Bydd hyn yn achosi iddynt gulhau. Felly bydd y gwaed yn cael ei arafu.

Gall colesterol wneud muriau rhydwelïau yn arw. Mae hyn yn achosi i waed geulo, wrth iddo lifo heibio. Gall tolchen waed gau rhydweli yn llwyr. Gelwir y rhwystr yn **thrombosis**. Mae llif y gwaed yn cael ei atal.

Gall darnau o golesterol ddod yn rhydd, mynd i lif y gwaed, achosi rhwystrau a chau pibellau gwaed cul.

Trawiad (**strôc**) yw'r enw ar thrombosis mewn pibellau gwaed yn yr ymennydd. Mae celloedd yn yr ymennydd yn marw. Gall person sy'n dioddef trawiad gael ei barlysu neu hyd yn oed farw.

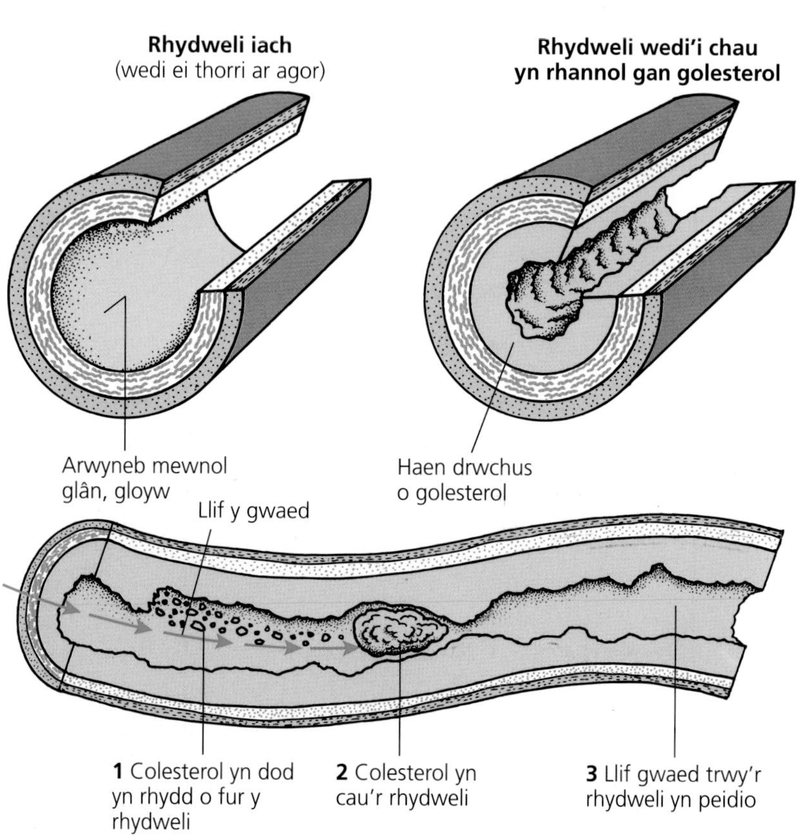

Rhydwelïau wedi cau, a thrawsblaniadau'r galon

Os yw rhydweli goronaidd yn cael ei chau yn rhannol, ni fydd cyhyr y galon yn cael digon o fwyd ac ocsigen. Y canlyniad yw poenau difrifol yn y fron. Gelwir hyn yn **angina**. Yr enw ar effaith thrombosis (tolchen waed) mewn rhydweli goronaidd yw **trawiad ar y galon**. Mae'r galon yn peidio â churo. Ond gyda'r driniaeth gywir gellir gwneud iddi ddechrau curo eto.

Os bydd cyflwr y galon yn wael iawn, mae modd rhoi calon iach i'r claf, trwy **lawdriniaeth drawsblannu**. Yn ystod y driniaeth rhaid i'r claf fynd ar beiriant calon ac ysgyfaint, sy'n cyflenwi ocsigen i'r gwaed ac yn pwmpio'r gwaed yn ôl i'r corff. Caiff y rhan fwyaf o'r galon aneffeithiol ei thynnu o'r corff, gan adael mur cefn yr atria yn unig. Yna caiff y galon newydd ei gwnïo i'w lle.

Mae llawdriniaeth drawsblannu yn bosibl oherwydd bodolaeth cyffuriau arbennig, sy'n atal system imiwnedd y claf rhag trin trawsblaniadau fel petaent yn germau, a'u dinistrio.

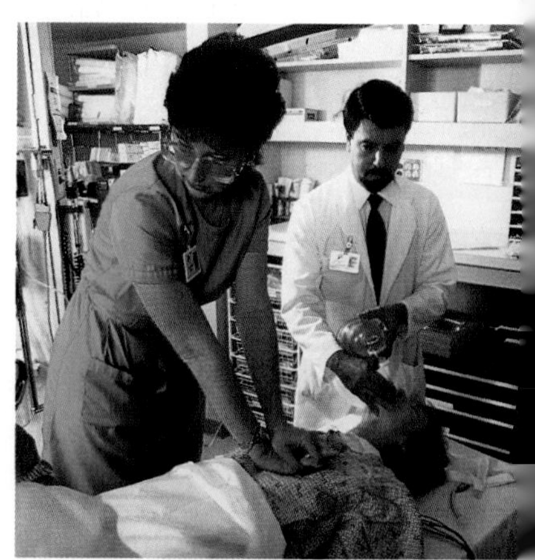

Gall tylino'r galon wneud iddi ddechrau curo eto. Ocsigen sydd yn y silindr gwyrdd.

Celloedd gwyn

Mae celloedd gwyn yn fwy na chelloedd coch. Mae ganddynt i gyd **gnewyllyn**. Gallant newid eu siâp. Mae celloedd gwyn yn ein hamddiffyn rhag afiechyd. Gall celloedd gwyn a elwir yn **ffagocytau** fwyta'r germau sy'n achosi afiechyd.

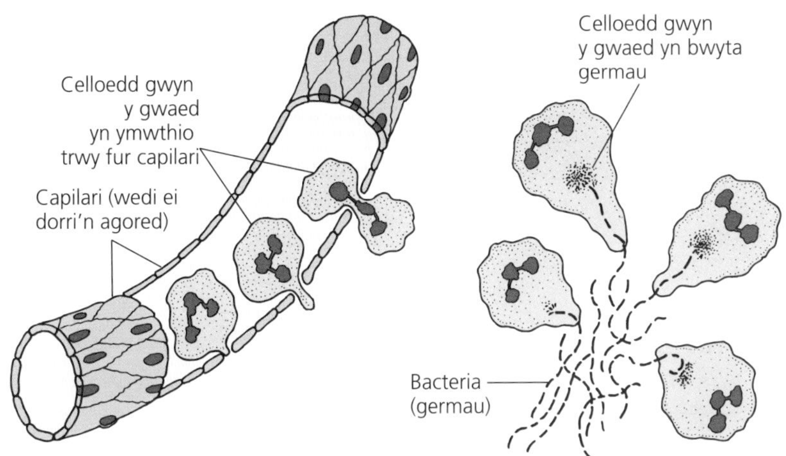

1 Gall ffagocytau ymwthio trwy furiau capilari.

2 Maent yn symud tuag at germau ac yn eu hamgylchynu. Yna maent yn eu bwyta.

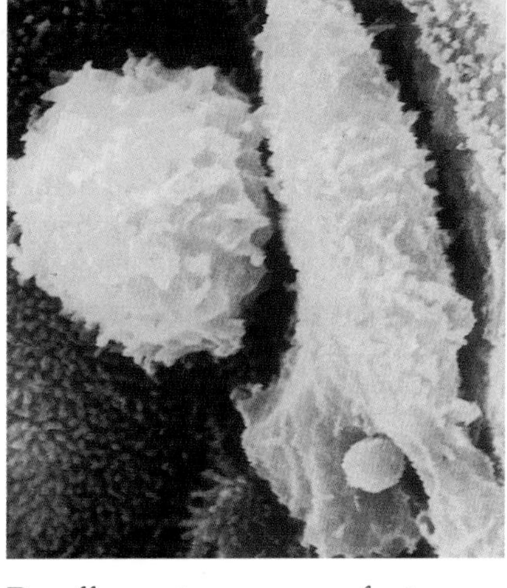

Dau ffagocyt mewn ysgyfant dynol. Mae un wedi tyfu'n hir a thenau, ac ar fin dinistrio gronyn bach. Mae ffagocytau yn cadw'r ysgyfaint rhag llwch a phaill.

Mae celloedd gwyn eraill yn gwneud cemegau a elwir yn **wrthgyrff**. Mae'r gwrthgyrff hyn yn dinistrio germau yn y corff trwy wneud iddynt lynu wrth ei gilydd, neu drwy eu lladd. Maent hefyd yn niwtraleiddio **gwenwynau** sy'n cael eu gwneud gan germau. Mae gwrthgorff gwahanol ar gyfer pob math o germ.

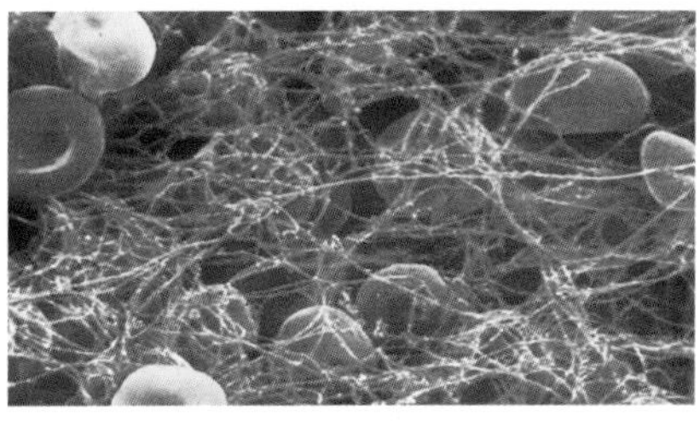

Briw yn gwella. Cynhyrchwyd y ffibrau pinc hir gan y platennau. Celloedd coch caeth yw'r darnau oren.

Platennau

Darnau o gelloedd a ffurfiodd ym mêr yr esgyrn yw platennau. Eu gwaith yw helpu i atal briwiau rhag gwaedu.

Mae gwaedu yn golchi baw a germau o'r briw. Yna mae'r platennau yn cynhyrchu ffibrau mân. Mae celloedd coch yn cael eu dal yn y ffibrau hyn ac mae'r gwaed yn newid i fod yn jeli coch trwchus sy'n cael ei alw'n dolchen waed.

Mae'r dolchen yn caledu i fod yn grachen. Mae hon yn cadw'r clwyf yn lân tra bo croen newydd yn tyfu. Yna bydd y grachen yn llacio ac yn disgyn.

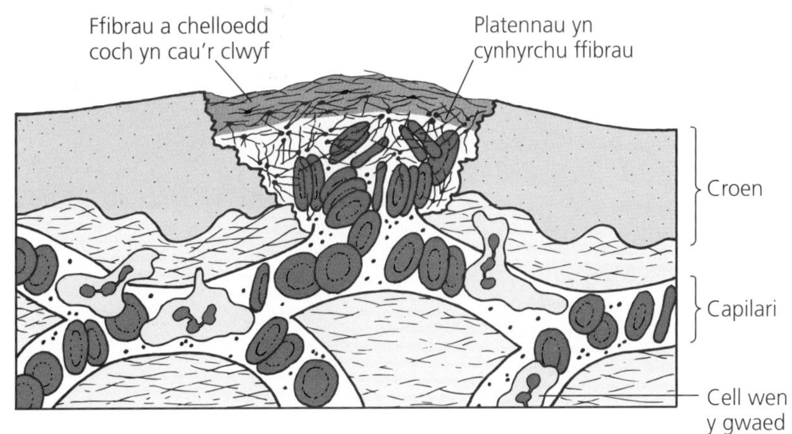

Cwestiynau

1 Enwch y pedwar peth mae gwaed wedi ei wneud ohonynt.
2 Enwch y rhan hylifol mewn gwaed.
3 Beth mae celloedd coch yn ei wneud?
4 Beth yw ffagocytau?
5 Beth yw gwrthgyrff?
6 Sut mae platennau yn helpu gwaed i geulo?

4.09 Beth mae gwaed yn ei wneud?

Mae gwaed yn gwneud dau beth. Mae'n cludo pethau o amgylch y corff, ac mae'n ein hamddiffyn ni rhag afiechyd.

Mae gwaed yn cludo pethau

	Beth mae'n ei gludo	Sut mae'n cael ei gludo
1	Ocsigen o'r ysgyfaint i weddill y corff	Yn y celloedd coch
2	Carbon deuocsid o'r corff i'r ysgyfaint	Yn y plasma yn bennaf
3	Bwyd wedi'i dreulio o'r coluddion i weddill y corff	Yn y plasma
4	Gwastraff o'r iau/afu i'r arennau	Yn y plasma
5	Hormonau o'r chwarennau hormon i le y mae eu hangen	Yn y plasma
6	Gwres o'r iau/afu a'r cyhyrau i weddill y corff fel bod y cyfan ar yr un tymheredd	Ym mhob rhan o'r gwaed

Mae gwaed yn ein hamddiffyn

1 Mae celloedd gwyn a elwir yn **ffagocytau** yn bwyta germau.

2 Mae celloedd gwyn eraill yn gwneud **gwrthgyrff** i ymladd afiechyd. Mae gwrthgyrff yn dinistrio'r germau sy'n achosi afiechyd. Mae gwrthgyrff hefyd yn lladd gwenwynau sy'n cael eu gwneud gan germau. Mae gwrthgorff gwahanol ar gyfer pob clefyd.

Unwaith y bydd eich celloedd gwyn wedi gwneud math arbennig o wrthgorff, gallant ei wneud yn gyflymach y tro nesaf. Gall aros yn eich corff am gyfnod hefyd. Mae hyn yn eich gwneud yn **imiwn** i'r clefyd. Ni fyddwch yn ei ddal eto, neu o leiaf salwch ysgafn un unig a gewch chi.

Gallwch gael eich **brechu** rhag rhai clefydau. Fe gewch chi bigiad o germau wedi'u trin yn arbennig, i roi dogn ysgafn o'r clefyd i chi. Bydd eich corff yn gwneud gwrthgyrff, felly byddwch yn imiwn iddo yn y dyfodol.

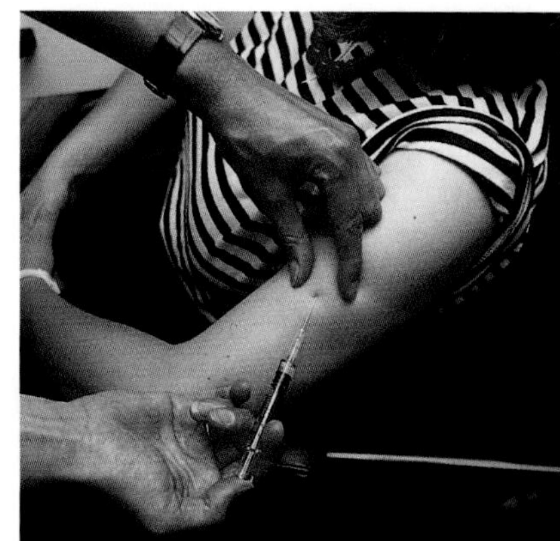

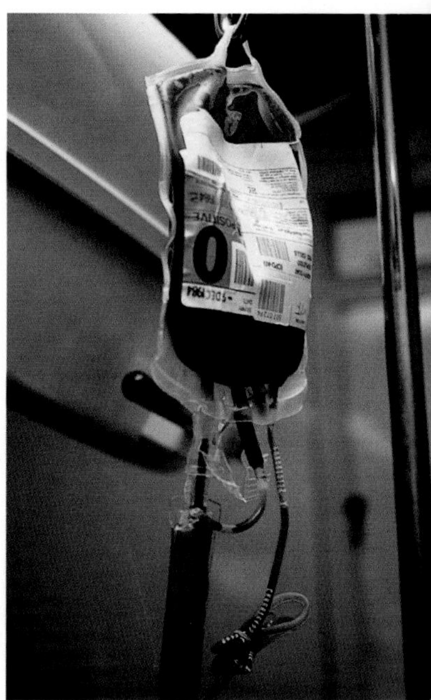

Yn aml, bydd angen trallwysiad gwaed ar bobl sâl. Pobl eraill (rhoddwyr) sy'n rhoi'r gwaed. Caiff ei anfon i ysbytai mewn pecynnau plastig.

Cwestiynau

1 Pa ran o'r gwaed:
- **a** sy'n cludo bwyd wedi'i dreulio?
- **b** sy'n helpu i'ch amddiffyn rhag afiechyd?

2 Disgrifiwch ddwy ffordd y gall eich corff droi'n imiwn i glefyd.

3 Beth mae gwrthgyrff yn ei wneud?

0 Sut mae ocsigen a bwyd yn cyrraedd celloedd

Mae gwaed yn cludo ocsigen a bwyd o amgylch y corff. Ond ni ddaw byth i gysylltiad â chelloedd y corff. Felly sut mae bwyd ac ocsigen yn mynd o'r gwaed i'r celloedd lle mae eu hangen?

Hylif meinweol

Yr ateb yw fod muriau capilarïau mor denau nes eu bod yn gollwng. Mae **hylif meinweol** yn gollwng trwyddynt o'r gwaed, i fylchau bychain iawn rhwng celloedd y corff.

Mae'r hylif meinweol yn cludo ocsigen a bwyd o'r gwaed i'r celloedd, ac yn golchi gwastraff ymaith o'r celloedd.

Yna mae'r rhan fwyaf o'r hylif meinweol yn llifo'n ôl i'r pibellau gwaed. Ond mae rhywfaint yn llifo i **gapilarïau lymff**, gan gludo germau a darnau o gelloedd marw gydag ef. Mae'n newid yn **lymff**.

Rhydweli
Gwythïen
Lymff yn dychwelyd i lif y gwaed
Capilari
Hylif meinweol yn cynnwys bwyd ac ocsigen ar gyfer celloedd
Hylif meinweol yn dychwelyd gyda charbon deuocsid
Celloedd y corff yn casglu bwyd ac ocsigen
Chwarren lymff
Hylif meinweol yn cynnwys germau o gelloedd
Capilari lymff
Lymff

I ble mae'r lymff yn mynd?

Mae'r capilarïau lymff yn uno i wneud tiwbiau mwy. Mae'r tiwbiau hyn yn draenio i **chwarennau lymff**.

Yma caiff y lymff ei lanhau gan gelloedd gwyn, y **lymffocytau**. Mae'r rhain yn bwyta'r germau a'r celloedd marw, ac yn gwneud gwrthgyrff hefyd.

Mae lymff glân yn dychwelyd i lif y gwaed trwy diwbiau sy'n uno â gwythïen yn y gwddf.

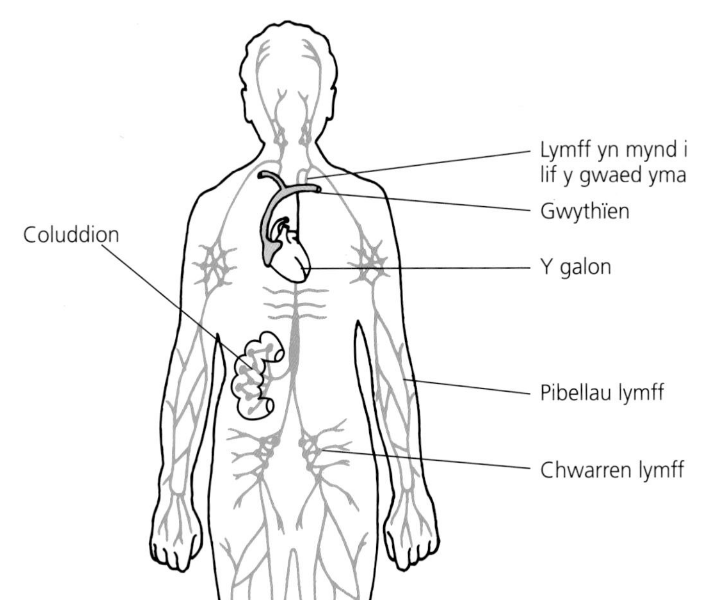

Cwestiynau

1 Sut mae bwyd ac ocsigen yn cyrraedd celloedd y corff?
2 Beth sy'n digwydd i hylif meinweol ar ôl iddo fod yn y celloedd?
3 Beth sy'n digwydd y tu mewn i chwarennau lymff?
4 Sut mae lymff yn mynd yn ôl i lif y gwaed?
5 Ble yn y corff y mae'r chwarennau lymff?

4.11 Homeostasis

Hylif meinweol - eich amgylchedd mewnol

Dychmygwch mai *Amoeba* mewn pwll ydych chi. Bydd tymheredd y dŵr yn amrywio rhwng cynnes iawn a rhewllyd o oer. Ambell ddiwrnod bydd y dŵr yn glir a phur ac weithiau gall fod wedi ei lygru gan blaleiddiad o fferm gyfagos. Gall yr ocsigen ynddo fod yn fwy na digon un diwrnod neu mor isel y diwrnod wedyn fel eich bod bron â mygu.

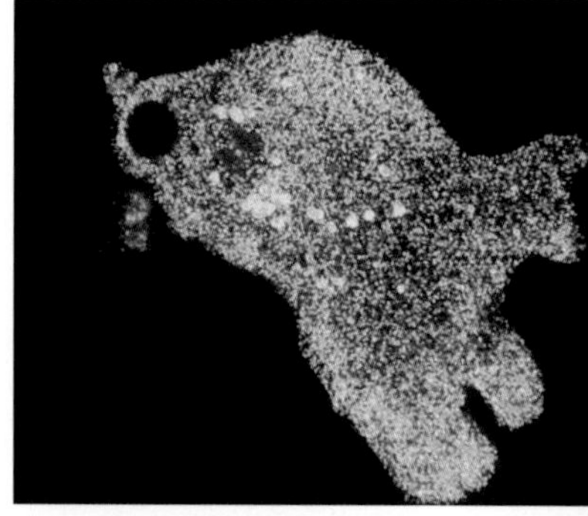

Meddyliwch am un gell rywle yn eich corff. A fydd tymheredd, cynnwys ocsigen a glendid yr hylif meinweol o'i chwmpas yn amrywio fel dŵr pwll o amgylch yr *Amoeba* hwn? Os na fydd, pam hynny?

Yn yr un modd, mae celloedd eich corff hefyd yn cael eu golchi mewn math o ddŵr pwll. Ond yn wahanol i *Amoeba*, **hylif meinweol** sydd yn eu 'pwll' nhw. Hylif meinweol sy'n ffurfio'r **amgylchedd mewnol** lle mae celloedd eich corff yn byw.

Ond nid yw amgylchedd mewnol eich corff yn newid trwy'r amser fel dŵr pwll. Mae llawer o organau yn gweithio ddydd a nos gan wneud newidiadau cyson i'w gadw yn amgylchedd sydd mor berffaith â phosibl ar gyfer iechyd a thwf, ac fel bod celloedd yn gweithredu'n effeithlon. **Homeostasis** yw'r enw ar gynnal a chadw'r amgylchedd mewnol cyson hwn.

Homeostasis a phrosesau adborth

Prosesau **adborth** sy'n rheoli homeostasis, ac mae tair rhan iddynt. Mae **organ synhwyro** yn canfod newid rywle yn amgylchedd mewnol y corff ac yn anfon gwybodaeth am y newid i **ganolfan reoli**, sef yr ymennydd fel arfer. Mae'r ganolfan reoli yn anfon negeseuon i **organ ymateb**, sy'n gwneud beth bynnag sydd ei angen er mwyn gwneud yr amgylchedd mewnol yn normal eto.

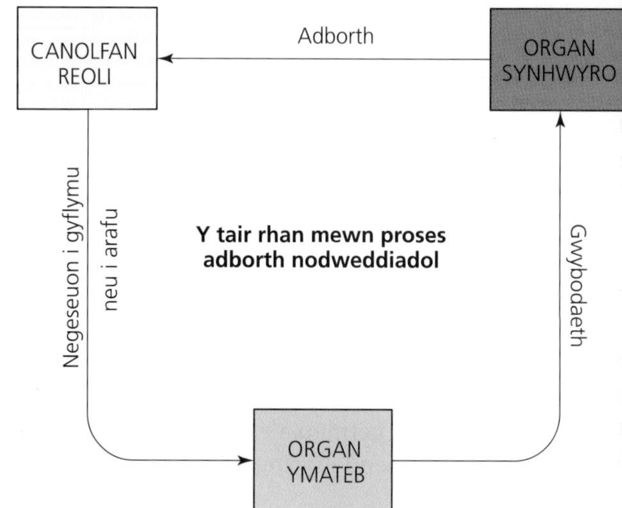

Mae'r organ synhwyro yn canfod bod yr amgylchedd mewnol yn dychwelyd i'w gyflwr normal eto, ac felly mae'n **adborthi** yr wybodaeth hon i'r ganolfan reoli. Mae honno yn ei thro yn dweud wrth yr organ ymateb i roi'r gorau i beth bynnag mae'n ei wneud.

Mae'r addasiadau parhaus hyn yn digwydd trwy gydol eich oes, heb i chi fod yn ymwybodol ohonynt.

Mae'r bachgen ar y polyn pogo yn y llun ar y dde yn arddangos enghraifft syml o adborth ar waith. Byddai'n disgyn ar ei ochr oni bai ei fod yn addasu ei gydbwysedd trwy'r amser. Mae negeseuon o'i lygaid a'i organau cydbwyso yn teithio i'w ymennydd i roi gwybod iddo am safle ei gorff. Mae ei ymennydd yn ymateb trwy anfon negeseuon i'r cyhyrau sy'n rheoli ei symudiadau. Yna mae ei synhwyrau yn adborthi mwy o wybodaeth i'r ymennydd er mwyn iddo allu gwirio bod yr ymateb hwn yn gywir, ac felly ymlaen.

Organau homeostasis

Mae'r **croen** yn helpu cadw eich corff o fewn 1°C ar y naill ochr neu'r llall i 37°C. Mae chwarennau chwys yn gadael i'ch corff golli unrhyw ormodedd gwres, ac oeri. Mae haen o fraster o dan y croen yn helpu cadw gwres oddi mewn i'ch corff, ac mae cryndod cyhyrau yn cynhyrchu gwres ychwanegol i'ch cynhesu mewn tywydd oer. Mae ffwr anifeiliaid blewog yn dal haen o aer cynnes yn agos at y croen yn yr un ffordd â'r dillad y byddwn ni'n eu gwisgo. Heb ddillad amdanoch, ni all eich corff gadw ar dymheredd o 37°C os bydd tymheredd yr aer yn gostwng o dan 27°C.

Yr **ysgyfaint** sy'n rheoli faint o garbon deuocsid ac ocsigen sydd yn yr hylif meinweol.

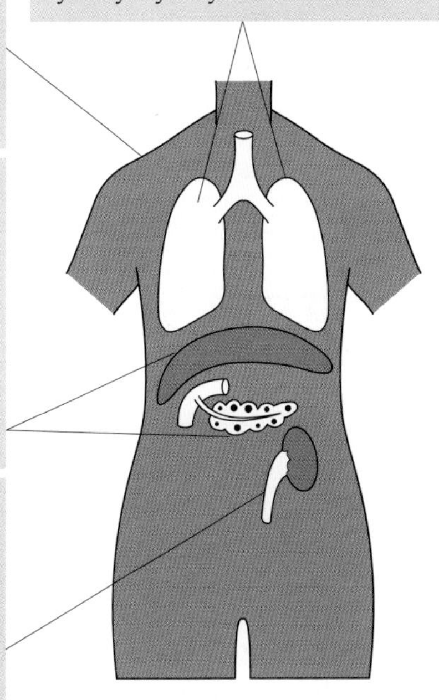

Mae'r **iau/afu** a'r **pancreas** gyda'i gilydd yn rheoli faint o glwcos sydd yn y gwaed a'r hylif meinweol. Os bydd lefel y glwcos yn disgyn o dan y normal, bydd chwarennau yn y pancreas yn cynhyrchu'r hormon **glwcagon** sy'n gwneud i'r iau ryddhau glwcos i'r gwaed. Os bydd gormod o glwcos yn y gwaed mae'r chwarennau hyn yn rhyddhau'r hormon **inswlin** sydd yn gwneud i'r iau dynnu glwcos o'r gwaed. Mae'r iau hefyd yn rheoli faint o asidau amino sydd yn y gwaed a'r hylif meinweol, ac yn tynnu gwenwynau ohonynt. Mae hefyd yn creu gwres gan helpu cadw'r corff yn gynnes.

Mae'r **arennau** yn cadw'r gwaed a'r hylif meinweol yn 'lân' trwy dynnu wrea, dŵr sydd dros ben a gwastraffau eraill ohonynt, a'u hysgarthu. Mae hyn yn rheoli faint o sylweddau wedi'u hydoddi sydd yn y gwaed a'r hylif meinweol, proses a elwir yn **osmoreolaeth**. Mae hyn yn bwysig am ddau reswm. Os bydd yr hylif meinweol yn mynd yn rhy grynodedig, bydd celloedd yn colli dŵr trwy osmosis ac yn mynd yn ddadhydredig. Ac os bydd yn mynd yn rhy wanedig, bydd celloedd yn codi gormodedd o ddŵr trwy osmosis.

)smoreolaeth

)s yfwch lawer o ddŵr bydd cynnwys dŵr eich gwaed 'n codi. Mae organau synhwyro arbennig yn canfod hyn 'ch arennau yn ymateb trwy gynyddu faint o ddŵr sydd 'n y troeth. O ganlyniad, caiff cyfaint uwch o droeth mwy ;wanedig ei ysgarthu hyd nes bod lefel y dŵr yn yr hylif neinweol yn dychwelyd i'r normal.

/lae'r gwrthwyneb yn digwydd pan fydd syched arnoch: im ond ychydig o droeth crynodedig y bydd eich rennau yn ei ysgarthu er mwyn colli cyn lleied o ddŵr â hosibl, hyd nes eich bod yn gallu dod o hyd i ddiod.

/lae'n *bwysig iawn* eich bod yn cael dŵr yn lle'r hyn a ollir trwy'r ysgyfaint, y croen, y troeth, a'r ymgarthion. /lae angen o leiaf 1.7 litr o ddŵr y dydd i wneud hyn er ıwyn cadw'n iach, a llawer mwy mewn tywydd poeth.

Bwyta pryd melys
Pancreas
Pa hormon?
Glycogen (storio yn yr iau)
I ba gyfeiriad y dylai'r saeth bwyntio?
Lefel uchel/isel o ? yn y gwaed

12 awr er y pryd diwethaf
Pancreas
Pa hormon?
Glycogen (storio yn yr iau)
I ba gyfeiriad y dylai'r saeth bwyntio?
Lefel uchel/isel o ? yn y gwaed

Cwestiynau

1 Beth yw homeostasis, a pha rai yw prif organau homeostasis?
2 Eglurwch pam mae hylif meinweol yn cael ei alw'n amgylchedd mewnol y corff.
3 Astudiwch y diagram uchod, yna ei gopïo ar ôl ateb y cwestiynau sydd ynddo.
4 Beth yw osmosis, ac osmoreolaeth?

4.12 Y croen a rheoli tymheredd

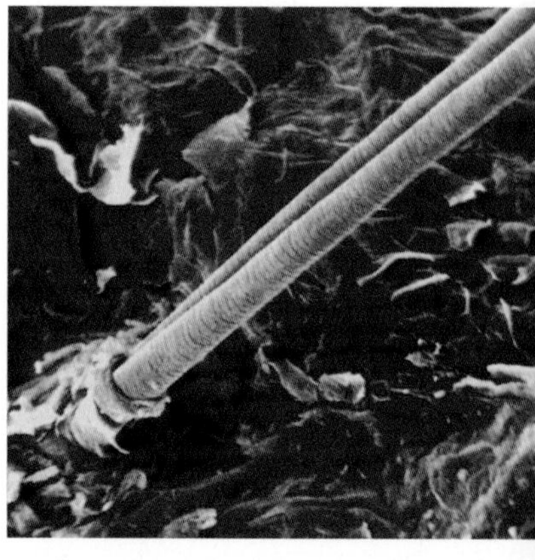

Croen wedi'i chwyddhau yn fawr. Gallwch weld y celloedd marw'n dod ymaith. Beth yw'r pigyn, tybed?

Gwaith y croen

1 Mae'n **amddiffyn** eich corff rhag niwed, baw, a germau.

2 Mae'n cynnwys miliynau o **organau synhwyro** mân iawn, sy'n sensitif i gyffyrddiad, tymheredd a phoen.

3 Mae'n **ysgarthu** dŵr a halwynau o'ch corff, ar ffurf **chwys**.

4 Mae'n helpu cadw eich corff ar **dymheredd cyson**.

Adeiledd y croen

Dyma lun darn bychan iawn o groen, wedi'i chwyddhau yn fawr.

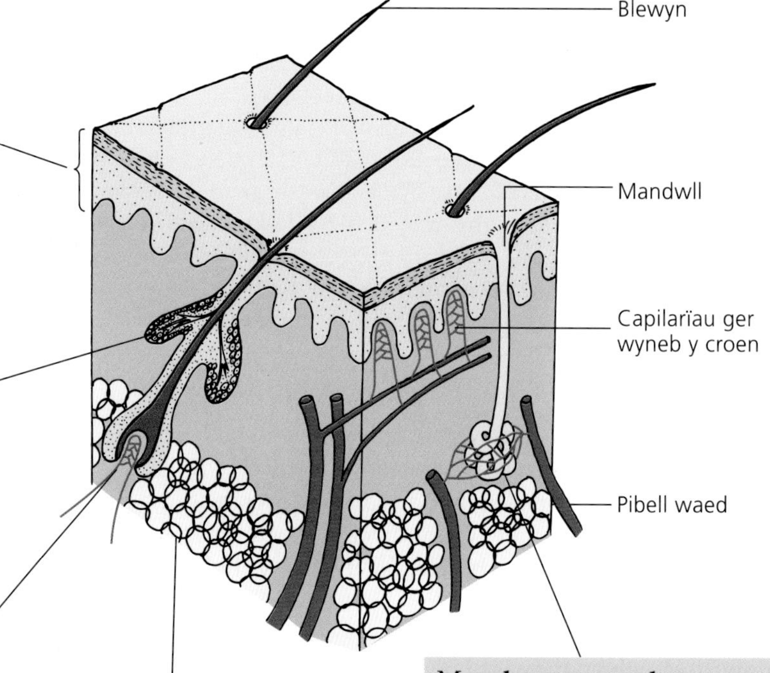

Mae **haen allanol** eich croen yn haen amddiffynnol, wydn o gelloedd fflat, marw. Mae'r rhain yn gadael wyneb y croen trwy'r amser. Ond mae celloedd o'r gwaelod yn cymryd eu lle, yn tyfu ac yn mynd yn fwy gwastad wrth iddynt symud yn nes at yr wyneb.

Mae **chwarennau sebwm** yn cynhyrchu **sebwm** sy'n sylwedd olewog. Dyma sy'n gwneud y croen a'r gwallt yn ystwyth a gwrth-ddŵr. Mae'n arafu twf germau hefyd.

Gwreiddyn blewyn yw'r unig ran o flewyn sy'n fyw. Mae'n ddwfn y tu mewn i'r croen mewn tiwb - y **ffoligl blewyn**. Mae gwallt yn amddiffyn eich pen rhag golau uniongyrchol yr haul, ac mewn anifeiliaid blewog mae'n cadw'r corff yn gynnes.

Mae'r haen hon o gelloedd yn llawn **braster ac olew**. Mae'n helpu cadw'r corff yn gynnes.

Mae **chwarennau chwys** yn cynhyrchu chwys, sef hylif sy'n oeri'r corff pan fydd yn rhy boeth.

Rheoli tymheredd y corff

Efallai fod tu allan eich corff yn teimlo'n boeth neu'n oer ond, y tu mewn, mae'r tymheredd yn aros yr un fath trwy'r amser, tua 37°C. Ar y tymheredd hwn mae prosesau cemegol metabolaeth yn gweithio orau. Mae'r **ganolfan reoli tymheredd** yn yr ymennydd yn monitro tymheredd y corff. Mae'r ganolfan hon yn sensitif i dymheredd y gwaed sy'n llifo trwy'r ymennydd a hefyd i dymheredd y croen. Os bydd tymheredd y corff yn codi'n rhy uchel neu'n gostwng yn rhy isel bydd yn anfon signalau sy'n gwneud i'r newidiadau canlynol ddigwydd yn y croen er mwyn dod â'r tymheredd yn ôl i'r normal.

Yng ngolau haul mae'r croen yn gwneud y pigment brown **melanin** er mwyn ei amddiffyn rhag pelydrau uwchfioled niweidiol. Dyma beth sy'n rhoi lliw haul inni.

Croen a thymheredd y corff

Mae gan eich croen ddwy ffordd i gadw tymheredd eich corff fwy neu lai yn gyson ar 37°C.

Mae angen mwy na'ch croen i'ch cadw'n oer mewn tywydd poeth . . .

Os ydych yn rhy boeth:

1 Rydych yn chwysu llawer. Mae'r chwys yn anweddu ac yn eich oeri.

2 Mae'r pibellau gwaed o dan eich croen yn **ehangu**. Felly mae llawer o waed yn llifo yn agos at arwyneb eich corff gan golli gwres - fel rheiddiadur.

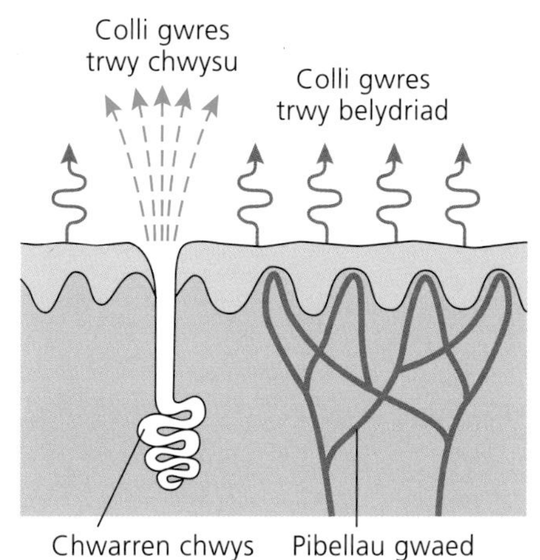

Os ydych yn rhy oer:

Rydych yn stopio chwysu.

Mae pibellau gwaed o dan y croen yn **cyfangu**. Felly dim ond ychydig o waed sy'n llifo yn agos i'r wyneb gan golli gwres.

Mae cyhyrau yn dechrau symud yn gyflym a herciog, hynny yw, yn **crynu**. Mae hyn yn cynhyrchu gwres ychwanegol, sy'n cynhesu'r corff.

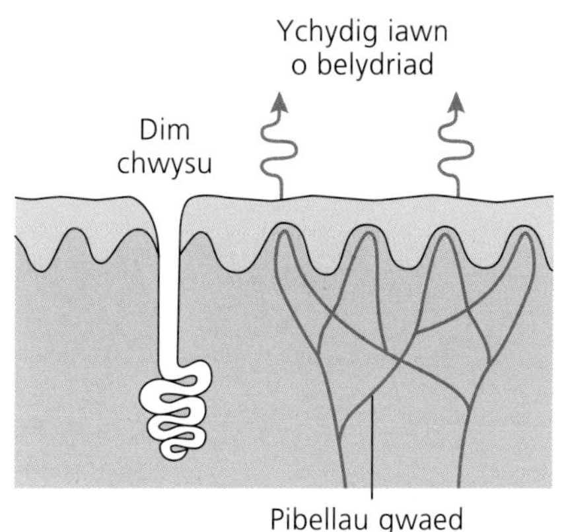
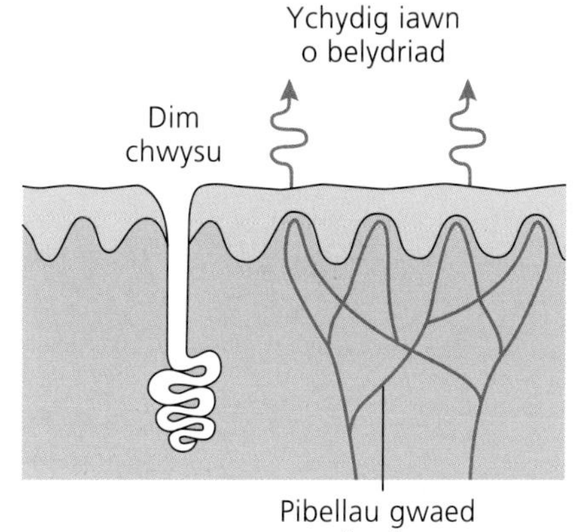

. . . neu'n gynnes mewn tywydd oer. Mae gwisgo dillad addas yn help.

lew y corff

Mae gan lawer o anifeiliaid gôt drwchus o flew, neu ffwr. Mae hon yn dal haen o aer cynnes o amgylch y corff.

Mewn tywydd oer, mae cyhyrau bach iawn yn gwneud i'r blew sefyll, felly mae mwy o aer yn cael ei ddal. Mewn tywydd cynnes mae cyhyrau'r blew yn ymlacio, felly mae llai o aer yn cael ei ddal.

Morlo ifanc, mewn gwisg glyd ar gyfer bywyd yn yr Arctig.

Cwestiynau

1 Mae eich croen yn treulio trwy'r amser. Sut mae'n cael ei adnewyddu?

2 Sut mae lliw haul yn amddiffyn y croen?

3 Pa newidiadau sy'n digwydd yn eich croen pan fyddwch yn rhy boeth?

4 Pa newidiadau sy'n digwydd yn eich croen wrth ichi symud o ystafell gynnes a mynd allan i noson oer o aeaf?

5 Sut mae ffwr yn helpu anifeiliaid yr Arctig i gadw'n gynnes?

4.13 Ysgarthiad

Trwy'r adeg, hyd yn oed pan fyddwch yn cysgu, mae eich corff yn cynhyrchu sylweddau gwastraff. Mae'r gwastraff yn cynnwys carbon deuocsid ac wrea.

Rhaid i'ch corff waredu'r pethau hyn gan eu bod yn wenwynig. **Ysgarthiad** yw'r enw ar waredu gwastraff. Mae eich ysgyfaint yn ysgarthu carbon deuocsid. Mae eich arennau yn ysgarthu **wrea**, sylwedd gwastraff sy'n cael ei gynhyrchu gan fetabolaeth protein yn yr iau/afu. Eich arennau yw eich prif **organau ysgarthiol** – wedi eu lleoli yng nghefn eich corff ychydig yn uwch na'ch canol.

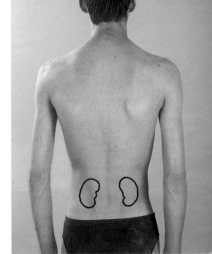

Lleoliad eich arennau.

Gwaith yr arennau

Mae eich arennau yn tynnu wrea, dŵr a sylweddau gwastraff eraill o'ch gwaed.

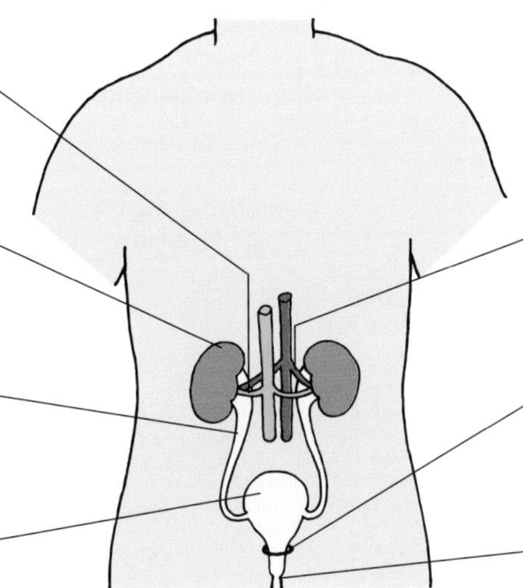

Y **wythïen arennol**, sy'n cludo gwaed 'glân' o'r arennau.

Yr **arennau**, sy'n tynnu wrea a chynhyrchion gwastraff eraill o'r gwaed, a'u hysgarthu mewn hylif a elwir yn **droeth**.

Yr **wreterau**, tiwbiau sy'n cludo troeth i'r bledren.

Y **bledren**, bag sy'n storio troeth nes ichi fynd i'r tŷ bach.

Y **rhydweli arennol**, sy'n cludo gwaed 'budr' i'r arennau.

Y **sffincter**, cylch o gyhyrau sy'n cadw'r bledren ar gau hyd nes ichi fynd i'r tŷ bach.

Yr **wrethra**, tiwb sy'n cludo troeth o'ch corff.

Sut mae'r arennau yn glanhau gwaed

Mae'r arennau yn glanhau gwaed trwy ei hidlo. Maent yn hidlo'r cyfan 300 gwaith y dydd. Mae'r gwaith hidlo yn cael ei wneud gan dros filiwn o diwbiau bychain bach sy'n llenwi pob aren. **Neffronau** yw'r enw ar y tiwbiau hyn.

Nid yw arennau pawb yn hidlo gwaed yn dda iawn. Mae peiriannau arennau yn helpu trwy hidlo eu gwaed ar eu rhan. Mae'r ferch fach yn y llun wedi ei chysylltu â pheiriant arennau.

Weithiau gall llawfeddygon osod aren iach yn lle un ddiffygiol. Yr enw ar y llawdriniaeth hon yw **trawsblaniad aren**.

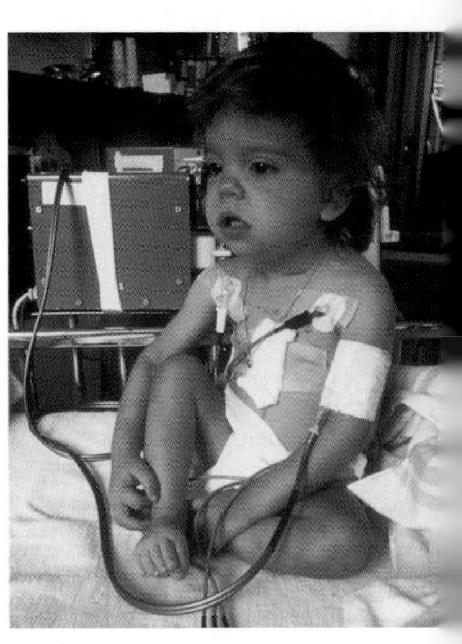

Rhannau'r aren

Mae'r diagram hwn yn dangos aren wedi ei thorri yn ei hanner, gydag un neffron wedi ei chwyddhau.

Ar un pen i **neffron** mae bag siâp cwpan sy'n cynnwys y **glomerwlws**, sy'n glwstwr o gapilarïau. Mae gwaed 'budr' yn mynd i'r glomerwlws ac yn cael ei hidlo.

Mae hylif sydd wedi ei hidlo yn mynd i'r rhan hon o'r neffron sydd â siâp tiwb. Yma mae'n cael ei newid yn **droeth**.

Mae'r troeth o sawl neffron yn llifo i **ddwythell gasglu**.

Mae'r troeth yn llifo i'r **wreter**.

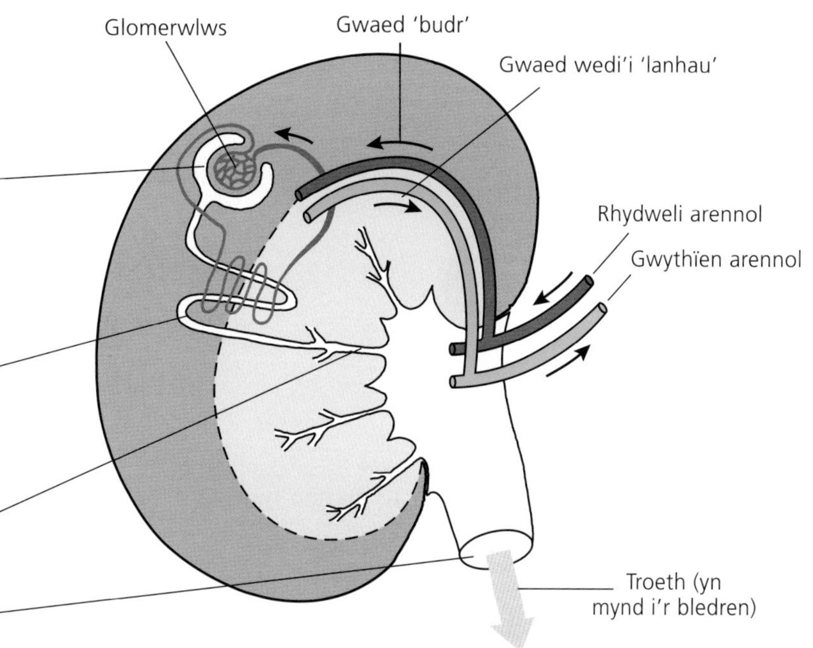

Sut mae neffron yn gweithio

Mae'r diagram isod yn dangos neffron wedi cael ei sythu.

Mae'r glomerwlws yn **hidlo** gwaed. Mae'r holl waed bron, ar wahân i'r celloedd coch, yn cael ei hidlo i'r neffron.

Fel arfer, bydd y glwcos i gyd, a hynny o ddŵr a sylweddau defnyddiol eraill y mae ar y corff eu hangen, yn mynd yn ôl i'r gwaed. Yr enw ar y broses hon yw **adamsugniad detholus**, oherwydd mai dim ond rhai sylweddau sy'n cael eu dethol fel hyn.

Troeth yw'r hylif sydd ar ôl yn y neffron. Mae'n cynnwys wrea a dŵr, a sylweddau eraill nad oes eu hangen. Mae'n llifo trwy'r dwythellau casglu a'r wreterau i'r bledren.

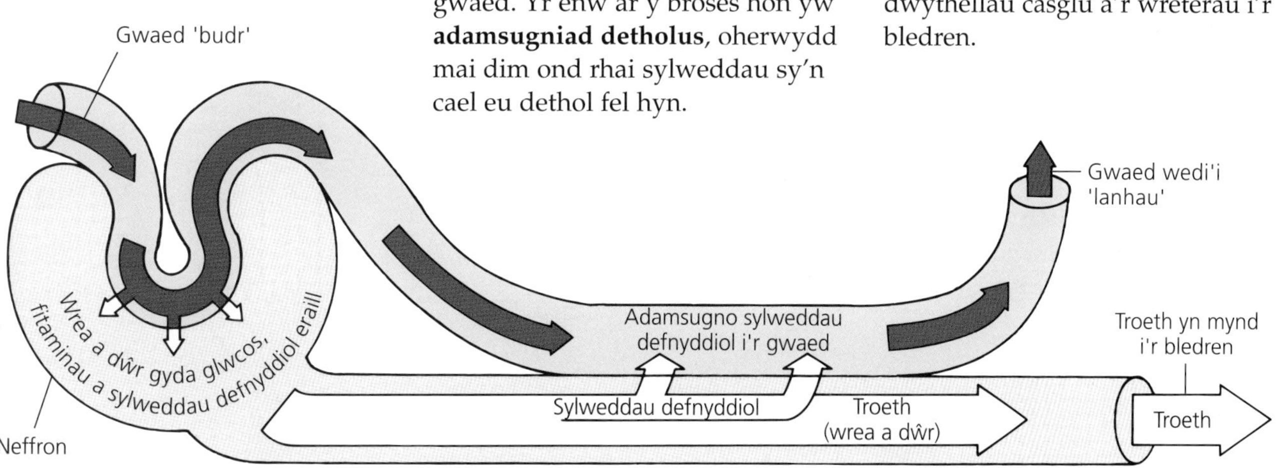

Cwestiynau

1 Pam y byddech chi'n marw petai ysgarthiad yn peidio?
2 Beth mae'r ysgyfaint a'r arennau yn eu hysgarthu?
3 Beth yw gwaith y bledren a'r sffincter?
4 Ble mae gwaed 'budr' yn cael ei hidlo?
5 Beth sy'n digwydd i rwystro sylweddau defnyddiol rhag cael eu colli o'r corff wrth i droeth gael ei gynhyrchu?

Cwestiynau am Bennod 4

1 Mae'r diagram hwn yn dangos rhannau system resbiradu bod dynol.

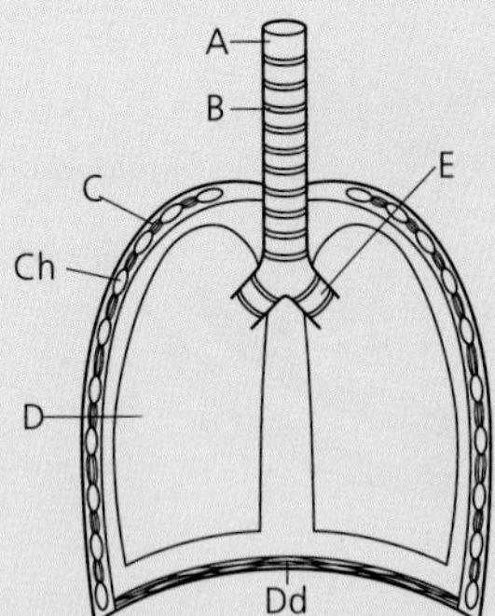

Cysylltwch bob label ar y diagram ag un neu fwy o'r disgrifiadau isod:

a mae'n dal y bibell wynt ar agor;
b y tracea;
c mae'n ymchwyddo tuag i fyny wrth ymlacio;
ch asennau;
d broncws;
dd mae'n cynnwys miliynau o alfeoli;
e tiwb yn cysylltu'r geg â'r ysgyfaint;
f yr ysgyfaint;
ff y llengig;
g mae'n codi'r cawell asennau wrth iddynt gyfangu.

2 a Enwch y nwy y mae eich cyhyrau yn ei gynhyrchu wrth weithio.
b Sut mae eich corff yn gwaredu'r nwy hwn?
c Wrth ymarfer, mae ar eich cyhyrau angen mwy o un nwy. Pa nwy?
ch Sut mae'r nwy hwn yn cyrraedd eich cyhyrau?

3 Gofynnwyd i ddisgybl anadlu gwahanol gymysgeddau o nwyon, a mesurwyd ei gyfradd anadlu. Mae'r graffiau isod yn dangos y canlyniadau.

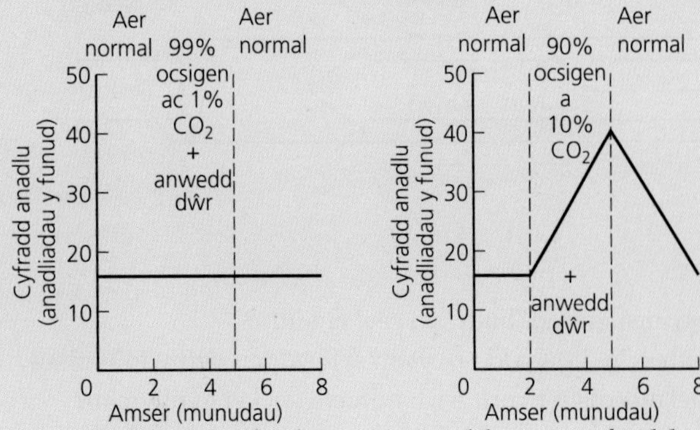

a Beth yw prif achos y cynnydd yn y gyfradd anadlu?

b O wybod hyn, pam mae adfywhau ceg-wrth-geg fel arfer yn well dull o resbiradaeth artiffisial na chywasgu'r frest trwy bwyso arni?

4 Astudiwch y cyfarpar yn y diagram isod. Mae calch soda yn amsugno carbon deuocsid o'r aer.

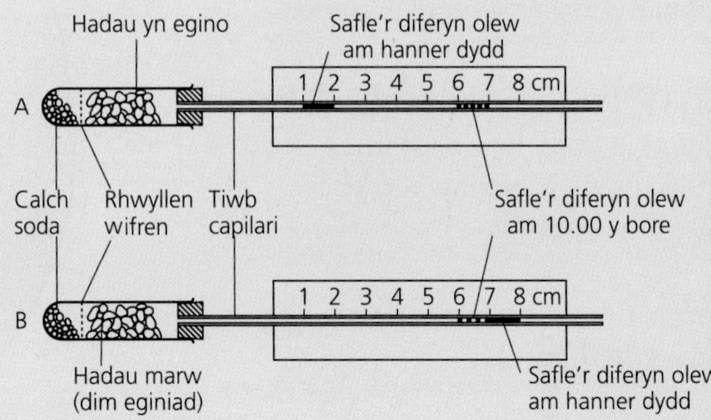

a Pa mor bell mae'r diferyn olew yn teithio yng nghyfarpar A?
b O wybod beth yw swyddogaeth calch soda, rhowch un rheswm pam y symudodd fel hyn.
c Beth mae'r cyfarpar yn ei fesur?
ch Beth yw swyddogaeth cyfarpar B?

5 Mae'r diagram hwn yn dangos y tu mewn i'r galon. Cysylltwch y labeli ar y diagram â'r disgrifiadau isod:

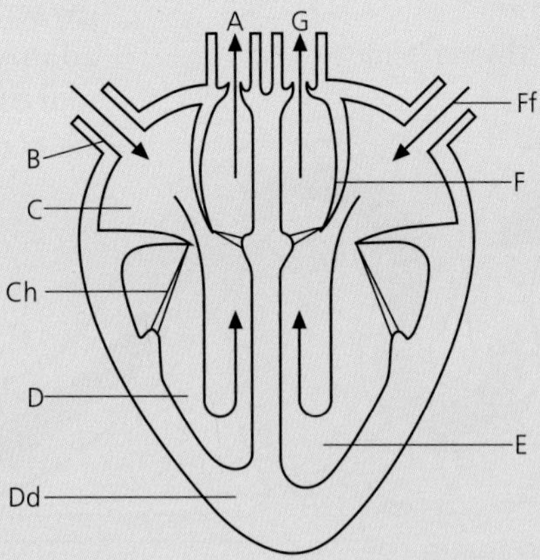

a atriwm de;
b gwaed ar ei ffordd o amgylch y corff;
c tendon falf;
ch fentrigl de;
d gwythïen yn cludo gwaed sydd wedi bod o amgylch y corff;
dd fentrigl chwith;
e falf sy'n rhwystro gwaed rhag llifo'n ôl i'r atriwm chwith;

f cyhyr cardiaidd;
ff gwaed ar ei ffordd i'r ysgyfaint;
g gwaed yn dychwelyd o'r ysgyfaint;

6 Dyma ddarlun o gelloedd gwaed dynol.

A

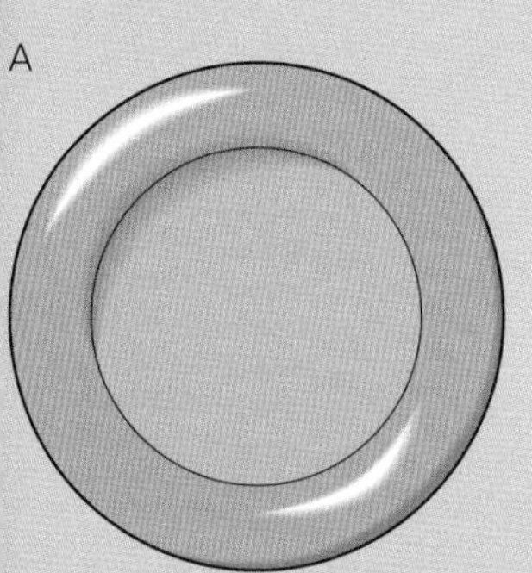

B

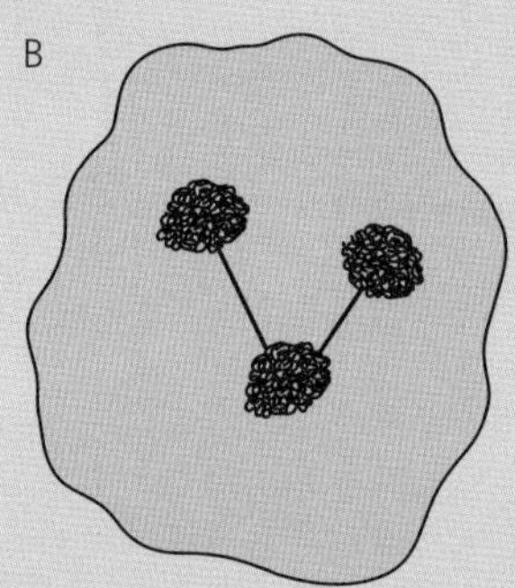

a Enwch y ddwy gell.
b Pa un o'r celloedd:
sy'n cynnwys haemoglobin?
sy'n ffagocyt?
sy'n gallu llifo trwy furiau capilarïau?
sy'n cludo ocsigen?
sy'n bwyta germau?

7 Mae'r diagram hwn yn dangos rhan o groen dynol:

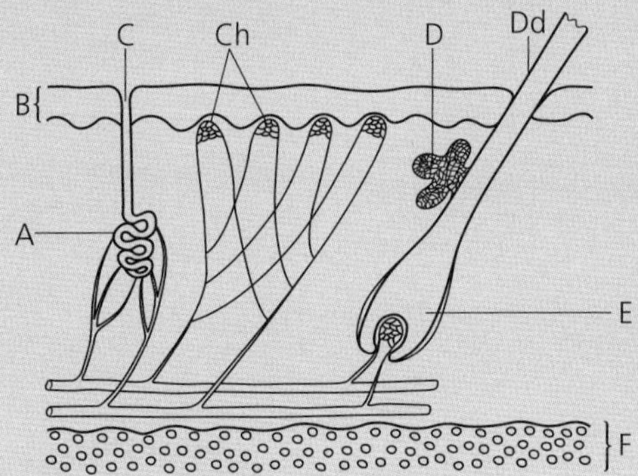

Enwch y rhannau A i F.
Enwch y rhannau sy'n helpu rheoli tymheredd y corff.
Beth mae'r rhannau hyn yn ei wneud pan fyddwn yn rhy boeth?
h Beth mae'r rhannau hyn yn ei wneud pan fyddwn yn rhy oer?
Eglurwch sut mae rhan B yn cael ei hadnewyddu yr un mor gyflym ag y mae'n treulio.
d Pam mae haen F yn tyfu'n fwy trwchus mewn anifeiliaid gwyllt yn yr hydref?

8 Am gyfnod o ddau ddiwrnod, cafodd disgybl ei rhoi o dan yr un amodau amgylcheddol ac fe gafodd yr un bwyd a diod. Gorffwysodd yn llwyr am un diwrnod a bu'n gwneud ymarferion rheolaidd ar yr ail ddiwrnod. Mesurwyd y dŵr a gollodd mewn chwys a throeth (gweler y tabl).

	Dŵr a gollwyd	
	Chwys	**Troeth**
Diwrnod gorffwys	100 g	1900 g
Diwrnod ymarfer	5000 g	500 g

a Pa amodau amgylcheddol y dylid eu cadw yr un fath am y ddau ddiwrnod?
b Pam y dylid cadw bwyd a diod yr un fath am y ddau ddiwrnod?
c Eglurwch y gwahaniaethau yn y chwys a gynhyrchwyd ar y ddau ddiwrnod.
ch Ar y diwrnod ymarfer, beth yw mantais cynhyrchu mwy o chwys a llai o droeth?

9 Mae'r graff isod yn dangos sut mae tymheredd corff bod dynol a madfall yn newid gyda'r tymheredd allanol.

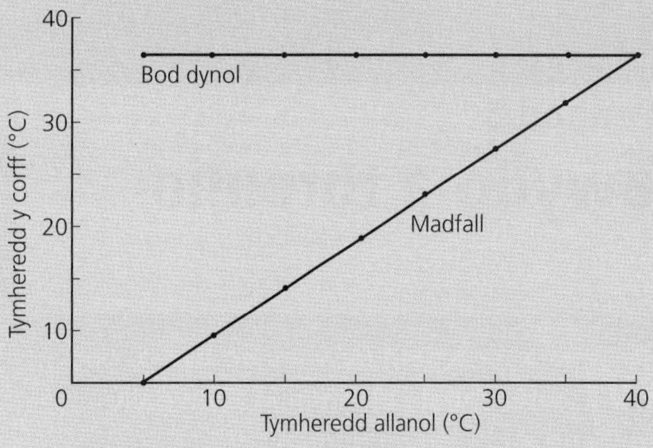

a Beth yw tymheredd corff bod dynol a madfall pan fydd y tymheredd allanol yn 10°C ac yn 30°C?
b Pa un sy'n debygol o fod fwyaf bywiog mewn tywydd oer? Eglurwch eich ateb.
c Sut mae'r corff dynol yn cynnal y tymheredd a ddangosir ar y graff?
ch Beth yw manteision y gallu hwn?
d Meddyliwch am rai rhesymau pam nad yw'r gallu hwn gan y madfall.
dd Beth allai madfall ei wneud i atal ei gorff rhag gorgynhesu?

Pennod 5

Bwydo a threulio

Mae ar bob peth byw angen bwyd, ond yn wahanol i blanhigion, sy'n gallu gwneud eu bwyd eu hunain trwy ffotosynthesis, mae'n rhaid i ni a phob anifail arall ei gael o bethau byw eraill. Mae'r bennod hon yn egluro pam mae angen amrywiaeth o fwyd arnom i ddarparu egni, er mwyn i'r corff dyfu ac atgyweirio, er mwyn cael croen, esgyrn, dannedd a gwaed iach, ac er mwyn gwrthsefyll afiechyd. ■

5.01 Mae eich bwyd yn mynd yn rhan ohonoch

Mae eich corff yn cael ei egni o'r bwyd rydych yn ei fwyta, ac yn cael ei gynnal ganddo. Felly mae'n bwysig dysgu o beth y mae bwydydd wedi eu gwneud, a beth y maent yn ei wneud i'ch corff pan fyddwch yn eu bwyta. Ond cyn astudio bwydydd yn fanwl darllenwch yr Uned hon a cheisiwch ddarganfod rhai ffeithiau drosoch eich hun.

Sect grefyddol, a'i haelodau yn byw yn UDA yn bennaf, yw Adfentyddion y Seithfed Dydd. Nid ydynt byth yn ysmygu nac yn yfed alcohol, ac maent yn bwyta diet o lysiau yn bennaf, gydag ychydig o gig a rhywfaint o gynnyrch llaeth.

Gwelwyd bod yr Adfentyddion hynny sy'n datblygu clefyd y galon yn bwyta mwy o gig a chynnyrch llaeth na'r Adfentyddion eraill. Hefyd, mae'r rhai sy'n datblygu canser y fron neu'r perfedd wedi bwyta mwy o fwydydd wedi'u ffrïo yn y gorffennol. Mae'r Adfentyddion nad ydynt yn datblygu canser yn bwyta mwy o lysiau gwyrdd deiliog a ffa.

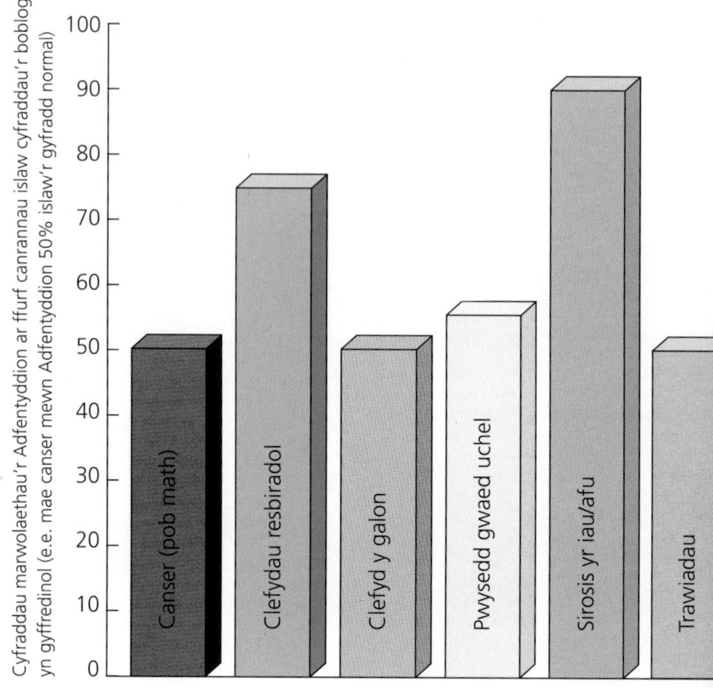

Cyn parhau â'r Uned hon defnyddiwch y ffeithiau uchod a'r graff gyferbyn i ateb y cwestiynau canlynol:

1 Pa fwydydd, yn eich tyb chi, sydd mewn diet llysieuol?
2 Beth mae cofnod iechyd yr Adfentyddion yn ei ddweud wrthych am fanteision bwyta diet llysieuol?
3 Lluniwch restr o gynnyrch llaeth ac o fwydydd wedi'u ffrïo.
4 Beth mae cofnod iechyd yr Adfentyddion yn ei ddweud wrthych am beryglon posibl bwyta llawer o'r bwydydd hyn?

Beth yw bwyta'n iach?

Gallwn ddefnyddio record nodedig yr Adfentyddion o ran eu hiechyd i roi rhai ffeithiau sylfaenol inni ynglŷn â sut mae bwyd yn effeithio ar ein cyrff.

Y ffaith gyntaf i'w nodi yw bod *pob bwyd, hyd yn oed braster, yn 'iach' os caiff ei fwyta'n gymedrol.* Ond mae'r Adfentyddion, a llawer o waith ymchwil gwyddonol, yn dweud wrthym fod yna beryglon iechyd o fwyta *gormodedd* o fwydydd brasterog fel cig (os yw'n cynnwys braster), cynnyrch llaeth (menyn, hufen, caws, wyau), bwydydd wedi'u ffrïo, a bwydydd yn cynnwys braster cudd (cacennau, crwst, bisgedi, creision, siocled).

Yr ail ffaith i'w nodi yw bod rhaid i ddiet iach gynnwys ffrwythau a llysiau, ynghyd â rhywfaint o gig heb fraster, a bwydydd brasterog.

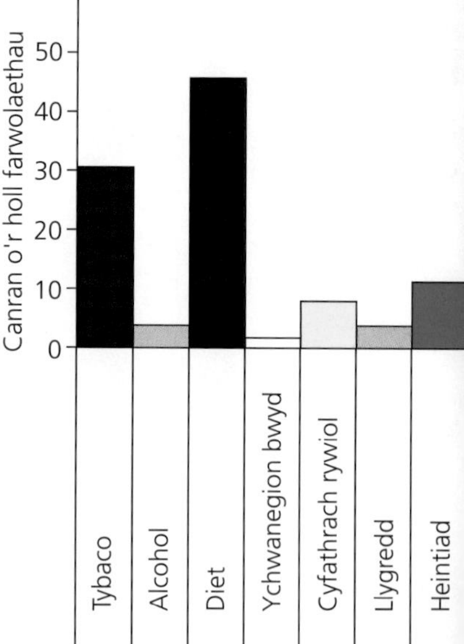

Prif achosion canser. A yw'n eich synnu mai diet yw'r prif achos? Gormodedd o fraster yn y diet yw prif achos canser y fron a'r perfedd. Gall gormodedd o halen arwain at ganser y stumog.

Cwestiynau

Mae'r tabl hwn yn rhestru pa ganran o ba faetholynnau sydd mewn bwydydd. Sylweddau anfwytadwy (e.e. esgyrn, cregyn, gïau, dŵr) yw'r canrannau nad oes cyfrif amdanynt. Daw'r ffigurau o lawlyfr ar faethiad gan Lyfrfa'r Llywodraeth, 1978.

Math o fwyd	% carbohydrad	% braster	% protein
Afal	12	–	0.5
Bisgedi (melys)	65	25	7
Cacennau a chrwst	55	20	6
Caws	–	35	25
Cyw iâr (rhost)	–	7	30
Siocled	54	38	9
Creision (tatws)	50	36	6
Hufen iâ	21	13	4
Cig oen (rhost)	–	22	23
Tatws (wedi'u stemio)	20	–	1
Tatws (wedi'u ffrïo)	37	9	4
Pysgod gwyn (wedi'u ffrïo mewn cytew)	8	10	20
Pysgod gwyn (wedi'u stemio)	0.5	1	20

Nid oes rhaid i bryd bwyd sy'n cynnwys byrgyr fod yn 'fwyd sothach'. Gweler cwestiwn 5.

Gallwch fwynhau bwyta teisen 'afiach' ambell dro.

Stecen gig oen o'r gridyll gyda llysiau. Gweler cwestiwn 8.

1 Pam mae'n bwysig cael rhywfaint o fraster yn eich diet?

2 Pam mae'n well gridyllu, stemio, pobi, neu botsio bwyd yn hytrach na'i ffrïo?

3 Pam y dylech chi fwyta hyd at bum dogn o ffrwythau a llysiau bob dydd?

4 Rhwng prydau, pam mae'n well i chi fwyta afal fel byrbryd yn hytrach na bisgedi, creision neu siocled?

5 Astudiwch y llun o'r pryd gyda byrgyr. Pam maent weithiau yn cael eu galw'n 'fwydydd sothach'? Sut y gallech chi newid y pryd hwn i'w wneud yn fwy cytbwys?

6 Pam y gellid dadlau y dylai pobl fwyta pysgod a llysiau wedi'u stemio yn amlach na physgod wedi'u ffrïo a sglodion?

7 Pan fyddwch chi'n ceisio colli pwysau pam mae cyw iâr yn well dewis mewn pryd na chig oen?

8 Astudiwch y llun o bryd gyda stecen gig oen. Beth sydd wedi ei wneud i'r cig, a beth sy'n gynwysedig yn y pryd i leihau'r braster sydd ynddo?

9 Pam nad yw'n beth iach rhoi llawer o gaws ar fwyd fel *pizza* neu daten bob?

10 Petaech chi'n rhoi cyngor i ffrind sy'n pwyso gormod, ond yn hapus, i golli pwysau a bod y ffrind yn gwneud hynny ond yn teimlo'n ddiflas, a fyddech chi wedi gwneud y peth iawn?

5.02 Bwyd

Pam mae angen bwyd arnom ni

I dyfu ac atgyweirio Mae eich corff yn tyfu trwy ffurfio celloedd newydd. Mae arnoch hefyd angen celloedd newydd i gymryd lle rhai marw. Mae celloedd yn cael eu hadeiladu o sylweddau sydd mewn bwyd.

I gael egni Mae angen egni arnoch i weithio eich cyhyrau, a'r holl organau eraill. Byddwn yn mesur yr egni sydd mewn bwyd mewn **cilocaloriau** neu mewn cilojouleau.
(4.2 cilojoule = 1 cilocalori)

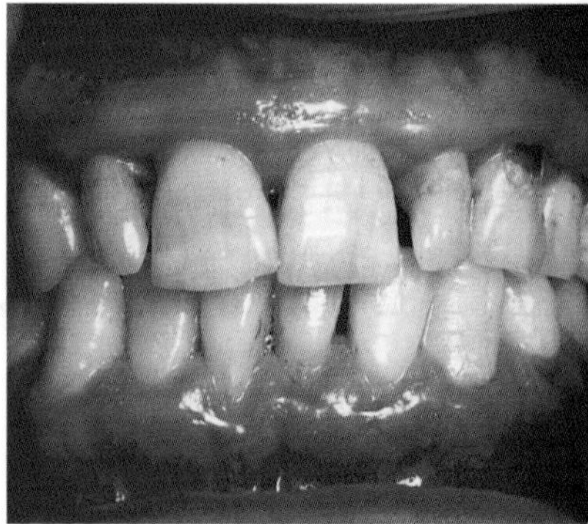

I gadw'n iach Mae arnoch angen fitaminau a mwynau mewn bwyd Dyma sy'n digwydd i ddeintgig os nad ydych yn cael digon o fitamin C.

Beth sydd mewn bwyd?

Mae cymysgedd o sylweddau mewn bwyd. Y prif rai yw proteinau, carbohydradau, brasterau, olewau, fitaminau, mwynau, ffibr a dŵr.

Mae'r wyau hyn yn cynnwys:

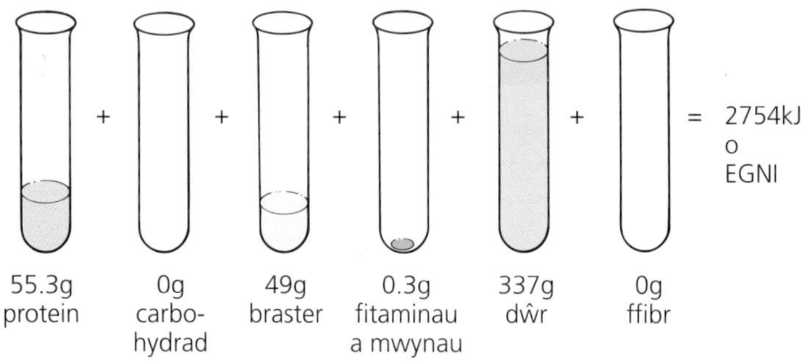

Mae'r ffa pob hyn yn cynnwys:

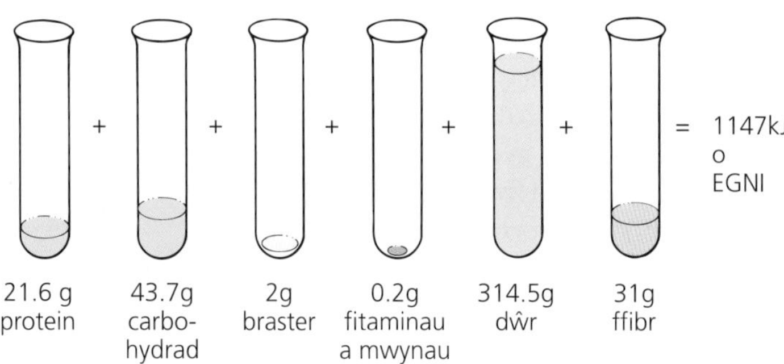

Beth mae bwyd yn ei wneud i chi?

Mae **carbohydradau** yn rhoi egni. Mae siwgr a startsh yn ddau fath o garbohydrad.

Ni allwch dreulio **ffibr dietegol**. Ond mae'n atal rhwymedd ac yn glanhau eich perfedd.

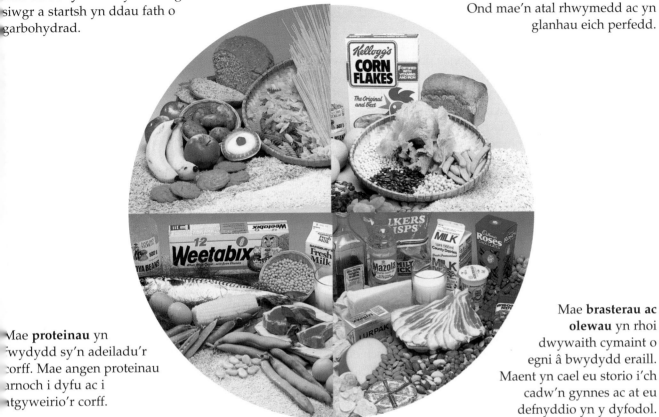

Mae **proteinau** yn fwydydd sy'n adeiladu'r corff. Mae angen proteinau arnoch i dyfu ac i atgyweirio'r corff.

Mae **brasterau ac olewau** yn rhoi dwywaith cymaint o egni â bwydydd eraill. Maent yn cael eu storio i'ch cadw'n gynnes ac at eu defnyddio yn y dyfodol.

Y prif fitaminau a mwynau angenrheidiol

Sylwedd	I'w gael mewn ...	Mae ei angen ar gyfer ...	Gall prinder achosi ...
Fitamin C	Orennau, lemonau grawnffrwyth, llysiau gwyrdd tatws	Croen a deintgig iach, a gwella briwiau yn gyflym	**Y Llwg (sgyrfi).** Y deintgig a'r trwyn yn gwaedu. Y corff yn gwaedu'n fewnol.
Fitamin D	Llaeth, menyn, wyau, pysgod, afu/iau (a'r croen yn ei wneud mewn heulwen)	Esgyrn a dannedd cryf	**Y Llech**. Esgyrn yn troi'n feddal ac yn mynd yn gam.
Calsiwm	Llaeth, wyau	Esgyrn a dannedd cryf	**Y Llech.**
Haearn	Iau/afu, sbinaits	Gwneud celloedd coch y gwaed	**Anaemia**. Y person yn welw a phrin o egni.

Cwestiynau

1 Enwch dri bwyd sy'n cynnwys llawer o:
- **a** ffibr dietegol;
- **b** siwgr;
- **c** protein;
- **ch** startsh;
- **d** brasterau ac olewau.

2 Enwch fwydydd y mae eu hangen:
- **a** ar gyfer esgyrn a dannedd cryf;
- **b** i osgoi'r llwg;
- **c** i osgoi rhwymedd;
- **ch** ar gyfer cynhesrwydd;
- **d** er mwyn tyfu.

5.03 Rhagor am fwyd

Bwyd ac egni

Ar wahân i fitaminau a mwynau, mae pob gwahanol fwyd yn cynnwys egni wedi'i storio. Yn ystod resbiradaeth mae'r egni hwn yn cael ei ryddhau fel ei fod ar gael ar gyfer pethau byw. Pan gaiff bwyd ei losgi, mae'n rhyddhau yr un faint o egni, ar ffurf gwres, ag y bydd pan gaiff ei resbiradu. Felly er mwyn darganfod gwerth egni bwyd, gallwn ei losgi a defnyddio'r gwres a gynhyrchir i dwymo cyfaint penodol o ddŵr. Gan fod angen 4.2 joule o wres i godi tymheredd 1 g o ddŵr trwy 1°C, gellir cyfrifo egni gwres bwyd â'r fformiwla:

egni = codiad tymheredd mewn °C × 4.2 × màs dŵr mewn gramau

Fel arfer defnyddir **cilojouleau** i fynegi gwerth egni bwyd:

1 cilojoule (1 kJ) = 1000 joule.

Yr egni *potensial* ac nid *gwir* werth egni bwyd a gawn o'r mesuriadau hyn. Os byddwch yn bwyta bara menyn â gwerth egni o 1000 kJ, ni fyddwch yn cael 1000 kJ o egni. Yn gyntaf, bydd y bran yn y bara a pheth o'r braster yn y menyn yn mynd trwy'r coluddion heb eu treulio, ac felly caiff yr egni ohonynt ei golli. Yn ail, caiff hyd at 85% o'r egni sy'n cael ei ryddhau yn ystod resbiradaeth ei golli ar ffurf gwres. Astudiwch y llun a'r pennawd gyferbyn cyn darllen ymhellach.

Pa un o'r bwydydd hyn sy'n ffynhonnell egni sydyn? Eglurwch eich ateb. Bydd un o'r rhain yn rhyddhau tua 15% o'i egni potensial yn ystod resbiradaeth. Pa un? Bydd y lleill yn rhyddhau llai hyd yn oed. Pa rai? Eglurwch eich atebion.

Mathau o fwydydd a'u cyfansoddiad

Y chwe math o fwyd yw carbohydradau, proteinau, brasterau ac olewau, mwynau a fitaminau.

Carbohydradau Dyma'r bwydydd siwgraidd a'r bwydydd startsh. Enghreifftiau yw ffrwythau melys, mêl, jam, bara, teisennau, tatws, reis a phasta fel *spaghetti*.

Carbohydradau yw'r brif ffynhonnell egni ar gyfer pethau byw. Mae un gram yn rhyddhau tua 17 kJ o egni. Mae'r corff yn newid y rhan fwyaf o garbohydradau yn glwcos cyn eu resbiradu.

Mae planhigion yn storio cyflenwadau mawr o egni yn eu hadau ac mewn organau storio fel cloron tatws. Mewn anifeiliaid, eu prif storfa fwyd carbohydrad yw **glycogen**, sy'n debyg i startsh. Mae'r cyflenwad glycogen y gall anifeiliaid ei storio yn gyfyngedig. Ar ôl cyrraedd yr uchafswm, caiff unrhyw garbohydrad sydd dros ben ei newid yn fraster neu'n olew, ac yna ei storio yn y corff.

Ar ôl darllen y ddwy dudalen hyn, dosbarthwch y bwydydd uchod yn rhai sydd: yn ffynhonnell egni; yn ffurfio'r brif storfa fwyd mewn anifeiliaid a phlanhigion; yn darparu'r defnyddiau crai ar gyfer tyfu ac atgyweirio.

Brasterau ac olewau Enw arall ar y rhain yw **lipidau**, ac maent yn cynnwys menyn, lard, siwet, toddion cig, olew olewydd ac olew iau (olew afu) penfras. Maent yn ffynonellau egni pwysig oherwydd gall 1 gram o lipid ryddhau hyd at 38 kJ o egni pan gaiff ei resbiradu.

Mae brasterau yn storfeydd bwyd pwysig iawn mewn anifeiliaid a phlanhigion. Yn gyntaf, mae pob gram yn cynnwys dwywaith yr egni a geir mewn bwydydd eraill ac, yn ail, mae haenau o feinwe brasterog, yn enwedig o dan groen anifeiliaid, yn ynysu'r corff rhag colli gwres.

Proteinau Ffynonellau pwysicaf protein yw cig, iau/afu, arennau, cynnyrch llaeth, wyau, pysgod a ffa. Mae'r bwydydd hyn yn darparu'r defnyddiau crai y mae eu hangen ar bethau byw er mwyn tyfu, ac atgyweirio meinweoedd sydd wedi heneiddio neu eu niweidio. Nid yw proteinau yn cael eu resbiradu ar gyfer egni fel arfer, ond pan fydd hyn yn digwydd gallant ryddhau hyd at 17 kJ o egni am bob gram.

Caiff proteinau eu treulio yn gemegau a elwir yn **asidau amino**. Mae oddeutu 26 o'r rhain, ond 10 yn unig, sef yr **asidau amino hanfodol**, sydd eu hangen ar fodau dynol. Gall ein cyrff wneud y gweddill. Mae proteinau o anifeiliaid yn cynnwys y 10 asid amino hanfodol ac felly cânt eu galw'n **broteinau cyflawn**.

Nodyn am ddiet llysieuol Nid yw unrhyw brotein o blanhigion yn cynnwys yr holl asidau amino hanfodol, felly cânt eu galw'n **broteinau anghyflawn**. Ond gellir cael y 10 trwy fwyta amrywiaeth eang o fwydydd planhigol. Gall diet llysieuol fod yn iach iawn gan nad yw fel arfer yn cynnwys llawer o fraster, olew, siwgr na halen, ac mae'n uchel mewn ffibr dietegol.

Mae'r plentyn hwn yn dioddef o'r cyflwr **marasmus**, a achosir gan ddiffyg proteinau a charbohydradau llawn egni yn y diet.

Fitaminau Nid oes gwerth egni mewn fitaminau ond maent yn hanfodol ar gyfer iechyd a thyfu. Ychydig bach iawn sydd ei angen o rai ohonynt - llai nag un rhan o filiwn o gram y dydd. Mae fitaminau yn ymwneud ag adweithiau cemegol hanfodol yn y corff, fel arfer ar y cyd â phroteinau ac ensymau.

Mwynau Mae arnoch angen tua 15 o fwynau gwahanol yn eich diet. Fel y fitaminau, nid oes gwerth egni iddynt, ond maent yn hanfodol ar gyfer iechyd. Cewch y rhan fwyaf o'r mwynau hanfodol mewn diet o gig, wyau, llaeth, llysiau gwyrdd a ffrwythau.

Dŵr Mae arnoch angen o leiaf 1.7 litr (3 pheint) o ddŵr bob dydd yn lle'r dŵr sy'n cael ei golli trwy'r croen wrth chwysu, mewn troeth o'ch arennau, mewn ymgarthion, a thrwy anweddiad o'ch ysgyfaint wrth anadlu. Pan fyddwch yn boeth iawn gall eich corff golli hyd at 1.5 litr o ddŵr mewn awr wrth iddo anweddu o'ch croen er mwyn eich oeri.

Cwestiwn

Copïwch a chwblhewch y siart isod o gyfansoddiad bwydydd trwy roi tic neu groes yn y colofnau perthnasol.

	Carbohydradau	Brasterau ac olewau	Proteinau	Fitaminau	Mwynau
Penfras wedi'i ffrïo					
Sudd oren					
Atal y llech					
Taffi					
Pysgod a sglodion					
Bwydydd cryfhau'r corff					
Iau/afu					
Gwella clwyfau					
I gael esgyrn cryfion					
Siocled llaeth					
Yn cynnwys asidau amino					

5.04 Diet cytbwys ac iechyd

Petaech ond yn bwyta melysion, neu gacennau hufen, neu greision, byddech yn cadw'n fyw am gyfnod. Ond fyddech chi ddim yn cadw'n iach, oherwydd na fyddech yn bwyta diet cytbwys.

Diet cytbwys yw un sy'n cynnwys y meintiau cywir o brotein, carbohydrad, braster, fitaminau a mwynau i ateb holl anghenion eich corff.

Faint ddylech chi ei fwyta?

Mae faint o fwyd y mae arnoch ei angen yn dibynnu ar yr egni rydych yn ei ddefnyddio mewn diwrnod. Ac mae hynny'n dibynnu ar:

1 **eich oedran.** Mae pobl ifanc yn eu harddegau yn defnyddio mwy o egni na babanod.

2 **eich gwaith.** Mae chwaraewr pêl-droed yn defnyddio mwy o egni na chwaraewr snwcer.

3 **eich rhyw.** Mae gwrywod yn defnyddio mwy o egni na menywod o'r un oedran, hyd yn oed i wneud yr un gwaith.

	Egni a ddefnyddir mewn diwrnod (kJ)	
	Gwryw	Benyw
Plentyn 8 oed	8800	8800
Disgybl 15 oed	12600	9600
Oedolyn, gwaith swyddfa	11500	9450
Oedolyn, gwaith trwm	20000	12600
Mam feichiog		10000
Mam sy'n bwydo o'r fron		11300

Mae'r tabl hwn yn dangos faint o egni a ddefnyddir mewn diwrnod. Mewn cilojouleau (kJ yn fyr) y mesurir yr egni a ddefnyddir gan y corff.

Y cydbwysedd cywir

Dylai'r bwyd rydych yn ei fwyta bob dydd roi digon o egni i'ch cynnal am y diwrnod hwnnw.

Os byddwch yn bwyta gormod, bydd eich corff yn storio'r gweddill fel braster. Felly byddwch yn mynd yn rhy drwm, neu'n **ordew**. Mae pobl sy'n ordew yn fwy tebygol o gael trawiad ar y galon na phobl denau.

Os na fyddwch yn bwyta digon, byddwch yn colli pwysau. Byddwch yn teimlo'n wan a phrin o egni. Mae rhai pobl yn bwyta cyn lleied nes dioddef o **anorecsia**. Mae hyn yn digwydd, er enghraifft, os bydd person yn mynd ar ddiet colli pwysau heb wybod pryd i roi'r gorau iddi. Ond rhaid i ni fwyta er mwyn byw - felly mae cydbwysedd yn bwysig.

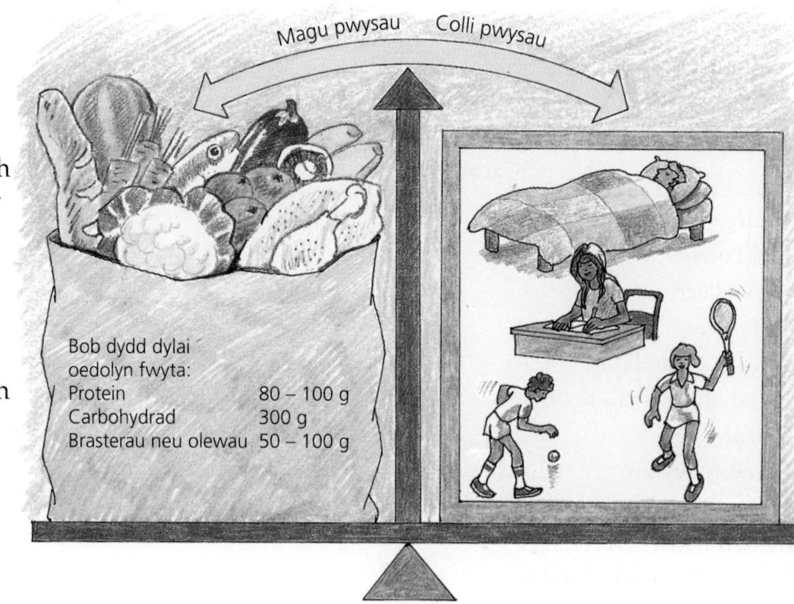

Rhaid i'r bwyd a fwytawn **gydbwyso** yr egni a ddefnyddiwn

Bwyta gormod

Rydych yn bwyta gormod os yw gwerth egni'r bwyd rydych yn ei fwyta yn uwch na faint o egni rydych yn ei ddefnyddio yn yr un cyfnod. Gall bwyta gormod arwain at fagu pwysau a gordewdra. Gall gordewdra gyfrannu at glefyd y galon, pwysedd gwaed uchel, y clefyd siwgr, clefyd coden y bustl, canser y perfedd, a hefyd ganser y fron a'r groth. Beth mae'r graff gyferbyn yn ei ddweud wrthych am ordewdra?

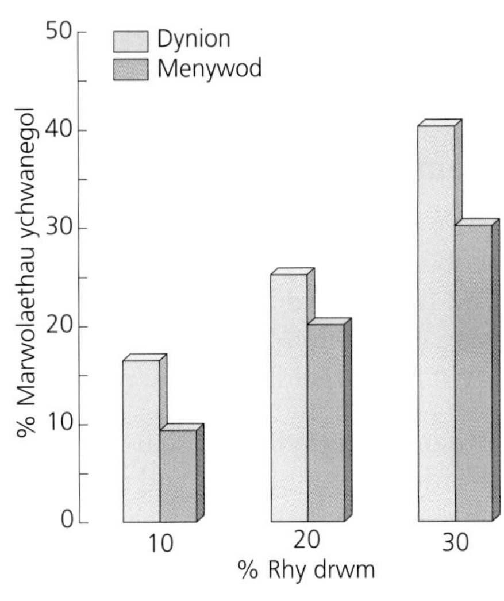

Bwyta gormod o fraster Mae gormod o fraster yn y diet yn beryglus oherwydd ei fod yn arwain at ffurfio colesterol, sylwedd brasterog sy'n gallu cau rhydwelïau yn rhannol neu'n llwyr gan ostwng neu atal llif y gwaed. Amcangyfrifwyd hefyd fod diet sy'n uchel mewn braster anifeiliaid yn achosi un ym mhob tri o bob canser. Yn ogystal â'r braster mewn menyn, hufen a chig brasterog, cofiwch fod llawer o fraster cudd mewn teisennau a chrwst, hufen iâ, byrgyrs, selsig, creision, cnau a siocled.

Bwyta gormod o siwgr Mae siwgr yn achosi i ddannedd bydru, mae'n gysylltiedig â'r clefyd siwgr, a gall achosi gordewdra oherwydd bod siwgr nad yw'n cael ei ddefnyddio'n syth ar gyfer egni yn cael ei droi'n fraster. Mae hufen iâ a siocled ymhlith y bwydydd sydd â'r potensial mwyaf i'ch gwneud chi'n dew oherwydd eu bod yn cynnwys siwgr *a* braster.

Bwyta gormod o halen Gall hyn achosi pwysedd gwaed uchel, sydd yn elfen amlwg mewn clefyd y galon a thrawiadau, a hefyd ganser y stumog. Ar gyfartaledd, mae pobl Prydain yn bwyta llond 2.5 llwy de o halen bob dydd (12 g). Mae tua 88 y cant o hwn mewn bwyd yn barod, yn enwedig bwydydd a wnaed mewn ffatrïoedd, sef bwyd wedi'i brosesu (gweler y graff gyferbyn). Felly ychwanegwch lai o halen at eich bwyd, bwytewch lai o gawl paced, bwyd wedi'i gadw mewn dŵr halen, cig moch a chreision tatws wedi'u halltu.

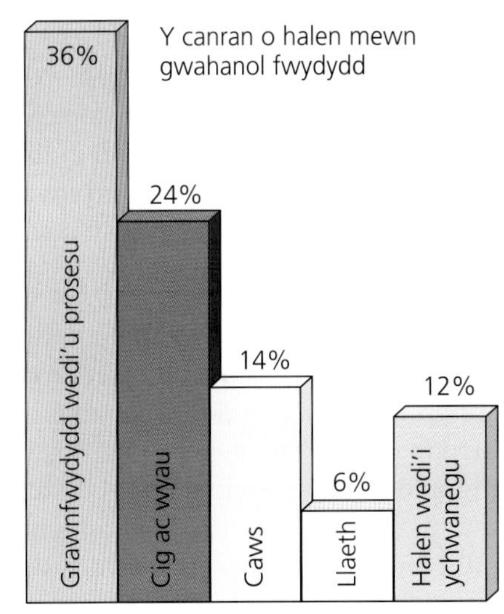

Ffibr dietegol (bwyd garw)

Bran grawnfwydydd a muriau cellwlos celloedd planhigion yw ffibr. Mae'n mynd trwy'r coluddion heb ei dreulio, ond eto mae'n rhan bwysig o ddiet iach. Rhai bwydydd sy'n uchel mewn ffibr yw bara gwenith cyflawn, grawnfwydydd brecwast sy'n cynnwys bran, tatws trwy'u crwyn, cnau, bananas, afalau, India-corn a brocoli. Mae ffibr yn gwneud bwyd yn fwy swmpus, sy'n atal rhwymedd trwy ei gwneud hi'n haws i gyhyrau'r coluddion gael gafael ar y bwyd a'i symud trwyddynt yn gyflym trwy beristalsis. Mae hyn yn rhwystro sylweddau sydd heb eu treulio a gwastraff gwenwynig rhag crynhoi yn y rectwm, rhywbeth sy'n gallu arwain at ganser y perfedd.

Cwestiynau

1 Mae pum bisged siocled (tua 100 g) yn darparu digon o egni ar gyfer beicio am 90 munud ar 15 km yr awr. Dim ond digon o egni ar gyfer beicio am 30 munud ar y cyflymder hwn y mae'r un pwysau o fara gwenith cyflawn yn ei gyflenwi. Sut mae hyn yn dangos bod rhai bwydydd yn cyflenwi eich anghenion egni ymhell cyn eu bod yn bodloni eich archwaeth am fwyd, a'i bod yn hawdd gorfwyta heb sylweddoli hynny?

2 Pa fwydydd sy'n gallu achosi pydredd dannedd, gordewdra, canser a chlefyd y galon os byddwn yn bwyta gormodedd ohonynt?

3 'Mae bwydydd uchel mewn ffibr yn bodloni eich archwaeth am fwyd ond ni allant eich gwneud chi'n dew.' Pam mae hyn yn wir?

5.05 Bwydo biliynau'r byd

Pam mae miliynau'n newynu?

Ar y funud, mae digon o fwyd yn y byd ar gyfer pawb, ac mae llawer o bobl yn credu y gall y byd gynhyrchu digon o fwyd i ateb ein hanghenion am flynyddoedd lawer eto. Felly pam mae bron i 500 miliwn o bobl (mwy nag un ym mhob deg ar y blaned) yn bwyta llai na'r diet mwyaf sylfaenol sy'n angenrheidiol i gadw'n iach?

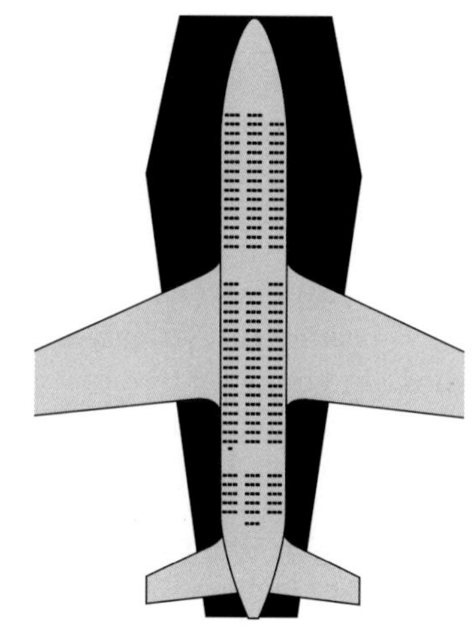

Beth fyddai ymateb y byd petai 300 o awyrennau jymbo yn disgyn i'r ddaear bob dydd gan ladd pob teithiwr, a thua'u hanner yn blant? Mae 40 miliwn o bobl yn marw bob blwyddyn o newyn a chlefydau sy'n gysylltiedig â diffyg bwyd - digon i lenwi'r nifer hwn o awyrennau.

Rhannu anghyfartal Gall pobl yn y gwledydd diwydiannol cyfoethog fforddio crynhoi storfeydd enfawr o fwyd, a bwyta mwy nag y mae arnynt ei angen. Mae person Ewropeaidd, cyffredin, yn bwyta tua 40 y cant yn fwy o fwyd nag sydd ei angen i gadw'n iach, tra bo person cyffredin mewn gwledydd tlawd yn byw ar 10 y cant yn llai nag sydd ei angen. Mae hyd yn oed un o gathod anwes cyffredin Ewrop yn bwyta mwy o gig bob dydd na pherson yn y byd sy'n datblygu.

Wrth i safonau byw godi yn uwch eto yn y gwledydd cyfoethog bydd y galw am fwyd yn cynyddu a'r 'bwlch bwyd' rhwng y tlawd a'r cyfoethog yn lledu. Oherwydd hyn, gallai nifer y bobl sy'n cael llai o fwyd na'u hanghenion mewn gwledydd tlawd godi i 1.5 biliwn mewn ychydig flynyddoedd.

Gwastraffu bwyd yn ddiangen Mae hyd at 50 y cant o'r bwyd a dyfir yn cael ei wastraffu rhwng y cae a'r cwsmer, neu'r bwytäwr. Os yw dulliau cynaeafu'n wael caiff grawn ei golli ar lawr a'i hollti, ac fe gaiff ffrwythau eu cleisio. Bydd bwyd llaith yn llwydo wrth gael ei storio, a gall pryfed a llygod mawr ddifetha bwyd sy'n cael ei storio'n wael. Byddai datrys y problemau hyn yn ddrud, ond yn werth chweil.

Tyfu'r cnydau anghywir neu anaddas Mae gwledydd tlawd yn aml yn defnyddio eu tir gorau ar gyfer **cnydau gwerthu** fel tybaco, te, coffi, a chnydau eraill, y byddant yn eu gwerthu i wledydd cyfoethog. Daw hyn ag incwm y mae ei angen yn fawr arnynt, ond mae'n eu rhwystro rhag tyfu digon o fwyd i fwydo eu pobl eu hunain. Felly rhaid iddynt fewnforio bwyd. Os bydd y pris a gânt am eu cnydau gwerthu yn disgyn, ni fydd pobl yn gallu fforddio bwydydd wedi'u mewnforio, bydd rhaid iddynt wneud hebddynt a byddant yn newynu.

Mae rhai gwledydd, yn cynnwys amryw yn Ne-ddwyrain Asia, yn allforio bwyd, er nad yw rhai o'u pobl eu hunain yn cael digon.

Dyluniad yn dangos faint o fwyd a fwyteir mewn gwledydd cyfoethog a rhai tlawd bob blwyddyn

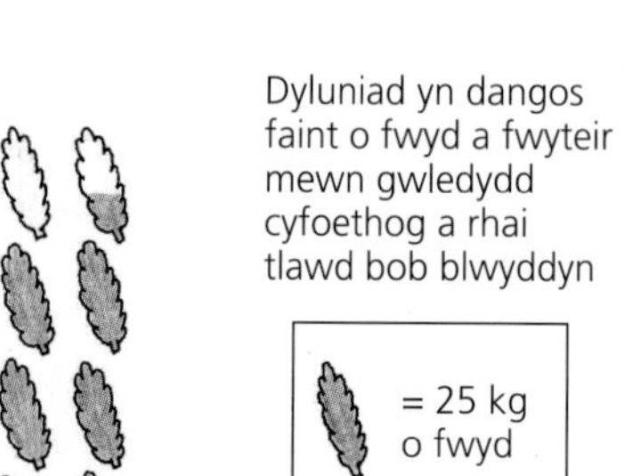

Camddefnyddio pridd Y dull traddodiadol o ffermio yw trin tua thraean o'r tir bob blwyddyn, fel bod dau draean ohono bob amser yn fraenar a thail yn cael ei ddefnyddio i'w ailffrwythloni. Mae dulliau modern yn defnyddio gwrteithiau cemegol a phlaleiddiaid. Bydd y cynnyrch yn gwella am ychydig, hyd nes bod y pridd, oherwydd nad oes tail wedi rhoi hwmws iddo, yn mynd fel powdr ac yn cael ei chwythu ymaith gan y gwynt.

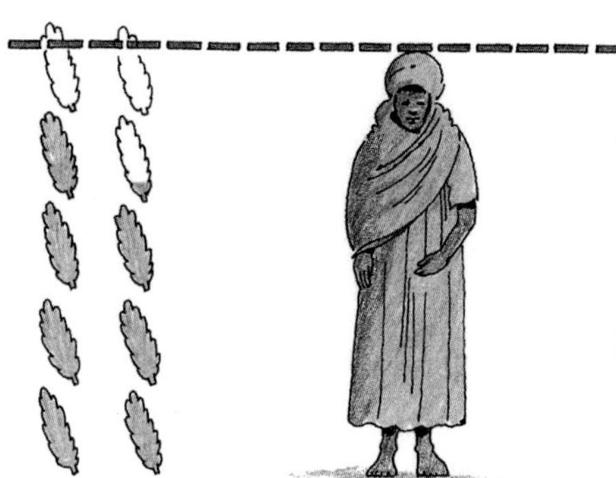

Gorbori Os bydd gwartheg yn pori yr un llecyn am gyfnodau hir, byddant yn bwyta'r rhan fwyaf o'r planhigion ac yn gadael pridd noeth. Bydd eu traed yn gwasgu'r pridd, a chaiff ei grasu mor galed gan yr Haul, ni fydd dŵr yn gallu treiddio iddo. Yn ystod stormydd glaw bydd dŵr yn llifo oddi ar y llethrau, gan dynnu'r haenau sydd ar yr wyneb gydag ef, ac agor rhychau dyfnion. Gall hyn ddigwydd mewn mannau lle bo'r unig ffynhonnell ddŵr yn ambell ffynnon ddofn yma ac acw. Daw pobl â gwartheg yno o bell ac agos, felly bydd y tir caled yn lledaenu ymhellach o amgylch y ffynnon, a bydd rhaid i'r gwartheg gerdded ymhellach bob blwyddyn i bori.

Mae clirio coedwigoedd a gorbori fel ei gilydd yn dinoethi pridd, sy'n cael ei olchi ymaith yn ystod stormydd glaw. Gall hyn arwain at erydu sianelau (gylïau).

Mae angen gweithredu!

1 Rhaid diogelu a rheoli coedwigoedd yn iawn, fel eu bod yn ffynhonnell ddi-ben-draw o goed, bwyd o blanhigion ac anifeiliaid, meddyginiaethau, ac eitemau gwerthfawr eraill. Mae dylanwad coedwig ar yr hinsawdd yn sicrhau glawiad cyson, ac mae gwreiddiau coed yn atal erydiad trwy ddal gronynnau pridd wrth ei gilydd.

2 Dylai mwy o'r tir gorau gael ei ddefnyddio ar gyfer cnydau, a dylai ffermio organig gael ei gefnogi, gyda'i bwyslais ar ailgylchu gwastraff o ffermydd ar gyfer gwneud gwrtaith rhad a chynhyrchu bionwyon.

3 Dylai defnyddio **cnydau gorchudd** gael ei hybu. Mae'r rhain yn cynnwys coed bychain a chodlysiau sy'n cael eu tyfu mewn stribedi ar draws ardaloedd wedi'u trin. Maent yn arafu'r gwynt, yn atal glaw trwm rhag taro'r pridd yn uniongyrchol, yn lleihau dyfroedd ffo, ac os plennir codlysiau, byddant yn ychwanegu nitradau at y pridd.

4 Mae adeiladu **terasau** yn golygu codi muriau cyfochrog ar draws llethr er mwyn dal pridd mewn lleiniau gwastad. Maent yn atal erydiad gan ddyfroedd ffo, ac yn ei gwneud yn bosibl i foddi lleiniau â dŵr er mwyn tyfu reis.

5 Gall anifeiliaid gwylltion, er enghraifft yr hipopotamws a'r orycs a welir ar y dde, fod yn ffynhonnell gig. Mae o leiaf 30 o fathau o anifeiliaid gwyllt carniog yn Affrica, ac maent wedi esblygu dros filiynau o flynyddoedd i allu byw ar blanhigion gwyllt a gwrthsefyll clefydau trofannol. Gall rhai ohonynt fyw mewn diffeithdir hyd yn oed. Gallai bywyd gwyllt ddod yn gyflenwad di-derfyn o fwyd a defnyddiau eraill, *ar yr amod fod yr anifeiliaid yn cael eu rheoli'n ofalus* er mwyn cynnal niferoedd y poblogaethau.

Rhestrwch holl fanteision codi terasau ar draws llethrau.

Cwestiynau

1 Mae angen 30 gwaith yn fwy o dir i gynhyrchu 1 kg o brotein o anifeiliaid nag sydd ei angen i gynhyrchu'r un faint o brotein o blanhigion. Defnyddiwch y ffaith hon, a ffeithiau eraill o'r ddwy dudalen hon, i lunio dadleuon yn erbyn clirio cynefinoedd gwyllt ar gyfer tir pori.

2 Beth yw ystyr y 'bwlch bwydydd' rhwng cenhedloedd tlawd a rhai cyfoethog? Beth fyddai'n bosibl ei wneud i'w rwystro rhag lledu?

3 Ym 1991 collodd gwledydd Affrica $5.6 biliwn pan syrthiodd prisiau eu cnydau gwerthu. Pam y gwnaeth hyn gynyddu newyn?

5.06 Treuliad

Mae eich gwaed yn cludo bwyd i bob rhan o'ch corff, ond ni fyddech yn disgwyl bod darnau o gig moch neu wy yn nofio ynddo ar ôl pryd bwyd. Y rheswm pam nad yw hyn yn digwydd yw bod **treuliad** yn gwneud i fwyd ymddatod yn foleciwlau hydawdd sy'n hydoddi yn eich gwaed cyn teithio o amgylch eich corff.

Mae rhannau treuliadwy eich bwyd yn cael eu newid yn foleciwlau hydawdd sy'n gallu hydoddi yn eich gwaed.

Mae bwyd yn cael ei dreulio y tu mewn i diwb yn eich corff, tiwb sy'n cael ei alw'n **llwybr ymborth,** neu'r coluddion. Mae eich llwybr ymborth dros saith metr o hyd ac ar ffurf coil y tu mewn i'ch ceudod abdomenol.

Lle mae eich bwyd yn cael ei dreulio

Mae treuliad yn dechrau wrth i'r bwyd gael ei roi yn y geg. Gelwir hyn yn **amlyncu**. Defnyddir y dannedd i dorri'r bwyd yn ddarnau llai. Mae'r darnau yn cael eu cymysgu â hylif a elwir yn **boer**, a'u llyncu.

Mae muriau'r coludd yn cynhyrchu cemegau a elwir yn **ensymau treulio**. Mae'r rhain yn dadelfennu bwyd a'i wneud yn hylifau.

Mae bwyd hylif yn symud trwy fur y coludd i lif y gwaed. Yr enw ar hyn yw **amsugniad**. Mae gwaed yn cludo bwyd i bob rhan o'r corff.

Mae celloedd yn derbyn bwyd ac yn ei ddefnyddio ar gyfer egni, twf, ac atgyweirio. Gelwir hyn yn **gymhathiad**.

Mae ffibr dietegol, a phethau eraill na ellir eu treulio mewn bwyd, yn gadael trwy'r anws wrth i chi fynd i'r tŷ bach. Gelwir hyn yn **ysgarthiad**.

Ymgarthion yw'r enw ar sylweddau na ellir eu treulio.

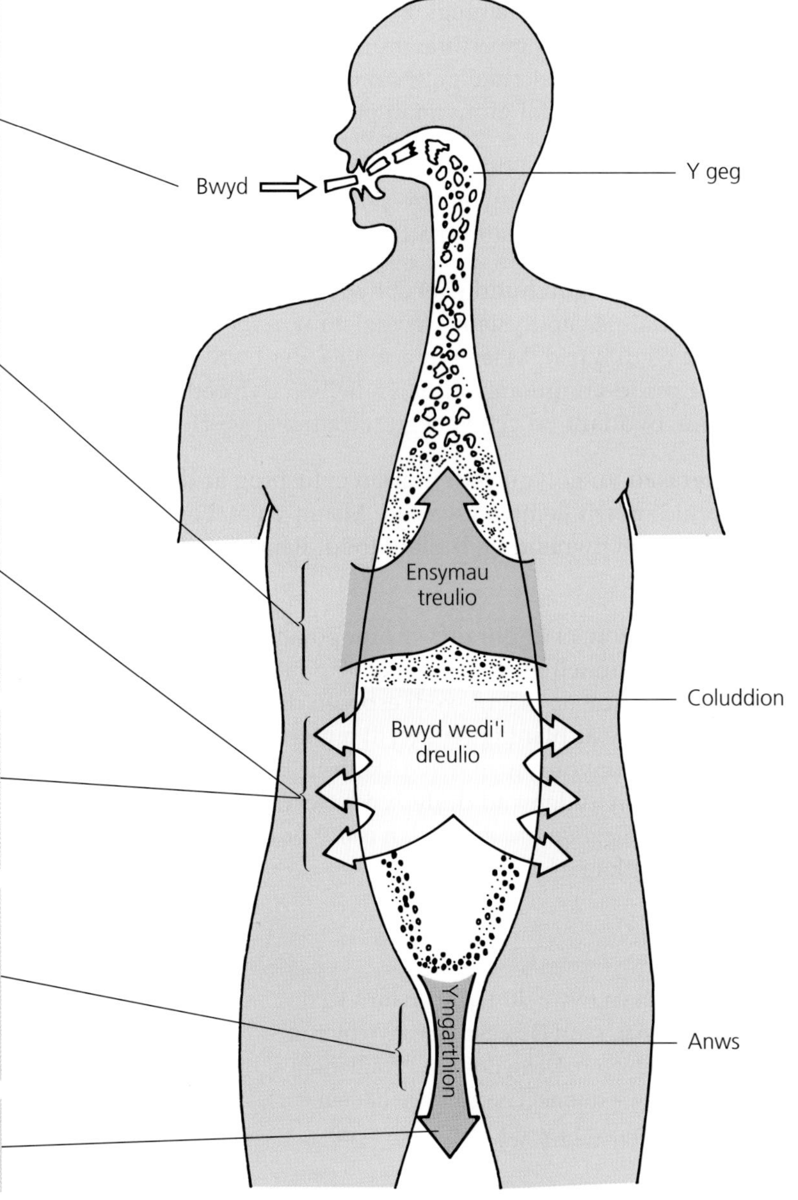

Rhagor am ensymau treulio

Mae ensymau treulio yn newid y bwyd rydych yn ei fwyta trwy ddadelfennu moleciwlau mawr o fwydydd yn rhai llai y gellir eu hamsugno i'r gwaed. Mae angen ensym gwahanol i ddadelfennu pob gwahanol fath o fwyd.

Mae **ensymau carbohydras** yn dadelfennu carbohydradau fel startsh yn glwcos.

Mae **ensymau lipas** yn dadelfennu brasterau ac olewau yn asidau brasterog a glyserol.

Mae **ensymau proteas** yn dadelfennu proteinau yn asidau amino.

Dyma sy'n digwydd wrth i startsh gael ei ddadelfennu gan ensym carbohydras a'i amsugno.

Mae startsh yn garbohydrad a geir mewn reis, bara a thatws. Mae moleciwlau startsh yn cynnwys nifer o foleciwlau glwcos wedi eu huno, fel cadwyn o fwclis.

Mae ensymau carbohydras yn dadelfennu'r startsh trwy ei dorri'n foleciwlau glwcos unigol, bron fel torri llinyn o fwclis â siswrn.

Mae moleciwlau glwcos mor fychan nes eu bod yn gallu mynd trwy'r celloedd sy'n ffurfio mur y coludd, ac yna trwy furiau pibellau gwaed i lif y gwaed.

Mae gwaed yn cludo'r glwcos i gelloedd y corff ar gyfer cymhathiad.

Mae mathau eraill o fwyd yn cael eu dadelfennu gan ensymau eraill yn yr un ffordd.

Moleciwl startsh (llawer o foleciwlau glwcos wedi'u huno)
ENSYM
ENSYM
ENSYM
Ensymau carbohydras yn dadelfennu startsh a'i newid yn foleciwlau glwcos
Moleciwlau glwcos
Celloedd mur y coludd
Glwcos yn llif y gwaed

Cwestiynau

1 Beth yw eich llwybr ymborth?
2 Beth yw'r gair gwyddonol am:
   a roi bwyd yn eich ceg?
   b dadelfennu bwyd a'i wneud yn foleciwlau llai?
   c symudiad moleciwlau bwyd i'r gwaed?
   ch cael gwared ar fwyd heb ei dreulio?
3 Enwch yr ensymau sy'n treulio: protein, carbohydradau, brasterau.
4 Pa rai o'r bwydydd yng nghwestiwn 3 sy'n cael eu treulio i roi: asidau amino? glwcos? asidau brasterog a glyserol?

5.07 Golwg fanylach ar dreuliad

Treuliad yn y geg

Mae treuliad yn cychwyn yn eich ceg. Wrth i chi gnoi, mae bwyd yn cael ei falu'n fwydion. Ar yr un pryd, mae'n cael ei gymysgu â **phoer** o'r chwarennau poer. Mae poer yn gwneud dau beth yn bennaf:

1 Mae'n gwlychu'r bwyd, fel ei fod yn llithro i lawr eich gwddf yn rhwydd.

2 Mae'n cynnwys **ensym carbohydras** sy'n dechrau treulio'r startsh yn eich bwyd i ffurfio siwgr.

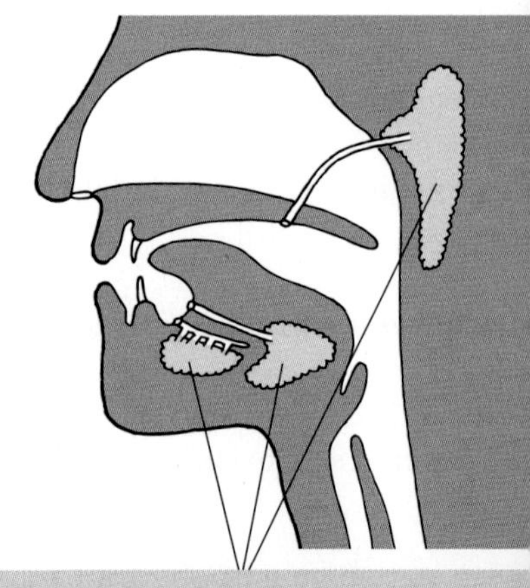

Chwarennau poer yn y bochau ac o dan y tafod.

Llyncu

Cyn i chi lyncu bwyd, mae eich tafod yn ei siapio'n dalp crwn a elwir yn **folws**, ac yn ei wasgu i gefn eich ceg.

Mae'r bolws yn gwthio'r **daflod feddal** tuag i fyny, gan rwystro bwyd rhag mynd i'r lle gwag y tu ôl i'ch trwyn.

Mae fflap o groen, yr **epiglotis**, yn gostwng dros yr agoriad ar ben y bibell wynt, rhag i fwyd fynd i'ch ysgyfaint.

Mae'r bolws yn cael ei wasgu heibio'r epiglotis, i mewn i'ch llwnc neu'r **oesoffagws**.

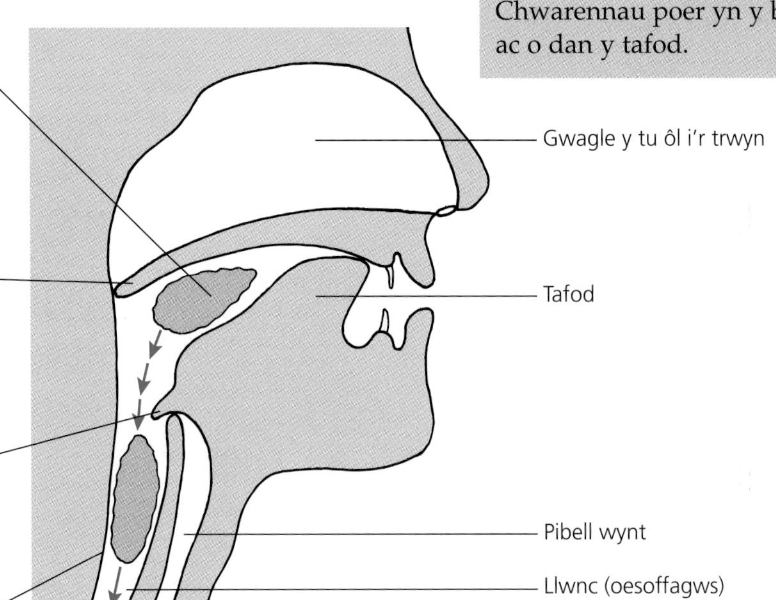

Sut mae bwyd yn symud trwy'r llwybr ymborth

Mae gan eich llwnc, a gweddill eich llwybr ymborth, **gyhyrau cylchol** yn ei furiau.

Mae'r cyhyrau hyn yn cyfangu y tu ôl i folws, ac yn ymlacio o'i flaen. Felly mae'r bolws yn cael ei wthio yn ei flaen.

Peristalsis yw'r gair am gyhyrau cylchol yn cyfangu ac ymlacio. Mae'n digwydd yr holl ffordd ar hyd eich llwybr ymborth, gan gadw'r bwyd yn symud.

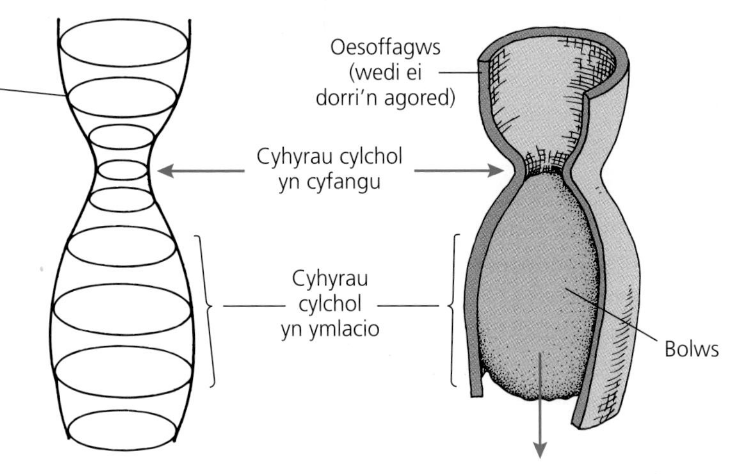

Treuliad yn y stumog a'r coluddion

Dyma ddiagram syml o'r llwybr ymborth.

1 O'r llwnc, mae bwyd yn mynd i'r **stumog**. Mae cyhyrau'r stumog yn gwasgu ac ymlacio gan gymysgu'r bwyd â **sudd gastrig** ac **asid** a wneir ym mur y stumog. Mae sudd gastrig yn cynnwys **ensymau proteas** i dreulio protein. Mae'r asid yn lladd germau mewn bwyd ac yn helpu'r ensymau i weithio.

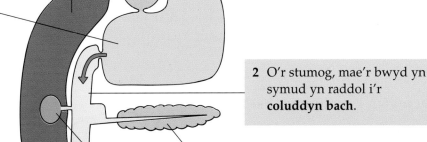

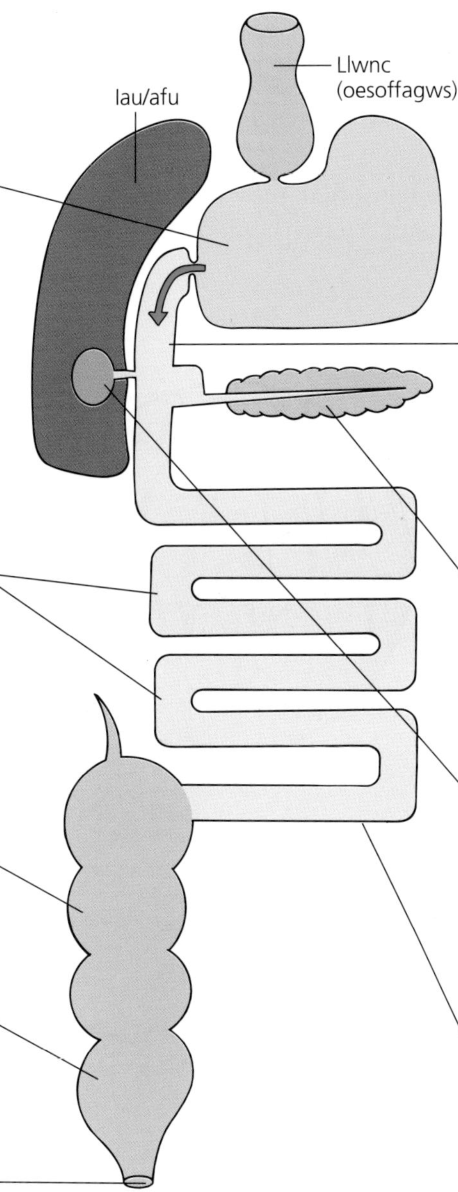

2 O'r stumog, mae'r bwyd yn symud yn raddol i'r **coluddyn bach**.

Yn y coluddyn bach mae tri hylif yn cael eu cymysgu â'r bwyd:

i **Sudd pancreatig** o'r pancreas. Mae'n cynnwys **proteas** sy'n parhau i dreulio protein, **amylas** i dreulio startsh, a **lipas** i dreulio brasterau ac olewau.

ii **Bustl** o'r iau/afu. Mae'n chwalu diferion olew yn emwlsiwn i'w gwneud yn haws eu treulio. Mae hefyd yn niwtralu asid y stumog er mwyn paratoi'r bwyd ar gyfer ensymau'r pancreas a'r coluddyn.

iii **Sudd coluddol** o leinin y coluddyn. Mae'r sudd hwn yn cynnwys rhagor o broteas, amylas a lipas, sy'n cwblhau treuliad y bwyd. Mae'r rhain yn troi proteinau yn asidau amino, carbohydradau yn glwcos, a brasterau ac olewau yn asidau brasterog a glyserol.

3 Mae bwyd wedi'i dreulio yn cael ei amsugno i'r gwaed trwy fur y **coluddyn bach**.

4 Mae bwyd heb ei dreulio yn symud i'r **colon** lle mae dŵr yn cael ei amsugno ohono. Mae'n newid yn wastraff sydd bron yn solid, sef **ymgarthion**.

5 Mae ymgarthion yn cael eu storio yn y **rectwm**.

6 Mae ymgarthion yn gadael y corff trwy'r **anws** wrth i chi fynd i'r tŷ bach.

Cwestiynau

1 Ble yn eich corff mae treuliad yn cychwyn?
2 Beth yw pwrpas y chwarennau poer?
3 Beth allai ddigwydd pe na byddai gennych epiglotis?
4 Pa sylweddau sy'n cael eu cymysgu â bwyd yn eich stumog? Sut mae pob un yn helpu treuliad?

5.08 Amsugniad, a'r iau/afu

Mae treuliad yn dadelfennu a newid bwyd fel y gellir ei amsugno i'ch gwaed a'i gludo i bob rhan o'ch corff. Mae carbohydradau yn cael eu treulio yn glwcos, proteinau yn asidau amino, a brasterau ac olewau yn asidau brasterog a glyserol. Ond nid oes rhaid treulio'r fitaminau, mwynau a dŵr sydd yn eich bwyd gan eu bod eisoes yn hawdd eu hamsugno.

Mae bwydydd wedi'u treulio yn cael eu hamsugno trwy furiau eich llwybr ymborth i'r gwaed a'u cludo ymaith. Yn eich coluddyn bach y mae'r rhan fwyaf o'r amsugno yn digwydd.

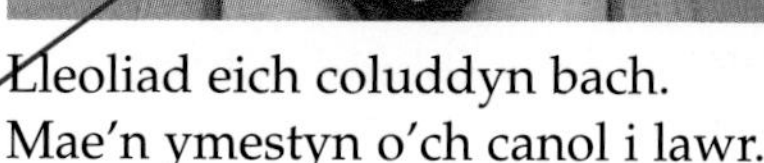

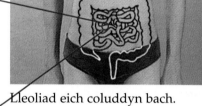

Lleoliad eich coluddyn bach. Mae'n ymestyn o'ch canol i lawr.

Y tu mewn i'r coluddyn bach

Mae eich coluddyn bach dros chwe metr o hyd. Oddi mewn, mae miliynau o fysedd bach a elwir yn **filysau** yn ymwthio o'r muriau. Mae un filws tua milimetr o hyd.

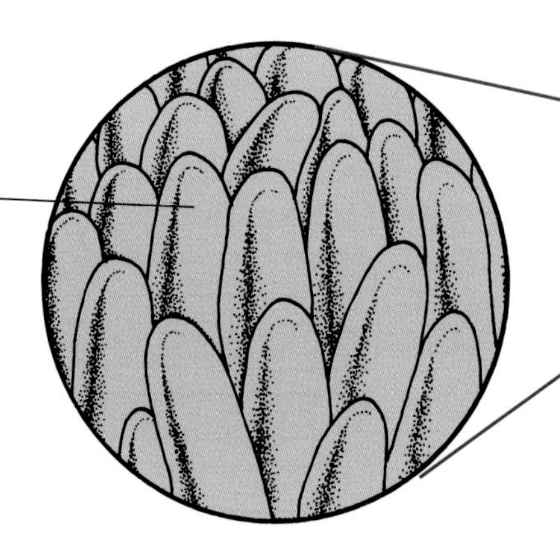

Mae amsugniad yn digwydd trwy'r filysau. Maent yn rhoi arwyneb mawr ar gyfer amsugno bwyd wedi'i dreulio.

Y tu mewn i filws

Dim ond trwch un gell yw haen arwyneb filws. Felly gall bwyd wedi'i dreulio symud trwodd yn hawdd.

Mae ganddo rwydwaith o **gapilarïau** sy'n cludo gwaed.

Mae ganddo bibell lymff, y **lacteal**, sy'n cludo lymff.

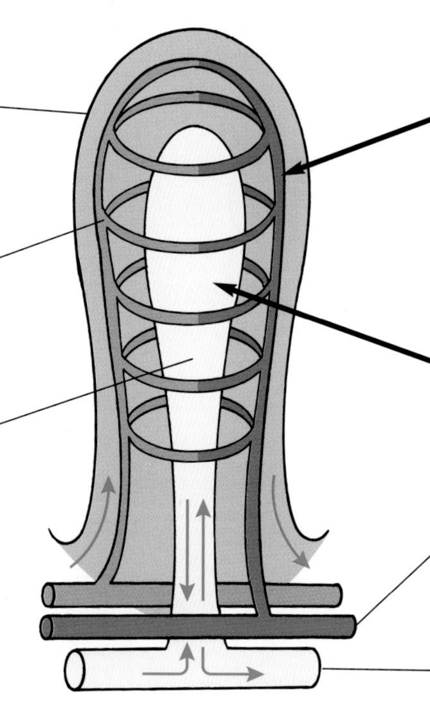

Mae glwcos, asidau amino a rhai asidau brasterog a glyserol yn croesi i'r gwaed yn y capilarïau. Mae gwaed yn eu cludo i'r iau/afu, sy'n cael ei ddisgrifio ar y dudalen nesaf.

Mae'r rhan fwyaf o'r asidau brasterog a'r glyserol yn croesi i'r lacteal. Maent yn cael eu cludo yn y lymff i wythïen yn y gwddf. Oddi yno maent yn llifo i'r gwaed ac yn cael eu cludo i bob rhan o'r corff.

Pibell waed yn cludo bwyd wedi'i dreulio i'r iau/afu.

Pibell lymff yn cludo bwyd wedi'i dreulio i lif y gwaed.

eth sy'n digwydd i fwyd wedi'i dreulio yn yr iau/afu

ch iau/afu yw'r organ mwyaf yn eich corff. Mae'n pwyso dros un logram ac yn ymestyn ar draws eich corff, ychydig uwchben eich canol.

ae'n ffatri gemegau, yn storfa fwyd ac yn system gwres canolog. Dyma i yn unig o'r pethau y mae'n eu gwneud:

Mae glwcos, asidau amino, fitaminau, mwynau a rhai asidau brasterog a glyserol yn cael eu hamsugno i'r filysau.

- Mae'n storio glwcos ar ffurf **glycogen**. Mae'n newid hwn yn ôl yn glwcos pan fydd ei angen ar y corff.
- Mae'n storio'r mwynau copr a photasiwm, yn ogystal â'r haearn sy'n angenrheidiol i wneud celloedd coch y gwaed.
- Mae'n storio fitaminau A, B_{12} a D.
- Mae'n tynnu'r daioni o asidau amino diangen, ac yn newid yr hyn sy'n weddill yn wastraff, **wrea**. Mae eich arennau yn tynnu wrea o'r corff.
- Mae'n tynnu rhai gwenwynau o'r gwaed ac yn eu gwneud yn ddiogel. Daw'r gwenwynau hyn o germau, alcohol, a chyffuriau.
- Mae'n gwneud bustl, sy'n angenrheidiol ar gyfer treuliad.
- Mae'n gwneud **ffibrinogen**, sy'n angenrheidiol i wneud i waed geulo mewn briwiau.
- Mae'r holl waith uchod a nifer o bethau eraill a wneir yn yr iau/afu yn cynhyrchu gwres, ac mae'r gwaed yn ei gludo o amgylch eich corff i'w gadw'n gynnes.

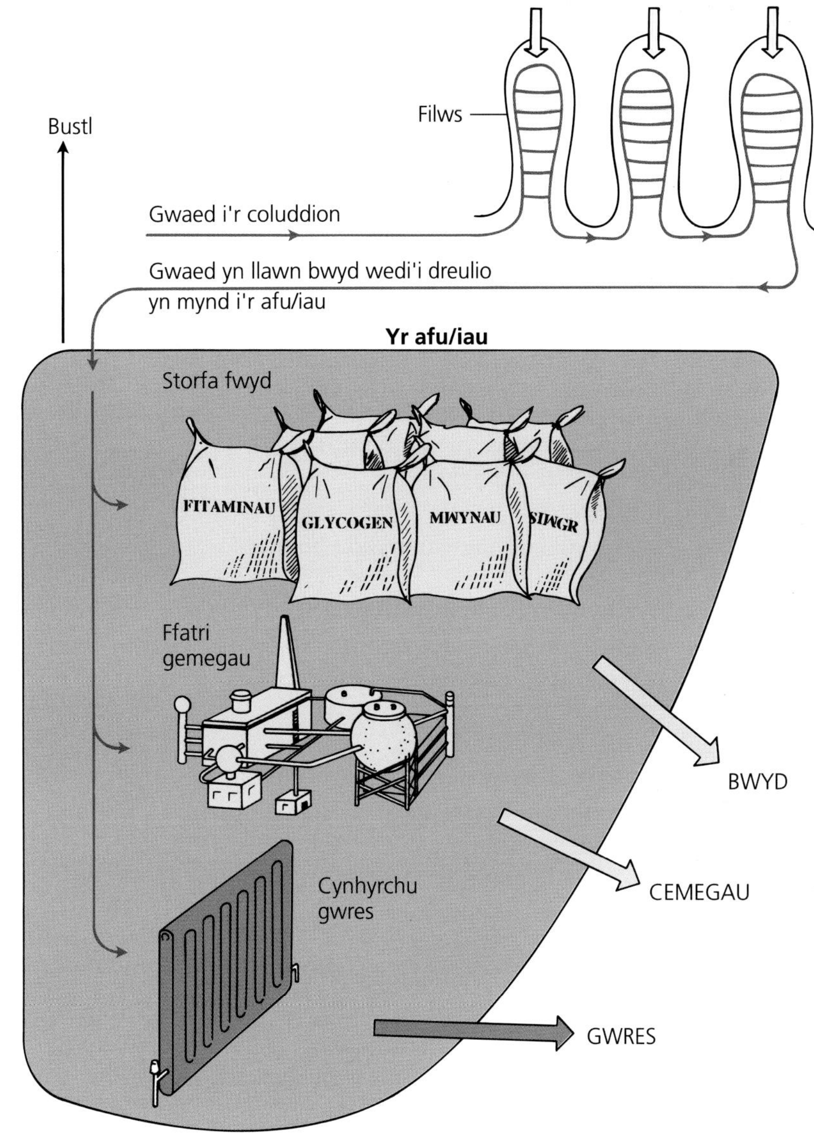

Cwestiynau

1 Mae bwyd wedi'i dreulio yn cael ei amsugno y tu mewn i'ch corff. Beth yw ystyr hynny?
2 Meddyliwch am reswm pam mae'n rhaid treulio bwyd cyn y gellir ei amsugno.
3 Ble yn eich corff mae filysau? Beth yw eu gwaith?
4 Ble yn eich corff mae eich iau/afu?
5 Enwch dri pheth sy'n cael eu storio yn eich iau/afu.
6 Sut mae eich iau/afu yn helpu i roi cyflenwad cyson o glwcos i chi?
7 Eglurwch sut mae eich iau/afu:
 a yn helpu treuliad
 b yn helpu briwiau i stopio gwaedu
 c yn eich cadw'n gynnes.

Cwestiynau am Bennod 5

1 Isod mae diagram o'r system dreulio.

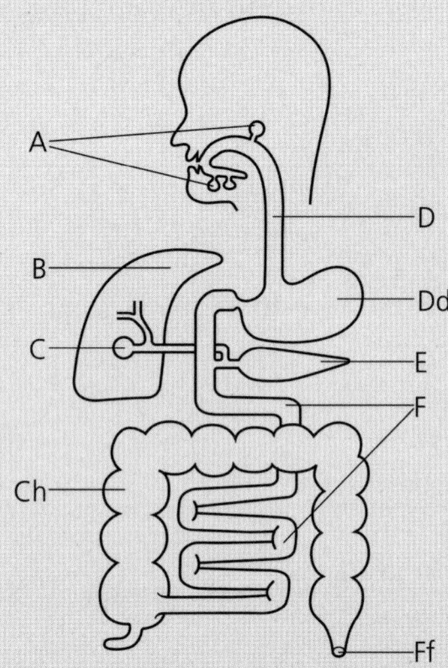

a Enwch y rhannau sydd wedi eu labelu A i Ff.

b Cysylltwch y labeli ar y diagram â'r disgrifiadau isod:
yma mae bwyd wedi'i dreulio yn mynd i lif y gwaed;
yma mae bwyd yn cymysgu â sudd gastrig;
yma mae ymgarthion yn gadael y corff;
chwarren sy'n cynhyrchu ensymau i dreulio protein, startsh, a braster;
chwarennau sy'n cynhyrchu poer;
yma mae dŵr yn cael ei amsugno o weddillion bwyd heb ei dreulio;
yma mae bwyd yn symud o'r geg i'r stumog;
mae'n pwmpio bustl i'r coluddyn bach;
mae'n storio glycogen, fitaminau, a mwynau.

2 Copïwch y brawddegau canlynol gan lenwi'r bylchau â geiriau o'r rhestr: **carbohydradau, proteinau, brasterau ac olewau, fitaminau a mwynau, ffibr dietegol**.

a Mae .... yn fwydydd sy'n adeiladu'r corff.

b Caiff bwydydd sy'n cynnwys llawer o .... eu storio yn eich corff i roi egni yn y dyfodol.

c Mae angen .... arnoch i osgoi rhwymedd.

ch Mae bwyd sy'n cynnwys llawer o .... yn rhoi egni yn gyflym.

d Mae angen tuag 20 o wahanol .... i gadw'n iach.

dd Mae startsh a siwgr yn enghreifftiau o ....

e Mae ffrwythau ffres yn cynnwys digon o ....

f Mae bara gwenith cyflawn yn cynnwys digonedd o ....

ff Mae wyau a physgod yn ffynonellau da o ....

g Mae menyn yn cynnwys llawer o ....

3 a Ysgrifennwch dri phennawd: *Ffynhonnell dda o broteinau, Ffynhonnell dda o garbohydradau, Ffynhonnell dda o frasterau.*

b Nawr dosbarthwch y rhestr fwyd hon yn dri grŵp o dan y penawdau uchod:
jam, ham heb fraster, cnau daear, taffi, lard, teisen, cyw iâr, wy, menyn, tatws, pysgod.

4 Copïwch y brawddegau hyn, yna llenwch y bylcha

a Mae angen .... a fitamin ...... ar gyfer esgyrn a dannedd cryf.

b Mae angen fitamin .... i wella briwiau yn gyflym.

c Mae angen ..... i wneud celloedd gwaed coch.

ch Mae diffyg fitamin ...... yn achosi'r llwg.

d Mae diffyg fitamin .... yn achosi'r llech.

dd Mae diffyg .... yn achosi anaemia.

5 Mae'r graff isod yn dangos canlyniadau ymchwil faeth llygod mawr. Cafodd y llygod eu bwydo â **diet sylfaenol** o startsh, casein (protein caws), glwcos, lard, mwynau, a dŵr. Yr unig wahaniaetl oedd cynnwys ambell gram o **iau/afu wedi'i friwio** neu beidio.

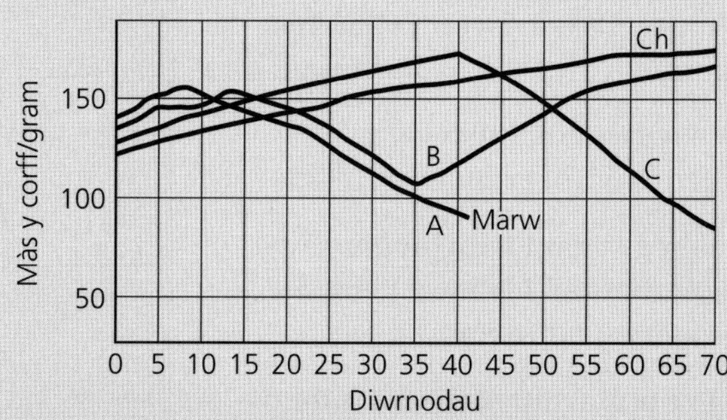

Grŵp A - diet sylfaenol trwy gydol yr arbrawf.
Grŵp B - diet sylfaenol i ddechrau, yna iau/afu wedi'i friwio ar ôl 32 diwrnod.
Grŵp C - diet sylfaenol a iau/afu wedi'i friwio i ddechrau, ond dim iau/afu ar ôl 36 diwrnod.
Grŵp Ch - diet sylfaenol a iau/afu wedi'i friwio trwy gydol yr arbrawf.

a Ar gyfer pob grŵp, disgrifiwch yr effaith ar eu twf o gynnwys yr iau/afu neu beidio.

b Mae rhai o'r graffiau yn dangos gostyngiad yn mhwysau'r llygod mawr. Awgrymwch reswm dros hyn.

c Pa fath o sylwedd bwyd mae iau/afu yn ei ychwanegu at y diet, a pha gasgliad y gallwch ei wneud ynglŷn â swyddogaethau'r bwyd hwn?

6 Defnyddiwch y graff isod i ateb y cwestiynau hyn.

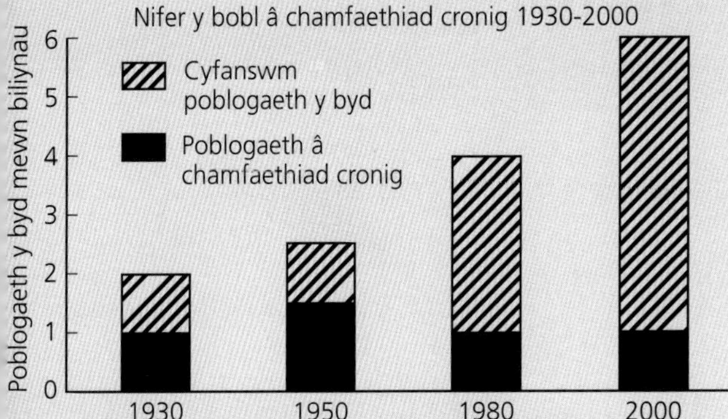

a Faint yw'r cynnydd ym mhoblogaeth y byd er 1930?

b A yw nifer y bobl â chamfaethiad wedi newid er 1930 ac, os felly, faint yw'r newid?

c A yw cyfran y boblogaeth â chamfaethiad wedi newid er 1930 ac, os felly, faint yw'r newid?

ch A yw'r ffigurau hyn yn dangos gwelliant ynteu ddirywiad yn y niferoedd a'r gyfran o'r boblogaeth sydd â chamfaethiad?

d Rhestrwch rai o'r ffyrdd y gellid gostwng nifer y bobl sydd â chamfaethiad.

Cynlluniodd grŵp o fyfyrwyr yr arbrawf isod i gyfrifo gwerth egni cnau daear.

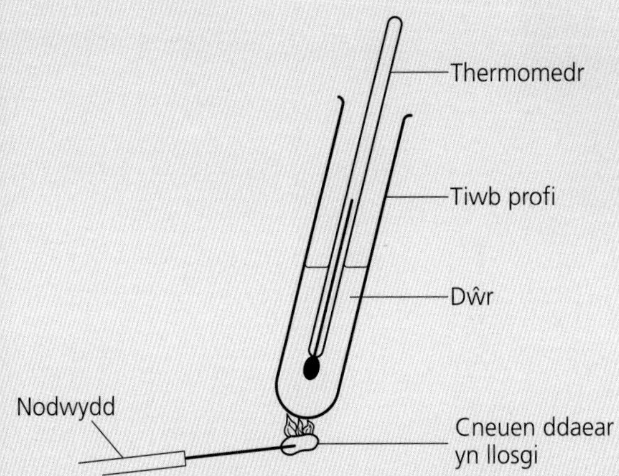

Eu canlyniad oedd 1900 kJ am bob 100 g o gnau daear.

a Sut cafodd y cyfarpar ei ddefnyddio i gael y canlyniad hwn?

b Mae tabl swyddogol yn rhoi gwerth egni cnau daear yn 2445 kJ am bob 100 g. Rhowch ddau reswm pam y cafodd y myfyrwyr ganlyniad is.

c Ailgynlluniwch y dull i roi canlyniad mwy manwl gywir.

ch Penderfynodd y myfyrwyr ddefnyddio'r dull hwn i ddarganfod gwerth egni bara. Pa amodau arbrofol y mae'n rhaid iddynt eu cadw'n gyson er mwyn gallu cymharu'r canlyniadau â'r rhai ar gyfer cnau daear?

8 Llanwyd dysgl â jeli (agar) yn cynnwys startsh. Torrwyd pum twll yn wyneb y jeli, a llanwyd pob un â hylif gwahanol (gweler y diagram isod). Cadwyd y cyfarpar yn gynnes am awr ac yna ei ddirlenwi â hydoddiant ïodin. Dangosir y canlyniad yn y diagram isod.

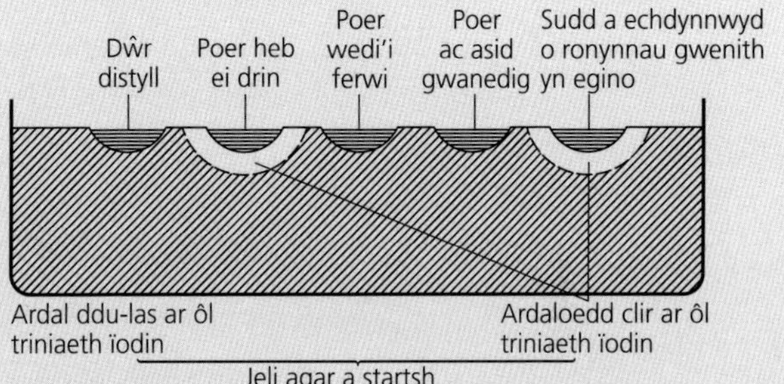

a Sut mae ïodin yn effeithio ar startsh?

b Nodwch dri pheth y mae'r canlyniad hwn yn ei ddweud wrthych am boer.

c A ellir dweud bod gronynnau gwenith yn cynnwys sylwedd tebyg i boer? Os gellir, sut y byddai hynny'n gallu bod o ddefnydd yn ystod eginiad?

9 Mae'r siart isod yn dangos yr egni mae pobl gwledydd Prydain a Japan yn ei gael, ar gyfartaledd, o wahanol fwydydd.

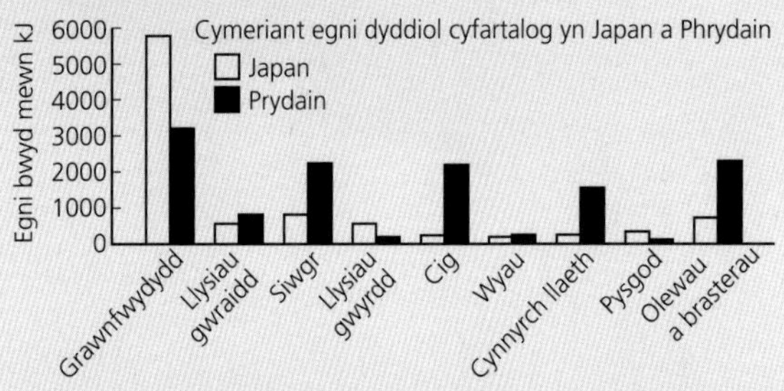

a Mae grawnfwydydd a chig yn ffynonellau protein. Pa un sy'n cynnwys y mwyaf o ffibr, a pha un y mwyaf o fraster?

b Faint yn fwy na phobl Japan o gig, braster ac olew mae pobl Prydain yn ei fwyta ?

c Gall diet ag ychydig o ffibr a llawer o fraster achosi clefyd y galon. Ym mhle y byddech chi'n disgwyl i glefyd y galon fod leiaf cyffredin – yn Japan ynteu Prydain? Eglurwch.

ch Ym mhle y byddech chi'n disgwyl i bydredd dannedd fod leiaf cyffredin – yn Japan ynteu Prydain? Eglurwch.

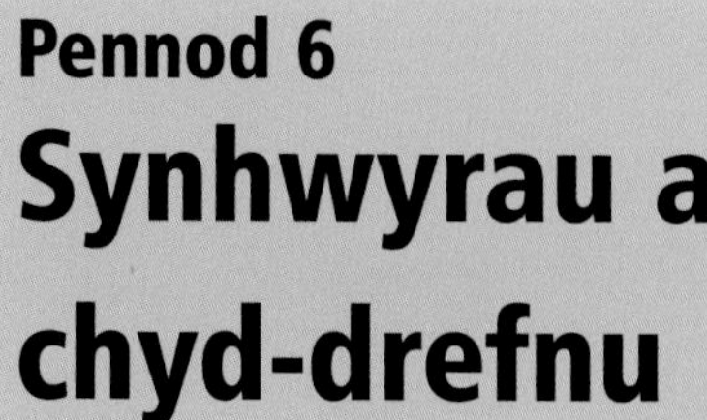

Pennod 6

Synhwyrau a chyd-drefnu

Ceisiwch ddychmygu beth sy'n digwydd ym meddwl jyglwr. Mae ei ymennydd yn derbyn negeseuon gan y llygaid ynglŷn â lleoliad a chyflymder y gwrthrychau yn yr awyr. Mae'r ymennydd yn defnyddio'r wybodaeth hon i gyd-drefnu symudiadau cyhyrau er mwyn cadw'r gwrthrychau yn symud mewn ffordd arbennig trwy'r awyr.

Mae hyn yn bosibl oherwydd y system nerfol, sydd wedi ei gwasgaru trwy'r holl gorff.

6.01 Peiriant rhyfeddol y corff II

Mae peiriant eich corff yn cynnwys miliynau o gelloedd ac ugeiniau o wahanol feinweoedd ac organau, ond, yn union fel mewn peiriannau sydd wedi eu gwneud gan bobl, nid yw'r rhannau yn gweithio'n annibynnol ar ei gilydd. Mae'r bennod hon yn egluro sut mae rhaid i weithredoedd gwahanol rannau'r corff fod wedi eu **cyd-drefnu**. Ystyr hyn yw eu bod yn cydweithio, gan gyflawni eu tasgau niferus pryd bynnag a pha mor gyflym bynnag y mae eu hangen ar y corff.

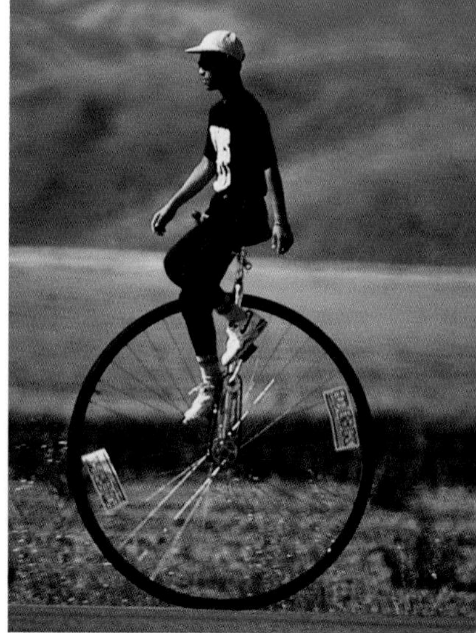

Pam mae'r dyn hwn yn enghraifft dda o gyd-drefnu a phrosesau adborth ar waith?

Mae cyd-drefnu yn hanfodol er mwyn ichi allu ymateb yn briodol a chyflym i'r hyn sy'n digwydd o'ch cwmpas. Cyn gallu gwneud hyn rhaid i chi gael gwybodaeth, sy'n dod o'ch organau synhwyro ar ffurf **symbyliad**, er enghraifft sŵn, golwg, arogl, blas, neu boen. Mae eich organau synhwyro, neu'r **derbynyddion**, yn anfon gwybodaeth ar ffurf **ysgogiadau nerfol** i'ch ymennydd a madruddyn eich cefn. Y rhain yw **cyd-drefnyddion** eich corff, sy'n golygu eu bod yn rheoli symudiadau yn y cannoedd o gyhyrau a chymalau sy'n angenrheidiol er mwyn ymateb i symbyliad. Mae'r broses hon yn un gymhleth iawn gan fod rhaid i bob cyhyr gyfangu yn y drefn gywir, gyda'r union faint o rym, ac am yr union faint o amser sy'n angenrheidiol os yw'r ymateb i fod yn effeithiol.

Mae a wnelo cyd-drefnu â mwy na rheoli cyhyrau yn unig. Pan fyddwch yn rhedeg i ddal bws, er enghraifft, bydd mathau eraill o gyd-drefnu ar waith. Bydd cyfradd eich anadlu a churiad eich calon yn cynyddu er mwyn anfon mwy o ocsigen i'ch cyhyrau; bydd eich chwarennau chwys yn agor er mwyn cael gwared â gormodedd o wres y mae eich cyhyrau wedi ei gynhyrchu; a bydd siwgr yn cael ei ryddhau i'ch gwaed er mwyn darparu egni.

Yn hytrach nag ysgogiadau nerfol, negeswyr cemegol a elwir yn **hormonau** sy'n cyd-drefnu rhai o brosesau bywyd. Yn y bennod hon byddwch yn dysgu am **hormonau rhyw** sy'n rheoli twf a digwyddiadau yn systemau atgenhedlu gwrywod a benywod. Ffaith ryfeddol am gyd-drefnu yw ei fod yn digwydd heb i chi feddwl dim amdano, gan mai proses ddiarwybod yw cyd-drefnu at ei gilydd.

Cyd-drefnu a phrosesau adborth

Mae **proses adborth** yn rhan hanfodol o unrhyw system gyd-drefnu. Gallwch ddarganfod ystyr hyn trwy geisio dal ffon yn syth ar flaen un o'ch bysedd. Bydd y ffon yn syrthio i un ochr trwy'r amser, ond ni fydd yn gwneud hynny os byddwch yn symud eich bys yn ddigon cyflym i'r cyfeiriad iawn i'w chadw'n syth. Rydych yn gwneud hyn trwy roi sylw i negeseuon gan eich llygaid a synhwyrau eraill. Mae'r rhain yn anfon negeseuon i'ch ymennydd sy'n cyd-drefnu symudiadau priodol gan eich braich a'ch llaw. Yna bydd eich synhwyrau yn **adborthi** gwybodaeth am ganlyniadau'r symudiadau hyn i'ch ymennydd, sy'n cyd-drefnu symudiadau pellach, ac felly ymlaen.

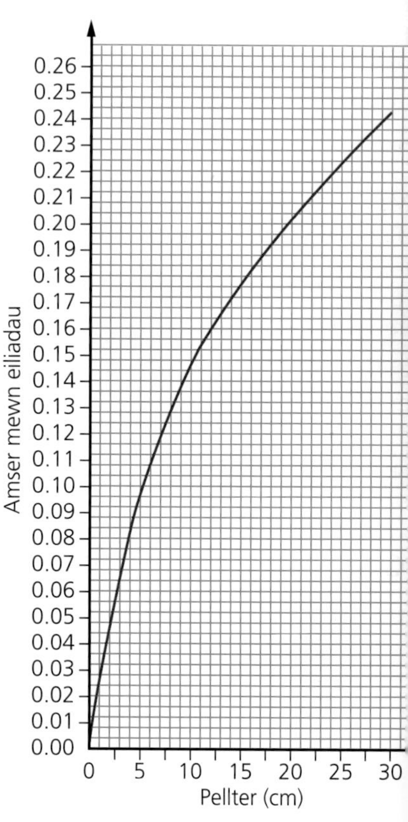

Defnyddiwch y graff hwn i gyfrifo pa mor gyflym y gallwch adweithio i symbyliad (gweler cwestiwn 1).

Mae eich **ymennydd** yn pwyso tua 1.5 kg ac mae tua'r un faint â dau ddwrn gyda'i gilydd. Mae'n cynnwys 10 000 miliwn o nerfgelloedd, pob un wedi ei chysylltu â miloedd o rai eraill. Mae'n cyd-drefnu prosesau diarwybod, sef rhai nad ydym yn ymwybodol ohonynt, yn cynnwys curiad y galon ac anadlu, ac yn trosi ysgogiadau a ddaw o organau synhwyro yn ddelweddau byw, tri dimensiwn, llawn lliw o'r byd y tu allan, ynghyd â'u synau a'u harogleuon, ac yna'n eu storio ar ffurf atgofion.

Mae eich **llygaid** yn cynnwys 142 miliwn o derfynau nerfau goleusensitif, 10 miliwn o'r rhain yn sensitif i liw. Gallwch weld gwrthrychau cyn lleied â 0.1 mm ar eu traws 15 cm i ffwrdd, a gwahaniaethu rhwng 10 miliwn o raddliwiau gwahanol.

Mae gan eich tafod 9000 o **flasbwyntiau** ac mae'n sensitif i flasau melys, hallt, sur a chwerw, yn ogystal â nifer enfawr o rai eraill, sy'n gymysgedd o flasau gwahanol.

Mae eich **croen** yn cynnwys miliynau o organau synhwyro mân ar gyfer teimlo cyffyrddiad, poen, a phwyso, a derbynyddion ar wahân ar gyfer 'poeth' ac 'oer'. Gallwch ganfod gwahaniaethau cyn lleied â 2 g/mm^2 mewn gwasgedd a theimlo dirgryniadau sydd â'u symudiad cyn lleied â 0.0002 mm.

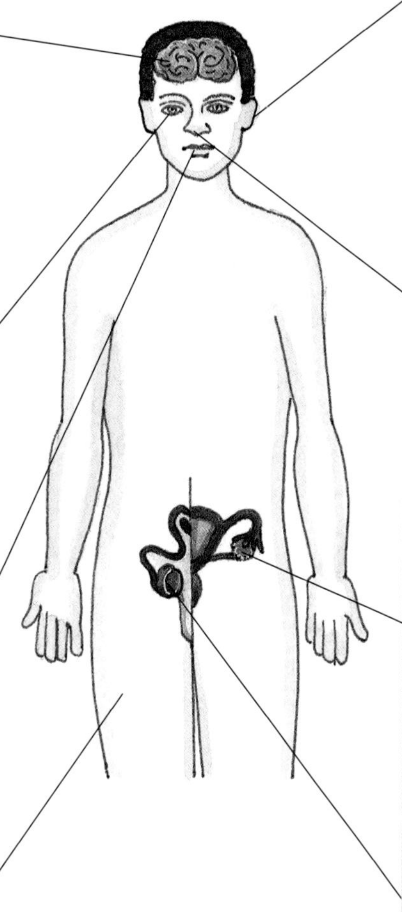

Mae eich **clustiau** yn sensitif i synau o 16 dirgryniad yr eiliad (suo tawel) hyd at tua 20 000 dirgryniad yr eiliad (gwich ystlum). Gall sŵn uchel dros gyfnod hir (e.e. rhai mathau o gerddoriaeth bop) niweidio'r clyw yn barhaol. Mewn rhan o'ch clust fewnol (y tu mewn i'r penglog) mae **tiwbiau hanner cylch**, sy'n llawn hylif ac yn eich helpu i gael synnwyr cydbwysedd.

Mae eich **synnwyr arogli** ddeng mil gwaith yn fwy sensitif na'ch synnwyr blasu - gallwch arogli rhai cemegau wedi'u gwanedu i un rhan mewn miliwn. Mae arogleuon o sylweddau peryglus fel bwyd sy'n pydru yn tueddu i fod yn annymunol, sy'n eich diogelu rhag niwed.

Mae **ofarïau** y system atgenhedlu fenywol yn cynnwys dros filiwn o wyau pan gaiff y fenyw ei geni, ond mae'r rhan fwyaf yn dirywio. Y nifer mwyaf o fabanod i gael eu geni ar yr un pryd yw deg (dau fachgen ac wyth merch).

Mae **ceilliau** organau atgenhedlu'r gwryw yn cynhyrchu 500 miliwn o sbermau y dydd. Ar ôl mynd i mewn i gorff benyw rhaid i sberm nofio 146 cm (6000 gwaith ei hyd) i gyrraedd cell wy, sy'n gyfystyr â bod person yn nofio bron i 10 km.

Cwestiynau

1 Pa mor gyflym y gallwch chi adweithio i symbyliad? Mae un myfyriwr yn dal un pen i bren mesur fel bod y marc sero ar y gwaelod. Mae myfyriwr arall yn aros, â'i fys a bawd gyferbyn â'r marc sero. Yn ddirybudd mae'r myfyriwr cyntaf yn gollwng y pren mesur a'r llall yn ei ddal rhwng ei fys a bawd, ac yn nodi pa mor bell y disgynnodd. Cyfrifwch y pellter cyfartalog wrth ei ollwng 10 gwaith a defnyddiwch y graff gyferbyn i drosglwyddo hyn i amser mewn eiliadau.

2 Allwch chi ddod o hyd i dderbynyddion 'poeth' ac 'oer' ar eich croen? Casglwch nifer o weill gwau tenau, rhowch eu hanner mewn dŵr poeth a'r gweddill mewn dŵr oer. Tynnwch weillen o'r dŵr poeth, ei sychu, a'i llithro yn araf dros gefn eich llaw. Rhowch farc inc ble bynnag y teimlwch chi'r gwres fwyaf. Daliwch ati, gan newid y gweill wrth iddynt oeri, nes ichi ddod o hyd i nifer o 'fannau poeth'. Defnyddiwch weill oer i ddarganfod a yw 'mannau poeth' a rhai 'oer' mewn lleoedd gwahanol.

6.02 Cyffwrdd, blasu ac arogli

Gallwch gyffwrdd, blasu, arogli, clywed, cydbwyso a gweld oherwydd eich organau synhwyro. Mewn bodau dynol yr organau synhwyro yw:

1 Y **croen**, sy'n sensitif i wasgu a phwyso, gwres ac oerfel, ac sy'n rhoi synnwyr cyffwrdd i chi.

2 Y **tafod**, sy'n sensitif i gemegau mewn bwyd a diod, ac sy'n rhoi synnwyr blasu i chi.

3 Y **trwyn**, sy'n sensitif i gemegau yn yr aer, ac sy'n rhoi synnwyr arogli i chi.

4 Y **clustiau**, sy'n sensitif i synau a symudiadau, ac sy'n rhoi synnwyr clywed a chydbwyso i chi.

5 Y **llygaid**, sy'n sensitif i oleuni, ac sy'n rhoi synnwyr gweld i chi.

Pan fo organ synhwyro yn canfod **symbyliad** fel sŵn neu oleuni, mae'n anfon negeseuon ar hyd nerfau i'r ymennydd. Yna mae'r ymennydd yn rhoi teimladau neu **synwyriadau** fel clywed neu weld i chi.

Mae gan gath set arbennig o organau synhwyro - y blew wrth ei thrwyn. Maent yr un lled â chorff y gath. Gall benderfynu â'r rhain a yw bwlch yn ddigon llydan iddi allu gwasgu ei hun trwyddo.

Y croen

Blaenau nerfgelloedd yn eich croen sy'n cynhyrchu eich synnwyr cyffwrdd. Yr enw arnynt yw **terfynau nerfau**.

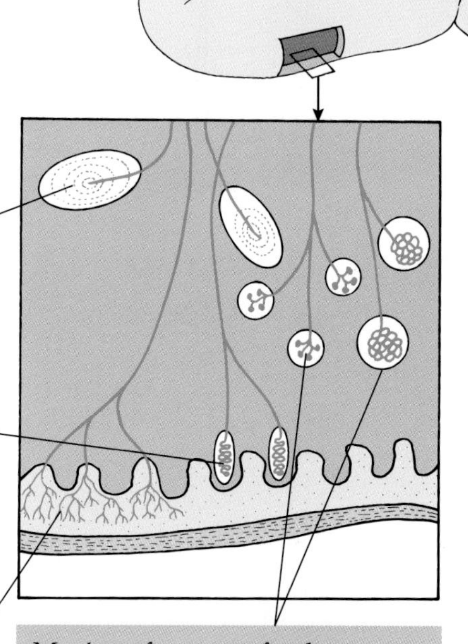

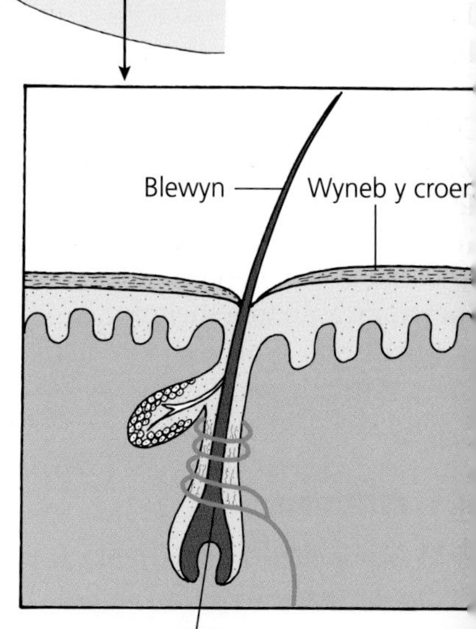

Mae'r terfynau nerfau hyn sy'n ddwfn yn eich croen yn sensitif i bwyso trwm. Maent yn eich rhybuddio am bwysau neu wasgedd a allai eich cleisio.

Mae'r terfynau nerfau hyn ger wyneb y croen yn sensitif i bwyso ysgafn. Maent yn dweud wrthych am ansawdd gwrthrych, er enghraifft a yw'n arw ynteu'n llyfn.

Mae'r terfynau nerfau hyn sy'n agos iawn at wyneb y croen yn gwneud i chi deimlo poen, er enghraifft os caiff eich croen ei dorri neu ei losgi.

Mae'r terfynau nerfau hyn yn sensitif i wres ac oerfel. Maent yn canfod newidiadau mewn tymheredd. Er enghraifft, pan fydd newid yn y tywydd, neu wrth i chi gyffwrdd pethau oer neu boeth.

Mae'r terfynau nerfau hyn sydd wedi eu lapio o amgylch gwaelod blewyn yn canfod a yw'r blewyn yn cael ei symud neu ei dynnu.

Y tafod

Mae lympiau bach ar eich tafod. Mae'r lympiau hyn yn cynnwys organau synhwyro, sef **blasbwyntiau**. Mae blasbwyntiau yn sensitif i gemegau mewn bwyd. Rhaid i'r cemegau hyn hydoddi mewn poer cyn y gallwch eu blasu. Dyna pam nad oes gan fwyd sych unrhyw flas cyn i chi ei gnoi i'w gymysgu â phoer.

Mae eich synnwyr blasu yn ddefnyddiol:

1 Mae'n symbylu eich stumog i gynhyrchu sudd gastrig ar gyfer treuliad.

2 Mae gan nifer o wenwynau a bwydydd sydd wedi pydru flas drwg. Felly gallwch eu poeri o'ch ceg cyn iddynt eich niweidio.

Mae gwahanol flasbwyntiau ar gyfer blasu bwydydd chwerw, sur, hallt a melys.

Gall bwyd symbylu mwy nag un math o flasbwynt yr un pryd.

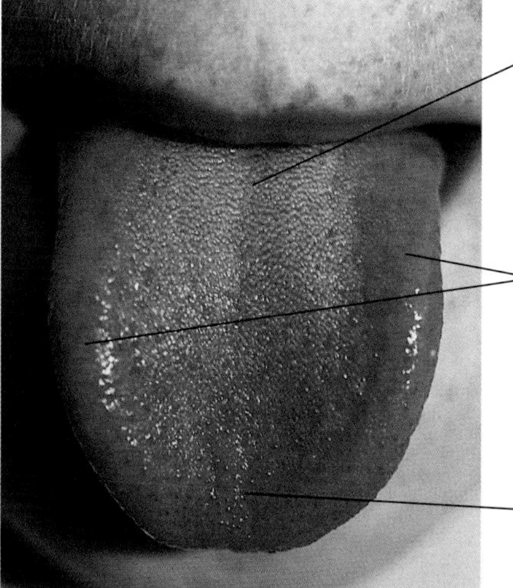

Mae'r blasbwyntiau ar gyfer **blasau chwerw** yng nghefn eich tafod.

Mae'r blasbwyntiau ar gyfer **blasau sur** ar ochrau eich tafod.

Mae'r blasbwyntiau ar gyfer **blasau hallt** a melys ar flaen eich tafod.

Y trwyn

Pan fydd annwyd trwm yn cau eich trwyn, mae bwyd fel petai'n colli ei flas. Y rheswm yw mai arogleuon yw llawer o flasau mewn gwirionedd!

Cemegau yn yr aer yw arogleuon. Mae'r cemegau yn hydoddi mewn lleithder ar leinin eich trwyn. Mae hyn yn symbylu terfynau nerfau yn eich trwyn i anfon negeseuon i'ch ymennydd sy'n cynhyrchu synnwyr arogli.

Gall bodau dynol adnabod tua 3000 o wahanol arogleuon. Mae arogleuon yn helpu anifeiliaid i hela bwyd a chanfod eu ffordd. Gall arogleuon hefyd rybuddio rhag rhai peryglon.

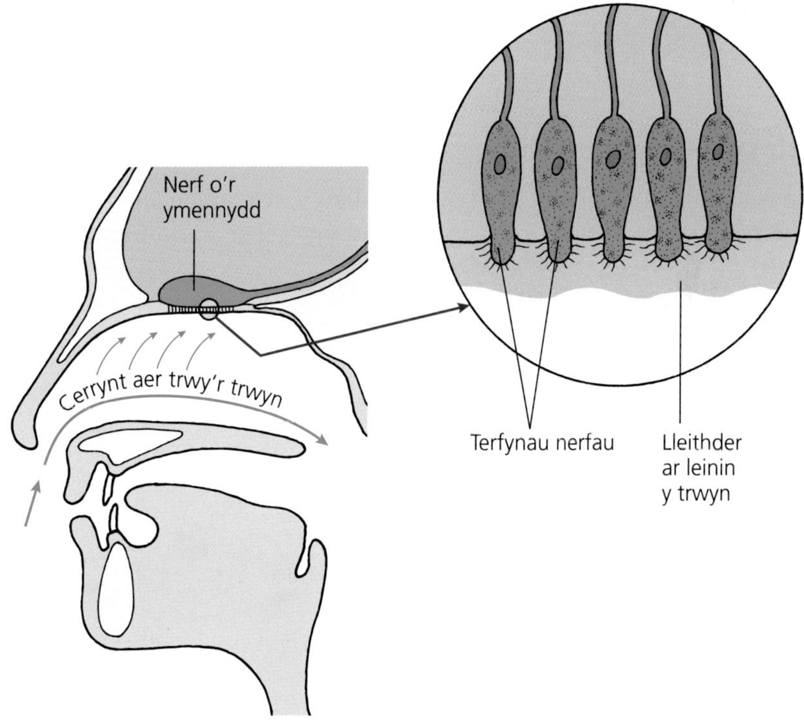

Cwestiynau

1 Enwch y pum organ synhwyro sydd gan fodau dynol.

2 Wrth rwbio'r blew ar eich braich yn ysgafn rydych yn ei deimlo'n goglais. Ceisiwch egluro pam.

3 Pam mae'n ymddangos fod gan fwydydd lai o flas pan fydd gennych annwyd yn eich trwyn?

4 Sut mae blas ac arogl yn eich amddiffyn?

6.03 Y llygad

Sut rydych yn gweld pethau

1 Mae goleuni'n teithio o wrthrych i'ch llygad.

2 Mae goleuni'n cael ei blygu wrth iddo deithio trwy eich llygad.

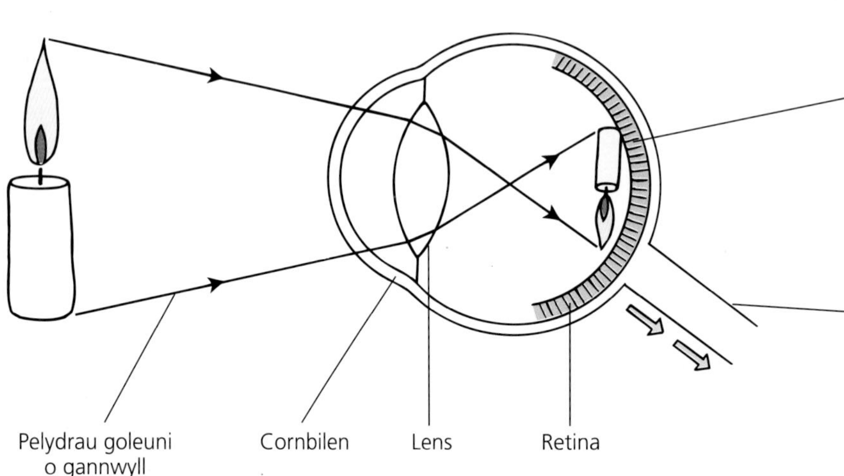

3 Mae llun wyneb i waered o'r gwrthrych yn cael ei ffocysu ar haen a elwir yn **retina** yng nghefn eich llygad. Celloedd sy'n sensitif i oleuni sydd yn y retina.

4 Mae'r retina yn anfon negeseuon ar hyd y **nerf optig** i'ch ymennydd. Mae eich ymennydd yn caniatáu i chi weld llun o'r gwrthrych yn wynebu'r ffordd gywir.

Beth sy'n diogelu eich llygaid?

Mae eich llygaid wedi eu gosod mewn tyllau yn eich penglog a elwir yn **grau'r llygaid**. Felly mae'r cyfan heblaw tu blaen y llygad yn cael ei amddiffyn gan asgwrn.

Mae **chwarennau dagrau** y tu ôl i'r amrant uchaf. Maent yn gwneud dagrau sy'n golchi eich llygad yn lân wrth i chi amrantu. Mae dagrau'n cael eu cynhyrchu'n gyflymach os cewch lwch neu fwg yn eich llygaid.

Mae'r **blew amrant** yn ffurfio rhwyd o flaen y llygad sy'n ei amddiffyn rhag llwch.

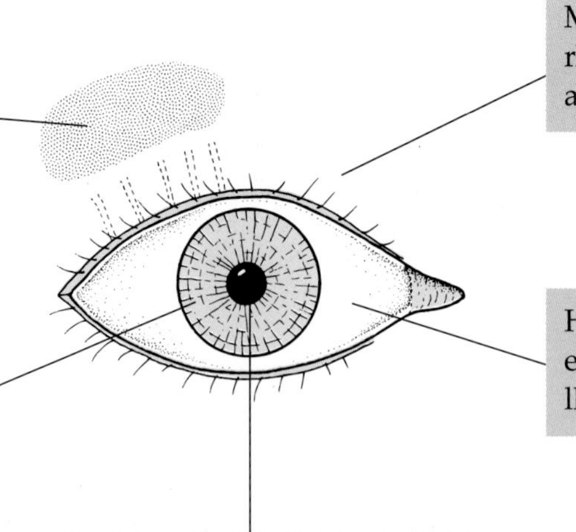

Yr **iris** yw'r rhan o'r llygad sydd â lliw. Cylch o gyhyrau yw'r iris gyda thwll yn y canol, sef cannwyll y llygad. Mae'n amddiffyn y llygaid rhag golau llachar.

Haen amddiffynnol wydn a elwir yn **sglerotig** yw gwyn y llygad.

Cannwyll y llygad sy'n gadael goleuni i'r llygad. Os yw'r golau yn rhy llachar mae cyhyr yr iris yn gwneud cannwyll y llygad yn llai. Mewn golau gwan mae cyhyr yr iris yn gwneud cannwyll y llygad yn fwy.

Rhannau'r llygad

Croen clir tenau sy'n gorchuddio blaen y llygad yw'r **gyfbilen**.

Cyhyrau ciliaraidd sy'n newid siâp y lens wrth ffocysu.

Y **smotyn melyn** yw rhan fwyaf sensitif y retina. Mae'n gadael i chi weld lliw.

Mae'r **iris** yn rheoli faint o oleuni sy'n dod i'r llygad.

Mae rhan flaen y llygad yn llawn **hylif dyfrllyd**.

Ffenestr glir yn y sglerotig o flaen yr iris yw'r **cornbilen**. Dyma lle y daw goleuni i'r llygad.

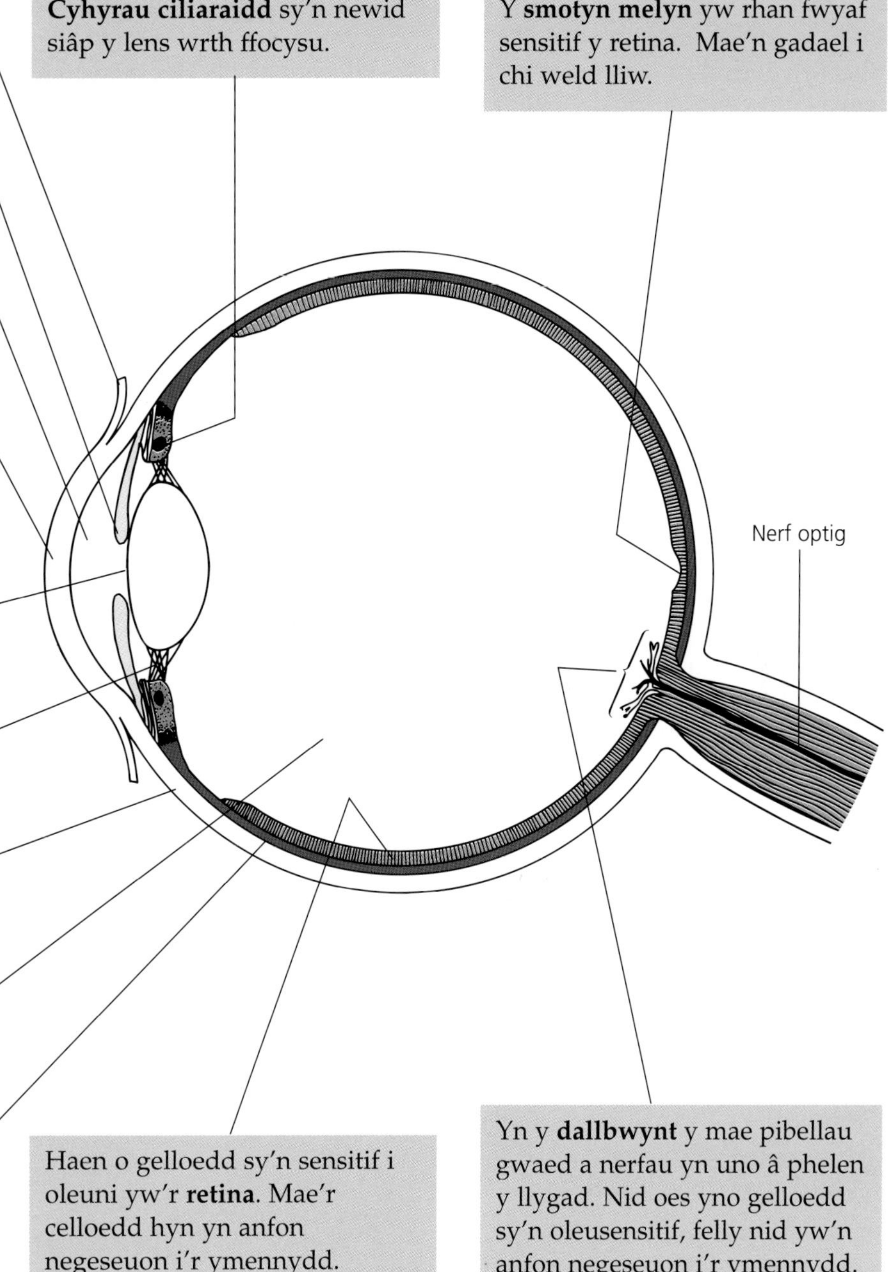

Mae'r **lens** yn helpu i ffocysu llun ar y retina. Mae'r lens yn glir a gall newid ei siâp.

Y **gewynnau cynhaliol** sy'n dal y lens yn ei le.

Yr **haen sglerotig** yw haen amddiffynnol wen, wydn y llygad.

Mae cefn y llygad yn llawn jeli a elwir yn **hylif gwydrog**.

Haen ddu yw'r **coroid** sy'n rhwystro goleuni rhag cael ei adlewyrchu o amgylch tu mewn y llygad.

Haen o gelloedd sy'n sensitif i oleuni yw'r **retina**. Mae'r celloedd hyn yn anfon negeseuon i'r ymennydd.

Yn y **dallbwynt** y mae pibellau gwaed a nerfau yn uno â phelen y llygad. Nid oes yno gelloedd sy'n oleusensitif, felly nid yw'n anfon negeseuon i'r ymennydd.

Cwestiynau

1 Rhowch enw gwyddonol pob un o'r rhain:

- **a** Mae'n cludo negeseuon o'r llygad i'r ymennydd.
- **b** Cyhyrau sy'n newid siâp lens.
- **c** Haen o gelloedd goleusensitif.
- **ch** Mae'n rheoli faint o oleuni sy'n dod i'r llygad.
- **d** Mae'n atal goleuni rhag cael ei adlewyrchu o amgylch y llygad.
- **dd** Maent yn gwneud hylif sy'n golchi'r llygaid.
- **e** Twll yng nghanol yr iris.
- **f** Ffenestr glir ym mlaen y llygad.
- **ff** Mae'n newid siâp i ffocysu llun ar y retina.

2 Wrth i chi gerdded o ystafell dywyll i heulwen ac yn ôl eto, sut y byddai maint canhwyllau eich llygaid yn newid? Pam mae hyn yn digwydd?

6.04 Golwg

Rhaid i'r goleuni sy'n mynd i'ch llygad gael ei blygu neu ei **ffocysu** ar y retina er mwyn i chi weld yn glir.

Mae'r rhan fwyaf o'r plygu yn digwydd wrth i'r goleuni deithio trwy'r **cornbilen** a'r **hylif dyfrllyd**. Mae'r **lens** yn ei blygu ychydig yn rhagor i wneud llun perffaith glir ar y retina. Mae'r **cyhyrau ciliaraidd** yn newid siâp y lens er mwyn plygu goleuni. Mae lens trwchus yn plygu goleuni yn fwy na lens tenau.

Os nad yw lensiau eich llygaid yn ffocysu'n gywir, bydd gwisgo sbectol yn helpu.

I weld gwrthrych agos

Mae angen plygu mwy ar oleuni o wrthrych agos nag ar oleuni o wrthrych pell. Felly mae'r lens yn cael ei wneud yn llawer mwy trwchus.

1 Mae'r cyhyrau ciliaraidd yn gylch o amgylch y lens. Pan fyddant yn cyfangu, mae'r gewynnau cynhaliol yn llacio, sy'n gadael i'r lens fynd yn fwy trwchus.

2 Gall y lens felly blygu digon ar y goleuni i roi llun clir ar y retina o wrthrych agos.

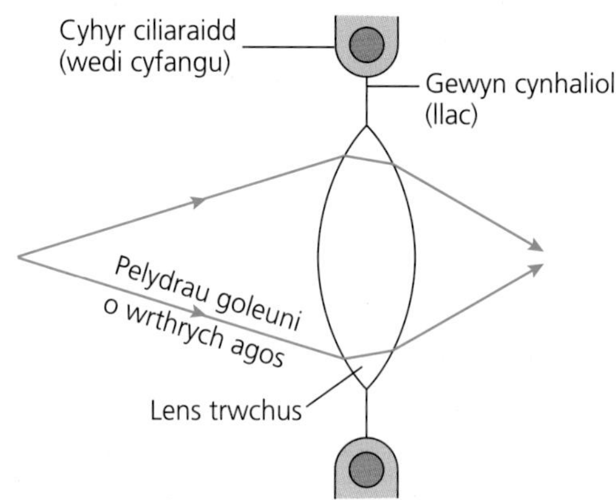

I weld gwrthrych pell

Dim ond ychydig iawn o blygu sydd ei angen ar oleuni o wrthrych pell. Felly mae'r lens yn cael ei estyn i'w wneud yn denau.

1 Pan fydd y cyhyrau ciliaraidd yn cyfangu, bydd y gwasgedd y tu mewn i belen y llygad yn estyn y lens hyd nes ei wneud yn siâp tenau.

2 Mae'r lens fflat a thenau yn plygu ychydig yn unig ar y goleuni, i roi llun clir ar y retina o wrthrych yn y pellter.

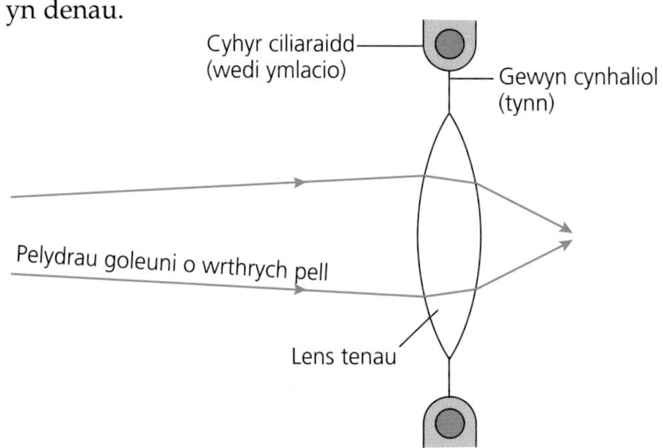

Golwg tri dimensiwn

Mae eich dau lygad yn cael golwg ychydig yn wahanol ar wrthrych.

Mae eich ymennydd yn uno'r ddwy olygfa hyn, er mwyn i chi weld y gwrthrych mewn tri dimensiwn yn hytrach nag yn fflat.

Mae golwg tri dimensiwn yn eich elpu i farnu pa mor bell yw wrthrych.

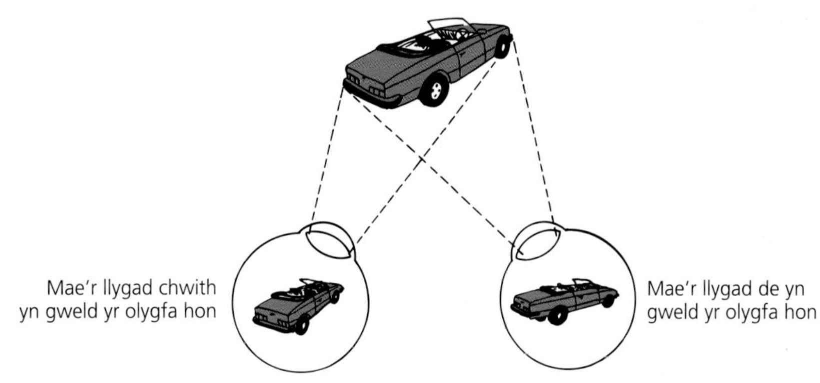
Mae'r llygad chwith yn gweld yr olygfa hon
Mae'r llygad de yn gweld yr olygfa hon

Dau lygad

Mae gan gwningod, ieir, pysgod a llawer o anifeiliaid eraill lygaid sy'n edrych i'r ochr, ac nid ymlaen fel eich rhai chi. Mae'r ddau lygad yn gweld golygfa wahanol. Gallant weld beth sy'n digwydd y tu ôl iddynt hyd yn oed. Mae hyn yn ddefnyddiol os bydd anifeiliaid eraill yn eu hela am fwyd!

Gall cwningen weld beth sy'n digwydd ar bob ochr . . .

. . . ond mae'r dylluan yn edrych yn syth ymlaen.

hagor am y retina

Mae dau fath o gelloedd goleusensitif yn y retina. 'u gelwir yn **rhodenni** a **chonau**.

Dim ond mewn golau llachar y mae conau'n gweithio, ond maent yn rhoi llun clir iawn ac maent yn sensitif i liw. Dim ond conau sydd yn y **smotyn melyn** yng nghanol y retina.

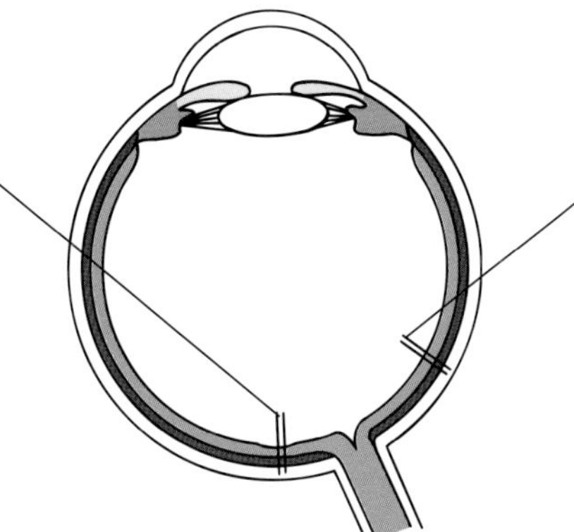

Rhodenni yw'r rhan fwyaf o weddill y retina, gydag ychydig o gonau. Nid yw rhodenni yn rhoi llun mor glir â chonau ac nid ydynt yn sensitif i liw. Ond mae rhodenni'n gweithio mewn golau gwan.

weld rhywbeth yn glir iawn aid edrych arno'n syth, fel bod ei n yn disgyn ar y smotyn melyn.

Mae hyn yn egluro pam nad ydych yn gweld lliwiau'n glir mewn golau gwan.

Cwestiynau

1 Pa rannau o'r llygad sy'n plygu goleuni?

2 Pa siâp yw lensiau eich llygaid wrth i chi edrych ar eich llaw? Pa siâp ydyn nhw wrth i chi edrych ar goeden yn y pellter?

3 **a** Ble yn y retina y mae rhodenni a chonau i'w cael?
b Pa rai sy'n canfod lliw, a pha rai sy'n gweithio mewn golau gwan?

6.05 Rhagor am synhwyrau

Mae corff oedolyn yn cynnwys tu 40 litr o ddŵr. Os collwn 5 y cant rydym yn teimlo'n sychedig; mae colli 10 y cant yn gwneud inni deimlo'n sâl iawn; ond os collwn 20 y cant byddwn yn marw, er bo o leiaf 30 litr o ddŵr ar ôl yn y corff.

Faint o synhwyrau sydd gennych chi?

Petaech chi'n gofyn y cwestiwn hwn, byddai'r rhan fwyaf o bobl yn enwi'r pum **synnwyr arbennig**: cyffwrdd, blasu, arogli, clywed a gweld. Mewn gwirionedd mae gennym ragor na hyn.

Synhwyrau y tu mewn i'ch corff

Newyn a syched Ni allwch fyw heb fwyd a diod, ac mae gennych synhwyrau sy'n canfod pan fydd arnoch angen rhagor o'r rhain. Daw eich synnwyr newyn yn rhannol o derfynau nerfau synhwyraidd ym mur eich stumog, sy'n cael eu symbylu pan fydd eich stumog yn cyfangu wrth iddo wacáu. Pan fydd eich corff yn brin o ddŵr, bydd hylifau'r corff yn mynd yn fwy crynodedig. Mae derbynyddion yn eich ymennydd yn canfod hyn, ac felly mae synnwyr syched yn datblygu, fel eich bod yn yfed er mwyn cael hylif yn lle'r hyn sydd wedi ei golli.

Synhwyrau cyhyrau a chymalau Y tu mewn i gyhyrau a gewynnau cymalau mae organau synhwyro a elwir yn **dderbynyddion ymestynnedd**. Mae'r rhain yn synhwyro faint o densiwn ac ymestynnedd sydd yn y meinweoedd. Mae eich ymennydd yn defnyddio gwybodaeth o'r derbynyddion hyn i ddweud wrthych faint rydych yn gwthio neu'n tynnu rhywbeth, er mwyn rheoli cyflymder eich symudiadau, ac er mwyn barnu lleoliad eich aelodau heb edrych arnynt.

Rhowch gynnig ar y prawf hwn. Caewch eich llygaid. Yna codwch un fraich a phlygu'r benelin, yr arddwrn, a'r bysedd i unrhyw ongl y mynnwch (ceisiwch blygu pob cymal i ongl wahanol). *Heb edrych*, ceisiwch blygu cymalau'r fraich arall i'r union onglau â'r fraich gyntaf. Sut rydych yn gwneud hyn?

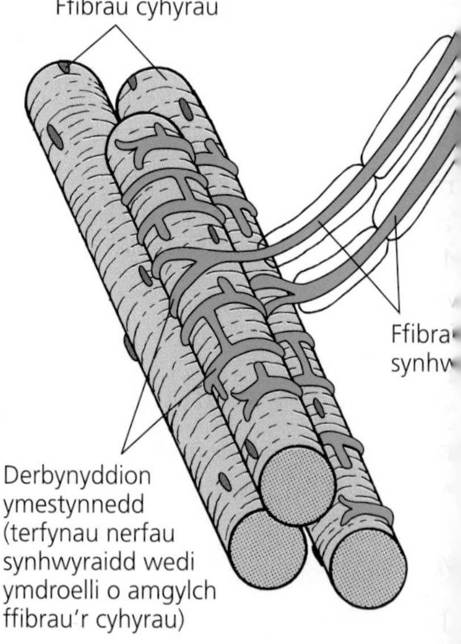

Mae 'cyffyrddiad' yn fwy nag un synnwyr

Trwy gyffwrdd pethau yn unig, gallwch deimlo a yw gwrthrychau yn feddal neu'n galed, yn arw neu'n llyfn, yn boeth neu'n oer, yn wlyb neu'n sych, a dyfalu beth yw eu pwysau a'u siâp.

Synhwyrau'r croen sy'n gwneud hyn. Synhwyrau cyffyrddiad a gwasgedd sy'n barnu gwead a siâp. Mae synhwyrau pwysau neu wasgedd, ar y cyd â derbynyddion ymestynnedd yn y cyhyrau, hefyd yn barnu pwysau pethau. Rhowch gynnig ar y prawf gyferbyn er mwyn ymchwilio i synnwyr tymheredd.

1 Hanner llenwch un bicer â dŵr poeth (nid berwedig), ail un â dŵr oer iawn, a thrydydd un â dŵr cynnes. Rhowch un llaw yn y dŵr poeth a'r llall yn y dŵr oer iawn.

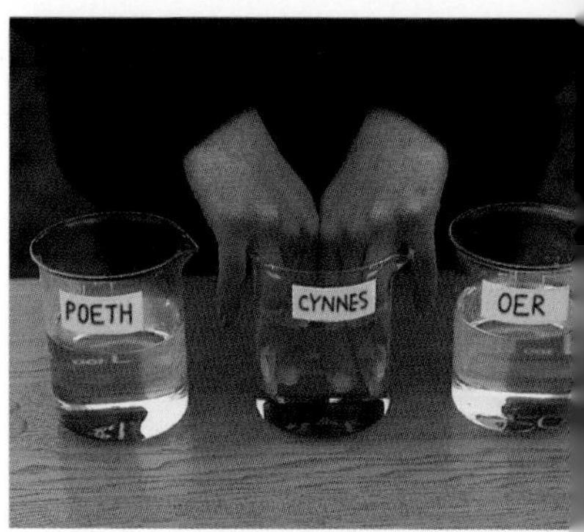

2 Ymhen munud, rhowch eich dwy law yn y dŵr cynnes. Sut mae pob llaw yn teimlo? Sut mae hyn yn dangos mai dim ond i *wahaniaethau* tymheredd mae'r croen yn sensitif?

₹hagor am glywed

Mae'n cymryd o leiaf 36 awr i adfer sensitifrwydd arferol y clyw ar ôl gwrando ar gerddoriaeth uchel am ddwy awr.

Jn o'n medrau rhyfeddol ni yw'r gallu i wahanu synau. Pan fyddwch yn ;wrando ar gerddorfa sy'n cynnwys offerynnau llinynnol, hwythbrennau, pres, taro ac ati, caiff yr amrywiaeth o wahanol seiniau u crynhoi i roi un llif hir o ddirgryniadau. Gall eich clust a'ch ymennydd rosesu'r rhain a gwahaniaethu rhwng pob sain.

/lae cryfder sain yn cael ei fesur mewn **decibelau (dB)**. Caiff tua 20 dB eu ynhyrchu gan sibrydiad, a thua 140 dB gan awyren jet wrth iddi esgyn 'r ddaear. Mae cryfder sain yn dechrau mynd yn boenus ac yn niweidiol 'r glust fewnol rhwng 120 a 130 dB. Mae ebychiadau o sŵn sydyn ac chel, er enghraifft ffrwydradau, yn fwy niweidiol na sŵn uchel di-dor el peiriannau mewn ffatri a cherddoriaeth uchel.

'a mor glir yw eich golwg?

:howch gynnig ar y prawf hwn. Gosodwch y llyfr wn ar fwrdd. Symudwch eich pen hyd nes ei fod tua 0 cm o'r dudalen. Caewch un llygad. Gyda'r llygad rall, edrychwch ar yr '1' yn y diagram gyferbyn. Heb *ymud eich llygad o'r* '1', ceisiwch ddarllen y rhifau raill. Faint ohonynt sydd i'w gweld yn glir? Dim ond au neu dri rhif y gall y rhan fwyaf o bobl eu gweld. 1ewn gwirionedd dim ond rhan fechan o'r hyn a velwn sydd i'w weld yn glir, sef y rhan sydd wedi'i ocysu ar **smotyn melyn** y retina. Ond nid ydych fel rfer yn ymwybodol o hyn gan mai anaml y mae eich ygaid yn llonydd. Maent yn sganio golygfa yn arhaus, fel bod y smotyn melyn yn gweld y rhan vyaf ohoni.

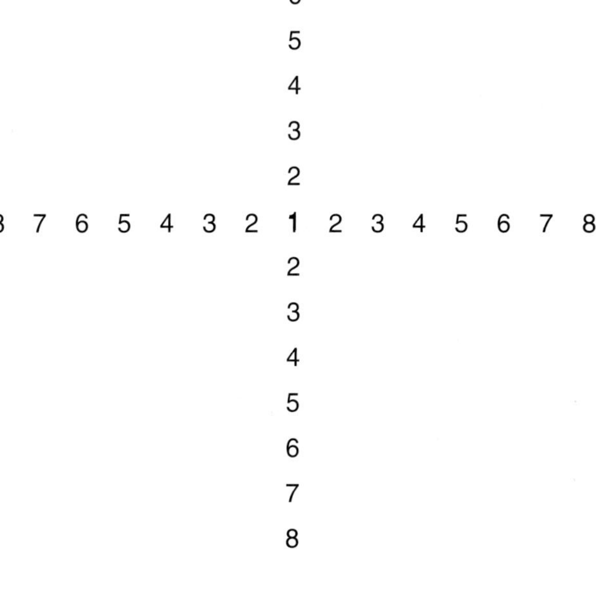

1ae rhan o bob llygad yn ddall

howch gynnig ar y prawf hwn. Daliwch y dudalen on hyd braich o'ch llygaid. Caewch eich llygad *'nwith* a chanolbwyntio'r llall ar y cylch du gyferbyn. *aliwch i gadw eich llygad ar y cylch*, a symudwch y yfr tuag at eich wyneb. Sylwch, 'trwy gornel eich ygad', beth sy'n digwydd i'r groes.

1ae'r groes yn diflannu wrth i'w delwedd ddisgyn ar **dallbwynt** eich llygad de. Mae'n amhosibl gwneud r groes ddiflannu pan fydd y ddau lygad ar agor nerwydd nad yw ei delwedd byth yn gallu disgyn ar dallbwyntiau y ddau lygad ar yr un pryd.

Cwestiynau

1. Sut y byddwch yn gwybod pa mor galed yr ydych yn gwthio neu'n tynnu rhywbeth?
2. Sut y byddwch yn gwybod beth yw safle eich breichiau a'ch coesau heb edrych?
3. Faint o bethau y gallwch eu darganfod am wrthrychau trwy ddefnyddio eich synnwyr cyffwrdd yn unig?

6.06 Y system nerfol

Mae eich system nerfol fel rheolwr y tu mewn i'ch corff. Ei gwaith yw **rheoli a chyd-drefnu** rhannau eich corff fel eu bod yn gweithio gyda'i gilydd, gan wneud eu gwaith ar yr amser cywir.

Mae eich system nerfol yn cyd-drefnu cyhyrau fel y gallwch wneud pethau sydd angen gwaith meddwl, fel mynd ar gefn beic, dawnsio, neu ddarllen.

Mae hefyd yn cyd-drefnu pethau nad oes angen i chi feddwl amdanynt, fel curiad y galon ac anadlu.

Mae'r system nerfol yn cynnwys yr **ymennydd**, **madruddyn y cefn**, a miliynau o **nerfau**. Gyda'i gilydd, gelwir yr ymennydd a madruddyn y cefn yn **brif system nerfol**.

Yr **ymennydd** sydd ar ben y system nerfol. Mae'r penglog yn ei amddiffyn.

Nerf trwchus iawn yw **madruddyn y cefn**. Mae'n crogi o'r ymennydd i lawr trwy ganol gwag yr asgwrn cefn.

Mae miliynau o **nerfau** fel canghennau o'r brif system nerfol. Maent yn cludo negeseuon a elwir yn **ysgogiadau nerfol** o amgylch y corff.

Clwstwr o **ffibrau nerfol** yw nerf.

Ffibrau nerfol

Nerf

Nerfgelloedd (niwronau)

Mae'r system nerfol wedi ei gwneud o nerfgelloedd neu **niwronau**. Mae'r rhan fwyaf o gorffgelloedd yn grwn, ond nid rhai felly yw'r niwronau. Maent wedi eu hestyn yn **ffibrau nerfol** hir a thenau, a gallant fod dros fetr o hyd. Mae ysgogiadau nerfol yn teithio ar hyd ffibrau nerfol i *un cyfeiriad yn unig*.

Mae **niwronau synhwyraidd** yn cludo ysgogiadau o organau synhwyro i'r brif system nerfol.

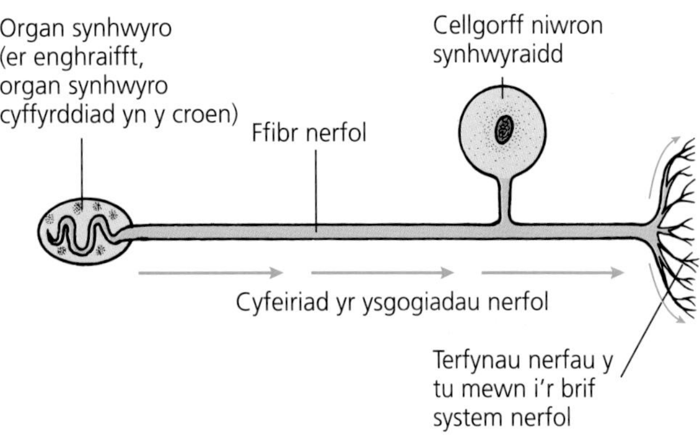

Mae **niwronau echddygol** yn cludo ysgogiadau o'r brif system nerfol i organau sy'n **effeithyddion** – y cyhyrau a'r chwarennau sy'n ymateb i symbyliad.

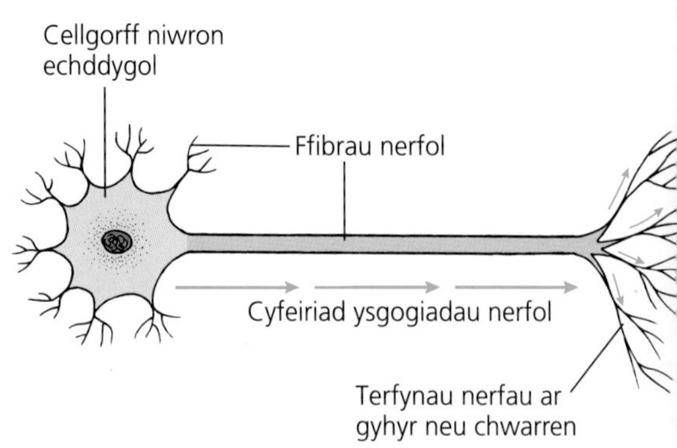

Sut mae'r system nerfol yn gweithio

Petaech chi'n eistedd ar bin bawd byddech yn neidio a gweiddi mewn poen. Dyma enghraifft o **symbyliad** ac **ymateb**. Y symbyliad yw poen. Yr ymateb yw neidio a gweiddi. Eich system nerfol sy'n rheoli'r ymateb.

Mae'r diagram hwn o'r system nerfol yn dangos sut mae'n gweithio.

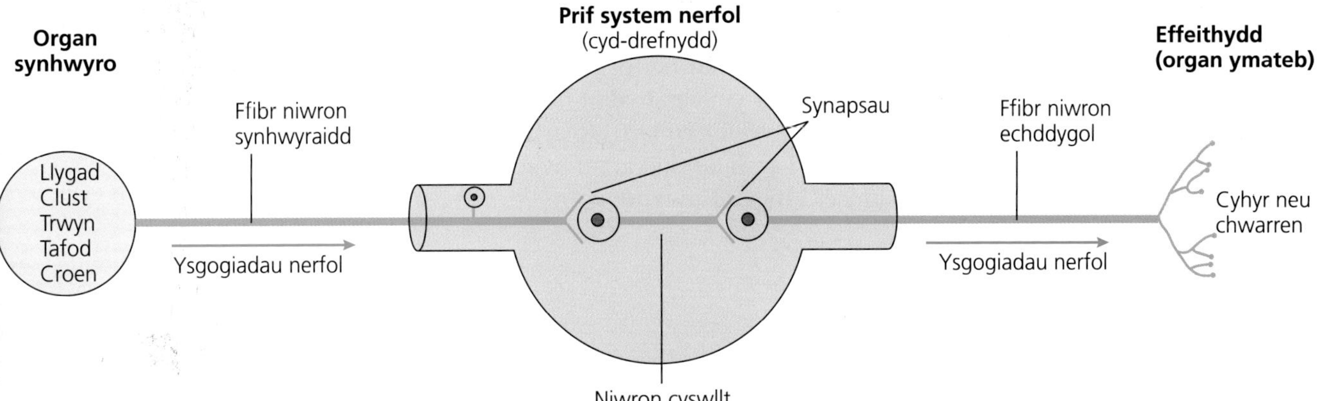

1 Mae organ synhwyro, neu'r **derbynnydd**, yn derbyn symbyliad. Mae hwn yn anfon ysgogiadau nerfol ar hyd **niwronau synhwyraidd** i'r **brif system nerfol** - sef **cyd-drefnydd** y gyfres hon o ddigwyddiadau. Mae'n cynllunio (cyd-drefnu) ymateb priodol i'r symbyliad ac yn anfon ysgogiadau ar hyd **niwron cyswllt** (neu **ryngol**) a **niwron echddygol** i'r **effeithyddion** (organau ymateb). Y rhain yw'r cyhyrau neu'r chwarennau sy'n gweithredu'r ymateb.

2 Mae bwlch bach iawn a elwir yn **synaps** lle mae ffibrau nerfol un niwron yn cwrdd â chellgorff un arall. Mae'r niwron cyntaf yn rhyddhau cemegyn sy'n gwneud i'r ysgogiad neidio dros y bwlch hwn i'r niwron nesaf.

3 Rhaid i'r symbyliad fod yn ddigon cryf i gynhyrchu digon o ysgogiadau i wneud i'r cemegau hyn gael eu rhyddhau a chaniatáu i ysgogiadau groesi synaps. Rhaid i ysgogiadau nerfol groesi llawer o synapsau wrth deithio o ffibrau niwronau synhwyraidd trwy'r brif system nerfol. Dyma pam nad yw symbyliadau gwan iawn yn achosi ymateb mewn effeithydd, neu organ ymateb.

Crynodeb

Dyma grynodeb o drefn y digwyddiadau rhwng symbyliad a'r ymateb priodol:

Symbyliad → Derbynnydd → Cyd-drefnydd → Effeithydd → Ymateb

Cwestiynau

1 Enwch rannau'r system nerfol.
2 Enwch ddau fath o nerfgell.
3 Sut mae nerfgelloedd yn wahanol i gelloedd eraill?
4 Beth yw symbyliad? Rhowch enghreifftiau.
5 Enwch eich organau sy'n dderbynyddion.
6 Pam mae'r brif system nerfol yn cael ei galw'n gyd-drefnydd?
7 Beth yw synaps?
8 Beth yw effeithyddion?

6.07 Rhagor am y system nerfol

Ysgogiadau nerfol

Mae organau synhwyro yn troi symbyliadau, er enghraifft golau a sŵn, yn ysgogiadau nerfol sy'n cychwyn fel newid cemegol ar un pen i ffibr nerfol. Yn union fel un domino yn taro'r nesaf a hwnnw'n taro'r nesaf wedyn, mae'r newid cemegol mewn un rhan o'r ffibr nerfol yn sbarduno newid sy'n union yr un fath yn y nesaf, ac felly ymlaen hyd at flaen y ffibr. Rhaid ailosod dominos ar eu traed cyn y gellir eu taro eto ac mae'n rhaid i nerfau gael adfer cyn y gall ysgogiad arall deithio ar eu hyd, ond mae un milfed o eiliad yn ddigon o amser i hyn ddigwydd.

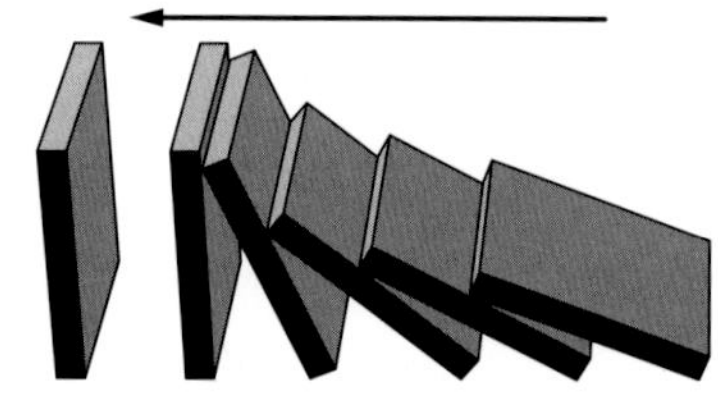

Mae'r gwthiad sydd ei angen i wneud i ddominos syrthio yn debyg i'r symbyliad sy'n cychwyn ysgogiad nerfol.

Mwy am weithredoedd atgyrch

Beth yw'r gwahaniaeth rhwng tynnu eich llaw oddi ar rywbeth poeth, ac estyn i godi rhywbeth? **Ymateb atgyrch** yw'r cyntaf - rhywbeth a wnewch yn awtomatig, heb feddwl, ac nad oes rhaid ichi ei ddysgu. **Ymateb gwirfoddol** yw'r llall. Rhaid ichi ddysgu sut i wneud hyn a meddwl amdano.

Mae ymatebion neu weithredoedd atgyrch yn rhai cyflym iawn oherwydd bod ysgogiadau nerfol yn teithio trwy drefniant syml o nerfau a elwir yn **llwybr atgyrch**. Dilynwch drywydd yr ysgogiadau nerfol trwy'r diagram isod.

Pam mae tisian yn enghraifft o weithred atgyrch? Pam y byddwn yn tisian?

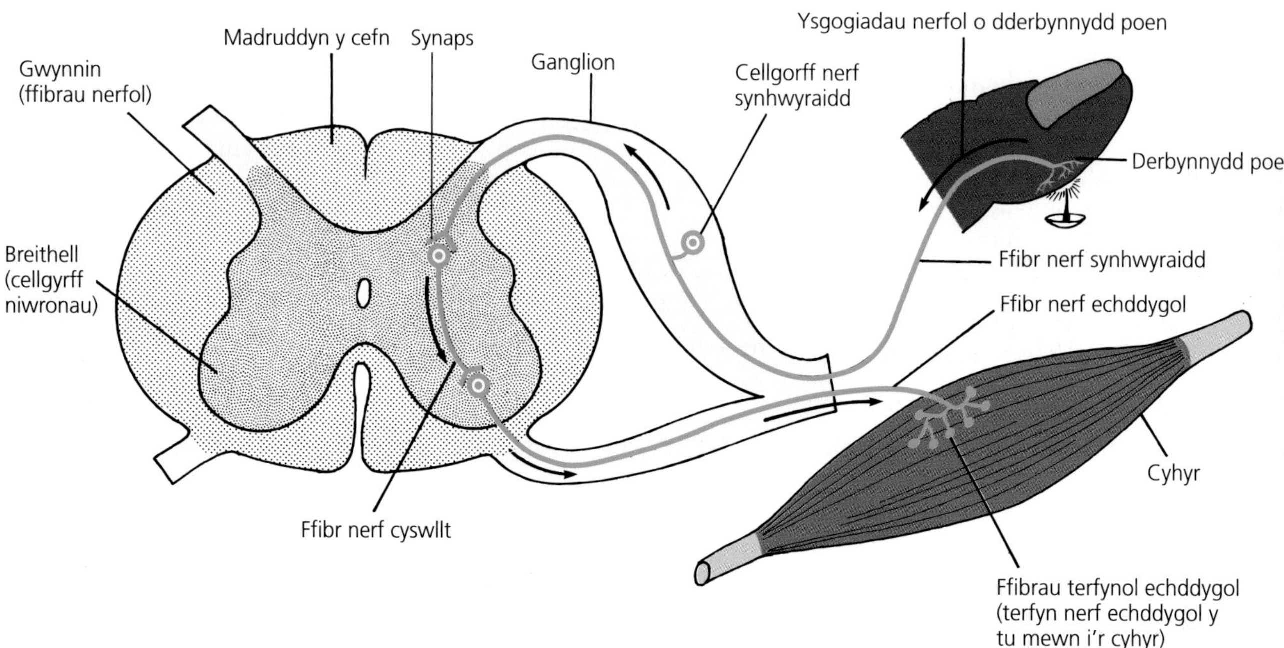

Y **symbyliad** yn yr enghraifft hon yw bys yn cael ei bigo. Mae hyn yn gwneud i ysgogiadau deithio o **dderbynnydd poen** yn y croen ar hyd **ffibr nerf synhwyraidd** i **fadruddyn y cefn**.

Yma rhaid i ysgogiadau groesi synaps i gyrraedd **ffibr nerf cyswllt** neu **ryngol** sy'n eu cludo trwy'r llinyn nerfol i synaps â **ffibr nerf echddygol**. Mae'r ffibr hwn yn cludo ysgogiadau i gyhyrau sy'n ymateb trwy symud y bys.

Gweithredoedd atgyrch a gwirfoddol

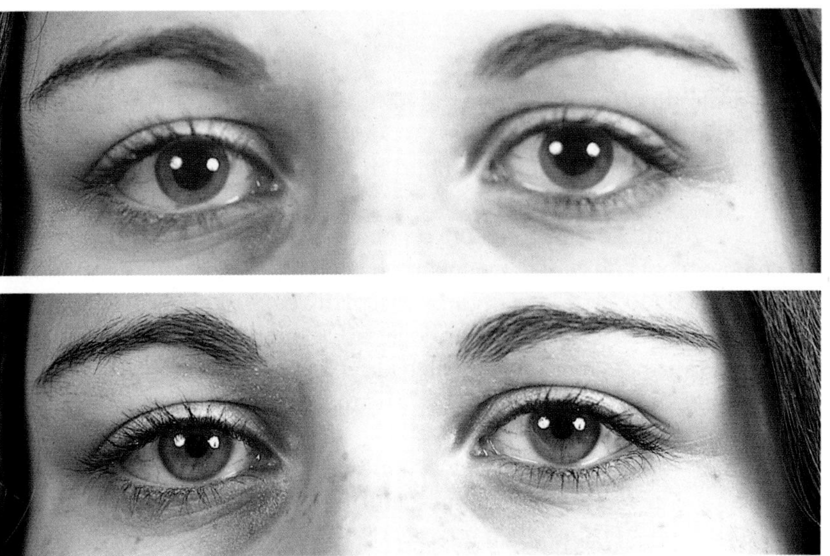

Mae **gweithredoedd atgyrch** yn rhai rydych yn eu gwneud heb feddwl. Mae rhai yn eich amddiffyn: mae pesychu yn clirio eich pibell wynt, crynu yn eich cadw'n gynnes, y dagrau a gynhyrchwch yn golchi eich llygaid, canhwyllau'r llygaid yn lleihau mewn golau llachar er mwyn amddiffyn y retina, ac yn mynd yn fwy mewn golau gwan er mwyn eich helpu i weld. Mae rhai gweithredoedd atgyrch yn arbed gwastraff: dim ond pan fo bwyd yn eich coluddion y byddwch yn cynhyrchu suddion treulio.

Mae **gweithredoedd gwirfoddol** yn rhai y mae angen meddwl amdanynt, fel siarad â rhywun neu ysgrifennu llythyr.

Yr ymennydd

Mae eich ymennydd ar ben uchaf madruddyn eich cefn ac mae iddo dair prif ran: y **cerebrwm**, yr **ymennydd bach** (**cerebelwm**), a'r **medwla**.

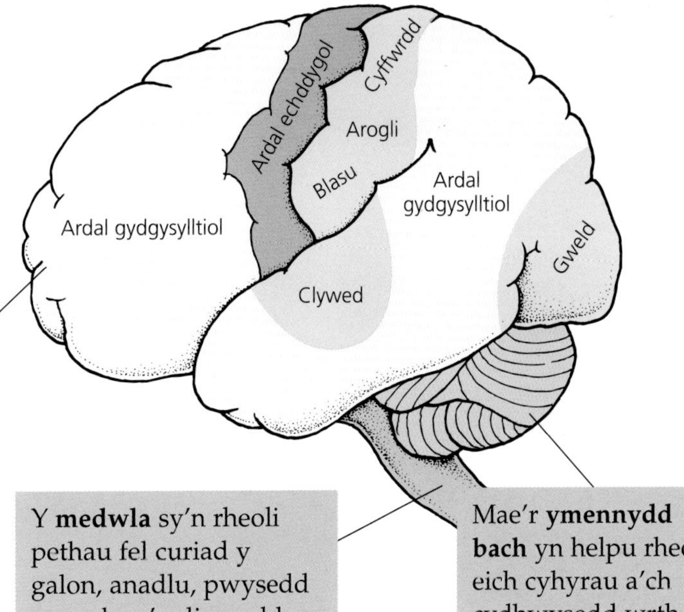

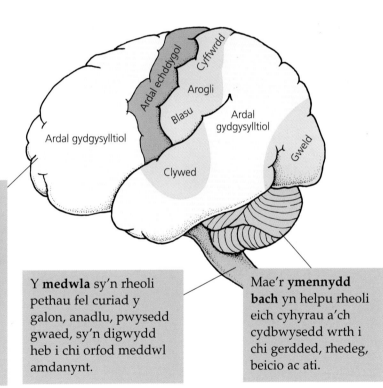

Y **cerebrwm** yw to siâp cromen yr ymennydd.

Mae ei **ardaloedd synhwyraidd** (glas) yn derbyn ysgogiadau o'ch llygaid, eich clustiau, eich tafod, eich trwyn a'ch croen, ac yn rhoi synwyriadau neu deimladau i chi.

Mae ei **ardaloedd echddygol** (oren) yn rheoli eich cyhyrau wrth i chi symud.

Mae ei **ardaloedd cydgysylltiol** (melyn) yn rheoli'r cof a'r meddwl.

Y **medwla** sy'n rheoli pethau fel curiad y galon, anadlu, pwysedd gwaed, sy'n digwydd heb i chi orfod meddwl amdanynt.

Mae'r **ymennydd bach** yn helpu rheoli eich cyhyrau a'ch cydbwysedd wrth i chi gerdded, rhedeg, beicio ac ati.

Cwestiynau

1 Pa weithredoedd atgyrch sy'n digwydd:

- **a** pan fydd llwch yn cael ei chwythu i'ch llygaid (dwy enghraifft);
- **b** pan fydd golau llachar yn disgleirio'n annisgwyl yn eich llygaid (dwy enghraifft);
- **c** pan fyddwch yn rhedeg yn gyflym mewn tywydd poeth (tair enghraifft);
- **ch** os byddwch yn mynd allan yn sydyn o ystafell gynnes i ddiwrnod oer a gwyntog;
- **d** pan fydd arnoch eisiau bwyd a'ch bod yn arogli bwyd yn coginio;
- **dd** pan fydd bwyd yn mynd i'ch pibell wynt yn ddamweiniol?

2 Pa un o'r adweithiau hyn sy'n eich amddiffyn rhag niwed ac sy'n helpu arbed egni a defnyddiau'r corff?

6.08 Hormonau

Mae **hormonau** yn cael eu gwneud gan set o chwarennau sy'n cael eu galw'n **system endocrinaidd**. Fel y system nerfol, mae hormonau yn cyd-drefnu'r corff, ond maent yn gwneud hyn mewn ffyrdd gwahanol.

Anfonir ysgogiad nerfol o'r ymennydd neu fadruddyn y cefn ar hyd ffibr nerfol yn uniongyrchol i un cyhyr neu chwarren benodol. Cynhyrchir hormonau gan chwarennau endocrinaidd, a rhyddheir ychydig bach ohonynt ar y tro i lif y gwaed, sy'n eu cludo o amgylch yr holl gorff, er mai dim ond rhannau arbennig a elwir yn **organau targed** sy'n ymateb iddynt. Gall ymatebion i hormonau barhau am ychydig funudau, neu barhau am flynyddoedd.

Mae'r diagram isod yn dangos y prif chwarennau endocrinaidd a'r hormonau sy'n cael eu cynhyrchu ganddynt. Mae hefyd yn crynhoi'r gwaith y mae'r hormonau yn ei wneud.

Sut mae'r system endocrinaidd yn gweithio

Symbyliad

↓

Organ endocrinaidd yn cynhyrchu hormon

↓

Hormon yn cael ei gludo ledled y corff gan y gwaed

↓

Meinweoedd sy'n sensitif i'r hormonau yn ymateb (e.e. y galon, pibellau gwaed, yr iau/afu, organau rhywiol)

Mae'r **chwarren thyroid** ynghlwm wrth y bibell wynt. Mae'n gwneud yr hormon **thyrocsin.**

Thyrocsin sy'n rheoli cyflymder adweithiau cemegol mewn celloedd. Mewn plant, mae diffyg thyrocsin yn golygu eu bod yn araf yn tyfu a datblygu'n feddyliol.

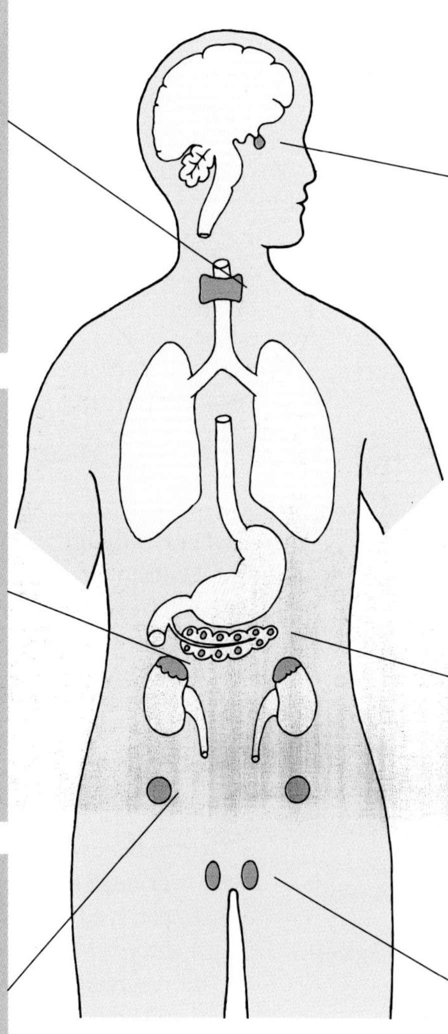

Mae'r **chwarren bitwidol** o dan yr ymennydd. Mae'n gwneud llawer o hormonau.

1 Mae un o'r hormonau hyn yn rheoli twf. Gall person heb ddigon o hormon twf fod yn fyr iawn. Bydd person â gormod ohono yn tyfu'n fawr iawn.

2 Mewn menywod, mae'n gwneud hormonau sy'n rheoli rhyddhau wyau o ofarïau, a geni baban.

Mae'r **chwarennau adrenal** ar ben yr arennau. Pan fyddwch yn flin neu'n ofnus maent yn gwneud yr hormon **adrenalin.**

Mae adrenalin yn paratoi eich corff ar gyfer gweithredu. Mae'n cyflymu curiad eich calon a'ch anadlu, yn codi eich pwysedd gwaed, ac yn gadael i fwy o glwcos fynd i'r gwaed, i roi egni i chi.

Mae'r **pancreas** o dan y stumog ac yn cynhyrchu'r hormon **inswlin.** Inswlin sy'n rheoli faint o glwcos sydd yn y gwaed. Nid yw pobl ag un math o'r cyflwr a elwir yn glefyd siwgr, neu **ddiabetes**, yn gwneud digon o inswlin. Felly gall lefel y glwcos yn y gwaed godi a gostwng heb reolaeth, sy'n niweidiol.

Mewn menywod mae'r **ofarïau** yn gwneud yr hormon rhyw **oestrogen.** Oestrogen sy'n rhoi nodweddion benywol i ferched fel bronnau, croen meddal, a llais benywaidd. Mae hefyd yn paratoi'r groth ar gyfer baban.

Mewn gwrywod mae'r **ceilliau** yn gwneud yr hormon rhyw **testosteron.** Mae hwn yn rhoi nodweddion gwrywol i fechgyn, fel lleisiau dyfnach a mwy o flew ar eu cyrff.

Y clefyd siwgr (diabetes)

Os nad oes digon o inswlin yn y gwaed, bydd cyfres o adweithiau emegol cymhleth yn digwydd. Ar ôl bwyta bydd lefel y glwcos yn odi'n uchel iawn gan nad yw'r inswlin yno i droi glwcos (o garbohydrad vedi'i dreulio) yn glycogen. Caiff braster a phroteinau eu dadelfennu ıefyd gan ryddhau mwy o glwcos, a bydd braster yn ymddatod gan roi ylweddau gwenwynig fel aseton ac asid asetig.

Gan fod ysgarthu'r gormodedd glwcos yn y troeth yn defnyddio llawer iawn ddŵr bydd pobl â'r clefyd siwgr heb ei reoli yn datblygu syched aruthrol, gall cyfradd eu resbiradu arafu oherwydd bod angen inswlin ar gelloedd i msugno glwcos. Heb driniaeth ag inswlin drwy chwistrell, a rhoi sylw nanwl i'w diet, gall pobl â'r math hwn o glefyd siwgr fynd yn anymwybodol herwydd dadhydradu, gwenwyn asetig asid, neu resbiradaeth araf.

Mae math arall o'r clefyd siwgr lle mae'r corff *yn* cynhyrchu digon o inswlin nd nid yn ymateb iddo; rhaid bwyta'n iach i'w reoli ac weithiau bydd angen abledi hefyd.

Plentyn yn defnyddio 'gwn pin ysgrifennu' i chwistrellu dogn penodol o inswlin.

Mwy o waith i'r chwarren bitwidol

Mae rheoli faint o ddŵr sydd yn y corff yn waith hanfodol bwysig a wneir gan y chwarren bitwidol. Os bydd gormod o ddŵr, gall celloedd chwyddo a hyd yn oed hollti ar agor. Heb ddigon o ddŵr, bydd adweithiau cemegol y corff yn arafu a gallech farw o ganlyniad i ddadhydradiad. Gyferbyn, dangosir sut mae'r ymennydd, y chwarren bitwidol a'r arennau yn atal hyn.

Rhy ychydig o ddŵr yn y gwaed a'r hylif meinweol (y corff yn dadhydradu)

↓

Hypothalamws y tu mewn i'r ymennydd yn canfod hyn

↓

Hypothalamws yn gwneud i'r chwarren bitwidol gynhyrchu hormon **gwrth-ddiwretig**

↓

Yr hormon hwn yn gwneud i'r arennau adamsugno **mwy** o ddŵr, felly caiff **llai** o droeth ei gynhyrchu.

Gormod o ddŵr yn y gwaed a'r hylif meinweol

↓

Hypothalamws yn canfod hyn

↓

Hypothalamws yn atal y chwarren bitwidol rhag cynhyrchu hormon gwrth-ddiwretig

↓

Yr arennau yn peidio ag adamsugno dŵr, felly caiff mwy o droeth gwanedig iawn ei gynhyrchu.

Adrenalin - yr hormon ymladd neu ffoi

Mewn sefyllfaoedd peryglus, dychrynllyd, neu gynhyrfus, mae effeithiau adrenalin yn digwydd bron ar unwaith, er mwyn eich paratoi i weithredu:

- Mae eich calon yn curo'n gyflymach, gan bwmpio mwy o waed ac ocsigen i'ch cyhyrau.
- Mae pibellau gwaed yn eich cyhyrau yn ehangu er mwyn cyflenwi mwy o waed.
- Mae bronciolynnau'r ysgyfaint yn ehangu er mwyn cael cyfaint uwch o aer i'ch ysgyfaint, ac mae'r gyfradd anadlu'n cynyddu.
- Mae gwaed ag ocsigen ychwanegol, a glwcos ychwanegol sydd wedi ei ryddhau o'r iau/afu, yn llifo i'ch cyhyrau a'ch ymennydd.
- Gyda'i gilydd, mae'r newidiadau hyn yn gwneud eich adweithiau i ddigwyddiadau yn gyflymach ac yn fwy nerthol.

Symptomau cyfarwydd effeithiau adrenalin yw ceg sych, calon yn curo'n gyflym, a theimlad o ysictod yn y stumog.

Cwestiwn

1 Pa hormon:

- **a** sy'n paratoi'r corff ar gyfer gweithredu?
- **b** sy'n rheoli faint o glwcos sydd yn y gwaed?
- **c** sy'n rhoi llais dwfn i fechgyn?
- **ch** sy'n rhoi croen meddal i ferched?
- **d** sy'n rheoli adweithiau cemegol mewn celloedd?

6.09 Hormonau rhyw a'r mislif

Rywdro rhwng 8 a 15 mlwydd oed mae merched yn dod i aeddfedrwydd rhywiol a gallant gael babanod. Yr enw ar y cam hwn mewn datblygiad yw'r **glasoed**, a dyma pryd y bydd dilyniant o ddigwyddiadau yn y corff, sy'n cael eu hailadrodd yn fisol, y **gylchred fislifol**, neu'r **misglwyf**, yn dechrau digwydd.

Yn ystod un gylchred 28 diwrnod caiff ofwm (wy) ei ryddhau o ofari merch a chaiff ei chroth ei pharatoi ar gyfer derbyn yr ofwm hwn petai'n cael ei ffrwythloni ac yn datblygu i fod yn faban. Os na fydd hyn yn digwydd bydd leinin ei chroth yn dadfeilio: dyma sy'n cael ei alw'n **fislif**, ac fe gaiff y gylchred ei hailadrodd. Caiff y digwyddiadau hyn eu rheoli gan **hormonau rhyw** sy'n dod o'r **chwarren bitwidol**, sydd wedi ei lleoli o dan yr ymennydd, ac o'r ofari.

Sut mae hormonau rhyw yn rheoli'r gylchred fislifol

1 Yn fuan ar ôl i'r mislif orffen mae'r chwarren bitwidol yn rhyddhau **hormon ysgogi ffoliglau** (HYFf). Mae hwn yn ysgogi wy i dyfu y tu mewn i **ffoligl** yn yr ofari, ac yn ysgogi'r ofarïau i gynhyrchu'r hormon **oestrogen**.

2 Mae oestrogen yn gostwng llif yr HYFf o'r chwarren bitwidol, ac yn ysgogi'r chwarren bitwidol i gynhyrchu **hormon lwteineiddio** (HL).

3 Mae'r HL yn gwneud i'r wy gael ei ryddhau o'r ffoligl (ofwliad).

4 Mae oestrogen o'r ofari hefyd yn paratoi'r groth ar gyfer beichiogrwydd trwy ysgogi twf pibellau gwaed a chwarennau yn leinin y groth.

5 Mae gweddillion y ffoligl, a elwir yn **corpws lwtewm**, yn cynhyrchu'r hormon **progesteron**. Mae hwn yn ysgogi twf pellach yn leinin y groth a hefyd yn ysgogi'r bronnau i ddatblygu chwarennau sy'n cynhyrchu llaeth. Mae'r corff bellach yn **ffrwythlon**, ac wedi ei baratoi ar gyfer beichiogrwydd posibl.

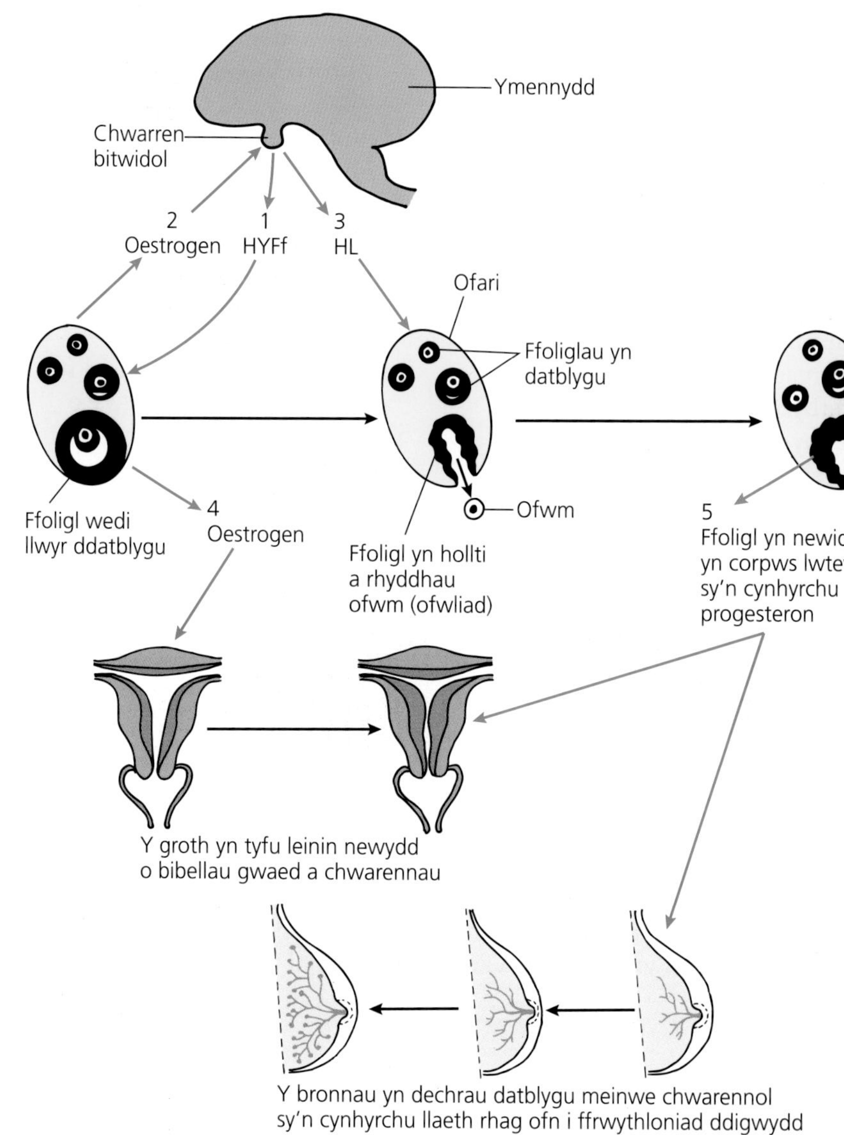
Ymennydd
Chwarren bitwidol
2 Oestrogen
1 HYFf
3 HL
Ofari
Ffoliglau yn datblygu
Ffoligl wedi llwyr ddatblygu
4 Oestrogen
Ofwm
Ffoligl yn hollti a rhyddhau ofwm (ofwliad)
5 Ffoligl yn newid yn corpws lwtewm sy'n cynhyrchu progesteron
Y groth yn tyfu leinin newydd o bibellau gwaed a chwarennau
Y bronnau yn dechrau datblygu meinwe chwarennol sy'n cynhyrchu llaeth rhag ofn i ffrwythloniad ddigwydd

Diagram syml o'r gylchred fislifol

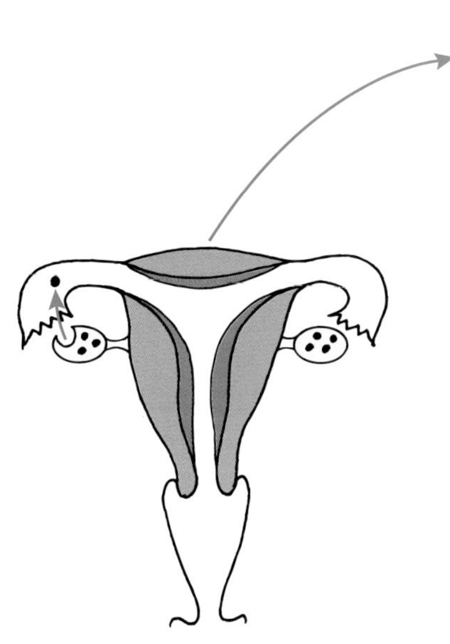

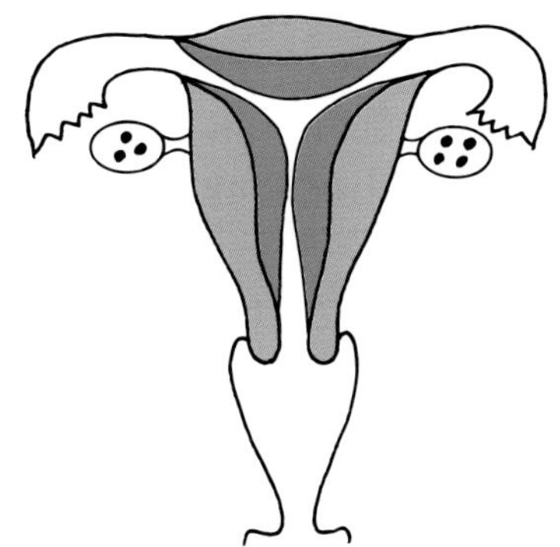

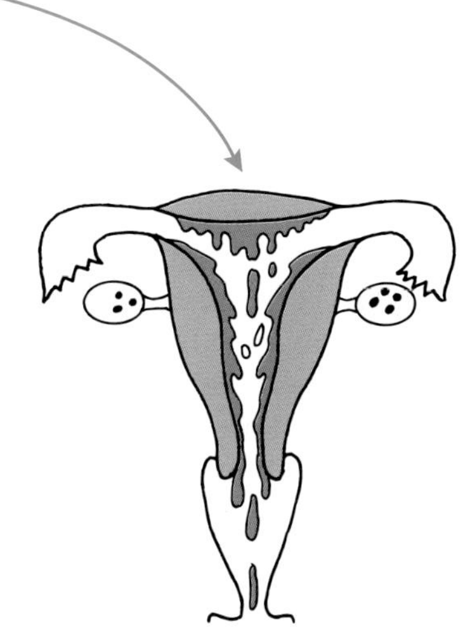

1 Mae ofwliad yn cynhyrchu ofwm newydd oddeutu pob 28 diwrnod. Caiff yr ofwm ei sugno i diwb Fallopio. Mae'r fenyw yn awr yn **ffrwythlon**. Mae hyn yn golygu, os bydd hi'n cael cyfathrach rywiol yr adeg hon, y gall yr ofwm gael ei ffrwythloni ac y gallai hi ddod yn **feichiog**. Ond os na chaiff ei ffrwythloni, bydd yr ofwm yn marw ymhen ychydig ddyddiau.

2 Yn ystod yr wythnos ar ôl ofwliad, bydd y rhan honno o'r ffoligl sydd ar ôl yn yr ofari yn cynhyrchu'r hormon **progesteron**. Mae hwn yn gwneud i'r groth dyfu leinin trwchus o chwarennau a phibellau gwaed, ac yn symbylu'r bronnau i ddechrau datblygu chwarennau sy'n gwneud llaeth. Mae'r groth yn barod nawr i amddiffyn a bwydo ofwm wedi'i ffrwythloni.

3 Yn ystod y 14 diwrnod ar ôl ofwliad, os nad yw'r fenyw yn feichiog, bydd y cynhyrchu progesteron yn arafu, ac yna'n peidio. Mae hyn yn achosi i leinin trwchus y groth ddadfeilio. Caiff hyn ei alw'n **fislif**. Ar ôl i'r gwaedu ddod i ben, mae'r chwarren bitwidol yn rhyddhau **hormon ysgogi ffoliglau**, sy'n cychwyn cylchred newydd trwy wneud i'r ofari ddatblygu ffoligl arall. Mae'r ffoligl yn cynhyrchu'r hormon **oestrogen** sy'n gwneud i'r groth ddechrau tyfu leinin trwchus newydd.

'an fydd menyw rhwng 45 a 55 mlwydd oed, bydd ei mislif yn peidio. 'r enw ar y newid hwn yw **diwedd y mislif**, neu **newid bywyd**.

Cwestiynau

1 Beth yw glasoed?
2 Enwch ddau hormon a gynhyrchir gan y chwarren bitwidol a dau a gynhyrchir gan yr ofarïau.
3 Disgrifiwch ddwy o swyddogaethau oestrogen.
4 Beth yw swyddogaethau hormon ysgogi ffoliglau (HYFf), hormon lwteineiddio (HL), a phrogesteron?
5 Beth yw ofwliad, a pha mor aml mae'n digwydd?
6 Yn ystod y gylchred fislifol, pam mae'r groth yn tyfu leinin trwchus, a beth sy'n digwydd pan fydd y leinin hwn yn dadfeilio?
7 Beth yw 'newid bywyd'?
8 Mae'r bilsen atal cenhedlu yn defnyddio oestrogen er mwyn atal ofwliad. Defnyddiwch eich gwybodaeth am yr hormon hwn i egluro pam mae'r bilsen yn cynhyrchu'r effaith hon, a pham mae hyn yn ei gwneud yn atalydd cenhedlu effeithiol.

6.10 Hormonau rhyw a datblygiad

Mae gan fabanod set gyflawn o organau rhyw ond nid yw'r organau gwrywol, y **ceilliau**, yn gallu gwneud sbermau, ac nid yw'r organau benywol, yr **ofarïau**, yn gallu rhyddhau wyau (ofa), er bod miloedd o wyau anaeddfed eisoes yn bresennol.

Mae organau rhyw yn dod yn weithredol mor ifanc ag 8 mlwydd oed mewn merched ac oddeutu 11 mlwydd oed mewn bechgyn. Caiff y broses ddatblygu hon ei chychwyn gan yr **hormon ysgogi gonadau** sy'n cael ei secretu gan y chwarren bitwidol ar waelod yr ymennydd. Mae hwn yn ysgogi'r ofarïau a'r ceilliau i gynhyrchu **hormonau rhyw**, sy'n rheoli twf, ac i ddatblygu hyd nes bod y corff yn gallu atgenhedlu'n rhywiol. Yr enw technegol ar yr oedran pryd y gall person gynhyrchu plant yw'r **glasoed**, a **glaslanciau** a **glaslancesi** yw pobl ifanc sydd wedi cyrraedd yr oedran hwn.

Rywdro rhwng oedrannau 11 ac 16 mae bachgen yn mynd trwy'r newidiadau hyn:

1 Ei lais yn dyfnhau.

2 Blew yn dechrau tyfu ar ei wyneb a'i gorff.

3 Ei gyhyrau yn datblygu.

4 Ei geilliau yn dechrau cynhyrchu sbermau.

Hormonau rhyw a datblygiad hyd at y glasoed

Caiff y newidiadau sy'n trawsnewid plentyn i fod yn oedolyn sy'n aeddfed yn rhywiol eu rheoli gan yr hormon rhyw **oestrogen** o ofarïau merched, a **thestosteron** o geilliau bechgyn. Yn ogystal â chyflymu twf yr organau atgenhedlol mae'r hormonau hyn hefyd yn gyfrifol am ymddangosiad **nodweddion rhywiol eilaidd**.

Merched Cyn y glasoed nid yw'r bronnau wedi datblygu ac nid oes blew cedor (rhwng y coesau), na blew o dan y ceseiliau. O tuag 11 hyd at 14 mlwydd oed mae'r wyneb yn llenwi, y pelfis yn lledu, y cluniau'n mynd yn fwy crwn oherwydd bod braster yn cael ei ddyddodi arnynt, y bronnau'n dechrau datblygu, a blew cedor yn ymddangos. Mae muriau'r wain yn mynd yn fwy trwchus a'r mislif yn dechrau. O 14 i 18 oed mae twf y bronnau yn parhau, mae'r blew cedor yn mynd yn fwy trwchus, mae'r mislif yn cychwyn os nad yw eisoes wedi gwneud hynny, ac mae siâp y corff yn mynd yn fwy crwn. Mae'r cynnydd mewn pwysau yn parhau hyd at yr ugeiniau cynnar.

Rywdro rhwng oedrannau 8 a 15 mae merch yn mynd trwy'r newidiadau hyn:

1 Ei bronnau yn mynd yn fwy.

2 Ei chluniau yn mynd yn fwy crwn.

3 Blew yn dechrau tyfu ar rannau o'i chorff.

4 Ei hofarïau yn dechrau rhyddhau ofa (wyau).

Bechgyn Cyn y glasoed mae pidyn bachgen yn fychan, ac nid oes ganddo flew cedor na blew garw arall ar ei gorff. O tua 12 hyd at 15 mlwydd oed mae'r ceilliau yn dechrau mynd yn fwy, mae blew cedor yn ymddangos wrth waelod y pidyn, mae'r pidyn yn tyfu, ac mae cynnydd sydyn a chyflym mewn taldra. Wrth i'r bachgen barhau i dyfu rhwng 15 a 18 oed mae'r ysgwyddau yn lledu, y llais yn mynd yn ddyfnach, mae blew yn tyfu yn y ceseiliau ac ar y wefus uchaf, ac mae cynhyrchu sbermau yn dechrau. Yn ddiweddarach, mae'r blew cedor yn mynd yn fwy garw ac yn lledaenu i rannau eraill o'r corff, mae taldra a phwysau yn cynyddu, ac mae cryfder yn cynyddu'n sydyn. Gall y taldra a'r pwysau barhau i gynyddu hyd at yr ugeiniau cynnar.

'yfu neu brifio Pan ddaw'r glasoed mae yna gynnydd ydyn mewn taldra, ac yna bydd y corff yn 'llenwi'.

Mae merched fel arfer yn gorffen tyfu erbyn iddynt gyrraedd 16 oed. Mae bechgyn yn dechrau'n hwyrach ac yn aml yn parhau i dyfu ar ôl 18 oed.

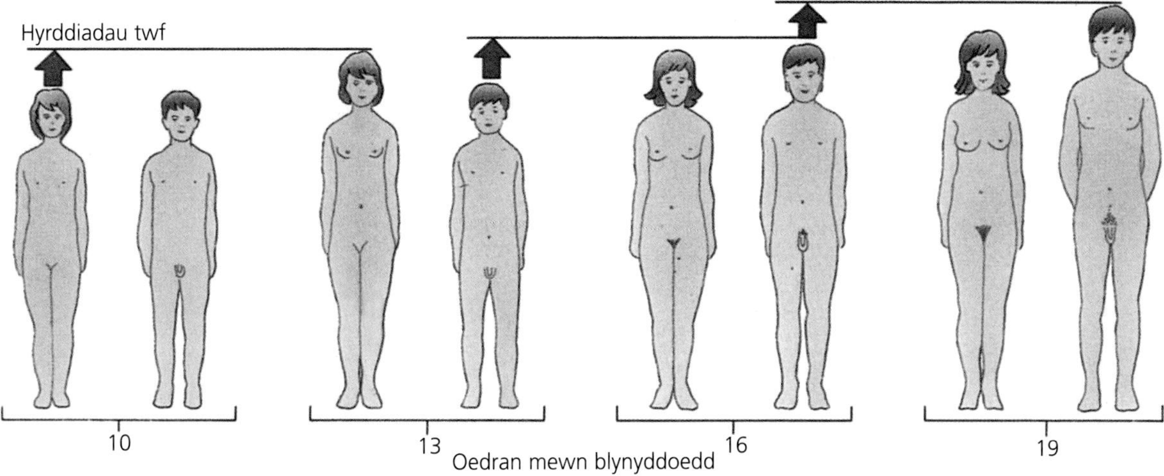

Iyrddiadau twf

Iae'r graffiau hyn o gynnydd yfartalog mewn taldra a phwysau n cuddio hyrddiadau twf.

n Ewrop a Gogledd America nae'r hyrddiad twf cyfartalog yn yrraedd ei anterth erbyn 12 oed newn merched a 14 oed mewn echgyn, ond mae yna gryn dipyn amrywiad. Mae'r prif hyrddiad vf mewn merched bron bob nser wedi gorffen erbyn i'r mislif vchwyn.

n ystod y flwyddyn cyn i datblygiad rhywiol bachgen esáu at ei derfyn dim ond 5 cm y 'dd yn ei dyfu, ar gyfartaledd. nwaith y bydd y tyfu yn echrau, fodd bynnag, gall fod yn dramatig: mewn cyfnod o dair ynedd yn unig gall bachgen ffredin dyfu 23 cm.

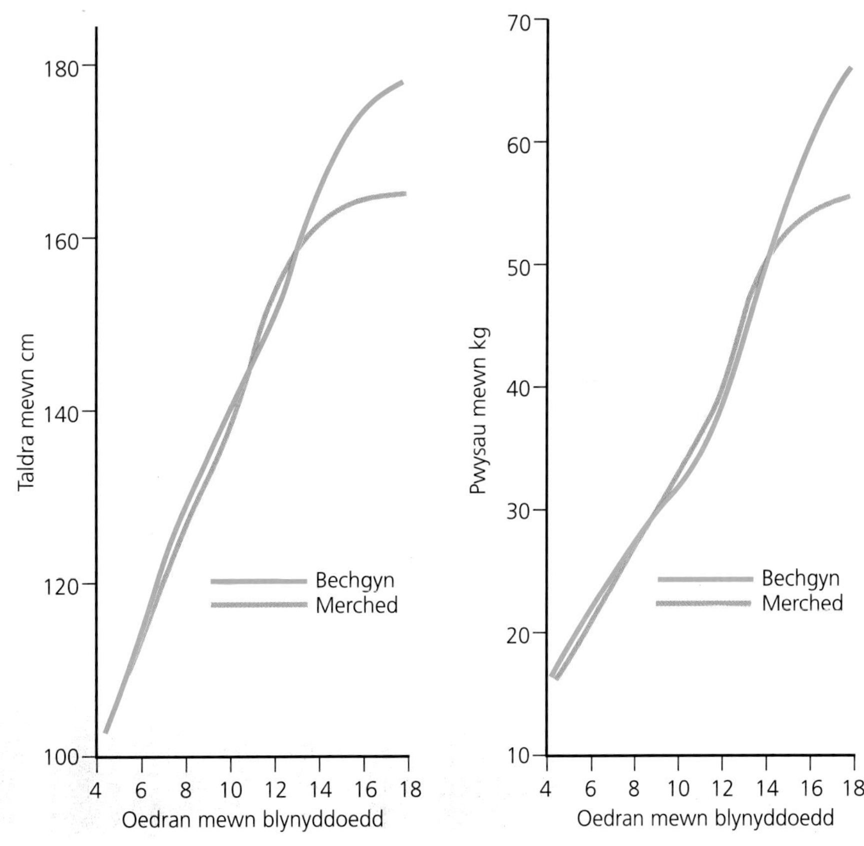

Cwestiynau

1 Beth yw'r glasoed?
2 Beth yw llencyndod (neu laslencyndod)?
3 Enwch hormonau rhyw merched a bechgyn a'r organau sy'n eu cynhyrchu.
4 Rhestrwch nodweddion rhywiol eilaidd bechgyn a merched.
5 Pa wahaniaeth sydd yna rhwng cyfraddau twf merched a bechgyn?

6.11 Rheoli ffrwythlondeb pobl

Gellir defnyddio hormonau i reoli ffrwythlondeb pobl mewn dwy ffordd: trwy roi gobaith o gael baban i gyplau anffrwythlon nad ydynt yn gallu cael plant yn y ffordd arferol, a thrwy ddarparu atalydd cenhedlu effeithiol i rwystro ffrwythloniad rhag digwydd ar ôl cyfathrach rywiol.

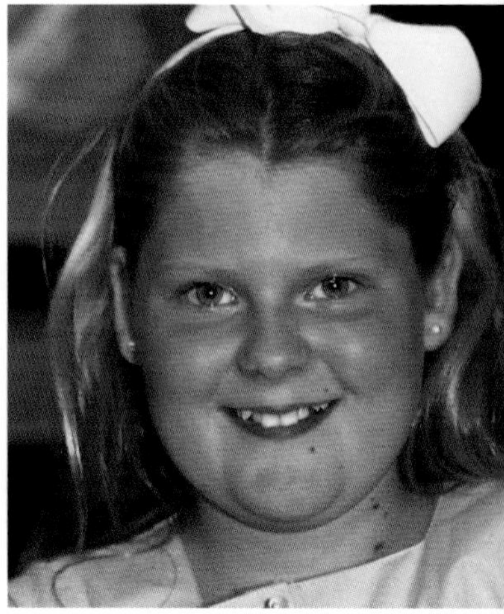

Louise Brown, y baban tiwb profi cyntaf yn y byd, ar ei phen-blwydd yn ddeg oed.

Sut mae gwneud babanod mewn ffordd artiffisial

Mae gan un cwpl ym mhob chwech broblemau anffrwythlondeb ond erbyn hyn mae technegau meddygol sy'n defnyddio hormonau ar gael i'w helpu. Mae'r technegau hyn bellach yn gyfrifol am un o bob wyth deg o'r genedigaethau ym Mhrydain.

Ystyr **ffrwythloni in vitro (FfIV neu *IVF*)** yw ffrwythloni 'yn y gwydr', ac mae'n cael ei ddefnyddio lle mae'r fenyw ond yn cynhyrchu ychydig o ofa (wyau), os rhai o gwbl. Mae'n golygu rhoi dognau o **gyffur ffrwythlondeb** sy'n cynnwys **hormon ysgogi ffoliglau** i fenyw er mwyn ysgogi ei hofarïau i gynhyrchu llawer o ofa. Caiff yr ofa eu sugno o'i hofarïau â chwistrell arbennig sy'n cael ei roi i mewn trwy ei habdomen, ac yna gosodir yr ofa mewn tiwb profi neu ddysgl wydr gyda sbermau am tua 60 o oriau. Mae sbermau yn ffrwythloni'r ofa, sy'n datblygu i fod yn embryonau (gweler y diagram gyferbyn). Nid yw embryonau yn tyfu i fod yn fabanod y tu mewn i diwbiau profi fel y mae un enw ar y dechneg hon yn ei awgrymu. Yn hytrach, gosodir yr embryonau yng nghroth y fenyw, lle bydd ganddynt siawns o 10 y cant o ddatblygu yn y ffordd arferol.

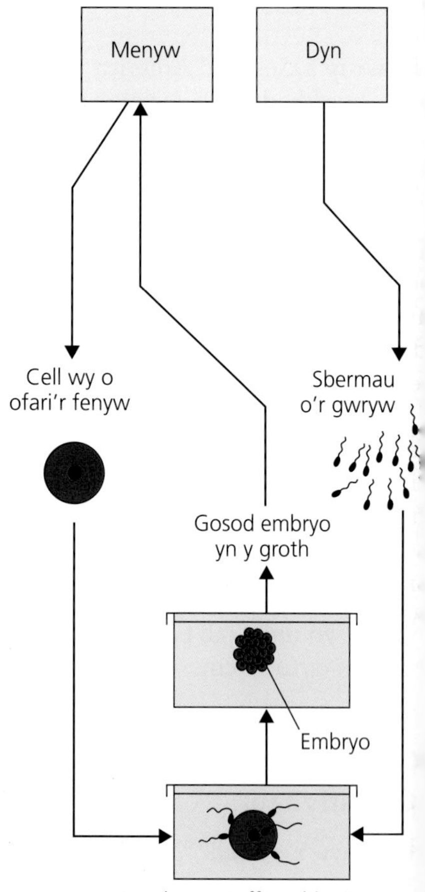

Problemau meddygol FfIV Gall cynhyrchu llawer o wyau achosi sgil-effeithiau difrifol mewn menywod, a pheryglu bywyd mewn canran bychan iawn o'r achosion. Hefyd mae risg bychan o gael canser yr ofari yn y tymor hir.

Problemau moesegol FfIV Mae rhai clinigau ffrwythlondeb yn gosod dau embryo, neu ragor, yn y groth er mwyn cynyddu'r siawns y bydd o leiaf un ohonynt yn datblygu. Ond os byddant i gyd yn datblygu mae yna siawns y bydd rhai yn cael eu geni gydag anabledd meddyliol. A yw'r risg hwn yn dderbyniol? Caiff mwy o embryonau eu cynhyrchu nag y gellir eu mewnblannu yn y fam; mae'r embryonau hyn yn fodau dynol sydd wedi datblygu'n rhannol, felly a yw'n anfoesegol cael gwared â nhw? A ddylai fod gan embryonau yr un hawliau cyfreithiol â bodau dynol?

Moeseg ymchwil embryonau Mae'n bosibl defnyddio embryonau sy'n cael eu cynhyrchu trwy FfIV mewn llawer math o ymchwil meddygol. Gellir eu defnyddio i wella technegau FfIV, ac mae celloedd sy'n cael eu tynnu o embryo yn ddefnyddiol iawn ar gyfer helpu atal afiechyd. Gellir defnyddio meinweoedd sydd wedi eu tyfu o gelloedd embryo i'w rhoi yn lle meinweoedd sydd wedi eu niweidio mewn cleifion â llosgiadau, a hyd yn oed i'w hamnewid am feinweoedd sydd â nam genetig arnynt mewn pobl sy'n dioddef o rai clefydau, e.e. clefyd Parkinson, Alzheimer, a chorea Huntington. Er gwaethaf y manteision hyn, mae llawer o bobl yn credu y dylid rhoi'r gorau i ymchwil embryonau gan ei fod yn golygu dinistrio rhai a allai ddatblygu i fod yn fodau dynol. Beth yw eich barn chi?

)iagnosis genetig cyn-fewnblannol Mae technegau'n cael eu datblygu fydd yn golygu bod modd sgrinio embryonau o gyplau a allai .rosglwyddo cyflyrau etifeddol, fel ffibrosis codennog, i'w plant. Pwrpas yn yw gweld a yw'r cyflwr yn bresennol yn yr embryonau cyn eu ıewnblannu yn y groth. Mae hyn yn osgoi'r trawma o erthyliad posibl n nes ymlaen yn y beichiogrwydd.

:hwistrelliad sberm mewn-gytoplasmig Defnyddir hyn pan fydd bermau'r tad yn wan neu pan fo prinder ohonynt. Caiff un sberm yn nig ei chwistrellu'n uniongyrchol trwy fur ofwm, a bydd hwnnw wedyn n cael ei osod yng nghroth y fenyw fel sy'n digwydd yn y dechneg FfIV.

System atgenhedlu'r fenyw

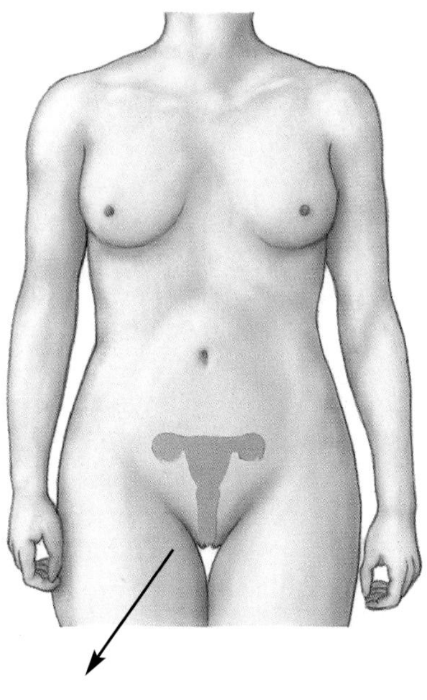

Iormonau rhyw a'r bilsen atal cenhedlu

Iae tabledi atal cenhedlu ('y Bilsen') yn atal **enhedliad**, sy'n golygu eu bod yn rhwystro sberm ıag ffrwythloni wy. Mae'r Bilsen yn gwneud hyn ıewn tair ffordd:

- Mae'n cynnwys hormonau oestrogen sy'n atal ofwliad trwy rwystro llif yr hormon ysgogi ffoliglau (HYFf) o'r chwarren bitwidol. Heb yr HYFf i'w hysgogi, nid yw wyau yn parhau i dyfu yn yr ofarïau ac felly caiff ofwliad ei rwystro.
- Mae'n rhwystro ofwm rhag symud ar hyd y **tiwb Fallopio** o'r ofarïau i'r groth.
- Mae'n llenwi mynedfa'r groth â sylwedd gludiog, fel nad yw sbermau'n gallu nofio trwyddo ar ôl cyfathrach rywiol.

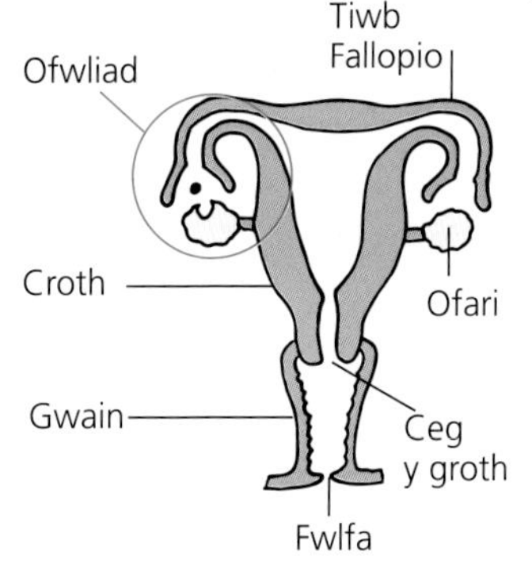

Iae oestrogen yn y bilsen yn twyllo'r corff i gredu ei d yn feichiog, felly nid oes mwy o wyau yn cael eu yddhau. Hyd yn oed os cânt eu rhyddhau, nid Iynt yn mewnblannu yn y groth gan fod y corff yn edu bod baban yn datblygu yno.

iae'r bilsen atal cenhedlu yn ddibynadwy iawn os iff ei chymryd yn ôl y cyfarwyddiadau. Ond ni Iylai merched â chlefydau'r iau/afu na'r clefyd wgr eu cymryd. Hefyd mae'n bosibl i ferched sy'n mygu a chymryd y bilsen ddatblygu tolchenau vaed, y meigryn, cur pen neu anhwylderau'r galon.

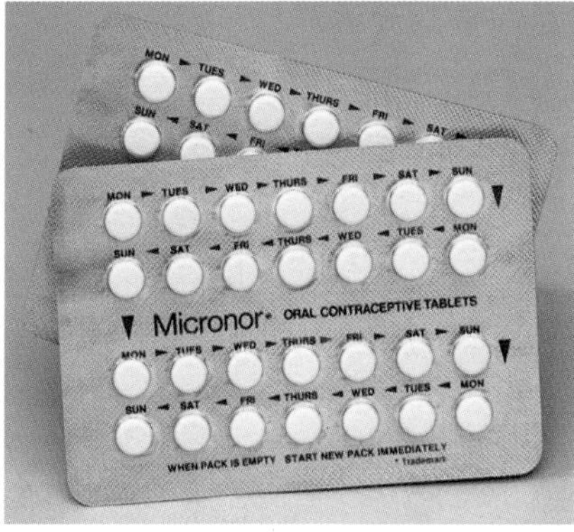

Mae'n hanfodol siarad â'r meddyg cyn defnyddio'r Bilsen.

Cwestiynau

1 Beth yw ystyr FfIV?
2 Beth yw cynnwys y cyffur ffrwythlondeb a pha effaith mae'n ei gael ar y corff?
3 Rhestrwch y manteision a'r problemau sy'n gysylltiedig â FfIV, a thrafodwch nhw mewn dadl yn y dosbarth.
4 Sut mae hormonau yn y bilsen yn atal cenhedliad?
5 I ba ferched y gallai'r bilsen fod yn niweidiol, a pham?

Cwestiynau am Bennod 6

1 Gofynnwyd i dri disgybl eistedd yn rhes â'u tafodau allan.

Ar union yr un pryd, rhoddwyd grisialau o siwgr ar flaen tafod y disgybl cyntaf, ar ochrau tafod yr ail, ac ar gefn tafod y trydydd.

a Pa ddisgybl oedd y cyntaf i flasu'r siwgr? Eglurwch pam.
b Beth fydd y canlyniadau wrth ail-wneud y prawf gyda halen? Gyda sudd lemwn? Gyda phowdr coffi chwerw?
c Er mwyn blasu bwyd a diod yn iawn, dylech ei daenu dros eich tafod i gyd. Eglurwch pam.
ch Sut mae blasu ac arogli yn ein diogelu rhag niwed?

2 Mae'r diagram isod yn dangos y tu mewn i lygad.

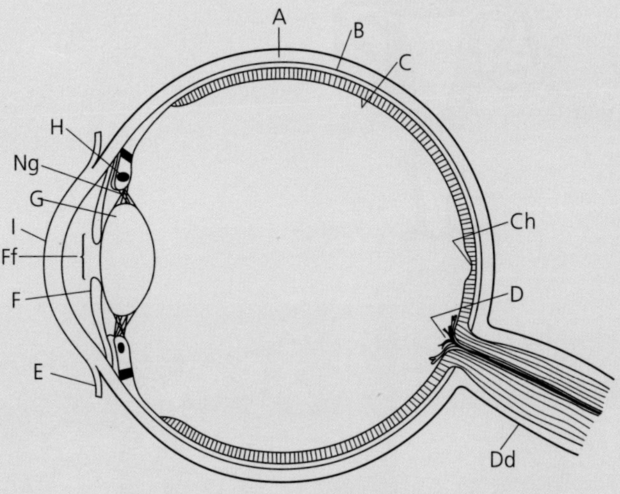

a Enwch y rhannau A i I.
b Sut mae siâp rhan G yn newid:
pan fydd y llygad wedi ei ffocysu ar wrthrych agos?
pan fydd wedi ei ffocysu ar wrthrych pell?
c Disgrifiwch y prif wahaniaethau rhwng rhannau'r llygad sydd wedi eu labelu'n C, Ch, a D.
ch Beth sy'n digwydd i ran Ff:
mewn golau gwan?
mewn golau llachar?
d Disgrifiwch ddwy swyddogaeth i ran B.
dd Beth sy'n teithio o'r llygad ar hyd y rhan Dd?

3 a Beth yw gweithred atgyrch?
b Pa weithred atgyrch sy'n digwydd:
pan fydd llwch yn chwythu i'ch llygaid?
pan fydd golau llachar yn disgleirio i'ch llygaid?
pan fydd gwynt oer iawn yn chwythu'n sydyn drosoch chi?
pan fydd bwyd 'yn mynd i lawr o chwith' ac y mynd i'ch pibell wynt?
c Eglurwch sut mae pob un o'r gweithredoedd atgyrch hyn yn eich diogelu rhag niwed.

4 Gofynnwyd i grŵp o ddisgyblion brofi pa mor sensitif yw croen i gael ei gyffwrdd. Rhoddwyd darnau o gorcyn iddynt gyda dwy nodwydd wed eu gwthio trwyddynt. Mewn rhai o'r cyrc roedd blaenau'r nodwyddau 0.5 cm ar wahân, mewn eraill roeddynt 1.5 cm ar wahân.

Tra oedd un disgybl yn eistedd â'i lygaid wedi ca cyffyrddodd un arall â'i groen â naill ai un blaen nodwydd neu ddau, a gofynnwyd i'r disgybl ddweud ai un ynteu dau flaen nodwydd a oedd y cyffwrdd â'i groen.

Dim ond atebion a roddwyd wrth ddefnyddio *da flaen* a gafodd eu cofnodi.

Defnyddiodd y disgyblion y dull hwn ar groen y fraich, cledr y llaw a blaenau'r bysedd. Mae'r tabl isod yn dangos canlyniadau 15 pâr o ddisgyblion. Mae'n rhoi nifer yr adegau roedd pob disgybl yn barnu'n *gywir* bod dau flaen nodwydd yn cyffwrdd â'i groen.

Pellter rhwng blaenau nodwyddau	Braich	Cledr y llaw	Blaenau'r bysedd
1.5 cm	104	155	173
0.5 cm	95	122	158

a Beth mae'r canlyniadau hyn yn ei ddweud wrthych am y gwahaniaeth rhwng sensitifrwydd y fraich, cledr y llaw a blaenau' bysedd?
b Beth mae'n ei ddweud wrthych am y pellter rhwng y terfynau nerfau yn y croen sy'n sensi i gyffyrddiad?

5 Enwch y chwarennau A i Dd ar y diagram isod, yna cysylltwch bob label ag un o'r disgrifiadau.

a Mae ei hormonau yn rheoli cyflymder cemeg celloedd.

b Mae ei hormonau yn newid bechgyn yn ddynion.

c Mae ei hormonau yn rheoli'r system atgenhedlu fenywol.

ch Mae ei hormonau yn paratoi'r corff ar gyfer gweithredu.

d Mae ei hormonau yn newid merched yn fenywod.

dd Mae ei hormonau yn rheoli faint o glwcos sydd yn y gwaed.

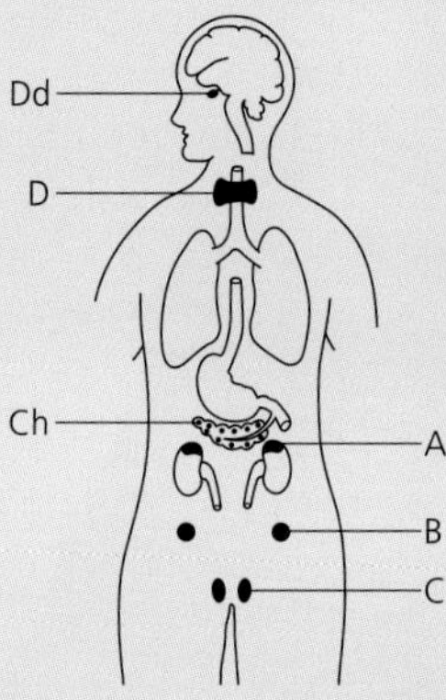

Gorchuddiodd disgybl un llygad ac edrychodd ar y gwrthrychau hyn â'i llygad arall o fewn cyfnod o wyth eiliad.

A - gwrthrych llonydd gweddol agos
B - gwrthrych llonydd ymhell i ffwrdd
C - gwrthrych yn symud tuag ati
Ch - gwrthrych yn symud oddi wrthi

Mesurwyd crymedd lens ei llygad ag offer arbennig (h.y. mesurwyd a oedd yn mynd yn fwy trwchus neu'n deneuach). Mae'r graff isod yn dangos newidiadau yng nghrymedd y lens yn ystod wyth eiliad y prawf.

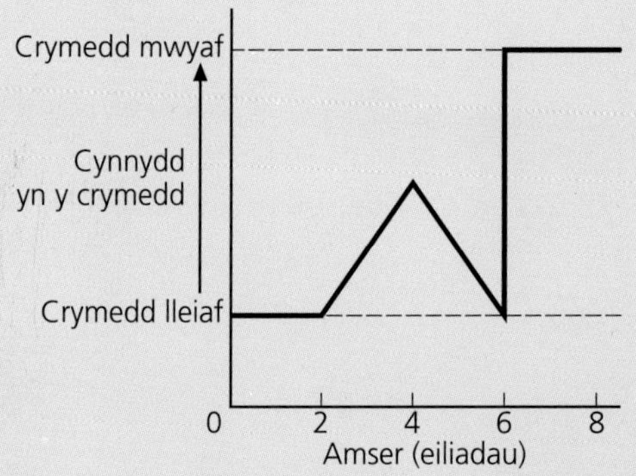

a Defnyddiwch y llythrennau A, B, C neu Ch i nodi ar ba wrthrych roedd hi'n edrych yn ystod y cyfnodau canlynol:
0-2 eiliad, 2-4 eiliad,
4-6 eiliad, 6-8 eiliad.

b Disgrifiwch y newidiadau sy'n digwydd y tu mewn i'ch llygad wrth i chi symud eich golygon o wrthrych sy'n bell i un sy'n agos.

7 Defnyddiwch y diagramau a'r graff isod i ateb y cwestiynau hyn:

a Rhestrwch drefn y digwyddiadau yn y system atgenhedlu fenywol yn ystod un gylchred fislifol.

b Pa newidiadau sy'n digwydd yr un pryd â chynhyrchu llawer o oestrogen, ac â chynhyrchu llawer o brogesteron?

c Beth mae hyn yn ei ddweud wrthych am swyddogaethau'r ddau hormon hyn yn ystod y gylchred fislifol?

ch Ble yn y corff mae oestrogen a phrogesteron yn cael eu cynhyrchu?

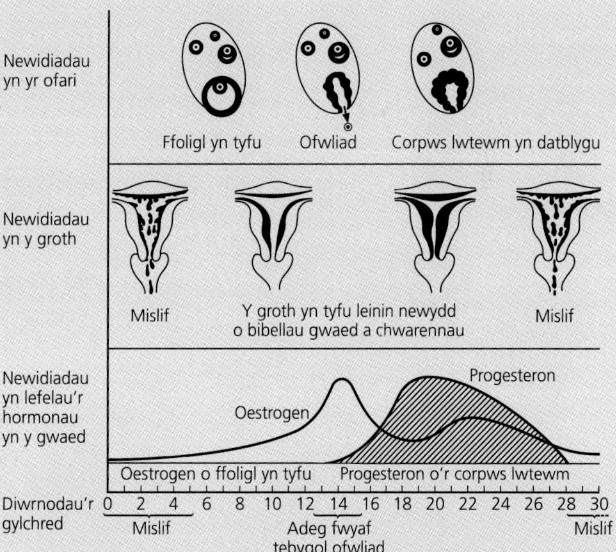

Pennod 7

Pethau byw a'u hamgylchedd

Mae ysglyfaethwyr yn beiriannau delfrydol ar gyfer dal, lladd a bwyta eu hysglyfaeth. Ar gyfer ffordd fel hyn o fyw rhaid iddynt fod â synhwyrau craff, adweithiau cyflym ac arfau lladd fel crafangau a dannedd miniog. Ond ni fyddai'r ffordd hon o fyw yn bosibl heb fodolaeth planhigion. Mae planhigion yn gwneud bwyd trwy broses ffotosynthesis. Mae anifeiliaid (llysysyddion) yn bwyta'r planhigion ac felly'n ffurfio ffynhonnell fwyd ar gyfer ysglyfaethwyr. Mae'r cyfresi hyn o ddigwyddiadau yn enghreifftiau o gadwynau bwydydd. Pan fydd cadwynau bwydydd yn cydgysylltu byddant yn ffurfio gwe fwydydd. ■

7.01 Dibynnu ar ein gilydd

Cynhyrchwyr ac ysyddion

Mae angen egni ar bopeth byw. Maent yn cael eu hegni o fwyd. Gelwir planhigion yn **gynhyrchwyr** oherwydd eu bod yn gwneud eu bwyd eu hunain. Maent yn defnyddio golau haul i wneud bwyd trwy ffotosynthesis. Heb blanhigion, byddai pobl a phob anifail arall yn newynu i farwolaeth. Y rheswm am hyn yw *na allant* wneud eu bwyd eu hunain. Yr unig ffordd y gall anifeiliaid gael egni yw trwy fwyta planhigion neu anifeiliaid eraill. Felly caiff anifeiliaid eu galw yn **ysyddion**, sef bwytawyr.

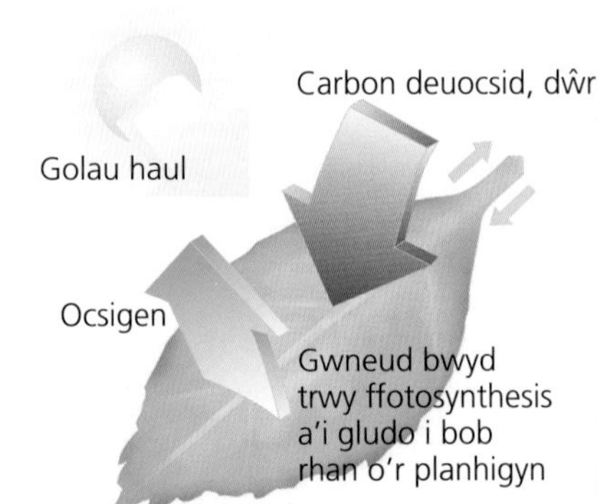

Cadwynau bwydydd

1 Mae gwymon yn **gynhyrchydd.** Mae'n cynhyrchu bwyd trwy ffotosynthesis.

2 Gelwir gwichiaid yn **ysyddion cynradd** oherwydd eu bod yn bwyta gwymon.

3 Gelwir gwylanod llwyd yn **ysyddion eilaidd** oherwydd eu bod yn bwyta gwichiaid.

Gwymon ⟶ gwichiad ⟶ gwylan lwyd

Dyma enghraifft o gadwyn fwyd.

Mae cadwynau bwydydd yn dangos sut mae un peth byw yn fwyd i un arall. Mae egni'n cael ei drosglwyddo ar hyd y gadwyn fwyd o'r cynhyrchwyr i'r ysyddion wrth i un aelod o'r gadwyn fwyta'r nesaf.

Pyramidiau bwydydd

Dangosir **pyramid bwydydd** ar y dde. Caiff hefyd ei alw'n **byramid niferoedd**. Mae'n dangos sut y gall ysyddion dyfu o ran maint, ond mynd yn llai o ran nifer, wrth i chi symud ar hyd y gadwyn fwyd.

Wrth i lindysyn gwyfyn fwyta deilen bydd yn defnyddio rhywfaint o'r egni o'r ddeilen iddo'i hun. Felly bydd llai o egni i'w drosglwyddo i'r robin goch, a bydd llai o robinod coch nag o lindys. Mae'r un peth yn digwydd pan fydd robinod coch yn bwyta lindys, ac felly bydd llai o gudyllod gleision nag o robinod coch.

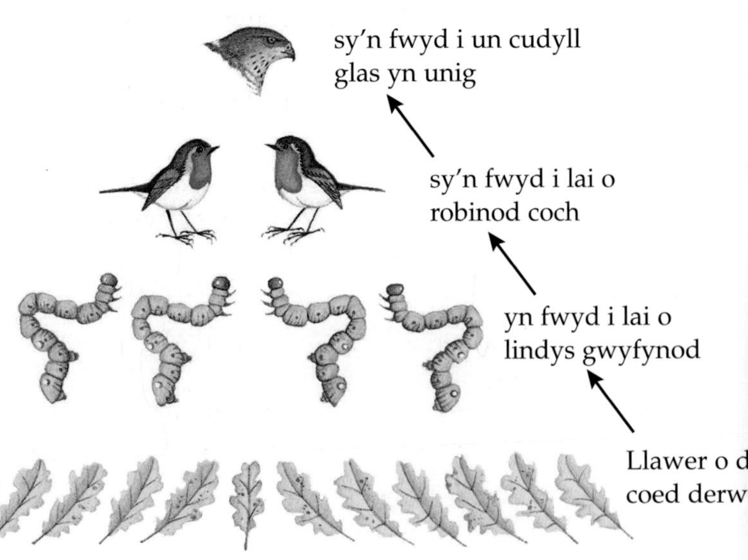

Gweoedd bwydydd

Fel arfer mae planhigyn neu anifail yn perthyn i nifer o gadwynau bwydydd. Er enghraifft, mae gwymon yn fwyd i wichiaid ac i lygaid meheryn yn ogystal â llyngyr môr. Fel hyn, mae cadwynau bwydydd wedi eu cysylltu â'i gilydd i ffurfio **gweoedd bwydydd**. Mae'r diagram hwn yn dangos enghraifft o we fwydydd yn y môr.

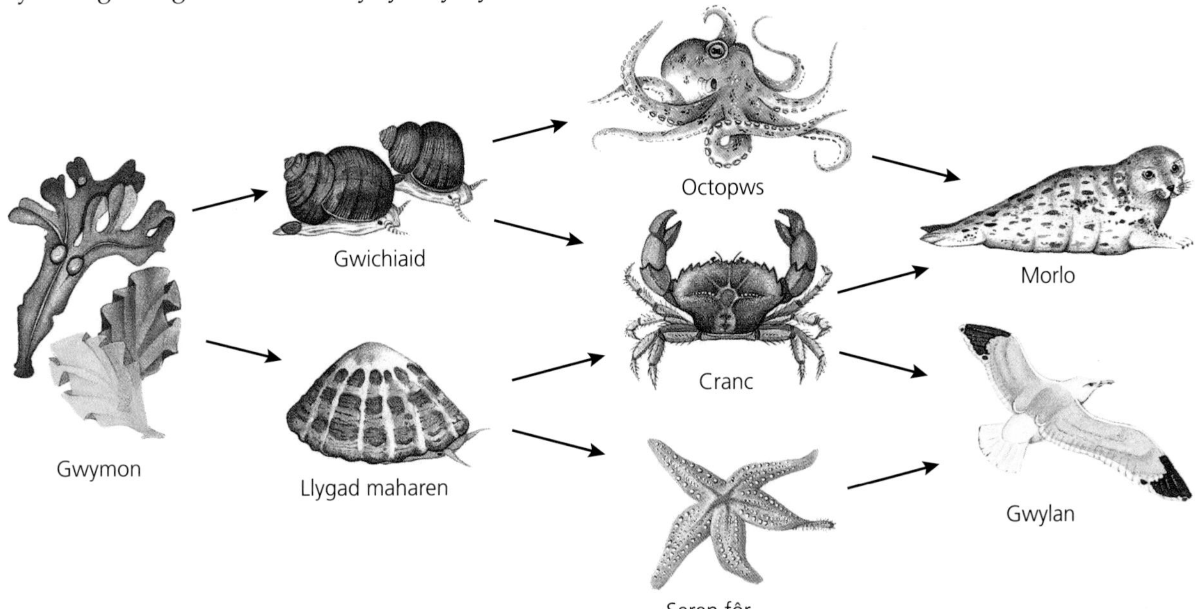

Dadelfenyddion - ailgylchwyr byd natur

Dadelfenyddion yw ffyngau a bacteria sy'n bwydo ar anifeiliaid a phlanhigion marw gan wneud iddynt ddadelfennu, neu bydru. Maent yn cynhyrchu suddion treulio sy'n dadelfennu ac yn hydoddi meinweoedd marw, gan eu newid yn hylif. Yna maent yn amsugno'r hylif.

Ffyngau yn dadelfennu coeden farw, gan ddychwelyd y mwynau ohoni i'r pridd.

Mae dadelfenyddion yn hanfodol bwysig oherwydd:

- Maent yn cael gwared ag anifeiliaid a phlanhigion marw trwy eu dadelfennu, gan ryddhau nitradau a mwynau eraill o'u cyrff i'r pridd.
- Mae mwynau yn hanfodol er mwyn i blanhigion dyfu'n iach; hebddynt byddai pridd yn fuan iawn yn mynd yn anffrwythlon a byddai pob planhigyn yn marw.
- Heb blanhigion, byddai pob cadwyn fwyd yn dadfeilio a byddai pob anifail yn marw o'r tir.
- Mae dadelfenyddion yn cynnal bywyd ar y Ddaear trwy ailgylchu mwynau sy'n cael eu cymryd o'r pridd gan blanhigion.

Cwestiynau

1 Pam mae planhigion yn cael eu galw'n gynhyrchwyr?

2 Rhowch y gadwyn fwyd hon yn ei threfn gywir:
gwlithen → llwynog → deilen friallu → llyffant

3 Eglurwch sut mae dadelfenyddion yn cadw pridd yn ffrwythlon.

4 Yn y we fwydydd uchod rhestrwch:
a y cynhyrchwyr
b yr ysyddion eilaidd.

5 Ysgrifennwch ddwy gadwyn fwyd sy'n gorffen gyda morloi.

7.02 Rhagor am gadwynau bwydydd

Lefelau troffig cadwynau bwydydd

Mae safle organeb mewn cadwyn fwyd yn cael ei alw'n **lefel droffig**, sy'n golygu ei lefel bwydo. Mae'r safle hwn yn dibynnu ar ba un ai planhigyn neu anifail ydyw ac, os yw'n anifail, ar beth mae'n ei fwyta.

Oherwydd eu bod yn cynhyrchu bwyd trwy ffotosynthesis, planhigion sydd ar y lefel droffig gyntaf mewn cadwynau bwydydd. Ar yr ail lefel droffig mae bwytawyr planhigion (llysysyddion), ac ar y drydedd a'r bedwaredd lefel mae bwytawyr cnawd neu gig (cigysyddion), yr anifeiliaid sy'n bwyta cig a phlanhigion (hollysyddion), ac organebau sy'n byw fel parasitiaid ar organebau eraill.

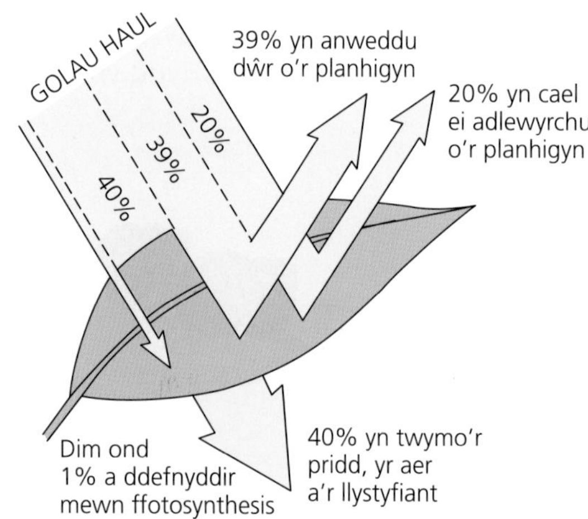

Dim ond un y cant o'r goleuni sy'n tywynnu ar blanhigyn a ddefnyddir ar gyfer ffotosynthesis.

Planhigion yn amsugno golau haul

Daw'r egni sy'n gyrru cadwynau bwydydd, gweoedd bwydydd a phrosesau bywyd bron i holl bethau byw y Ddaear o'r golau haul sy'n cael ei amsugno gan blanhigion ar gyfer ffotosynthesis. Ond canran bychan iawn o'r egni goleuni sy'n tywynnu ar y dail sydd yn y pen draw yn cael ei ddefnyddio i wneud bwyd.

O dan amodau delfrydol, lle bo planhigion iach yn tyfu mewn pridd da gyda chyflenwad digonol o ddŵr, dim ond 1 y cant o'r golau haul sy'n cael ei ddefnyddio ar gyfer ffotosynthesis. O weddill yr egni goleuni sydd heb ei ddefnyddio, caiff 20 y cant ei adlewyrchu oddi ar arwyneb y dail, 39 y cant ei golli wrth i ddŵr anweddu o'r dail yn ystod trydarthiad, a 40 y cant ei newid yn egni gwres, sy'n cynhesu'r planhigion a'r pridd.

Mae'r canrannau hyn yn amrywio yn ôl y planhigion a'u hamodau twf. Trwy ddefnyddio gwrtaith ar gnydau amaethyddol mewn amgylchedd wedi'i warchod mewn tŷ gwydr, gellir gwella'n artiffisial pa mor effeithlon mae planhigion yn defnyddio egni golau haul.

Llif egni ar hyd cadwynau bwydydd

Yn ogystal â'r golau haul sydd heb ei ddefnyddio, o'r egni y mae planhigion yn ei amsugno a'i ddefnyddio i wneud bwyd, dim ond cyfran fechan ohono sy'n symud ar hyd cadwynau bwydydd i ysyddion ar lefelau troffig uwch. Ar yr ail lefel droffig, anaml iawn y bydd llysysyddion yn bwyta'r holl blanhigion sydd ar gael. Mewn cynefinoedd gwyllt caiff tua 2 y cant ei fwyta, tra bo 30 i 40 y cant yn cael ei fwyta ar dir pori gan wartheg a defaid.

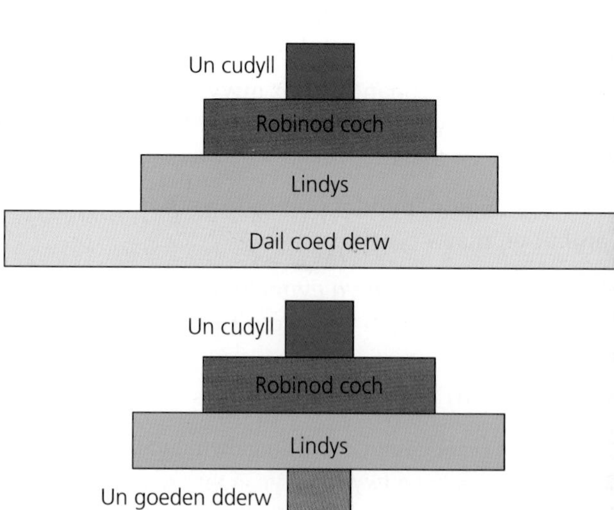

Yr un gadwyn fwyd yw'r pyramidiau bwydydd hyn. Maent yn dangos pam y gall pyramid niferoedd fod yn gamarweiniol.

Wrth i lysysyddion fwyta planhigion maent yn cychwyn cyfres o ddigwyddiadau sy'n arwain at lif egni o un lefel droffig i'r nesaf ar hyd cadwynau bwydydd. Caiff hyd at 90 y cant o'r egni hwn ei golli ym mhob lefel, felly dim ond 10 y cant sy'n cael ei drosglwyddo i'r lefel nesaf.

Mewn ysyddion cynradd fel gwartheg, mae tua 60 y cant o'r hyn y maent yn ei fwyta yn symud trwy'r coluddion heb gael ei dreulio ac allan eto yn yr ymgarthion, ac fe gaiff rhywfaint ei golli fel troeth. Caiff hyd at 30 y cant o'r egni ei golli ar ffurf gwres sy'n cael ei gynhyrchu gan symudiad cyhyrau, ac o brosesau cemegol metabolaeth sy'n cadw'r anifeiliaid yn fyw. Dim ond y 10 y cant sy'n weddill sydd ar gael ar gyfer twf ac atgyweirio.

Pan fydd cigysyddion yn bwyta llysysyddion ac yn bwyta ei gilydd ar ail a thrydedd lefel droffig cadwyn fwyd, yn aml bydd llai o wastraff ar ffurf bwyd heb ei dreulio yn yr ymgarthion gan nad yw protein anifeiliaid yn cynnwys y ffibr anhydraul sydd i'w gael mewn planhigion.

Gan fod yna lai o egni ar gael wrth symud o un lefel droffig i'r nesaf mewn cadwyn fwyd, mae nifer yr ysyddion sy'n gallu byw ar bob lefel droffig yn lleihau gyda phob lefel. Anaml y mae yna ddigon o egni i gynnal mwy na phedair lefel (gweler y diagram gyferbyn).

Mae'r pyramid niferoedd y soniwyd amdano yn yr Uned flaenorol yn arddangos y lleihad yn niferoedd yr anifeiliaid ym mhob cam mewn cadwyn fwyd, ond mae'n gamarweiniol oherwydd gallai'r dail derw ar waelod y pyramid fod wedi cael eu dangos fel un goeden. Yn hytrach nag astudio *niferoedd* yr organebau ar bob lefel droffig, gallwn ddysgu mwy trwy astudio cyfanswm eu *màs,* ac oherwydd mai pethau byw ydynt, eu **biomas** yw'r enw ar hyn.

Gan fod 90 y cant o'r egni yn cael ei golli ar bob lefel o gadwyn fwyd, mae biomas o ddefnydd planhigol â gwerth egni o 1000 kJ ar waelod pyramid yn darparu 100 kJ o egni ar gyfer lefel dau, 10 kJ ar gyfer lefel tri, a dim ond 1 kJ ar gyfer lefel pedwar.

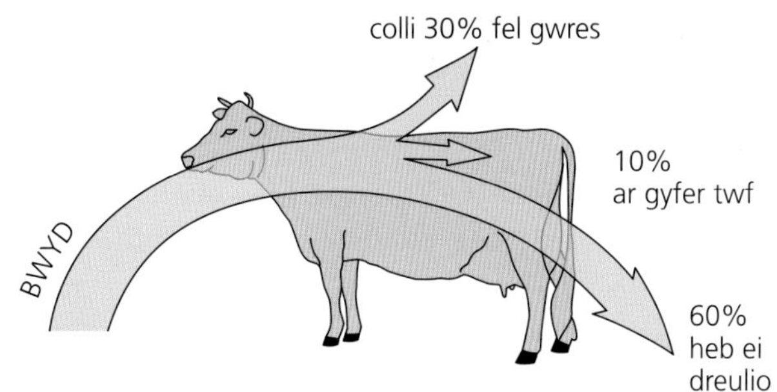

Dim ond 10 y cant o'r hyn y mae buwch yn ei fwyta a ddefnyddir ar gyfer twf.

Pyramid egni a biomas

Egni heb ei ddefnyddio, neu a gollir o'r gadwyn ar bob lefel fel gwres o resbiradaeth, neu fel troeth ac ymgarthion anifeiliaid

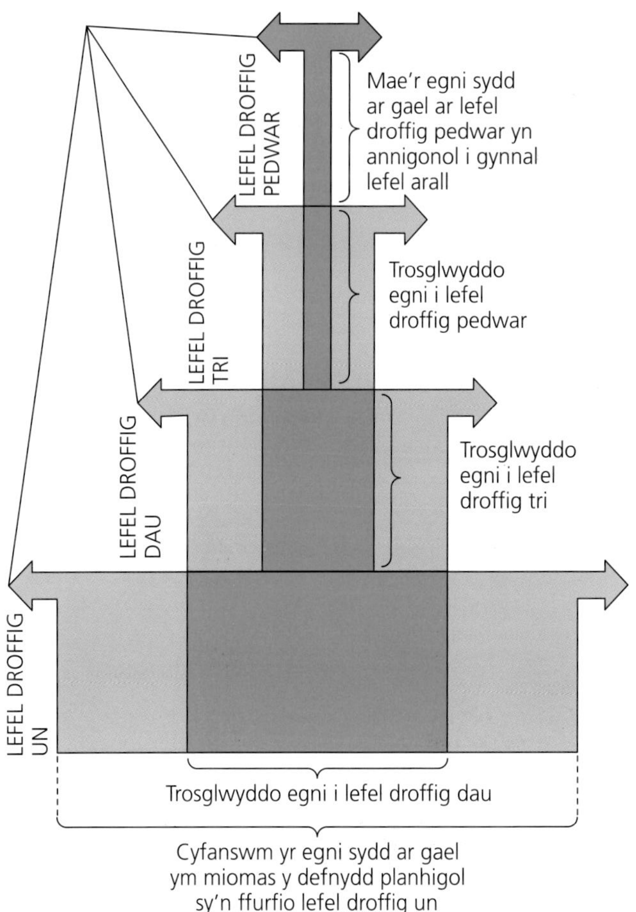

Cwestiwn

Mae dau gae yn cael eu defnyddio i dyfu grawn. Defnyddir y grawn o'r cae cyntaf i fwydo gwartheg sy'n cael eu gwneud yn fyrgyrs cig eidion. Caiff y grawn o'r ail gae ei fwydo'n uniongyrchol i bobl ar ffurf bara a chynhyrchion grawn eraill.

Defnyddiwch wybodaeth a gawsoch yn yr Uned hon i egluro pam mae un cae yn cael ei ddefnyddio mewn ffordd sy'n gwastraffu egni, tra bo'r llall yn gwastraffu llai o egni ac felly yn defnyddio'r tir mewn ffordd sy'n llawer mwy effeithlon.

7.03 Y gylchred garbon

Carbon deuocsid oedd pren, glo, nwy ac olew unwaith. Mae'r nwy yn cael ei ryddhau eto wrth iddynt losgi.

Mae angen carbon ar bopeth byw. Mae ei angen ar gyfer proteinau, brasterau a'r sylweddau eraill sy'n rhan o bethau byw. Daw'r carbon o garbon deuocsid yn yr aer.

Mae planhigion yn tynnu carbon deuocsid o'r aer. Maent yn ei ddefnyddio i wneud bwyd trwy ffotosynthesis. Yna bydd anifeiliaid yn cael carbon trwy fwyta planhigion.

Mae'r un faint o garbon deuocsid yn yr aer trwy'r amser, oherwydd ei fod yn cael ei ddychwelyd i'r aer yr un mor gyflym ag y mae planhigion yn ei dynnu ohono.

1 Mae planhigion ac anifeiliaid yn rhyddhau carbon deuocsid wrth resbiradu.

2 Mae bacteria a ffyngau yn resbiradu ac yn rhyddhau carbon deuocsid wrth iddynt ddadelfennu cyrff anifeiliaid a phlanhigion marw.

3 Mae pren, glo, nwy, a phetrol yn cynnwys carbon. Wrth i'r rhain losgi, mae'r carbon yn cyfuno ag ocsigen gan ffurfio carbon deuocsid. Mae hwn yn cael ei ryddhau i'r aer.

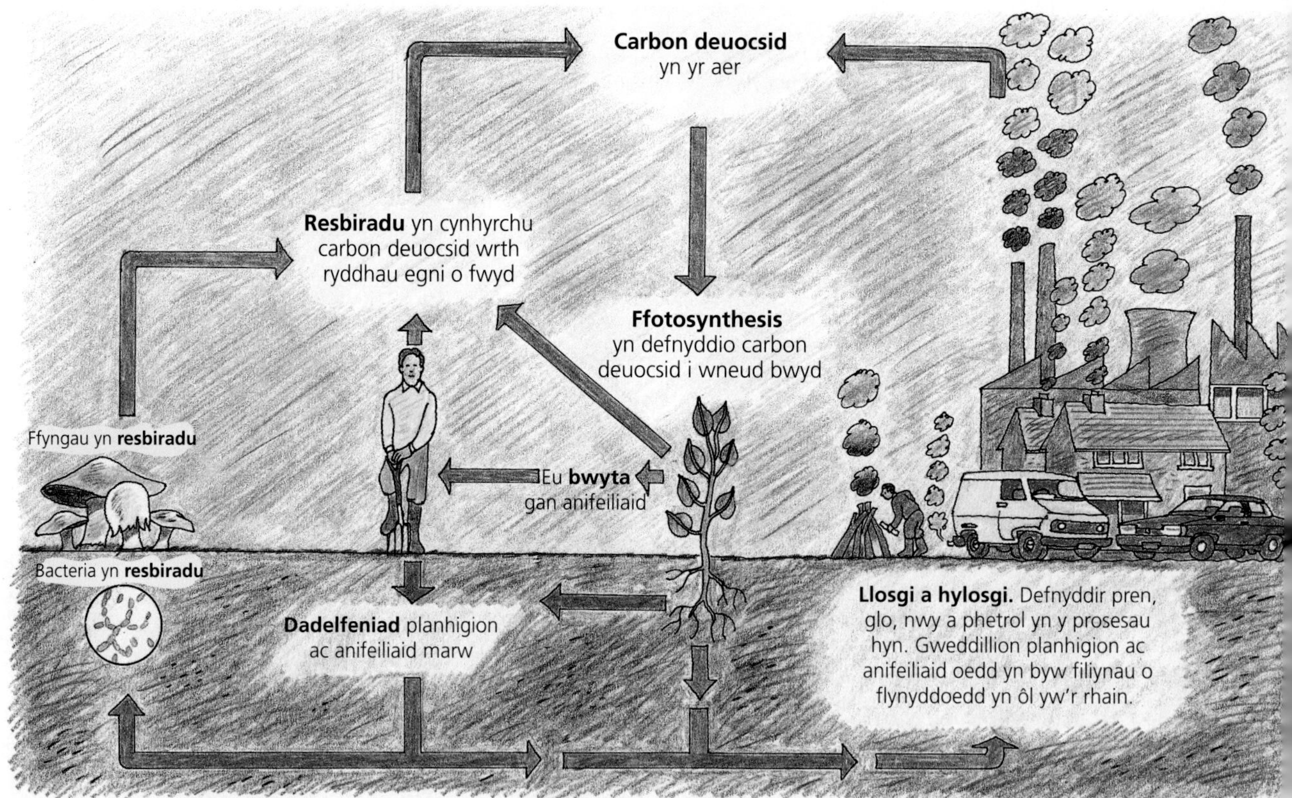
Carbon deuocsid yn yr aer
Resbiradu yn cynhyrchu carbon deuocsid wrth ryddhau egni o fwyd
Ffotosynthesis yn defnyddio carbon deuocsid i wneud bwyd
Ffyngau yn **resbiradu**
Eu **bwyta** gan anifeiliaid
Bacteria yn **resbiradu**
Dadelfeniad planhigion ac anifeiliaid marw
Llosgi a hylosgi. Defnyddir pren, glo, nwy a phetrol yn y prosesau hyn. Gweddillion planhigion ac anifeiliaid oedd yn byw filiynau o flynyddoedd yn ôl yw'r rhain.

Cwestiynau

1 Sut mae carbon yn mynd o'r aer i gyrff planhigion ac anifeiliaid?

2 Eglurwch pam mae'r un faint o garbon deuocsid yn yr aer trwy'r amser.

4 Y gylchred nitrogen

Mae angen nitrogen ar bopeth byw i wneud proteinau. Nitrogen yw pedair rhan o bump o'r aer, ond ni all planhigion nac anifeiliaid ei dynnu o'r aer. Rhaid ei newid yn **amoniwm** neu **nitradau** yn gyntaf. Dangosir yn y diagram isod sut mae hyn yn digwydd. Wedyn, bydd planhigion yn derbyn nitrogen trwy godi nitradau o'r pridd, ac anifeiliaid yn cael nitrogen trwy fwyta proteinau o blanhigion neu anifeiliaid.

1 **Mellt** - sy'n gwneud aer mor boeth fel bod y nitrogen a'r ocsigen sydd ynddo yn cyfuno i wneud cemegau sy'n cael eu golchi i'r pridd, lle maent yn ffurfio nitradau. Dim ond ychydig o nitradau sy'n cael eu ffurfio fel hyn.

2 **Bacteria sefydlogi nitrogen** - yn byw mewn pridd, ac mewn lympiau a elwir yn **wreiddgnepynnau** ar wreiddiau meillion, pys a ffa. Maent yn defnyddio nitrogen o'r aer i wneud nitradau ar gyfer y planhigion, ond mae rhai yn treiddio i'r pridd.

3 **Bacteria madru (pydru)** - mae'r rhain yn dadelfennu planhigion ac anifeiliaid marw a thail neu faw anifeiliaid, ac yn rhyddhau cyfansoddion amoniwm i'r pridd.

4 **Bacteria nitreiddio** - mae'r rhain yn newid y cyfansoddion amoniwm hyn yn nitradau.

Mewn priddoedd gwlyb a dwrlawn caiff rhai nitradau eu newid yn ôl yn nitrogen gan **facteria dadnitreiddio**.

Gwreiddgnepynnau ar blanhigyn pys, cartref i facteria sefydlogi nitrogen. Oherwydd bod y bacteria'n rhoi digon o amoniwm iddynt, mae pys yn tyfu'n dda hyd yn oed mewn pridd gwael.

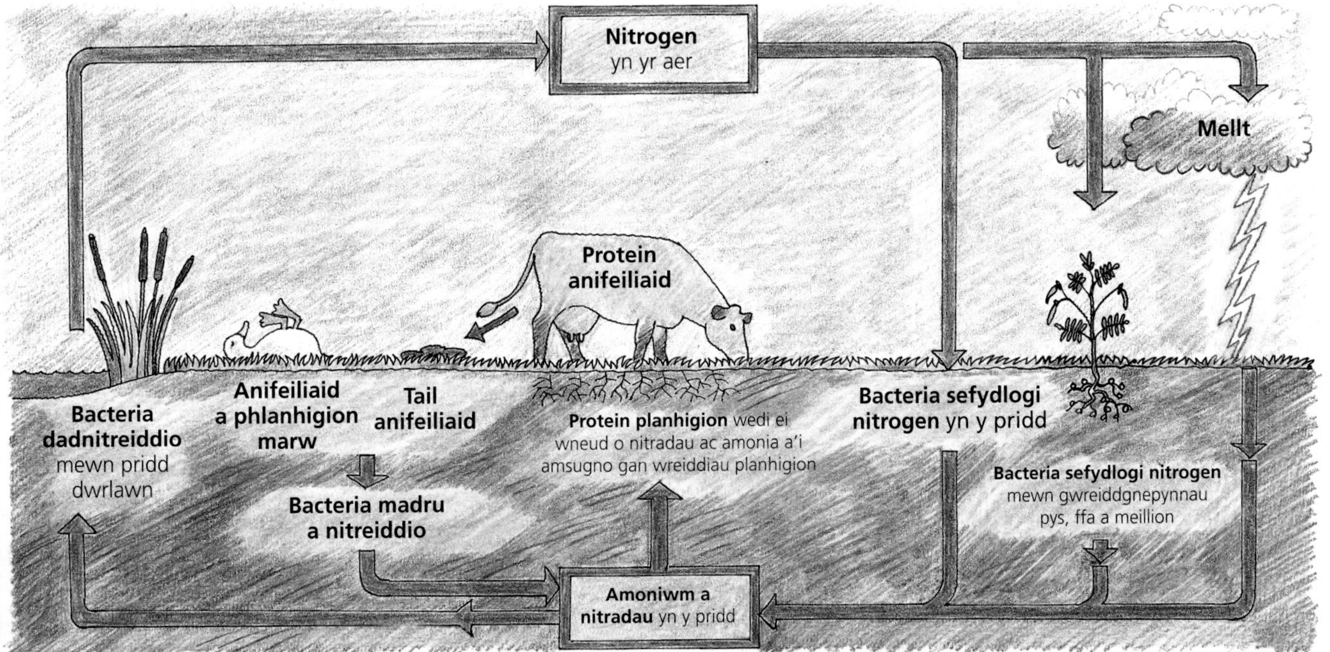

Cwestiynau

1 Pam mae angen nitrogen ar bethau byw?

2 Sut mae planhigion yn cael nitrogen?

3 Sut mae anifeiliaid yn cael nitrogen?

4 Disgrifiwch dair ffordd y mae nitrogen yn cael ei newid yn nitradau.

5 Sut mae nitradau yn cael eu newid yn ôl yn nitrogen?

7.05 Pethau byw a'u hamgylchedd

Amgylchedd organeb yw popeth o'i chwmpas sy'n dylanwadu ar y ffordd mae'n byw. Mae hyn yn cynnwys nodweddion anfyw fel hinsawdd, tirwedd, y pridd, ac organebau byw eraill sy'n effeithio ar ei hymdrech i fyw.

Cynefinoedd a chymunedau

Cynefin yw rhan o'r amgylchedd lle mae grŵp o organebau, a elwir yn **gymuned**, yn byw. Mae dolydd, pyllau, coetiroedd a glannau'r môr yn gynefinoedd. Mae pwll craig yn gynefin gyda chymuned ynddo sy'n cynnwys gwymonau, anemonïau, gwichiaid, crancod a physgod.

Cilfach yw safle organeb yn ei chymuned, h.y. ai cigysydd, porydd, pryfysydd ynteu sugnwr gwaed ydyw. Ym Mhrydain mae llwynogod mewn cilfach gigysol, tra bo llewod, teigrod, llewpardiaid ac ati, yn yr un safle yn Affrica.

Poblogaeth yw grŵp o organebau o'r un math. Mewn coedwig, gall fod poblogaethau o wiwerod, tylluanod, corynnod (pryfed cop), coed derw a chlychau'r gog. Mae **dwysedd** poblogaeth yn cyfeirio at niferoedd yr unigolion sy'n byw mewn cynefin benodol, ac mae'n dibynnu ar gyfraddau genedigaethau a marwolaethau'r boblogaeth.

Ffactorau amgylcheddol

Ffactorau amgylcheddol yw'r nodweddion hynny mewn cynefin sy'n dylanwadu ar ba fath o organebau a all fyw yno. Maent yn cynnwys **ffactorau ffisegol** yr hinsawdd, y dirwedd a'r pridd, a **ffactorau biolegol**, sy'n cynnwys yr holl ffyrdd y mae pethau byw eraill yn y cynefin yn effeithio ar ei gilydd.

Mae coetiroedd collddail gwyllt fel hyn yn brin heddiw. Mae'r rhan fwyaf wedi cael eu clirio i gael tir ar gyfer pori neu gnydau, neu eu troi'n blanhigfeydd coed conwydd masnachol. Coed derw sy'n flaenllaw mewn rhai coedwigoedd, bedw neu ynn mewn rhai eraill, neu goed gwern lle mae'r pridd yn llaith. Maent yn gartref i niferoedd enfawr o bryfed ac infertebratau eraill.

Poblogaeth o wichiaid.

Gall un goeden fod yn gynefin, ac mae gan bob gwahanol fath o goeden gymuned wahanol yn tyfu arni ac ynddi. Mae cymunedau mewn coed derw yn cynnwys algâu, ffyngau, mwsoglau, cennau, gwenyn y derw, llyslau, gwiddon, chwilod, adenydd siderog, a lindys gwyfynod.

Mae rîff cwrel yn gynefin sy'n gartref i un o'r cymunedau mwyaf cyfoethog ac amrywiol ar y Ddaear.

Poblogaeth o bengwiniaid.

Hinsawdd Mae organebau'n byw, yn tyfu ac yn atgynhyrchu mewn leoedd ac ar adegau lle mae amodau hinsoddol yn addas. Dyna pam mae'r mathau o organebau'n amrywio o le i le ac o un cyfnod i'r llall. Mae'r anifeiliaid a'r planhigion mewn ardaloedd poeth, sych, er nghraifft, yn wahanol iawn i'r rhai a geir mewn ardaloedd claear, gwlyb, neu rai oer, rhewllyd.

Mae'r niferoedd a'r mathau o greaduriaid sy'n gallu byw mewn ardal yn libynnu ar ffactorau hinsoddol fel glawiad, heulwen, lleithder, ymheredd cyfartalog a phrifwyntoedd. Mae'r rhain yn amrywio yn ôl ymhorau'r flwyddyn ac, yn aml, yn ôl yr adeg o'r dydd.

Glawiad, lleithder a thymheredd sy'n gyfrifol am brif ardaloedd tyfiannol byd, yn cynnwys coedwigoedd glaw, glaswelltir a diffeithdir. Mae lawiad yn darparu gwlybaniaeth sy'n hanfodol ar gyfer twf a chludiant newn planhigion, mae tymheredd yn effeithio ar y gyfradd metabolaeth resbiradaeth), ac mae lleithder yn effeithio ar gyfradd colli dŵr o lanhigion trwy drydarthiad. Mae gwyntoedd yn bwysig gan eu bod yn heoli symudiad cymylau a, thrwy hynny, ddosbarthiad glawiad. Mae yfeiriad y prifwynt hefyd yn dylanwadu ar y tymheredd cyfartalog ac yn heoli cyfradd trydarthiad. Mae goleuni yn hanfodol ar gyfer fotosynthesis. Mae cryfder y golau a hyd y cyfnod golau dydd yn mrywio yn ôl lledred a thymor y flwyddyn.

irwedd Mae gan siâp y tir effaith bellgyrhaeddol ar bethau byw, yn ennaf oherwydd ei fod yn achosi gwahaniaethau lleol yn yr hinsawdd. ydd hinsawdd dyffryn dwfn afon yn wahanol iawn i hinsawdd copa nynydd cyfagos, ac mae hinsawdd arfordir agored yn wahanol i rdaloedd mewndirol ychydig gilometrau i ffwrdd.

ridd Rhaid i lawer o blanhigion gael math arbennig o bridd i dyfu'n da. Er enghraifft, mae'r planhigion mewn pridd tywodlyd yn wahanol r rhai mewn pridd cleiog. Mae bylchau mawr o aer a dim llawer o wmws mewn tir tywodlyd, felly bydd yn sychu'n gyflym. Bylchau ychain iawn o aer sydd mewn tir cleiog, felly bydd yn aml yn ddwrlawn ôl glaw, ond yn sychu yn lympiau caled fel craig mewn sychder. Mae fel pH pridd hefyd yn effeithio ar fywyd planhigion.

ethau byw eraill Ym mhob man, mae organebau'n effeithio ar y ffordd nae organebau eraill yn byw. Bydd planhigion yn cystadlu â'i gilydd am leuni a dŵr. Mae anifeiliaid yn bwydo ar blanhigion ac ar ei gilydd. Mae ryfed yn peillio blodau, ac anifeiliaid yn gwasgaru hadau. Mae pobl yn irio tir ar gyfer ffermio, ac yn llygru'r amgylchedd. Byddwn yn trafod holl ffactorau hyn yn fanwl yn yr Unedau sy'n dilyn yn y bennod hon.

Rhestrwch y gwahaniaethau rhwng hinsawdd diffeithdir (uchod) a dyffryn coediog gyda llyn (isod).

Pam nad oes coed ar y mynyddoedd yn y pellter?

Pam mai dim ond planhigion gwydn fel ffenigl y môr a chennau sy'n gallu byw ar y clogwyn agored hwn uwchben y môr?

Mae'r ffens yn rhwystr i anifeiliaid sy'n pori. Sut a pham mae hyn wedi effeithio ar fywyd planhigion?

Cwestiynau

1. Beth yw cynefin? Enwch rai enghreifftiau.
2. Beth yw'r gwahaniaeth rhwng cymuned a phoblogaeth? Rhowch enghraifft o'r ddau.
3. Pam mae'r mathau a'r niferoedd o organebau sy'n byw mewn cynefin yn dibynnu'n bennaf ar ei hinsawdd?
4. Beth yw tirwedd, a sut mae'n effeithio ar bethau byw?

7.06 Poblogaethau anifeiliaid gwyllt

Twf poblogaethau gwyllt

Nid yw poblogaethau gwyllt, er enghraifft brogaod mewn llyn neu sêr môr mewn pwll craig ar lan y môr, yn gallu eu hamddiffyn eu hunain rhag tywydd gwael, ysglyfaethwyr, clefydau na llawer ffactor arall sy'n arafu, neu'n atal, twf eu poblogaeth. O ganlyniad, gall cyfraddau twf poblogaethau o fodau dynol a phoblogaethau gwyllt fod yn wahanol iawn i'w gilydd.

Os bydd poblogaeth iach o anifeiliaid gwylltion yn mynd i mewn i ardal sydd hyd yma heb ei meddiannu, lle mae digon o fwyd, lle a chysgod, a dim ysglyfaethwyr, bydd niferoedd y boblogaeth yn cynyddu'n gyflym. Mae hyn yn digwydd oherwydd bod y bwyd ychwanegol a gaiff yr anifeiliaid yn eu gwneud yn fwy ffrwythlon ac felly mae'r gyfradd genedigaethau yn uwch na'r gyfradd marwolaethau.

Ond ni all hyn barhau yn hir. Mae'r lle sydd ar gael yn llenwi, cystadleuaeth am fwyd yn dechrau, ysglyfaethwyr yn cyrraedd, a llawer ffactor arall yn ymddangos, sy'n cyfyngu ar dwf poblogaethau. Mae'r rhain yn gostwng y gyfradd genedigaethau ac yn cynyddu'r gyfradd marwolaethau, gan achosi newidiadau yn y niferoedd yn y boblogaeth. Wrth eu plotio ar graff, cawn **gromlin twf**, sy'n debyg i lythyren 'S'. Gwelir hyn yn y graff ar y dde.

Caiff factorau sy'n cyfyngu ar dwf poblogaethau, er enghraifft prinder bwyd, eu galw yn **wrthiant amgylcheddol**. Fel y bydd y rhain yn crynhoi, bydd cyfradd genedigaethau rhywogaeth yn gostwng a'i chyfradd marwolaethau yn cynyddu hyd nes eu bod yn gyfartal. Yna bydd twf poblogaeth yn peidio a'r niferoedd yn cadw'n eithaf cyson. Y pwynt hwn yw uchafbwynt y boblogaeth y gall yr ardal honno ei chynnal. Gelwir hyn yn **llwyth eithaf** yr ardal honno, ar gyfer y rhywogaeth benodol honno.

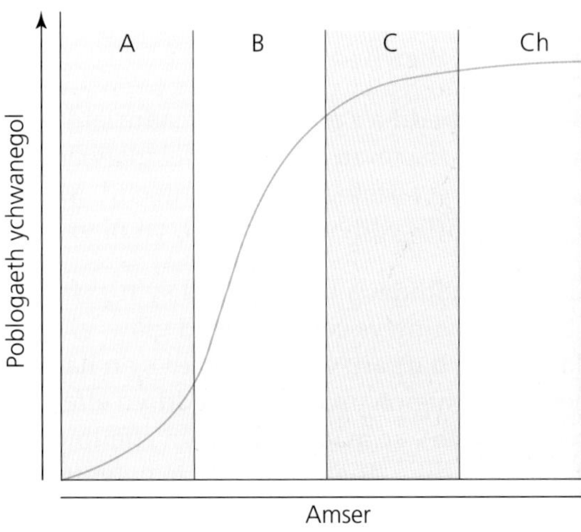

Mae twf poblogaeth wyllt yn dilyn pedwar ca
pendant:

A – cychwyn araf pan nad oes llawer o aelodau
ffrwythlon;
B – y twf mwyaf posibl pan fydd y gyfradd genedigaethau yn uwch o lawer na'r gyfradd marwolaethau;
C – y twf yn arafu wrth i brinder bwyd a phroblemau eraill ymddangos; ac
Ch – niferoedd eithaf cyson yn y boblogaeth pan fydd y cyfraddau genedigaethau a marwolaethau tua'r un faint.

Ffactorau sy'n cyfyngu ar dwf poblogaeth anifeiliaid

Cystadleuaeth am fwyd ac adnoddau eraill Mae cystadleuaeth rhwng aelodau'r un rhywogaeth a rhywogaethau gwahanol mewn cymuned yn cynyddu pan nad yw adnoddau eu cynefin yn ddigonol i ddiwallu eu hanghenion. Mae cyflenwad adnoddau amgylcheddau gwyllt yn gyfyngedig. Mae'r adnoddau hyn yn cynnwys bwyd, lleoedd i nythu, a chysgod rhag y tywydd ac ysglyfaethwyr. Fel y mae'r niferoedd yn cynyddu a gorboblogi yn datblygu, mae'r gystadleuaeth am yr adnoddau hyn yn cynyddu, a rhaid defnyddio egni, a fyddai yn y lle cyntaf ar gael ar gyfer atgenhedlu, yn yr ymdrech i oroesi. Mae ffrwythlondeb y benywod yn gostwng, sy'n golygu eu bod yn cynhyrchu llai o wyau neu fabanod, ac mae llawer o'r epil yn marw cyn iddynt aeddfedu gan nad oes digon o fwyd ar eu cyfer. Yn ogystal â hyn, mae anifeiliaid llawn-dwf yn marw'n iau wrth i'r goroesi fynd yn fwy o straen. Gall y ffactorau hyn gyda'i gilydd achosi i'r gyfradd genedigaethau ostwng ac i'r gyfradd marwolaethau gynyddu.

Cystadleuaeth am diriogaethau
Mae rhai pryfed, pysgod, ymlusgiaid, ac adar fel y robin goc
yn meddiannu ac yn amddiffyn tiriogaeth fridio yn erbyn tresmaswyr o'r un rhywogaeth. Mae'r diriogaeth yn cynnwys digo
o fwyd i gynnal nythaid o gywion hyd nes iddynt aeddfedu. Ond wr
i'r boblogaeth gynyddu, mae tiriogaethau'n mynd yn llai a nifer
cywion mewn nythaid yn gostwn

Effeithiau cystadleuaeth Trwy esblygu mewn ymateb i'w gilydd dros filoedd o flynyddoedd, efallai y gall llawer o gystadleuwyr gyd-fyw. Fel arall, bydd un rhywogaeth yn 'ennill y gystadleuaeth', a allai olygu bod rhywogaethau eraill yn darfod. Mae hyn yn aml yn digwydd pan gaiff rhywogaethau newydd 'estron' eu cyflwyno i gynefin.

Cystadleuaeth gan rywogaethau sydd wedi eu cyflwyno Mae yna llawer o enghreifftiau o anifeiliaid a phlanhigion yn cael eu cyflwyno i ardal lle nad oeddynt yn byw cyn hynny ac yn dod mor llwyddiannus fel bod rhywogaethau eraill yn dioddef. Ar ôl i gwningod gael eu cyflwyno i Awstralia, buan y gwnaethant ddisodli poblogaethau yr anifeiliaid bolgodog a oedd wedi esblygu yno dros filiynau o flynyddoedd. Digwyddodd hyn oherwydd eu bod yn bridio'n llawer cyflymach, yn gallu cael wyth torllwyth y flwyddyn gyda hyd at wyth o rai bach ym mhob torllwyth, yn cyrraedd aeddfedrwydd rhywiol mewn chwe mis, ac yn byw am ddeng mlynedd. Fe wnaethant nid yn unig feddiannu cynefinoedd a chyflenwadau bwyd yr anifeiliaid bolgodog lleol, ond hefyd fe ddaethant yn bla trwy ddinistrio cnydau.

Cafodd gwiwerod llwyd eu cyflwyno i Brydain ym mlynyddoedd cynnar y bedwaredd ganrif ar bymtheg ac maent wedi ymledu i bob cwr a disodli'r wiwer goch frodorol, gan nad yw honno'n gallu cystadlu â'r un wyd am fwyd. Mae gwiwerod llwyd yn bwyta'r un bwyd â gwiwerod coch, ond maent hefyd yn bla, yn tynnu'r rhisgl oddi ar goed, yn bwyta blagur, cyffion a hadau cnydau, yn ogystal ag wyau a chywion adar.

Hinsawdd Gall amodau tywydd a'r newid o'r haf i'r gaeaf mewn ardaloedd tymherus, ac o dymhorau sych i rai gwlyb yn y trofannau, effeithio'n ddramatig ar boblogaethau gwyllt. Mae'r niferoedd yn disgyn pan fydd amodau tywydd garw yn atal atgenhedlu ac yn cynyddu'r gyfradd marwolaethau.

Gwastraff yn crynhoi Mewn amgylchedd caeëdig fel pwll bychan, gall twf poblogaeth arwain at gynnydd yng nghrynodiad carbon deuocsid a defnyddiau gwastraff eraill, sy'n aml yn wenwynig. Mae'r rhain yn atal twf pellach rhai poblogaethau.

Afiechydon, parasitiaid ac ysglyfaethwyr Mae gorboblogi yn arwain yn gyflym at gynnydd yn yr organebau sy'n achosi afiechyd, a pharasitiaid, oherwydd gallant ymledu'n hawdd o un organeb i'r un nesaf trwy'r boblogaeth gyfan. Mae hyn, ynghyd â dyfodiad ysglyfaethwyr, yn rhesymau pwysig pam mae cyfnod twf cyflym poblogaeth yn dod i ben yn y diwedd, a bod gostyngiad yn y niferoedd yn aml yn dilyn hynny.

Byddwn yn disgrifio effeithiau gweithgareddau dynol ar boblogaethau gwyllt mewn Unedau eraill.

Mae'n well gan wiwerod coch goedwigoedd pinwydd a gallwn eu gwarchod yno trwy osod hopranau bwyd ar eu cyfer, tu hwnt i gyrraedd gwiwerod llwyd.

Cystadlu am gymar
Mae poblogaethau llawer o anifeiliaid yn cael eu cadw'n iach trwy sicrhau mai dim ond y gwrywod mwyaf iach a chryf sy'n cael cyplu â benywod. Yn ystod y tymor rhidio (cyplu) rhaid i'r arweinwyr o blith hyddod ceirw coch ymladd yn galed i gael hawl dros harîm neu grŵp o ewigod (y benywod). Mae'r ymddygiad hwn yn nodweddiadol o lawer o anifeiliaid eraill, yn cynnwys llewod, cangarŵod, eliffantod môr, ac ysgyfarnogod - sydd mor wyllt yn y gwanwyn nes eu bod yn ymladd gornestau bocsio, er mwyn ymlid cystadleuwyr eraill.

Cwestiynau

1 Beth yw 'gwrthiant amgylcheddol' a pha effaith mae'n ei gael ar dwf poblogaethau?
2 Beth yw 'llwyth eithaf' cynefin?
3 Rhestrwch yr adnoddau y mae anifeiliaid yn cystadlu amdanynt mewn cynefin.
4 Beth sy'n digwydd wrth i'r gystadleuaeth am yr adnoddau hyn gynyddu?
5 A fyddai'n dderbyniol lladd gwiwerod llwyd er mwyn diogelu a chynnal poblogaethau o wiwerod coch?

7.07 Ysglyfaethwyr a'u hysglyfaeth

Yn ddamcaniaethol gallwn ddweud bod gan bob un o nodweddion organebau y gallu i addasu: mae dail wedi ymaddasu ar gyfer ffotosynthesis, yr ysgyfaint ar gyfer anadlu aer, a choluddion ar gyfer treulio bwyd. **Addasiadau cyffredinol** er mwyn byw yw'r rhain, ond mae gan organebau **addasiadau penodol** hefyd, sy'n eu galluogi i feddiannu cilfach arbennig. Mae **ysglyfaethwyr** wedi ymaddasu ar gyfer dal a bwyta anifeiliaid eraill, sef eu **hysglyfaeth**, ac mae'r ysglyfaethau wedi datblygu addasiadau sy'n eu galluogi i osgoi cael eu dal lle bynnag y bo modd.

Yr octopws a'r ystifflog yw'r ysglyfaethwyr mwyaf llwyddiannus ymhlith yr infertebratau. Mae ganddynt lygaid anferth er mwyn canfod ysglyfaeth, tentaclau hir gyda sugnyddion i'w ddal yn dynn, a phig grymus i falu cregyn ac esgyrn, ac i frathu darnau o gnawd.

Addasiadau ar gyfer hela a lladd

Synhwyrau Gall adar fel yr eryr a'r cudyll coch weld y manylion lleiaf (gall cudyll coch weld llygoden yn symud mewn glaswellt hanner milltir i ffwrdd). Hefyd mae eu llygaid yn wynebu ymlaen, sy'n eu galluogi i amcangyfrif yn gywir iawn pa mor bell yw eu hysglyfaeth. Mae llygaid tylluanod wedi ymaddasu i ddal unrhyw olau sydd ar gael er mwyn hela yn ystod y nos, ac mae ganddynt hefyd glust fain dros ben er mwyn gallu dod o hyd i ysglyfaeth mewn tywyllwch dudew.

Cyflymder Ysglyfaethwyr yw pob un o'r pysgod, adar a mamolion cyflymaf, ac maent yn dibynnu ar eu cyflymder er mwyn dal eu hysglyfaeth. Mae llewod, llewpardiaid, tsitaod a chathod eraill yn hela trwy ddilyn eu hysglyfaeth yn bwyllog am gyfnod, gan ofalu cuddio o'i olwg, ac yna ddibynnu ar un hyrddiad cyflym ar y diwedd i'w ddal. Gall tsitaod gyrraedd dros 100 km yr awr wrth wibio dros bellter byr. Llewod yw'r unig gathod sy'n byw ac yn hela mewn grwpiau gan gydweithio i ddal eu hysglyfaeth.

Mae'r corryn hwn yn dal pryfed ar we ludiog ac yn defnyddio dannedd sy'n wag y tu mewn er mwyn chwistrellu gwenwyn parlysol.

Offer neu gyfarpar lladd Yr offeryn sylfaenol er mwyn lladd yw arf â min caled sy'n trywanu. Mae gan y crocodeil ac ymlusgiaid ysglyfaethus eraill geg sy'n llawn o ddannedd conigol. Mae gan gathod ddannedd llygad hir a chrafangau miniog er mwyn dal a lladd eu hysglyfaeth. Mae gan adar ysglyfaethus bigau fel bachau er mwyn rhwygo cnawd, a chrafangau pedwar bys er mwyn trywanu eu hysglyfaeth o bedwar cyfeiriad ar unwaith. Nid oes gan gyrff nadredd aelodau ond maent wedi datblygu arfau eraill. Er enghraifft, mae gan wiberod, cobraod a nadredd rhuglo ddannedd sy'n chwistrellu gwenwyn, ac mae'r neidr wasgu yn troelli ei hun o amgylch ei hysglyfaeth a'i wasgu i farwolaeth cyn ei lyncu. Dull corynnod yw parlysu eu hysglyfaeth â gwenwyn gan ddefnyddio dannedd sy'n debyg i nodwydd hypodermig, ac arf y sgorpion yw bwlb llawn gwenwyn a phigyn gwag ar flaen ei gynffon.

Mae gan eryrod big â siâp bachyn er mwyn rhwygo cnawd, a chrafangau hir i afael yn eu hysglyfaeth a'i ladd.

Amddiffynfeydd yr ysglyfaeth

Dynwared Gall ysglyfaethau diniwed ddrysu ysglyfaethwyr trwy 'ddynwared', sef edrych yn debyg i rywogaethau gwenwynig neu beryglus. Bydd ysglyfaethwr sydd wedi cael profiad cas o gyfarfod ag anifail peryglus yn tueddu i osgoi'r dynwaredwr. Mae gan bryfed hofran digolyn yr un stribedi melyn a du â gwenyn a chacwn, ac mae dau fath o neidr gwrel - un â dannedd gwenwynig marwol ac un arall â bandiau coch a du sydd yn edrych yn union yr un fath, ond sy'n ddiniwed.

Cuddliw Mae ei liwiau yn galluogi ysglyfaeth, ac ambell ysglyfaethwr, i ymdoddi i'w gefndir. Mae ochr uchaf llawer o bysgod yn dywyll a'u hochr isaf yn oleuach er mwyn gwrthweithio effaith y golau oddi uchod. Mae gwyfynod brith tywyll a golau yn edrych fel rhisgl coed ag ôl tywydd arno; mae pryfed pric yn edrych yn debyg i frigau, ac mae rhai pryfed eraill yn debyg i ddail.

Arfwisgoedd Mae casynau allanol gwydn yn ffurfio amddiffynfeydd effeithiol iawn, er enghraifft y cregyn sydd gan wystrys, cregyn gleision a molwsgiaid eraill, yr ysgerbydau allanol sydd gan grancod a chramenogion eraill, a chregyn crwbanod a therapiniaid. Mae pigau'r porcwpein a'r draenog yr un mor effeithiol i'w hamddiffyn.

Ymosod a dianc Mae llysysyddion fel ceffylau, ceirw a gafrewigod (antelopiaid) yn dibynnu ar gyflymder a ffitrwydd er mwyn dianc rhag cigysyddion ac yn defnyddio eu cyrn neu'n cicio â'u carnau pan ddaw i'r pen arnynt. Mae moch gwyllt a baeddod yn codi ofn ar ysglyfaethwyr â'u hysgithrod (dannedd wedi'u haddasu) a thrwy ymddwyn yn fygythiol.

Mae gan sebraod bedair amddiffynfa: mae rhesi yn eu cuddliwio trwy wneud eu siâp yn annelwig; gallant redeg yn gyflym i ddianc rhag ysglyfaethwyr; mae ganddynt garnau i gicio; ac maent yn heidio fel bod diogelwch mewn niferoedd.

Perthnasoedd tymor hir ysglyfaethwyr-ysglyfaethau

Bydd poblogaeth o gigysyddion, a'r llysysyddion sydd yn ysglyfaeth iddynt, yn aml yn mynd trwy gyfres o **ymchwyddiadau** a **chwympiadau** yn y boblogaeth. Wrth blotio cromliniau twf ysglyfaethwr a'i ysglyfaeth ar graff, daw'n amlwg fod pwyntiau uchel ac isel poblogaeth y llysysydd yn cael eu dilyn gan bwyntiau uchel ac isel ym mhoblogaeth yr ysglyfaethwr.

Mae lemingiaid i'w cael yng Ngogledd America a Llychlyn. Maent yn cael eu bwyta gan . . .

. . . lwynog yr Arctig. Mae perthynas ysglyfaethwr-ysglyfaeth rhyngddynt, lle bo newidiadau ym mhoblogaeth y llwynog yn dilyn newidiadau ym mhoblogaeth y lemingiaid (gweler y graff isod).

Mae lemingiaid Gogledd America a Llychlyn, a'r llwynog Arctig, un o'u hysglyfaethwyr, yn un enghraifft o hyn. Mae ymchwydd ym mhoblogaeth y lemingiaid yn darparu mwy o fwyd ar gyfer y llwynogod, ac o ganlyniad mae eu niferoedd yn cynyddu. Pan fydd poblogaeth y lemingiaid yn cwympo oherwydd cynnydd mewn ysglyfaethu, gorbori a lledaeniad afiechyd, bydd gan y llwynogod lai o fwyd ac felly bydd eu niferoedd yn gostwng.

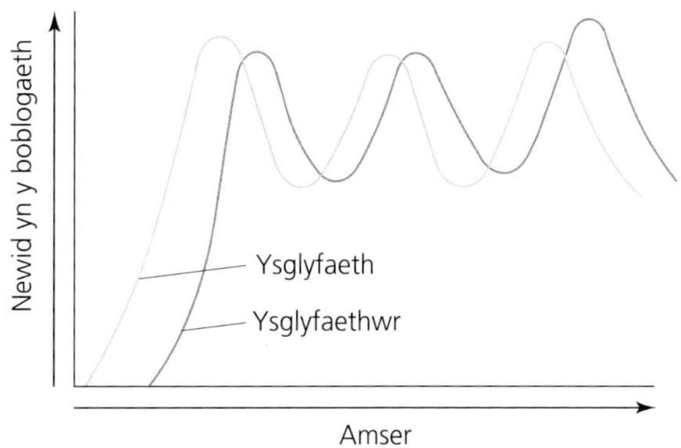

Cwestiynau

1 Disgrifiwch ym mha ffyrdd mae cathod ac eryrod wedi ymaddasu ar gyfer ysglyfaethu.
2 Disgrifiwch ym mha ffyrdd mae sebraod a cheirw wedi ymaddasu i allu amddiffyn eu hunain rhag ysglyfaethwyr.
3 Ym mha ffyrdd mae dynwared a chuddliw o gymorth i ysglyfaeth ac i ysglyfaethwyr?
4 Ar ôl cwymp ym mhoblogaeth lemingiaid pa ffactorau allai arwain at gynnydd yn eu niferoedd yn ddiweddarach?

7.08 Ymaddasu i'r hinsawdd

Dros gyfnod o filiynau o flynyddoedd mae pethau byw wedi ymaddasu i'r ardaloedd mwyaf digroeso yn y byd, gan gynnwys diffeithdiroedd ac ardaloedd y pegynau.

Ymaddasu i ardaloedd diffaith a chras

Ardal sy'n cael 10 cm neu lai o law mewn blwyddyn yw gwir ddiffeithdir, tra bo ardaloedd cras yn cael rhwng 25 a 60 cm y flwyddyn, ond caiff y rhan fwyaf ei golli trwy anweddiad, ac felly ychydig iawn sydd ar gael i gynnal bywyd gwyllt. Gall y tymheredd yn ystod y dydd godi uwchben 70°C yn yr ardaloedd hyn, ond, mewn gwrthgyferbyniad, mae tymheredd y nos yn syrthio'n gyflym i'r rhewbwynt neu'n is, gan nad oes haen o gymylau i gadw gwres y dydd i mewn.

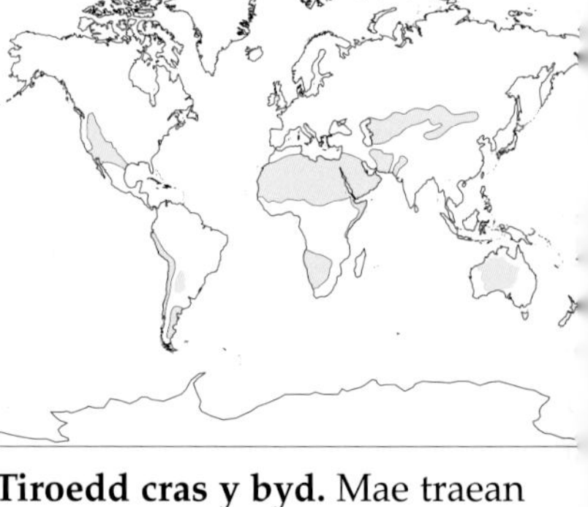

Tiroedd cras y byd. Mae traean arwyneb y Ddaear yn gras a thua hanner hyn yn wir ddiffeithdir. Mae bron y cyfan o'r ardaloedd hyn rhwng 15° a 30° bob ochr i'r cyhydedd.

Er gwaethaf yr amodau eithafol, mae llawer o greaduriaid wedi ymaddasu ar gyfer byw yn yr ardaloedd hyn. Er enghraifft, yn Death Valley yng Ngogledd America, lle mae'r tymheredd yn amrywio rhwng bron i 60°C a'r rhewbwynt, mae yna fwy na 600 o rywogaethau o blanhigion, dros 100 math o adar a thua 40 math o famolion.

Mae camelod ymhlith yr anifeiliaid sydd wedi ymaddasu'n fwyaf perffaith ar gyfer byw mewn diffeithdir. Mae dromedarïaid un crwbi, neu gamelod Arabia Gogledd Affrica, a chamelod dau grwbi Bactria o Asia yn enghreifftiau cyfarwydd.

Llygaid â dwy haen o flew amrant hir a chyrliog yn eu hamddiffyn rhag tywod a llwch. Mae aeliau trwchus yn cysgodi'r llygaid rhag haul y diffeithdir.

Trwyn â dwy ffroen y gellir eu cau'n wirfoddol. Mae pibellau'r trwyn yn oeri aer sy'n dod i mewn ac yn cyddwyso lleithder o'r aer sy'n mynd allan.

Croen caled ar y frest a chymalau'r pengliniau i gynnal pwysau'r camel wrth iddo benlinio a gorffwys.

Clustiau bach wedi eu leinio â ffwr i gadw tywod a llwch o bibellau'r glust. Mae eu clyw yn fain iawn.

Crwbïod sy'n cynnwys meinwe brasterog a ddefnyddir ar gyfer egni pan fydd bwyd yn brin.

Blew byr a thrwchus er mwyn atal rhywfaint ar y gwres ac amddiffyn y croen rhag llosg haul.

Traed â phadiau llydan, meddal fel lledr sy'n ymledu ar y ddaear, gan rwystro'r traed rhag suddo i'r tywod. Wrth gerdded, mae camelod yn symud dau droed ar yr un ochr gyda'i gilydd ac yna'r ddau droed ar yr ochr arall.

Yfed Gall camelod oroesi am hyd at wyth niwrnod a cherdded 1000 km yn y diffeithdir heb fwyd na dŵr. Pan fydd dŵr ar gael gallant eu hailhydradu eu hunain trwy yfed 100 litr mewn deng munud. Maent hefyd yn arbed dŵr trwy gynhyrchu troeth sy'n hynod grynodedig ac ymgarthion sydd bron yn sych. Pan fydd yr amodau'n wael byddant yn cael y rhan fwyaf o'u dŵr o lystyfiant sy'n cynnwys lleithder.

Bwyd Gall camelod fyw'n ddigon rhwydd ar blanhigion pigog, hadau, dail sychion, esgyrn, gweiriau garw (a phebyll eu perchnogion!).

Tymheredd y corff Nid yw camelod yn tuchan fel cŵn, a phrin eu bod yn chwysu. Mae'r gallu prin ganddynt i adael i dymheredd eu corff godi 6°C cyn dechrau chwysu, sy'n arbed colli hylif o'r corff.

Bywyd yn ardaloedd y pegynau

Ni all capiau iâ Antarctica a'r Arctig gynnal bywyd gan fod dŵr y tir wedi rhewi'n barhaol ac felly nid yw ar gael ar gyfer gwreiddiau planhigion; ychydig iawn o bridd sydd yno ac, yn fwy na dim, mae tymheredd yr aer islaw'r rhewbwynt am rannau helaeth o'r flwyddyn.

Yn yr haf pan fydd yr haenau iâ yn cilio, mae'r moroedd a'r arfordiroedd sy'n amgylchynu'r capiau iâ yn cynnal niferoedd aruthrol o adar môr, gwyddau, hwyaid, elyrch, adar ysglyfaethus fel gweilch bach, bodaod a thylluanod, a phengwiniaid. Mae'r moroedd oer, pur yn gyforiog o fywyd, o algâu microsgopig, protosoa a chril ar waelod cadwynau bwydydd, i bysgod, morloi a morfilod. Mae mamolion tir fel ychen mwsg, cawrgeirw, elciaid a llwynog yr Arctig yn ffynnu yn yr hinsoddau hyn, a hefyd yr anifail pedwar troed cigysol mwyaf yn y byd, yr arth wen.

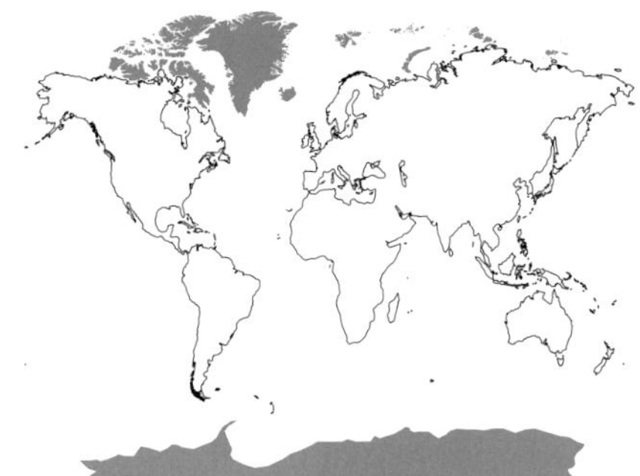

Mae cynefinoedd pegynol wedi eu cyfyngu'n bennaf i echelinau gogleddol a deheuol y blaned.

Blew sy'n gorchuddio'r corff i gyd ac eithrio'r trwyn a gwadnau'r traed. Mae'r gôt yn cynnwys haen isaf drwchus a gwlanog sy'n ynysu'r corff, a throsti haen uchaf denau o flew stiff, sgleiniog a thryloyw sy'n adlewyrchu golau, gan wneud i'r arth ymddangos yn wyn, i'w chuddliwio wrth hela. Mae olew yn y ffwr i'w wneud yn wrth-ddŵr a'i gadw rhag glynu yn ei gilydd wrth wlychu, a sicrhau bod unrhyw ddŵr ac iâ sy'n ffurfio ar y ffwr ar ôl nofio yn gallu cael ei ysgwyd oddi arno.

Clustiau bychain er mwyn lleihau colli gwres. Maent yn fflat yn erbyn y pen pan fo'r arth yn nofio.

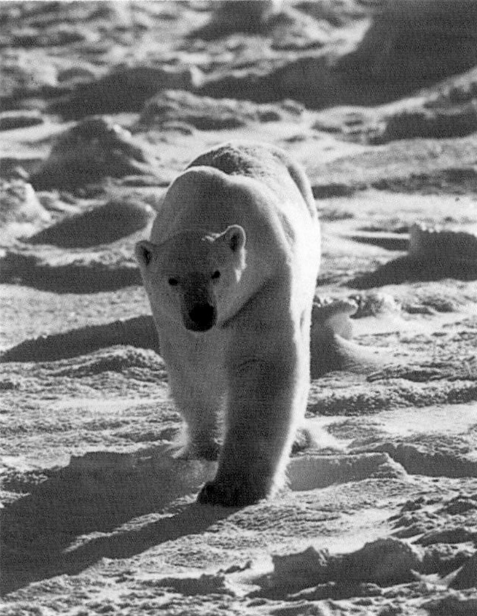

Llygaid â chanhwyllau brown tywyll i hidlo disgleirdeb y golau haul sy'n cael ei adlewyrchu oddi ar eira a rhew. Mae eu golwg yn well na'r rhan fwyaf o eirth ac mae'r llygaid yn wynebu ymlaen er mwyn gweld yn dda mewn 3D a gallu barnu pellter yn gywir.

Dannedd sy'n cynnwys blaenddannedd miniog i rwygo darnau o gnawd, a dannedd llygad i afael mewn ysglyfaeth, ei ladd a rhwygo crwyn gwydn. Mae gogilddannedd a childdannedd gan yr arth wen er mwyn gallu cnoi bwyd, ond caiff y rhan fwyaf ei lyncu mewn darnau mawr.

Croen sy'n ddu er mwyn amsugno unrhyw wres a gaiff ei drosglwyddo trwy'r blew hir tryloyw, ac mae haen ynysu drwchus o fraster oddi tano.

Traed â phawennau mawr gyda phum bys ac sydd fel esgidiau eira yn gwasgaru'r pwysau wrth gerdded, a hefyd yn badlau ar gyfer nofio. Mae crafangau byr a chryf yn helpu'r arth i gerdded ar rew a lladd ysglyfaeth.

Ymddygiad Mae eirth gwyn yn byw ledled yr ardaloedd Arctig, gan amlaf ar yr haenau iâ sy'n nofio gyda llif y dŵr. Gyda'u cuddliw mewn rhew ac eira, maent yn hela morloi, ond yn ychwanegu at eu diet bysgod, gwymon, glaswellt, adar, a hyd yn oed forfilod sydd wedi eu dal ar y lan. Maent yn gartrefol ar dir a môr, a gallant nofio am oriau o un darn o rew i un arall, gan deithio hyd at 70 km mewn diwrnod a mwy na 1000 km mewn blwyddyn.

Atgenhedlu Maent yn paru ym misoedd Ebrill, Mai a Mehefin ac fe gaiff hyd at dri chenau eu geni ym mis Rhagfyr neu Ionawr. Maent yn byw gyda'u mam mewn gwâl yn y rhew tan tua diwedd Mawrth a byddant yn annibynnol erbyn iddynt fod tua 28 mis oed.

Cwestiynau

1 Rhestrwch y nodweddion sy'n wahanol a'r rhai sy'n debyg mewn cynefinoedd yn y pegynau a chynefinoedd cras.
2 Sut mae camelod wedi ymaddasu i allu goroesi mewn tymheredd uchel ac eirth gwyn mewn tymheredd isel?
3 Sut mae blew camelod ac eirth gwyn wedi ymaddasu ar gyfer yr hinsawdd y maent yn byw ynddo?
4 Rhestrwch y nodweddion sy'n wahanol a'r rhai sy'n debyg mewn traed camelod a thraed eirth gwyn.

7.09 Addasiadau mewn planhigion

Mae clychau'r gog a garlleg gwyllt wedi ymaddasu ar gyfer byw yng nghysgod coed mewn coetiroedd.

Cystadleuaeth ymhlith planhigion

Gall cynefin fel dôl flodau neu weundir ymddangos fel pe na bai'n newid llawer gydag amser, ond mae hyn oherwydd bod pobl yn rheoli'r cynefinoedd er mwyn iddynt aros felly. Os caiff llecyn o dir ym Mhrydain lonydd am hyd at ganrif, bydd y gystadleuaeth ddi-baid rhwng planhigion am olau, dŵr a maetholynnau yn y pridd yn golygu mai coed fydd yn trechu yn y pen draw. Yr enw ar y gyfres hon o ddigwyddiadau yw **olyniaeth ecolegol**, a gellir gweld hyn trwy wylio beth sy'n digwydd i lain o bridd noeth dros gyfnod hir.

Chwyn byrhoedlog fel gwlydd yr ieir a'r creulys sy'n cytrefu'n gynnar mewn pridd noeth **(1)**. Caiff y rhain eu disodli gan weiriau **(2)** gyda gwreiddiau a choesynnau ymledol, sy'n gorchuddio'r pridd yn gyflym. Cyn bo hir daw chwyn eilflwydd a lluosflwydd tal, yn cynnwys bysedd y cŵn, danadl poethion a helyglys, i ddisodli'r rhan fwyaf o'r gweiriau trwy dyfu uwch eu pennau a dwyn eu golau **(3)**. Ymhen rhyw flwyddyn bydd y planhigion cytrefol cychwynnol hyn wedi defnyddio holl faeth y pridd ac ni fyddant yn tyfu cystal.

Erbyn hyn bydd hadau'r ddraenen wen **(4)** a llwyni eraill wedi egino ac ennill y gystadleuaeth am olau trwy ffurfio dryslwyni trwchus; ychydig o blanhigion eraill fydd yn gallu tyfu oddi tanynt. Gall y cyfnod hwn, sy'n aml yn cael ei alw'n gyfnod prysgwydd, barhau am flynyddoedd lawer ond bydd y cystadleuwyr nesaf, bedw a choed bychain eraill, yn ymddangos ymysg y llwyni yn y diwedd **(5)**.

Wrth i goed dyfu a ffurfio canopi uwchben, bydd yr haen o lwyni yn teneuo ond ni fydd o angenrheidrwydd yn diflannu. Bydd gwiwerod a sgrechod y coed yn rhoi cychwyn ar gam olaf y dilyniant hwn trwy ddod â mes i'r goedwig. Mae'r rhain yn cynnwys storfeydd bwyd mawr, sy'n caniatá i eginblanhigion derw fyw ar lawr cysgodol y coetir. Mae coed derw yn cymryd llai allan o'r pridd na choe bedw ac maent yn byw'n llawer hwy, gan dyfu'n dalach ac yn gryfach bob blwyddyn. Anaml y bydd coed bedw'n byw am fwy na 50 mlynedd, ac wrth iddynt ddirywio bydd coed derw yn eu disodli ac yn ffurfio **cymuned uchafbwyntiol** o goetir derw **(6)**.

Addasiadau ar gyfer amodau cras

Yr enw ar blanhigion sydd wedi ymaddasu ar gyfer byw mewn hinsoddau poeth, sych, yw **seroffytau**, ac mae ganddynt addasiadau er mwyn lleihau colli dŵr. Mae'r rhain yn cynnwys dail wedi eu gorchuddio â chwtigl trwchus, cwyrog, gwrth-ddŵr, a stomata wedi eu suddo'n ddwfn, naill ai mewn pantiau neu rigolau mân yn y dail, neu o dan fat trwchus o flew gwlanog, fel nad yw gwyntoedd poeth a sych yn eu cyrraedd.

Mae planhigion suddlon, yn cynnwys cacti, yn storio dŵr mewn dail, coesynnau neu wreiddiau trwchus a noddlawn. Nid oes gan gacti ddail o gwbl, ac yn y coesynnau noddlawn y mae ffotosynthesis yn digwydd. Mae gan lawer o gacti wreiddiau bas ond eang, sy'n casglu dŵr yn gyflym pan fydd ar gael.

Disgrifiwch sut mae cacti wedi ymaddasu ar gyfer bywyd o dan amodau diffeithdir.

Dim ond yn ystod tymor y glawogydd y mae llawer o blanhigion unflwydd y diffeithdir yn tyfu, blodeuo a chynhyrchu hadau. Ar adegau eraill maent yn goroesi ar ffurf hadau sy'n gwrthsefyll gwres ac a fydd ynghwsg hyd nes i'r glaw nesaf ddod.

Planhigion cigysol

Ychydig iawn o nitradau sydd mewn priddoedd dwrlawn a sur, ond mae rhai planhigion wedi datblygu addasiadau ar gyfer byw ynddynt trwy ddal a threulio pryfed i echdynnu nitradau o broteinau yn eu cyrff. Caiff ysglyfaeth ei ddenu at y planhigion hyn gan bersawr ac bwyd siwgraidd, a'i ddal gan hylif gludiog, neu ei lapio mewn dail, neu ei gornelu tu mewn i gynhwysydd a gaiff ei alw'n biser. Caiff y pryfyn ei dreulio a'r nitradau ohono eu hamsugno i wneud proteinau planhigol.

Deilen Magl Gwener. Caiff pryfyn ei ddenu gan neithdar a'r lliw coch. Os bydd yn cyffwrdd â 'blewyn clicied' bychan bydd y ddeilen yn cau'n glep ac yn secretu suddion treulio asidig sy'n hydoddi'r ysglyfaeth.

Addasiadau i atal llysysyddion

Mae'r llu o wahanol addasiadau y mae planhigion wedi eu datblygu er mwyn cadw anifeiliaid llysysol draw yn cynnwys drain a phigau miniog, dail ag ochrau mor llym â rasel, dail sy'n llenwi â gwenwyn pan gânt eu cnoi, a phigiadau gwenwynig danadl poethion.

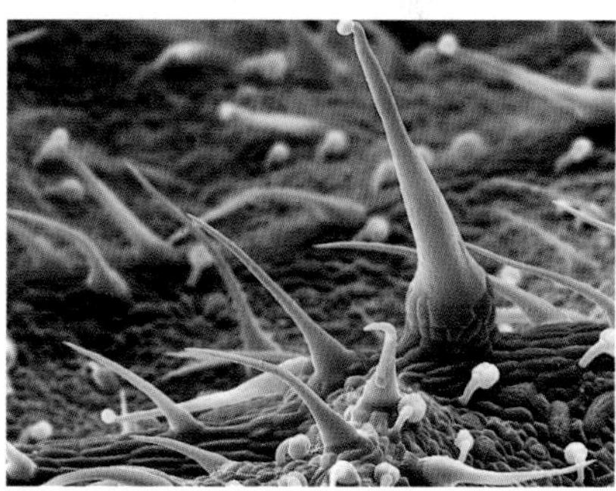

Pigau danadl poethion. Mae blaen y nodwydd yn torri ymaith, yn treiddio trwy'r croen ac yn chwistrellu gwenwyn i'r briw.

Cwestiynau

1 Am beth mae planhigion yn cystadlu mewn cynefin a sut mae cystadleuaeth yn arwain at ddilyniant ecolegol?

2 Disgrifiwch yr amodau y mae seroffytau'n byw ynddynt. Rhestrwch y ffyrdd mae seroffytau wedi ymaddasu ar gyfer yr amodau hyn.

3 Ym mha ffordd mae pridd gardd yn wahanol i bridd lle mae planhigion pryfysol yn byw?

4 Beth mae'r planhigion hyn yn ei gael o bryfed, sut maent yn echdynnu'r sylwedd hwn o'r pryfed, ac i beth mae'n cael ei ddefnyddio?

7.10 Ecosystemau wedi'u rheoli

Mae pob creadur sy'n byw ar y blaned hon yn dibynnu ar egni o olau haul. Caiff yr egni hwn ei amsugno gan blanhigion yn ystod ffotosynthesis, ac yna ei drosglwyddo ar hyd cadwynau bwydydd a gweoedd bwydydd i ni, ac i anifeiliaid eraill ledled y byd.

Pan esblygodd bodau dynol gyntaf, roeddynt yn cael egni yn yr un ffordd ag anifeiliaid eraill trwy gasglu grawn, ffrwythau a chnau, a thrwy ladd anifeiliaid. Ac yna, tua 10 000 o flynyddoedd yn ôl, dechreuodd pobl ddysgu sut i feithrin planhigion maethlon, a dechrau dofi anifeiliaid gwyllt.

Dros y canrifoedd, mae ffermwyr wedi cynyddu eu cynnyrch bwyd trwy wella effeithlonrwydd trosglwyddo egni rhwng yr Haul, planhigion a phobl. Mae dulliau ffermio modern wedi cynyddu'r cynnyrch yn fawr iawn. Yn y flwyddyn 1200, dim ond bwyd ar gyfer pump o bobl y byddai un hectar o bridd yn ei ddarparu. Heddiw gallai fwydo hyd at hanner cant. Mae anifeiliaid fferm wedi cael eu gwella hefyd. Mae gwartheg yn cynhyrchu dwywaith cymaint o laeth ag yr oeddynt ym 1945, a mwy o gig, ac mae ieir yn dodwy mwy o wyau nag yr oedd eu hynafiaid cyn iddynt gael eu dofi.

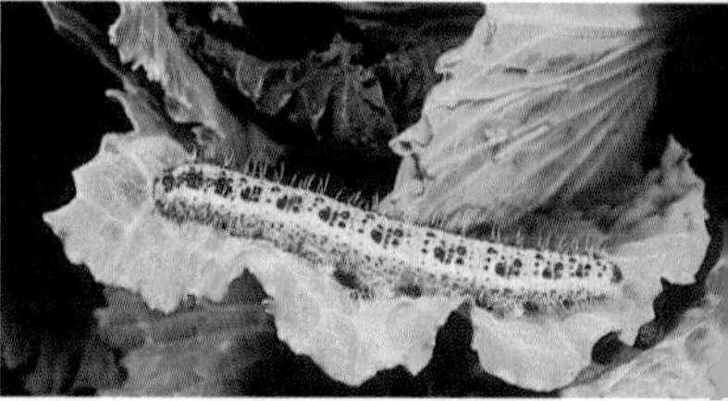

Mae pryfleiddiaid yn cynyddu cynnyrch trwy ddinistrio pryfed. Mae organocloritau (e.e. Dieldrin) y parlysu pryfed ac yn atal cyfnewid nwyon. Gall planhigion amsugno pryfleiddiaid organoffosfforws (e.e. Malathion), sy'n lladd pryfed fel llyslau sy'n sugno'r nodd.

Clirio'r tir a lladd y cystadleuwyr

Mae ardaloedd eang o dir ledled y byd wedi cael eu clirio ar gyfer eu hamaethu. Hwn yw'r cam cyntaf yn unig mewn brwydr ddiddiwedd yn erbyn chwyn, plâu a chlefydau, sydd bob un yn lleihau'r swm o fwyd y gellir ei gynhyrchu.

Plâu a chlefydau Mae'r rhain yn dinistrio o leiaf 30 y cant o gynnyrch bwyd y byd. Mae **plaleiddiaid** yn lladd pryfed sy'n blâu, er enghraifft llyslau, gwiddon, a lindys. Mae **ffwngleiddiaid** yn lladd clefydau ffyngol planhigion cnwd, yn cynnwys y gawod goch, y penddu, a llwydni. Gellir eu defnyddio hefyd i reoli ffyngau sy'n difetha bwyd wedi'i storio.

Mae dip defaid yn lladd parasitiai croen, ond gall y cemegau sy'n ca eu defnyddio lygru cyflenwadau dŵr cyfagos ac achosi problemau iechyd ymysg gweithwyr fferm.

Chwyn Planhigion sy'n cystadlu â chnydau am le, dŵr a mwynau yw'r rhain. Gellir eu rheoli trwy hofio ond mae hynny'n waith llafurus. Dewis arall yw lladd y chwyn trwy eu chwistrellu â chwynladdwyr.

Gwarchod cnydau rhag y tywydd

Dyfrhau Gall sychder niweidio neu ladd cnydau, ond gall eu dyfrhau'n artiffisial eu harbed. Gall dyfrhau hefyd drawsnewid pridd sych, anffrwythlon i fod yn dir cynhyrchiol iawn. Mae sawl dull o ddyfrhau. Gellir chwistrellu neu ysgeintio dŵr dros y pridd, gadael iddo redeg trwy sianelau wedi eu torri rhwng rhesi o blanhigion, neu ei anelu'n uniongyrchol at wreiddiau'r planhigion trwy bibellau tanddaearol.

Mae dyfrhau trwy ysgeintio fel hyn yn gweithio'n dda mewn hinsoddau tymherus, ond mewn hinsoddau poeth mae'r dŵr yn anweddu, sy'n gwneud i halwyn grynhoi, ac yn y pen draw bydd gwneud y pridd yn anffrwythlon

Tai gwydr Y peth mwyaf trylwyr i'w wneud i warchod planhigion rhag y tywydd yw eu tyfu o dan glychau gwydr, fframiau, neu mewn tai gwydr. Mae'r rhain yn cyflymu twf trwy ddarparu gwres, lleithder ac amddiffynfa rhag gwynt, glaw a rhai plâu, er enghraifft adar. Gellir egino llysiau, cnydau salad a blodau o dan wydr hyd at fis ynghynt na'u tymor naturiol. Mae'n golygu hefyd y gellir tyfu planhigion o hinsoddau cynnes mewn ardaloedd oerach.

Letys y gaeaf, tomatos, cucumerau, melonau, planhigion wy ac eirin gwlanog yw rhai o'r cnydau sy'n ffynnu o gael eu tyfu dan wydr. Caiff blodau fel *calceolaria* a *gloxinia* eu tyfu fel hyn hefyd.

Gwella cnydau a da byw

Mae bridio detholus a dulliau peirianneg genetig modern yn dal i gynyddu cynnyrch ond gellir dylanwadu ar dwf hefyd trwy ddefnyddio amrywiaeth o **hormonau**. Gellir defnyddio'r rhain i reoli ffrwythlondeb, twf, a chynnyrch llaeth anifeiliaid - er bod llawer o bobl yn poeni am effeithiau hir-dymor hormonau anifeiliaid. Defnyddir hormonau planhigion yn eang i hybu cynnyrch ffrwythau a gwneud iddynt aeddfedu'n gyflymach, ac i gadw blodau'n ffres am gyfnod hwy ar ôl eu torri. Maent hefyd yn cael eu defnyddio i atal grawn rhag tyfu'n dal (hybu corachedd), fel eu bod yn llai tebygol o gael eu chwythu i lawr gan wyntoedd cryfion.

Mae dros 90 y cant o'r ieir sy'n cael eu cadw er mwyn cael wyau yn byw'n gaeth mewn cewyll fel y rhain.

Gwella pridd

Mae pridd amaethyddol yn dirywio'n gyflym i fod yn ddiffeithdir anffrwythlon oni bai bod mwynau y mae cnydau'n eu cymryd o'r tir yn cael eu rhoi yn ôl. Caiff hyn ei wneud trwy ychwanegu gwrteithiau, sy'n gallu cynyddu'r cynnyrch dros 50 y cant. Mae **gwrteithiau organig**, yn cynnwys tail, compost, blawd esgyrn a gwaed wedi'i sychu, yn ychwanegu hwmws at y pridd. Maent yn gwella ei ansawdd a'i allu i ddal dŵr, fel bod mwynau yn cael eu rhyddhau yn araf. Mae **gwrteithiau anorganig** yn cynnwys sylffad amonia, sodiwm nitrad, a sylffad potasiwm. Maent yn rhyddhau mwynau yn syth, ond nid ydynt yn cynnwys hwmws. Felly mae eu defnyddio'n gyson yn gwneud i'r pridd ddirywio, yn lleihau gwaith hanfodol microbau'r pridd, abwydod, pryfed a phethau eraill sy'n byw yn y pridd, a gall arwain at lygredd dŵr.

Caiff rhai moch eu cadw mewn 'cratiau' fel y rhain. Mae ganddynt wres, bwyd a dŵr, ond ni allant symud o gwmpas.

Ffermydd diwydiannol

Mae rhai ffermydd modern yn debycach i ffatrïoedd. Caiff y rhan fwyaf o foch a dofednod eu cadw mewn **unedau dwys** a adeiladwyd yn arbennig, ble caiff golau, gwres, lleithder, awyriad a hylendid eu rheoli'n ofalus. Mewn uned ddofednod fawr bydd hyd at 100 000 o adar, ac mae bwydo, glanhau, darparu dŵr a chasglu wyau wedi eu mecaneiddio. Mae'r anifeiliaid yn gynnes ac yn cael digon o fwyd, ac mae costau cynhyrchu'n isel. Ond maent yn byw o dan amodau cyfyng iawn, ac ni allant ymddwyn yn naturiol.

Cwestiynau

1 Yn y gorffennol, byddai cae yn cael ei ddefnyddio am ddwy flynedd ac yna ei adael yn fraenar (heb ei ddefnyddio) am y drydedd flwyddyn. Pam oedd hyn yn angenrheidiol, a pham nad yw'n digwydd heddiw?

2 Sut mae peiriannau wedi cynyddu cynnyrch ffermydd?

3 Beth yw manteision ac anfanteision defnyddio plaleiddiaid?

4 Beth yw fferm ddiwydiannol? Rhestrwch ddadleuon o blaid ac yn erbyn ffermydd diwydiannol, a ffermydd ble cedwir anifeiliaid yn yr awyr agored.

Cwestiynau am Bennod 7

1 Rhowch bob un o'r cadwynau bwydydd hyn yn y drefn gywir:
  a malwen ddŵr → pobl → chwyn dŵr → pysgodyn
  b llyslau → deilen rhosyn → buwch goch gota
  c abwydod → dail marw → hebog → bronfraith
  ch gwlithen → neidr lwyd →llyffant → deilen letys

2 Mae'r diagram isod yn dangos rhan o'r gylchred garbon. Beth mae'r labeli A, B ac C yn eu cynrychioli?

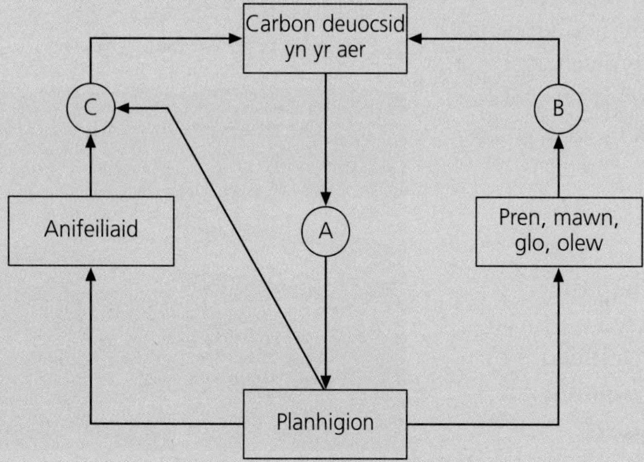

3 Mae'r diagram isod yn dangos y gylchred nitrogen.

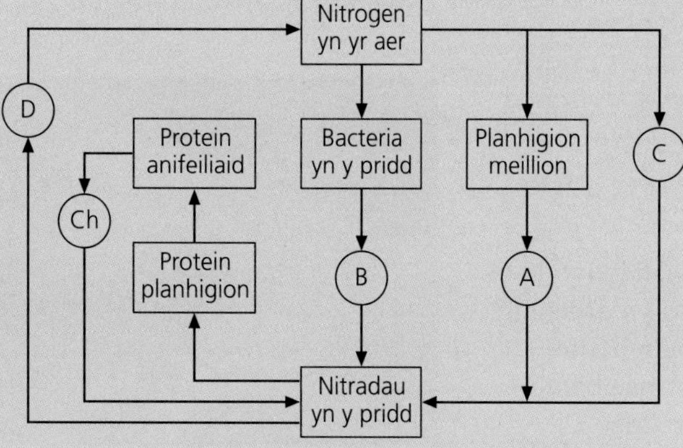

  a Sut mae meillion yn helpu trawsnewid nwy nitrogen yn nitradau yn y pridd (label A)?
  b Enwch y bacteria yn y pridd sy'n trawsnewid nwy nitrogen yn nitradau (label B).
  c Disgrifiwch un ffordd arall y mae nwy nitrogen yn cael ei drawsnewid yn nitradau (label C).
  ch Sut mae proteinau anifeiliaid yn cael eu trawsnewid yn nitradau (label Ch)?
  d Sut mae rhai nitradau yn y pridd yn cael eu trawsnewid yn ôl yn nwy nitrogen (label D)?

4 Cafodd defnyddiau ymbelydrol eu taflu'n anghyfreithlon ar domen sbwriel. Dechreuodd dau fath o organeb ddadelfennu'r defnyddiau hyn gan ryddhau nwy ymbelydrol. Beth amser yn ddiweddarach, cafodd ymbelydredd ei ganfod mewn planhigion a oedd yn tyfu gerllaw, ac ymhen peth amser eto lledaenodd i anifeiliaid. Mae'r ymbelydredd mewn dau anifail yn cael ei ddangos yn y graff isod.

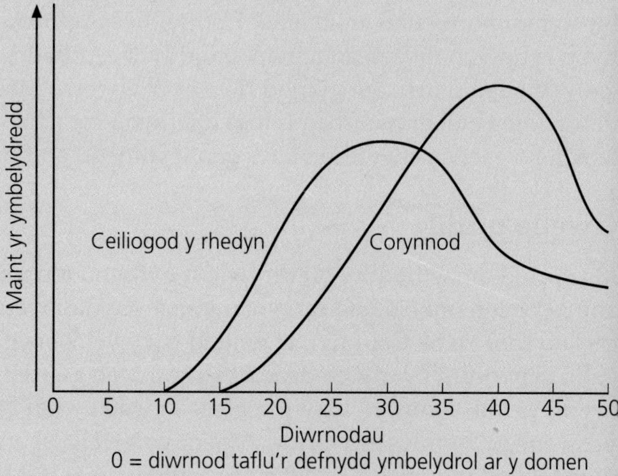

  a Enwch ddau ddadelfennydd.
  b Pa nwy ymbelydrol, yn eich barn chi, a gafodd ei ryddhau gan y dadelfenyddion?
  c Pa broses mewn planhigion a gasglodd y nwy ymbelydrol hwn, fel bod y planhigion yn troi'n ymbelydrol?
  ch Sut y gallai ceiliogod y rhedyn a chorynnod fod wedi troi'n ymbelydrol?
  d Pam mae'r gromlin ar gyfer corynnod yn dechrau codi yn hwyrach na chromlin ceiliogod y rhedyn?
  dd Pam mae'r gromlin ar gyfer corynnod yn codi'n uwch na'r un ar gyfer ceiliogod y rhedyn?
  e Pa brosesau bywyd allai fod wedi arwain at y gostyngiad yn yr ymbelydredd?

5 Mae'r diagram isod yn dangos faint o egni sy'n llifo trwy bethau byw mewn cynefin glaswelltir bob blwyddyn.

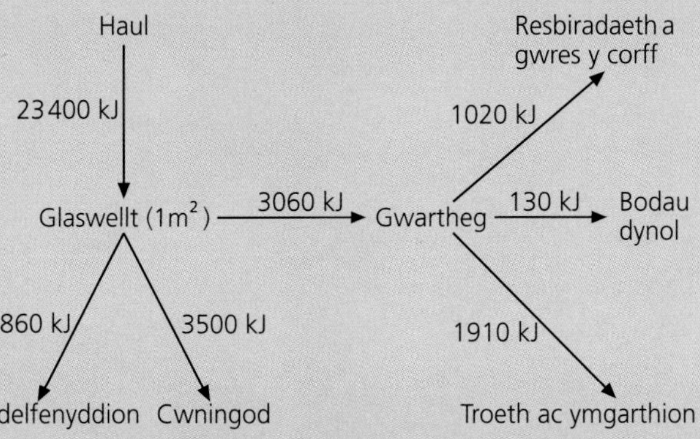

- **a** Pa broses mewn glaswellt sy'n amsugno egni o'r Haul?
- **b** Cyfrifwch y gwahaniaeth rhwng yr egni a gafodd ei amsugno gan y glaswellt a'r egni a lifodd o'r glaswellt i bethau byw eraill. Rhowch resymau dros y gwahaniaeth hwn.
- **c** Beth fyddai'n digwydd i'r cynefin petai'n bosibl cael gwared â'r dadelfenyddion?

- **a** Pa un o'r cadwynau bwydydd canlynol sy'n ffitio'r pyramid niferoedd isod?

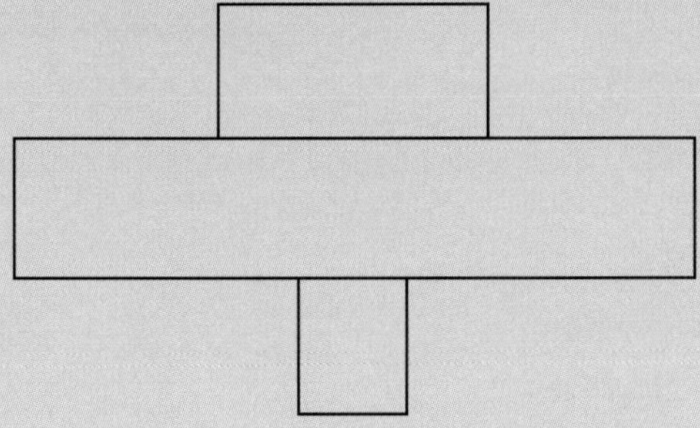

  - **i** glaswellt → cwningod → llwynog
  - **ii** coeden → pryfed → adar
  - **iii** ffytoplancton → sŵoplancton → pysgod
  - **iv** coeden → mwncïod → chwain
  - **v** glaswellt → pryfed → adar
- **b** Beth yw pyramid biomas?
- **c** Ail-luniwch y pyramid niferoedd ar ffurf pyramid biomas.

Astudiwch y diagramau canlynol o feysydd gweld ac yna atebwch y cwestiynau hyn:

- **a** Beth yw golwg stereosgopig?
- **b** Sut mae maes gweld llew wedi ei addasu ar gyfer ei ffordd o fyw fel ysglyfaethwr?
- **c** Sut mae maes gweld cwningen wedi ei addasu er mwyn iddi osgoi cael ei dal gan ysglyfaethwr?
- **ch** Esblygodd bodau dynol fel helwyr a chasglwyr. Sut mae ein maes gweld ni wedi ei addasu ar gyfer ein ffordd o fyw?

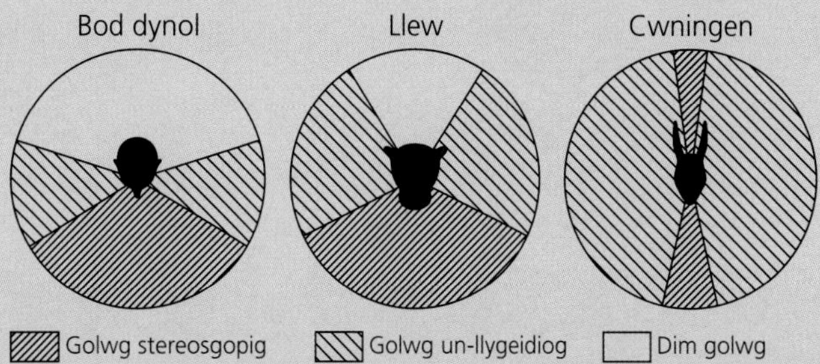

8 Yn yr hydref, mae dail yn disgyn oddi ar y coed. Ond gall coeden adennill cemegau o'r dail trwy ei gwreiddiau, a'u defnyddio i wneud dail newydd. Eglurwch sut mae hyn yn digwydd.

9 Yn y we fwydydd isod:

- **a** Pa lythyren, A, B, C neu Ch, sy'n cynrychioli llysysyddion, dadelfenyddion, cigysyddion, cynhyrchwyr, ysyddion cynradd, ysyddion eilaidd?
- **b** Ysgrifennwch ddwy gadwyn fwyd, gyda phedair lefel droffig, sy'n gorffen gyda llwynogod.
- **c** Ysgrifennwch un gadwyn fwyd, gyda thair lefel droffig, sy'n gorffen gyda llwynogod.
- **ch** Pa organeb sy'n barasit?
- **d** Enwch rai dadelfenyddion. Sut mae'r rhain yn helpu i gynnal y gadwyn fwyd?

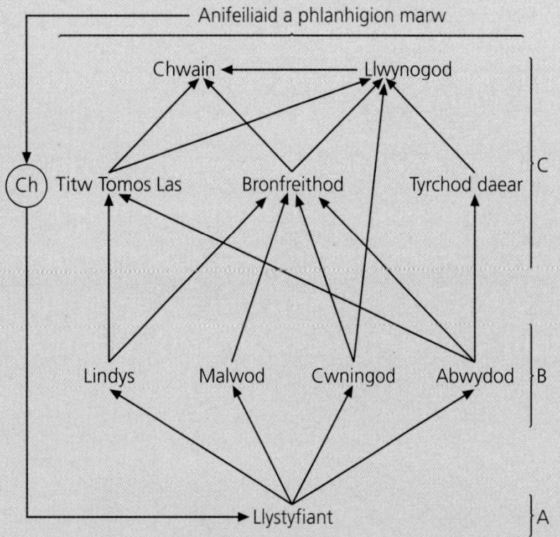

Pennod 8

Dylanwad pobl ar yr amgylchedd

Byth er i fywyd ymddangos ar y Ddaear ryw 3000 o filiynau o flynyddoedd yn ôl, er gwaethaf echdoriadau folcanig anferthol, mynyddoedd yn cael eu creu, oesoedd iâ, drifft cyfandirol, a llawer o gyffroadau eraill, mae wedi llwyddo i oroesi trwy esblygu ac addasu i bob newid. Ond mae her newydd wedi ymddangos - yr hil ddynol. Mae'r bennod hon yn egluro sut rydym ni, wrth geisio diwallu anghenion poblogaeth sy'n tyfu trwy'r amser, yn dinistrio amgylcheddau bywyd gwyllt ac yn llygru dŵr a'r aer gyda'n gwastraff a'n trychinebau amgylcheddol. ■

8.01 Y Ddaear mewn perygl

Nid yw'r Ddaear erioed o'r blaen yn ein hanes ni wedi bod yn y fath berygl. Mae'r **biosffer**, sef yr haenau o aer, pridd, creigiau a dŵr sy'n gartref i bob peth byw, yn dioddef dinistr cyson o'n herwydd ni.

Os bydd y dinistr hwn yn parhau, yr unig fywyd gwyllt ar ôl fydd ychydig o rywogaethau gwydn fel llygod mawr, pryfed ac adar y to. Bydd ardaloedd eang o dir yn troi'n ddiffeithdiroedd na fydd yn cynhyrchu dim. Bydd llynnoedd, afonydd a'r môr yn mynd yn anffrwythlon. Ni fydd gennym aer glân i'w anadlu, na dŵr pur i'w yfed, na thir ffrwythlon ar gyfer ein cnydau a'n hanifeiliaid.

Mae arnom angen lleoedd fel hyn i'n hysgogi i warchod ac adfywio'r biosffer, yn hytrach na'i gamddefnyddio.

Y pethau rydym yn eu cymryd o'r biosffer a'u hychwanegu ato

Datgoedwigo Bob blwyddyn caiff coedwigoedd, rhai trofannol ac eraill, sy'n gorchuddio ardal o'r un faint â Chymru, eu torri ar gyfer y coed neu eu clirio ar gyfer amaethyddiaeth. Mae coedwigoedd yn cynhyrchu'r ocsigen rydym yn ei anadlu, yn storio dŵr, ac yn gartrefi i filiynau o wahanol greaduriaid.

Colli cynefinoedd Caiff miloedd o gilometrau sgwâr o gorstiroedd a gwlyptiroedd eraill eu draenio ledled y byd bob blwyddyn i bwrpas amaethyddol. Caiff riffiau cwrel eu dinistrio gan lygredd a gorbysgota. Mae Prydain wedi colli miloedd o filltiroedd o wrychoedd ac 80% o'i rhostiroedd er 1945.

aErydiad pridd Caiff 25 biliwn o dunelli metrig o bridd ei chwythu ymaith bob blwyddyn ledled y byd, yn bennaf oherwydd gorbori, datgoedwigo, a defnyddio gwrteithiau cemegol yn hytrach na thail. Yng ngwledydd Ewrop yn unig, mae 140 000 km^2 yn dioddef colled 'uwch na'r derbyniol' o bridd.

Hela Caiff 50 miliwn o anifeiliaid eu lladd bob blwyddyn ar gyfer eu crwyn. Caiff eliffantod eu lladd i gael eu hifori, a rhinoserosiaid i gael eu cyrn. Caiff adar, pysgod ac ymlusgiaid eu dal i fod yn anifeiliaid anwes. Caiff miliynau o adar mudol eu saethu o ran hwyl.

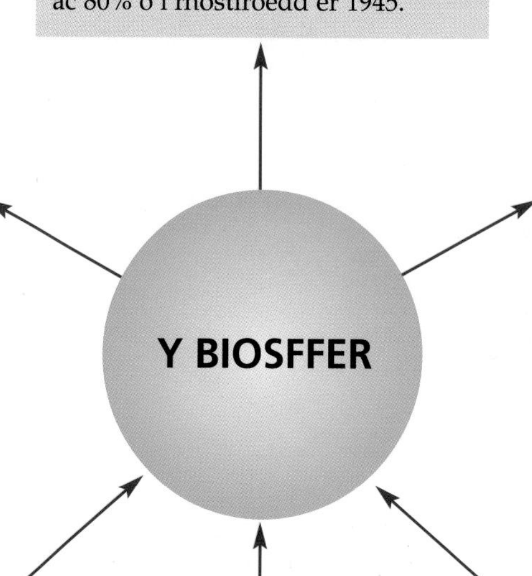

Gorbysgota Mae pysgod yn darparu 23 y cant o brotein y byd. Ond erbyn hyn mae llawer o brif feysydd pysgota'r cefnforoedd bron â darfod oherwydd gorbysgota. Caiff rhwydi drifft hyd at 30 km o hyd eu defnyddio i ddal tiwna. Maent yn dal ac yn boddi dolffiniaid hefyd.

Plaleiddiaid Mae cynnyrch plaleiddiaid y byd bron yn 3 miliwn o dunelli metrig, ac mae'n cynyddu. Gall plaleiddiaid gynyddu cynnyrch bwyd y byd ond gallant ladd bywyd gwyllt. Maent yn halogi dŵr yfed a bwyd: mae'r rhan helaethaf o'r rhain bellach yn cynnwys gweddillion plaleiddiaid.

Gwastraff diwydiannol Mae hwn yn cynnwys ffenolau, diocsinau, arsenig, cadmiwm, plwm, mercwri a hydrocarbonau clorinedig (cemegau PCB). Mae llawer ohonynt yn wenwynig, gydag oes hir ac yn crynhoi mewn pethau byw. Gall gwastraff ymbelydrol achosi canser a lewcaemia.

Gwrteithiau Yn y Deyrnas Unedig caiff 30 kg am bob person eu defnyddio bob blwyddyn. Maent yn gwella cynnyrch ond yn llygru llynnoedd, afonydd a dŵr yfed. Mae nitradau yn niweidio celloedd coch y gwaed.

Carthion a sbwriel Caiff miliynau o dunelli metrig o garthion heb eu trin eu gollwng i afonydd ac i'r môr. Mae'r bacteria sy'n eu dadelfennu yn defnyddio ocsigen. Mae hyn yn lladd bywyd dyfrol. Gallem ailddefnyddio neu ailgylchu llawer o sbwriel, ond caiff ei daflu i safleoedd tirlenwi. Gall gwenwynau ollwng o'r rhain a mynd i ffynonellau dŵr yfed.

Llygryddion eraill Mae mwg a nwyon gwastraff o gerbydau, cartrefi, ffatrïoedd a gorsafoedd trydan yn llygru'r aer ac yn achosi glaw asid. Mae gollyngiadau olew yn lladd adar môr a bywyd gwyllt y môr a'r arfordir.

Hyd at tua 10 000 o flynyddoedd yn ôl byddai gwiwer wedi gallu croesi Lloegr o un arfordir i'r llall heb gyffwrdd â'r ddaear. Roedd hyn yn bosibl oherwydd bod y tir wedi ei orchuddio â choetir derw trwchus ac mai prin oedd yr olion a adawyd ar y dirwedd gan yr ychydig bobl a oedd yn byw yno. Roeddynt yn byw trwy hela, trapio, pysgota, a chasglu ffrwythau, hadau a gwreiddiau bwytadwy, ac roeddynt yn byw mewn ogofâu neu gysgodfannau syml.

Tirwedd gynhanes lle roedd coetir derw yn flaenllaw.

Pan ymsefydlodd llwythau crwydrol yn y cyfnod Neolithig mewn mannau penodol i drin caeau a chadw anifeiliaid, gadawsant effaith amlwg ar y dirwedd, gan dorri coed i glirio tir ac er mwyn cael defnyddiau adeiladu.

Fel y parhaodd y boblogaeth i dyfu, cafodd ardaloedd mwy o goedwigoedd eu clirio. Roedd ar bobl angen defnyddiau crai eraill hefyd ac arweiniodd hyn at gloddio am glai, cerrig a haearn.

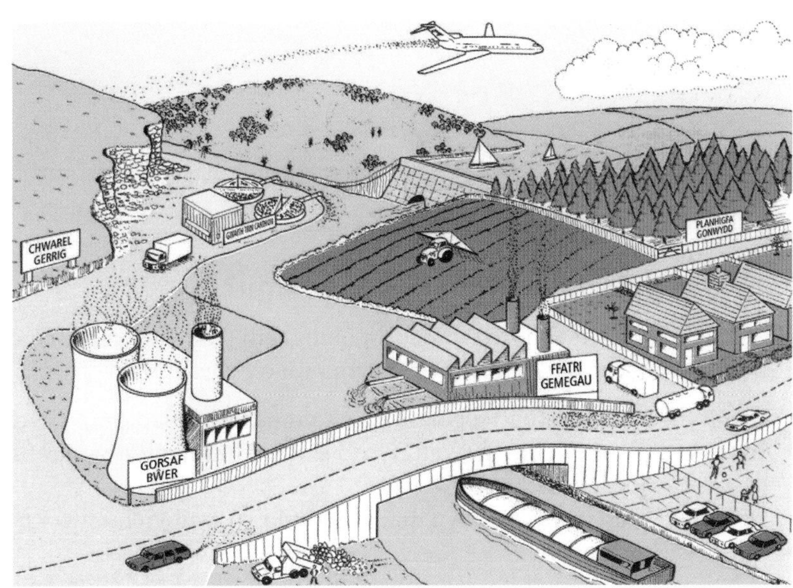

Yr un dirwedd yn yr oes fodern.

Roedd ar chwyldro diwydiannol y ddeunawfed ganrif ar bymtheg angen glo, ac olew yn ddiweddarach, yn danwydd ar gyfer peiriannau a ffatrïoedd. Roedd y rhain yn llygru'r aer, y tir a'r dŵr yn drwm iawn. Nid yn unig mae poblogaeth sy'n tyfu yn defnyddio mwy o adnoddau, ond hefyd mae'n cynhyrchu peth wmbredd o wastraff, sy'n achosi mwy o lygredd oni bai ei fod yn cael ei waredu yn y ffordd iawn.

Mae'r bennod hon yn dweud mwy wrthych am dwf poblogaethau, a'r difrod sy'n cael ei achosi gan ddatgoedwigo a llygredd. Mae hefyd yn trafod gwarchod bywyd gwyllt trwy gyfyngu ar lygredd, a'r syniad o **datblygu cynaliadwy**, sy'n golygu byw ar gynnyrch y biosffer heb ei ddinistrio ar gyfer cenedlaethau'r dyfodol.

Cwestiynau

1 Disgrifiwch leoedd yn y llun isaf lle mae:
- **a** tir wedi ei orchuddio fel na all dim dyfu yno;
- **b** planhigion gwyllt wedi cael eu disodli gan blanhigion y mae ar bobl eu heisiau;
- **c** dŵr ac aer yn cael eu llygru;
- **ch** tir yn cael ei orchuddio gan gemegau a allai niweidio bywyd gwyllt;
- **d** tir wedi cael ei foddi, neu ei symud yn gyfan gwbl;
- **dd** rhywfaint o lonydd i fywyd gwyllt gael byw.

2 Meddyliwch am ddadleuon o blaid ac yn erbyn: coedwigo, chwareli, plaleiddiaid, gwrteithiau, hela, a cheir.

8.02 Poblogaethau dynol

Bob dydd mae cynnydd o 200 000 ym mhoblogaeth y byd. Bob eiliad felly mae dwy geg ychwanegol i'w bwydo.

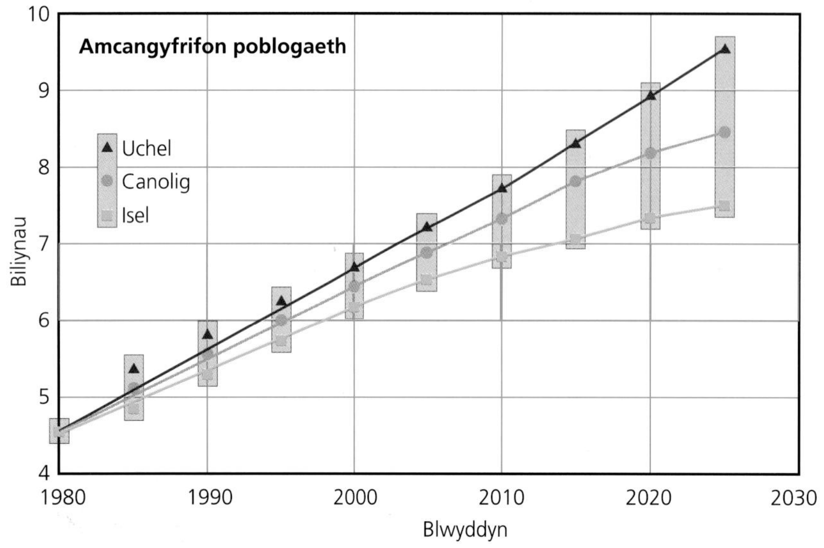

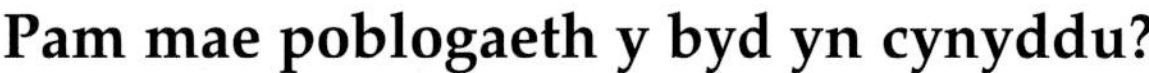

Mae'r ffrwydrad mewn poblogaeth yn golygu bod lle'n prinhau yn y byd.

Pam mae poblogaeth y byd yn cynyddu?

Hyd at tua 1800, yn araf deg yr oedd poblogaeth y byd yn codi. Yna dechreuodd ffrwydrad poblogaeth. Dyma rai o'r rhesymau:

- Gwell meddyginiaethau a gofal iechyd yn helpu ymladd afiechyd.
- Cyflenwadau dŵr glân a gwell ffyrdd o waredu carthion yn arafu lledaeniad clefydau.
- Dulliau ffermio modern mewn rhai gwledydd yn cynhyrchu mwy o fwyd.

Mae hyn yn golygu bod llai o fabanod yn marw, a bod oedolion yn byw i fod yn hŷn. Canlyniad hyn yw twf mor gyflym mewn poblogaeth fel bod problemau anferth yn wynebu'r hil ddynol. Oni bai bod modd eu datrys bydd trychineb fyd-eang yn digwydd yn gymdeithasol, economaidd ac amgylcheddol.

Mae gwelliannau mewn gofal iechyd yn helpu rheoli afiechyd mewn gwledydd tlawd a gostwng y gyfradd marwolaethau.

Cymharwch y cyfraddau genedigaethau a marwolaethau sydd yn y tabl gyferbyn. Mae twf y boblogaeth yn llawer cyflymach mewn gwledydd sy'n datblygu nag yw mewn rhai cyfoethog, datblygedig. Mae hyn oherwydd nad yw gostyngiad yn y gyfradd genedigaethau wedi dilyn gostyngiad yn y gyfradd marwolaethau mewn gwledydd tlawd. O ganlyniad, mae problemau twf poblogaeth mewn gwledydd tlawd yn wahanol iawn i'r hyn ydynt mewn gwledydd cyfoethog.

Ardal	Pobl. 1985 (miliynau)	*Cyfradd geni	*Cyfradd marw	% mwy y flwydd.	Amser dyblu	Pobl. 2000 (miliynau)
Affrica	551	45	16	+2.9	24 bl	869
Asia	2829	28	10	+1.8	39 bl	3562
Ewrop	492	13	10	+0.3	240 bl	509
America Ladin	406	31	8	+2.3	30 bl	554
G. America	264	15	8	+0.7	99 bl	297
Y byd	4845	27	11	+1.7	41 bl	6135

* Genedigaethau a marwolaethau ym mhob 1000 o'r boblogaeth mewn blwyddyn

’wf poblogaeth mewn gwledydd tlawd

’ rheswm pennaf dros y gostyngiad yn y gyfradd marwolaethau mewn wledydd tlawd yw mewnforio cyffuriau, a gwelliant mewn gofal iechyd ,rth ymladd clefydau fel malaria a’r dwymyn felen. Ond mae cyfraddau enedigaethau yn parhau’n uchel am sawl rheswm:

Mae angen plant i gynnal y teulu ac mae’r rhan fwyaf yn gweithio erbyn eu bod yn 10 mlwydd oed.

Ni all gwledydd tlawd fforddio prynu peiriannau, felly caiff y rhan fwyaf o’r gwaith ei wneud â llaw. O ganlyniad, mae gweithlu mawr yn hanfodol.

Mae cyfraddau marwolaethau yn dal i fod yn ddigon uchel i olygu bod rhaid i deulu tlawd gael 10 o blant i fod yn siŵr o gael mab a fydd yn byw i fod yn 40 oed.

Mewn rhai cymunedau, hyd yn oed pe bai gwraig yn hoffi cael llai o blant, mae ei statws isel mewn cymdeithas, ei diffyg addysg a phrinder dulliau atal cenhedlu, yn gwneud hynny’n anodd.

Mewn gwledydd tlawd, mae angen llawer o bobl i drin ffermydd, gan fod y rhan fwyaf o’r gwaith yn cael ei wneud â llaw.

’wf poblogaeth mewn gwledydd cyfoethog

Iae twf poblogaeth mewn gwledydd cyfoethog yn arafu, a gallai ddod i en yn fuan. Y prif reswm yw bod peiriannau wedi disodli pobl mewn iwydiant a ffermio ac felly nid oes angen gweithlu mawr. Rheswm arall w cost uchel magu plant.

Mewn gwledydd cyfoethog, mae yna beiriant ar gyfer bron i bob math o waith ar y fferm.

roblemau twf poblogaeth

anlyniad y gostyngiad yn y cyfraddau genedigaethau a marwolaethau ewn gwledydd cyfoethog yw poblogaeth sy’n cynnwys mwy o hen bobl ı phobl ifanc. Mae llai o bobl yn cael cyflog ac yn talu trethi, a mwy yn erbyn pensiynau ac angen rhagor o ofal iechyd: gall hyn achosi roblemau economaidd a chymdeithasol.

:ae twf cyflym yn y boblogaeth ewn gwledydd tlawd yn vneud y dasg o gynnal flenwadau bwyd, dŵr glân, ydan a chludiant yn amhosibl i’w ıyflawni. Un ateb yw defnyddio ılliau atal cenhedlu, er bod ıwer o bobl yn gwrthwynebu ,n am resymau crefyddol. Ni dd y defnydd o ddulliau atal nhedlu yn ehangu hyd nes y dd amodau byw gwell yn ılygu na fydd angen cael uluoedd mawr, ac y bydd fonau addysg wedi gwella.

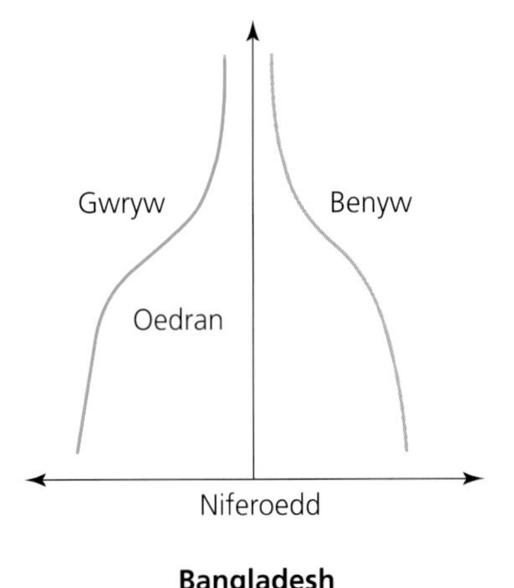

Bangladesh

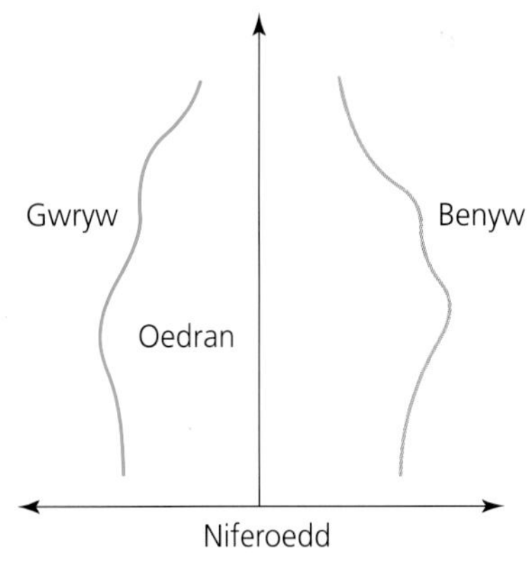

Y Deyrnas Unedig

Cwestiynau

1 Astudiwch y graffiau uchod. Beth yw’r gwahaniaeth rhwng cyfrannedd poblogaeth y bobl ifanc i’r hen bobl yn Bangladesh a’r Deyrnas Unedig? Beth yw’r rhesymau dros y gwahaniaeth hwn?

2 Gallai’r boblogaeth mewn rhai gwledydd yn Affrica ddyblu yn ystod y 25 mlynedd nesaf. Disgrifiwch y problemau y bydd hyn yn eu hachosi, ar wahân i’r rhai y soniwyd amdanynt yn yr Uned hon.

8.03 Dylanwad y twf yn y boblogaeth ddynol

Mae'r boblogaeth ddynol wedi tyfu'n gyflym er canol y ddeunawfed ganrif. Wrth geisio diwallu anghenion y fath boblogaeth rydym yn gwneud mwy a mwy o niwed i'r amgylchedd. Dros y blynyddoedd, rydym nid yn unig wedi newid y dirwedd â'n dinasoedd, ein ffyrdd a'n ffermydd, ond rydym hefyd wedi ymyrryd â chydbwysedd natur trwy halogi'r tir, yr aer a'r dŵr. Ond nid yw'r darlun yn ddu i gyd. O'r diwedd rydym yn dechrau sylweddoli y bydd rhaid inni warchod a chadw adnoddau'r blaned hon os ydym am barhau i fyw arni.

Dechreuwch eich astudiaeth o'n dylanwad ni ar ein planed, Y Ddaear, trwy edrych ar y ffordd y mae pentref canoloesol wedi newid yn ddinas fodern.

Mae mwyngloddiau brig a chwareli yn creithio'r dirwedd ac yn cynhyrchu 130 miliwn o dunelli metrig o wastraff bob blwyddyn, sy'n cael ei adael mewn tomennydd rwbel, neu'n cael ei guddio gan laswellt, llwyni a choed.

Twf dinasoedd

Byddai'r rhan fwyaf o fwyd pentref canoloesol yn dod o amaethu lleiniau o dir wedi'i wrteithio â thail anifeiliaid. Trwy nerth cyhyrau pobl ac anifeiliaid y byddai'r tir yn cael ei aredig a nwyddau'n cael eu cludo. Byddai tai yn cael eu hadeiladu o ddefnyddiau lleol.

Beth yw anghenion poblogaeth fodern sy'n ehangu? Mae arni angen mwy o amrywiaeth o adeiladau: cartrefi, siopau, ffatrïoedd, swyddfeydd, ysbytai ac ati. Mae ffyrdd, camlesi a rheilffyrdd yn torri ar draws y tir, ac mae meysydd awyr yn gorchuddio ardaloedd enfawr o dir ffrwythlon.

Mae angen coed, tywod, cerrig a metelau er mwyn adeiladu, ac mae cynhyrchu'r rhain yn newid y dirwedd. Mae glo, olew, nwy a chynlluniau trydan dŵr yn darparu egni, a phob un o'r rhain yn cael dylanwad ar yr amgylchedd.

Caiff cronfeydd eu creu er mwyn darparu dŵr, sydd hefyd yn cael ei dynnu o afonydd a dyfrhaenau tanddaearol. Caiff gwastraff o dai a diwydiant ei losgi, ei ailgylchu neu ei gladdu mewn safleoedd tirlenwi, a rhaid trin carthion er mwyn atal llygredd.

Cymharwch y pentref canoloesol hwn . . .

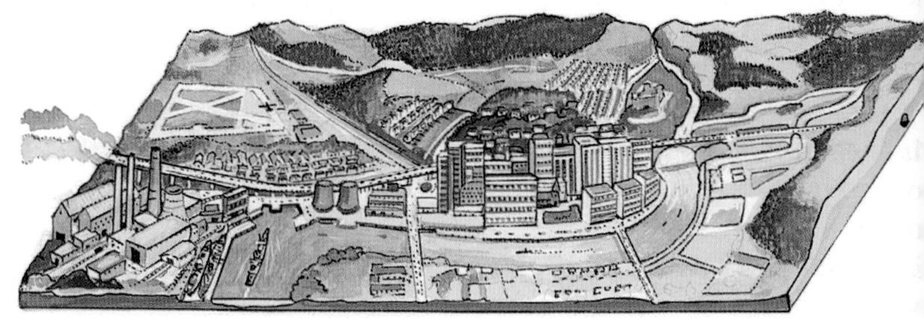

. . . gyda'r ddinas fodern hon. Defnyddiwch yr wybodaeth yn yr Uned hon a'r ddau lun hyn i lunio rhestr fanwl o'r holl ffyrdd y mae anghenion gwareiddiad modern yn dylanwadu ar yr amgylchedd.

Irydan dŵr

Caiff hwn ei gynhyrchu trwy godi argae ar draws afon er mwyn darparu 1ŵr dan wasgedd uchel sy'n troi generaduron trydan. Mae'n darparu 25 y cant o drydan y byd ond gallai ddarparu o leiaf 15 y cant yn rhagor. Caiff ardaloedd enfawr eu boddi pan gaiff afon ei chronni, felly gellir colli ir cynhyrchiol, gall pobl golli eu cartrefi, a gall fod cynefinoedd bywyd ;wyllt yn cael eu dinistrio. Gall malaria a chlefydau trofannol eraill a ;ludir gan ddŵr ddatblygu yn y dŵr llonydd. Hefyd, os bydd llaid wedi i gludo i'r gronfa gyda'r afon, gall grynhoi y tu ôl i'r argae, a chwtogi ar i gyfnod defnyddiol.

Nid yw cynlluniau trydan dŵr yn creu llygredd, ond beth yw eu prif anfanteision?

)ylanwad pysgota ar yr amgylchedd

/lae technoleg y diwydiant pysgota nor effeithlon bellach fel nad yw rif gyflenwadau pysgod y byd yn ;allu adnewyddu eu hunain yn 1digon cyflym i gymryd lle'r iferoedd sy'n cael eu dal. Ym Môr Gogledd mae mecryll eisoes wedi yrraedd pwynt 'diflaniad nasnachol'. Os na roddir diwedd ar rbysgota, bydd yr un peth yn ligwydd i'r penfras a'r hadog, ysgod traddodiadol ein siopau glodion.

1ae'r pysgod sy'n cael eu dal yn ai o faint, ac mae'n rhaid i longau ysgota fynd ymhellach allan i'r nôr i'w dal. Problem arall yw dal ysgod heb gyrraedd eu llawn dwf, negis môr-wyniaid a phennog, yn damweiniol, felly maent yn marw yn cael cyfle i atgenhedlu.

1ae llawer o adar môr, ynghyd â olffiniaid, llamhidyddion a amolion môr eraill, yn boddi pan ânt eu dal mewn rhwydi, neu pan ddant yn llyncu bachau ag abwyd rnynt. Mae newyn yn fygythiad all i'r rhywogaethau hyn gan ein od ni'n dwyn y pysgod sy'n fwyd dynt hwythau hefyd.

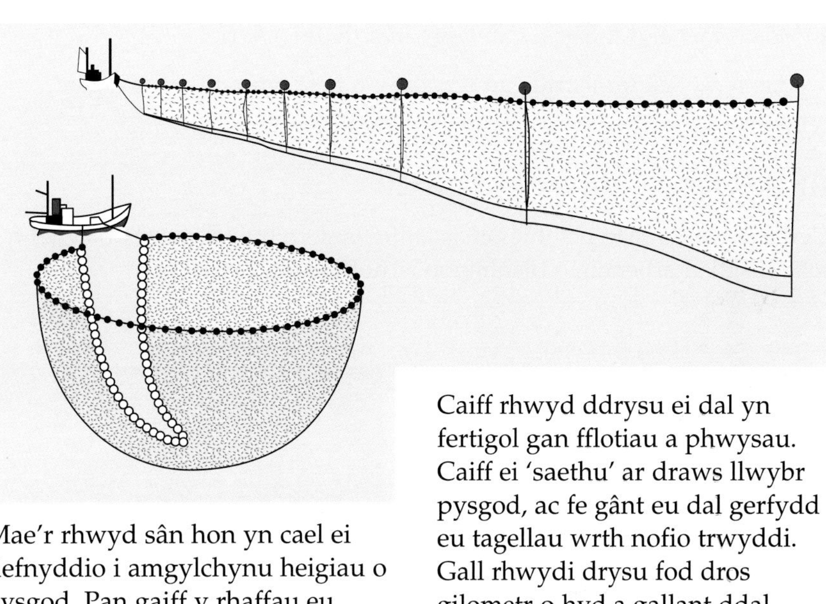

Caiff rhwyd ddrysu ei dal yn fertigol gan fflotiau a phwysau. Caiff ei 'saethu' ar draws llwybr pysgod, ac fe gânt eu dal gerfydd eu tagellau wrth nofio trwyddi. Gall rhwydi drysu fod dros gilometr o hyd a gallant ddal niferoedd mawr o famolion ac adar môr yn ogystal â physgod.

Mae'r rhwyd sân hon yn cael ei defnyddio i amgylchynu heigiau o bysgod. Pan gaiff y rhaffau eu tynnu'n dynn bydd yn cau, fel pwrs, gan ddal y pysgod ynddi.

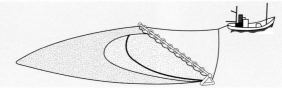

Siâp côn sydd i dreillrwyd trawst. Caiff ei chadw ar agor gan drawst a'i phwyso i lawr gan gadwyn drom sy'n llusgo ar hyd y gwaelod. Mae'n achosi difrod enfawr i bysgod cregyn, llyngyr môr, sêr môr ac ati ar wely'r môr. Gall un ysgubiad ladd hyd at 50 y cant o'r anifeiliaid sy'n byw ar wely'r môr. Mae rhai cynefinoedd bregus ym Môr y Gogledd wedi cael eu dileu'n llwyr gan y dull hwn o bysgota.

Cwestiynau

Beth yw manteision ac anfanteision:

1 Technolegau newydd sy'n cynyddu nifer y pysgod y gellir eu dal?

2 Codi argae ar draws afon er mwyn creu cronfa neu gynllun trydan dŵr?

3 Llosgi gwastraff yn hytrach na glo neu olew er mwyn cynhyrchu trydan?

4 Creu planhigfeydd coed masnachol yn lle coetir gwyllt?

8.04 Bywyd gwyllt a thwf poblogaeth ddynol

Rydym yn rhannu'r Ddaear gyda miliynau o wahanol bethau byw. Ond rydym yn dinistrio bywyd gwyllt mor gyflym fel mai dim ond y rhywogaethau mwyaf gwydn fydd, o bosibl, yn gallu goroesi: rhywogaethau fel llygod mawr, llygod bach ac adar y to.

Glaswelltir, sy'n gallu bod yn gartref i ugain neu fwy o wahano laswelltau, ac ugeiniau o wahano fathau o flodau. Gall cannoedd o wahanol bryfed fyw yno. Mae'r rhan fwyaf o laswelltiroedd gwyl wedi cael eu haredig ar gyfer cnydau, neu eu hadu â glaswellta sy'n tyfu'n gyflym, ar gyfer gwartheg.

Sut mae bywyd gwyllt yn cael ei ddinistrio

1 Mae bywyd gwyllt yn cael ei ddinistrio wrth glirio tir ar gyfer cnydau, anifeiliaid fferm, stadau tai, ffyrdd, ffatrïoedd, mwyngloddiau a chwareli.

2 Mae'n cael ei ddinistrio gan lygredd a thaflu sbwriel.

3 Mae'n cael ei ddinistrio gan y bobl sy'n hela o ran hwyl, ac i gael pethau fel ifori a ffwr y gallwn wneud hebddynt.

Rhai cynefinoedd bywyd gwyllt

Cynefin yw lle mae planhigion ac anifeiliaid yn byw. Ym mhob cynefin mae casgliad arbennig o blanhigion ac anifeiliaid.

Rhostir wedi'i orchuddio â grug, eithin, banadl, rhedyn, llus, cen, a mwsogl. Mae nadroedd, madfallod a llawer o adar yn byw yno. Caiff ei glirio'n bennaf ar gyfer coedwigaeth fasnachol, a chwareli tywod a graean.

Coedwig wyllt yn cynnwys coed derw, ynn, ffawydd, bedw, llwyni, rhedyn a llawer o flodau. Mae'r rhan fwyaf o goedwigoedd gwyllt wedi cael eu clirio i wneud lle ar gyfer cnydau neu resi twt o byrwydd, pinwydd a choed conwydd eraill.

Pyllau a chorsydd sy'n cael eu draenio a'u llenwi mor gyflym a gyfer cnydau a gwartheg fel bod llawer o'u planhigion, amffibiaid adar a glöynnod byw wedi myn yn brin, a gallent ddiflannu'n llwyr cyn bo hir.

Colli gwrychoedd

Gellir disgrifio gwrychoedd fel rhesi o warchodfeydd natur. Mewn gwrychoedd hynafol mae tua 250 o fathau o blanhigion, yn cynnwys y ddraenen wen, y ddraenen ddu, rhosod gwyllt, ysgaw, ynn a iorwg/eiddew. Mae planhigion y gwrychoedd yn darparu bwyd ar gyfer pob math o bryfed, adar a mamolion bychain, ac mae'r tir cysgodol o boptu yn cynnwys llawer o weiriau a blodau sy'n denu mwy eto o fywyd gwyllt. Mae gwrych hefyd yn gysgod byw rhag y gwynt, gan leihau ei gyflymder gymaint ag 80 y cant dros bellter o hyd at bum gwaith ei uchder. Mae'r nodwedd hon yn amddiffyn cnydau a stoc ac yn lleihau grym gwyntoedd a all chwythu pridd ymaith.

Rhwng 1984 a 1993, cliriwyd 186 000 km o wrychoedd o dirwedd Prydain oherwydd eu bod yn mynd ar ffordd erydr a pheiriannau medi modern enfawr, a'u bod yn llenwi tir y gellid plannu cnydau ynddo. Oddi ar hynny mae cyfradd clirio'r gwrychoedd wedi lleihau ac erbyn hyn mae tua 800 km yn fwy yn cael eu hailblannu bob blwyddyn nag sy'n cael eu codi o'u gwraidd.

Gallwch amcangyfrif oedran gwrych trwy gerdded ar ei hyd am 30 cam gan gyfrif sawl math gwahanol o lwyni prennaidd neu goed a welwch. Mae angen tua chanrif i bob rhywogaeth ymsefydlu, felly os gwelwch chi bump neu chwech gall y gwrych fod yn 500 mlwydd oed.

Coetiroedd Prydain

Oddi ar 1947 mae hanner ein coetiroedd llydanddail hynafol wedi cael eu clirio er mwyn gwneud lle ar gyfer cnydau a phlanhigfeydd conwydd. Mae pren conwydd yn llai gwerthfawr na derw, ffawydd ac ynn y coedwigoedd llydanddail hynafol, ond mae'n tyfu'n gyflymach ac felly mae'n gwneud elw'n gynt.

Mae coed llydanddail yn colli eu dail yn yr hydref (coed collddail), felly gall golau haul gyrraedd llawr y goedwig tan ddiwedd y gwanwyn, sy'n gadael i garped o flodau fel clychau'r gog, garlleg gwyllt a blodau'r gwynt dyfu. Mae dail cwympol yn pydru ac yn cael eu hamsugno'n gyflym i'r pridd. Mae'r coedwigoedd hyn yn gynhaliaeth i tua thri phumed o'n hadar sy'n bridio ar y tir, ac i hanner ein glöynnod byw a'n gwyfynod. Mae bron i 300 o wahanol bryfed yn dibynnu ar goed derw, tra dim ond 16 math sy'n byw ar goed conwydd.

Nid oes fawr ddim bywyd ar lawr coedwig gonwydd oherwydd mai ychydig iawn all oroesi yn y tywyllwch cysgodol o dan y coed bythwyrdd hyn sydd wedi eu plannu mor agos i'w gilydd, ac o dan y carped trwchus o ddail nodwyddog a ollyngir o'r coed trwy gydol y flwyddyn gan ddadelfennu'n araf.

Pe byddech yn cyfrif pob math o beth byw, o greaduriaid microsgopig i bysgod, llyffantod a phlanhigion dŵr, byddech yn darganfod dros fil o rywogaethau gwahanol mewn pwll aeddfed. Dyma pam mae'n hollbwysig eu bod yn cael eu diogelu ac nad ydynt yn cael eu camddefnyddio.

Cwestiynau

1. Cylchedd y Ddaear yw 40 000 km. Sawl gwaith o amgylch y Ddaear y byddai hyd y gwrychoedd a gollwyd rhwng 1984 a 1993 yn ymestyn?
2. Pam y cafodd gwrychoedd eu plannu a pham mae llawer ohonynt wedi cael eu codi o'r ddaear?
3. Mae coed derw wedi bod yn tyfu ym Mhrydain am oddeutu 12 000 o flynyddoedd. Mae coed conwydd fel pyrwydden Sitka, a fewnforiwyd o America, wedi bod yn cael eu tyfu mewn planhigfeydd am oddeutu 90 mlynedd. Awgrymwch reswm pam mae coedlannau derw yn cynnal 20 gwaith yn fwy o rywogaethau na phlanhigfeydd o goed conwydd sydd wedi eu mewnforio.
4. Mae glaswelltir calch yn cynnwys planhigion sydd fel rheol yn ffynnu mewn pridd gwael (anffrwythlon) yn unig, ac ychydig o weiriau, sydd yn tyfu'n well mewn pridd ffrwythlon. Beth yn eich barn chi fydd yn digwydd i'r glaswelltiroedd hyn pan gânt eu 'gwella' trwy gael eu trin â gwrtaith?

8.05 Dinistrio coedwigoedd glaw trofannol

Dim ond 8 y cant o arwyneb y Ddaear sydd wedi ei orchuddio gan goedwigoedd glaw trofannol ond maent yn gartref i bron hanner y planhigion a'r anifeiliaid gwyllt y gwyddom amdanynt. Mae hyn yn golygu mai'r coedwigoedd hyn yw system fiolegol fwyaf toreithiog y byd.

Beth yw coedwigoedd glaw trofannol?

Maent yn cynnwys y fath amrywiaeth anhygoel o fywyd oherwydd eu bod wedi esblygu, heb gael eu haflonyddu, dros filiynau o flynyddoedd. Gall fod dros 200 o wahanol fathau o goed mewn llain hectar a hanner o'r goedwig, yn tyfu mewn haenau sy'n cael eu galw'n ganopïau. Mae coed tal yn treiddio trwy'r canopi uchaf (ac yn ymddangos uwch ei ben), tra bod y canopïau islaw yn gyforiog o blanhigion dringo, rhedyn, tegeiriannau, cennau a mwsoglau wedi eu plethu trwyddynt. Mae ffyngau sy'n cytrefu llawr y goedwig yn dadelfennu'r 'glaw' cyson o ddarnau mân oddi uchod yn gyflym ac yn rhoi'r maetholynnau sydd ynddynt yn ôl i'r trwch o wreiddiau planhigion sydd yn y ddaear. Mae gwyddonwyr wedi astudio llai nag un chweched o'r ddwy filiwn o wahanol rywogaethau o bryfed ac infertebratau eraill yr amcangyfrifir eu bod yn byw yn y coedwigoedd hyn.

Gellir dweud mai'r coedwigoedd trofannol yw 'ysgyfaint' y blaned oherwydd eu bod yn amsugno cymaint o garbon deuocsid o'r aer yn ystod ffotosynthesis, ei storio ar ffurf coed a mathau eraill o lystyfiant, gan ryddhau ocsigen i'r atmosffer ar yr un pryd.

Mae coedwigoedd yn gwarchod pridd ac yn dylanwadu ar yr hinsawdd

Mae canopi'r goedwig yn lleihau grym y glaw trwm sy'n disgyn bob dydd fel nad yw'n sgwrio'r ddaear oddi tano. Mae gan lawer o ddail flaenau hir main sy'n gwasgaru'r dŵr fel bod y glaw yn disgyn yn ddiferion cyson yn lle arllwys i lawr.

Mae hyd at dri chwarter y glaw sy'n disgyn ar goedwigoedd trofannol yn dychwelyd i'r atmosffer trwy anweddiad a thrydarthiad (**anwedd-drydarthiad**). Mae'r goedwig yn amsugno'r gweddill fel sbwng enfawr, gan ddefnyddio peth ohono ar gyfer ffotosynthesis a rhyddhau'r gweddill yn araf i'r afonydd, fel bod pridd tenau a bregus y goedwig yn cael ei amddiffyn.

Y lleithder sy'n cael ei ryddhau i'r atmosffer o goedwigoedd trofannol sy'n cynnal y patrwm tywydd glawog dros ardaloedd y cyhydedd. Mae peth o'r lleithder hwn yn cael ei sianelu i'r atmosffer uchaf (y troposffer) a hefyd yn cael ei gludo i ledredau y tu hwnt i'r trofannau, lle bydd yn syrthio fel glaw ac yn dylanwadu ar yr hinsawdd filoedd o filltiroedd o'r cyhydedd.

Bob blwyddyn caiff miliynau o gilometrau sgwâr o goedwigoedd eu torri er mwyn cael coed, eu clirio at bwrpas amaethyddol, neu eu trawsnewid yn gronfeyd dŵr anferthol trwy godi argaeau ar draws afonydd.

Datgoedwigo - llofruddio â llif gron!

Ffermwyr yn torri a llosgi Mae'r bobl sydd wedi bod yn byw yn y goedwig am genedlaethau lawer yn defnyddio dull amaethu mudol, sef clirio a llosgi ardal fechan er mwyn rhyddhau maetholynnau, ei defnyddio i dyfu cnydau am ddwy neu dair blynedd ac yna ei gadael i adfer ei hun am bymtheng mlynedd o leiaf. Prif achos dinistrio'r coedwigoedd yw'r 200 miliwn o bobl fudol ledled y byd sydd heb fod yn berchen ar dir. Cânt eu symud i'r coedwigoedd i dorri, llosgi ac amaethu ardaloedd eang, nes bod y pridd wedi ei ddihysbyddu i'r fath raddau fel na all y goedwig adfywio ac ail-dyfu. Mae'r bobl wedyn yn symud yn eu blaenau i ardal arall ac yn ailadrodd y broses.

Mae coedwigoedd glaw trofannol yn ffurfio band gwyrdd, sy'n ymestyn tua 10° i'r gogledd ac i'r de o'r Cyhydedd.

Amaethu planhigfeydd a ransio Caiff ardaloedd enfawr o goedwigoedd eu clirio er mwyn tyfu cnydau gwerthu yn hytrach na bwyd. Mae'r rhain yn cynnwys cotwm, tybaco a siwgr sy'n cael eu gwerthu i wledydd cyfoethog. Yng nghanolbarth America caiff hyd at 60 y cant o'r coedwigoedd a gliriwyd eu defnyddio ar gyfer ransio gwartheg, yn bennaf i gyflenwi'r diwydiant byrgyrs cig eidion.

Coedwyr masnachol Mae'r rhain yn difrodi 4.5 miliwn hectar y flwyddyn. Mae 'cymynu llwyr' yn golygu torri a chlirio popeth. Trwy dorri boncyffion yn ddetholus caiff 10-15 y cant o'r coed eu symud ac mae hyd yn oed hyn yn achosi niwed difrifol i'r goedwig. Mae coedwyr yn ychwanegu at y dinistr hwn trwy adeiladu ffyrdd i'r coedwigoedd, gan ei gwneud yn haws i bobl fynd yno i dorri a llosgi.

Wedi i'r tir gael ei ddinoethi trwy dorri gorchudd y goedwig, caiff ei erydu'n gyflym. Gall hanner awr o storm law drofannol symud 30 tunnell fetrig o bridd o hectar o dir sydd wedi'i glirio, o'i gymharu ag un canfed o dunnell fetrig o hectar o goedwig. Mae colli anwedd-drydarthiad y coedwigoedd, a'u gallu i storio dŵr a'i ryddhau'n araf deg, yn arwain at gylchred o lifogydd a sychder, ac mae systemau afonydd yn llenwi â llaid yn gyflym. Mae llosgi'r goedwig yn rhyddhau llwyth enfawr o garbon deuocsid i'r atmosffer, gan ychwanegu at gynhesu byd-eang. Mae pobl frodorol sydd wedi byw yn y coedwigoedd am filoedd o flynyddoedd yn colli eu cartrefi, ac fe gaiff etifeddiaeth amhrisiadwy o blanhigion ac anifeiliaid, gyda gwerth masnachol ac esthetaidd aruthrol fawr, ei dinistrio am byth.

Atebion?

Os ydym am gadw amrywiaeth coedwigoedd glaw y byd, rhaid creu gwarchodfeydd o 10% ohonynt, o leiaf. Dim ond 3% sy'n cael eu diogelu yn Affrica, 2% yn Ne-ddwyrain Asia ac 1% yn Ne America. Gellid dysgu pobl i ddefnyddio dulliau ffermio nad ydynt yn dinistrio'r pridd, e.e. tyfu cnydau cymysg i ddrysu plâu, a choed ffrwythau i gysgodi'r pridd. Gallai coedwigaeth gynaliadwy ateb y galw am bren, h.y., torri rhai coed yn unig gan achosi'r niwed lleiaf posibl i'r lleill. Y prif broblemau yw trachwant, y galw am elw sydyn, ac ymdrechion truenus gwledydd sy'n datblygu i ennill arian er mwyn talu eu dyledion. Y gwledydd cyfoethog yn unig all helpu i'w datrys.

Cwestiynau

1. 'Nid yr un peth yw plannu coed ac adfer coedwigoedd'. Pam mae hyn yn wir?
2. Tenau a phrin o faetholynnau yw pridd coedwig, felly sut mae'n cynnal cymaint o lystyfiant?
3. Sut mae coedwigoedd yn dylanwadu ar yr hinsawdd?
4. Beth yw'r cysylltiad rhwng clirio coedwigoedd a chynhesu byd-eang?
5. Pam y gellir disgrifio coedwigoedd glaw fel 'ysgyfaint y blaned'?
6. Rhestrwch effeithiau niweidiol datgoedwigo.

8.06 Llygredd dŵr

Beth yw llygredd?

Disgrifiwch rai o'r ffyrdd y gallai dŵr yfed gael ei lygru.

Mae sylwedd yn **llygrydd** os yw ei bresenoldeb yn niweidio pethau byw. Gall llygryddion ymledu trwy'r aer, trwy ddŵr a phridd, a thrwy gadwynau bwydydd. Maent yn niweidio ac yn lladd planhigion, anifeiliaid a phobl.

Gall llygredd niweidio'r miloedd o wahanol blanhigion ac anifeiliaid sy'n byw mewn dŵr. Mae iechyd pobl hefyd yn dibynnu ar gael cyflenwad o ddŵr glân. Caiff nentydd, afonydd a'r môr eu llygru gan wastraff diwydiant ac amaethyddiaeth, carthion heb eu trin, ac olew wedi gollwng. Ond yr amgylchedd dyfrol hawsaf i'w niweidio yw dŵr llyn, sy'n llonydd neu'n symud yn araf.

Ewtroffigedd, neu sut y gall llygredd ladd llyn

Afon Nishua yn UDA: afon farw, wedi ei llygru gan wastraff o felinau papur.

Mae carthion a gwastraff anifeiliaid fferm sy'n cael ei ryddhau i afonydd yn crynhoi mewn llynnoedd, a gall gwrteithiau cemegol sydd wedi eu gwasgaru ar y tir gael eu golchi i lynnoedd gan ddŵr glaw. Mae'r llygryddion hyn yn cynnwys nitradau a ffosffadau, sy'n gweithredu fel gwrteithiau, gan wneud i algâu dyfu'n aruthrol. Gall hyn ladd llyn trwy broses a elwir yn **ewtroffigedd**. Dyma beth sy'n digwydd:

- Algâu ungellog a ffilamentog yn cymylu'r dŵr a ffurfio blanced werdd drwchus ar yr wyneb, sy'n golygu bod y planhigion dŵr sydd yn is i lawr yn cael llai o olau. Mae'r rhain yn marw ac yn cael eu dadelfennu gan facteria.
- Y bacteria yn defnyddio ocsigen sydd wedi ei hydoddi yn y dŵr. Mae hyn yn mygu llawer o bysgod ac anifeiliaid dŵr eraill. Gan fod llai o anifeiliaid i fwyta'r algâu, maent yn tyfu'n gyflymach byth.
- Yn y pen draw, erbyn i'r algâu farw, a chael eu dadelfennu gan facteria, bydd gweddill yr ocsigen yn y dŵr wedi cael ei ddefnyddio a bydd popeth yn y llyn yn marw.

Llygredd olew

Caiff bron i biliwn o litrau o olew eu gollwng i'r môr bob blwyddyn. Daw hwn o danceri wedi'u dryllio, o danciau'r tanceri olew wrth iddynt gael eu golchi, o rigiau olew, ac o ffatrïoedd. Mae olew yn gwenwyno adar môr ac yn gwneud i'w plu lynu wrth ei gilydd fel na allant hedfan. Mae olew, a'r cemegau a ddefnyddir i wasgaru olew sydd wedi gollwng, yn lladd anifeiliaid a phlanhigion yn y môr ac ar hyd glan y môr. Maent hefyd yn llygru traethau gwyliau.

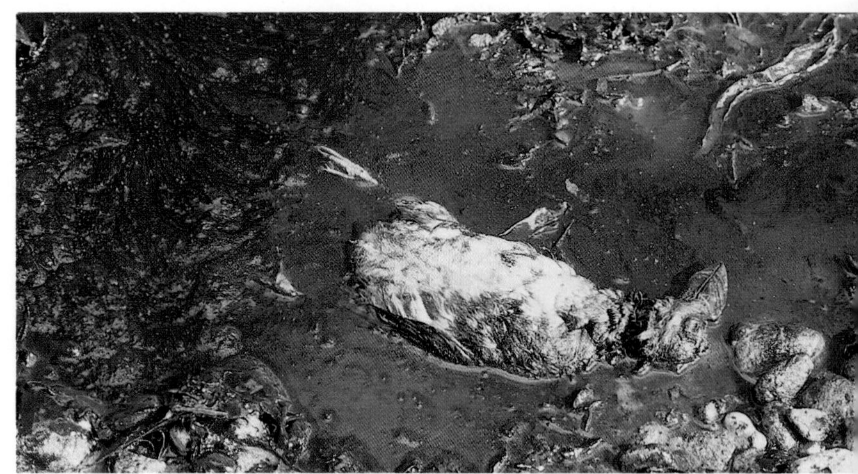

Pâl wedi ei ladd gan olew a ollyngodd o dancer wedi'i dryllio.

Gydag amser, bydd microbau yn y môr yn dadelfennu'r olew a'i wneud yn ddiogel. Ond nid yw llawer o lygryddion, gan gynnwys rhai plaleiddiaid, cemegau PCB (y biffenylau polyclorinedig), a metelau trwm fel plwm a mercwri, yn cael eu dadelfennu yn yr amgylchedd nac y tu mewn i bethau byw. Maent yn crynhoi mewn pridd, dŵr a meinwe byw ac yn cyrraedd crynodiadau uchel.

Plaleiddiad yn lladd plâu niweidiol - a bywyd gwyllt diniwed hefyd.

Llygru cadwynau bwydydd

Mae'r llygryddion hyn yn arbennig o beryglus pan fyddant yn mynd i mewn i bethau byw gan eu bod yn crynhoi mewn braster a meinweoedd eraill - proses o'r enw **biogrynhoad**. Gall hyn barhau ar hyd cadwynau bwydydd, o un lefel droffig i'r nesaf, nes bod gan yr ysglyfaethwr ar y brig feintiau uchel iawn, os nad marwol, yn ei gorff. Enw'r broses hon yw **biochwyddhad**.

Mae'r diagram gyferbyn yn dangos sut y gall chwistrelliad o blaleiddiad fynd i ddŵr a biochwyddhau. Gall yr un peth ddigwydd i fetelau trymion a chemegau PCB. Mae planhigion microsgopig yn amsugno'r llygryddion hyn yn uniongyrchol o'r dŵr. Caiff y llygryddion eu trosglwyddo o un ysydd i'r nesaf, yn bennaf yn y bwyd y maent yn ei fwyta.

Pan fydd y cramenogion bychain yn bwyta planhigion microsgopig, dim ond ychydig bach iawn o lygryddion y byddant yn eu codi. Ond caiff y cyfan ei ddal yn eu cyrff a bydd yn crynhoi yn eu meinweoedd. Felly, pan fydd pysgod bach yn bwyta'r cramenogion, byddant yn codi mwy o lygryddion. Eto, caiff yr holl lygryddion eu dal yn y cyrff a byddant yn crynhoi yn y pysgod bach ac felly bydd pysgod mwy yn cael dogn uwch. Adar sy'n bwyta pysgod (ac wrth gwrs mae hyn yn berthnasol i bobl sy'n bwyta pysgod hefyd) sy'n cael y dogn mwyaf i gyd.

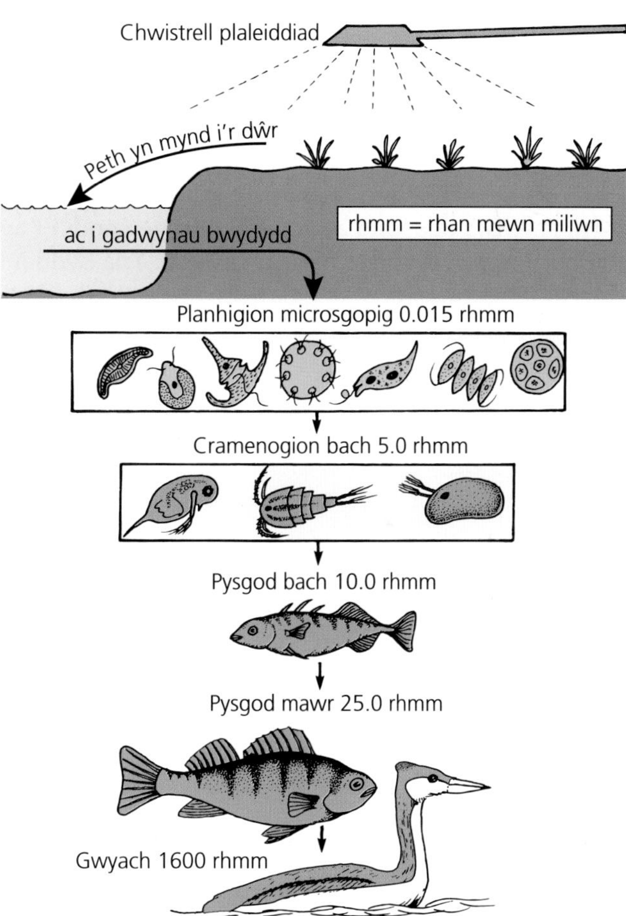

Metelau trwm

Mae perygl mawr i bobl o fiochwyddhad metelau trymion fel plwm a mercwri. Mae plwm yn crynhoi yn yr iau/afu a'r arennau, ac yn niweidio'r system nerfol. Mae mercwri yn niweidio'r system nerfol yn ddifrifol ac yn achosi i fabanod gael eu geni â namau arnynt.

Cwestiynau

1 Mae rhai powdrau golchi yn cynnwys ffosffadau. Sut y gallai'r rhain gyfrannu at farwolaeth pethau byw mewn llyn?

2 Tua 1960, bu gostyngiad dramatig ym mhoblogaeth y cudyll glas gan fod plaleiddiad yn eu cyrff yn achosi i'r ieir ddodwy wyau â phlisgyn mor denau fel eu bod yn torri cyn iddynt ddeor. Sut y gallai plaleiddiad fod wedi mynd i'w cyrff?

3 Pam mae ysyddion fel y cudyll glas, sydd ar frig cadwyn fwyd, mewn mwy o berygl gan lygryddion nag y mae'r rhai sydd ar ddechrau'r gadwyn?

8.07 Rhagor am lygredd

Llygredd aer

Caiff yr aer ei lygru gan fwg, llwch a nwyon niweidiol. Daw'r rhan fwyaf o'r rhain o orsafoedd trydan, ffatrïoedd, ceir, bysiau a lorïau.

Mwg Mae mwg yn cynnwys gronynnau bach iawn o garbon (huddygl neu barddu). Mae hwn yn troi lliw adeiladau'n ddu. Mae'n gorchuddio dail planhigion gan arafu ffotosynthesis. Mae'r mwg o beiriannau ceir yn cynnwys plwm hefyd, sy'n gallu achosi niwed i ymennydd plant ifanc.

Llwch Gall llwch o chwareli, melinau llifio a ffatrïoedd asbestos achosi clefyd yr ysgyfaint.

Nwyon niweidiol Y prif rai yw **sylffwr deuocsid** ac **ocsidau nitrogen**. Mae'r rhain yn ymffurfio wrth i olew, glo a phetrol gael eu llosgi mewn gorsafoedd trydan, ffatrïoedd, peiriannau a chartrefi. Maent yn niweidio dail planhigion ac yn gwneud clefydau fel broncitis yn waeth.

Wrth i sylffwr deuocsid ac ocsidau nitrogen godi i'r awyr, gallant hydoddi mewn cymylau a ffurfio asidau. Yna byddant yn disgyn yn ôl i'r ddaear fel **glaw asid**. Mae'r glaw hwn yn cyrydu rheiliau a phontydd metel, ac yn bwyta gwaith carreg ar adeiladau.

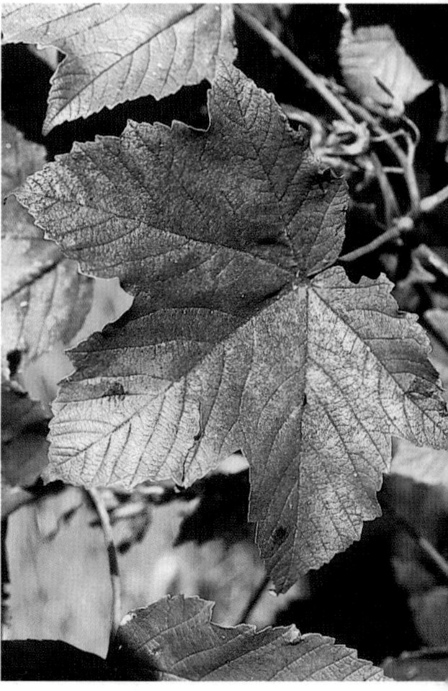

Mae'n anodd i ddeilen gynnal ffotosynthesis pan fydd huddygl drosti i gyd!

Niwed gan law asid

Mae glaw asid yn bwyta gwaith carreg. 'Ysgolhaig' oedd hwn unwaith.

Coed pyrwydd yn yr Almaen, wedi eu lladd gan law asid.

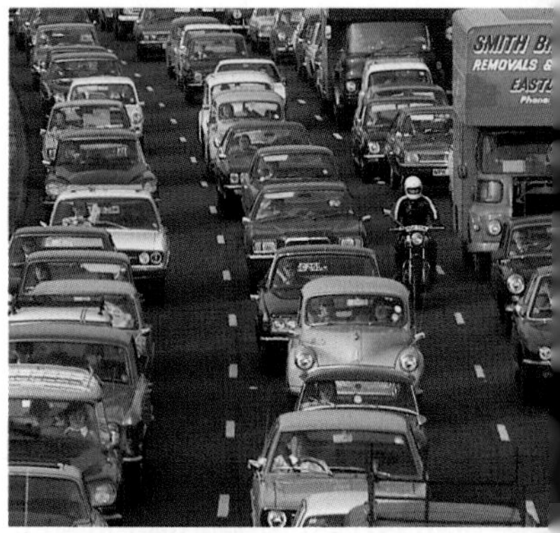

Bydd peth llygredd o geir . . .

. . . yn disgyn fel glaw asid.

Dinistrio'r haen oson

Mae'r haen oson yn gorwedd rhwng 20 a 25 km uwchben y Ddaear. Mae'n hynod o bwysig oherwydd ei bod yn gweithredu fel sgrîn amddiffynnol sy'n hidlo pelydriad uwchfioled (UF) a ddaw o'r Haul, yn enwedig ffurf niweidiol ar y pelydriad hwn, o'r enw UF-B.

Oddi ar y 1960au, mae lefelau oson dros rannau o Antarctica wedi gostwng 40 y cant, gan greu **twll oson**. Gall UF-B dreiddio trwy hwn. Mae'r twll oson yn ymddangos yn y gwanwyn. Yn ystod y blynyddoedd diwethaf, mae twll arall wedi ymddangos dros ardaloedd yr Arctig hefyd.

Mae pelydriad UF-B yn cynyddu nifer yr achosion o fathau o ganser y croen a chataractau. Mae'n niweidio planhigion, ac yn lladd algâu yn y môr, sef cynhyrchwyr holl gadwynau bwydydd y môr. Mae mwy o UF-B eisoes yn taro Awstralia, Seland Newydd a rhannau o hemisffer y gogledd. Bydd ei effeithiau niweidiol yn cynyddu wrth i dyllau oson ehangu.

Prif achos dinistrio'r oson yw presenoldeb clorofflworocarbonau (CFfCau) yn yr atmosffer, y rhan fwyaf ohonynt yn dod o ganiau aerosol. Mae UF-B yn gwneud i CFfCau ymddatod gan ryddhau atomau clorin, sy'n dinistrio'r oson. Mae llawer o wledydd wedi gwahardd CFfCau mewn aerosolau. Ond caiff CFfCau eu defnyddio mewn cynhyrchion eraill a byddant yn aros yn yr aer am ganrif. Felly bydd y dinistr ar oson yn parhau am flynyddoedd lawer eto.

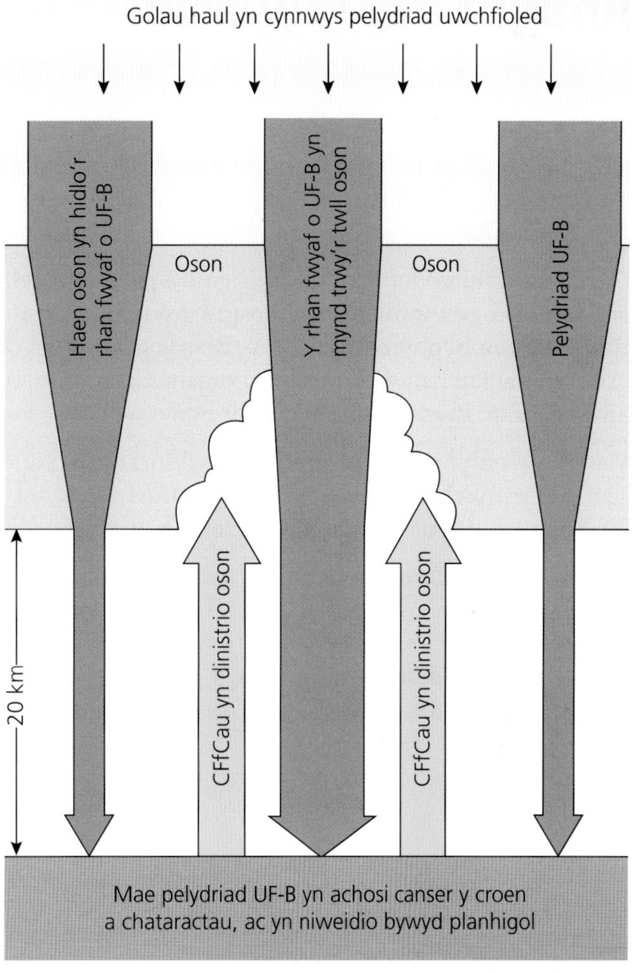
Golau haul yn cynnwys pelydriad uwchfioled
Haen oson yn hidlo'r rhan fwyaf o UF-B
Y rhan fwyaf o UF-B yn mynd trwy'r twll oson
Pelydriad UF-B
Oson
Oson
CFfCau yn dinistrio oson
CFfCau yn dinistrio oson
20 km
Mae pelydriad UF-B yn achosi canser y croen a chataractau, ac yn niweidio bywyd planhigol

Mathau eraill o lygredd

Pelydriad Mae perygl y bydd pelydriad yn dianc o orsafoedd pŵer niwclear ac o wastraff ymbelydrol sy'n cael ei storio. Gall pelydriad achosi canser a lewcaemia.

Sŵn Gall sŵn ceir, beiciau modur, awyrennau, cŵn, plant, setiau radio a theledu fod yn fath o lygredd. Gall wylltio pobl ac achosi iselder ysbryd. Gall sŵn uchel parhaus o gerddoriaeth disgo a pheiriannau mewn ffatrïoedd wneud pobl yn fyddar.

Mae pobl sy'n byw yn ymyl meysydd awyr yn gwybod yn iawn am lygredd sŵn.

Cwestiynau

1 Enwch ddau nwy sy'n llygru'r aer, disgrifiwch o ble maent yn dod a pha niwed y maent yn ei achosi.
2 Disgrifiwch sut mae glaw asid yn cael ei ffurfio a pha niwed y gall ei achosi.
3 O ble mae pelydriad peryglus yn dod a sut y gall niweidio pobl?
4 Beth sy'n achosi tyllau oson, a pham mae ffurfio'r rhain yn niweidio pobl, planhigion a chadwynau bwydydd?

8.08 Rhagor am law asid

Hyd yn oed os nad yw wedi'i lygru, mae glaw yn asid o ganlyniad i broses naturiol lle mae nwy carbon deuocsid yn hydoddi mewn anwedd dŵr yn yr aer gan ffurfio asid carbonig. Mae pH hwn yn 5.6 (mae pH dŵr pur yn 7.0).

Daw glaw asid yn fath pwysig o lygredd pan fydd sylffwr deuocsid ac ocsidau nitrogen, a ffurfir wrth losgi tanwyddau ffosil, yn hydoddi mewn cymylau, gan gynhyrchu asidau sylffwrig a nitrig, gyda pH mor isel â 4.0. Prif ffynonellau'r nwyon hyn yw gorsafoedd trydan, boeleri diwydiannol, ffwrneisi mwyndoddi mawr a cherbydau modur.

Mae'r nwyon yn achosi llygredd yn eu ffurf sych, yn syth wedi iddynt gael eu cynhyrchu, yn ogystal ag yn eu ffurf wlyb, sef asidau hylifol, sy'n ffurfio wedi iddynt gyfuno â lleithder o gymylau.

Yr enw ar lygryddion sy'n cael eu dyddodi mewn ffurf sych yn yr aer yw **dyddodiadau sych**, ac maent i'w cael fel arfer yn agos at ffynhonnell y llygredd. Yr enw ar lygryddion sy'n ffurfio asid mewn lleithder yn yr atmosffer yw **dyddodiadau gwlyb**, a gall ceryntau aer gludo'r rhain filoedd o gilometrau i ffwrdd o'u ffynhonnell.

Defnyddwyr eraill
Diwydiannau eraill
Cartref
13%
9%
18%
60% Gorsafoedd trydan

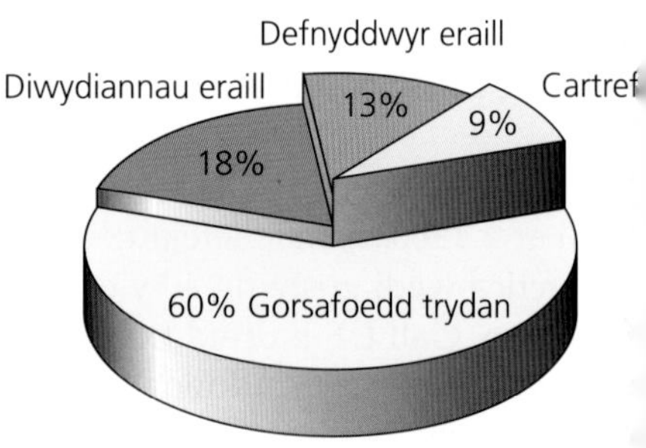

Mae'r diagram uchod yn dangos prif ffynonellau sylffwr deuocsid ym Mhrydain. Mae'r diagram isod yn darlunio peth o'r niwed a wneir gan ddyddodiadau sych a gwlyb.

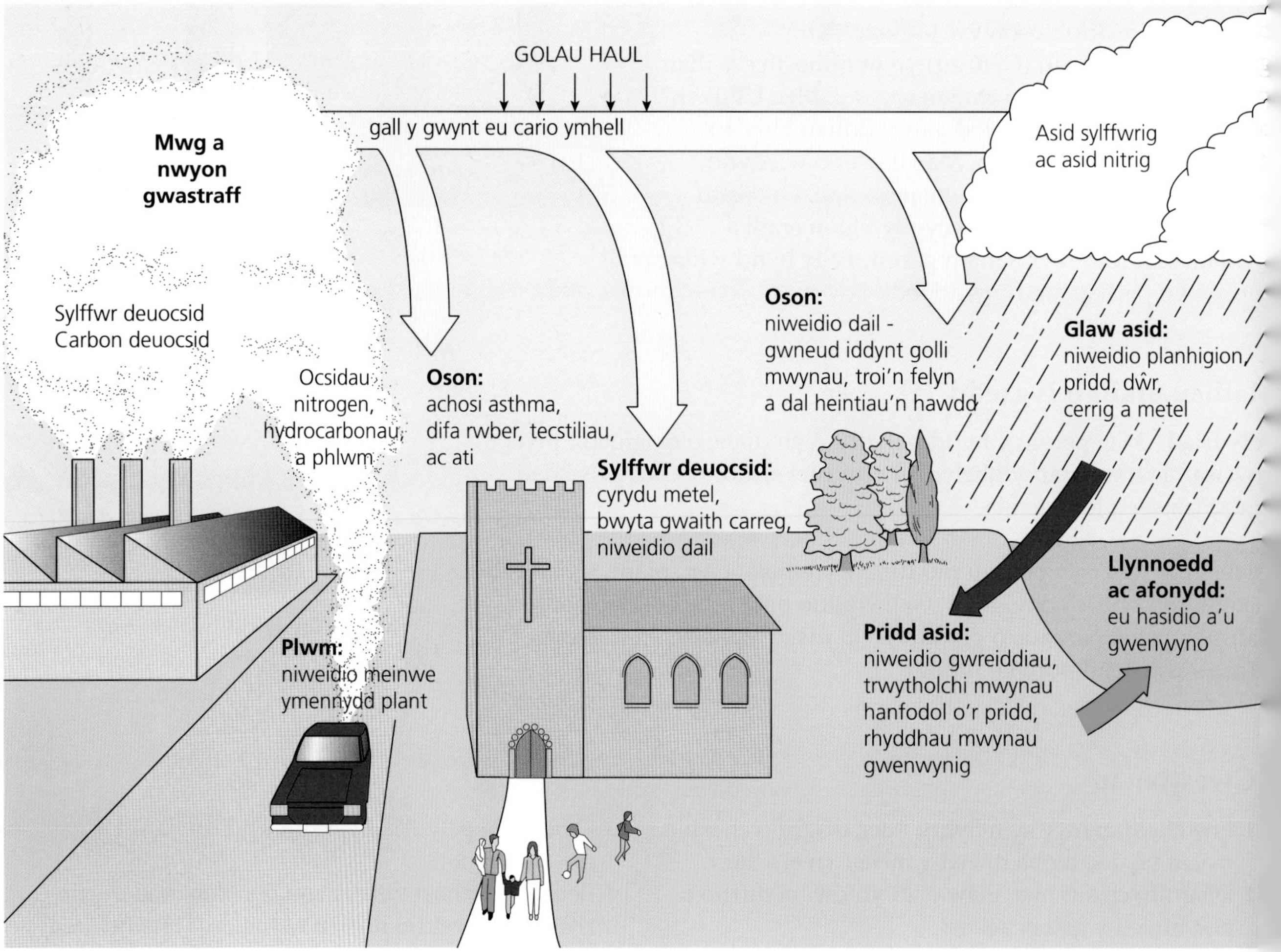

GOLAU HAUL
gall y gwynt eu cario ymhell
Mwg a nwyon gwastraff
Sylffwr deuocsid
Carbon deuocsid
Ocsidau nitrogen, hydrocarbonau, a phlwm
Oson: achosi asthma, difa rwber, tecstiliau, ac ati
Sylffwr deuocsid: cyrydu metel, bwyta gwaith carreg, niweidio dail
Oson: niweidio dail - gwneud iddynt golli mwynau, troi'n felyn a dal heintiau'n hawdd
Asid sylffwrig ac asid nitrig
Glaw asid: niweidio planhigion, pridd, dŵr, cerrig a metel
Llynnoedd ac afonydd: eu hasidio a'u gwenwyno
Pridd asid: niweidio gwreiddiau, trwytholchi mwynau hanfodol o'r pridd, rhyddhau mwynau gwenwynig
Plwm: niweidio meinwe ymennydd plant

Dyddodiadau sych

Sylffwr deuocsid Mae'r nwy hwn yn niweidio'r haen o gwyr sy'n amddiffyn dail, ac yn atal cloroffyl rhag ymffurfio. Mae'r nwy yn ffurfio anwedd asidig yn yr ysgyfaint, sy'n gwneud clefydau fel broncitis yn waeth. Mae'n cyrydu gwaith carreg sy'n agored i'r tywydd gan ffurfio croen ar yr wyneb. Mae'r garreg yn cael ei newid yn gemegol, yn breuo, briwsioni a threulio.

Ocsidau nitrogen Daw'r rhain yn bennaf o gerbydau sydd heb drawsnewidyddion catalytig. Maent yn cyrydu metel a cherrig a gallant wneud drwg i bobl sydd â chlefydau'r ysgyfaint.

Hydrocarbonau Daw'r rhain o gerbydau sydd heb drawsnewidyddion catalytig, ac o losgi glo. Gall rhai ohonynt achosi canser.

Oson Caiff hwn ei ffurfio gan effaith golau haul ar ocsidau nitrogen a hydrocarbonau. Mae oson yn yr uwch-atmosffer yn amddiffyn y Ddaear rhag pelydrau uwchfioled, ond yn agos i'r ddaear mae'n ymosod ar ddail planhigion, gan wanhau cellfuriau. Mae hyn yn gadael i law drwytholchi mwynau, gan atal planhigion rhag tyfu. Mae oson yn difa rwber, tecstiliau a defnyddiau eraill. Gall hefyd achosi pyliau o asthma, neu'r fogfa.

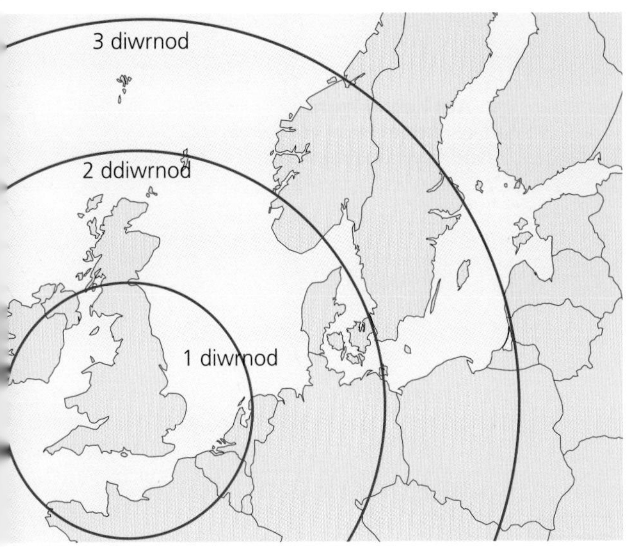

Dyddodiadau gwlyb

Mae'r rhain yn cynnwys glaw asid, niwl asid a dŵr tawdd o eira asid.

Niwed i blanhigion Caiff glaw asid (a dyddodiadau sych) y bai am ladd coed a difrodi cnydau mewn sawl rhan o Ewrop. Bydd dail yn troi'n felyn a chwympo, a chaiff gwreiddiau eu niweidio gan atal amsugniad mwynau. Mae hyn yn gwanhau planhigion a'u gwneud yn fwy tebygol o gael eu lladd gan sychder, gaeafau caled ac ymosodiadau gan bryfed a ffyngau na fyddai'n cael fawr o effaith ar blanhigion iach.

Niwed i bridd Mae asidau yn gwneud i fwynau hanfodol gael eu trwytholchi, sef eu golchi ymaith gan law. Mae'r asidau hyn yn rhyddhau cemegau gwenwynig, gan gynnwys alwminiwm, sydd fel arfer yn anhydawdd ac yn ddiogel.

Niwed i fywyd dyfrol Pan fo'r pH tua 6, mae cramenogion, molwsgiaid a physgod bach yn marw. Gan fod y rhain yn agos at waelod sawl cadwyn fwyd, mae eu colli'n peryglu bywyd dyfrol hyd yn oed os nad yw'r dŵr yn troi'n fwy asidig. Ar pH 5.6, mae ysgerbydau allanol cimychiaid yr afon a'u hwyau yn meddalu, felly cânt eu lladd gan ffyngau. Mae eogiaid, rhufellod a brithyll hefyd yn marw. Ar pH 5.0, mae penhwyaid a draenogiaid yn marw, ac ar pH 4.5, mae llyswennod yn marw.

Os yw'r pH o dan 4.2, rhyddheir alwminiwm o'r pridd a gall fynd i'r dŵr, lle mae'n amharu ar allu pysgod i reoli osmosis y dŵr trwy eu tagellau. Mae'r mwcws sy'n ffurfio yn cau'r tagellau a mygu'r pysgod. Mae'n ymyrryd hefyd â ffurfiant ysgerbydau pysgod ifanc, fel bod llai ohonynt yn tyfu'n oedolion.

Mae gan natur rai amddiffynfeydd yn erbyn glaw asid. Trwy niwtralu glaw asid, mae priddoedd alcalïaidd (e.e. mewn rhannau o UDA) a llynnoedd sydd dros greigiau alcalïaidd (e.e. calchfaen de Lloegr) yn amddiffyn bywyd planhigol. Ond yn yr Alban a gwledydd Llychlyn mae dyddodiadau asid yn niweidio llynnoedd sydd dros graig wenithfaen asidig.

Cwestiynau

1 Gall llygryddion yn yr aer ymledu cymaint â 500 km y dydd o'u tarddle. Mae Norwy a Sweden wedi cyhuddo gwledydd Prydain o 'allforio' glaw asid iddynt. Ewch ati i ddarganfod cyfeiriad y prifwyntoedd yn ardal y map uchod a phenderfynu a yw eu honiad yn gywir.

2 Sut y gall gorsafoedd trydan achosi niwed i eglwysi?

3 Sut y gall nwyon gwastraff o geir niweidio ymennydd plentyn?

8.09 Cynhesu byd-eang

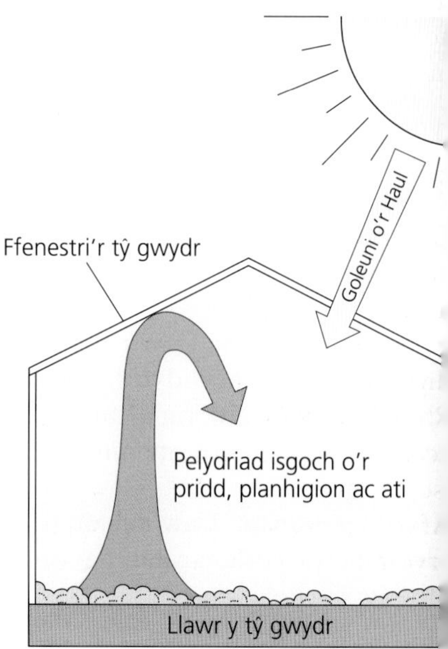

Mae'r byd yn cynhesu

Mae mwy a mwy o dystiolaeth fod y byd yn mynd yn gynhesach. Er 1850 mae tymheredd y byd wedi codi tua 0.5°C a gallai godi 4.5°C eto erbyn y flwyddyn 2050. Pam mae cynnydd sydd yn ymddangos yn fychan yn codi'r fath ddychryn? Caiff rhai o'r rhesymau eu trafod yn nes ymlaen. Yn gyntaf, dylech ddeall pam mae **cynhesu byd-eang** yn digwydd.

Caiff cynhesu byd-eang ei achosi gan yr **effaith tŷ gwydr**, sy'n cael ei ddarlunio yn y diagram gyferbyn. Gall goleuni o'r Haul fynd trwy ffenestri tŷ gwydr. Yna caiff ei amsugno gan y llawr, y pridd a'r pethau eraill sydd yn y tŷ gwydr. Mae'r rhain yn cynhesu ac yn pelydru gwres, ar ffurf pelydriad isgoch. Yn wahanol i egni goleuni, ni all yr isgoch ddianc trwy'r gwydr, felly mae'n cael ei ddal yn y tŷ gwydr ac mae hwnnw'n cynhesu.

Mae'r tebygrwydd rhwng tŷ gwydr yn cynhesu a chynhesu byd-eang yn cael ei ddarlunio yn y diagram isod.

Haul

Goleuni o'r Haul

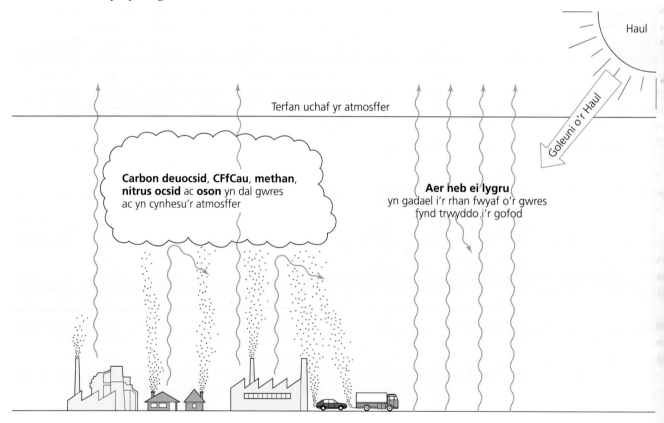

Terfan uchaf yr atmosffer

Carbon deuocsid, **CFfCau**, **methan**, **nitrus ocsid** ac **oson** yn dal gwres ac yn cynhesu'r atmosffer

Aer heb ei lygru yn gadael i'r rhan fwyaf o'r gwres fynd trwyddo i'r gofod

Mae golau haul yn dod trwy'r atmosffer ac yn cael ei amsugno gan arwyneb y Ddaear, sy'n cynhesu ac yn pelydru egni isgoch (gwres). Heb aer, byddai'r holl wres hwn yn dianc yn syth i'r gofod. Ond mae carbon deuocsid ac anwedd dŵr yn yr aer yn gweithredu fel ffenestri tŷ gwydr, yn dal ac yn amsugno rhywfaint o wres, sy'n cynhesu'r atmosffer. Mae'r cynhesu byd-eang naturiol hwn yn darparu ffynhonnell hanfodol o wres ar gyfer pethau byw. Hebddo, byddai'r byd yn rhewi ar dymheredd o –17 °C a go brin y gallai bywyd fodoli.

Mae aer llygredig ein byd modern ni yn cynnwys mwy a mwy o garbon deuocsid, cloroffllworocarbonau (CFfCau), methan, nitrus ocsid ac oson, ac mae'r rhain yn dal a chadw mwy o wres nag y mae aer glân. Dyma'r **'nwyon tŷ gwydr'**, a allai newid ein hinsawdd, ein cnydau, ein bywyd gwyllt a nodweddion pwysig eraill ein Daear.

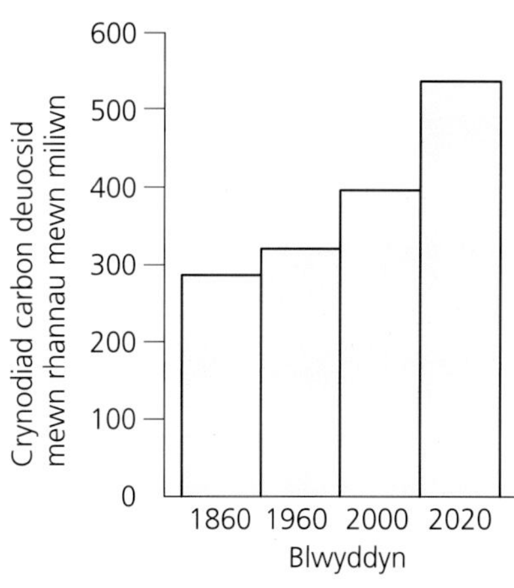

Dylai cyfanswm y carbon deuocsid sydd yn yr aer barhau'n gyson ar tua 0.003 y cant, ond mae'n codi trwy'r amser, fel y dangosir yn y graff uchod. Mae hyn yn digwydd oherwydd bod ein cymdeithas ddiwydiannol fodern yn ei gynhyrchu yn llawer cyflymach nag y gall planhigion ei amsugno. Rydym ni'n gwneud y broblem hon yn waeth trwy ddinistrio ardaloedd anferth o fywyd planhigol (fel y coedwigoedd trofannol). Mae hyn yn gostwng ffotosynthesis byd-eang.

Rhai o effeithiau cynhesu byd-eang

Capiau iâ yn ymdoddi Gallai'r cynnydd mewn tymheredd fod yn arbennig o uchel o amgylch y pegynau gan wneud i'r capiau iâ ymdoddi ar raddfa eang. Gallai hyn, ynghyd ag ehangiad dŵr môr wrth iddo gynhesu, achosi i lefel y môr godi. Mae'n ymddangos fod hyn eisoes yn digwydd. Mae rhewlifau'n encilio, a bu lefel y môr yn codi er 1900. Rhagwelir codiad o dros 1.5 metr erbyn y flwyddyn 2050, a fyddai'n achosi llifogydd difrifol mewn dinasoedd a thir ffermio mewn ardaloedd isel fel rhannau o ddwyrain Lloegr, Yr Iseldiroedd, Florida ac aberoedd Afon Ganga. Bydd costau codi gwrthfuriau newydd rhag y môr, mwy o erydiad ar hyd yr arfordir, a gostyngiad yn ffrwythlondeb y pridd oherwydd gorlifiad dŵr môr yn anferthol. Bydd y straen ariannol yn ddigon i yrru'r rhan fwyaf o wledydd yn agos at fethdalu.

Newid hinsawdd Oherwydd bod y byd yn cynhesu'n anwastad, gallai wneud i rai o'r ardaloedd yng Ngogledd America a Chanolbarth Ewrop, sy'n bwysig o ran cynhyrchu bwyd, droi'n llawer sychach a llai ffrwythlon. Yn ogystal, mae perygl cynyddol y bydd rhagor o stormydd gwynt chwyrn tebyg i'r rhai a drawodd ardal y Caribî a'r Cefnfor Tawel yn ystod y blynyddoedd diweddar, a pherygl hefyd o lifogydd ar raddfa eang o ganlyniad i stormydd glaw tebyg i 'lifogydd y ganrif'. Ym 1992 gwnaeth y rhain ddifrod mawr i naw o daleithiau ar hyd Afon Mississippi yn UDA.

Effeithiau ar gnydau Mae carbon deuocsid ychwanegol yn gwneud i chwyn ffynnu. Nid felly rhai planhigion cnwd ac, o ganlyniad, bydd yn fwy anodd tyfu'r cnydau hynny. Mae'r maeth mewn meinwe dail yn lleihau wrth i'r carbon deuocsid gynyddu, felly bydd plâu yn bwyta llawer mwy o'r cnwd.

Effeithiau ar fywyd gwyllt Bydd yn rhaid i greaduriaid sydd wedi ymaddasu i amodau oer symud tua'r gogledd. Gall anifeiliaid wneud hyn yn gyflym, ond gallai'r gwres ladd llawer o blanhigion.

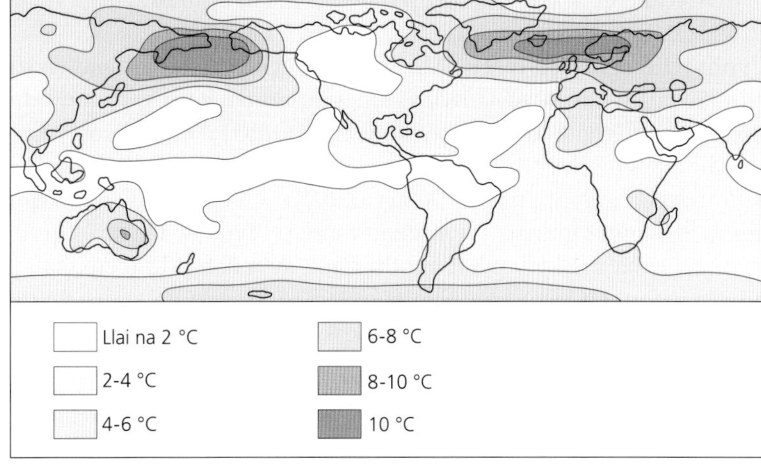

Un model cyfrifiadurol o'r 'cynhesu tŷ gwydr' a ragwelir. Bydd yr effeithiau yn gwahaniaethu o ardal i ardal.

Cwestiynau

1 Ym mha ffyrdd y mae'r byd yn debyg i dŷ gwydr, ac ym mha ffyrdd y mae'n wahanol?

2 Sut y gallai torri coedwigoedd glaw trofannol gyflymu cynhesu byd-eang?

3 Erbyn hyn mae pryfed i'w cael yn ne Lloegr nad oedd ond i'w cael yn ne Ewrop ar un adeg. Eglurwch pam mae hyn yn dystiolaeth o gynhesu byd-eang.

4 Sut y byddem yn gallu lleihau y cynnyrch o garbon deuocsid?

8.10 Rheoli llygredd

Mae'r gallu gennym i ddinistrio'n byd. Mae'r gallu gennym hefyd i'w achub, a'i gadw fel lle sy'n addas ar gyfer bodau dynol a bywyd gwyllt. Un o'r ffyrdd pwysicaf o wneud hyn yw trwy reoli llygredd.

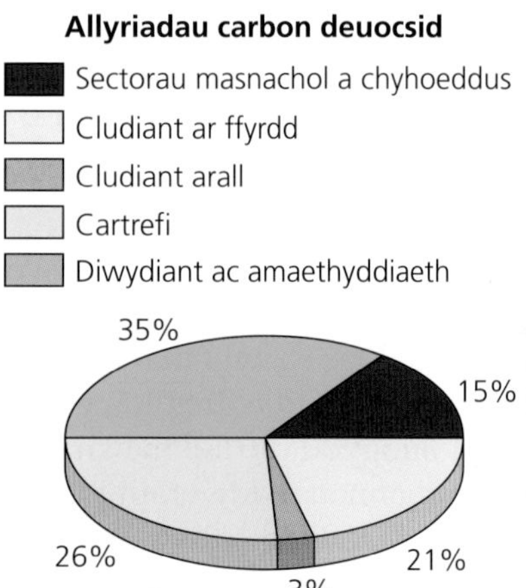

Arbed egni - cael mwy am lai

Rydym yn gwastraffu peth wmbredd o egni. Mae hyd at 60 y cant o'r egni a gawn o danwyddau ffosil yn cael ei wastraffu ar ffurf gwres. Mae llosgi tanwyddau hefyd yn achosi glaw asid a chynhesu byd-eang. Mae gorsafoedd trydan yn unig yn cynhyrchu dros hanner y nwyon sydd yn llygru'r aer o'n cwmpas. Felly mae arbed egni yn helpu atal llygredd.

Cartrefi a ffatrïoedd sy'n defnyddio egni'n effeithlon Mae darparu egni ar gyfer cartref cyffredin yn cynhyrchu 7500 kg o CO_2 y flwyddyn. Gallai Prydain ostwng 70 y cant ar y galw am egni, a byddai hynny'n helpu lleihau'r effaith tŷ gwydr. Dyma ffyrdd o arbed egni:

- Ynysu'r to, waliau ceudod, tanciau storio dŵr poeth a phibellau sy'n cludo dŵr poeth, gosod llenni trwchus a'u tynnu er mwyn ynysu ffenestri a lleihau drafftiau, a gosod gwydr dwbl mewn ffenestri.
- Gosod rhimynnau atal drafft mewn ffenestri a drysau, ac osgoi gormod o awyru.
- Gostwng tymheredd systemau gwresogi a gwisgo dillad cynhesach, a diffodd goleuadau wrth adael ystafelloedd.
- Prynu'r mathau newydd o gwceri, oergelloedd a boeleri sy'n defnyddio egni'n effeithlon, a bylbiau golau egni isel.

Golau egni isel. Mae bwlb egni isel 25 W yn rhoi'r un faint o olau â bwlb ffilament 100 W, ond mae ei oes 8 gwaith yn hwy, gan ddefnyddio chwarter yr egni yn unig.

Cynhyrchu egni heb lygru Mae'n bosibl cynhyrchu egni mewn ffyrdd sy'n lân ac yn adnewyddadwy. Gallai peiriannau **egni gwynt** modern gynhyrchu digon o drydan i gyflenwi un pumed o anghenion y Deyrnas Unedig mewn blwyddyn. Ond mae llawer o bobl yn credu bod generaduron gwynt yn hyll. Dewis arall, llai gweladwy, yw peiriannau sy'n defnyddio **pŵer tonnau** - symudiad tonnau i fyny ac i lawr - i gynhyrchu trydan. Dewis arall yw **pŵer geothermol**, sy'n defnyddio creigiau poeth yn ddwfn o dan y ddaear er mwyn gwneud ager, sydd yn ei dro yn cael ei ddefnyddio i weithio generaduron, ac felly i dwymo cartrefi.

Cludiant

Peiriannau sy'n defnyddio egni'n effeithlon Gall ceir modern deithio tua 30 y cant ymhellach ar litr o danwydd nag y gallai ceir a adeiladwyd 20 mlynedd yn ôl, a gallai ymchwil i beiriannau mwy effeithlon a defnyddiau ysgafnach gynyddu hyn i 100 y cant. Trwy ddefnyddio llai o danwydd rydym yn lleihau llygredd hefyd.

Egni gwynt Mewn ardaloedd lle mae gwyntoedd cryfion a chyson yn chwythu, gellir defnyddio melinau gwynt i gynhyrchu trydan.

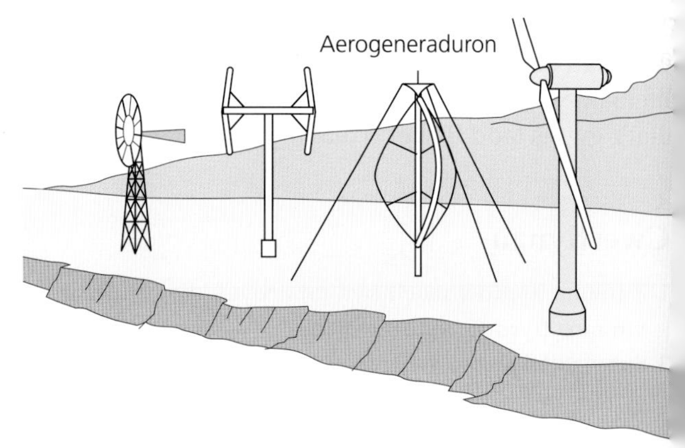

Nwyon gwastraff Am bob cilometr y mae'n teithio, mae car cyffredin yn cynhyrchu hyd at 3 litr o ocsidau nitrogen, 2.5 gram o hydrocarbonau (y naill fel y llall yn ffurfio oson mewn golau haul), 20 litr o garbon monocsid, a phlwm os defnyddir petrol sy'n cynnwys plwm. Trwy ddefnyddio petrol di-blwm a dyfais o'r enw **trawsnewidydd catalytig teirffordd**, gellir gostwng lefelau'r llygryddion hyn yn sylweddol (gweler y graffiau).

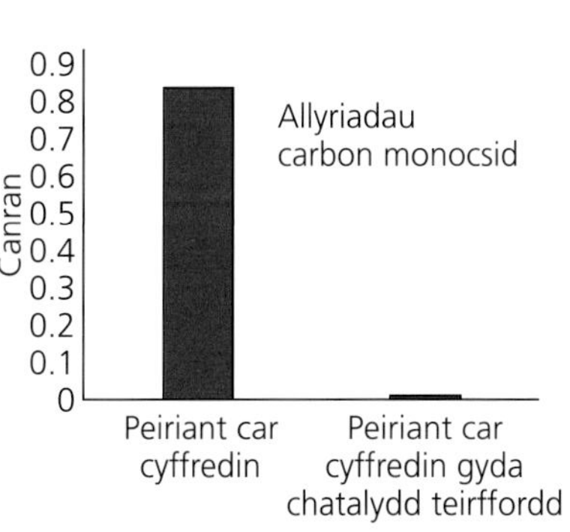

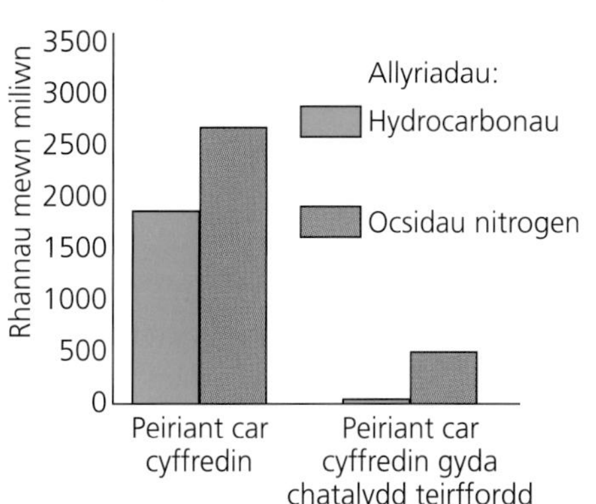

Mae petrol di-blwm yn lleihau rhai mathau o lygredd.

Cludiant cyhoeddus Mae trên neu fws sy'n llawn o deithwyr yn cludo llawer mwy o bobl am bob litr o danwydd nag y mae car. Felly gall systemau cludiant cyhoeddus ostwng nifer y ceir, ac o ganlyniad leihau llygredd.

Mae mynd ar gefn beic am 1600 o filltiroedd yn defnyddio tua'r un faint o egni ag sydd mewn galwyn o betrol, a hynny heb achosi llygredd. Pa fanteision eraill sydd yna i feicio?

Amaethyddiaeth

Gwrteithiau Byddai modd defnyddio peirianneg genetig i leihau'r angen am wrteithiau nitrad sy'n achosi llygredd. Gellir rhoi genyn i blanhigion anghodlysol sy'n eu galluogi i sefydlogi eu nitrogen eu hunain. Ond mae yna beryglon. Ni all neb fod yn sicr o effaith hir-dymor planhigion wedi eu haddasu'n enetig.

Os caiff **gwrteithiau organig** fel tail a blawd esgyrn eu defnyddio yn hytrach na chemegau, byddant yn ychwanegu hwmws at y pridd ac yn araf ryddhau maetholynnau planhigol. Fel hyn, caiff mwy ohonynt eu defnyddio gan blanhigion a bydd llai ohonynt yn achosi llygredd.

Plaleiddiaid Gellir addasu planhigion yn enetig i wneud iddynt gynhyrchu eu plaleiddiaid eu hunain. Gellir lleihau defnydd plaleiddiaid trwy gymell ysglyfaethwyr naturiol plâu pryfed, er enghraifft corynnod a buchod coch cwta. Yr enw ar hyn yw **rheoli biolegol**. Gellir lleihau plâu trwy fridio niferoedd mawr o bryfed gwryw anffrwythlon y plâu hynny. Pan fyddant yn paru, bydd y fenyw yn dodwy wyau anffrwythlon, a bydd hyn yn fuan yn gostwng y niferoedd.

Cwestiynau

1 Pam y byddai yna leihad mewn llygredd petai pob cartref wedi ei ynysu'n well ac yn defnyddio goleuadau egni isel?

2 Sut mae trawsnewidwyr catalytig yn helpu lleihau llygredd? Defnyddiwch wybodaeth yn yr Uned hon i gyfrifo:

a faint o ocsidau nitrogen, carbon monocsid a hydrocarbonau y mae car yn eu cynhyrchu wrth deithio rhwng Llundain a Birmingham;

b faint o'r un nwyon a gynhyrchir ar ôl gosod trawsnewidydd catalytig yn y car, sy'n gwaredu 80 y cant o'r llygryddion hyn.

8.11 Peidiwch â'i daflu!

Rydym yn byw mewn byd lle mae pobl yn barod iawn i wastraffu a thaflu pethau. Rydym yn prynu pethau wedi eu pacio mewn defnyddiau sy'n cael eu rhwygo a'u taflu. Caiff poteli a chaniau eu defnyddio unwaith ac yna eu taflu. Caiff rhai pethau eu gwneud yn fwriadol fel nad oes modd eu trwsio, neu fel eu bod yn treulio'n gyflym, felly bod rhaid eu taflu. Ond *gallem* ailddefnyddio bron i dri chwarter y pethau rydym yn eu taflu!

Ailddefnyddio

Caiff miliynau o gynwysyddion metel, gwydr a phlastig eu taflu - pethau y gallem eu defnyddio eto. Gellir gwerthu hen ddillad, eu rhoi i rywun, neu eu defnyddio i wneud rhywbeth arall. Gellir defnyddio darnau o hen geir i atgyweirio ceir eraill. Meddyliwch am bethau eraill y gallwn eu hailddefnyddio.

Ailgylchu defnyddiau gwastraff

Ystyr ailgylchu yw troi hen bethau, neu bethau wedi torri, yn nwyddau newydd. Gellir gwneud papur a chardiau yn fwydion a'u defnyddio i wneud papur wedi'i ailgylchu. Gellir torri carpiau defnydd yn ddarnau mân a'u defnyddio i wneud lliain neu frethyn rhad. Gellir toddi gwydr, metel a rhai mathau o blastig a'u defnyddio i wneud nwyddau newydd.

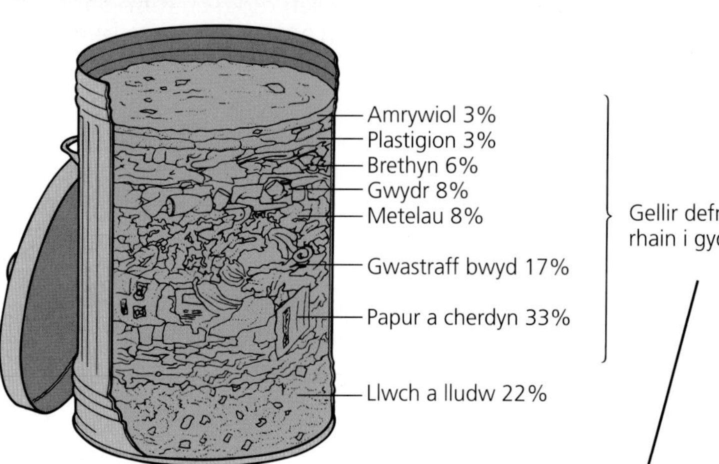

Pam mae ailgylchu'n bwysig

1 Mae ailgylchu'n golygu bod angen llai o dir ar gyfer tomennydd sbwriel hyll a drewllyd, ac mae'n lleihau'r perygl o lygredd o domennydd sbwriel.

2 Mae ailgylchu yn arafu'r gyfradd y mae'r Ddaear yn cael ei chloddio ar gyfer mwynau, a choedwigoedd yn cael eu torri er mwyn cael pren a phapur.

3 Mae ailgylchu'n arbed egni. Wrth ichi daflu metel neu wydr rydych hefyd yn taflu'r egni a gafodd ei ddefnyddio i'w gwneud. Mae angen llawer llai o egni i doddi metel sgrap a'i ailddefnyddio nag sydd ei angen i'w gynhyrchu o fwyn metel.

Gwneud compost

Byddai'n bosibl newid hyd at 35 y cant o wastraff cartrefi'r Deyrnas Unedig yn gompost. Mae gwastraff sy'n dadelfennu gan wneud compost yn cynnwys **defnyddiau organig** fel chwyn, toriadau lawnt a llwyni, gwastraff o'r gegin (ar wahân i gig a braster sy'n denu llygod mawr), a hefyd frigau, cerdyn a phapur os cânt eu torri'n fân yn gyntaf.

Bydd unrhyw bentwr o ddefnydd organig yn cynhyrchu compost yn y pen draw, ond gellir cyflymu'r broses trwy ddefnyddio blwch compost a rhoi tro i'r gwastraff yn rheolaidd. Rhaid cadw'r gwastraff yn llaith, ond ni ddylai byth fod yn wlyb iawn. Mae gwneud compost yn cynhyrchu sylwedd gwerthfawr i wella'r pridd, gan leihau'r angen am fawn. Hefyd, bydd llai o ddefnyddiau yn cael eu hanfon i safleoedd tirlenwi.

Gellir newid hyn i gyd yn . . .

. . . gompost diarogl sy'n ardderchog ar gyfer gwella pridd.

Newid gwastraff yn egni

Nwyon o wastraff Wrth ddadelfennu mae defnydd organig yn cynhyrchu nwy, 50 y cant ohono'n fethan. Mae gweithfeydd compost masnachol yn cynhyrchu cyflenwad defnyddiol o'r bionwy hwn ar raddfa fawr, fel y gwna defnydd organig sy'n dadelfennu mewn safleoedd tirlenwi. Trwy gladdu tiwbiau tyllog yn y defnydd organig gellir casglu'r bionwy a'i ddefnyddio fel tanwydd ar gyfer gwresogi, neu i gynhyrchu trydan. Gall safle tirlenwi barhau i gynhyrchu cyflenwad defnyddiol o bionwy am hyd at 50 mlynedd, ac efallai am gyhyd â chanrif.

Tanwydd solet o wastraff Ffordd arall o gael tanwydd defnyddiol yw trwy ddidoli gwastraff a dewis defnyddiau sy'n gallu llosgi. Gellir wedyn wasgu'r rhain i wneud peledi neu frics bychain. Wrth losgi, bydd y tanwydd hwn yn cynhyrchu o leiaf hanner yr egni sydd yn yr un faint o).

Mwyngloddio safleoedd tirlenwi - ailgylchu i'r eithaf

Mae gwaith diweddar yn UDA a rhannau eraill o'r byd wedi dangos bod rhesymau da dros ailagor hen safleoedd tirlenwi. Gellir adennill defnyddiau fel compost, metelau a gwydr, a'u gwerthu am arian. Gyda defnyddiau hylosg gellir cynnal projectau troi gwastraff yn egni. Mae adennill defnyddiau o safleoedd tirlenwi yn gallu gostwng cyfaint y gwastraff i'w hanner. Wedyn gellir defnyddio'r safle ar gyfer gwaredu gwastraff newydd, neu adennill y safle ar gyfer rhyw bwrpas arall. Gellir glanhau safleoedd sy'n gollwng cemegau peryglus a'u gwneud yn ddiogel.

Os oes rhaid ichi daflu'r sylweddau hyn, peidiwch â'u rhoi i lawr y draen. Gallant niweidio systemau gwaredu carthion.

Cwestiynau

1 Beth yw'r gwahaniaeth rhwng ailddefnyddio ac ailgylchu? Disgrifiwch ffyrdd o ailddefnyddio ac o ailgylchu pethau.
2 Sut mae ailgylchu yn helpu lleihau llygredd a niwed i'r amgylchedd, ac yn arbed egni?
3 Rhowch resymau pam y dylid defnyddio gwastraff organig i wneud compost.
4 Disgrifiwch ffyrdd y gellir gwneud arian ac egni o wastraff.

8.12 Datblygu cynaliadwy

Cyn i chi astudio'r Uned hon meddyliwch am ystyr y dyfyniad sy'n dilyn a thrafodwch ef yn y dosbarth.

'Petai holl bobl y byd yn defnyddio eu hadnoddau yr un mor gyflym, byddai angen dwsin o blanedau i ddarparu ar gyfer ein ffordd ni o fyw' (Mahatma Gandhi, gwladweinydd o India, 1869-1948).

Oddi ar i Gandhi fynegi'r farn hon tua 60 mlynedd yn ôl, mae poblogaeth y byd wedi dyblu i chwe biliwn, a phrin yw'r arwyddion ein bod ni'n gweithredu er mwyn lleihau ein defnydd o'i adnoddau.

Yn syml iawn, nid yw'n bosibl i'r holl fyd ddefnyddio adnoddau na ellir eu hadnewyddu, allyrru nwyon sy'n cynhesu'r byd ac yn cwtogi ar yr oson, na llygru a difetha'r amgylchedd ar yr un gyfradd ag yr ydym ni yn y Gorllewin yn ei wneud. Gallwn fod yn gwbl sicr y bydd parhau i wneud hynny yn arwain at ddiflaniad nid yn unig y miloedd o rywogaethau eraill sy'n rhannu'r blaned â ni, ond yr hil ddynol hefyd. Datblygu cynaliadwy yw'r allwedd i osgoi'r drychineb sy'n bygwth y blaned gyfan.

Cymharwch eiddo teulu o genedl dlawd (heb ddatblygu) gydag . . .

Beth yw datblygu cynaliadwy?

Gellir disgrifio cenedl fel un 'sy'n datblygu' os yw ffordd o fyw ei phobl yn gwella. Mewn geiriau eraill, mae gwelliant cyson yn eu hiechyd, addysg, cartrefi, systemau trafnidiaeth, cyflenwadau egni ac ati. Ond er mwyn i'r datblygiad hwn fod yn gynaliadwy, rhaid iddo symud ymlaen heb wneud niwed di-droi'n-ôl i gynefinoedd bywyd gwyllt ac i adnoddau fel pridd, dŵr, pysgodfeydd a choedydd, nac i blanhigion ac anifeiliaid eraill sy'n cael eu defnyddio ar gyfer bwyd, dillad, meddyginiaethau ac ati. Os yw unrhyw gynllun datblygu yn niweidio'r adnoddau hyn yn ddifrifol trwy achosi llygredd, dinistrio cynefinoedd, gor-gynaeafu, neu mewn unrhyw ffordd arall, yna nid yw'n gynaliadwy.

. . . eiddo teulu o genedl Orllewinol gyfoethog. Beth allai ddigwydd wrth i genhedloedd sydd heb ddatblygu ymdrechu i gael yr un eiddo â'r Gorllewin?

Cynnyrch cynaliadwy mwyaf posibl

Mae datblygiad cynaliadwy llwyddiannus yn dibynnu ar i ba raddau y mae **adnoddau adnewyddadwy** fel pysgodfeydd a choedydd yn cael eu defnyddio. Gydag amser bydd yr adnoddau hyn yn eu hatgyflenwi eu hunain. Yr unig ffordd i'w defnyddio mewn dull cynaliadwy yw trwy gymryd dim mwy ohonynt na'r hyn y gellir ei gynaeafu'n rheolaidd heb achosi gostyngiad yn eu stoc sylfaenol. Mae'n anodd cyrraedd y cynnyrch mwyaf posibl gan fod hynny'n dibynnu ar gyfrifo cyflenwad yr adnoddau'n fanwl gywir, ynghyd â'r amser y bydd ei angen i atgyflenwi colledion. Ni allwn ond amcangyfrif faint yw biomas pysgod yn y môr, a'r amser sydd ei angen i bysgod dyfu i aeddfedrwydd. Yn yr un modd, er mwyn datblygu coedwigoedd glaw trofannol mewn dull cynaliadwy rhaid inni gytuno ar faint o gynaeafu detholus sy'n mynd i digwydd fel nad oes mwy'n cael ei dynnu oddi yno nag sy'n gallu aildyfu.

ʼ ffordd ymlaen

ᐯae'n hollbwysig nad yw datblygiad yn cael ei gynllunio ar gyfer ›nillion tymor byr, er enghraifft gorbori llystyfiant mewn ardal er mwyn ›esgi stoc yn gyflym, gan anwybyddu'r costau tymor hir; yn yr achos ıwn gallai hynny droi'r ardal yn ddiffeithdir. Os bydd gwledydd sy'n latblygu yn copïo chwant di-baid cenhedloedd cyfoethog y Gorllewin am ›nillion tymor byr gan anwybyddu costau tymor hir, yna bydd trychineb mgylcheddol yn sicr o ddigwydd. Mae'n hen bryd i bob un ohonom ʼmdrechu i fyw mewn ffordd fwy cynaliadwy.

Ym mha ffordd y gallai'r bobl frodorol hyn o goedwigoedd glaw De America fanteisio ar ddatblygiad, neu ddioddef ei effeithiau? Ewch ati i ddarganfod sut y gwnaeth dyfodiad pobl o genhedloedd Gorllewinol 'gwareiddiedig' effeithio ar fywydau Indiaid Gogledd America a'r Inwit.

yw 'datblygiad' bob amser yn beth da?

ᐱewn rhannau anghysbell o goedwigoedd glaw De America mae lwythau brodorol o bobl sydd wedi byw a ffynnu yn eu mamwlad am lloedd o flynyddoedd. Maent wedi datblygu ffordd o fyw sydd wedi ei hrwytho mewn traddodiadau cymunedol sy'n ganrifoedd oed, ac mae eu amgylchedd yn darparu eu holl anghenion heb lygredd, a heb ddinistrio ynefinoedd. O feddwl am ein ffordd ni o fyw, sydd mor gystadleuol, yda thechnoleg soffistigedig, tagfeydd traffig, trefi'n ymledu ac yn ıeddiannu'r wlad o'u cwmpas, cyfraddau troseddu uchel, y rhyngrwyd, ffôn symudol, a'r holl straen meddyliol, a allwn ni o ddifrif ddisgrifio yn oll fel datblygiad gwerth chweil i'w efelychu?

:nghraifft o amaethyddiaeth cynaliadwy

ᐱae yna ddull traddodiadol o maethyddiaeth symudol nad yw'n inistrio coedwigoedd. Caiff ardal :chan ei chlirio a'i llosgi ac yna efnyddir y lludw i wrteithio'r ridd. Bydd pob llain o dir yn tyfu ıydau amrywiol a fydd yn eddfedu ar wahanol adegau ac yn ʼfu i wahanol uchder, gan ffurfio ardd aml-haenog. Pan fydd ʼnnyrch y cnydau yn gostwng ar . dwy neu dair blynedd caiff y ain ei gadael i adfywio ac aildyfu : fe gaiff un arall ei hagor ychydig ellter i ffwrdd.

Cwestiynau - beth yw eich barn chi?

Trafodwch y dyfyniadau hyn yn y dosbarth, yna nodwch eich barn chi ynghylch yr hyn y mae pob awdur yn ei ddweud.

'Os yw'r byd "sy'n datblygu" yn gorfod datblygu, yna peidiwch, da chi, â gadael iddo ddatblygu yr un fath â'r byd "datblygedig".' Gard Binney, *Economist*, Mehefin 2000.

'Mae lleiafrif bychan, cyfoethog, breintiedig o genhedloedd, sydd wrthi'n brysur yn gwarchod eu cyfoeth, yn rysáit ar gyfer trychineb a fydd yn effeithio ar y blaned gyfan.' William Clark, Y Sefydliad Rhyngwladol ar gyfer Datblygiad Amgylcheddol.

'Pan fydd y goeden olaf wedi marw, yr afon olaf wedi cael ei gwenwyno a'r pysgodyn olaf wedi ei ddal, bryd hynny y byddwn ni'n sylweddoli na allwn ni fwyta arian.' Wolf Robe, Indiad o lwyth De Cheyenne, 1909.

8.13 Cadwraeth bywyd gwyllt

Mae yna bedwar prif reswm pam y mae bywyd gwyllt yn cael ei ddinistrio: rydym yn lladd bywyd gwyllt er mwyn cael bwyd, neu o ran hwyl ac i gael nwyddau moethus y gallem wneud hebddynt; rydym yn casglu anifeiliaid egsotig i fod yn anifeiliaid anwes, a phlanhigion i addurno ein tai; rydym yn dinistrio eu cynefinoedd at ein defnydd ein hunain; ac rydym yn gwenwyno bywyd gwyllt â'n defnyddiau gwastraff. Mae'r Uned hon yn esbonio ymdrechion i leihau effeithiau'r tri cyntaf o'r gweithgareddau hyn.

CITES - Cytundeb ar Fasnachu Rhyngwladol Rhywogaethau mewn Perygl

Mae niferoedd llawer o rywogaethau yn gostwng oherwydd cynnydd yn y galw ledled y byd am anifeiliaid a phlanhigion a'u sgil gynhyrchion. Amcangyfrifir bod y fasnach ryngwladol hon mewn bywyd gwyllt yn werth biliynau o ddoleri'r flwyddyn, ac mae hyd at ei chwarter yn anghyfreithlon.

Mae cytundeb rhyngwladol, a adnabyddir fel *CITES*, wedi ei arwyddo gan 150 o genhedloedd er 1973. Ei nod yw ceisio gwahardd masnachu mewn oddeutu 600 o'r rhywogaethau mwyaf prin sydd mewn perygl o ddiflannu. Hefyd, yn ôl y cytundeb, cyn y gellir allforio 25 000 o rywogaethau eraill a allai fod o dan fygythiad os na chaiff masnach ei rheoli a'i monitro, rhaid cael trwydded a thystysgrif yn dangos o ba wlad y maent yn tarddu.

Mae pob gwlad sy'n aelod yn llunio adroddiadau masnach blynyddol. Mae gan bob gwlad hefyd awdurdodau gwyddonol sy'n rhoi cyngor arbenigol ynghylch rhoi caniatâd mewnforio ac allforio. Yn y rhan fwyaf o'r gwledydd, swyddogion y tollau sy'n gweinyddu deddfau *CITES*.

Mae sgil gynhyrchion anifeiliaid, sef pethau fel ffwr, ifori, cregyn crwbanod, cyrn rhinoserosiaid ac esgyrn teigrod (sy'n cael eu gwerthu fel meddyginiaethau), yn cael eu gwarchod. Yn anffodus, mae rhai gwledydd yn dal i fewnforio llaweroedd o rywogaethau a chynhyrchion sydd wedi eu casglu'n anghyfreithlon. Felly mae'r fasnach bywyd gwyllt yn parhau i ffynnu.

Rhai enghreifftiau o rywogaethau mewn perygl a'u sgil gynhyrchion, sy'n cael eu gwarchod gan y gyfraith, ond sydd yn dal i gael eu camddefnyddio gan fasnach anghyfreithlon mewn bywyd gwyllt.

Ffermwyr cadwraethol

Oherwydd diffyg gwybodaeth, mae rhai ffermwyr wedi aredig cynefinoedd a oedd yn unigryw. Felly mae'n rhaid cael gwell cyswllt rhwng cadwraethwyr a ffermwyr. Gall ffermwyr hefyd blannu rhywogaethau brodorol o goed a llwyni ble mae ffermio'n anodd. Yn ogystal â hyn, arfer gwastrafflyd yw chwistrellu cnydau mor rheolaidd fel bod pob pla yn cael ei ladd. Gellir defnyddio trapiau pryfed er mwyn amcangyfrif niferoedd y pla fel bod ffermwyr yn cael rhybudd os yw plâu yn cynyddu i lefel beryglus, ac yna gallant chwistrellu ar yr adeg orau i gael yr effaith fwyaf posibl.

Cafodd y **Grŵp Cynghori ar Ffermio a Bywyd Gwyllt (GCFfBG)** ei ffurfio ym 1969 er mwyn hybu dulliau ffermio sy'n parchu'r amgylchedd. Mae'n cynnig cyngor ac arweiniad ar gynnal cynefinoedd gan gynnwys ymylon caeau, gwlyptiroedd, ffosydd dŵr a choetiroedd, yn ogystal â chyngor ar reoli llygredd a gwastraff, a defnyddio cemegau amaethyddol.

Gwarchod cynefinoedd

Hyd yn hyn mae oddeutu 4300 o **Safleoedd o Ddiddordeb Gwyddonol Arbennig (SoDdGA)** trwy wledydd Prydain. Caiff y rhain eu gwarchod gan Ddeddf 1949 y Parciau Cenedlaethol a Mynediad i Gefn Gwlad (a ddiweddarwyd ym 1981 a 1985). Rhaid rhoi gwybod i awdurdodau lleol am unrhyw weithgaredd a allai wneud niwed i unrhyw un o'r safleoedd hyn er mwyn gallu asesu'r effeithiau posibl. Eto i gyd, nid yw hyn wedi rhwystro dros 300 ohonynt bob blwyddyn rhag parhau i gael eu niweidio. Yn ôl ymgynghorwyr y llywodraeth, mae o leiaf 45 y cant o'r safleoedd mewn cyflwr anfoddhaol. Mae angen deddfau gwell ar fyrder.

Er mwyn gwneud iawn am y cynefinoedd rydym yn eu dinistrio, rhaid inni ddod o hyd i ffyrdd o greu rhai newydd. Mae chwarel sydd wedi ei chau yn gwneud cynefin delfrydol i fywyd gwyllt. Mae hon wedi ei throi yn barc natur.

Yn yr ardd fywyd gwyllt hon mae pwll gydag ardal gorsiog ar gyfer planhigion y gors, llyffantod, madfallod, a phryfed dŵr; mae ardal wedi ei hau â gweiriau a blodau gwylltion i ddenu pryfed, adar a chreaduriaid gwyllt eraill; mae llwyni a choed ar gyfer adar sy'n nythu, a bwrdd adar gyda digonedd o fwyd.

Beth y gallwch chi ei wneud dros fywyd gwyllt

1 Peidiwch byth â chodi planhigion gwyllt o'r gwraidd, na dwyn wyau adar.
2 Peidiwch byth â gadael bachau pysgota na phwysau plwm mewn mannau lle gallai anifeiliaid eu llyncu. Bydd y bachau pysgota yn eu hanafu a'r plwm yn eu gwenwyno.
3 Peidiwch byth â chynnau tanau na gadael sbwriel yng nghefn gwlad.
4 Sefydlwch ardd fywyd gwyllt:
   a) tyfwch blanhigion sy'n cynhyrchu llawer o neithdar, e.e. *aubretia*, coeden fêl, glesyn y coed, y fedan chwerw, isop, mintys y graig, triaglog goch, penigan barfog;
   b) tyfwch iorwg/eiddew, a phlanhigion trwchus eraill sy'n dringo, ar gyfer adar sy'n nythu, corynnod, a phryfed;
   c) mae pentyrrau o greigiau, rwbel, neu logiau coed yn guddfannau ardderchog ar gyfer amffibiaid, corynnod, pryfed a llawer o infertebratau eraill;
   ch) gosodwch gymaint ag y gallwch o flychau ar gyfer adar ac ystlumod.

Cwestiynau

1 Beth mae'r llythrennau *CITES*, SoDdGA a GCFfBG yn eu cynrychioli, a beth yw cysylltiad pob un ohonynt â chadwraeth bywyd gwyllt?
2 Sut y gall ffermwyr helpu cadwraeth bywyd gwyllt?
3 Disgrifiwch fanteision gardd fywyd gwyllt.
4 Rhestrwch rai nwyddau moethus sydd wedi eu gwneud o sgil gynhyrchion anifeiliaid a phlanhigion.

Cwestiynau am Bennod 8

1 Astudiwch y graff isod.

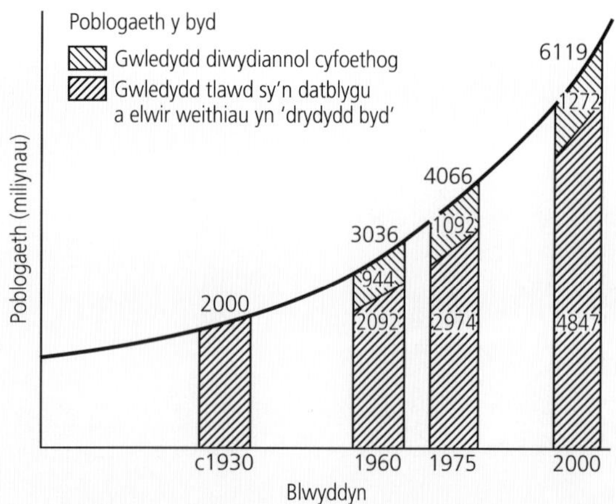

a Faint oedd y cynnydd ym mhoblogaeth y byd rhwng 1960 a 2000?
b Faint oedd y cynnydd ym mhoblogaeth gwledydd tlawd rhwng 1960 a 2000?
c Faint oedd y cynnydd ym mhoblogaeth gwledydd cyfoethog rhwng 1960 a 2000?
ch Pa un o'r ddau olaf hyn sy'n tyfu gyflymaf?
d Eglurwch pam mae'r ddwy boblogaeth yn tyfu ar gyfraddau gwahanol.

2 Astudiwch Dabl 1 isod, yna cyfrifwch ganran y newid yng nghyfradd fras y genedigaethau ar gyfer pob gwlad. Gwnewch gopi o'r tabl, a llenwch y bedwaredd golofn.
a Ym mha wledydd mae'r gyfradd genedigaethau yn newid gyflymaf, ac arafaf?
b Rhowch resymau dros y gwahaniaethau hyn.

	1989	1999	% newid
Y Byd	32.7	27.3	–16.5%
Affrica	47.0	46.4	
America Ladin	35.4	31.8	
Gogledd America	16.5	16.0	
Dwyrain Asia	30.5	23.8	
Ewrop	16.1	14.0	

Tabl 1 - Cyfradd genedigaethau (genedigaethau byw ym mhob 1000 o'r boblogaeth y flwyddyn) yn fras

3 Astudiwch Dabl 1 eto, yna penderfynwch pa un o'r datganiadau canlynol sy'n wir a pha un sy'n anwir. Defnyddiwch ystadegau o'r tabl hwn i gefnogi eich atebion.
a Mae'r gyfradd genedigaethau yn cynyddu ledled y byd.
b Mae'r gyfradd genedigaethau mewn gwledydd tlawd yn uwch nag mewn gwledydd cyfoethog.
c Mae'r gyfradd genedigaethau'n codi y tu hwnt i bob rheolaeth mewn gwledydd tlawd.

4 Astudiwch Dabl 2 ac yna, ar gyfer pob Ardal, cyfrifwch ei phoblogaeth fel canran o boblogaeth y byd yn y flwyddyn 2000. Lluniwch siart cylch er mwyn arddangos y canlyniadau hyn mewn dull darluniadol.

Ardal	Pobl. 1985	*Cyf. geni	*Cyf. marw	% cynn. /fl.	Amser dyblu	Pobl. 2000	% pobl. y Byd yn 2000
Affrica	551 m	45	16	+2.9	24 bl.	869 m	14.2%
Asia	2829 m	28	10	+1.8	39 bl.	3562 m	
Ewrop	492 m	13	10	+0.3	240 bl.	509 m	
America Ladin	406 m	31	8	+2.3	30 bl.	554 m	
Gogledd America	264 m	15	8	+0.7	99 bl.	297 m	
Oceania	24 m	21	8	+1.2	25 bl.	28 m	
Rwsia	278 m	20	10	+1.0	71 bl.	316 m	
Y Byd	4845 m	27	11	+1.7	41 bl.	6135 m	

[Ffynhonnell: Taflen Ddata Poblogaeth y Byd 1985, Biwro Cyfeiriadau Poblogaeth/*Population Concern*]
* Genedigaethau a marwolaethau ym mhob 1000 o'r boblogaeth mewn blwyddyn

Tabl 2 – Ystadegau poblogaeth

5 Astudiwch Dabl 2 eto, yna atebwch y cwestiynau hyn.
a Ym mha wlad mae'r boblogaeth yn tyfu gyflymaf, ac yn tyfu arafaf (rhowch y canran ar gyfer y naill a'r llall).
b Beth, yn eich barn chi, yw ystyr 'amser dyblu'?
c Rhestrwch gymaint ag y gallwch o newidiadau a allai ddigwydd mewn gwlad sydd â'i phoblogaeth yn dyblu mewn 25 mlynedd.

6 Astudiwch Graff 1.

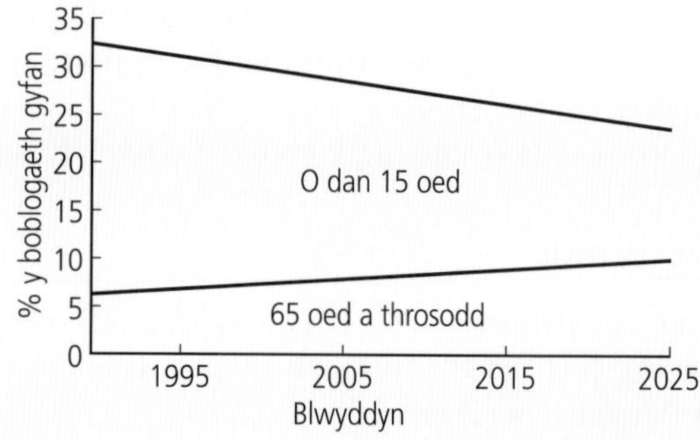

Graff 1 - Newidiadau ym mhatrwm oedran poblogaeth y byd er 1900

a Beth yw ystyr 'patrwm oedran' poblogaeth y byd?
b Beth sy'n digwydd i'r canran o boblogaeth y byd sy'n 65 oed a throsodd, ac o dan 15 oed?
c Rhowch o leiaf dri rheswm dros y newidiadau hyn.
ch Pa broblemau mae'r newidiadau hyn mewn patrwm oedran yn eu hachosi?

7 Astudiwch Graff 2.

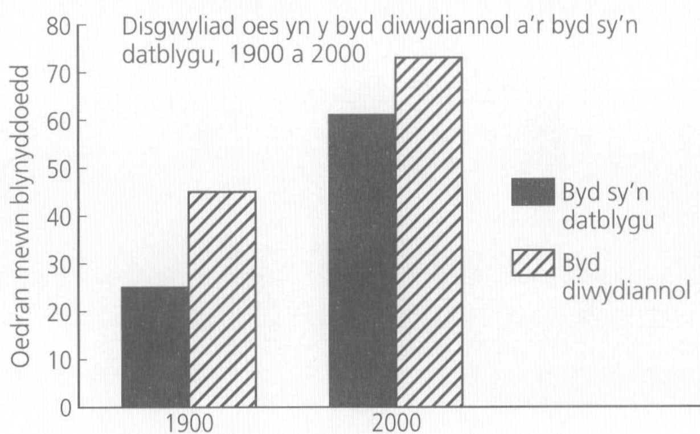

Graff 2 - Newidiadau mewn disgwyliad oes er 1900

a Beth yw 'Disgwyliad oes'?
b Beth sydd wedi digwydd i ddisgwyliad oes er 1900?
c Sut mae Graff 2 yn helpu egluro'r newidiadau a ddangosir yng Ngraff 1?

8 Astudiwch Graff 3.

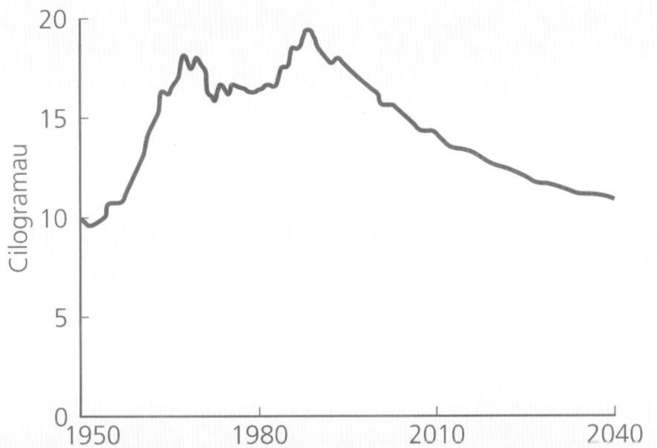

Graff 3 - Pysgod a ddaliwyd y pen o boblogaeth y byd 1950-2000

a Beth yw ystyr 'y pen o boblogaeth y byd'?
b Beth sy'n digwydd i stociau pysgod?
c Rhowch resymau dros y newidiadau hyn a'r niwed amgylcheddol y maent yn eu hachosi.

9 Dyma fap o afon.

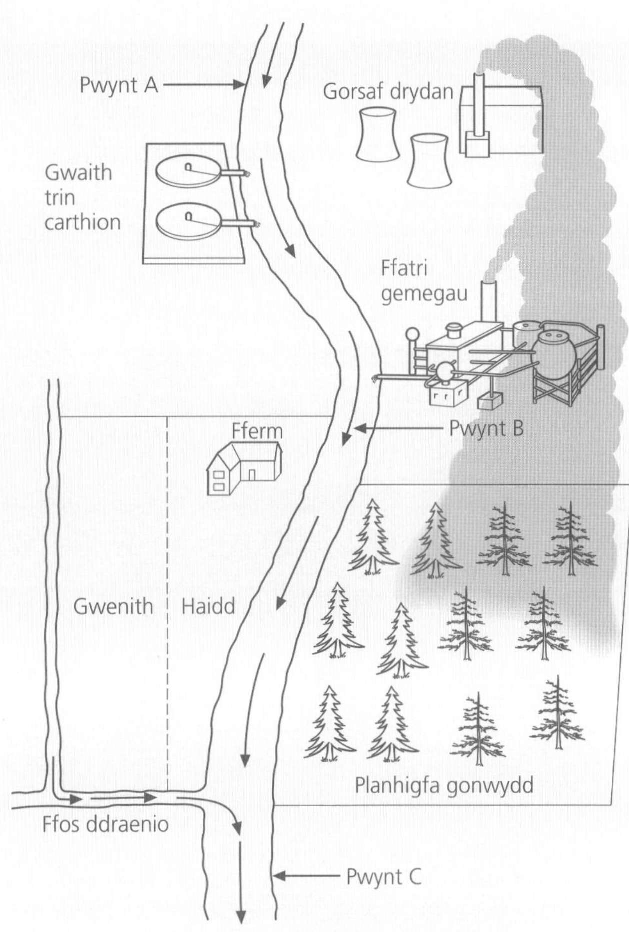

a Pam mae pysgotwyr yn dal mwy o bysgod ym mhwynt A nag ym mhwynt C?
b Mae llawer o goed yn y blanhigfa gonwydd yn marw. Pam, tybed?
c Un diwrnod, torrodd y gwaith trin carthion ac aeth carthion amrwd i'r afon. Beth ddigwyddodd i lefel yr ocsigen yn y dŵr ym mhwynt B? Eglurwch eich ateb. Beth fyddai effaith hyn ar anifeiliaid dŵr?
ch Pan fydd y ffermwr yn rhoi gwrtaith ar ei gnydau, bydd y chwyn dŵr ym mhwynt C yn tyfu. Eglurwch pam.
d Mae adar lleol sy'n bwyta pysgod yn mynd yn sâl pan fydd y ffermwr yn chwistrellu plaleiddiad ar ei gnydau. Eglurwch pam.

Pennod 9

Iechyd

Mae gan ein cyrff gasgliad anhygoel o amddiffynfeydd i'n gwarchod rhag afiechyd a rhai sylweddau niweidiol a allai ddod i mewn i'r corff mewn diodydd, bwyd, a'r aer rydym yn ei anadlu. Nid oes rhaid i ffordd iach o fyw olygu rhoi'r gorau i bleserau bwyd a diod, ond gall sicrhau eich bod yn cael hir oes ac iechyd. ■

AYLINGS

9.01 Gofalu am eich corff

'Gofalwch am eich corff, dyna'r unig un a gewch chi.' Mae hwn yn amlwg yn gyngor da, ond beth mae gofalu am eich corff yn ei olygu? Astudiwch yr enghraifft isod o ymchwil i'r berthynas rhwng iechyd a ffordd o fyw, yna ceisiwch ddarganfod drosoch eich hun beth yw ystyr 'byw yn iach'.

Sut mae ffordd o fyw yn dylanwadu ar iechyd a hyd oes?

Mae ymchwil a ddechreuwyd ym 1965 yn Labordy Poblogaeth Ddynol Adran Iechyd y Cyhoedd, Talaith California, wedi bod yn archwilio'r berthynas rhwng ffordd o fyw, iechyd, a hyd oes mewn 7000 o bobl. Bu ymchwilwyr yn asesu pawb yn y sampl yn ôl faint o'r arferion iechyd canlynol yr oeddynt yn eu dilyn. Darganfu ymchwilwyr fod perthynas gref rhwng y saith arfer iechyd canlynol a hyd oes.

1 Peidio byth ag ysmygu sigaréts.
2 Gwneud ymarfer corff yn rheolaidd.
3 Yfed alcohol yn gymhedrol, os o gwbl.
4 Cysgu hyd at wyth awr y noson.
5 Cadw at y pwysau cywir.
6 Bwyta brecwast.
7 Peidio â bwyta rhwng prydau bwyd.

Canlyniadau'r ymchwil hwn

- Gallai dynion 45 mlwydd oed a oedd yn dilyn chwech neu saith o'r arferion iechyd hyn fyw hyd nes eu bod tua 78 oed; gallai'r rhai a fyddai'n dilyn pedwar neu bump o'r arferion fyw i fod yn 73 oed; a'r rhai â hyd at dri o'r arferion fyw i fod yn 67 oed. Felly roedd gwahaniaeth o 11 mlynedd mewn disgwyliad oes rhwng y cyntaf a'r olaf o'r grwpiau hyn. Mewn menywod, tua 7 mlynedd oedd y gwahaniaeth.
- Dim ond 43 y cant o gyfradd marwolaethau'r holl ddynion yn yr arolwg oedd cyfradd marwolaethau'r dynion a oedd yn dilyn pob un o'r saith arfer. Y ffigur cyfatebol ar gyfer menywod oedd 62 y cant.
- Ym mhob grŵp oedran roedd gan y rhai hynny oedd yn dilyn pob un o'r saith arfer well iechyd na'r rhai a oedd yn adrodd eu bod yn arfer llai ohonynt. Yn rhyfeddol, roedd iechyd cyffredinol pobl dros 75 oed a oedd yn dilyn y saith arfer tua'r un fath â phobl 35-44 oed a oedd yn dilyn llai na thri ohonynt.

Casgliadau

Mae'r canlyniadau hyn yn profi heb amheuaeth fod dynion a menywod a oedd yn dilyn tri neu lai na hynny o arferion iechyd da â mwy o dueddiad i farw'n gynamserol na'r grwpiau eraill. Felly *mae* ffordd o fyw yn dylanwadu ar iechyd.

Prawf ffitrwydd tri munud

1 Chwiliwch am fainc tua 35 cm o uchder a chloc â bys munud. Ailadroddwch y drefn ganlynol 24 o weithiau mewn munud am dri munud:
Camu i fyny ar un droed, yna camu i fyny â'r droed arall. Camu i lawr ar y droed gyntaf ac yna i lawr ar yr ail.
STOPIWCH os byddwch yn fyr iawn eich gwynt, yn flinedig dros ben neu'n teimlo unrhyw anghysur.

2 Ymhen pum eiliad ar ôl stopio chwiliwch am guriad eich calon (eich pwls), trwy osod bys ar du mewn eich arddwrn neu yn erbyn y rhydweli ar eich gwddf, a'i gyfrif am un munud.

3 Cymharwch gyfradd curiad eich calon (mewn curiadau y munud) â'r tabl isod er mwyn gweld beth yw eich lefel ffitrwydd – aur, arian neu efydd.

	Oedran	15–29	30–39	40–49
Menywod	Aur	llai nag 80	llai nag 84	llai nag 88
	Arian	80–110	84–115	88–118
	Efydd	dros 110	dros 115	dros 118
Dynion	Aur	llai na 70	llai na 74	llai na 78
	Arian	70–100	74–104	78–108
	Efydd	dros 100	dros 104	dros 108

Cyn i chi astudio'r bennod hon ymhellach, treuliwch ychydig o amser yn ateb y cwestiynau hyn.

Cwestiynau

Gan ddefnyddio'r wybodaeth yn yr Uned hon, a'r lluniau isod:

1 Ysgrifennwch restr fanwl o'r ffyrdd y gallwch chi helpu cadw eich corff yn iach.

2 Rhestrwch yr holl ffyrdd y gall pobl esgeuluso eu cyrff, a'u cam-drin. Disgrifiwch y drwg y gall pob eitem ar eich rhestr ei wneud i'r corff.

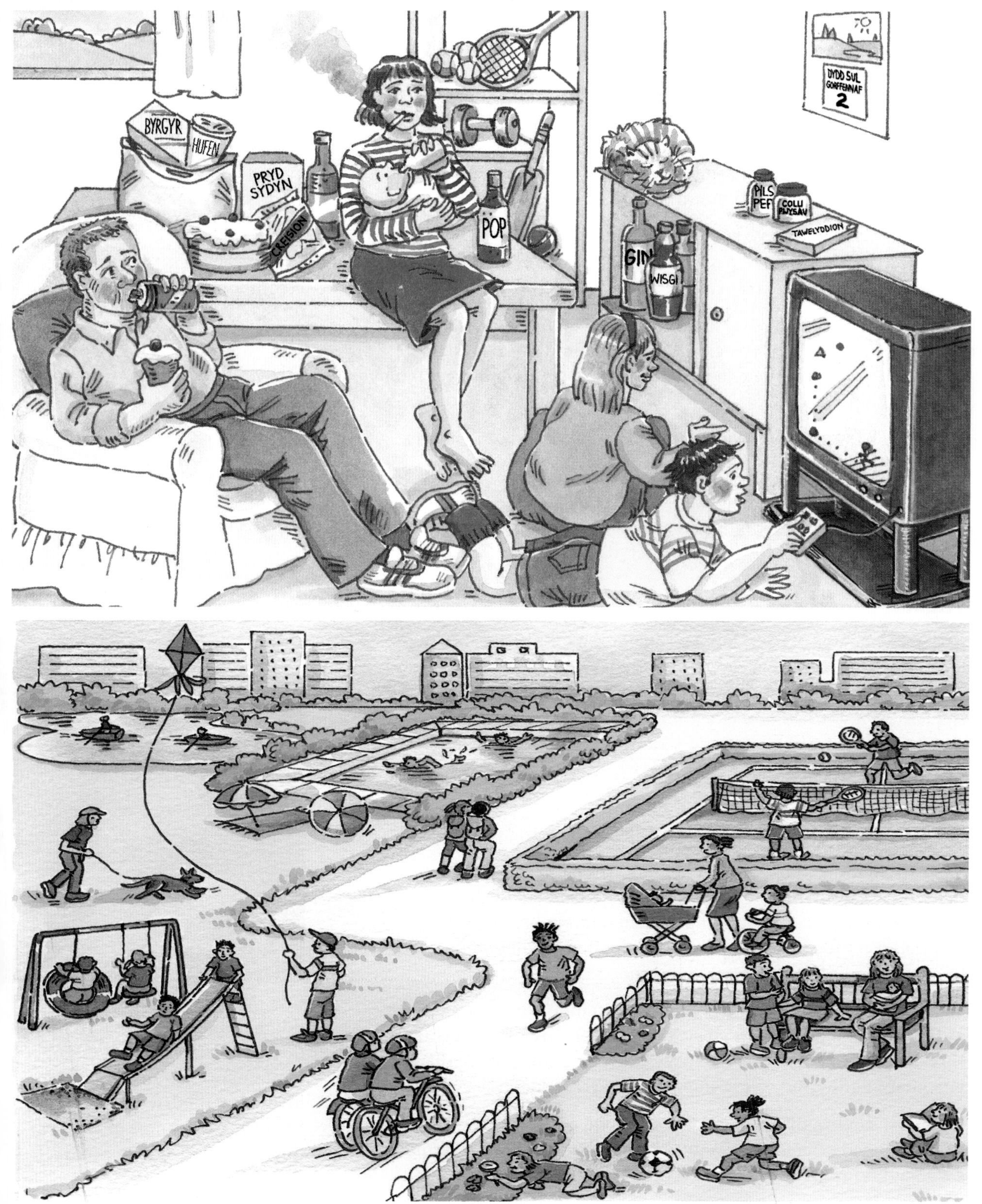

9.02 Germau, afiechyd a haint

Pethau byw bach iawn sy'n achosi afiechyd yw germau. Germau yw pob firws. Germau yw rhai bacteria a ffyngau hefyd.

Firws yr annwyd cyffredin. Caiff ei drosglwyddo trwy'r aer neu drwy gyffyrddiad uniongyrchol.

Firysau

Mae firysau mor fach, allwch chi ddim eu gweld o dan ficrosgop cyffredin.

Nid yw firysau yn resbiradu, bwyta, tyfu na symud. Y cyfan y maent yn ei wneud yw atgynhyrchu. Dim ond y tu mewn i gelloedd organeb arall y gallant wneud hyn. Er enghraifft, os byddwch yn mewnanadlu'r firysau sy'n achosi annwyd, byddant yn mynd i gelloedd yn eich trwyn a'ch gwddf. Byddant yn troi'r celloedd hyn yn ffatrïoedd firysau fydd yn heintio celloedd eraill mewn cyfnod byr.

Firysau sy'n achosi brech yr ieir, y ffliw a'r frech goch hefyd.

Bacteria

Mae bacteria'n fwy na firysau, ond eto yn fach iawn. Yn wahanol i firysau, maent yn bwydo, yn symud ac yn resbiradu, yn ogystal ag atgynhyrchu. Mae bacteria sy'n byw fel germau yn niweidio pethau byw mewn dwy brif ffordd:

1. Maent yn lladd meinwe byw. Mae'r ddarfodedigaeth yn glefyd a achosir gan facteria sy'n lladd meinwe'r ysgyfaint.
2. Maent yn cynhyrchu gwenwynau, o'r enw **tocsinau**. Achosir gwenwyn bwyd gan facteria sy'n rhyddhau tocsinau i'r system dreulio. Bacteria sy'n achosi cornwydydd, y pâs, a chlefydau gwenerol.

Ffyngau

Mae rhai ffyngau yn achosi clefydau mewn pobl. Er enghraifft, mae **ffyngau tarwden** yn achosi clefyd o'r enw **tarwden**. Mae hwn yn ymddangos fel cylchoedd crwn ar groen y pen a chesail y forddwyd. Mae ffwng tebyg yn ymosod ar y croen meddal rhwng bysedd y traed, gan achosi **tarwden y traed**, neu **droed y campwr**.

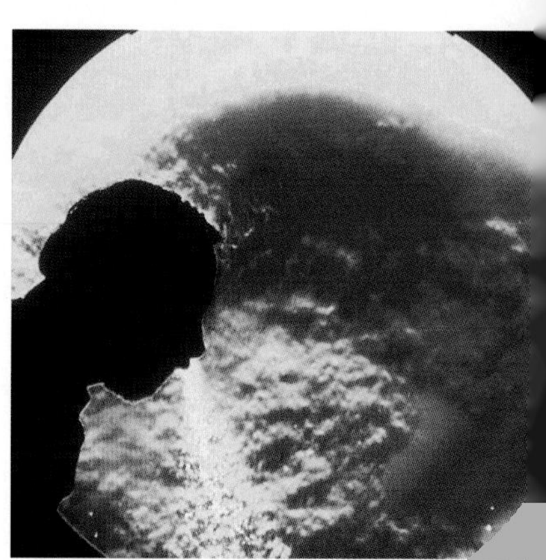

Cafodd camera arbennig ei ddefnyddio i dynnu'r llun hwn o ddyn yn tisian. Sylwch ar yr aer a'r defnynnau o fwcws sy'n 'ffrwydro' o'i drwyn a'i geg. Welwch chi sut mae pesychu a thisian yn lledaenu germau?

Lledaenu heintiau

Dyma rai o'r ffyrdd y gallwch gael eich heintio â germau:

1. Trwy gyffwrdd â phobl wedi'u heintio, neu bethau a gafodd eu defnyddio ganddynt, fel tywel, crib neu gwpan. Gallwch ddal tarwden y traed trwy gerdded ar loriau gwlyb neu fatiau lle bu pobl wedi'u heintio yn cerdded. Trwy gyffwrdd â phobl wedi'u heintio y bydd brech yr ieir a'r frech goch yn lledaenu.
2. Trwy fewnanadlu germau o bobl wedi'u heintio, yn enwedig wrth iddynt besychu neu disian yn eich ymyl. Felly dylech besychu a thisian i hances boced bob tro. Trwy besychu a thisian y bydd anwydau, y ffliw, llid yr ysgyfaint a'r pâs yn lledaenu.
3. O fwyd a diod wedi'u heintio. Gall pesychu a thisian, dwylo budr, pryfed, llygod ac anifeiliaid anwes heintio bwyd a diod â germau. Mae bwyd a diod wedi'u heintio yn achosi gwenwyn bwyd a dysentri.

Atal heintiau

Dyma rai ffyrdd y gallwch chi osgoi cael eich heintio â germau.

Llygaid Mae bwydydd sy'n cynnwys llawer o fitamin A yn help i gadw'r llygaid yn iach. Dylech osgoi darllen mewn golau gwan a gwarchod eich llygaid rhag llawer o lwch. Gofalwch ddefnyddio sbectol haul dda bob amser i leihau'r disgleirdeb heb i chi orfod craffu.

Bwyd a diod Coginiwch fwyd yn drwyadl a'i fwyta'n syth. Cadwch fwyd sydd heb ei ddefnyddio mewn oergell neu rewgell. Os byddwch yn meddwl bod dŵr wedi ei heintio â germau, dylech ei ferwi.

Dwylo Golchwch nhw'n drylwyr cyn bwyta, cyn trin bwyd, ac ar ôl bod yn y tŷ bach. Gorchuddiwch unrhyw friw â gorchudd di-haint, a chofiwch ei newid yn rheolaidd.

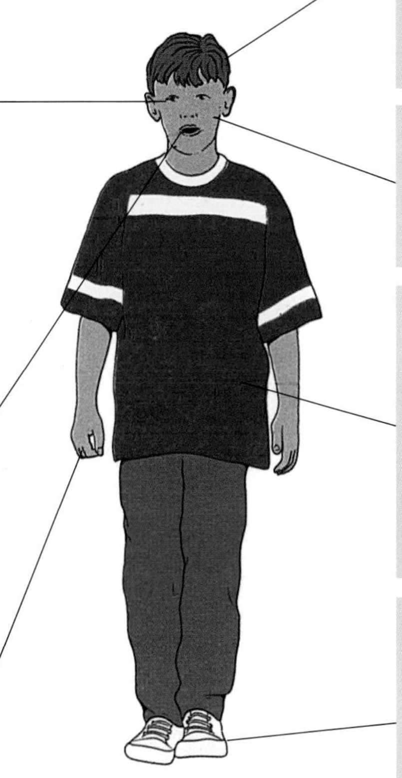

Gwallt Dylech ei olchi'n aml, yn arbennig mewn hinsoddau poeth, gyda siampŵ pwrpasol sy'n lleihau cen ar y pen ac yn lladd parasitiaid pryfed. Mae defnyddio brws a chrib glân yn aml yn cadw croen y pen yn iach.

Wyneb Rhaid golchi colur oddi ar eich croen bob nos gyda sebon da. Gall sebon rhad, alcalïaidd wneud i'r croen gosi neu losgi.

Corff Ymolchwch yn rheolaidd yn y baddon neu'r gawod, yn enwedig mewn tywydd poeth, er mwyn osgoi heintiau croen. Gall defnyddio gormod o wrthchwyswyr mewn hinsoddau poeth achosi trawiad gwres. Newidiwch eich dillad, yn enwedig eich dillad isaf, yn rheolaidd.

Traed Golchwch nhw bob dydd, a'u sychu'n ofalus, yn enwedig rhwng y bysedd. Gwisgwch sanau glân bob dydd, a dylech osgoi gwisgo yr un pâr o esgidiau bob dydd am gyfnodau hir, rhag i chwys a germau grynhoi ynddynt.

Cwestiynau

1. Rhestrwch yr holl ffyrdd y mae germau'n cael eu lledaenu yn y darlun uchod.
2. Pam na ddylech chi byth ddefnyddio tywel person dieithr?
3. Pam y dylech chi disian i hances boced?
4. Pam y dylech chi olchi rhwng bysedd eich traed yn rheolaidd?
5. Pam mae'n rhaid i chi goginio bwyd yn drylwyr?

9.03 Ymladd afiechyd

Mae gan eich corff nifer o ffyrdd o'i amddiffyn ei hun rhag firysau, bacteria a germau eraill. Gyda'i gilydd, mae'r amddiffynfeydd hyn yn rhoi **imiwnedd naturiol** i'ch corff rhag haint.

Mae haen o gelloedd o'r enw **pilen fwcaidd** yn leinio eich **trwyn** a'ch **pibellau aer**. Mae hon yn gwneud hylif gludiog o'r enw **mwcws**. Mae hwn yn dal germau a baw o'r aer wrth i chi anadlu. Mae blew mân o'r enw **cilia** yn symud y mwcws i'ch gwddf, lle caiff ei lyncu a'i waredu o'ch corff heb iddo wneud unrhyw niwed.

Mae hylif antiseptig o'r chwarennau dagrau yn diogelu eich **llygaid** rhag germau. Mae'r hylif hwn yn golchi eich llygaid bob tro y byddwch yn eu hamrantu.

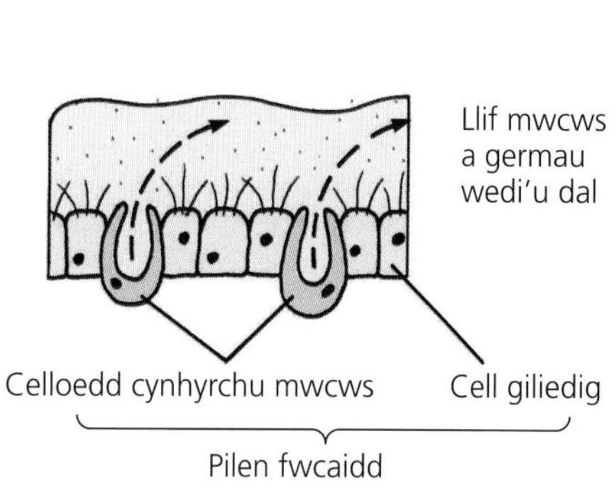

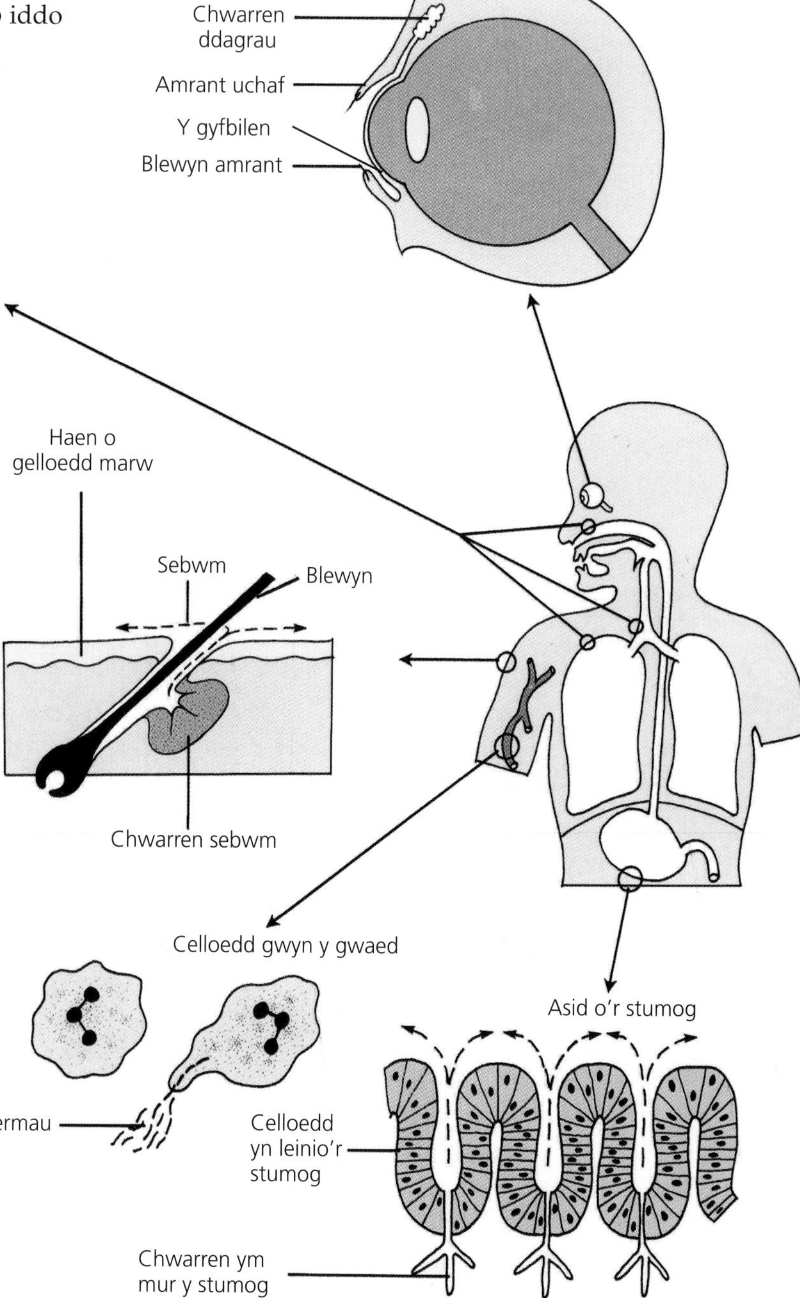

Mae gan eich **croen** haen allanol o gelloedd marw sy'n ffurfio rhwystr rhag germau. Mae **chwarennau sebwm** o dan y croen yn gwneud **sebwm**, hylif antiseptig olewaidd sy'n cadw'r croen yn ystwyth a gwrth-ddŵr, ac yn ei ddiogelu rhag y rhan fwyaf o germau.

Bydd germau sy'n mynd i glwyfau neu i'ch **llif gwaed** yn cael eu bwyta gan gelloedd gwyn y gwaed sy'n cael eu galw'n **ffagocytau**.

Mae leinin eich **stumog** yn cynhyrchu asid sy'n angenrheidiol ar gyfer treulio bwyd. Mae'r asid hwn hefyd yn lladd germau sy'n mynd i'ch corff mewn bwyd a diod.

wrthgyrff - arfau cemegol eich corff

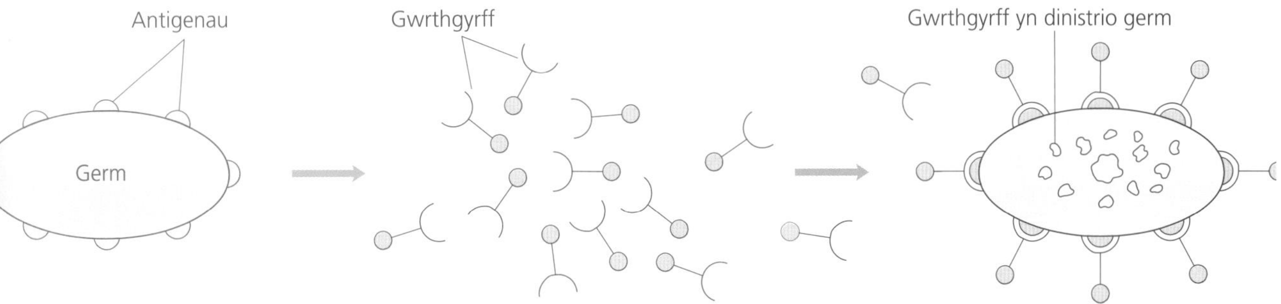

arwyneb bacteria, firysau a rmau eraill, mae sylweddau o'r w **antigenau**.

Pan fydd eich corff yn canfod antigenau, mae celloedd gwyn y gwaed, o'r enw lymffocytau, yn rhyddhau cemegau o'r enw **gwrthgyrff**.

Mae gwrthgyrff yn cyfuno â'r antigenau. Mae hyn yn lladd y germau trwy wneud iddynt hollti ar agor neu lynu wrth ei gilydd, neu drwy ei gwneud yn haws i ffagocytau eu bwyta.

ae angen gwrthgorff penodol i ladd pob gwahanol fath o germ. Gall rhai rthgyrff o'r enw **gwrthwenwynau** ddinistrio'r gwenwynau (tocsinau) y e germau'n eu cynhyrchu. Unwaith y bydd gwrthgorff wedi ei nhyrchu, gall aros yn eich corff am flynyddoedd gan eich gwneud yn iwn i ymosodiadau pellach gan y germau y mae'n eu dinistrio.

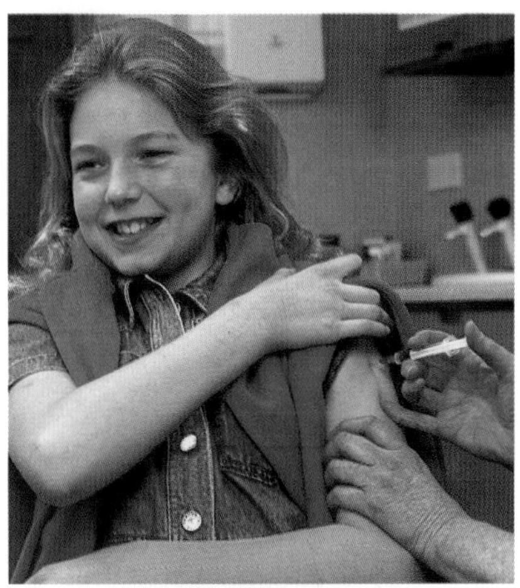

iwnedd artiffisial

d oes rhaid i chi ddal clefyd cyn bod eich corff yn gwneud gwrthgyrff yn rbyn. Gallwch gael **brechlyn** sy'n gwneud i'ch corff gynhyrchu rthgyrff. Yna byddwch yn barod i ymladd haint cyn i'r germau gyrraedd.

e brechlyn yn cynnwys naill ai germau marw, germau diniwed neu csin diniwed o germ. Pan fyddwch yn cael eich brechu, mae eich nffocytau yn gwneud gwrthgyrff yn union fel petai germau go iawn di cyrraedd i'ch corff.

o'r bobl gyntaf i ddefnyddio brechlyn oedd Edward Jenner. echrau'r bedwaredd ganrif ar bymtheg, profodd fod pobl a oedd yn clefyd ysgafn o'r enw brech y fuwch (neu'r cowpog) yn imiwn wedyn frech wen, sy'n glefyd marwol.

fodd Jenner groen bachgen iach a rhwbio i'r clwyf grawn oddi wrth ch a oedd yn dioddef o frech y fuwch. Daliodd y bachgen frech y vch. Ar ôl iddo wella, brechodd Jenner ef â chrawn person a oedd yn ddef o'r frech wen, ond ni ddaliodd y bachgen y clefyd hwn. Fe ddom erbyn hyn fod gan germau brech y fuwch a'r frech wen yr un igenau, felly roedd corff y bachgen eisoes yn cynnwys y gwrthgyrff vir ar gyfer ymladd haint y frech wen.

westiynau

Eglurwch sut mae eich llygaid, eich croen, eich pibellau aer a'ch llwybr ymborth yn ymladd germau.

Disgrifiwch ddwy ffordd y mae eich gwaed yn ymladd germau.

3 Daliodd Ifan y frech goch ym 1986. Daliodd ei chwaer y frech goch ym 1987 ond ni ddaliodd Ifan y clefyd eto. Eglurwch pam gan ddefnyddio geiriau technegol o'r Uned hon.

9.04 Ysmygu ac afiechyd

Mae ysmygu yn lladd. Ym Mhrydain, mae bron i 100 000 o bobl yn marw bob blwyddyn o glefydau sy'n cael eu hachosi gan ysmygu. Mae hyn ddeuddeg gwaith yn uwch na'r nifer sy'n cael eu lladd mewn damweiniau ar y ffyrdd.

Trawstoriad trwy ysgyfant dynol iach.

Mae mwg tybaco yn wenwyn

Mae mwg tybaco yn cynnwys tua 1000 o gemegau. Mae llawer ohonynt yn niweidiol. Dyma ambell un o'r rhai gwenwynig.

Nicotin - cyffur gwenwynig. Mae'n niweidio'r galon, y pibellau gwaed a'r nerfau. Mae ysmygwyr yn mynd yn gaeth iddo, a dyna pam mae'n anodd rhoi'r gorau i ysmygu.

Tar - sy'n ymffurfio yn yr ysgyfaint wrth i fwg tybaco oeri. Mae'r tar yn cynnwys 17 cemegyn y gwyddom eu bod yn achosi canser mewn anifeiliaid.

Carbon monocsid - nwy gwenwynig sy'n rhwystro'r gwaed rhag cludo ocsigen o amgylch y corff.

Nwyon gwenwynig eraill mewn mwg tybaco yw **hydrogen cyanid, amonia** a **bwtan**. Mae'r rhain yn achosi cosi poenus yn yr ysgyfaint a'r pibellau aer, gan wneud i ysmygwyr besychu.

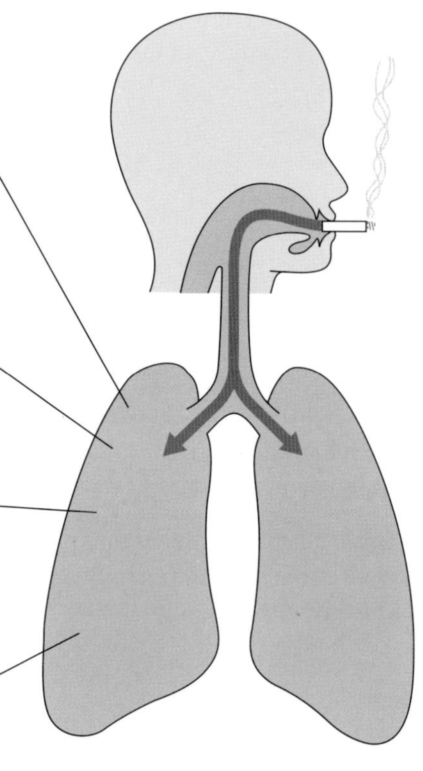

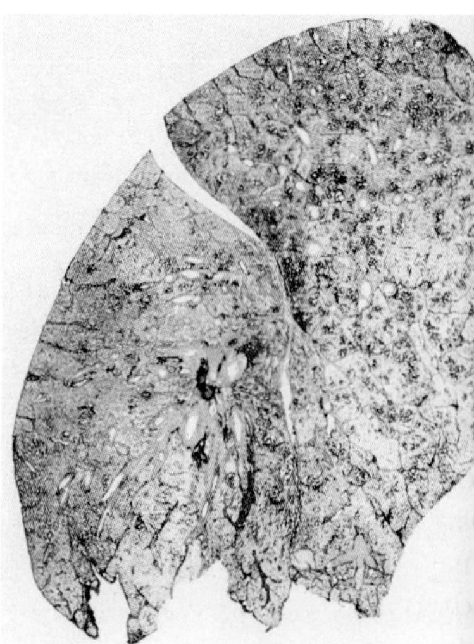

Trawstoriad trwy ysgyfant ysmygwr. Dyddodion tar yw'r smotiau. Maent yn atal yr ysgyfaint rhag gwneud eu gwait yn iawn.

Clefydau sy'n cael eu hachosi gan ysmygu

Mae **clefyd y galon** dair gwaith yn fwy cyffredin mewn ysmygwyr nag mewn pobl sydd ddim yn ysmygu.

Clefyd yw **emffysema** lle mae meinweoedd yr ysgyfaint yn cael eu lladd gan y cemegau mewn mwg tybaco. Mae tyllau mawr sy'n chwyddo fel balwnau yn ymddangos yn yr ysgyfaint. Mae'n mynd yn anodd iawn anadlu.

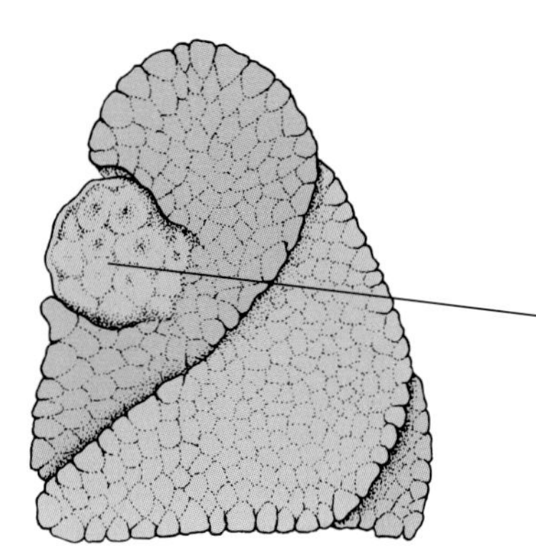

Achoswyd y chwydd ar yr ysgyfant hwn gan emffysema, ganlyniad i ysmygu trwm.

Peryglon cymryd cyffuriau

Dosiau gormodol Gall dos gormodol o gyffuriau wneud person yn anymwybodol, niweidio'r galon ac organau eraill, a hyd yn oed achosi marwolaeth. Mae'n hawdd cymryd dos gormodol trwy ddamwain, oherwydd ei bod yn anodd dweud pa mor gryf yw cyffur, neu faint i'w gymryd. Mae cymysgu cyffuriau yn eu gwneud yn llawer mwy peryglus. Mae hyn yn cynyddu eu heffeithiau, felly mae dos llawer is yn gallu lladd.

Niwed i'r meddwl Mae'n bosibl y bydd person sy'n defnyddio cyffuriau yn teimlo'n flin neu'n ofnus iawn, neu'n cael rhithweledigaethau erchyll. Gall hyn achosi niwed i'r meddwl.

Newid ymddygiad Gall pobl droi'n flin, a cholli diddordeb yn eu ffrindiau, eu hobïau, a'u gwaith. Gallant roi'r gorau i ofalu amdanynt eu hunain.

Damweiniau Mae pobl sy'n cymryd cyffuriau mewn perygl o gael damweiniau, oherwydd eu bod yn ddryslyd. Gallant syrthio i ddŵr a boddi, neu gerdded o flaen traffig, neu syrthio trwy ffenestri. Gall rhywun sy'n arogli glud fygu wrth fod â bag plastig dros ei geg, neu dagu i farwolaeth ar ei gyfog ei hun.

Alcohol Mae pob diod alcoholig yn cynnwys cemegyn o'r enw ethanol. Dyma sy'n meddwi pobl.

1 Mae ethanol yn cael ei gludo gan y gwaed i'r ymennydd. Oddi yno mae'n effeithio ar yr holl system nerfol. Mae ychydig o ethanol yn gwneud i berson deimlo'n braf ac wedi ymlacio. Ond os bydd yn dal i yfed bydd yn teimlo'n benysgafn ac yn methu cerdded yn syth. Bydd yn siarad yn floesg ac yn dechrau gweld dau o bopeth. Gall droi'n gwerylgar. Yn y pen draw bydd yn methu sefyll. Os bydd yn yfed rhagor, bydd yn mynd yn anymwybodol, a gallai farw hyd yn oed.

2 Mae ychydig o alcohol yn ddigon i achosi i bobl wneud camgymeriadau wrth wneud pethau fel teipio a gyrru. Mae yfed a gyrru yn beryglus iawn.

3 Gall effeithiau ethanol barhau am oriau. Mae'n cymryd oddeutu awr i'r corff waredu'r ethanol sydd mewn hanner peint o gwrw yn unig.

4 Mae yfed trwm dros gyfnod hir yn gwneud i'r ymennydd grebachu. Gall hefyd achosi briwiau yn y stumog, canser yn y system dreulio, a chlefydau'r iau/afu a'r galon.

5 Mae rhai pobl yn mynd yn gaeth i alcohol. Maent yn troi'n alcoholigion.

6 Os yw menyw yn feichiog, mae'r ethanol yn ei gwaed yn cael ei gludo i'r baban. Gall niweidio ymennydd a chalon y baban, ac arafu ei dwf.

Cwestiynau

1 Mae rhai cyffuriau, ac alcohol, yn gaethiwus. Beth yw ystyr hyn?

2 Ysgrifennwch ddeg peth i'w dweud wrth ffrind i'w argyhoeddi na ddylai gymryd cyffuriau.

3 Rhestrwch y newidiadau sy'n digwydd yng nghorff yfwr trwm.

4 Pa newidiadau yn ymddygiad person sy'n gallu dangos ei fod yn cymryd cyffuriau?

9.07 Rhagor am gyffuriau

'Ecstasy'

Un tro honnodd gweithiwr cymdeithasol fod y cyffur *ecstasy* yn fwy diogel na chymryd aspirin. Cafodd y datganiad hwn ei gondemnio yn syth fel un 'hollol wallgof', 'cwbl anghyfrifol' a 'hynod annoeth', oherwydd bod nifer o bobl ifanc wedi marw o ganlyniad i'w effeithiau. Astudiwch y diagram isod ac yna penderfynwch drosoch eich hunain.

Enwau ar y stryd: *E, cloves*, XTC, adam, disco *burghers* (neu yn ôl lliw y bilsen), diemyntau, mefus, afalau, riwbob a chwstard ...

Beth yw *ecstasy*? Cyffur adfywiol o'r enw MDMA. Mae fersiwn naturiol ohono i'w gael mewn nytmeg ac olew sasaffras. Cafodd ei ddarganfod ym 1912 a chafwyd patent iddo yn yr Almaen ym 1914 fel cyffur gostwng archwaeth bwyd.

Pam mae pobl yn ei gymryd? Mae'n cynhyrchu teimladau sydd fel rhuthr o lawenydd ac o orfoledd. Gall hefyd wneud ichi deimlo'n gyfeillgar ac yn egnïol.

Effeithiau niweidiol: Cafodd *ecstasy* ei gysylltu ag amryw o farwolaethau. Pobl oedd y rhain a oedd yn ymddangos yn iach ac nad oedd chwaith wedi cymryd dosiau anarferol o uchel. Gall *ecstasy* gael effeithiau penodol ar rai o organau a systemau'r corff.

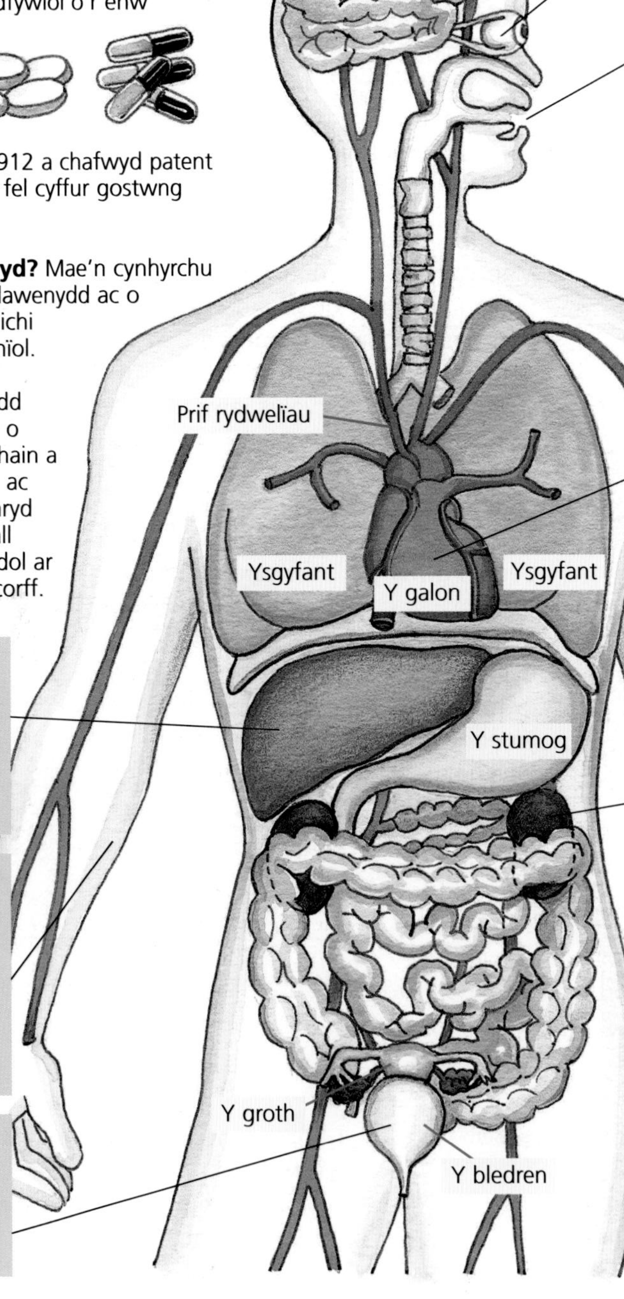

Yr ymennydd
Gall rhyddhau cemegau yn yr ymennydd achosi pryder, iselder ysbryd, panig ac o bosibl niwed i'r ymennydd.

Llygaid
Tarfu ar olwg rhywun, a rhithiau.

Y geg
Mae'r ên yn tynhau a'r geg a'r llwnc yn mynd yn sych.

System gylchrediad
Mae *ecstasy* yn gwneud i'r galon guro'n gyflymach ac mae'n rhwystro negeseuon i'r ymennydd sydd fel arfer yn dweud wrth y corff am arafu. Dyma rybudd y Llinell Gymorth Gyffuriau Genedlaethol: 'Cyfunwch hyn â dawnsio egnïol mewn awyrgylch boeth a bydd tymheredd y corff yn codi'n rhy uchel. Gallwch leihau'r peryglon trwy yfed tua pheint o ddŵr bob awr wrth ddawnsio, gorffwys yn rheolaidd, a rhoi yn ôl i'r corff y mwynau a gollir trwy chwysu, dadhydradiad a thrawiad gwres.'

Yr iau/afu
Y clefyd melyn, tueddiad i ddal hepatitis (llid yr iau). Bydd cymysgu *ecstasy* gyda chyffuriau eraill yn cynyddu'r perygl.

Croen
Gall pibellau gwaed bychain orboethi a hollti, gan achosi gwaedu mewnol, a gadael marciau coch parhaol ar y croen, yn enwedig ar yr wyneb.

System genhedlol-droethol
I ferched, mae mwy o risg o gael llid y bledren a mislif trymach.

Yr arennau
Gall adweithiau andwyol ddigwydd hyd yn oed os bydd rhywun wedi cymryd y cyffur yn ddiogel o'r blaen. Gall hyn arwain at fethiant yr arennau. Fodd bynnag, honnir bod llawer o ddefnyddwyr *E* wedi marw trwy yfed gormod o ddŵr. Peidiwch â dod i'r casgliad felly nad oedd cysylltiad rhwng eu marwolaethau a'r cyffur. Mae *ecstasy* yn peri i'r hormon gwrth-ddiwretig gael ei ryddhau, sy'n atal cynhyrchu troeth gwanedig. Mae yfed gormodedd yn arwain at ddŵr yn crynhoi y tu mewn i gelloedd y corff. Gall hyn effeithio'n arbennig o wael ar yr ymennydd – bydd y celloedd yn chwyddo. Gall hyn arwain at farwolaeth os bydd yr ymennydd yn chwyddo a chael ei 'wasgu' yn erbyn tu mewn y penglog.

Amffetaminau

Enwau'r rhain ar y stryd yw *speed, sulph, whizz, uppers* neu *phets,* a dyma sut y byddant yn cael eu hadnabod yn aml. Cyffuriau adfywiol synthetig ydyn nhw, sy'n cyflymu curiad y galon ac yn pwmpio adrenalin o amgylch y corff. Mae hyn yn gwneud i ddefnyddwyr deimlo'n effro a hapus fel y gog dros dro, ond gallant hefyd arwain at deimlad ewfforig annifyr, gyda phanig, pryder a pharanoia (teimladau annormal o amau a cholli ymddiriedaeth mewn pobl).

Tawelyddion

Tawelyddion (e.e. *Valium, Librium* ac *Ativan*) yw'r cyffuriau sy'n cael eu rhagnodi amlaf gan feddygon ym Mhrydain. Cyffuriau yw'r rhain sy'n rheoli pryder a thyndra ac sy'n helpu pobl i gysgu trwy arafu gweithgaredd y meddwl; nid ydynt fel arfer yn gwneud pobl yn swrth. Fodd bynnag, gallant achosi natur ymladdgar ac mae'n beryglus eu cyfuno ag alcohol. Gall eu defnyddio dros gyfnod hir arwain at ddibyniaeth, a phan fydd defnyddwyr yn rhoi'r gorau i'w cymryd gallant gael symptomau diddyfnu annifyr. Mae'r rhain yn cynnwys methu cysgu, pryder, cyfog a chonfylsiynau.

Barbitwradau (*Tuinal, Seconal* a *Nembutal*) Tabledi cysgu yw'r rhain sydd yn aml yn cael eu cam-ddefnyddio ar gyfer eu heffaith meddwol. Gall dosiau uchel arwain at fod yn anymwybodol a hyd yn oed farwolaeth. Mae eu defnyddio dros gyfnod hir yn arwain at ddibyniaeth, ac mae symptomau diddyfnu yn cynnwys gwasgfeydd a deliriwm.

Steroidau anabolig

Cemegau synthetig yw'r rhain sy'n perthyn i'r hormon gwrywol testosteron. Maent wedi eu gwahardd yn y rhan fwyaf o chwaraeon oherwydd eu bod yn rhoi mantais annheg i'r rhai sy'n eu defnyddio. Maent yn cynyddu maint a chryfder cyhyrau wrth hyfforddi a'u cymryd yr un pryd. Gallant hefyd gynyddu llif gwaed a chyflenwad ocsigen i gyhyrau a chynyddu dycnwch trwy gadw glycogen yn y corff. Maent yn achosi llawer o broblemau yn cynnwys natur flin a cholli tymer yn sydyn, plorynnod, colli gwallt, analluedd rhywiol, gostyngiad yng nghynnyrch sbermau, a niwed difrifol i'r galon, yr iau/afu a'r arennau.

Gellir datblygu cyhyrau 'yn naturiol', neu gyda help cyffuriau.

Cyffuriau y mae pobl ifanc yn eu harddegau yn eu cymryd (canrannau)

	Bechgyn		Merched	
	1999	1995	**1999**	1995
Canabis				
1–39 gwaith	**27.7**	38.0*	**29.3**	43.6*
dros 49 gwaith	**4.4**		**9.1**	
Unrhyw gyffuriau	**33.0**	39.8	**39.5**	45.0
Unrhyw gyffuriau a chwistrellir	**0.6**	0.6	**0.8**	0.7
Glud a hydoddyddion	**16.9**	21.0	**13.8**	18.7
LSD/rhithbeiriau	**3.4**	12.2	**5.1**	17.0
Amffetaminau	**7.4**	7.4	**7.8**	14.5
'Tabledi' gydag alcohol	**12.5**	25.3	**8.9**	14.0
Ecstasy	**3.2**	7.3	**3.4**	9.2
Tawelyddion	**3.1**	9.5	**5.5**	6.9
Cocên	**3.7**	2.4	**2.6**	2.6
Crac cocên	**2.2**	2.2	**1.1**	2.7
Heroin	**3.7**	1.5	**3.4**	1.7

* Cyfanswm 1995 *Fynhonnell: British Medical Journal*

Cwestiynau

1 Beth mae *ecstasy* yn ei wneud i'r arennau fel bod yfed llawer o ddŵr yn beryglus?
2 Sut y gall *ecstasy* niweidio pibellau gwaed a'r iau/afu?
3 Beth yw ystyr bod yn 'ddibynnol' ar gyffur?
4 Beth yw symptomau diddyfnu?
5 Beth mae'r tabl uchod yn ei ddweud wrthych am newidiadau cyffredinol yn y defnydd o gyffuriau oddi ar 1995?
6 Pa gyffuriau sy'n cael eu defnyddio fwyfwy?

Cwestiynau am Bennod 9

1 Mae'r diagram hwn yn dangos sut mae tymheredd yn effeithio ar facteria.

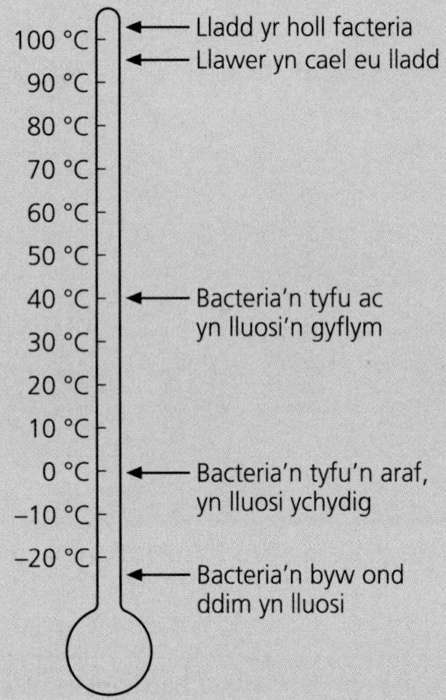

a Rhwng pa dymereddau y mae bacteria'n lluosi gyflymaf?

b Y tymheredd y tu mewn i brif ran oergell yw tua 4°C. Pam nad yw'n ddoeth cadw bwydydd, fel cig, yn y rhan hon o'r oergell am fwy na thri diwrnod?

c Y tymheredd mewn rhewgell yn y cartref yw tua –20°C. Pam nad yw'n ddoeth cadw bwyd mewn rhewgell am fwy na thri mis?

ch Mae bacteria'n atgynhyrchu trwy ymrannu'n ddau. Os oes ganddynt fwyd a chynhesrwydd, byddant yn gwneud hyn bob rhyw 30 munud. Petai ond un bacteriwm 'gwenwyn bwyd' yn glanio ar ddarn o gig, ac yn atgynhyrchu ar y gyfradd hon, faint ohonynt a fyddai yna ymhen 8 awr?

d Mae'n beryglus coginio darn mawr o gig wedi'i rewi cyn iddo ddadmer yn iawn. Eglurwch pam.

2 a Pam na ddylech chi byth ddefnyddio crib neu dywel rhywun arall?

b Pam y dylech chi bob amser olchi eich dwylo ar ôl bod yn y tŷ bach?

c Pam y dylech chi bob amser olchi eich dwylo cyn trin bwyd ar gyfer pobl eraill?

ch Pam na ddylech chi byth yfed dŵr o bwll neu nant?

d Pam na ddylech chi byth nofio yn y môr ger pibell garthion?

3 Dyma gyngor i bobl sy'n ceisio rhoi'r gorau i ysmygu.

a Rhowch y gorau i ysmygu yr un pryd â ffrind.

b Bob dydd, rhowch yr arian y byddech wedi ei wario ar sigaréts mewn cadw-mi-gei.

c Bob tro y byddwch yn teimlo'r awydd am sigarét, bwytewch ffrwyth neu foron amrwd, neu gallech gnoi gwm.

ch Dywedwch wrth bawb rydych yn eu hadnabod eich bod yn rhoi'r gorau i ysmygu.

Ystyriwch bob cyngor yn ei dro, ac eglurwch pam y mae'n werth rhoi cynnig ar bob un.

4 Beth mae pobl yn ei wybod am alcohol? Gwnewch y prawf 'cywir neu anghywir' hwn gyda chynifer o bobl â phosibl, yna rhowch yr atebion cywir iddynt. Lluniwch histogramau i ddangos nifer yr atebion cywir ac anghywir.

a Mae yfed cwrw yn llai niweidiol nag yfed gwin neu wirodydd. (Anghywir - gall pob diod alcoholig fod mor niweidiol â'i gilydd.)

b Os yw dyn a menyw yn yfed yr un faint o alcohol, bydd yn effeithio mwy ar y fenyw nag ar y dyn. (Cywir - ar gyfartaledd, mae'n cymryd llai o alcohol i niweidio iechyd menyw nag iechyd dyn.)

c Mae alcohol yn gyffur adfywiol. (Anghywir - mae alcohol yn pylu'r ymennydd.)

ch Mae alcohol yn eich cynhesu. (Anghywir - mae alcohol yn chwyddhau pibellau gwaed yn eich croen. Felly efallai y byddwch yn teimlo'n gynhesach, ond mewn gwirionedd bydd eich corff yn colli gwres yn gyflymach.)

d Gall tri pheint o gwrw anfon person dros y lefel gyfreithiol o alcohol yn y gwaed ar gyfer gyrru. (Cywir - mae oedolyn canolig ei faint yn cyrraedd y lefel gyfreithiol ar gyfer gyrru ar ôl yfed tua dau beint a hanner o gwrw.)

5 Mae'r graff isod yn dangos nifer y dynion 40-79 oed sy'n marw o ganser yr ysgyfaint.

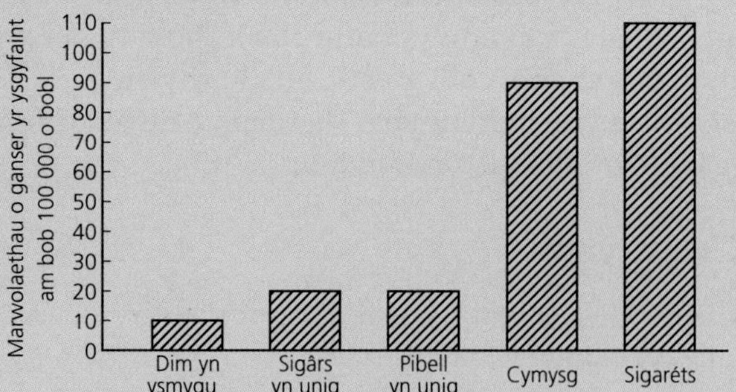

a Faint yn fwy tebygol o farw o ganser yr ysgyfaint yw ysmygwr sigaréts na pherson sydd ddim yn ysmygu?

b Awgrymwch ddamcaniaethau i egluro pam mae ysmygu sigaréts yn fwy peryglus nag ysmygu sigârs.
c Pam mae rhai pobl sydd ddim yn ysmygu yn marw o ganser yr ysgyfaint?
ch Enwch glefydau eraill a achosir gan ysmygu.

Ysgrifennwch adroddiad ar gamddefnyddio cyffuriau yn eich ardal, neu yng ngwledydd Prydain yn gyffredinol. Gallech gasglu gwybodaeth ar gyfer eich adroddiad yn y ffyrdd canlynol:

a Toriadau papur newydd a chylchgronau. Dros gyfnod o fisoedd, casglwch unrhyw erthyglau am gamddefnyddio cyffuriau.
b Cyfweld pobl. Gofynnwch a gewch chi gyfweld yr heddlu lleol, meddyg, staff ysbyty, a staff yr Awdurdod Iechyd Lleol, i gael gwybodaeth am broblemau cyffuriau yn yr ardal. Efallai y bydd rhai o'r bobl hyn yn fodlon ymweld â'ch ysgol i siarad â'ch dosbarth.
c Ewch i ymweld ag ysbyty lleol (gan drefnu ymlaen llaw) i ofyn pa ganran o gleifion yr adran ddamweiniau a gafodd eu niweidio dan ddylanwad diod neu gyffuriau.

Darllenwch y paragraff isod, yna atebwch y cwestiynau.

'Achosir *AIDS* gan firws sydd ond yn gallu byw mewn gwaed, semen, a hylif y wain. Dim ond trwy gyfathrach rywiol â pherson wedi'i heintio, neu wrth i waed wedi'i heintio fynd i'r llif gwaed, y gall person ddal firws *AIDS*.'

a Beth yw semen, a beth yw'r wain?
b Pam mae'n amhosibl dal *AIDS* trwy gyffwrdd â rhywun, neu oddi ar gwpan, sedd tŷ bach, cyllyll a ffyrc, dillad, bwlyn drws neu byllau nofio?
c Pam mae cael nifer o bartneriaid rhywiol yn cynyddu'r perygl o ddal firws *AIDS*?
ch Pam mae gan bobl sy'n gaeth i gyffuriau, ac sy'n defnyddio chwistrelli ac yn rhannu nodwyddau, fwy o siawns o ddal firws *AIDS*?
d Pam mae defnyddio condom yn lleihau'r perygl o ddal firws *AIDS*?

Ymchwiliwch i'r arferion ysmygu yn eich ysgol. Dosbarthwch holiadur a defnyddiwch atebion y myfyrwyr i lunio graffiau a siartiau er mwyn darlunio eich canlyniadau. Eglurwch na fydd neb yn gweld atebion pobl eraill. Dyma rai o'r pethau y gallech eu darganfod:

a Faint o ysmygwyr, pobl sydd erioed wedi ysmygu, a phobl sydd wedi rhoi'r gorau i ysmygu, sydd yn eich ysgol? Cyfrifwch ganran pob grŵp.
b Faint yw oedran pob ysmygwr? Lluniwch histogram i ddangos 'nifer yr ysmygwyr' yn erbyn 'oedran'.
c Pam mae ysmygwyr yn ysmygu? Cynlluniwch holiadur â phedwar neu bump o resymau arno, a gofynnwch i'r disgyblion ddewis yr un sy'n wir ar eu cyfer nhw. Ysgrifennwch adroddiad ar eich darganfyddiadau. A yw eich atebion yn amrywio yn ôl oedran a rhyw?
ch Faint o ysmygwyr a fyddai'n hoffi rhoi'r gorau i'r arfer? Pa ganran o gyfanswm nifer yr ysmygwyr yw hyn?
d Faint o ysmygwyr sy'n *ceisio* rhoi'r gorau i ysmygu? Pa ganran o gyfanswm nifer yr ysmygwyr yw hyn?

9 Astudiwch y diagramau isod sy'n esbonio'r drefn cyn i blant gael brechiad *BCG* i'w diogelu rhag y ddarfodedigaeth.

1. Prawf Mantoux

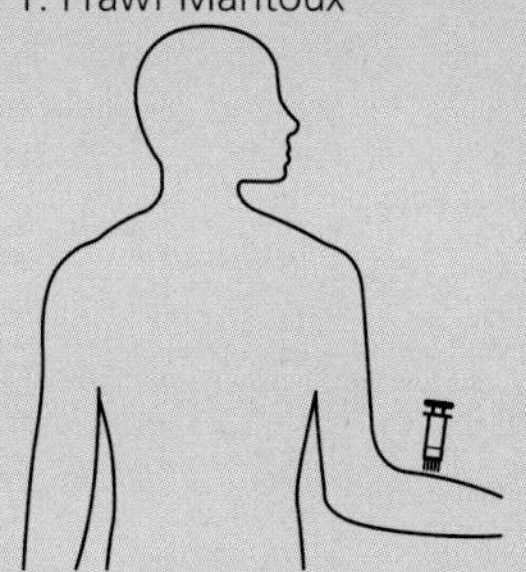

Chwistrellu echdynnyn diniwed o facteria'r ddarfodedigaeth i'r croen gan ddefnyddio chwe nodwydd. Os bydd smotiau coch yn datblygu dros y dyddiau nesaf rydych yn imiwn yn barod.

2. Brechiad *BCG*

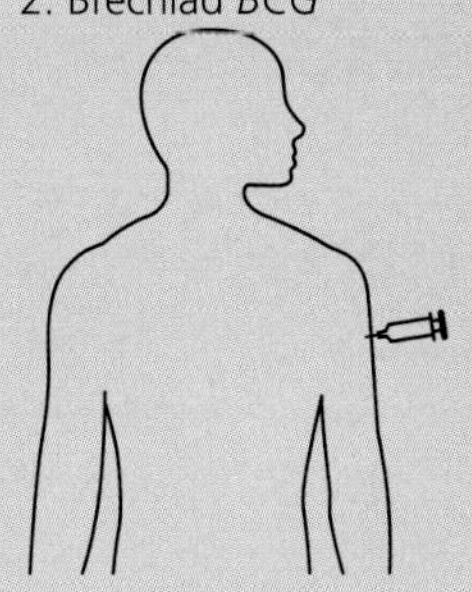

Os na fydd smotiau coch yn datblygu byddwch yn cael y brechlyn *BCG*. Mae hwn yn cael ei wneud o facteria'r ddarfodedigaeth sy'n wan iawn, ond yn dal yn fyw. Ni fydd y rhain yn achosi'r clefyd ond byddant yn gwneud i'ch corff gynhyrchu gwrthgyrff.

a Beth yw brechlyn?
b Pa fath o ficrob sy'n achosi'r ddarfodedigaeth?
c Enwch fath arall o ficrob sy'n gallu achosi afiechyd.
ch Rhoddwyd prawf Mantoux i blentyn ac fe ddatblygodd smotiau coch. Beth yw arwyddocâd hyn?
d Rhoddwyd brechlyn *BCG* i ferch. Flwyddyn yn ddiweddarach, pan ddaeth i gysylltiad â bacteria'r ddarfodedigaeth, beth ddigwyddodd y tu mewn i'w chorff i'w hamddiffyn?

Pynciau pellach

PP1 # Atgenhedlu mewn pobl

Organau rhyw gwrywol

Mae'r organau rhyw gwrywol yn gwneud celloedd rhyw gwrywol sy'n cael eu galw'n **sbermau**. Caiff y rhain eu trosglwyddo i gorff y fenyw yn ystod cyfathrach rywiol.

Mae **caill** yn gwneud sbermau a'r hormon gwrywol testosteron. Mae gan ddyn ddau o geilliau.

Mae'r **pidyn** yn trosglwyddo sbermau o gorff y dyn i gorff y fenyw yn ystod cyfathrach rywiol.

Gelwir y lleoedd gwag hyn yn **feinwe sythu**. Cyn cyfathrach rywiol maent yn llenwi â gwaed, gan wneud y pidyn yn galed a syth.

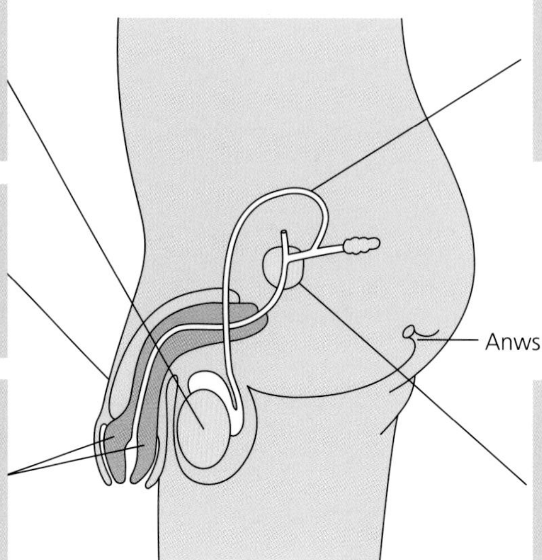

Mae'r **tiwbiau sberm** yn cludo sbermau o'r ceilliau i'r pidyn. Caiff y sbermau eu cludo mewn hylif o'r enw **semen**.

Y **chwarennau** hyn sy'n gwneud rhan hylif y semen. Mae'r hylif yn cynnwys cemegau sy'n gwneud i'r sbermau nofio ar ôl iddynt gyrraedd corff y fenyw.

Organau rhyw benywol

Mae'r organau rhyw benywol yn gwneud ofa, ac yn diogelu a bwydo ofwm os caiff ei ffrwythloni a datblygu'n faban.

Mae **ofarïau** yn cynnwys ofa sy'n datblygu. Mae un ofwm oddeutu 0.1 milimetr o led.

Mae gan y **tiwbiau Fallopio** agoriadau siâp twndis (neu dwmffat) sy'n dal ofa wrth iddynt ddod o'r ofarïau. Bydd ofa'n symud i lawr y tiwbiau hyn i'r groth.

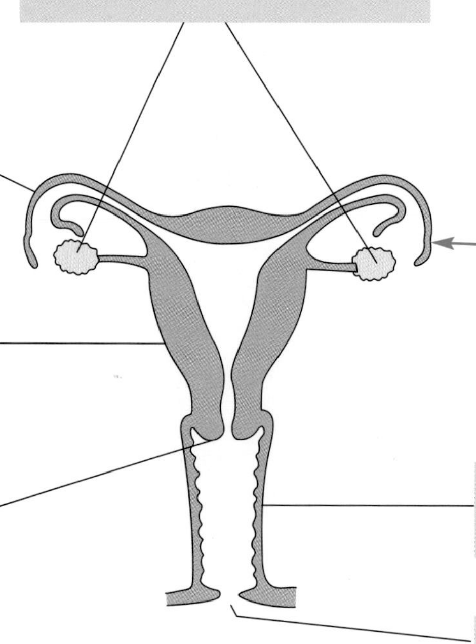

Y **groth** neu'r **wterws** yw'r bag lle mae ofwm wedi'i ffrwythloni yn datblygu i fod yn faban.

Cylch o gyhyr sy'n cau pen isaf y groth yw **ceg y groth**.

Y **wain** yw'r tiwb sy'n arwain at y groth.

Y **fwlfa** yw agoriad allanol y wain.

Cyfathrach rywiol

Yn ystod cyfathrach rywiol mae pidyn y dyn yn mynd yn galed ac yn sythu. Bydd yn ei symud yn ôl a blaen y tu mewn i wain y fenyw. Mae hyn yn gwneud i semen bwmpio o'i geilliau, trwy ei bidyn, i gorff y fenyw. Mae'r diagram isod yn dangos sut y gall un sberm ffrwythloni ofwm, sy'n arwain at feichiogi.

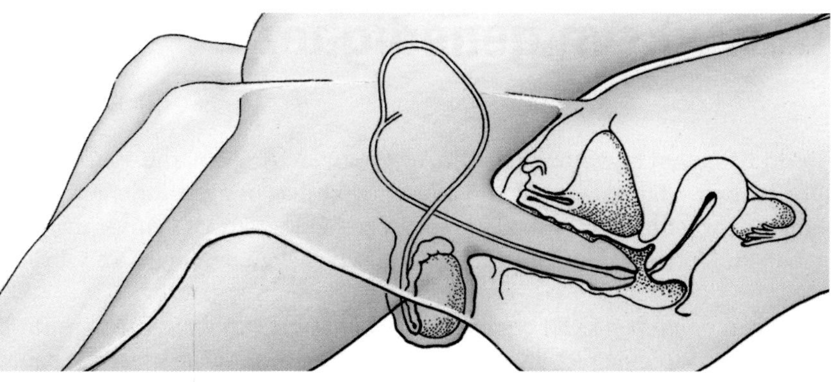

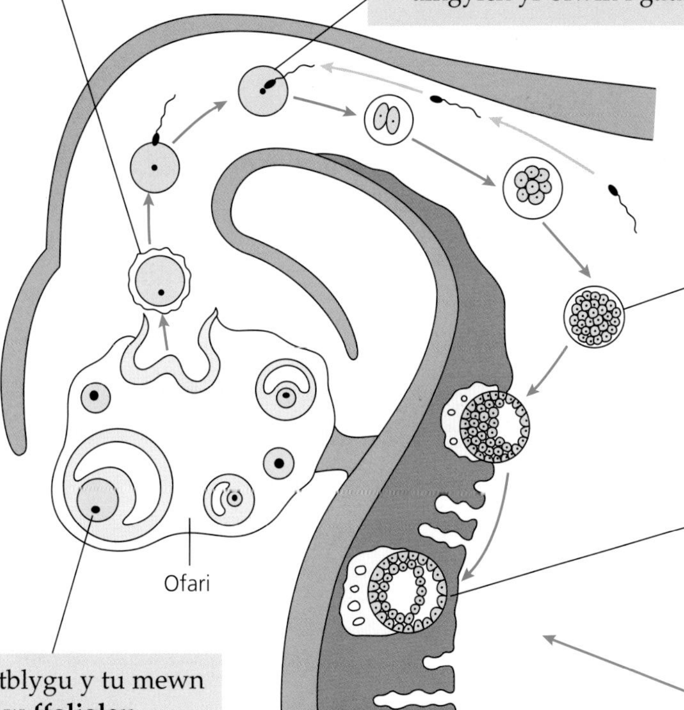

1 Mae **ofa** yn datblygu y tu mewn i swigod o'r enw **ffoliglau** mewn ofari. Mae'r ffoligl yn tyfu i ffurfio chwydd ar yr ofari.

2 Mae'r ffoligl yn hollti gan wasgu'r ofwm o'r ofari. Gelwir hyn yn **ofwliad**. Mae'r ofwm yn cael ei sugno i diwb Fallopio.

3 Mae sbermau yn y tiwb Fallopio yn cael eu hatynnu at yr ofwm. Mae un sberm yn treiddio i'r ofwm. Mae cnewyllyn y sberm a chnewyllyn yr ofwm yn uno. **Ffrwythloniad** yw'r enw ar hyn. Mae croen yn ffurfio o amgylch yr ofwm i gadw sbermau eraill draw.

4 Mae'r ofwm wedi'i ffrwythloni yn ymrannu i wneud pelen o tua chant o gelloedd. Gelwir hwn yn **embryo**. Mae'r embryo yn symud i lawr y tiwb Fallopio i'r groth.

5 Mae'r embryo yn suddo i leinin trwchus y groth. **Mewnblannu** yw'r enw ar hyn. Mae'r embryo yn cael bwyd ac ocsigen o'r pibellau gwaed yn leinin y groth. Mae hyn yn ei alluogi i dyfu'n faban.

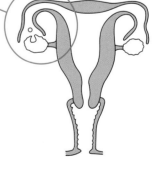

Cwestiynau

1 Pa rannau o'r corff:
- **a** sy'n cynhyrchu sbermau?
- **b** sy'n cynhyrchu ofa?
- **c** sy'n trosglwyddo sbermau o ddyn i fenyw?

2 Enwch yr hylif sy'n cynnwys sbermau.

3 Beth yw enw'r celloedd rhyw benywol?

4 Sut mae sbermau'n mynd i gorff menyw i ffrwythloni ofwm?

5 Ble mae ofwm wedi'i ffrwythloni yn datblygu'n faban?

PP2 Bywyd cyn genedigaeth

Bydd baban yn bwydo, yn anadlu, ac yn gwaredu gwastraff y tu mewn i gorff y fam. Mae gwaed y fam yn cludo bwyd ac ocsigen iddo ac yn cludo'r gwastraff i ffwrdd. Ond nid yw gwaed y fam yn cymysgu â gwaed y baban. Mae bwyd, ocsigen a gwastraff yn cael eu cyfnewid yn y **brych**.

Mae gan y brych siâp fel crempog, ac mae ynghlwm wrth fur y groth. Y tu mewn iddo mae pibellau gwaed a lleoedd gwag. Mae gwaed y baban yn llifo i'r pibellau gwaed. Mae gwaed y fam yn llifo i'r lleoedd gwag. Mae sylweddau yn cael eu cyfnewid trwy furiau pibellau gwaed y baban.

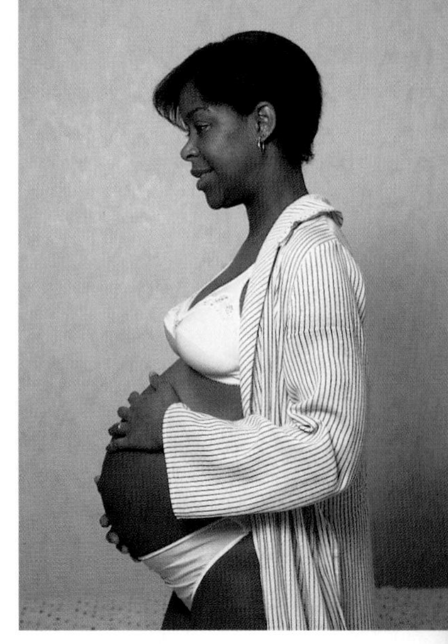

Mae'n bwysig i fenyw feichiog fwyta bwyd iach, i roi cychwyn da i'r baban.

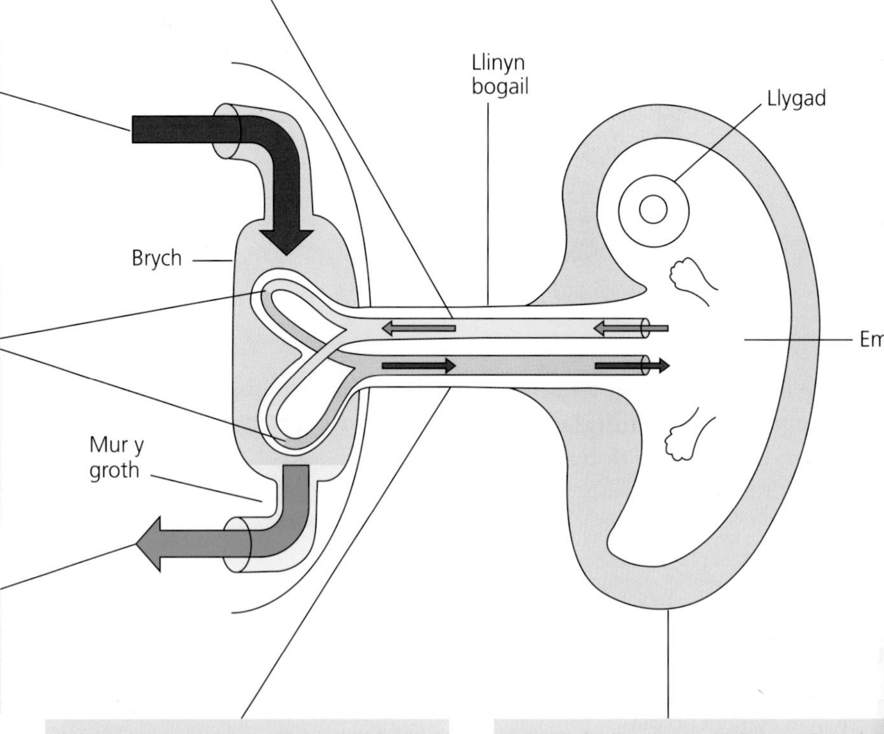

1 Mae gwaed y baban yn cludo carbon deuocsid a defnyddiau gwastraff eraill i'r brych, ar hyd **rhydweli** yn y **llinyn bogail**.

2 Mae gwaed y fam yn llifo i'r lleoedd gwag yn y **brych**, gan gludo bwyd ac ocsigen.

3 Mae'r bwyd a'r ocsigen yn cael eu trosglwyddo i waed y baban trwy furiau tenau'r pibellau gwaed. Ar yr un pryd, mae'r defnyddiau **gwastraff** yn cael eu trosglwyddo o waed y baban.

4 Mae gwaed y fam yn cludo'r defnyddiau gwastraff i ffwrdd.

5 Mae gwaed y baban yn cludo bwyd ac ocsigen yn ôl i'r baban ar hyd **gwythïen** yn y **llinyn bogail**.

Mae'r baban mewn bag o hylif sy'n cael ei alw'n **amnion**. Mae hwn yn ei ddiogelu rhag cael ei daro wrth i'r fam symud.

Sut mae'r baban yn datblygu

Mae ofwm wedi'i ffrwythloni yn llai na maint yr atalnod llawn yma. Ymhen naw mis, bydd wedi tyfu'n faban sy'n pwyso tua hri chilogram, ac yn tynnu at hanner metr o hyd.

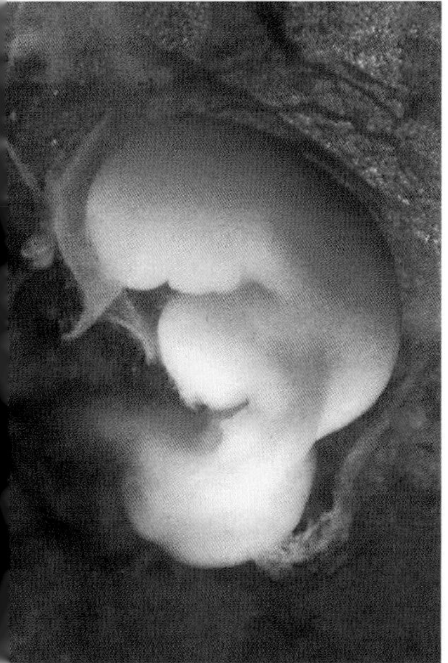

-5 wythnos oed

Mae'r embryo tua hanner entimetr o hyd. Mae ganddo hwydd a fydd yn tyfu'n ben, ac n y chwydd mae ymennydd, ygaid a chlustiau sy'n datblygu. Mae ganddo gynffon, a lympiau a ydd yn tyfu'n freichiau a choesau. Mae calon fach yn pwmpio gwaed r hyd y llinyn bogail i'r brych.

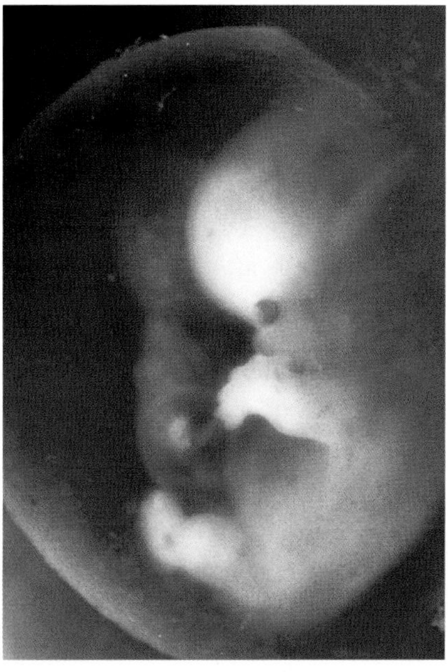

8-10 wythnos oed

Erbyn hyn mae'n 4 centimetr o hyd. Mae ganddo wyneb, a breichiau a choesau â bysedd arnynt. Mae'r rhan fwyaf o'i organau wedi datblygu'n llawn. O hyn tan ei eni mae'n cael ei alw'n **ffoetws**.

Defnyddiwch y llun ar y dde i enwi rhannau'r baban ym mhob ffotograff.

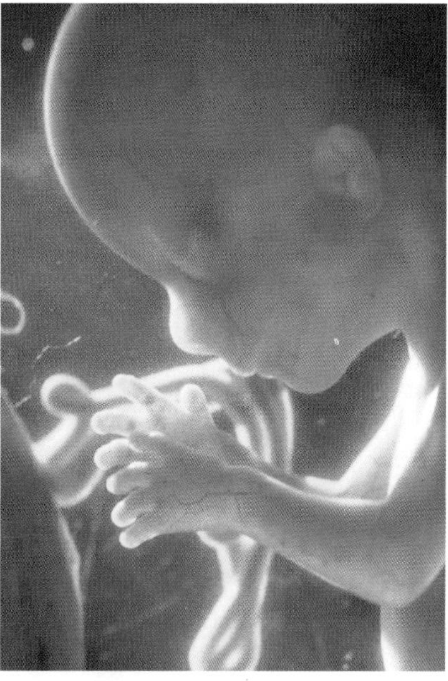

16 wythnos oed

Mae ei hyd tua 16 centimetr. Mae'n newid yn fachgen neu'n ferch. Cyn bo hir bydd y fam yn ei deimlo'n symud y tu mewn iddi.

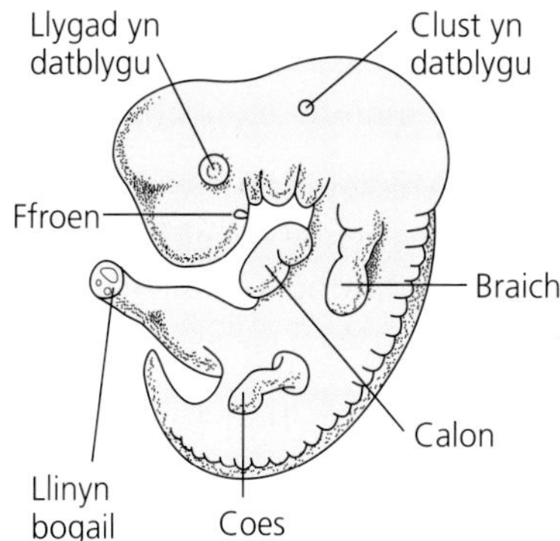

Cwestiynau

1 Sut mae baban yn cael bwyd yn y groth?
2 Sut mae baban yn cael ocsigen yn y groth?
3 Sut mae baban yn cael gwared o wastraff tra bo yn y groth?
4 Meddyliwch am reswm pam nad yw gwaed y fam yn cael cymysgu â gwaed y baban.
5 Mae dau diwb y tu mewn i'r llinyn bogail. Beth yw'r tiwbiau hyn? Beth maent yn ei wneud?
6 Beth yw'r amnion? Sut mae'n helpu'r baban?
7 Beth yw ffoetws?

PP3 Geni, ac atal cenhedlu

Yn ystod beichiogrwydd, bydd mur y groth yn datblygu cyhyrau trwchus, cryf yn barod ar gyfer genedigaeth y baban.

Bydd genedigaeth yn dechrau gyda chyfnod **esgor**. Mae cyhyrau'r groth yn dechrau cyfangu. Ar ôl peth amser mae'r cyfangiadau yn gwthio'r baban o'r groth, ei ben yn gyntaf.

Ar y dechrau, mae cyhyrau'r groth yn cyfangu bob rhyw hanner awr. Yna mae'r cyfangiadau yn dod yn gyflymach ac yn gryfach. Maent yn gwthio pen y baban trwy geg y groth i'r wain.

Mae'r cyfangiadau'n mynd yn gryf iawn. Mae'r baban yn troi i safle wyneb i waered ac yn cael ei wthio allan o gorff y fam. Mae'n anadlu aer am y tro cyntaf.

Ychydig funudau wedyn mae rhagor o gyfangiadau yn gwthio'r brych a'r llinyn bogail allan o'r groth.

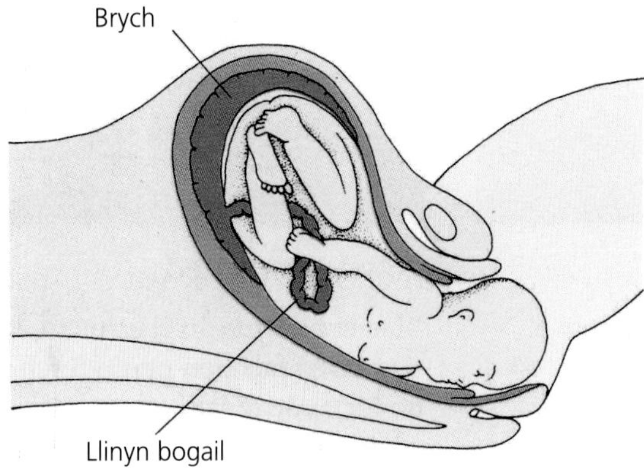

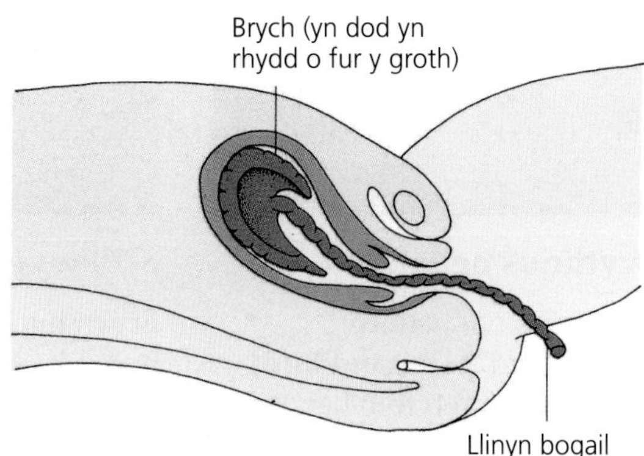

Iechyd y fam

Pan fydd menyw yn feichiog, rhaid iddi ofalu am ei hiechyd.

Y frech Almaenig (rwbela) Os bydd mam yn dal rwbela yn ystod 12 wythnos cyntaf ei beichiogrwydd gall y germau niweidio ei baban, gan achosi byddardod, dallineb, a chlefyd y galon. Dylai menywod beichiog osgoi pobl sydd â rwbela. Dylai merched ifanc gael eu brechu rhag y clefyd.

Alcohol Os bydd menyw feichiog yn yfed alcohol, gall arafu datblygiad ei phlentyn, niweidio ei ymennydd, ac achosi iddo gael ei eni'n gynnar.

Ysmygu Mae menywod beichiog sy'n ysmygu yn cael babanod llai na menywod nad ydynt yn ysmygu. Mae eu babanod yn fwy tebygol o gael eu geni'n farw.

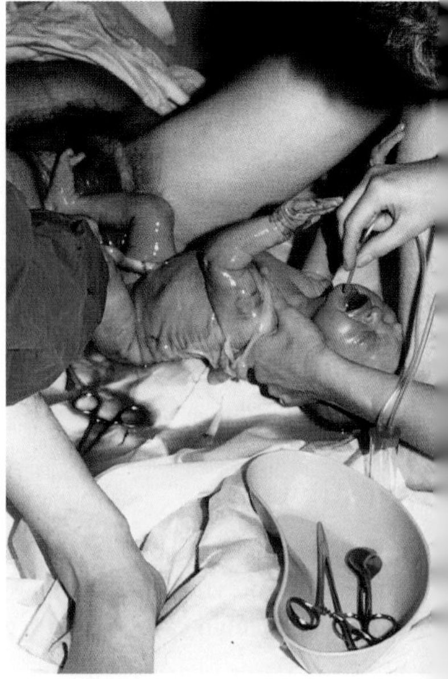

Genedigaeth lwyddiannus arall. Defnyddir y siswrn i dorri'r llinyn bogail.

Iechyd y baban

Wedi i'r baban gael ei eni caiff ei roi ar fron neu ar stumog y fam yn syth. Mae hyn yn help i gariad ddatblygu rhwng y fam a'r baban. Mae llaeth y fam yn fwyd perffaith ar gyfer babanod. Mae'n rhad ac am ddim, ar gael trwy'r amser, ac yn bur. Mae llaeth y fam yn diogelu babanod rhag germau. Os na all mam fwydo o'r fron, gellir defnyddio math arbennig o laeth buwch ar ffurf powdr.

ˋtal cenhedlu

/lae **atal cenhedlu** yn gadael i gyplau benderfynu faint o blant i'w cael.)yma rai o'r dulliau a ddefnyddir.

' condom Gorchudd rwber tenau ar gyfer y pidyn yw'r condom. Mae'n ael ei wisgo cyn cyfathrach rywiol. Mae sbermau'n cael eu dal y tu mewn ıdo.

/lae'r condom yn eithaf dibynadwy. Ond mae hyd yn oed yn fwy diogel os ydd y fenyw yn defnyddio **sbermleiddiad**. Cemegyn sy'n lladd sbermau w hwn. Mae'r fenyw yn rhoi hufen neu jeli lladd sbermau yn ei gwain yn cyfathrach rywiol.

diaffram Cylch o rwber â sbring metel o'i amgylch yw'r diaffram, neu'r ıp. Cyn cyfathrach rywiol, bydd y fenyw yn ei iro â sbermleiddiad. Yna ydd yn ei roi yn ei gwain, i orchuddio ceg y groth. Mae'n rhwystro bermau rhag mynd i'r groth. Er diogelwch, rhaid ei adael yno am o leiaf yth awr.

dull rhythm Mae rhai pobl yn credu nad yw'n iawn defnyddio unrhyw dull atal cenhedlu ar wahân i'r **dull rhythm**. Yn y dull hwn, mae'r cwpl n osgoi cyfathrach rywiol pan fydd ofwm yn barod i gael ei ffrwythloni. all fod yn anodd cyfrifo pryd y bydd yr ofwm yn barod i'w ffrwythloni. ıid yw'r dull hwn yn ddibynadwy iawn.

bilsen atal cenhedlu Mae'r Bilsen yn ddibynadwy iawn ond ni ddylai ıenywod sy'n dioddef o afiechydon yr iau/afu na'r clefyd siwgr ei efnyddio. Mae rhai meddygon hefyd yn credu y gall menywod sy'n ımygu ddatblygu tolchenau gwaed, cur pen meigryn, neu glefydau'r ılon, wrth gymryd y Bilsen. Gall rhai hefyd ddatblygu canser y fron.

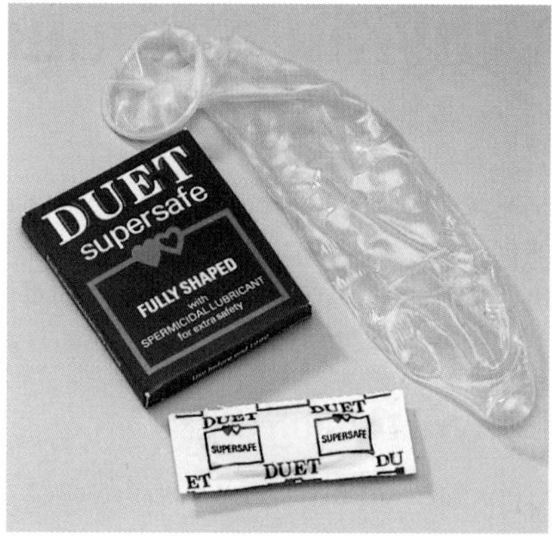

Mae'r condom yn ddull atal cenhedlu dibynadwy, a hefyd yn amddifyn rhag heintiau.

Mae rhai menywod yn dewis y diaffram neu'r cap fel dull atal cenhedlu.

Cwestiynau

1 Pa ran o'r corff:
   a sy'n cynhyrchu sbermau
   b sy'n cynhyrchu ofa
   c sy'n trosglwyddo sbermau o ddyn i fenyw?
2 Enwch yr hylif sy'n cynnwys sbermau.
3 Ble yn y corff y caiff ofwm ei ffrwythloni?
4 Sut mae sberm yn cyrraedd ofwm?
5 Ble mae ofwm wedi'i ffrwythloni yn datblygu'n faban?
6 Beth yw ystyr mewnblaniad?
7 Beth sy'n achosi i faban gael ei wthio allan o'r groth?
8 Pa ran o'r baban sy'n dod allan gyntaf fel arfer, a beth yw'r brych?
9 Pam y dylai menywod beichiog osgoi alcohol ac ysmygu?
10 Sut mae condom yn rhwystro beichiogi?
11 Sut mae sbermleiddiad yn gweithio?

PP4 Cyhyrau a symudiad

Mae cyhyrau yn gweithio trwy fynd yn fyrrach, neu **gyfangu**. Pan fydd cyhyr yn cyfangu bydd naill ai'n tynnu yr hyn y mae'n ynghlwm wrtho, neu'n gwasgu rhywbeth. Mae tri math o gyhyr yn eich corff: **rheoledig**, **anrheoledig** a **chardiaidd**.

Cyhyrau rheoledig

Cyhyrau y gallwch eu rheoli yn ôl eich dymuniad yw cyhyrau rheoledig. Mae'r cyhyrau sydd ynghlwm wrth eich esgyrn yn rhai rheoledig. Pan fyddwch yn penderfynu symud byddant yn tynnu ar eich esgyrn, gan wneud i'ch cymalau blygu. Mae'r cyhyrau hyn yn gweithio'n gyflym a chryf, ond maent yn blino'n fuan.

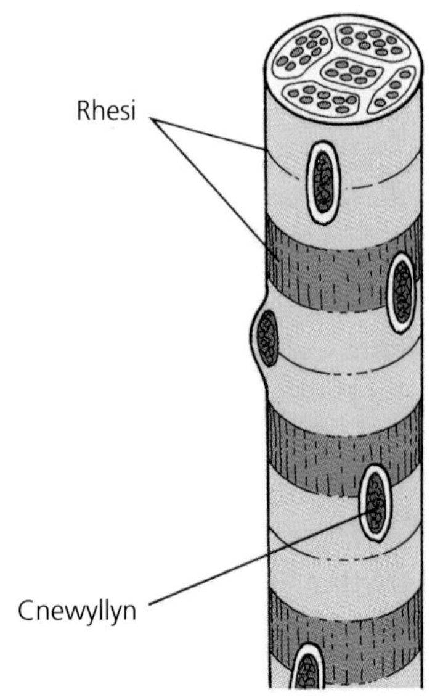

Mae cyhyrau rheoledig wedi eu gwneud o ffibrau sy'n hir ac yn rhesog.

Cyhyrau anrheoledig

Cyhyrau anrheoledig yw'r rhai na allwch eu rheoli. Maent yn dal ati i weithio ar eu pennau eu hunain.

Mae yna gyhyrau anrheoledig ym muriau eich coluddion. Eu gwaith yw gwthio bwyd ar hyd y coluddion. Mae cyhyrau anrheoledig i'w cael hefyd ym muriau pibellau gwaed, a'r bledren. Mae cyhyrau anrheoledig yn gweithio'n araf ac nid ydynt yn blino.

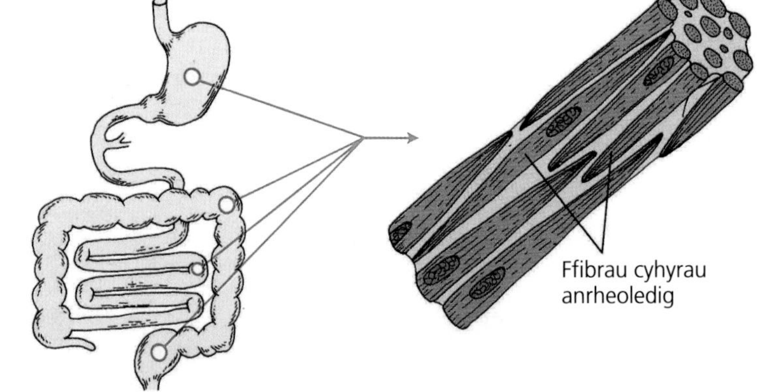

Mae cyhyrau anrheoledig yn cynnwys ffibrau byr heb resi.

Cyhyr cardiaidd

Mae eich calon wedi ei gwneud o gyhyr cardiaidd. Mae hwn yn fath arbennig o gyhyr anrheoledig.

Mae cyhyr cardiaidd yn gweithio, heb flino, gydol eich oes, yn pwmpio gwaed o amgylch eich corff.

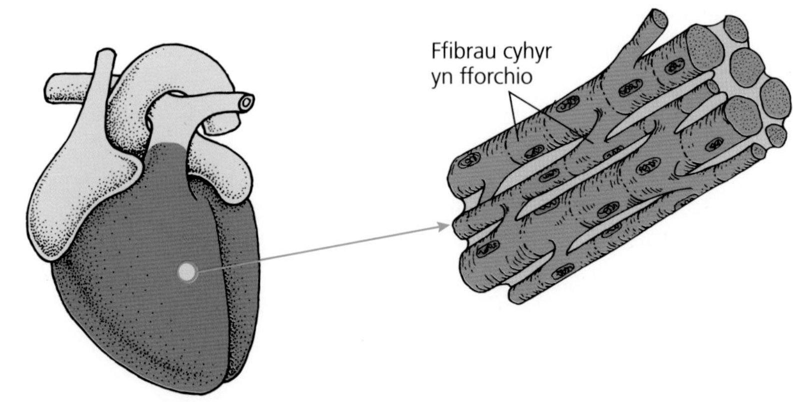

Mae'r cyhyr cardiaidd wedi'i wneud o ffibrau fforchog.

Rhagor am gyhyrau rheoledig

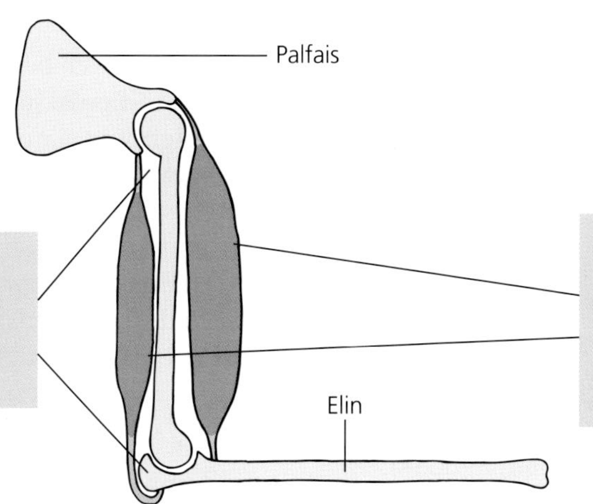

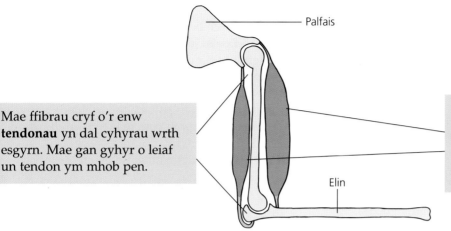

Mae ffibrau cryf o'r enw **tendonau** yn dal cyhyrau wrth esgyrn. Mae gan gyhyr o leiaf un tendon ym mhob pen.

Pan fydd un o'r cyhyrau hyn yn cyfangu bydd yn tynnu yn erbyn esgyrn y fraich. Mae hyn yn plygu neu'n sythu cymal y penelin.

Mae cyhyrau rheoledig yn gweithio mewn parau

(sy'n cael eu galw'n systemau gwrthweithiol)

Mewn cymal, mae'r cyhyrau yn gweithio fesul pâr. Mae un cyhyr yn gwneud i'r cymal blygu, a'r llall yn ei sythu.

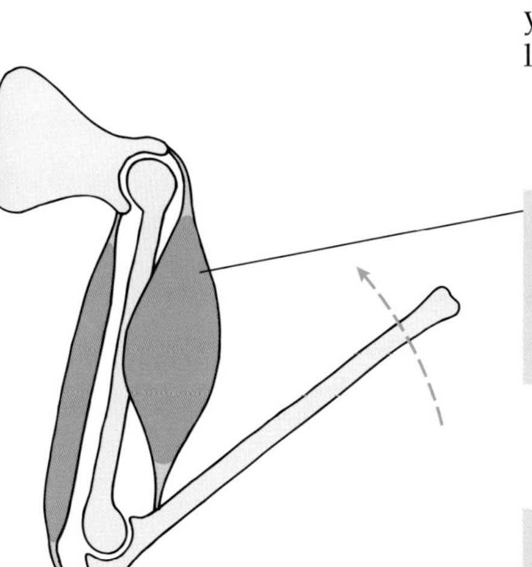

Mae'r cyhyr hwn wedi cyfangu i **blygu** cymal y penelin. Gelwir cyhyrau sy'n plygu cymalau yn **gyhyrau plygu**.

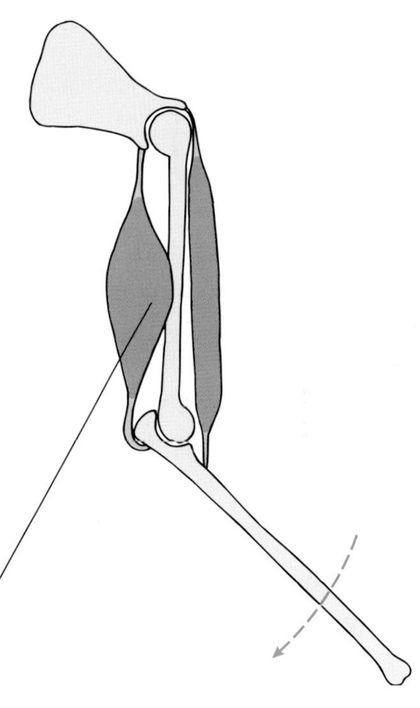

Mae'r cyhyr hwn wedi cyfangu i sythu neu **estyn** cymal y penelin. Gelwir cyhyrau sy'n sythu cymalau yn **gyhyrau estyn**.

Cwestiynau

1 Pa fath o gyhyr sy'n:

- **a** symud eich braich wrth i chi droi'r dudalen hon?
- **b** symud bwyd o'ch ceg i'ch stumog?
- **c** symud eich coesau wrth i chi redeg?
- **ch** symud gwaed o amgylch eich corff?

2 Pam mae angen o leiaf ddau gyhyr mewn cymal?

3 Beth yw enw:

- **a** cyhyrau sy'n sythu cymalau?
- **b** cyhyrau sy'n plygu cymalau?

4 Disgrifiwch un ffordd y mae cyhyr y galon:

- **a** yn debyg i gyhyrau'r stumog.
- **b** yn wahanol i gyhyrau'r stumog.

5 Beth yw'r gwahaniaeth rhwng gewyn a thendon?

Rhagor o gwestiynau dull arholiad

1 Yn y lluniad isod mae dau fath o gell o'r corff dynol.

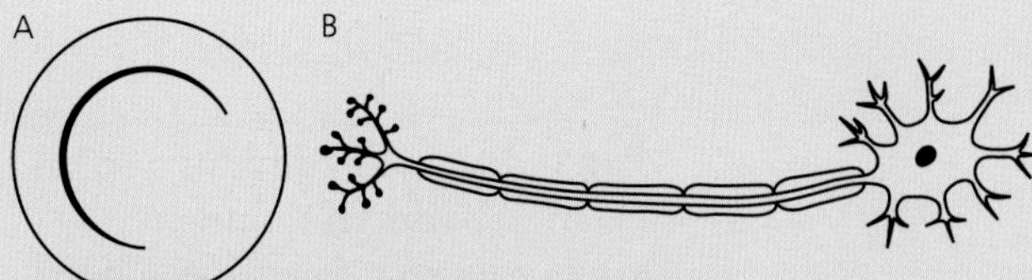

a Enwch y ddwy gell.

b Disgrifiwch ddau wahaniaeth yn eu hadeiledd.

c Disgrifiwch sut mae'r naill gell a'r llall wedi ymaddasu ar gyfer ei swyddogaeth benodol.

2 Mae'r diagram isod yn dangos cyfarpar ar ddechrau arbrawf ac awr yn ddiweddarach.

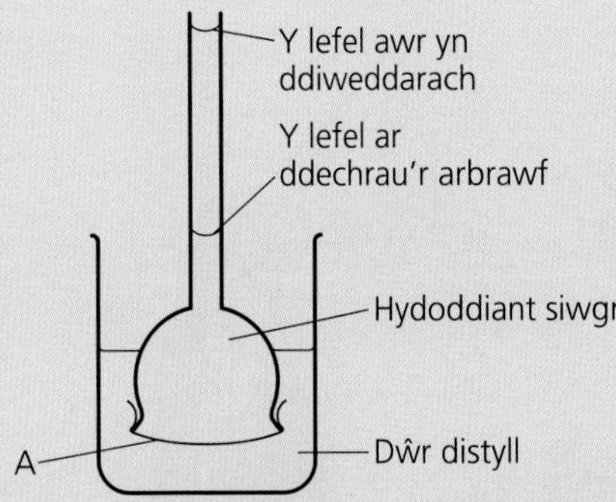

a Beth yw enw'r broses a roddodd y canlyniad hwn?

b Beth yw'r rhan o'r cyfarpar a labelwyd ag A?

c Pa ran o gell fyw sy'n cael ei chynrychioli gan ran A?

ch Disgrifiwch yn gryno pam y cafwyd y canlyniad hwn.

3 Mae'r diagram isod yn dangos toriad fertigol trwy glwyf yn y croen.

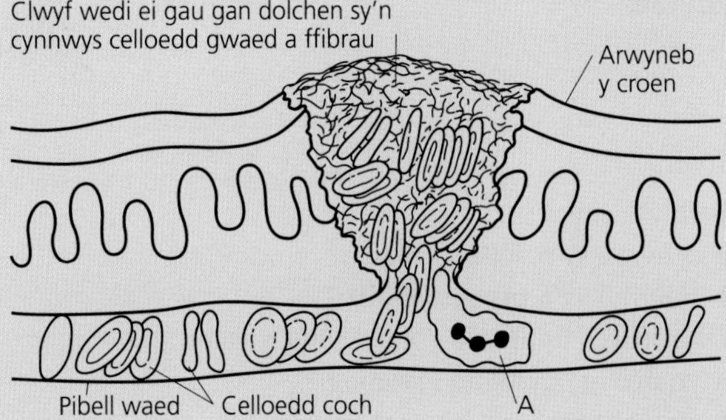

a Disgrifiwch ran platennau yn y broses o gau'r clwyf.

b Beth yw'r gell a labelwyd ag A?

c Disgrifiwch beth y byddai'r celloedd hyn yn ei wneud petai germau yn heintio'r clwyf, gan ddefnyddio'r geiriau *ffagocyt*, *antigen*, *gwrthgorff* a *gwrthwenwyn* yn eich ateb.

ch Mae pobl sydd eisoes wedi cael eu heintio yn aml yn gwella'n gyflymach o ail haint gan yr un germau. Eglurwch pam mae hyn yn digwydd.

d Beth yw brechlyn?

dd Sut mae brechlynnau yn helpu atal heintiad?

4 Rhowch y rhestrau geiriau canlynol yn y drefn gywir.

a Symudiad aer i'r ysgyfaint:
bronci bronciolynnau pibellau trwynol
alfeoli pibell wynt

b Symudiad ysgogiadau nerfol trwy lwybr atgyrch:
niwron synhwyraidd niwron echddygol
derbynnydd poen niwron cyswllt
ffibrau terfynol echddygol

c Rhowch y rhestr ganlynol mewn trefn, y mwyaf cymhleth yn gyntaf, a'r lleiaf cymhleth yn olaf:
meinwe, system gelloedd, organ, organeb

5 Mae'r rhestr ganlynol yn cynnwys rhai o'r prosesau sy'n ymwneud ag anadlu mewn mamolyn:

A cyhyrau rhyngasennol yn cyfangu
B cyhyrau rhyngasennol yn ymlacio
C cyhyr y llengig yn ymlacio
Ch cyhyr y llengig yn cyfangu
D cyfaint yr ysgyfaint yn lleihau
Dd cyfaint yr ysgyfaint yn cynyddu
E gwasgedd aer yn yr ysgyfaint yn cynyddu
F gwasgedd aer yn yr ysgyfaint yn gostwng
Ff aer yn llifo i'r ysgyfaint
G aer yn llifo o'r ysgyfaint

Copïwch y tabl isod a defnyddiwch y llythrennau A i G i'w gwblhau, er mwyn dangos trefn y digwyddiadau wrth fewnanadlu ac wrth allanadlu.

	Mewnanadlu	Allanadlu
1		
2		
3		
4		
5		

6 Astudiwch y tabl isod.

a Beth mae'r tabl yn ei ddweud wrthych am sut y caiff aer ei gyfnewid yn yr ysgyfaint, ac am effeithiau ymarfer corff ar y newidiadau hyn?

b Pam mae yna wahaniaeth rhwng yr aer mae dyn sy'n teithio ar feic yn ei allanadlu a'r aer mae rhywun sy'n cysgu yn ei allanadlu?

	Aer heb gael ei anadlu	**Aer wedi'i anadlu, o ddyn yn cysgu**	**Aer wedi'i anadlu, o ddyn yn beicio**
Nitrogen	78%	78%	78%
Ocsigen	21%	17%	12%
Carbon deuocsid	0.03%	4%	9%
Anwedd dŵr	Amrywiol	Dirlawn	Dirlawn

c Mae dŵr calch yn gemegyn sy'n newid i fod yn lliw gwyn llaethog pan gaiff nwy carbon deuocsid ei fyrlymu drwyddo. Astudiwch y cyfarpar isod. Anadlodd disgybl aer i diwb A y cyfarpar hwn fel bod ei anadl yn byrlymu trwy'r dŵr calch. Ar ôl 10 eiliad trôdd y dŵr calch yn llaethog. Cafodd y tiwb profi ei lanhau a'i ail-lenwi â dŵr calch. Yna sugnodd y disgybl diwb B, a oedd yn sugno aer o'r ystafell ddosbarth trwy'r dŵr calch. Trôdd yn llaethog ar ôl 3 munud. Yna cafodd y tiwb ei lanhau a'i ail-lenwi eto. Agorodd y disgybl ffenestr a sugnodd aer ffres o'r tu allan trwy'r dŵr calch. Nid oedd wedi troi'n llaethog ar ôl 5 munud felly rhoddwyd y gorau i'r arbrawf. Pa gasgliadau y gallwch chi eu tynnu o'r canlyniadau hyn?

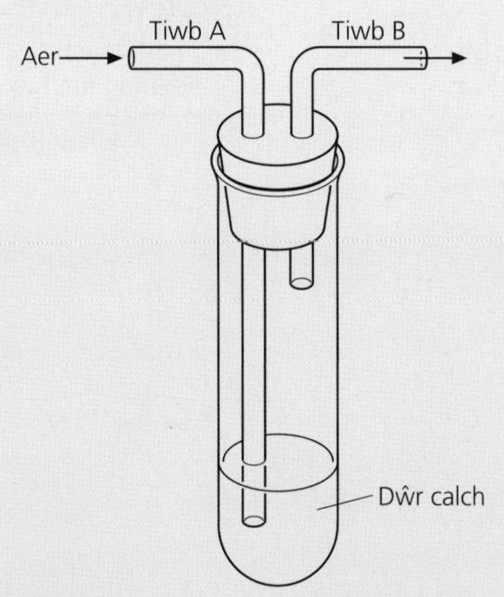

7 Mae'r diagram syml iawn isod yn dangos y brif system nerfol ac un llwybr nerfol drwy'r system.

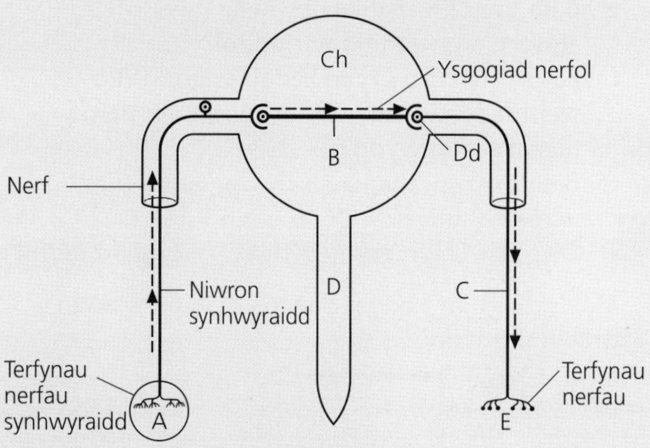

a Enwch y pum organ y gallech eu rhoi ym mhwynt A ar y diagram.

b Pa fathau o niwronau yw B ac C?

c Ble yn y corff y bydd terfynau nerfau E i'w cael?

ch Enwch rannau Ch a D.

d Beth yw'r enw a roddir ar y bwlch bychan iawn yn Dd, a beth sy'n digwydd yma pan fydd ysgogiadau nerfol yn ei gyrraedd?

dd Pam mae rhan Ch yn cael ei disgrifio fel cyd-drefnydd y corff?

e Sut mae rhan Ch yn cael ei gwarchod?

f Ble yn y corff y ceir rhan D, a sut mae'n cael ei gwarchod?

8 Mae'r diagram isod yn dangos trawstoriad trwy fadruddyn y cefn.

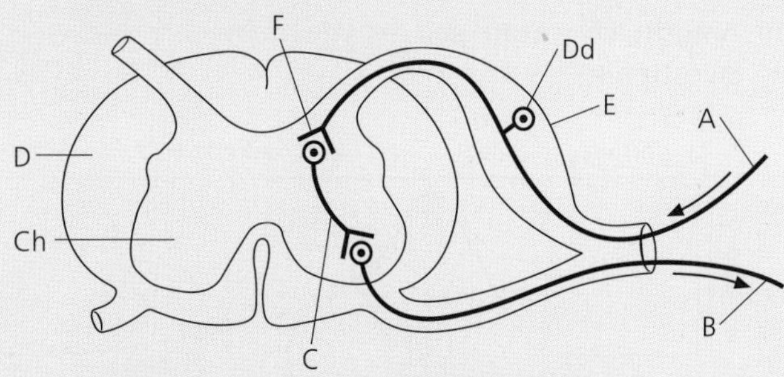

a Enwch y rhannau a labelwyd A i E.

b Beth mae'r saethau ar y diagram yn eu dangos?

c Rhowch enw'r ardal a ddangosir gan label F (lle mae dwy nerfgell yn cyfarfod), a disgrifiwch yn gryno beth sy'n digwydd yn y pwynt hwn.

ch O ble y daeth ffibr A?

d I ble y mae ffibr B yn arwain?

dd Disgrifiwch y prif wahaniaeth rhwng ardal Ch ac ardal D.

e Beth yw'r gwahaniaeth rhwng gweithred atgyrch a gweithred wirfoddol?

f Disgrifiwch yn gryno bedair enghraifft o weithredoedd atgyrch, a'r rhesymau pam y maent yn digwydd.

ff Beth yw'r gwahaniaeth rhwng nerf a ffibr nerfol?

g Disgrifiwch yn gryno beth yw 'ysgogiad nerfol'.

9 Mae'r diagram isod yn dangos rhan o'r system droethol ddynol.

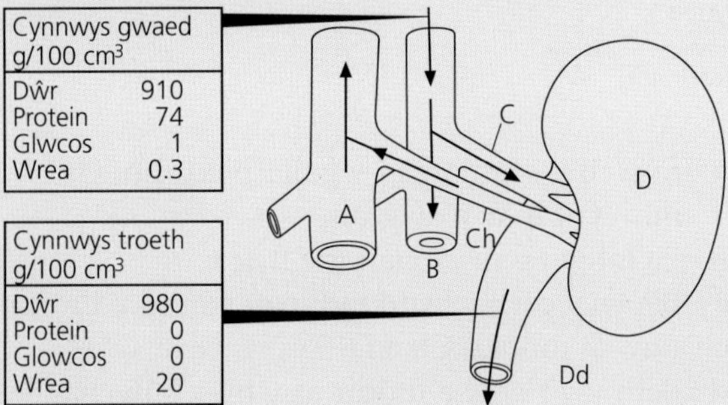

a Enwch y rhannau A i Dd.

b Enwch ddau sylwedd sy'n bresennol mewn gwaed ond nid mewn troeth.

c Disgrifiwch beth sy'n digwydd i glwcos wrth iddo symud trwy'r arennau, gan ddefnyddio'r termau: *neffron*, *glomerwlws*, ac *adamsugniad detholus*.

ch Beth yw prif swyddogaeth yr arennau?

d Beth yw wrea?

10 Astudiwch y graff isod, ac yna atebwch y cwestiynau.

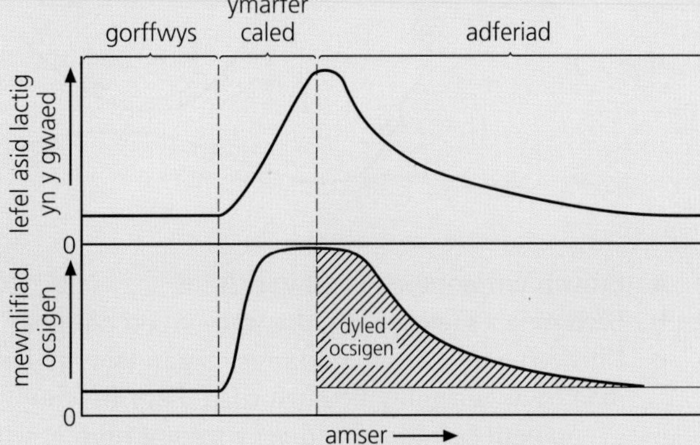

a Beth sy'n digwydd i'r mewnlifiad ocsigen ac i'r cynnyrch asid lactig yn ystod ymarfer caled, e.e. rhedeg cyn gynted ag y gallwch chi?

b Beth yw'r enw ar y math o resbiradaeth sy'n digwydd yn ystod ymarfer caled, ac sy'n arwain at gynhyrchu asid lactig?

c Pam mae asid lactig yn crynhoi yn ystod ymarfer caled, ond nid yn ystod ymarfer ysgafn?

ch Beth yw dyled ocsigen a sut mae'n cael ei 'had-dalu'?

d Beth yw effaith asid lactig yn crynhoi ar y cyhyrau?

11 Mae'r cyfarpar yn y llun isod yn cynrychioli rhan o'r corff dynol.

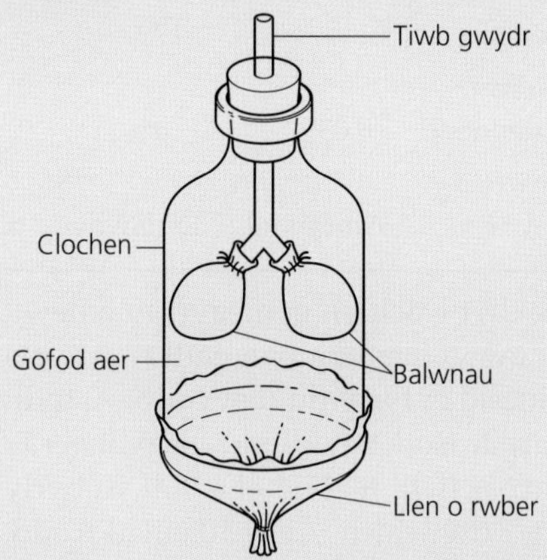

a Pa rannau mae'r tiwb gwydr, y glochen, y balwnau a'r llen rwber yn eu cynrychioli?

b Beth fydd yn digwydd i'r balwnau pan gaiff y llen rwber ei thynnu i lawr, a phan gaiff ei gwthio i fyny?

c Eglurwch pam mae hyn yn digwydd i'r balwnau.

ch Ym mha ffyrdd y mae hyn yn debyg i'r hyn sy'n digwydd yn y rhannau cyfatebol o'r corff, ac ym mha ffyrdd y mae'n wahanol?

12 Mae'r diagram isod yn darlunio un alfeolws o'r ysgyfaint.

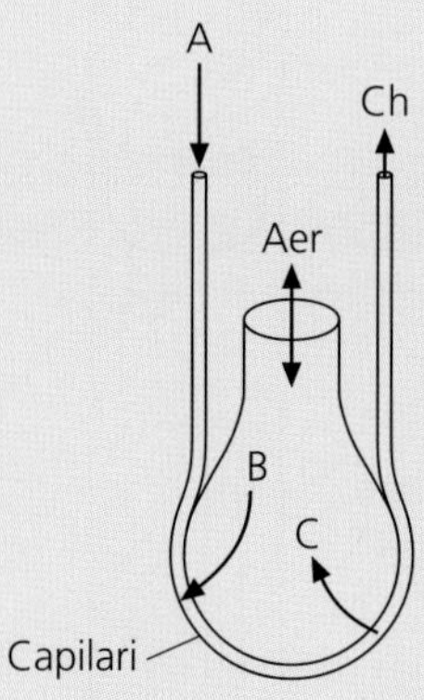

a Enwch y bibell waed sy'n cludo gwaed i'r ysgyfaint, a'r un sy'n cludo gwaed o'r ysgyfaint.
b Disgrifiwch ddau wahaniaeth rhwng cynnwys y gwaed yng nghapilari A, a chynnwys y gwaed yng nghapilari Ch.
c Beth sy'n mynd i'r gwaed yn B, a beth sy'n gadael y gwaed yn C?

13 Mae'r diagram syml isod yn dangos y system gylchrediad mewn bod dynol.

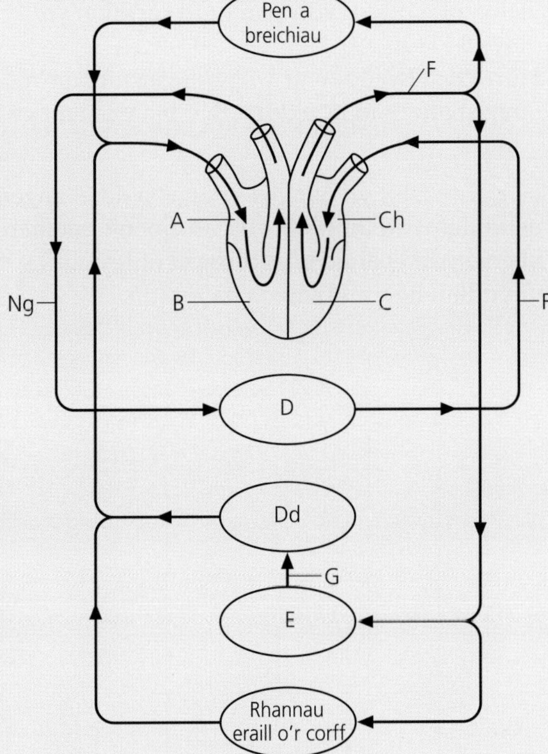

a Enwch y rhannau a labelwyd o A i Ch.
b Disgrifiwch drefn y digwyddiadau yn ystod un curiad calon, gan ddechrau â'r foment rhwng curiadau pan fydd y galon yn ymlacio ac yn llenwi â gwaed.
c O ba fath o gyhyr y mae'r galon wedi ei gwneud, a sut mae'n wahanol i'r cyhyrau sy'n symud yr ysgerbwd?
ch Gan ba siambr yn y galon y mae'r muriau cyhyr mwyaf trwchus, a pham?
d Enwch yr organau a labelwyd â D, Dd, ac E.
dd Disgrifiwch yn gryno bedair o swyddogaethau'r organ a labelwyd ag Dd.
e Enwch y pibellau gwaed a labelwyd ag F, Ff, G ac Ng.
f Pa un o'r pibellau gwaed hyn sy'n cludo gwaed â'i bwysedd yn uwch nag yn unrhyw bibell arall yn y corff?
ff Pa bibell yw'r unig wythïen yn y corff sy'n cludo gwaed ocsigenedig?
g Pa bibell sy'n cynnwys gwaed â chrynodiad uchel iawn o garbon deuocsid?
ng Pa bibell sy'n cludo gwaed â chrynodiad uchel iawn o fwyd wedi'i hydoddi?

14 Mae'r darluniau isod yn dangos beth a ddigwyddodd pan osodwyd eginblanhigyn ffa i orwedd yn llorweddol. Yr enw ar symudiadau tyfu fel hyn yw tropeddau.

a Beth yw'r enw gwyddonol ar y math o dropedd y mae'r gwreiddyn a'r cyffyn yn ei arddangos?
b Beth yw'r manteision i'r planhigyn o ymateb yn y ffordd hon?
c Beth yw enw'r hormon planhigol sy'n gyfrifol am y symudiadau tyfu hyn?
ch Disgrifiwch sut mae'r hormon hwn yn achosi crymedd yn y gwreiddyn a'r cyffyn.

15 Mae'r lluniad isod yn dangos beth sy'n digwydd pan gaiff eginblanhigion pys eu tyfu ar rwyll wifrog, gyda haen o ffibr bylbiau llaith drostynt.

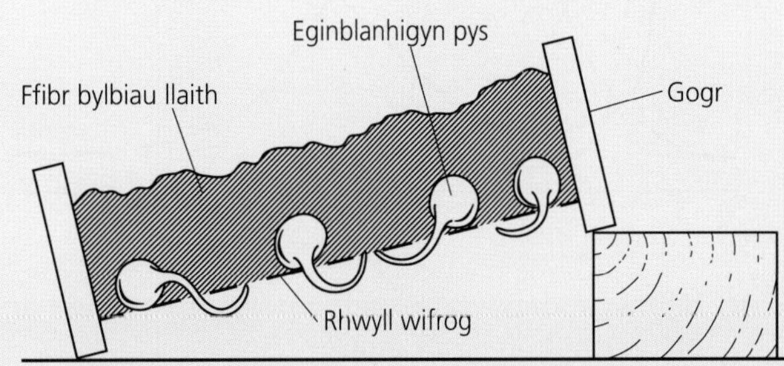

a Beth yw'r enw gwyddonol am eu hymateb i bresenoldeb dŵr uwch eu pennau?
b Er mwyn ymateb fel hyn i ddŵr maent yn arddangos math o dropedd negyddol. Pa fath?

16 Astudiwch y lluniadau isod o frigau coed conwydd, un yn iach a'r llall wedi bod mewn amgylchedd llygredig. Achoswyd y difrod hwn gan ddau fath o lygredd: glaw asid ac oson.

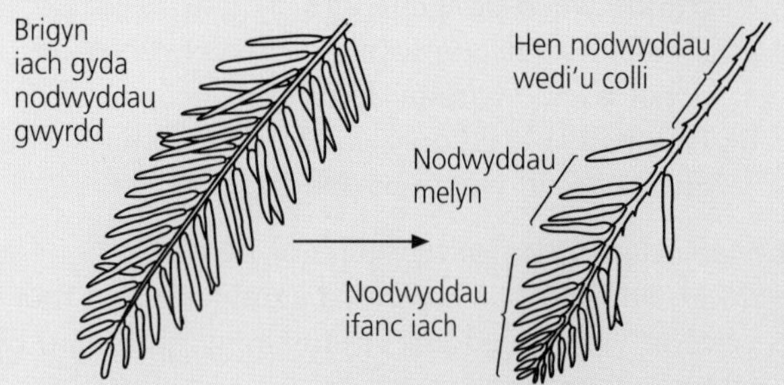

a Disgrifiwch y difrod a achoswyd i'r brigyn gan lygredd.
b Beth yw glaw asid, a sut mae'n cael ei ffurfio?
c Disgrifiwch ffyrdd eraill y mae glaw asid yn niweidio planhigion, a hefyd sut y gall wneud drwg i bridd, bywyd dyfrol, ac adeiladau.
ch Sut y caiff oson ei ffurfio?
d Ar wahân i'w effeithiau ar blanhigion, pa niwed arall mae oson yn ei achosi?
dd Beth yw'r 'haen oson'?
e Beth sy'n difrodi'r haen oson?
f Beth yw effeithiau niweidiol posibl difrodi'r haen oson?

17 Mae'r graff isod yn dangos rhai o ganlyniadau gollwng carthion yn ddamweiniol i afon.

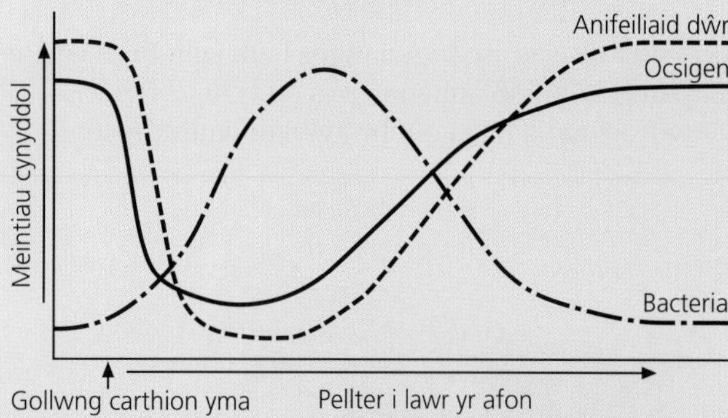

a Beth sy'n digwydd i lefel yr ocsigen yn y dŵr ar ôl i garthion fynd i'r afon?
b Beth sy'n digwydd i grynodiad y bacteria yn y dŵr ar ôl i garthion fynd i'r afon, a pham mae hyn yn digwydd?
c Pa gysylltiad sydd yna rhwng y newidiadau yn lefelau'r ocsigen a'r newidiadau yng nghrynodiad y bacteria wrth i'r dŵr lifo i lawr yr afon?
ch Beth mae'r graff yn ei ddweud wrthych am effeithiau carthion ar anifeiliaid dŵr?
d Petai carthion yn cael eu gollwng i lyn, gallai arwain at gyflwr o'r enw ewtroffigedd. Eglurwch beth yw ewtroffigedd, sut y gall ladd popeth byw mewn llyn, a pham mae'n llai tebygol o ddigwydd pan fydd carthion yn mynd i afon.
dd Enwch sylweddau ar wahân i garthion sy'n llygru afonydd ac eglurwch o ble y maent yn dod.

18 Mae'r graff isod yn dangos yr egni sydd ei angen i wneud defnyddiau newydd naturiol o'i gymharu â'r egni sydd ei angen i ailbrosesu (ailgylchu) y defnyddiau hyn yn hytrach na'u taflu.

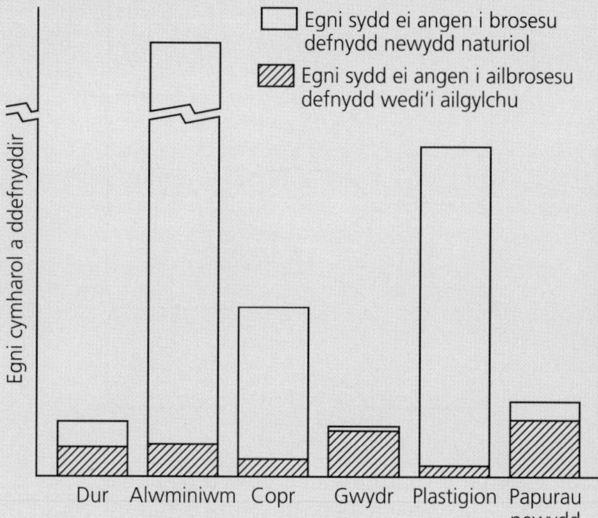

a Pa ddefnyddiau sy'n arbed y mwyaf o egni wrth gael eu hailbrosesu?
b Ar wahân i arbed egni, disgrifiwch ddwy fantais arall sydd i ailgylchu defnyddiau.
c Beth yw bionwy, a sut y gellir ei gael o ddefnyddiau gwastraff?
ch Rhestrwch rai o'r sylweddau y mae'n bosibl eu troi yn gompost.
d Beth yw manteision amgylcheddol gwneud compost?

19 Astudiwch y graffiau isod ac yna atebwch y cwestiynau.

Wrth barhau â'n polisïau egni presennol dyma fydd yn digwydd:

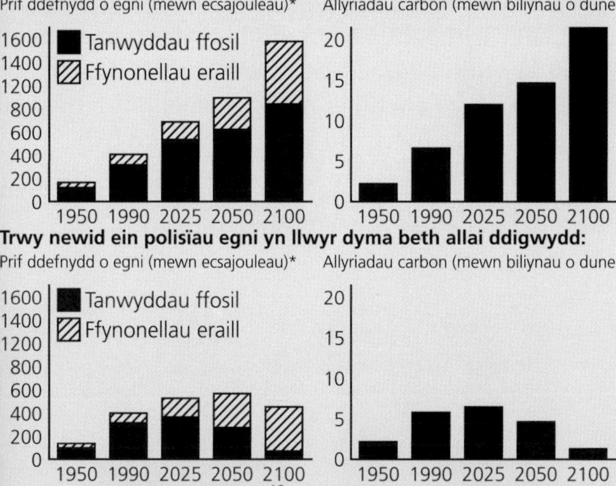

*Ystyr y rhagddodiad 'ecsa-' yw 10^{18}

a Enwch enghreifftiau o danwyddau ffosil, ac eglurwch pam y maent wedi cael yr enw hwn.

b Beth yw prif ffynonellau yr 'allyriadau carbon' y mae cyfeiriad atynt yn y graffiau?

c Disgrifiwch dair ffordd o gynhyrchu egni sy'n cynhyrchu ychydig iawn, neu ddim, carbon deuocsid.

ch Disgrifiwch ddwy ffordd y gellid gostwng allyriadau carbon, trwy leihau y defnydd a wnawn ni o danwyddau ffosil i gynhyrchu egni.

d Beth yw'r cysylltiad rhwng cynhesu byd-eang a defnyddio tanwyddau ffosil?

20 Mae'r llun isod yn arddangos adeiledd coedwig law drofannol.

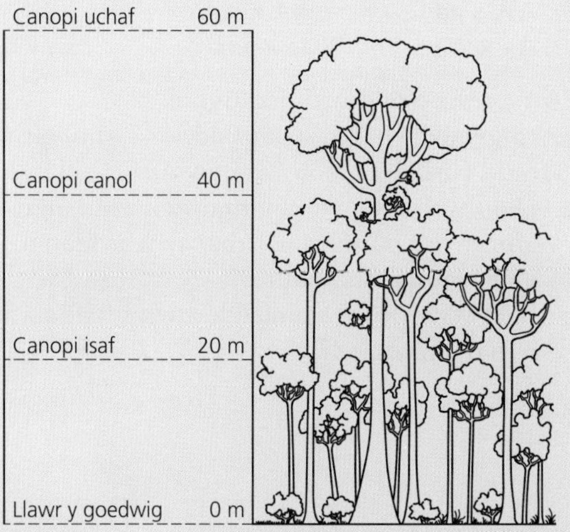

a Pam mae gan y coed fonion llydan gyda gwreiddiau 'bwtres' sy'n ymledu, a boncyffion hir a chul sy'n tyfu canghennau ar y brig yn unig?

b Pam nad oes bron ddim llystyfiant ar lawr y goedwig?

c Sut mae ffyngau ac infertebratau sy'n byw ar lawr y goedwig yn galluogi'r coedwigoedd hyn i oroesi ar briddoedd tenau iawn?

ch Sut mae'r goedwig yn help i gynnal y glawiad trwm a chyson sy'n nodweddiadol o'r ardaloedd hyn?

d Rhestrwch rai o'r rhesymau pam y mae'r coedwigoedd hyn yn cael eu torri.

dd Beth all ddigwydd i'r pridd, i'r hinsawdd, ac i systemau afonydd, pan gaiff y goedwig ei thorri?

21 Mae'r llun isod yn dangos cactws Opuntia.

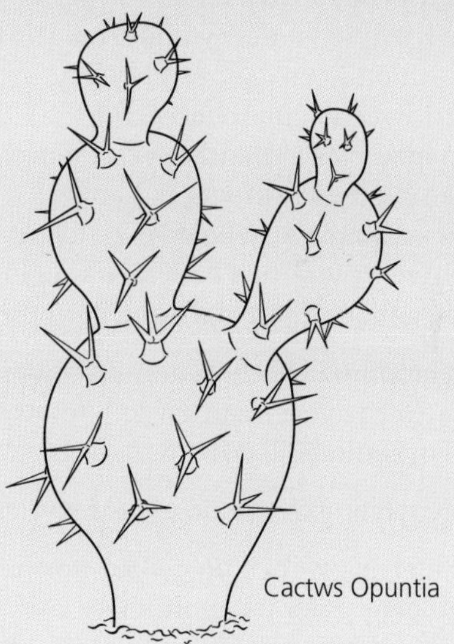
Cactws Opuntia

a Disgrifiwch ddwy nodwedd, sydd i'w gweld yn y llun, sy'n galluogi Opuntia i fyw mewn hinsawdd gras.

b Mae gan blanhigion sy'n byw mewn hinsawdd gras stomata wedi eu suddo mewn mân-bantiau dyfnion, maent wedi eu gorchuddio â chwtigl trwchus ac weithiau â mat trwchus o flew, ac mae ganddynt system wreiddiau fas ac eang. Disgrifiwch sut mae pob un o'r nodweddion hyn yn helpu'r planhigion i oroesi mewn amodau cras.

22 Mae'r diagram isod yn arddangos techneg o'r enw FfIV.

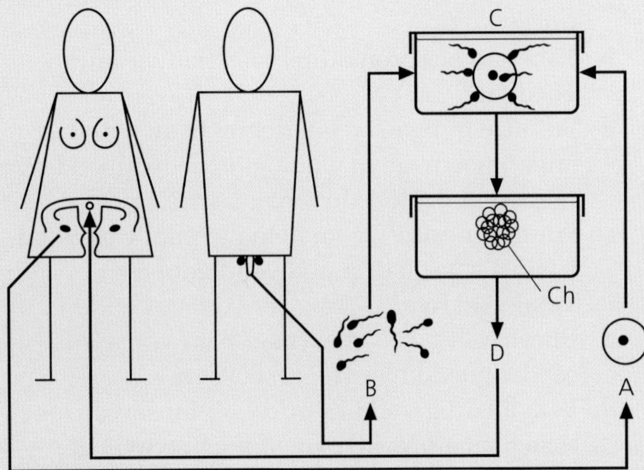

a Beth yw ystyr y llythrennau FfIV?

b Pam mae'r dechneg hon wedi cael yr enw hwn, a beth yw ei phwrpas?

c Mae'r fenyw yn derbyn hormon rhyw (cyffur ffrwythloni) cyn cam A. Enwch yr hormon a disgrifiwch ei effaith ar ei chorff.

ch Beth mae B ar y diagram yn ei gynrychioli?

d Beth sy'n digwydd yng ngham C?

dd Beth yw'r enw ar y belen o gelloedd a gynhyrchir yn Ch, a beth sy'n cael ei wneud i'r belen gelloedd yng ngham D?

23 Caiff haemoffilia ei achosi gan un mwtaniad yn y genyn sy'n rheoli ceuliad gwaed, fel nad yw gwaed yn ceulo fel y dylai mewn clwyfau.

Mae'r genyn ar gyfer ceulo gwaed ar y cromosom X:

X^H = yr alel ar gyfer ceulo gwaed normal
X^h = yr alel ar gyfer haemoffilia

a Pam mae haemoffilia yn cael ei ddisgrifio fel nodwedd sy'n rhyw-gysylltiedig?

b Genoteip Carol yw $X^H X^h$. Nid yw'r alel haemoffilia gan Ioan ei gŵr, felly beth yw ei genoteip ef?

c Copïwch y diagram isod, yna cwblhewch ef er mwyn darganfod beth yw eu siawns o gael plentyn â haemoffilia, a phlentyn sy'n gludydd haemoffilia.

	Ofa Carol	
Sbermau Ioan	X^H	X^h

ch Faint y cant yw eu siawns o gael plentyn â haemoffilia?

d Faint y cant yw eu siawns o gael plentyn sy'n gludydd haemoffilia?

dd Gellir trin pobl â haemoffilia gyda chemegau sy'n ceulo'r gwaed, ac mae'n bosibl addasu bacteria yn enetig er mwyn gwneud y cemegau hyn. Disgrifiwch sut y gellir gwneud hyn.

24 Mae'r llun isod yn dangos pryfed ffrwythau mewn arbrawf genetig sy'n cynnwys croesiad monocroesryw.

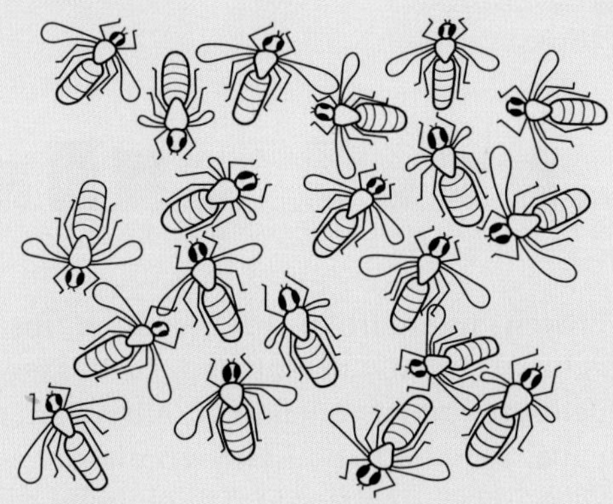

a Nodwch ym mha ffordd y mae'r ddau fath o bryfyn yn wahanol, a chyfrifwch y niferoedd o bob math.

b Pa nodwedd sy'n drechol a pha un sy'n enciliol

c Beth yw cymhareb y rhai enciliol i'r rhai trechol

ch Cafodd dau fath o bryfyn eu croesi yn yr arbrawf hwn. Cymerwch fod **A** ac **a** yn cynrychioli'r alelau sy'n ymwneud â'r croesiad. Pa un o'r croesiadau canlynol a fyddai'n cynhyrchu'r gymhareb yn rhan **c** uchod?

AA × aa   **AA × AA**
Aa × Aa   **aa × aa**?

25 Dyma restr o nodweddion dynol.

grŵp gwaed   deallusrwydd   rholio'r tafod
cyfradd curiad y galon   pwysau   ôl bysedd

a Didolwch nhw yn ôl y rhai sy'n arddangos amrywiad parhaus, a'r rhai sy'n arddangos amrywiad amharhaus.

b Beth yw'r prif wahaniaeth rhwng y ddau fath hyn o amrywiad?

26 Mewn bodau dynol, mae'r genyn ar gyfer llygaid glas **b** yn enciliol i'r alel ar gyfer llygaid brown **B.** Mae'r diagram isod yn cynrychioli rhan o goeden deuluol lle mae gan rai aelodau lygaid brown, a llygaid glas gan eraill.

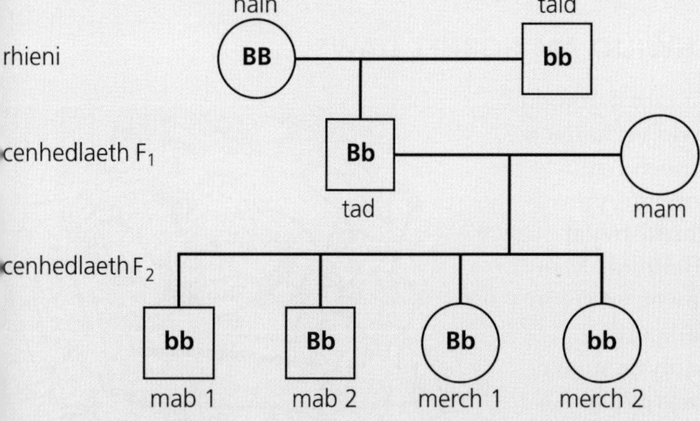

a Beth yw genoteip y fam? (Yn eich ateb defnyddiwch y symbolau a roddir uchod.)
b Beth yw ffenoteip y taid?
c Beth yw cymhareb yr unigolion â llygaid brown i'r rhai â llygaid glas yng nghenhedlaeth F_2?
ch Ysgrifennwch genoteip unigolyn yng nghenhedlaeth F_2 sy'n homosygaidd, a genoteip un sy'n heterosygaidd.

27 Mae anaemia cryman-gell yn gyflwr etifeddol a achosir gan fwtaniad sy'n gwneud celloedd coch y gwaed yn siâp cryman. Mae'r cyflwr hwn yn digwydd mewn ardaloedd trofannol lle mae'r clefyd malaria yn gyffredin, ac mae'n cynnig rhywfaint o wrthiant i barasit malaria.
a Beth yw mwtaniad?
b Sut y gellir defnyddio proses esblygiad trwy ddetholiad naturiol i egluro pam y mae anaemia cryman-gell a malaria yn digwydd yn yr un ardaloedd?

Canllawiau adolygu ac arholiadau

Sut i adolygu

Nid yw'n bosibl dweud bod un dull arbennig o adolygu yn gweithio ar gyfer pawb. Mae dulliau gwahanol yn addas ar gyfer gwahanol bobl. Mae'n bwysig felly ichi ddod o hyd i'r dull sydd orau ar eich cyfer chi. Gallwch ddefnyddio'r rheolau sy'n dilyn fel canllawiau cyffredinol.

CANIATÁU DIGON O AMSER

Os byddwch yn aros tan y funud olaf cyn dechrau adolygu ni fyddwch yn rhoi'r cyfle gorau i chi eich hun lwyddo. Ychydig iawn o bobl sy'n gallu adolygu popeth 'y noson cynt' a gwneud yn dda mewn arholiad y diwrnod canlynol. Mae angen ichi gynllunio eich amserlen adolygu fel eich bod yn dechrau arni rai wythnosau cyn yr arholiadau.

CYNLLUNIO AMSERLEN ADOLYGU

Cynlluniwch eich amserlen adolygu ymhell cyn i'r arholiadau ddechrau. Ar ôl mynd i'r drafferth o wneud hyn, cadwch at yr amserlen - peidiwch â mynd i wneud pethau eraill. Rhowch eich amserlen yn rhywle amlwg fel eich bod yn ei gweld yn gyson - neu'n well byth, gosodwch nifer ohonyn nhw o gwmpas eich cartref!

YMLACIO

Byddwch yn gweithio'n galed iawn wrth adolygu. Mae'r un mor bwysig ag y mae ichi weithio eich bod yn cael rhywfaint o amser rhydd i ymlacio. Felly caniatewch amser hamdden fel rhan o'ch amserlen adolygu.

HOLI POBL ERAILL

Bydd ffrindiau, perthnasau ac athrawon yn falch o roi help i chi os byddwch yn gofyn amdano. Ewch i drafod gyda nhw os byddwch yn cael unrhyw drafferthion - peidiwch â rhoi'r ffidil yn y to yn syth os bydd rhywbeth yn achosi problem i chi. Cofiwch am eich rhieni hefyd!

CHWILIO AM GORNEL DAWEL

Pa fath o amodau sydd eu hangen arnoch i allu adolygu yn y ffordd fwyaf effeithiol? Mae llawer yn credu y gallan nhw adolygu mewn awyrgylch swnllyd, brysur - ond dydy hynny ddim yn wir am y rhan fwyaf o bobl! Peidiwch chwaith â cheisio adolygu o flaen y teledu - anaml iawn y mae hynny'n gweithio. Peth aneffeithiol iawn ydy adolygu mewn awyrgylch sy'n llawn o bethau all dynnu eich sylw oddi wrth eich gwaith.

DEFNYDDIO CYNLLUN GWAITH, RHESTR GYFEIRIO AC ATI I'CH HELPU

Defnyddiwch y *Trywyddau* ar ddechrau'r llyfr hwn, cynllun gwaith, siart llif, rhestr gyfeirio neu unrhyw syniadau eraill i'ch helpu ac fel hwb i'ch arwain yn rhesymegol trwy'r gwaith. Ar ôl ichi orffen pwnc, ticiwch ef ar eich rhestr. Gallwch hefyd roi tic gyferbyn â phynciau rydych yn hyderus yn eu cylch. Os gwnewch chi hyn ni fyddwch yn gwastraffu amser yn adolygu adrannau diangen.

YSGRIFENNU NODIADAU BYR, DEFNYDDIO LLIWIAU

Tra byddwch yn darllen trwy eich gwaith neu eich gwerslyfrau ysgrifennwch nodiadau byr ar y pryd yn crynhoi'r prif syniadau a ffeithiau. Ond canolbwyntiwch ar wneud yn siŵr eich bod yn deall y syniadau yn hytrach na chofio'r ffeithiau yn unig. Defnyddiwch liwiau a phinnau ysgrifennu lliwddangos i'ch helpu.

YMARFER ATEB CWESTIYNAU

Ar ôl ichi orffen adolygu pob pwnc ceisiwch ateb ychydig o gwestiynau. Efallai y bydd rhaid ichi ddefnyddio eich nodiadau neu werslyfrau ar y dechrau. Wrth ddod yn fwy hyderus byddwch yn gallu rhoi cynnig ar rai cwestiynau heb ddim help, yn union fel y bydd hi yn yr arholiad.

MAE CAEL EGWYL YN BWYSIG

Pan fyddwch yn gweithio, daliwch ati am ryw awr ac yna rhowch 'wobr' i chi eich hun trwy gael egwyl o ryw 15 i 20 munud a chael diod oer neu baned. Ewch yn ôl at eich gwaith am gyfnod adolygu arall wedyn.

Llwyddiant yn yr arholiadau

Os bydd eich stumog yn troi wrth feddwl am arholiad, yna yn ôl pob tebyg, fyddwch chi ddim wedi paratoi'n ddigonol. Mae'n naturiol i bawb fod ychydig yn nerfus ynglŷn ag arholiad pwysig. Ar y llaw arall, os byddwch chi'n gwybod beth i'w ddisgwyl cyn mynd i'r ystafell arholiad does dim rheswm pam y dylech chi dorri eich calon a methu gwneud chwarae teg â chi eich hun.

Os byddwch chi wedi gweithio'n galed am ddwy flynedd ac wedi gwneud ymdrech dda, dyma rai pethau y gallwch eu gwneud er mwyn sicrhau bod eich canlyniadau yn adlewyrchu hynny.

Bod yn barod

Gwnewch yn siŵr fod popeth y byddwch ei angen yn barod gennych y noson cynt, yn cynnwys pinnau ysgrifennu, pensiliau, pren mesur a chyfrifiannell. Bydd eich athrawon yn gallu dweud wrthych chi pa sgiliau mathemategol y bydd arnoch eu hangen, neu byddant wedi eu rhestru yn y maes llafur. Gwnewch yn siŵr eich bod yn gyfarwydd â'r rhain ddigon ymlaen llaw.

Darllen yn ofalus

Cyn dechrau, darllenwch y papur o'r dechrau i'r diwedd a gwnewch yn siŵr eich bod yn deall yn union beth sydd raid i chi ei wneud. Trowch bob tudalen. Yna, pan fyddwch yn barod i ddechrau, darllenwch bob cwestiwn fwy nag unwaith i wneud yn siŵr fod yr hyn sydd yn eich meddwl chi yn cytuno â'r hyn sy'n cael ei ofyn. Dilynwch y cyfarwyddiadau i'r llythyren. Dim ond am atebion sy'n benodol i'r cwestiwn sy'n cael ei ofyn y cewch chi farciau. Ni chewch farciau am wybodaeth arall am y pwnc.

Cynllunio eich amser

Cyfrifwch faint o amser y dylech ei dreulio ar bob cwestiwn, yn seiliedig ar faint o farciau sydd i'w cael am bob un. Peidiwch â threulio oesoedd yn pendroni dros yr ateb i ran olaf cwestiwn - yn lle hynny ewch ymlaen a dechrau'r cwestiwn nesaf. Mae'n debygol y cewch chi fwy o farciau am ateb rhannau cyntaf pob cwestiwn nag am gwblhau un neu ddau o gwestiynau yn llwyr, heb roi cynnig ar gwestiynau tua diwedd y papur. Os bydd gennych amser dros ben ar y diwedd, a chithau wedi ymlacio mwy, ewch yn ôl a meddwl am y rhannau anodd eto.

Cyflwyno'r gwaith yn eglur

Cofiwch y bydd gan yr arholwyr bentwr mawr o bapurau i'w marcio mewn amser go fyr. Ni fydd gorfod ymdrechu i ddarllen ysgrifen flêr neu ddilyn dadl afresymegol yn fawr o help! Ewch ati felly i ysgrifennu mor glir ag y gallwch yn yr amser sydd gennych, a meddyliwch ymlaen llaw beth rydych am ei ysgrifennu. Bydd yr arholwyr yn awyddus i roi marciau ichi - gwnewch hi'n hawdd iddyn nhw wneud hynny.

Os byddwch yn tynnu lluniau, gwnewch nhw'n glir ac yn syml, gan ddefnyddio llinellau sengl lle bo hynny'n addas. Labelwch y diagramau a gwnewch yn siŵr fod y llinellau o unrhyw labeli yn pwyntio'n syth at y pethau perthnasol.

Peidio â chynhyrfu

Os cewch gwestiwn a chithau heb glem sut i'w ateb, peidiwch â chynhyrfu! Anadlwch yn araf ac yn ddwfn, ac edrychwch arno eto. Mae'n debygol iawn y bydd yr ystyr yn dechrau gwawrio arnoch chi os cadwch chi'n dawel, a meddwl yn glir, neu o leiaf efallai y byddwch yn gallu ateb rhan ohono. Os na ddaw pethau'n gliriach, peidiwch â phoeni'n ormodol amdano - canolbwyntiwch yn gyntaf ar y cwestiynau y *gallwch* eu hateb.

Crynodebau o'r penodau/rhestri cyfeirio

Llungopïwch y rhestri o bynciau isod a rhowch groes gyferbyn â'r rhai *nad* ydynt yn rhan o fanyleb eich arholiad chi. (Bydd eich athrawon yn gallu dweud wrthych pa rai sy'n berthnasol.) Ticiwch yr eitemau eraill ar eich rhestr wrth i chi eu hadolygu. Mae'r rhifau mewn cromfachau yn dweud wrthych ym mha Unedau y cewch chi fwy o wybodaeth.

1 Cyflwyno pethau byw

- ❑ Sut y dechreuodd bywyd. (1.01)
- ❑ Prif nodweddion pethau byw yw: sensitifedd, bwydo, resbiradu, ysgarthu, tyfu ac atgynhyrchu. (1.02)
- ❑ Mae angen goleuni a charbon deuocsid ar gyfer ffotosynthesis. (1.03)
- ❑ Mae angen cynhesrwydd a dŵr ar gyfer adweithiau cemegol bywyd. (1.03)
- ❑ Mae angen ocsigen er mwyn cael egni o fwyd trwy resbiradaeth. (1.03)
- ❑ Mae mwynau yn hanfodol er mwyn i blanhigion dyfu'n iach. (1.03)
- ❑ Mae'r biosffer yn cynnwys yr holl ardaloedd ar dir a môr lle mae bywyd yn bosibl. (1.03)
- ❑ Caiff pethau byw eu didoli yn ôl Teyrnasoedd (Protoctista, Planhigion, Anifeiliaid), sy'n cael eu rhannu'n grwpiau llai a llai. (1.04)
- ❑ Mae popeth byw ar wahân i'r rhai symlaf oll wedi eu hadeiladu o gelloedd. (1.05)
- ❑ Mae gan gelloedd anifeiliaid a phlanhigion gellfur athraidd-ddetholus, cytoplasm a chnewyllyn. (1.05)
- ❑ Mae gan gelloedd planhigion gellfur cellwlos, gwagolyn mawr a chloroplastau yn cynnwys cloroffyl. (1.05)
- ❑ Mae angen cloroffyl ar gyfer ffotosynthesis. (1.05)
- ❑ Grwpiau o gelloedd wedi arbenigo ac yn gwneud gwaith penodol yw meinweoedd, e.e. gwaed a chyhyr. (1.06)
- ❑ Cyfuniadau o feinweoedd yw organau: e.e. y galon, y stumog. (1.06)
- ❑ Grwpiau o organau yw systemau organau: e.e. y system gylchrediad gwaed, y system dreulio a'r system nerfol. (1.06)
- ❑ Trylediad yw symudiad moleciwlau o fan lle mae eu crynodiad yn uchel, i lawr graddiant crynodiad i fan lle maent yn llai crynodedig. (1.07)
- ❑ Osmosis yw trylediad moleciwlau dŵr trwy bilen ledathraidd o hydoddiant cryf (crynodedig) i un gwan. (1.07)
- ❑ Mae dŵr yn symud trwy osmosis o gelloedd sy'n cynnwys hydoddiant gwan i gelloedd sy'n cynnwys hydoddiant cryfach. (1.07)
- ❑ Yn ystod mitosis:
  - mae celloedd yn ymrannu gan gynhyrchu epilgelloedd gyda'r un nifer o gromosomau â'r famgell wreiddiol
  - mae cromosomau yn y cnewyllyn yn rhannu'n ddwy ran
  - mae celloedd yn ymrannu yn ddwy gell sy'n unfath yn enetig
  - mitosis sydd yn cynhyrchu pob cell mewn anifeiliaid a phlanhigion *ar wahân* i gelloedd rhyw. (1.08)
- ❑ Yn ystod meiosis:
  - mae celloedd yn cynhyrchu epilgelloedd (o'r enw gametau, neu gelloedd rhyw) gyda *hanner nifer cromosomau* (h.y. nifer haploid) y famgell
  - yn ystod ffrwythloniad mae'r gametau yn asio gan adfer nifer normal (nifer diploid) y cromosomau yn y sygot
  - mae cromosomau yn ymddangos yn y cnewyllyn fel ffurfiadau dwbl sydd wedi eu trefnu mewn parau
  - mae'r parau o gromosomau yn gwahanu, yna mae pob cromosom yn hollti'n ddwy ran, gan ffurfio pedair cell haploid. (1.09)

2 Etifeddeg, amrywiad ac esblygiad

- ❑ Amrywiaeth bywyd. (2.01)
- ❑ Etifeddeg yw astudio nodweddion etifeddol. Nid yw nodweddion caffaeledig yn cael eu hetifeddu. (2.02)
- ❑ Gall amrywiad fod yn barhaus e.e. pwysau, neu'n amharhaus e.e. rholio'r tafod. (2.02)
- ❑ Mae datblygiad organeb yn dibynnu ar nodweddion etifeddol ac ar yr amgylchedd. (2.02)
- ❑ Genynnau sy'n rheoli nodweddion etifeddol. (2.03)
- ❑ Mae ffrwythloniad yn dod â genynnau o'r ddau riant at ei gilydd. (2.03)
- ❑ Mae genynnau trechol yn cuddio genynnau enciliol. (2.03)
- ❑ Mae genynnau homosygaidd yn unfath; mae genynnau heterosygaidd yn wahanol. (2.03)
- ❑ Cromosomau rhyw sy'n pennu rhyw'r organeb. (2.04)
- ❑ Ymhob cell mae gan y gwryw gromosomau X ac Y, ac mae gan y fenyw ddau gromosom X. (2.04)
- ❑ Gwahanol ffurfiau ar yr un genyn ar gyfer nodwedd benodol yw alelau'r genyn hwnnw. (2.05)
- ❑ Nodwedd weladwy yw ffenoteip; genoteip yw'r set o enynnau sy'n cynhyrchu'r ffenoteip. (2.05)
- ❑ Mwtaniad yw newid mewn genyn neu gromosom. (2.05)
- ❑ Croesiad monocroesryw yw bridio rhieni sydd ag alelau gwahanol ar gyfer yr un genyn (caiff yr epil eu galw'n genhedlaeth F_1). (2.06)
- ❑ Cyd-drechedd yw etifeddiad dau alel gwahanol ar gyfer yr un nodwedd, a'r ddau yn drechol. (2.06)
- ❑ Genynnau ar gromosom rhyw sy'n rheoli nodweddion rhyw-gysylltiedig. (2.06)
- ❑ Mae DNA yn storio'r cod genynnol. Genyn yw darn o god genynnol yn cynnwys dilyniant o unedau cemegol, o'r enw basau. (2.07)
- ❑ Mae dilyniant y basau yn rheoli swyddogaeth genyn. (2.07)
- ❑ Yn ystod synthesis protein caiff copi o enyn ei drosglwyddo o DNA i'r cytoplasm. Yno, caiff ei god ei ddefnyddio er mwyn cysylltu asidau amino yn y drefn gywir ar gyfer moleciwl penodol o brotein. (2.07)
- ❑ Mae bridio detholus yn cynhyrchu planhigion ac anifeiliaid gwell, ac yn cynyddu cynnyrch. (2.08)
- ❑ Mae technegau clonio yn cynhyrchu copïau union gywir o'r planhigion a'r anifeiliaid. (2.08)
- ❑ Mae clonau yn unfath yn enetig. (2.08)
- ❑ Caiff clonau planhigion eu cynhyrchu o doriadau o goesynnau, gwreiddiau a dail. (2.08)
- ❑ Caiff anifeiliaid eu clonio trwy hollti embryo yn gelloedd unigol. Mae'r rhain yn ailffurfio fel embryonau ac yn cael eu mewnblannu yng nghroth benyw. (2.09)
- ❑ Mae trawsblannu cnewyll yn golygu trosglwyddo'r cnewyllyn o embryo i gell wy heb ei ffrwythloni, a chnewyllyn honno wedi cael ei dynnu ohoni. (2.09)
- ❑ Manteision clonio:
  - gellir cynhyrchu niferoedd mawr o'r anifeiliaid a'r planhigion cnwd gorau yn gyflym iawn
  - gellir arbed anifeiliaid a phlanhigion gwyllt rhag diflannu. (2.10)
- ❑ Anfanteision clonio:
  - mae gormod o glonio yn lleihau'r amrywiaeth enetig yn sylweddol
  - mae diffyg amrywiaeth yn gostwng imiwnedd. (2.10)
- ❑ Mae peirianneg genetig yn golygu trosglwyddo genynnau o un organeb i un arall. (2.11, 2.12)
- ❑ Gallai addasiadau genetig gynyddu cynnyrch, gwrthiant i afiechyd, a gwneud sylweddau defnyddiol. (2.11, 2.12)
- ❑ Mae mapio'r holl enynnau mewn celloedd dynol yn dangos swyddogaeth pob genyn a'r berthynas rhwng gwahanol enynnau â'i gilydd. (2.13)
- ❑ Mae pethau byw wedi esblygu o ddechreuadau syml iawn i fod yn filiynau o wahanol organebau. (2.14, 2.15)
- ❑ Fe wnaeth Charles Darwin 'egluro' esblygiad yn ei ddamcaniaeth detholiad naturiol (2.14, 2.15)
- ❑ Mae'r ddamcaniaeth detholiad naturiol yn dweud y bydd yr organebau hynny sydd wedi ymaddasu orau i'w hamgylchedd yn bridio ac yn lluosi ynghynt na'r rhai nad ydynt wedi ymaddasu gystal. (2.14, 2.15)
- ❑ Dros amser, bydd dylanwad detholiad naturiol ar y rhain yn arwain at esblygiad rhywogaethau newydd. (2.14, 2.15)
- ❑ Mae'r cofnod ffosiliau yn dystiolaeth o'r newid a'r amrywiaeth sydd wedi digwydd dros filiynau o flynyddoedd. (2.15)
- ❑ Damcaniaethau esblygiad. (2.16)

3 Planhigion gwyrdd fel organebau

- ❑ Organebau aml-gellog yw planhigion, sy'n gwneud bwyd trwy ffotosynthesis. (3.01)
- ❑ Mae dulliau atgynhyrchu mewn planhigion yn cynnwys sborau a hadau. (3.01)
- ❑ Mae planhigion blodeuol yn cynnwys:
  - blodau ag organau rhyw sy'n cynhyrchu hadau
  - dail sy'n gwneud bwyd trwy ffotosynthesis
  - coesyn sy'n cludo hylifau i fyny ac i lawr y planhigyn
  - gwreiddiau sy'n amsugno dŵr a mwynau o'r pridd. (3.02)
- ❑ Mae ffotosynthesis yn defnyddio egni goleuni, sy'n cael ei ddal gan gloroffyl, er mwyn cyfuno carbon deuocsid a dŵr gan wneud siwgr glwcos. (3.02)
- ❑ Mae ffotosynthesis yn rhyddhau ocsigen i'r amgylchedd. (3.02)
- ❑ Ffotosynthesis yw'r gwrthwyneb i resbiradaeth. (3.02)
- ❑ Mae resbiradaeth yn caniatáu rhyddhau egni o fwyd, ac mae hyn yn cynhyrchu'r carbon deuocsid sy'n cael ei ddefnyddio mewn ffotosynthesis. (3.03)
- ❑ Mae cyfradd ffotosynthesis yn cael ei rheoli gan gryfder goleuni, lefelau carbon deuocsid, a thymheredd. (3.03)
- ❑ Mae ar blanhigion angen amrywiaeth o fwynau er mwyn tyfu'n iach. (3.03)
- ❑ Mae dail yn gwneud bwyd trwy ffotosynthesis, ac yn rheoli colled anwedd dŵr o blanhigion. (3.04)
- ❑ Mae gan blanhigion eu system gludiant fewnol eu hunain. (3.05)
- ❑ Trydarthiad yw colli anwedd dŵr o blanhigyn. (3.06)
- ❑ Wrth i ddŵr anweddu o ddail planhigyn, daw dŵr o ben uchaf y sylem i gymryd ei le. (3.06)
- ❑ Mae hyn yn gwneud i ddŵr lifo'n ddi-dor i fyny'r sylem o'r gwreiddiau a'r pridd. (3.06)
- ❑ Mae planhigion yn ymateb i oleuni, disgyrchiant a dŵr trwy symudiadau twf o'r enw tropeddau. (3.07)
- ❑ Mae yna dropeddau positif a negatif. (3.07)
- ❑ Hormon o'r enw awcsin sy'n rheoli tropeddau. (3.08)

4 Resbiradaeth, cylchrediad, homeostasis ac ysgarthiad

- ❏ Peiriant y corff dynol I (4.01) (6.01)
- ❏ Metabolaeth yw'r holl brosesau cemegol mewn celloedd sy'n hanfodol ar gyfer bywyd. (4.02)
- ❏ Catabolaeth yw dadelfennu cemegau cymhlyg i fod yn rhai symlach, gan ryddhau egni. Mae anabolaeth yn defnyddio egni i wneud cemegau cymhlyg o rai syml. (4.02)
- ❏ Mae ensymau yn cyflymu adweithiau cemegol mewn celloedd. (4.02)
- ❏ Resbiradaeth fewnol yw dadelfennu bwyd er mwyn cynhyrchu egni. (4.02)
- ❏ Resbiradaeth allanol yw anadlu. (4.02)
- ❏ Mae resbiradaeth aerobig yn defnyddio ocsigen er mwyn dadelfennu bwyd yn garbon deuocsid a dŵr. (4.03)
- ❏ Nid oes angen ocsigen ar gyfer resbiradaeth anaerobig, sy'n cynhyrchu asid lactig yn y cyhyrau. (4.03)
- ❏ Y ddyled ocsigen yw hynny o ocsigen sydd ei angen er mwyn cael gwared ag asid lactig o'r cyhyrau. (4.03)
- ❏ Cyfnewid nwyon yw'r enw ar broses amsugno ocsigen a rhyddhau carbon deuocsid. (4.04)
- ❏ Mae'r cyhyrau rhyngasennol a'r llengig yn cael eu defnyddio wrth anadlu. (4.04)
- ❏ Mae eich calon wedi ei gwneud o gyhyr cardiaidd. (4.05)
- ❏ Yn y galon mae cyfres o siambrau a falfiau. (4.05)
- ❏ Mae gwaed yn cael ei anfon i'r rhydwelïau gan y galon yn curo, ac mae'n dychwelyd trwy wythiennau. (4.05)
- ❏ Mae yna system ddwbl ar gyfer cylchrediad gwaed: i'r ysgyfaint ac ohonynt; ac o amgylch y corff. (4.06)
- ❏ Clefyd y galon. (4.07)
- ❏ Mae'r gwaed yn gyfrifol am gludo ocsigen, bwyd wedi'i dreulio, hormonau, gwastraff ac ati o amgylch y corff. (4.08, 4.09, 4.10)
- ❏ Mae gwaed yn cynnwys plasma, celloedd coch y gwaed, celloedd gwyn y gwaed a phlatennau. (4.08, 4.09, 4.10)
- ❏ Mae gwaed yn dosbarthu gwres o amgylch y corff, ac yn cynnwys celloedd a gwrthgyrff sy'n lladd germau. (4.08, 4.09, 4.10)
- ❏ Homeostasis yw cynnal amgylchedd mewnol cyson. (4.11)
- ❏ Mae'r iau/afu a'r pancreas yn cynhyrchu'r hormonau glwcagon ac inswlin. (4.11)
- ❏ Mae'r arennau yn rheoli ysgarthiad ac osmoreolaeth. (4.11)
- ❏ Trwy'r croen y cawn ein synnwyr cyffwrdd. (4.12)
- ❏ Mae chwysu yn eich oeri, a chrynu yn eich cynhesu. (4.12)
- ❏ Ysgarthiad yw gwaredu defnyddiau gwastraff sy'n cael eu cynhyrchu gan eich corff. (4.13)

5 Bwydo a threulio

- ❑ Bwyd ac iechyd. (5.01)
- ❑ Mae angen bwyd er mwyn i'r corff dyfu, ar gyfer ei atgyweirio, ac i gael egni. (5.02, 5.03)
- ❑ Caiff egni ei fesur mewn cilojouleau (kJ). (5.02, 5.03)
- ❑ Mae cyfansoddion hanfodol bwyd yn cynnwys: carbohydradau, proteinau, brasterau ac olewau, ffibr dietegol, fitaminau a mwynau. (5.02, 5.03)
- ❑ Mae dŵr yn hanfodol ar gyfer prosesau bywyd. (5.02, 5.03)
- ❑ Mae diet cytbwys yn darparu digon o fwyd a dŵr ar gyfer cadw'n iach. (5.04)
- ❑ Yn ystod treuliad, mae ensymau yn dadelfennu bwyd yn foleciwlau hydawdd ar gyfer eu hamsugno. (5.06, 5.07)
- ❑ Mae'r rhan o'r bwyd sy'n anhydraul yn cael ei waredu o'r corff ar ffurf ymgarthion. (5.06, 5.07)
- ❑ Mae poer yn cychwyn treuliad startsh. (5.07)
- ❑ Mae peristalsis yn symud bwyd i'r stumog. (5.07)
- ❑ Mae treuliad protein yn cychwyn yn y stumog. (5.07)
- ❑ Mae'r coluddyn bach yn cwblhau treulio startsh, protein ac olewau. (5.07)
- ❑ Mae bwyd sydd wedi'i dreulio yn cael ei amsugno trwy fur y coluddyn bach. (5.07)
- ❑ Mae arwyneb mur y coluddyn bach wedi ei orchuddio gan filiynau o filysau sydd fel bysedd mân. (5.08)
- ❑ Mae'r iau/afu yn storio glycogen, mwynau a fitaminau. (5.08)
- ❑ Mae'n ffurfio wrea, yn gwneud bustl, yn tynnu rhai gwenwynau o'r gwaed, ac yn gwneud ffibrinogen, sy'n angenrheidiol ar gyfer ceulo gwaed mewn clwyfau. (5.08)

6 Synhwyrau a chyd-drefnu

- ❑ Peiriant y corff dynol II (6.01) (4.01)
- ❑ Mae terfynau nerfau yn y croen yn sensitif i wasgu a phwyso, poen, a thymheredd. (6.02)
- ❑ Trwy'r blasbwyntiau y cawn ein synnwyr blasu: blasau hallt, sur, melys a chwerw. (6.02)
- ❑ Mae blas yn ysgogi secretiad suddion treulio ac yn ein rhybuddio os yw bwyd 'wedi mynd yn ddrwg'. (6.02)
- ❑ Mae creuau'r llygaid yn y penglog yn amddiffyn y llygaid. (6.03)
- ❑ Mae'r ddelwedd yn cael ei chynhyrchu ar y retina gan y cornbilen, y lens a'r hylif dyfrol. (6.03, 6.04)
- ❑ Mae'r retina yn anfon ysgogiadau nerfol ar hyd y nerf optig i'r ymennydd. (6.03)
- ❑ Mae'r cyhyrau ciliaraidd yn rheoli ffocysu'r lens. (6.04)
- ❑ Mae dau lygad sy'n edrych tuag ymlaen yn rhoi golwg tri dimensiwn. (6.04)
- ❑ Mae conau yn y retina yn sensitif i liw a golau llachar. (6.04)
- ❑ Mae rhodenni yn y retina yn sensitif i olau gwan. (6.04)
- ❑ Mae gan bobl bum synnwyr. (6.05)
- ❑ Mae'r brif system nerfol yn cynnwys yr ymennydd a madruddyn y cefn. (6.07)
- ❑ Mae niwronau synhwyraidd yn anfon ysgogiadau nerfol i'r brif system nerfol. (6.06)
- ❑ Mae niwronau echddygol yn anfon ysgogiadau i gyhyrau a chwarennau er mwyn rhoi ymateb ar waith. (6.06)
- ❑ Ysgogiad nerfol yw newid cemegol yn symud ar hyd nerfau. (6.07)
- ❑ Gall gweithredoedd fod yn rhai gwirfoddol neu'n rhai atgyrch. (6.07)
- ❑ Mae gweithredoedd atgyrch yn amddiffyn y corff. (6.07)
- ❑ Mae'r system endocrinaidd yn rhyddhau hormonau i'r gwaed, ac maent yn teithio ynddo i'r organau targed sy'n ymateb iddynt. (6.08)
- ❑ Mae inswlin a glwcagon yn rheoli lefelau siwgr yn y gwaed. (4.11, 6.08)
- ❑ Mae hormonau'r chwarren bitwidol yn rheoli twf, atgenhedlu, a faint o ddŵr sydd yn y corff. Mae adrenalin yn eich paratoi ar gyfer gweithredu'n sydyn. (6.08)
- ❑ Hormonau progesteron ac oestrogen sy'n rheoli'r gylchred fislifol. (6.09)
- ❑ Yr hormonau rhyw yw testosteron mewn bechgyn ac oestrogen mewn merched. (6.10)
- ❑ Yr hormonau rhyw sy'n gyfrifol am y glasoed. (6.10)
- ❑ Mae'r glasoed yn gyfnod o gyrraedd aeddfedrwydd rhywiol ac o newid emosiynol. (6.10)
- ❑ Mae modd cynhyrchu babanod trwy ffrwythloniad in-vitro (FfIV). (6.11)
- ❑ Mae'r bilsen atal cenhedlu yn cynnwys oestrogen sy'n rhwystro cenhedliad rhag digwydd. (6.11)

7 Pethau byw a'u hamgylchedd

- ❑ Mae pob cadwyn fwyd yn cychwyn gyda phlanhigion gwyrdd, sy'n gynhyrchwyr bwyd. (7.01, 7.02)
- ❑ Llysysyddion yw ysyddion cynradd. (7.01, 7.02)
- ❑ Cigysyddion yw ysyddion eilaidd, trydyddol, ac ati. (7.01, 7.02)
- ❑ Mae colled egni mewn cadwynau bwydydd yn arwain at byramidiau bwydydd. (7.01, 7.02)
- ❑ Nifer o gadwynau bwydydd wedi'u cyd-gysylltu yw gwe fwydydd. (7.01, 7.02)
- ❑ Mae dadelfenyddion yn ailgylchu anifeiliaid a phlanhigion marw. (7.01, 7.02)
- ❑ Cylchrediad di-dor o garbon y mae ei angen ar gyfer ffotosynthesis yw'r gylchred garbon. (7.03)
- ❑ Cylchrediad di-dor o nitrogen y mae ei angen ar gyfer gwneud proteinau yw'r gylchred nitrogen. (7.04)
- ❑ Mae yna facteria sefydlogi nitrogen mewn pridd a gwreiddgnepynnau. (7.04)
- ❑ Mae bacteria madru (pydru) a bacteria nitreiddio yn rhyddhau nitradau o anifeiliaid a phlanhigion marw. (7.04)
- ❑ Mae bacteria dadnitreiddio yn rhyddhau nitrogen o bridd dwrlawn. (7.04)
- ❑ Cynefin yw lle mae cymuned o organebau'n byw. (7.05)
- ❑ Poblogaeth yw grŵp o organebau o'r un math. (7.05)
- ❑ Mae poblogaethau yn dilyn cromliniau twf. (7.06)
- ❑ Gall cystadleuaeth rhwng rhywogaethau arwain at ddiflaniad un ohonynt, neu at gyd-fyw. (7.06)
- ❑ Mae gan ysglyfaethwyr addasiadau er mwyn gallu dal a bwyta eu hysglyfaeth. (7.07)
- ❑ Gall ysglyfaeth osgoi cael ei ddal trwy allu rhedeg yn gyflym, trwy ddynwared neu drwy fod â chuddliw. (7.07)
- ❑ Mae cromliniau twf yn dangos perthnasoedd ysglyfaethwyr-ysglyfaeth. (7.07)
- ❑ Mae anifeiliaid yn ymaddasu i wahanol hinsoddau. (7.08)
- ❑ Olyniaeth ecolegol yw cyfres o newidiadau mewn cymuned. (7.09)
- ❑ Mae ecosystemau sydd wedi'u rheoli yn cynyddu cynnyrch bwyd. (7.10)
- ❑ Mae plaleiddiaid yn lleihau colledion. (7.10)
- ❑ Mae chwynleiddiaid yn lladd chwyn. (7.10)
- ❑ Mae dyfrhau a gwrteithio yn hybu twf planhigion. (7.10)

8 Dylanwad pobl ar yr amgylchedd

- ❑ Problemau posibl gyda'r biosffer. (8.01)
- ❑ Mae poblogaeth y byd yn cynyddu. (8.02)
- ❑ Mae twf poblogaeth yn gynt mewn gwledydd tlawd. (8.02)
- ❑ Mae angen rhagor o adnoddau ar gyfer poblogaeth sy'n tyfu. (8.03, 8.04)
- ❑ Mae canlyniadau twf poblogaeth yn effeithio ar y biosffer. (8.03, 8.04)
- ❑ Esblygodd coedwigoedd glaw trofannol dros filiynau o flynyddoedd. (8.05)
- ❑ Mae ardaloedd sydd wedi'u datgoedwigo yn colli pridd yn gyflym ac yn dioddef newidiadau hinsoddol. Mae eu hafonydd yn llenwi â llaid ac maent yn cyfrannu tuag at gynhesu byd-eang wrth i lystyfiant gael ei losgi. (8.05)
- ❑ Gall carthion a gwrteithiau o ffermydd achosi ewtroffigedd mewn llynnoedd. (8.06)
- ❑ Biogrynhoad yw'r broses lle mae plaleiddiaid yn crynhoi mewn pethau byw. (8.06)
- ❑ Mae llygryddion aer yn cynnwys mwg, llwch a nwyon fel sylffwr deuocsid ac ocsidau nitrogen. (8.07, 8.08)
- ❑ Mae glaw asid, sy'n cael ei gynhyrchu o nwyon asidig yn yr atmosffer, yn gwneud drwg i adeiladau a phlanhigion, ac yn llygru dŵr a phridd. (8.07, 8.08)
- ❑ Mae oson yn yr is-atmosffer yn gwneud drwg i blanhigion, rwber a thecstiliau, ac i ysgyfaint pobl. (8.08)
- ❑ Mae'r haen oson yn yr uwch-atmosffer yn ein hamddiffyn ni rhag pelydrau uwchfioled. (8.07)
- ❑ Mae clorofflworocarbonau (CFfCau) yn dinistrio oson. (8.07)
- ❑ Mae carbon deuocsid, CFfCau, methan ac oson yn nwyon tŷ gwydr. (8.09)
- ❑ Ystyr cynhesu byd-eang yw bod atmosffer y Ddaear yn cynhesu. (8.09)
- ❑ Gellir lleihau llygredd trwy leihau'r defnydd o egni. (8.10)
- ❑ Mae ffynonellau egni amgen yn cynilo adnoddau ac yn lleihau llygredd. (8.10)
- ❑ Trwy ailddefnyddio defnyddiau ac ailgylchu, gellir lleihau llygredd ac achosi llai o niwed i gynefinoedd. (8.11)
- ❑ Mae gwastraff sy'n dadelfennu yn cynhyrchu nwy methan; gellir defnyddio hwn fel tanwydd. (8.11)
- ❑ Mae datblygu cynaliadwy yn osgoi difrod di-droi'n ôl i gynefinoedd ac adnoddau. (8.12, 8.13)
- ❑ Cynnyrch cynaliadwy yw maint yr adnoddau adnewyddadwy y gellir eu cymryd heb achosi gostyngiad yng nghyflenwad yr adnoddau. (8.12, 8.13)

9 Iechyd

- ❑ Mae ffordd o fyw pobl yn cael effaith ar eu hiechyd. (9.01)
- ❑ Mae firysau yn mynd i mewn i gelloedd ac yn eu troi'n ffatrïoedd firysau. Celloedd byw yw bacteria. (9.02)
- ❑ Mae'r corff yn cynhyrchu ei 'antiseptigau' ei hun ac mae ganddo gelloedd a gwrthgyrff sy'n lladd germau. (9.03)
- ❑ Mae brechlyn yn cynnwys germau marw neu rai diniwed, sy'n ysgogi eich corff i wneud gwrthgyrff. (9.03)
- ❑ Mae gwrthgyrff yn eich gwneud yn imiwn i heintiau. (9.03)
- ❑ Mae mwg sigaréts yn cynnwys: nicotin - cyffur gwenwynig a chaethiwus, 17 o gemegau y gwyddom eu bod yn achosi canser, carbon monocsid (gwenwynig), hydrogen cyanid (gwenwynig), ac amonia a bwtan sy'n achosi cosi poenus yn yr ysgyfaint. (9.04)
- ❑ Mae ysmygu yn achosi clefyd y galon, emffysema, canserau'r geg, y llwnc, y bledren a'r ysgyfaint, a broncitis. (9.04)
- ❑ Gall pobl nad ydynt yn ysmygu, ond sy'n byw neu'n gweithio gydag ysmygwyr, ddioddef o'r clefydau hyn hefyd. (9.04)
- ❑ Gellir trosglwyddo afiechyd trwy weithgaredd rhywiol. (9.05)
- ❑ Gall rhai cyffuriau fod yn gaethiwus. (9.06, 9.07)
- ❑ Gellir dal heintiau, yn cynnwys *AIDS*, o nodwyddau budron. (9.06, 9.07)
- ❑ Mae camddefnyddio alcohol hefyd yn achosi problemau iechyd. (9.06, 9.07)

Geirfa

Adamsugno Echdynnu sylweddau defnyddiol o hylif sydd wedi ei hidlo o'r gwaed, wrth iddo symud ar hyd *neffron* mewn aren.
Adborth, proses Dull lle mae cynhyrchion system yn cael eu defnyddio i reoli'r system. Enghraifft o hyn yw rheoli tymheredd mewn mamolion: mae cynnydd yn y tymheredd yn rhoi prosesau colli gwres ar waith, sy'n gwneud i'r tymheredd ostwng, a hynny wedyn yn rhoi prosesau cynhyrchu gwres ar waith.
Adrenalin *Hormon* a gynhyrchir gan y chwarennau adrenal. Mae'n paratoi'r corff ar gyfer gweithredu'n gyflym, trwy gynyddu cyfradd curiad y galon, pwysedd y gwaed a lefel y siwgr yn y gwaed.
Addasiadau Nodweddion organeb sy'n gwella ei siawns o oroesi mewn *amgylchedd* penodol, ac sy'n cael eu trosglwyddo i'w hepil yn ei *genynnau,* e.e. pig aderyn wedi'i gymhwyso (neu ei addasu) ar gyfer bwyta bwydydd arbennig.
***AIDS* (syndrom diffyg imiwnedd caffaeledig)** Clefyd a achosir gan firws sy'n ymosod ar amddiffynfeydd y corff yn erbyn afiechyd (y system imiwnedd). Mae dioddefwyr felly'n dueddol o ddal clefydau y byddent fel arfer yn gallu eu hymladd.
Alelau Set o *enynnau* sy'n cynhyrchu gwahanol amrywiadau ar yr un *nodwedd etifeddol,* e.e. y set o enynnau sy'n pennu lliw'r llygaid.
Alfeoli Pocedi aer fel swigod microsgopig ar ben draw'r pibellau aer i'r ysgyfaint. Mae *capilarïau* yn eu hamgylchynu, ac maent yn ymwneud â *chyfnewid nwyon.*
Amgylchedd Yr hyn sydd o amgylch organeb, yn cynnwys creigiau, pridd, dŵr, aer, organebau eraill a'r hinsawdd.
Amrywiad amharhaus Amrywiad lle nad oes ffurfiau rhyngol, neu ychydig iawn ohonynt sydd, e.e. gall pobl rolio'u tafodau, neu ni allant wneud hynny.
Amrywiad parhaus Mae hyn yn digwydd mewn rhai nodweddion, fel taldra a phwysau, lle ceir sawl ffurf ryngol rhwng y ddau eithaf, e.e. gellir gosod pobl mewn rhes ddi-dor (barhaus) o'r byrraf i'r talaf.
Amsugno Bwyd wedi'i dreulio (hydawdd) yn cael ei symud trwy furiau'r coluddion i lif y gwaed.
Amylas Math o *ensym* sy'n treulio bwydydd startsh gan eu troi'n siwgr. Mae i'w gael mewn poer, a hefyd yn cael ei gynhyrchu gan y *pancreas.*
Anabolaeth Adweithiau cemegol mewn celloedd lle caiff sylweddau cymhlyg eu hadeiladu (eu syntheseiddio) o ddefnyddiau crai syml. Mae *ffotosynthesis* yn enghraifft.
Anorecsia nerfosa Dymuniad obsesiynol i gadw'n denau trwy fwyta rhy ychydig yn fwriadol. Gall problemau iechyd difrifol, neu farwolaeth hyd yn oed, ddeillio o hyn.
Antigenau Cemegau sydd, ar ôl dod i mewn i'r corff, yn ysgogi *celloedd gwyn y gwaed* i gynhyrchu *gwrthgyrff.* Maent i'w cael ar gyrff germau ac ar *feinweoedd* sydd yn estron i'r corff.
Aorta Prif *rydweli'*r corff.
Asidau amino Yr unedau cemegol sy'n adeiladu moleciwlau protein.
Atal cenhedlu, dulliau Dyfeisiau a ddefnyddir i atal *cenhedlu* (sberm yn ffrwythloni ofwm), e.e. *condom.*
Atgenhedliad rhywiol Atgenhedliad lle mae rhiant gwrywol a rhiant benywol yn cynhyrchu *gametau*, sy'n asio gyda'i gilydd yn ystod *ffrwythloniad*, gan ffurfio *sygot*; mae hwn yn datblygu i fod yn faban.
Atgynhyrchiad anrhywiol Math o atgynhyrchiad lle mae un rhiant yn unig, a lle nad oes *celloedd rhyw* arbenigol (sbermau ac wyau) yn asio, e.e. mae microbau yn atgynhyrchu'n anrhywiol trwy ymrannu'n ddwy ran.
Atgyrch, gweithredoedd Ymatebion sy'n digwydd yn gyflym iawn heb feddwl yn ymwybodol amdanynt, e.e. dagrau ac amrantu'r llygad mewn ymateb i lwch a mwg.
Atria (unigol: atriwm; enw arall yw awriglau) Siambrau uchaf y galon, gyda muriau tenau. Maent yn derbyn gwaed o *wythiennau.*
Awcsin Un o grŵp o *hormonau* planhigol sy'n rheoli cyfradd twf mewn gwreiddiau a chyffion. Maent yn gyfrifol am *dropeddau.*

Beichiogrwydd Y cyfnod pryd y bydd benyw yn cludo baban sy'n datblygu yn ei *chroth.* Tua naw mis yw ei hyd mewn pobl.
Biochwyddhad Yr effaith sy'n cael ei chynhyrchu wrth i *fiogrynhoad* barhau i fyny cadwyn fwyd o un *lefel droffig* i'r nesaf. O ganlyniad bydd gan yr *ysglyfaethwr* ar y brig feintiau uchel iawn, os nad marwol, o lygryddion yn ei gorff.
Biogrynhoad Crynhoad llygryddion ym meinweoedd brasterog organeb.
Biomas Cyfanswm màs pethau byw. Gellir ei fesur fel pwysau sych, neu fyw (ffres).
Biosffer Yr ardaloedd ar wyneb y Ddaear, yn y môr ac yn yr awyr, sy'n gallu cynnal bywyd.
Brechlyn Daliant o germau marw, rhai anactifedig neu rai diniwed, sy'n cael ei chwistrellu i'r corff. Mae hyn yn ysgogi'r corff i gynhyrchu *gwrthgyrff*, ac yn ei wneud yn imiwn rhag haint gan y germau hynny.
Breithell *Meinwe* nerfol yn yr ymennydd a madruddyn y cefn sy'n cynnwys cellgyrff *niwronau.*
Bridio detholus Techneg amaethyddol hynafol o ddethol y planhigion cnwd a'r anifeiliaid gorau ar gyfer bridio, fel bod y cynnyrch yn cael ei wella'n raddol.
Bronci Canghennau o'r *bibell wynt.*
Brych Trwy'r organ hwn y mae'r *embryo* sy'n datblygu yn cael dŵr ac ocsigen o waed ei fam, a hefyd yn trosglwyddo gwastraff i waed ei fam.
Bustl Hylif melynwyrdd sy'n cael ei wneud yn yr iau/afu a'i drosglwyddo i'r *coluddyn bach.* Mae'n cyfrannu at dreuliad brasterau ac olewau trwy eu chwalu yn ddefnynnau mân. Mae hyn yn rhoi arwynebedd arwyneb mawr iddynt, i hwyluso gwaith *ensymau* treulio.

Capilarïau Pibellau gwaed culion gyda muriau tenau sy'n cludo gwaed o *rydwelïau* i *wythiennau.* Mae bwyd ac ocsigen yn symud o'r gwaed trwy furiau'r capilarïau i'r celloedd, ac mae carbon deuocsid yn symud i'r gwaed.
Carbohydras *Ensym* sy'n dadelfennu bwydydd *carbohydrad* yn siwgr glwcos.
Carsinogen Cemegyn sy'n gallu achosi i *ganser* ddatblygu. Mae mwg sigaréts yn cynnwys amryw o garsinogenau.
Catabolaeth Adweithiau cemegol mewn celloedd er mwyn dadelfennu moleciwlau mawr yn rhai llai, gan ryddhau egni, e.e. *resbiradaeth.*
Ceg y groth Cylch o gyhyr sy'n rheoli yr agoriad i'r *groth* yn y man lle mae'n ymuno â'r *wain.*
Ceilliau (unigol: caill) Organau yn y system atgenhedlu wrywol sy'n cynhyrchu *sbermau* (celloedd rhyw gwrywol).
Cellbilen Y *bilen athraidd-ddetholus* sy'n ffurfio arwyneb allanol pob cell.
Celloedd coch y gwaed Celloedd siâp disgen heb *gnewyllyn*, yn cynnwys *haemoglobin* ac yn cludo ocsigen o'r ysgyfaint i weddill y corff.
Cellwlos Defnydd gwydn hyblyg o *garbohydrad*, sy'n ffurfio'r cellfuriau o amgylch celloedd planhigion.
Cerebrwm Y rhan honno o'r ymennydd sy'n ymwneud â meddwl yn ymwybodol, symudiadau gwirfoddol, a'r cof.
Cilia Ffurfiadau tebyg i flew bach microsgopig sy'n ymestyn oddi ar arwyneb rhai celloedd. Maent yn chwipio yn ôl a blaen gan symud yr hylifau o'u hamgylch.
Clefyd siwgr (diabetes) Cyflwr lle mae gormodedd o siwgr yn ymddangos yn y gwaed a'r *troeth.* Mae'n cael ei achosi gan brinder *hormon* o'r enw *inswlin*, neu fethiant y corff i ymateb iddo.
Clôn Grŵp o bethau byw sydd yn unfath yn enetig oherwydd eu bod wedi eu cynhyrchu o un rhiant trwy *atgynhyrchiad anrhywiol.*
Cloroffyl Sylwedd gwyrdd mewn planhigion sy'n amsugno egni goleuni ar gyfer ei ddefnyddio mewn *ffotosynthesis.*
Cloroplastau Ffurfiadau microsgopig yng nghelloedd planhigion. Maent yn cynnwys *cloroffyl.*
Cludiant actif Symudiad sylweddau i mewn i gelloedd yn erbyn graddiant crynodiad, h.y. o fan lle maent yn llai crynodedig i fan lle maent yn fwy crynodedig. Mae'n cael yr enw cludiant 'actif' oherwydd bod angen egni ar ei gyfer.
Cnewyllyn Y rhan o'r gell sy'n cynnwys *cromosomau.* Mae'n rheoli *metabolaeth* y gell a chellraniad, ac yn cynnwys defnydd etifeddol ar ffurf *genynnau.*
Coden y bustl Pledren neu goden fechan yn ymyl yr iau/afu lle caiff *bustl* ei storio.

:olesterol Sylwedd brasterog. Mae un math ohono yn glynu wrth furiau rhydwelïau ac n eu culhau, fel bod llif y gwaed yn arafu.
:olon Rhan o'r *coluddyn mawr* lle caiff dŵr halwynau mwynol eu hamsugno o'r *ngarthion.*
:oluddyn bach Y rhan o'r llwybr ymborth hwng y *stumog* a'r *coluddyn mawr*. Dyma lle nae treuliad yn cael ei gwblhau ac y caiff wyd wedi'i dreulio ei amsugno i lif y waed.
:oluddyn mawr Y rhan o'r llwybr ymborth y'n cynnwys y *colon* a'r *rectwm*. Mae'n msugno dŵr a mwynau o'r *ymgarthion.*
:ondom Dull *atal cenhedlu* ar ffurf gwain o wber sy'n cael ei rholio dros y *pidyn* talsyth yn cyfathrach rywiol. Mae *semen* yn mgasglu yn y condom yn hytrach na mynd mewn i system atgenhedlu'r fenyw.
'ornbilen Y ffenestr dryloyw gron ar du laen pelen y llygad.
oronaidd, rhydwelïau *Rhydwelïau* sy'n yflenwi gwaed i gyhyr y galon.
'orpws lwtewm Y rhan o'r *ffoligl* sydd ar ôl n yr ofari yn dilyn *ofwliad*. Mae'n ynhyrchu'r hormon *progesteron.*
ortecs cerebrol Haen allanol *cerebrwm* yr mennydd dynol.
romosomau Gwrthrychau microsgopig byg i rodenni sydd i'w gweld yng *ghnewyllyn* cell yn ystod cellraniad. Maent n cynnwys gwybodaeth etifeddol y gell ar urf *genynnau.*
romosomau rhyw *Cromosomau* sy'n pennu fydd wy wedi'i ffrwythloni yn datblygu i d yn wryw neu'n fenyw. Cromosomau **X** : **Y** yw'r cromosomau rhyw.
roth (wterws) Organ ar ffurf bag yn y ystem atgenhedlu fenywol, sy'n dal, nddiffyn a rhoi maeth i faban sy'n atblygu.
ydadfer, pwynt Y pwynt lle mae cryfder olau yn caniatáu i *ffotosynthesis* a *sbiradaeth* ddigwydd ar yr un gyfradd. Ar y wynt hwn bydd yr holl ocsigen a ynhyrchir gan ffotosynthesis yn cael ei nsugno gan resbiradaeth, a'r holl garbon euocsid a gynhyrchir gan resbiradaeth yn el ei amsugno gan ffotosynthesis, felly nid s nwyon yn gadael y planhigyn.
yd-drechedd Sefyllfa lle mae gan organeb dau *enyn* sy'n rheoli'r un nodwedd, a'r dau yn *drechol*, ac felly ag effaith ar ei atblygiad. Mae'r grŵp gwaed AB mewn obl yn enghraifft.
yhyr cardiaidd Y cyhyr a geir ym uriau'r galon.
ymhathu Yr hyn sy'n digwydd pan fydd ganeb yn derbyn neu godi'r defnyddiau genrheidiol ar gyfer byw, tyfu, atgyweirio :hael egni, e.e. mae anifeiliaid yn mhathu cynhyrchion treuliad.
ymuned uchafbwyntiol Cymuned o anhigion sydd wedi mynd trwy sawl cam yr *olyniaeth ecolegol* nes cyrraedd cyflwr mai ychydig iawn o newidiadau sy'n gwydd dros gyfnod maith, e.e. munedau coetiroedd derw ym Mhrydain.
'toplasm Popeth sydd mewn cell ar ahân i'r *cnewyllyn.*

iwarren Casgliad o gelloedd sy'n gwneud lweddau defnyddiol ac yn eu rhyddhau i'r rff.

Dadelfenyddion Organebau, yn cynnwys rhai bacteria a ffyngau, sy'n gwneud i organebau marw ymddatod (eu dadelfennu), a rhyddhau o'u cyrff i'r pridd faetholynnau sydd eu hangen er mwyn i blanhigion dyfu'n iach.
Dadnitreiddio, bacteria Bacteria *anaerobig* mewn pridd dwrlawn, sy'n newid nitradau yn y pridd yn nitrogen ac ocsigen.
Derbynyddion Y rhannau mewn organau synhwyro sy'n derbyn *symbyliad* ac yn ei drawsnewid yn *ysgogiadau nerfol* sy'n teithio i'r ymennydd ar hyd *niwron synhwyraidd*, e.e. *rhodenni* a *chonau* yn y llygad.
Diploid, nifer (mewn cromosomau) Mae cell yn ddiploid pan fydd ei *chnewyllyn* yn cynnwys dwy set o *gromosomau* o ganlyniad i atgenhedliad rhywiol - un set gan y rhiant gwrywol a'r llall gan y rhiant benywol. Mewn bod dynol, 46 yw'r nifer diploid (23 gan y sberm a 23 gan yr ofwm).
***DNA* (asid deuocsiriboniwcleig)** Cemegyn a geir yn y *cromosomau*. Mae'n cynnwys gwybodaeth etifeddol, sy'n pennu patrwm datblygiad organeb. Enw hyn yw'r *cod genetig.*
Dueg (y ddueg) Organ yn union o dan y *stumog*, sy'n cynhyrchu *celloedd gwyn gwaed* a dinistrio hen *gelloedd coch gwaed* sydd wedi treulio.

Ecolegol, olyniaeth Dilyniant o newidiadau mewn cymuned sydd yn y pen draw yn arwain at *gymuned uchafbwyntiol.*
Effeithydd Organ fel cyhyr neu *chwarren* sy'n ymateb i *symbyliad.*
Embryo Cam cynnar yn natblygiad organeb.
Emffysema Meinwe'r ysgyfaint yn teneuo i'r fath raddau fel bod *alfeoli* yn chwyddo fel balwnau ac anadlu'n mynd yn anodd.
Enciliol, nodwedd Nodwedd nad yw ond yn ymddangos yn y *ffenoteip* pan gaiff ei *alel* ei baru gydag alel neu enyn enciliol arall.
Ensymau Sylweddau *protein* sy'n rheoli cyfraddau adweithiau cemegol mewn celloedd, heb iddynt hwy eu hunain gael eu newid yn yr adwaith. Yn gyffredinol maent yn cyflymu'r adweithiau.
Ewtroffigedd Gordyfiant algâu mewn dŵr, yn cael ei achosi gan grynhoad mwynau fel nitradau sy'n cynyddu eu twf. Mae hyn yn atal golau i blanhigion o dan yr wyneb, sydd yn marw a dadelfennu. Mae hyn wedyn yn defnyddio'r holl ocsigen yn y dŵr, gan ladd popeth byw.

Fallopio, tiwbiau Tiwbiau yn y system atgenhedlu fenywol. Mae wyau (ofa) yn teithio trwyddynt o'r *ofarïau* i'r *groth.*
Fentriglau Siambrau isaf y galon gyda muriau trwchus, sy'n pwmpio gwaed i *rydwelïau.*
Filysau Ffurfiadau fel bysedd mân ar arwyneb mewnol y *coluddyn bach*. Maent yn cynyddu'n sylweddol arwynebedd yr arwyneb sydd ar gael ar gyfer amsugno bwyd wedi'i dreulio i lif y gwaed.
Firws Ffurfiadau is-ficrosgopig sy'n achosi afiechyd (maent yn *bathogenig*). Maent yn mynd i mewn i gell, yn meddiannu ei *chnewyllyn* ac yn ei ddefnyddio i wneud gronynnau firws newydd.

Ffagocytau *Celloedd gwyn gwaed* sy'n dinistrio bacteria sy'n ymosod ar y corff trwy eu llyncu a'u treulio.
Ffenoteip Nodweddion gweladwy organeb, a gynhyrchir wrth i nodweddion a etifeddodd yr organeb yn enetig ryngweithio â'i hamgylchedd.
Ffibrau terfynol (echddygol) Y rhan o *niwron echddygol* sydd ynghlwm wrth ffibr cyhyr.
Ffibrinogen *Protein* yn y gwaed sy'n cael ei drawsnewid yn ffibrau ffibrin pan fydd gwaedu'n digwydd. Mae ffibrin yn ffurfio tolchen waed sy'n cau'r bibell sydd wedi'i niweidio ac yn atal y gwaedu.
FfIV (ffrwythloni in vitro) Yr ystyr yw ffrwythloniad 'mewn gwydr'. Cymerir ofa o fenyw a'u gosod mewn dysgl wydr gyda sbermau fel bod *ffrwythloniad* yn digwydd. Caiff yr embryo sy'n deillio o hyn ei osod yng nghroth y fenyw, lle bydd yn datblygu i fod yn faban.
Ffloem System o diwbiau mân yng ngwreiddiau a choesyn planhigyn sy'n cludo cynhyrchion *ffotosynthesis* (siwgr glwcos) o'r dail i'r tyfbwyntiau a'r organau storio.
Ffoetws Y cam yn natblygiad mamolyn sy'n datblygu, pan fydd y rhan fwyaf o'i organau mewnol wedi'u ffurfio, a'i fod yn dechrau edrych yn debyg i'r oedolyn. Mewn pobl mae hyn yn digwydd rhwng wythnosau 8 i 10 yn ein datblygiad.
Ffoligl Ceudod llawn hylif yn yr *ofari*, yn cynnwys cell a fydd yn dod i fod yn *ofwm* (wy).
Ffotosynthesis Y broses mewn planhigion sy'n defnyddio egni goleuni, a gaiff ei ddal gan *gloroffyl*, i ffurfio siwgr o garbon deuocsid a dŵr.
Ffototropedd Ymateb i symbyliad golau mewn planhigion, lle mae'r cyffyn yn tyfu tuag at ffynhonnell y goleuni. Caiff hyn ei reoli gan *hormon* planhigol o'r enw *awcsin.*
Ffrwythloni *Celloedd rhyw* gwrywol a benywol (e.e. sberm ac wy) yn asio yn ystod atgenhedlu. Canlyniad hyn yw ffurfio *sygot* sy'n datblygu i fod yn organeb newydd.

Gametau *Celloedd rhyw*, e.e. sbermau ac wyau.
Geneteg Astudiaeth wyddonol o *enynnau* a sut y maent yn rheoli'r ffordd y mae nodweddion etifeddol yn cael eu trosglwyddo o rieni i'w plant.
Genetig, peirianneg Ffordd o addasu nodweddion etifeddol organeb trwy fewnosod genynnau o organeb arall yn ei *DNA* hi.
Genoteip Y set o enynnau sydd gan organeb, fel arfer ar gyfer un nodwedd etifeddol benodol.
Genynnau Unedau etifeddeg. Darn o *DNA* sy'n cynnwys y 'cyfarwyddiadau' ar ffurf gemegol, ac sy'n rheoli ymddangosiad *nodwedd etifeddol*, e.e. lliw llygaid.
Genynnol, cod Y cyfarwyddiadau ar ffurf cod, sydd wedi'u cynnwys mewn *DNA*, ac sy'n rheoli datblygiad nodweddion etifeddol a phrosesau bywyd organeb.
Genynnol, therapi Gwellhad posibl yn y dyfodol ar gyfer cyflyrau etifeddol fel *haemoffilia*, trwy amnewid y genyn diffygiol am un iach.

Geotropedd Twf planhigyn mewn ymateb i ddisgyrchiant, e.e. mae gwreiddiau'n tyfu at i lawr (geotropedd positif) a chyffion yn tyfu at i fyny (geotropedd negatif).
Glasoed Yr oedran pryd y daw person ifanc i allu cynhyrchu plant.
Glomerwlws Grŵp microsgopig o *gapilarïau* y tu mewn i aren. Caiff gwaed ei hidlo wrth iddo symud trwy furiau'r capilarïau hyn ac i *neffron*.
Glwcagon *Hormon* a gynhyrchir gan gelloedd yn y *pancreas*, sy'n gwneud i'r iau/afu ddadelfennu *glycogen* yn glwcos a'i ryddhau i'r gwaed. Mae ei effaith i'r gwrthwyneb i effaith *inswlin*.
Glycogen (startsh anifeiliaid) Prif storfa *carbohydrad* mewn anifeiliaid, yn bennaf yn yr iau/afu a'r cyhyrau.
GM, organebau (organebau wedi'u haddasu'n enetig) Organebau wedi'u haddasu trwy *beirianneg genetig*. Cafodd *genyn* o organeb arall ei osod yn eu *DNA* nhw.
Golwg deulygad Y math o olwg sydd gan anifeiliaid â dau lygad sy'n gallu edrych ar yr un gwrthrych. Maent yn ei weld o onglau ychydig yn wahanol. Mae hyn yn cynhyrchu effaith tri dimensiwn ac yn caniatáu iddynt fesur pellter yn fanwl gywir.
Gwaed diocsigenedig Gwaed nad yw'n cynnwys llawer o ocsigen.
Gwarchod, celloedd Dwy gell hanner cylch o boptu mandwll, y stoma, sydd i'w cael yn bennaf ar ochr isaf dail. Trwy reoli maint y stoma maent yn rheoli cyfradd colli dŵr o'r planhigyn trwy *drydarthiad*. Gweler *stomata*.
Gwreiddflew Ffurfiadau microsgopig fel blewiach mân yn ymestyn o wreiddgelloedd, sy'n cynyddu arwynebedd arwyneb y gwreiddyn, er mwyn amsugno dŵr a mwynau.
Gwreiddgnepynnau Chwyddau ar wreiddiau planhigion codlysol (pys a ffa) sy'n cynnwys *bacteria sefydlogi nitrogen*.
Gwrthgyrff Cemegau sy'n cael eu gwneud gan *gelloedd gwyn y gwaed* mewn ymateb i facteria, firysau a *pharasitiaid* eraill, sydd yn cynnwys *antigenau* yn eu cyrff. Mae gwrthgyrff yn dinistrio'r parasitiaid ac yn niwtraleiddio'r gwenwynau (tocsinau) y maent yn eu cynhyrchu.
Gwrthwenwynau Cemegau sy'n niwtraleiddio gwenwynau (tocsinau) a ryddheir gan germau ar ôl iddynt heintio'r corff.
Gwynnin Meinwe nerfol yn yr ymennydd a madruddyn y cefn, sy'n cynnwys ffibrau nerfgelloedd.
Gwythiennau Pibellau gwaed sy'n cludo gwaed oddi wrth y galon.

Haemoffilia Cyflwr lle mae'r gwaed yn ceulo'n araf iawn mewn clwyfau.
Haemoglobin Y sylwedd coch mewn *celloedd coch gwaed* sy'n cyfuno gydag ocsigen ac yn ei gludo o amgylch y corff.
Haploid, nifer (mewn cromosomau) Hanner y *nifer diploid o gromosomau*, h.y. hanner y set lawn, normal o gromosomau. Mae sbermau ac wyau yn haploid, o ganlyniad i gellraniad trwy *feiosis*.
Hepatig, gwythïen bortal Pibell waed (gwythïen) yn ymestyn o'r *coluddyn bach* i'r iau/afu.
Hermaffrodit Deurywiol. Organebau sy'n cynnwys organau rhywiol gwrywol a benywol, e.e. gwlithod a malwod.
Heterosygaidd Mae organeb yn heterosygaidd ar gyfer nodwedd arbennig pan fydd y ddau *enyn* sy'n rheoli'r nodwedd yn wahanol: un yn drechol a'r llall yn enciliol.
HGDd (hormon gwrth-ddiwretig) *Hormon* sy'n cynyddu faint o ddŵr y mae'r arennau yn ei adamsugno i'r gwaed, sydd felly'n helpu'r corff i gadw dŵr, trwy leihau faint o *droeth* sy'n cael ei gynhyrchu.
Homeostasis Cynnal *amgylchedd mewnol* cyson, e.e. tymheredd cyson i'r corff.
Homosygaidd Mae organeb yn homosygaidd ar gyfer nodwedd arbennig pan fydd y ddau *enyn* sy'n rheoli'r nodwedd yn unfath: y ddau naill ai'n drechol neu'n enciliol.
Hormonau Mewn anifeiliaid, cemegau sy'n cael eu cynhyrchu gan *chwarennau*, yn cael eu rhyddhau'n uniongyrchol i lif y gwaed ac sy'n helpu i gyd-drefnu prosesau fel tyfu ac atgenhedlu. *Awcsin* yw'r prif hormon mewn planhigion.
Hormonau rhyw *Hormonau* sy'n rheoli datblygiad organau atgenhedlu.
Hydrotropedd Twf gwreiddiau tuag at ffynhonnell o ddŵr yn y pridd.
HYFf (hormon ysgogi ffoliglau) *Hormon* a gynhyrchir gan *chwarren bitwidol* mamolyn, ac sy'n ysgogi wyau (ofa) i aeddfedu y tu mewn i'r *ofari*.

Imiwnedd Gallu'r corff i wrthsefyll haint, e.e. trwy weithgaredd *celloedd gwyn y gwaed* sy'n lladd germau ac yn cynhyrchu *gwrthgyrff*.
Imiwneiddio Defnyddio *brechlynnau* i wneud i'r corff gynhyrchu *gwrthgyrff* fel ei fod yn barod ymlaen llaw i ymladd haint.
Inswlin *Hormon* a gynhyrchir gan chwarennau bach iawn yn ddwfn yn y *pancreas*, ac sy'n helpu i reoli faint o siwgr sydd yn y gwaed.

Laryncs Y corn gwddf. Mae'n cynnwys tannau'r llais.
Lipas *Ensym* sy'n treulio brasterau ac olewau.
Lymff Hylif sy'n deillio o *hylif meinweol* ar ôl iddo symud rhwng celloedd a draenio i'r *system lymffatig*.
Lymffatig, system System o diwbiau sy'n cludo *lymff* o'r *meinweoedd* i lif y gwaed.
Lymffocytau *Celloedd gwyn gwaed* sy'n cael eu cynhyrchu gan y *system lymffatig* ac sy'n cynhyrchu *gwrthgyrff*.

Llaeth, chwarennau Bronnau. *Chwarennau* sy'n cynhyrchu llaeth i fwydo mamolyn ifanc neu faban.
Llencyndod (glaslencyndod) Yr oedran pryd y bydd person ifanc yn cyrraedd y *glasoed*.
Llengig Llen o gyhyr ar ffurf cromen ar waelod y *ceudod thorasig*, sy'n gweithio wrth inni fewnanadlu ac allanadlu.

Madru, bacteria Bacteria sy'n dadelfennu (pydru) anifeiliaid a phlanhigion marw, ac felly yn dychwelyd y maetholynnau yn eu cyrff i'r pridd, lle gall planhigion eu defnyddio.
Madruddyn y cefn Bwndel trwchus o ffibrau nerfol sy'n ymestyn i lawr o'r ymennydd trwy sianel yn yr asgwrn cefn.
Metabolaeth Yr holl brosesau cemegol sy'n hanfodol ar gyfer bywyd.
Microbau Micro-organebau, e.e. protosoa, *bacteria* a *firysau*.
Mislif (misglwyf) Gwaedu misol mewn merched. Leinin y groth yn chwalu ac yn cael ei waredu o'r corff. Mae'n digwydd oddeutu unwaith y mis o'r *glasoed* hyd at y *newid bywyd*.
Mitocondria Ffurfiadau microsgopig mewn celloedd, sy'n cynnwys yr ensymau angenrheidiol ar gyfer *resbiradaeth aerobig*.
Monocroesryw, croesiad Croesi (bridio gyda'i gilydd) dwy organeb sydd ag amrywiadau gwahanol ar yr un *nodwedd etifeddol*.
Mwtaniad Newid sydyn ac annisgwyl mewn *genyn* neu *gromosom* sy'n newid y ffordd y mae'n rheoli datblygiad nodweddion etifeddol.

Neffronau Tiwbynnau microsgopig yn yr arennau sy'n ymwneud â chynhyrchu *troeth*.
Nerfol, ysgogiad Ton o newidiadau trydanol a chemegol sy'n teithio ar hyd nerf o ganlyniad i *symbyliad*.
Newid bywyd Yr oedran pryd y bydd merched yn colli'r gallu i gael plant, fel arfer rhwng 45 a 55 mlwydd oed.
Nitreiddio, bacteria Bacteria yn y *gylchred nitrogen* sy'n newid cyfansoddion amoniwm yn nitradau.
Niwronau Nerfgelloedd. Yn cynnwys cellgorff, a ffibrau nerfol sy'n dargludo *ysgogiadau nerfol*.
Niwron cyswllt *Niwron* (nerfgell) sy'n clud *ysgogiadau nerfol* trwy'r system nerfol o *niwron synhwyraidd* i *niwron echddygol*.
Niwron echddygol *Niwron* (nerfgell) sy'n trosglwyddo *ysgogiadau nerfol* o'r *brif system nerfol* i gyhyr neu *chwarren*.
Niwron synhwyraidd *Niwron* (nerfgell) sy' dargludo *ysgogiadau nerfol* o organ synhwyr i'r ymennydd.
Nodweddion caffaeledig Nodweddion sy' cael eu caffael yn ystod bywyd person, er enghraifft creithiau a gwybodaeth.
Nwyon, cyfnewid Amsugniad ocsigen o'r aer yn gyfnewid am garbon deuocsid, sy'n cael ei ryddhau i'r aer. Yn digwydd yn *alfeo* yr ysgyfaint.

Ocsigen, dyled Mae hyn yn digwydd ym meinwe cyhyr yn ystod ymarfer corff caled, pan fydd ocsigen yn cael ei ddefnyddio yn gyflymach nag y gall y gwaed ei gyflenwi. Mae'r cyhyr yn cynhyrchu asid lactig (trwy *resbiradaeth anaerobig*) yn hytrach na charbon deuocsid. Y ddyled ocsigen yw hynny o ocsigen sydd ei angen i newid yr asid lactig yn garbon deuocsid a dŵr.
Ocsigenedig, gwaed Gwaed lle mae *celloed coch y gwaed* wedi cyfuno ag ocsigen i wneu *ocsihaemoglobin*.
Ocsihaemoglobin *Haemoglobin* sydd wedi cyfuno ag ocsigen yng *nghelloedd coch y gwaed*.
Oesoffagws Y llwnc. Tiwb sy'n ymestyn o' geg i'r *stumog*.

Oestrogen *Hormon* rhyw benywol. Mae'n rheoli amodau yn y groth cyn ac yn ystod *beichiogrwydd*, ac yn rheoli datblygiad yn ystod y *glasoed*.
Ofa (unigol: ofwm) Celloedd rhyw benywol (e.e. wyau).
Ofarïau Organau sy'n cynhyrchu celloedd rhyw benywol.
Ofwliad Rhyddhau ofwm (wy) o ofari.
Osmoreolaeth Rheoli llif dŵr i mewn ac allan o gelloedd trwy *osmosis*, trwy reoli faint o ddŵr a/neu sylweddau wedi'u hydoddi sydd yn hylifau'r corff.
Osmosis Trylediad dŵr trwy *bilen ledathraidd* o hydoddiant gwan i un cryf.

Pancreas *Chwarren* wedi'i lleoli rhwng y *stumog* a'r *coluddyn bach* ac sy'n cynhyrchu amryw o *ensymau* treulio.
Parasitiaid Organebau sy'n cael eu bwyd o gyrff byw organebau eraill, a elwir yn organebau lletyol, e.e. llyngyr. Mae parasitiaid *pathogenig* yn niweidio'r organebau lletyol.
Pathogenig, organebau *Parasitiaid* sy'n niweidio eu horganebau lletyol, e.e. *bacteria* a *firysau* sy'n achosi afiechyd.
Patholeg Astudiaeth o *organebau pathogenig*.
Pepsin *Ensym* a gynhyrchir gan y *stumog* ac sy'n cychwyn *treuliad proteinau*.
Peristalsis Cyfangiadau sydd ar ffurf tonnau mewn organau tiwbaidd fel y coluddion. Maent yn gwthio cynnwys y tiwb (e.e. bwyd wedi'i dreulio) i un cyfeiriad.
Pibell wynt (tracea) Tiwb wedi'i atgyfnerthu gan ddarnau siâp C o gïau, ac sy'n cludo aer o'r geg i'r ysgyfaint.
Pilen ledathraidd Pilen sy'n caniatáu i rai moleciwlau ei chroesi ond sy'n atal rhai eraill, e.e. y *gellbilen*.
Pitwidol, chwarren *Chwarren* wrth fôn yr ymennydd sy'n cynhyrchu llawer o wahanol *hormonau*, ac sy'n rheoli cynnyrch hormonau chwarennau eraill.
Plasma Rhan hylif y gwaed.
Platennau Gronynnau yn y gwaed sy'n ymwneud â cheulo'r gwaed mewn clwyfau.
Pledren Bag â muriau o gyhyr lle mae *troeth* yn cael ei storio.
Poer Hylif sy'n cael ei gynhyrchu a'i ryddhau i'r geg gan *chwarennau* poer mewn ymateb i fwyd. Mae'n cynnwys *ensymau* sy'n treulio startsh.
Progesteron *Hormon* a gynhyrchir gan y *corpws lwtewm* a'r *brych* yn ystod rhan o'r *cylchred fislifol* a *beichiogrwydd*. Mae'n ysgogi'r *groth* a'r meinwe sy'n cynhyrchu llaeth yn y bronnau i dyfu.
Proteas *Ensym* sy'n treulio *proteinau*.
Proteinau Y prif fwydydd ar gyfer cryfhau'r corff, e.e. cig, wyau a physgod.
Protoplasm Yr holl sylweddau byw mewn cell.
Pyramid biomas Pyramid bwydydd yn seiliedig ar fàs y defnyddiau biolegol sydd ar bob lefel mewn *cadwyn fwyd*. Gweler *pyramid niferoedd*.
Pyramid niferoedd Ffordd o gynrychioli nifer yr organebau sydd ar bob lefel mewn cadwyn fwyd. Mae gwaelod llydan y fath pyramid yn dynodi nifer fawr y *cynhyrchwyr* (planhigion gwyrdd) ac mae'r grisiau culach uwchben yn dynodi bod llai a llai o *ysyddion* ar bob *lefel droffig* yn y gadwyn.

Resbiradaeth Dilyniant o adweithiau cemegol sy'n rhyddhau egni o fwyd.
Resbiradaeth aerobig *Resbiradaeth* lle mae ocsigen yn cael ei ddefnyddio i gynhyrchu egni o fwyd. Yn y broses caiff siwgr glwcos ei ddadelfennu i roi carbon deuocsid a dŵr.
Resbiradaeth anaerobig *Resbiradaeth* lle nad oes angen ocsigen.
Ribosomau Gronynnau yng *nghytoplasm* celloedd, sy'n ymwneud â syntheseiddio *protein*.
RNA negeseuol Math o RNA sy'n gopi union o ran o'r *cod genetig* ac sy'n symud i *ribosom*, lle caiff y copi hwn ei ddefnyddio gan *RNA trosglwyddol* i wneud moleciwl o *brotein*.
RNA trosglwyddol RNA sy'n casglu *asidau amino* ac adeiladu moleciwlau *protein* ohonynt, ar y cyd ag *RNA negeseuol*.

Rhydwelïau Pibellau gwaed sy'n cludo gwaed o'r galon.
Rhyngasennol, cyhyrau Cyhyrau rhwng yr asennau sy'n codi a gostwng cawell yr asennau yn ystod anadlu.
Rhyw, celloedd Celloedd sy'n cael eu cynhyrchu gan organau atgenhedlu, e.e. sbermau ac wyau.
Rhyw-gysylltiedig, etifeddiad Nodweddion etifeddol sy'n cael eu rheoli gan *enynnau* ar y *cromosomau rhyw*.

Sborau Celloedd atgynhyrchu sy'n datblygu'n uniongyrchol neu'n anuniongyrchol i fod yn organebau newydd, e.e. sborau ffyngau a bacteria.
Secretu *Chwarennau* yn rhyddhau sylweddau defnyddiol, er enghraifft *hormonau*.
Sefydlogi nitrogen, bacteria Bacteria yn y *gylchred nitrogen* sy'n trawsnewid nitrogen yn yr atmosffer yn nitradau.
Semen Hylif sy'n cael ei gynhyrchu yn y *ceilliau*, yn cynnwys *sbermau* yn bennaf.
Sffincter Cylch o gyhyr sydd i'w gael ym muriau organau tiwbaidd fel yn y system dreulio. Gall gyfangu er mwyn cau'r system, e.e. yr anws.
Stereosgopig, golwg Golwg sy'n cynhyrchu argraff dri dimensiwn o wrthrychau. Mae'n dibynnu ar gael dau lygad sy'n edrych yn syth ymlaen, a'r ddau yn edrych ar y gwrthrych o onglau ychydig yn wahanol.
Stomata (unigol: stoma) Mandyllau bach iawn mewn dail, sy'n rheoli faint o nwyon ac anwedd dŵr sy'n mynd i mewn ac allan o'r planhigyn. Gweler *trydarthiad*.
Stumog Organ ar ffurf bag ar waelod y llwnc, lle mae treuliad *proteinau* yn dechrau.
Sygot Cell sy'n deillio o asiad *sberm* ac *ofwm*, ar ôl i *ffrwythloniad* ddigwydd.
Sylem Tiwbiau mewn planhigyn sy'n cludo dŵr a mwynau wedi'u hydoddi o'r gwreiddiau i'r dail.
Symbyliad Rhywbeth sy'n gwneud i organ synhwyro anfon *ysgogiadau nerfol*, e.e goleuni yn cyrraedd y llygad.
Synaps Bwlch microsgopig y mae'n rhaid i *ysgogiadau nerfol* ei groesi wrth symud o un nerfgell i'r nesaf.

Testosteron *Hormon* sy'n rheoli'r newidiadau sy'n digwydd mewn gwrywod ar adeg y *glasoed*.

Tocsinau Cemegau gwenwynig, e.e. y rhai a gynhyrchir gan rai germau.
Toriadau Darnau a dorrwyd o blanhigyn ac sy'n tyfu i ffurfio planhigion newydd. Gall cyffion, blagur, dail a rhannau o wreiddiau dyfu fel hyn, gan gynhyrchu *clôn*.
Trechol, nodwedd Nodwedd, e.e. gwallt tywyll, a fydd yn ymddangos yn yr epil pan gaiff y genyn ei baru ag un ar gyfer nodwedd wrthgyferbyniol, e.e. gwallt golau. Dywedir bod gwallt tywyll yn drechol, a gwallt golau yn *nodwedd enciliol*. Mewn termau technegol mae'r *alel* trechol yn cuddio mynegiant yr alel enciliol, ac felly hwnnw sy'n ymddangos yn y *ffenoteip*.
Treulio, suddion Hylifau sy'n cael eu rhyddhau gan *chwarennau* i'r system dreulio. Maent yn cynnwys *ensymau* sy'n dadelfennu bwyd yn sylweddau hydawdd.
Troeth Hylif yn cynnwys *wrea* a halwynau mwynol amrywiol. Canlyniad *ysgarthiad* gan yr arennau.
Troffig, lefel Safle organeb mewn *cadwyn fwyd*.
Tropedd Symudiad yn nhwf planhigyn mewn ymateb i ddisgyrchiant, goleuni neu ddŵr. Gweler *ffototropedd, geotropedd* a *hydrotropedd*.
Trydarthiad Dŵr yn anweddu o ddail planhigion. Gweler *stomata*.
Trylediad Symudiad moleciwlau o fannau lle mae eu crynodiad yn uchel i fannau lle mae'n isel, i lawr *graddiant crynodiad*, e.e. trylediad ocsigen o'r ysgyfaint i lif y gwaed.

Thorasig, ceudod Ceudod yn y frest sy'n cynnwys yr ysgyfaint, y galon, a'r prif bibellau gwaed.
Thyroid, chwarren *Chwarren* sy'n cynhyrchu *hormonau* sy'n dylanwadu ar ddatblygiad corfforol a meddyliol.

Wrea Sylwedd sy'n cael ei gynhyrchu yn yr iau/afu pan gaiff *asidau amino* diangen eu dadelfennu.
Wreterau Tiwbiau sy'n cludo *troeth* o'r arennau i'r *bledren*.

Ymennydd bach (cerebelwm) Y rhan o'r ymennydd sy'n cyd-drefnu gweithgaredd y cyhyrau ac yn rheoli cydbwysedd.
Ymgarthion Y defnydd anhydraul sy'n weddill ar ddiwedd *treuliad*.
Ysgarthiad Gwaredu o'r corff sylweddau gwastraff a gynhyrchir gan *fetabolaeth*, a hefyd sylweddau dros ben nad oes eu hangen ar y corff.
Ysgyfeiniol, cylchrediad Y system o bibellau gwaed sy'n cludo gwaed o'r galon i'r ysgyfaint ac yn ôl eto.
Ysmygwyr goddefol Pobl nad ydynt yn ysmygu ond sy'n gorfod anadlu mwg tybaco trwy rannu lle ag ysmygwr.

Atodiad: blwch offer y biolegydd

Llunio graffiau

Mae'r gallu i lunio graffiau clir a chywir yn sgil hanfodol mewn gwaith gwyddonol. Bydd gofyn ichi lunio tri phrif fath o graff: graff llinell, siart bar a histogram.

Graffiau llinell: Caiff y rhain eu defnyddio lle mae'r data yn ddi-dor. Er enghraifft, gellir trefnu disgyblion mewn rhes ddi-dor o'r byrraf i'r talaf. Graff llinell yw Graff 1 isod. Mae'n seiliedig ar ddata a roddir ar ffurf tabl, er mwyn dangos siawns dynion o farw o ganser yr ysgyfaint o'u cymharu â nifer y sigaréts y maent yn eu hysmygu. Sylwch:

- fod gan y graff deitl;
- fod y ddwy echelin wedi eu labelu. Mae'r hyn sy'n cael ei fesur (y data mesuredig) ar yr echelin fertigol a'r data rheoledig ar yr echelin lorweddol. Yma, yr hyn sy'n cael ei fesur yw'r siawns ganrannol o farw o ganser yr ysgyfaint. Felly, gosodir y data hyn ar yr echelin fertigol, a'r data rheoledig (nifer y sigaréts sy'n cael eu hysmygu bob dydd) ar yr echelin lorweddol;
- fod graddfa addas wedi ei dewis ar gyfer y ddwy echelin - mae nifer y sigaréts sy'n cael eu hysmygu a'r siawns o farw mewn camau o ddeg a phump.

Tabl data ar gyfer Graff 1 (isod)

Nifer y sigaréts a ysmygir bob dydd	Siawns marw o ganser yr ysgyfaint (%)
0	2
10	10
20	20
30	30

Graff 1 - yn dangos y berthynas rhwng nifer y sigaréts sy'n cael eu hysmygu bob dydd a'r siawns o farw o ganser yr ysgyfaint

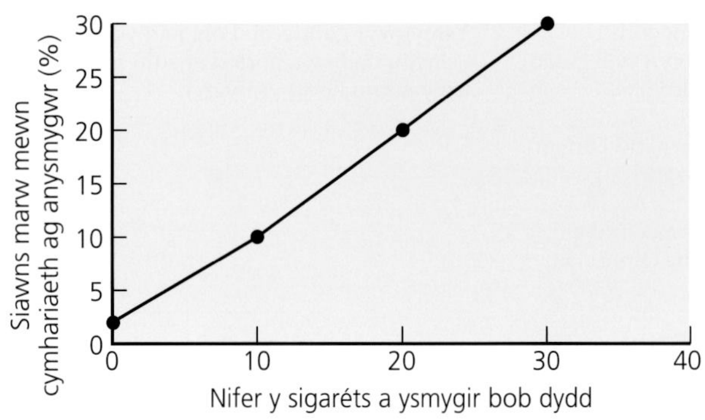

Siartiau bar: Caiff y rhain eu defnyddio pan fydd y data yn arwahanol yn hytrach nag yn ddi-dor, er enghraifft maint esgidiau neu liw gwallt. Mae Graff 2 yn siart bar a luniwyd trwy ddefnyddio data mewn tabl. Mae'n dangos sut mae marwolaethau o ganser yr ysgyfaint yn gysylltiedig â gwahanol arferion ysmygu. Sylwch fod y data mesuredig (marwolaethau o ganser yr ysgyfaint) yn cael eu gosod ar yr echelin fertigol gyda graddfa addas, bod teitl i'r siart, a bod yr echelinau wedi eu labelu.

Tabl data ar gyfer Graff 2 (isod)

Math o Ysmygu	Marwolaethau o ganser ym mhob 100000 o ddynion
Anysmygwyr	12
Sigârs yn unig	22
Pibell yn unig	30
Cymysg	90
Sigaréts yn unig	110

Graff 2 - yn dangos y berthynas rhwng gwahanol arferion ysmygu a marwolaethau o ganser yr ysgyfaint

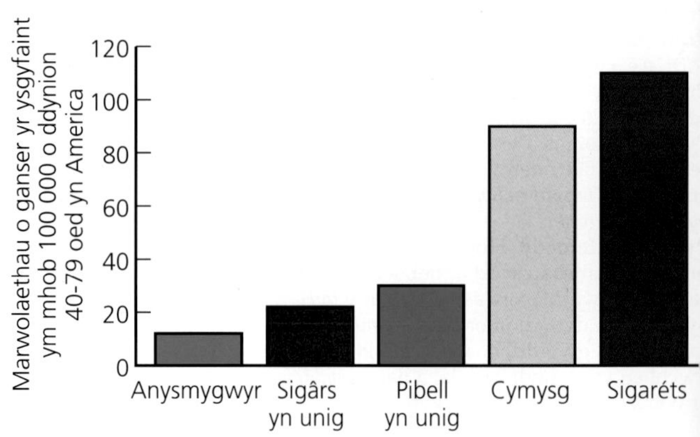

Histogramau: Siartiau bar yw'r rhain lle mae'r data wedi eu rhoi mewn grwpiau. Yn yr enghraifft gyferbyn mae'r data mewn grwpiau yn ôl nifer y sigaréts sy'n cael eu hysmygu bob dydd. Mae'r data mesuredig (y siawns o farw mewn cymhariaeth ag anysmygwyr) ar yr echelin fertigol gyda graddfa addas, mae teitl i'r siart, ac mae'r echelinau wedi'u labelu.

Tabl data ar gyfer Graff 3 (gyferbyn)

Nifer y sigaréts a ysmygir bob dydd	Siawns o farw mewn cymhariaeth ag anysmygwr (%)
0	2
1–14	7
15–24	10
25+	14

Graff 3 - yn dangos y siawns o farw o drawiad ar y galon ar gyfer gwrywod o dan 45 oed, yn dibynnu ar nifer y sigaréts a ysmygir bob dydd

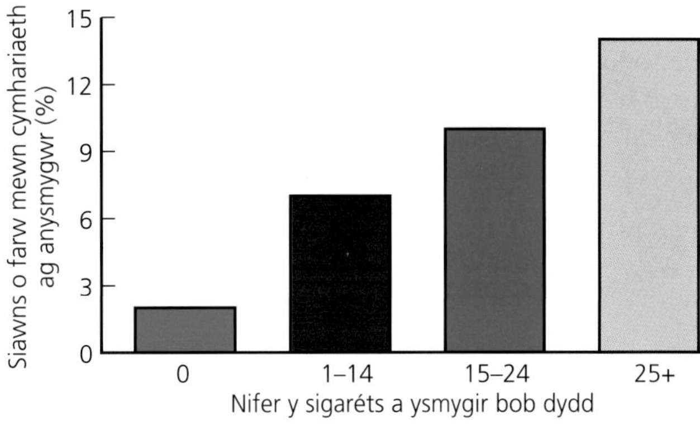

Canrannau

Canran yw nifer y rhannau ym mhob cant. Er enghraifft, tybiwch fod nifer yr anysmygwyr mewn ffatri yn cynyddu 15 y cant. Felly, am bob 100 o anysmygwyr a gafodd eu cyfrif mewn un flwyddyn, byddai 115 ohonynt yno yn y flwyddyn ganlynol.

$$\text{Newid canrannol} = \frac{\text{Newid}}{\text{Nifer gwreiddiol}} \times 100$$

Petai nifer yr anysmygwyr yn 160 yn y flwyddyn gyntaf, ac yn 184 yn yr ail flwyddyn, sef cynnydd o 24, yna:

$$\text{Cynnydd} = \frac{24}{160} \times 100 = 15 \text{ y cant}$$

Cwestiynau

1 O Graff 1, amcangyfrifwch y siawns i ddyn farw o ganser yr ysgyfaint os nad yw'n ysmygu, neu os yw'n ysmygu 15 o sigaréts y dydd.

2 O Graff 1, beth yw'r berthynas rhwng y nifer o sigaréts a ysmygir bob dydd a'r siawns o farw o ganser yr ysgyfaint?

3 O Graff 2, beth yw'r arfer ysmygu mwyaf peryglus?

4 O Graff 3, beth yw'r risg o farw o drawiad ar y galon os nad ydych yn ysmygu?

5 Petaech chi'n dechrau ysmygu 1-14 o sigaréts y dydd, o faint y byddech chi'n cynyddu eich risg o farw o drawiad ar y galon?

6 Trosglwyddwch y data gyferbyn i graff llinell ac eglurwch beth mae'n ei ddweud am fanteision rhoi'r gorau i ysmygu.

Blynyddoedd ar ôl rhoi'r gorau i ysmygu	Siawns marw o ganser yr ysgyfaint mewn cymhariaeth ag anysmygwr (%)
0	20
5	10
10	5
15	3

A ydych chi:
wedi rhoi teitl i'ch graff?
wedi gosod y data mesuredig ar yr echelin fertigol?
wedi labelu yr echelinau?
wedi dewis graddfa addas?
wedi tynnu cromlin lefn i gysylltu'r pwyntiau data?

Atebion

Nodyn: Atebion rhifiadol sydd yma ar y cyfan; mae nifer ohonynt hefyd yn rhoi brawddeg fer i'ch cyfeirio at ran o'r prif destun lle cewch atebion llawn. Nid oes atebion o'r math hwn ar gyfer y cwestiynau a gewch ar ddiwedd Unedau.

Pennod 1

7 **a** 1af = Ch; 2il = A; 3ydd = C; 4ydd = D; 5ed = B
b meiosis **ch i** mitosis **ii** meiosis **iii** mitosis
iv meiosis **v** mitosis

Pennod 2

2 **a** alel enciliol **b** rr **c** homosygaidd enciliol
ch

		Mam	
		R	r
Tad	R	RR	Rr
	r	Rr	rr

d 1:3

3 **a** trechol **b** **Hh** ac **HH** **c** heterosygaidd, a homosygaidd trechol
ch

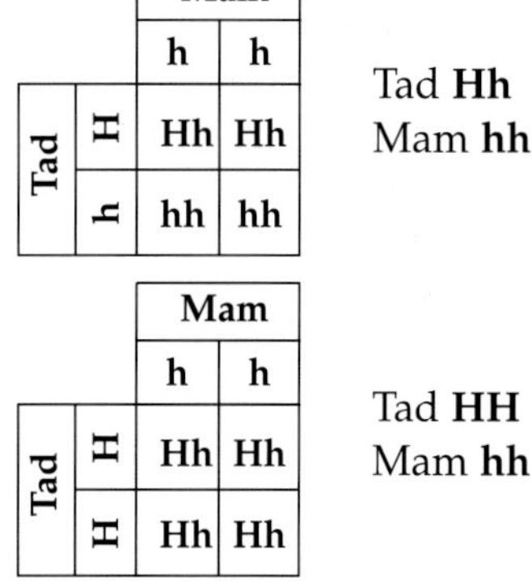

		Mam	
		h	h
Tad	H	Hh	Hh
	h	hh	hh

Tad **Hh**
Mam **hh**

		Mam	
		h	h
Tad	H	Hh	Hh
	H	Hh	Hh

Tad **HH**
Mam **hh**

d rhieni **Hh** × **hh** = hanner eu plant;
rhieni **HH** × **hh** = eu plant i gyd

7 **a** **HH** neu **Hh** yw 3 a 4; **hh** yw 9 a 10.

9 **a** genyn **B** (ar gyfer llygaid brown) sy'n drechol
b mae llygaid brown gan y ddau.
c

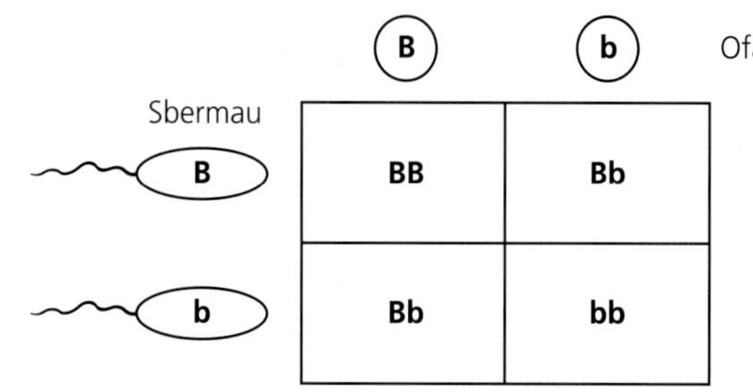

ch mae **BB** a **bb** yn homosygaidd; mae **Bb** yn heterosygaidd **d** bydd **bb** yn cynhyrchu llygaid glas; bydd **BB** a **Bb** yn cynhyrchu llygaid brown **dd** bydd llygaid brown gan eu plant i gyd

Pennod 3

1 **a** Ch **c** B **d** C **e** A a B

5 **a** 0600 **b** 1700 **c** mae'n cynyddu wrth i gryfder y golau gynyddu, ac yn gostwng wrth i lefel y golau ostwng **ch** mae lefel y carbon deuocsid yn gostwng wrth i lefel yr ocsigen godi, ac yn codi wrth i lefel yr ocsigen ostwng **d** mae'n gostwng wrth iddo gael ei ddefnyddio mewn ffotosynthesis (sy'n cael ei ddynodi gan gynnydd yn lefel yr ocsigen) ac yn codi wrth i ffotosynthesis arafu
dd y pwynt cydadfer - y pwynt lle mae'r holl garbon deuocsid sy'n cael ei gynhyrchu trwy resbiradaeth mewn deilen yn cael ei ddefnyddio ar gyfer ffotosynthesis, a'r holl ocsigen sy'n cael ei gynhyrchu gan ffotosynthesis yn cael ei ddefnyddio gan resbiradaeth yn y ddeilen, felly ni chaiff unrhyw nwyon eu rhyddhau

Pennod 4

4 **a** 4 cm

9 **a** ar 10 °C: bod dynol = 37 °C, madfall = 10 °C;
ar 30 °C: bod dynol = 37 °C, madfall = 30 °C

Pennod 5

5 **a** grŵp A - tyfu am wythnos yna colli pwysau hyd nes iddynt farw tua diwrnod 42; grŵp B - tyfu am saith niwrnod, colli pwysau tan dri diwrnod ar ôl ychwanegu iau/afu at eu bwyd, yna magu pwysau'n gyflym; grŵp C - tyfu'n gyflym hyd nes cafodd yr iau/afu ei dynnu o'u diet, yna colli pwysau; grŵp Ch - magu pwysau'n gyson
b roedd y diet sylfaenol yn ddigonol am 10-15 diwrnod, ond wedi hynny roedd rhywbeth yn ddiffygiol, sydd i'w gael mewn iau/afu

6 **a** pedwar biliwn **b** naddo - 1 biliwn o hyd
c wedi newid o un mewn dau, i un mewn chwech
ch mae niferoedd y bobl â chamfaethiad yr un fath ond mae cyfran y rhai â chamfaethiad bellach yn un mewn chwech

7 **a** gwerth egni'r gneuen yw: màs y dŵr (g) × cynnydd yn y tymheredd (°C) × 4.2 wedi'i rannu â màs y gneuen (g) = yr egni mewn jouleau

Pennod 6

6 **a** 0-2 eiliad = B; 2-4 eiliad = C;
4-6 eiliad = Ch; 6-8 eiliad = A

Pennod 7

2 A = ffotosynthesis; B = llosgi (hylosgiad); C = resbiradaeth

4 **dd** Yn ystod dyddiau 33 a 34 bydd corynnod sydd wedi cael digon o fwyd yn bridio ar gyfradd uchel, gan gynhyrchu epil a fydd yn parhau â'r cynnydd yn y boblogaeth tan ddyddiau 40-42. Bryd hynny, bydd prinder bwyd yn gwneud i ffrwythlondeb y corynnod ostwng

5 **b** 1980 kJ; mae hyn yn cynrychioli'r egni y mae planhigion yn ei golli trwy resbiradaeth

9 **a** A = cynhyrchwyr (planhigion);
B = llysysyddion ac ysyddion cynradd;
C = cigysyddion ac ysyddion eilaidd;
Ch = dadelfenyddion

Pennod 8

1 **a** 3083 miliwn **b** 2755 miliwn **c** 328 miliwn **ch** gwledydd tlawd

2

	1989	1999	% newid
Y Byd	32.7	27.3	–16.5%
Affrica	47.0	46.4	–1.3%
America Ladin	35.4	31.8	–10.16%
Gogledd America	16.5	16.0	–3.0%
Dwyrain Asia	30.5	23.8	–22.0%
Ewrop	16.1	14.0	–13.0%

4

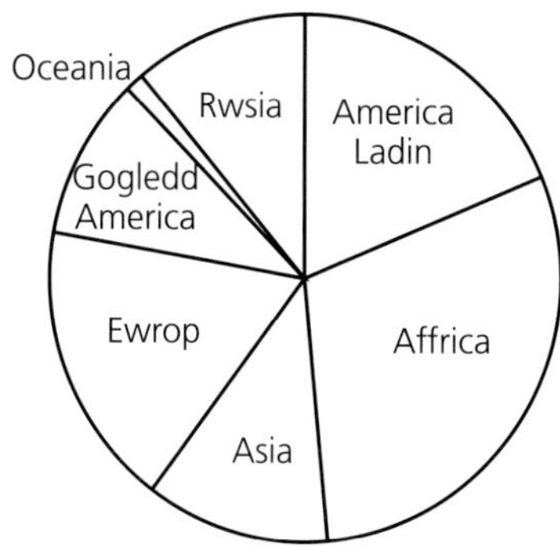

a cyflymaf: Affrica (+2.9% y flwyddyn); arafaf: Gogledd America (+0.7% y flwyddyn) **b** yr amser mae poblogaeth gwlad yn ei gymryd i ddyblu

a niferoedd a chanrannau pob grŵp oedran mewn poblogaeth **b** mae'r canran dan 15 yn gostwng, a'r canran sy'n 65 a throsodd yn cynyddu

a hyn a hyn y person **b** mae stociau pysgod wedi bod yn lleihau er tua 1990

Pennod 9

1 **a** tymheredd oddeutu 40 °C (rhwng tua 30 – 50°C) **c** ar –20 °C mae bacteria'n dal i fod yn fyw a gallant luosi'n araf iawn, felly gallai bwyd gael ei halogi ar ôl mwy na thri mis **ch** dros 16 miliwn

5 **a** 10 gwaith yn fwy tebygol

Rhagor o gwestiynau dull arholiad

14 **a** gwreiddyn - geotropedd positif; cyffyn - geotropedd negatif **b** mae hyn yn sicrhau bod y gwreiddyn bob amser yn tyfu i lawr tuag at y pridd, a'r cyffyn bob amser yn tyfu i fyny tuag at y golau **c** awcsin **ch** pan fydd eginblanhigyn yn llorweddol mae awcsin yn ymgasglu yn ochr isaf y gwreiddyn a'r cyffyn. Mae'n arafu cellraniad a thwf yn y rhan hon o'r gwreiddyn, felly mae cellraniad a thwf cyflymach yn yr ochr uchaf yn gwneud i'r gwreiddyn grymu tuag i lawr. Mae'n cyflymu cellraniad a thwf yn ochr isaf y cyffyn gan wneud iddo grymu tuag i fyny

15 **a** hydrotropedd positif **b** geotropedd negatif

16 **dd** mae'r haen oson wedi'i lleoli 20 - 25 km uwchben y Ddaear ac mae'n amddiffyn y Ddaear rhag pelydrau UF niweidiol **e** caiff ei difrodi gan glorofflworocarbonau (CFfCau), a ddaw yn bennaf o ganiau aerosol **f** mae 'twll oson' yn gadael i belydriad uwchfioled-B niweidiol dreiddio drwodd i arwyneb y Ddaear. Yma mae'n niweidio planhigion a gall achosi canser y croen a chataractau

23 **b** genoteip Ioan yw $\mathbf{X^HY}$

c

	ofa Carol	
sbermau Ioan	X^H	X^h
X^H	X^HX^H	X^HX^h
Y	X^HY	X^hY

ch 25% (un mewn pedwar - bydd gan fachgen $\mathbf{X^hY}$ haemoffilia) **d** 25% (un mewn pedwar - mae'r ferch $\mathbf{X^HX^h}$ yn gludydd)

24 **a** mae gan 5 ohonynt adenydd bychain a 15 adenydd normal **b** mae maint adenydd normal yn drechol a maint adenydd bychain yn enciliol **c** y gymhareb yw 1:3 (enciliol:trechol) **ch** **Aa** × **Aa**

26 **a** genoteip y fam yw **bb** **b** mae gan y taid lygaid glas (ei ffenoteip) **c** cymhareb llygaid glas i rai brown yw 1:1 **ch** genoteip plentyn homosygaidd yw **bb**; genoteip plentyn heterosygaidd yw **Bb**

Mynegai